Robert Castel

Les métamorphoses de la question sociale

Une chronique du salariat

Gallimard

Je dédie ce travail de la mémoire à mes parents et à celles et à ceux auxquels, hier comme aujourd'hui, un avenir meilleur a été refusé.

L'écriture n'est pas seulement une entreprise solitaire, surtout lorsqu'elle se déploie dans la durée. Mon parcours a croisé beaucoup d'autres itinéraires, et j'ai contracté de multiples dettes. Je ne saurais les nommer toutes. Cependant, si mes interlocuteurs les plus nombreux furent des livres, je dois beaucoup aux témoignages de ceux qui affrontent au jour le jour la misère du monde. Mes activités au Groupe d'analyse du social et de la sociabilité et au Centre d'étude des mouvements sociaux, ainsi que mon séminaire à l'École des hautes études en sciences sociales ont été l'occasion d'échanges féconds avec collègues et étudiants. J'ai tenu compte des remarques et critiques des personnes qui ont bien voulu lire ce travail avant qu'il soit achevé, en particulier Bernard Assicot, Colette Bec, Monique Benard, Christine Filippi, Jean-François Laé, Catherine Mevel, Numa Murard, Albert Ogien, Giovanna Procacci, Christian Topalov. Jacques Donzelot a exercé sa vigilance critique tout au long de l'entreprise et l'économie de l'ouvrage doit beaucoup à nos discussions. Je remercie également Pierre Birnbaum et Denis Maraval qui ont accueilli ce livre avec célérité et sympathie. Merci aussi à Emma Goyon pour son inlassable patience à taper les multiples versions du manuscrit.

Ce que nous avons devant nous, c'est la perspective d'une société de travailleurs sans travail, c'est-à-dire privés de la seule activité qui leur reste. On ne peut rien imaginer de pire.

Hannah ARENDT

J'aimerais que les spécialistes des sciences sociales voient pareillement dans l'histoire un moyen de connaissance et de recherche. Le présent n'est-il pas plus qu'à moitié la proie d'un passé obstiné à survivre, et le passé, par ses règles, ses différences et ses ressemblances, la clef indispensable de toute connaissance du présent ?

Fernand BRAUDEL

Si loin que nous remontions dans le temps, nous ne perdons jamais le présent de vue.

Émile DURKHEIM

AVANT-PROPOS

Il m'a semblé qu'en ces temps d'incertitude, lorsque le passé se dérobe et que l'avenir est indéterminé, il fallait mobiliser notre mémoire pour essayer de comprendre le présent. Sans doute les grandes fresques, comme les grands systèmes, ne sont plus de mode. Mais peut-on économiser un long détour si l'on veut saisir la spécificité de ce qui arrive *hic et nunc* ? Par exemple, la situation actuelle est marquée par un ébranlement qui a récemment affecté la condition salariale : le chômage massif et la précarisation des situations de travail, l'inadéquation des systèmes classiques de protection à couvrir ces états, la multiplication d'individus qui occupent dans la société une position de surnuméraires, «inemployables», inemployés ou employés d'une manière précaire, intermittente. Désormais, pour beaucoup, l'avenir est marqué du sceau de l'aléatoire.

Mais qu'est-ce qu'une situation aléatoire, et à partir de quels critères s'apprécie-t-elle ? Nous oublions que le salariat, qui occupe aujourd'hui la grande majorité des actifs, et auquel se rattachent la plupart des protections contre les risques sociaux, a longtemps été une des situations parmi

les plus incertaines, et aussi les plus indignes et
les plus misérables. On était salarié lorsqu'on
n'était rien et que l'on n'avait rien à échanger,
hormis la force de ses bras. Quelqu'un tombait
dans le salariat quand son état se dégradait : l'artisan ruiné, le tenancier que la terre ne nourrissait plus, le compagnon qui ne pouvait devenir
maître... Être ou tomber dans le salariat, c'était
s'installer dans la dépendance, être condamné à
vivre « au jour la journée », se trouver sous l'emprise du besoin. Héritage archaïque, qui fait des
premières formes de salariat des manifestations
à peine euphémisées du modèle de la corvée féodale. Mais il n'est pas pour autant si lointain. Se
rappelle-t-on, par exemple, que le principal parti
de gouvernement de la IIIe République, le Parti
radical, inscrit encore à son programme lors de
son congrès de Marseille, en 1922, « l'abolition
du salariat, survivance de l'esclavage[1] » ?

Ce n'est pas une mince affaire que d'essayer de
comprendre comment le salariat est parvenu à
remonter ces fantastiques handicaps pour devenir
dans les années 1960 la matrice de base de la
« société salariale » moderne. Mais tenter d'en
rendre compte n'est pas seulement un souci d'historien. La caractérisation socio-historique de la
place occupée par le salariat est nécessaire pour
prendre la mesure de la menace de fracture qui
hante les sociétés contemporaines et pousse au
premier plan les thématiques de la précarité, de
la vulnérabilité, de l'exclusion, de la ségrégation,
de la relégation, de la désaffiliation... S'il est vrai
que ces questions sont relancées depuis une ving-

---

1. Cl. Nicolet, *le Radicalisme*, Paris, PUF, 1974, p. 54.

taine d'années, elles se posent après et par rapport à un contexte de protections antérieures,
après que se furent lentement imposés de puissants systèmes de couverture de risques garantis
par l'État social à partir, justement, de la consolidation de la condition salariale. La vulnérabilité
nouvelle, définie et vécue sur fond de protections, est ainsi toute différente de l'incertitude
des lendemains qui fut, à travers les siècles, la
condition commune de ce que l'on appelait alors
le peuple. De sorte qu'il n'y a pas grand sens à
parler aujourd'hui de «crise» si l'on ne prend
pas l'exacte mesure de cette différence. Qu'est-ce
qui distingue — c'est-à-dire : que comportent à la
fois de différent et de commun — les anciennes
situations de vulnérabilité de masse et la précarité d'aujourd'hui, travaillée par des processus
de décrochage par rapport à des noyaux encore
vigoureux de stabilité protégée ?

Tel est le type d'intelligibilité que je voudrais
produire. Si l'histoire tient une si grande place
dans cet ouvrage, c'est de *l'histoire du présent* qu'il
s'agit : l'effort pour ressaisir le surgissement du
plus contemporain en reconstruisant le système
des transformations dont la situation actuelle
hérite. Se retourner vers le passé avec une question qui est aujourd'hui la nôtre, et écrire le récit
de son avènement et de ses principales péripéties.
C'est ce que je vais tenter, parce que le présent
n'est pas seulement le contemporain. Il est aussi
un effet d'héritage, et la mémoire de cet héritage
nous est nécessaire pour comprendre et agir
aujourd'hui.

Mais de quels problèmes d'aujourd'hui s'agit-il
de restituer la mémoire ? Progressivement, l'analyse d'un rapport au travail est venue prendre

une place de plus en plus importante dans ce livre. Ce n'était pourtant pas le point de départ de cette réflexion. Au début, il y avait — et il reste — l'intention de rendre compte de l'incertitude des statuts, de la fragilité du lien social, des itinéraires dont la trajectoire est tremblée. Les notions que j'essaie de travailler — la déconversion sociale, l'individualisme négatif, la vulnérabilité de masse, la handicapologie, l'invalidation sociale, la désaffiliation… — prennent sens dans le cadre d'une problématique de l'intégration, ou de l'anomie (en fait, c'est une réflexion sur les conditions de la cohésion sociale à partir de l'analyse de situations de dissociation). L'objectif était donc, et reste, de prendre la mesure de cette nouvelle donne contemporaine : la présence, apparemment de plus en plus insistante, d'individus placés comme en situation de flottaison dans la structure sociale, et qui peuplent ses interstices sans y trouver une place assignée. Silhouettes incertaines, aux marges du travail et à la lisière des formes d'échanges socialement consacrées — chômeurs de longue durée, habitants des banlieues déshéritées, allocataires du revenu minimum d'insertion, victimes des reconversions industrielles, jeunes en quête d'emploi et qui se promènent de stage en stage, de petit boulot en occupation provisoire… —, qui sont-ils, d'où viennent-ils, comment en sont-ils arrivés là, que vont-ils devenir ?

Ces questions ne sont pas de celles que se pose classiquement une sociologie du travail, et mon intention n'est pas de les y faire entrer. Cependant, en m'efforçant de dépasser la description empirique de ces situations, il m'est apparu que l'analyse d'une relation au travail (ou à l'absence de travail, ou de relations aléatoires au travail) représentait un facteur déterminant pour les replacer dans la dynamique sociale qui les constitue. Je n'envisage pas ici le travail en tant que rapport technique de production, mais comme un support privilégié d'inscription dans la structure sociale. Il existe en effet, on le vérifiera sur la longue durée, une corrélation forte entre la place occupée dans la division sociale du travail et la participation aux réseaux de sociabilité et aux systèmes de protections qui « couvrent » un individu face aux aléas de l'existence. D'où la possibilité de construire ce que j'appellerai métaphoriquement des « zones » de cohésion sociale. Ainsi, l'association travail stable-insertion relationnelle solide caractérise une zone d'intégration. À l'inverse, l'absence de participation à toute activité productive et l'isolement relationnel conjuguent leurs effets négatifs pour produire l'exclusion, ou plutôt, comme je vais essayer de le montrer, la désaffiliation. La vulnérabilité sociale est une zone intermédiaire, instable, qui conjugue la précarité du travail et la fragilité des supports de proximité.

Bien entendu, ces associations ne jouent pas d'une manière mécanique. Par exemple, pour de nombreux groupes populaires, la précarité des conditions de travail a souvent pu être compensée par la densité des réseaux de protection rapprochée procurés par le voisinage. Surtout, ces configurations ne sont pas données une fois pour toutes. Qu'advienne par exemple une crise économique, la montée du chômage, la généralisation du sous-emploi : la zone de vulnérabilité se dilate, elle empiète sur celle de l'intégration et elle alimente la désaffiliation. La composition des équilibres entre ces « zones » peut ainsi — telle est du moins l'hypothèse que je vais m'efforcer de fonder — servir d'indicateur privilégié pour évaluer la cohésion d'un ensemble social à un moment donné.

Évidemment, il s'agit là, au départ, d'une grille formelle. Seules les analyses qu'elle permettra de produire confirmeront sa validité. Deux remarques préalables, cependant, pour éviter des contresens sur la portée d'une telle construction.

Premièrement, cette grille de lecture ne recoupe pas exactement la stratification sociale. Il peut exister des groupes fortement intégrés et faiblement nantis. C'est par exemple le cas des artisans dans une structure de type corporatiste qui assure généralement, en dépit de revenus médiocres, la stabilité de l'emploi et des protections solides contre les principaux risques sociaux. Mieux: il existe une indigence intégrée, comme celle des populations assistées, pour laquelle l'absence de ressources suscite une prise en charge sous la forme d'une «protection rapprochée» (le chapitre i). La dimension économique n'est donc pas le discriminant essentiel, et la question posée n'est pas celle de la pauvreté, encore que les risques de déstabilisation pèsent plus lourdement sur ceux qui sont dépourvus de réserves économiques. Si ce ne sont donc pas les plus richement dotés qui sont au premier chef concernés, ce ne sont pas nécessairement non plus les plus «pauvres» ou «les plus démunis» en tant que tels. Ce sont plutôt les relations existant entre la précarité économique et l'instabilité sociale qu'il faudra dégager [1].

---

1. Si des positions sociales élevées peuvent se révéler mal assises et menacées, le modèle proposé peut être appliqué aux différents niveaux de la stratification sociale. J'ai tenté de le

Deuxièmement, le modèle proposé n'est pas statique. Il s'agit moins de placer des individus dans ces «zones» que d'éclairer les processus qui les font transiter de l'une à l'autre, par exemple passer de l'intégration à la vulnérabilité, ou basculer de la vulnérabilité dans l'inexistence sociale[1] : comment sont alimentés ces espaces sociaux, comment se maintiennent et surtout se défont les statuts? C'est pourquoi, au thème aujourd'hui abondamment orchestré de l'exclusion, je préférerai celui de la *désaffiliation* pour désigner l'aboutissement de ce processus. Ce n'est pas une coquetterie de vocabulaire. L'exclusion est immobile. Elle désigne un état, ou plutôt des états de privation. Mais le constat des carences ne permet pas de ressaisir les processus qui génèrent ces situations. Pour user avec rigueur d'une telle notion, qui correspondrait au modèle d'une société duale, il faudrait qu'elle corresponde à des situations caractérisées par une localisation géographique précise, par la cohérence au moins relative d'une culture ou d'une sous-culture, et, le plus souvent, par une base ethnique. Les ghettos américains évoquent des associations de ce type, et on peut parler à leur propos, encore que

_____

tester dans une situation limite au sommet de la pyramide des grandeurs sociales : «Le roman de la désaffiliation, à propos de *Tristan et Iseut*», *le Débat*, (n° 61, septembre 1990). À l'inverse, ici, je décrirai les mécanismes déstabilisateurs qui conduisent à la limite à la mort sociale à partir de la condition des paumés de la terre, vagabonds des sociétés préindustrielles, sous-prolétaires des débuts de l'industrialisation, «bénéficiaires» du RMI par exemple.

1. Sans nier qu'il y ait des circulations de flux en sens inverse, autrement dit de la mobilité ascendante. Mais, pour les raisons qui viennent d'être dites, je m'attacherai surtout aux populations menacées d'invalidation sociale.

la notion soit discutée, d'«*under-class*». Nous n'en sommes pas là — ou pas encore — en France Même le phénomène «beur», en dépit d'une référence à l'ethnicité, ne recouvre pas une culture spécifique. A fortiori n'existe-t-il pas de culture commune aux différents groupes d'«exclus».

Parler de désaffiliation, en revanche, ce n'est pas entériner une rupture, mais retracer un parcours. La notion appartient au même champ sémantique que la dissociation, que la disqualification ou que l'invalidation sociale. Désaffilié, dissocié, invalidé, disqualifié, par rapport à quoi ? C'est précisément tout le problème. Mais on voit déjà quel sera le registre des analyses requises par ce choix. Il faudrait réinscrire les déficits dans des trajectoires, renvoyer à des dynamiques plus larges, être attentif aux points de bascule qui génèrent les états limites. Rechercher le rapport entre la situation où l'on est et celle d'où l'on vient, ne pas autonomiser les situations extrêmes, mais lier ce qui se passe aux périphéries et ce qui arrive en amont. On devine déjà aussi que, dans cette perspective, la zone de vulnérabilité occupera une position stratégique. Réduite ou contrôlée, elle permet la stabilité de la structure sociale, soit dans le cadre d'une société unifiée (une formation dans laquelle tous les membres bénéficieraient de sécurités fondamentales), soit sous la forme d'une société duale consolidée (une société du type de Sparte, où n'existeraient guère de positions intermédiaires entre celle des citoyens à part entière et celle d'ilotes fermement tenus). Au contraire, ouverte et en extension, comme c'est apparemment le cas aujourd'hui, la zone de vulnérabilité alimente les turbulences qui fragilisent les situations acquises et défont les statuts assurés. Le constat vaut pour la longue durée. La vulnérabilité est une houle séculaire qui a marqué la condition populaire du sceau de l'incertitude, et le plus souvent du malheur.

J'ai intitulé ce travail *les Métamorphoses de la question sociale*.

«*Métamorphoses*», dialectique du même et du différent: dégager les transformations historiques de ce modèle, souligner ce que ses principales cristallisations comportent à la fois de nouveau et de permanent, fût-ce sous des formes qui ne les rendent pas immédiatement reconnaissables. Car, bien entendu, les contenus concrets que recouvrent des notions telles que la stabilité, la précarité ou l'expulsion de l'emploi, l'insertion relationnelle, la fragilité des supports protecteurs ou l'isolement social sont maintenant tout différents de ce qu'ils étaient dans les sociétés préindustrielles ou au XIXe siècle. Ils sont même très différents aujourd'hui de ce qu'ils étaient il y a seulement vingt ans. Cependant, il s'agira de montrer que, premièrement, les populations qui peuplent ces «zones» occupent de ce fait une position homologue dans la structure sociale. Il y a homologie de position entre, par exemple, ces «inutiles au monde[1]» que représentaient les vagabonds avant la révolution industrielle et dif-

---

1. Pour reprendre la condamnation emblématique d'un vagabond du XVe siècle citée par Bronislaw Geremek, «Estoit digne de mourir comme inutile au monde, c'est assavoir estre pendu comme larron» (*les Marginaux parisiens aux XIVe et XVe siècles*, Paris, Flammarion, 1976, p. 310).

férentes catégories d'«inemployables» d'aujour-
d'hui. Deuxièmement, que les processus qui produisent ces situations sont également comparables,
c'est-à-dire homologues dans leur dynamique et
différents dans leurs manifestations. C'est encore
l'impossibilité de se ménager une place stable
dans les formes dominantes de l'organisation du
travail et dans les modes reconnus d'appartenance communautaire (mais qui ont entre-temps,
les uns et les autres, complètement changé) qui
constitue les «surnuméraires» d'autrefois, de
naguère et d'aujourd'hui. Troisièmement, qu'on
n'assiste pas pour autant au déroulement d'une
histoire linéaire dont l'engendrement des figures
assurerait la continuité. C'est au contraire à
s'étonner devant des discontinuités, des bifurca-
tions, des innovations, qu'il faudra se résoudre.
Par exemple, devant cette extraordinaire aventure du salariat, passé du discrédit le plus total au
statut de principal dispensateur de revenus et de
protections. D'autant qu'un tel «passage» n'est
pas l'irrésistible ascension d'une réalité promue
au sacre de l'histoire : au moment de l'instauration de la société libérale, l'impératif de redéfinir
l'ensemble des relations de travail dans un cadre
contractuel a représenté une rupture aussi profonde que le changement de régime politique
survenu simultanément. Mais, si fondamentale
qu'elle ait été, cette transformation ne s'est pas
imposée d'une manière hégémonique et homogène. Au moment où le salariat libre devient la
forme juridiquement consacrée des relations de
travail, la situation salariale demeure encore, et
pour longtemps, connotée de précarité et de malheur. Énigme de la promotion d'un démultiplica-
teur de la richesse qui installe la misère à son

foyer de diffusion. Et aujourd'hui encore il faudra s'étonner de l'étrange retournement à partir
duquel, après s'être bien tiré d'affaire, le salariat
risque à nouveau de redevenir une situation dangereuse.

Le mot métamorphose n'est donc pas une métaphore employée pour suggérer que la pérennité
d'une substance demeure sous le changement de
ses attributs. Au contraire : une métamorphose
fait trembler les certitudes et recompose tout le
paysage social. Cependant, même fondamentaux,
les bouleversements ne représentent pas des innovations absolues s'ils s'inscrivent dans le cadre
d'une même *problématisation*. Par problématisation, j'entends l'existence d'un faisceau unifié de
questions (dont il faut définir les caractéristiques
communes), qui ont émergé à un moment donné
(qu'il faut dater), qui se sont plusieurs fois refor-
mulées à travers des crises et en intégrant des
données nouvelles (et il faut périodiciser ces transformations), et qui sont encore vivantes aujour-
d'hui. C'est parce que ce questionnement est
vivant qu'il impose le retour sur sa propre histoire afin de constituer l'*histoire du présent*[1]. S'il
est en effet proscrit de faire un usage du passé
qui contredirait aux exigences de la méthodologie historique, il me paraît légitime de poser au

---

1. La persistance d'une question ne dépend pas de l'importance qu'elle a pu revêtir dans le passé. Par exemple, la question de savoir si le Soleil tourne autour de la Terre, ou l'inverse,
a mobilisé au temps de Galilée des enjeux théologiques, philosophiques, politiques, scientifiques et pratiques fondamentaux.
Mais ils se sont évanouis après que la « révolution coperni-
cienne » eut été à peu près unanimement acceptée et que le
Vatican lui-même a convenu, récemment il est vrai, que Galilée
avait raison.

matériel historique des questions que les historiens ne lui ont pas nécessairement posées, et de le réagencer à partir d'autres catégories, en l'occurrence ici de catégories sociologiques. Ce n'est pas réécrire l'histoire, ni la réviser. Mais c'est la relire, c'est-à-dire faire, avec des données dont on est entièrement redevable aux historiens, un *autre récit* qui ait à la fois sa propre cohérence à partir d'une grille de lecture sociologique et soit com-possible avec celui des historiens. Les matériaux sur lesquels repose mon argumentation sont, dans la première partie surtout, principalement d'ordre historique. Mais ils sont conservés et redisposés en fonction de catégories d'analyse que je prends la responsabilité d'introduire[1].

---

1. J'ai explicité les présupposés méthodologiques de cette approche, *in* «Problematization: a way of Reading History», J. Goldstein éd., *Foucault and the Writing of History today*, Cambridge, Basil Blackwell, 1994. Jean-Claude Passeron a dégagé le socle épistémologique qui justifie une position de ce type, *cf. le Raisonnement sociologique*, l'espace non poppérien du raisonnement naturel, Paris, Nathan, 1991. À savoir qu'en dépit de la division académique du travail, l'histoire et la sociologie (et aussi l'anthropologie) déploient des discours qui se situent sur le même registre épistémologique, entretiennent les mêmes rapports avec les procédures d'administration de la preuve, et ont la même base empirique, ce que Passeron appelle «le cours historique du monde». Dès lors, des emprunts croisés et des transferts de discipline à discipline sont légitimes, à condition de respecter les règles propres à chacune. Le respect de ces règles interdit que le non-historien s'autorise la moindre modification des données élaborées par la science historique. Non pas que ces constructions soient définitives, mais leur réélaboration relève de procédures propres au métier d'historien. Je n'entrerai donc pas dans le débat historiographique contemporain qui réinterroge les conditions de construction des données historiques. Je reprends les témoignages d'époque et les élaborations des historiens lorsqu'elles font consensus (ou, lorsque ce n'est pas le cas, je m'efforce d'indiquer les divergences d'interprétation), pour les redéployer autrement selon la configuration d'un autre espace assertorique, celui du «raisonnement sociologique».

«*Métamorphoses de la question sociale.*» La «question sociale» est une aporie fondamentale sur laquelle une société expérimente l'énigme de sa cohésion et tente de conjurer le risque de sa fracture. Elle est un défi qui interroge, remet en question la capacité d'une société (ce qu'en termes politiques on appelle une nation) à exister comme un ensemble lié par des relations d'inter-dépendance.

Cette question s'est nommée la première fois explicitement comme telle dans les années 1830. Elle se posa alors à partir de la prise de conscience des conditions d'existence des populations qui sont à la fois les agents et les victimes de la révolution industrielle. C'est la question du paupérisme. Moment essentiel que celui-là, lorsque le divorce est apparu quasi total entre un ordre juridico-politique fondé sur la reconnaissance des droits des citoyens et un ordre économique qui entraîne une misère et une démoralisation de masse. La conviction se répand alors qu'il y a bien là «une menace à l'ordre politique et moral[1]», ou, plus énergiquement encore : «Il faut ou trouver un remède efficace à la plaie du paupérisme, ou se préparer au bouleversement du monde[2].» Entendons par là que la société libérale risque d'éclater du fait des nouvelles tensions sociales qui sont l'effet d'une industrialisation sauvage.

Cet hiatus entre l'organisation politique et le système économique permet de marquer, pour la

---

1. Vicomte A. de Villeneuve-Bargemont, *Économie politique chrétienne ou Recherches sur le paupérisme*, Paris, 1834, p. 25.
2. E. Buret, *De la misère des classes laborieuses en France et en Angleterre*, Paris, 1840, tome I, p. 98.

première fois avec clarté, la place du « social » : se déployer dans cet entre-deux, restaurer ou établir des liens qui n'obéissent ni à une logique strictement économique ni à une juridiction strictement politique. Le « social » consiste en systèmes de régulations non marchandes institués pour tenter de colmater cette béance. La question sociale devient ainsi dans ce contexte la question de la place que peuvent occuper dans la société industrielle les franges les plus désocialisées des travailleurs. La réponse à cette question sera l'ensemble des dispositifs montés pour promouvoir leur intégration.

Cependant, *avant* cette « invention du social[1] » il y avait déjà du social. Ainsi les multiples formes institutionnalisées de relations non marchandes à l'égard de différentes catégories d'indigents (les pratiques et les institutions d'assistance). Mais aussi les modes systématiques d'intervention à l'égard de certaines populations : répression du vagabondage, obligation du travail, contrôle de la circulation de la main-d'œuvre. Il existait donc alors non seulement ce que j'appellerai le « social-assistantiel », mais aussi des interventions publiques à travers lesquelles l'État jouait le rôle de garant du maintien de l'organisation du travail et de régulateur de la mobilité des travailleurs. Pourquoi ? Parce qu'une « question sociale » déjà se posait dans les sociétés préindustrielles de l'Europe occidentale. L'interdépendance soigneusement encastrée des statuts dans une société d'ordres est menacée par la pression qu'exercent tous ceux qui n'y trouvent pas leur place à partir

1. J. Donzelot, *l'Invention du social*, Paris, Fayard, 1984.

de l'organisation traditionnelle du travail. La question du vagabondage, on le verra, exprime et dissimule en même temps la revendication fondamentale du libre accès au travail à partir de laquelle les rapports de production vont se redéfinir sur une base nouvelle.

Mais si la « question sociale » se pose déjà avant sa première formulation explicite au XIXe siècle, ne se repose-t-elle pas également *après* que la problématique commandée par les péripéties de l'intégration de la classe ouvrière a cessé d'être déterminante ? Il est vrai que cette séquence prenant place entre la première moitié du XIXe siècle et les années 60 du XXe est en train de s'effacer. Il est vrai aussi qu'il n'y a plus de mot pour rendre raison de l'unité de la multiplicité des « problèmes sociaux » qui s'y sont substitués — d'où la vogue de cette notion d'exclusion, dont l'indifférenciation vient recouvrir une foule de situations malheureuses sans rendre intelligible leur appartenance à un genre commun. Que partagent en effet un chômeur de longue durée replié sur la sphère familiale, avec femme, appartement et télévision[1], et le jeune dont la galère est faite d'errances toujours recommencées et d'explosions de rage avortées[2] ? Ils n'ont ni le même passé, ni le même avenir, ni le même vécu, ni les mêmes valeurs. Ils ne peuvent nourrir un projet commun et ne paraissent pas susceptibles de dépasser leur désarroi dans des formes d'organisation collective.

Mais ce qui rapproche les situations de ce type,

---

1. O. Schwartz, *le Monde privé des ouvriers*, Paris, PUF, 1990.
2. F. Dubet, *la Galère, jeunes en survie*, Paris, Fayard, 1987.

c'est moins une communauté de traits relevant d'une description empirique que l'unité d'une *position* par rapport aux restructurations économiques et sociales actuelles. Ils sont moins exclus que laissés pour compte, comme échoués sur la rive après que le courant des échanges productifs s'est détourné d'eux. Tout se passe comme si nous redécouvrions avec angoisse une réalité que, habitués à la croissance économique, au quasi-plein-emploi, aux progrès de l'intégration et à la généralisation des protections sociales, nous croyions conjurée : l'existence, à nouveau, d'«inutiles au monde», de sujets et de groupes devenus surnuméraires face à l'aggiornamento en cours des compétences économiques et sociales.

Ce statut est effectivement tout différent de celui qu'occupaient même les plus défavorisés dans la version précédente de la question sociale. Ainsi, le manœuvre ou l'ouvrier spécialisé, l'OS des dernières grandes luttes ouvrières, exploité sans doute, n'en était pas moins indispensable. Autrement dit, il restait relié à l'ensemble des échanges sociaux. Il faisait partie, bien qu'il en occupât le dernier rang, de la société entendue, selon le modèle durkheimien, comme un ensemble d'éléments interdépendants. Il en résultait que sa subordination pouvait se penser dans le cadre d'une problématique de l'intégration, c'est-à-dire, dans sa version «réformiste», en termes de réduction des inégalités, de politique des revenus, de promotion de chances sociales et de moyens de participation culturelle, ou, dans sa version «révolutionnaire», en termes de bouleversement complet de la structure sociale pour assurer à tous une égalité réelle de condition.

Mais les «surnuméraires» ne sont même pas

exploités, car, pour l'être, il faut posséder des compétences convertibles en valeurs sociales. Ils sont superfétatoires. On voit mal aussi comment ils pourraient représenter une force de pression, un potentiel de lutte, s'ils ne sont en prise sur aucun secteur névralgique de la vie sociale. Ils inaugurent ainsi sans doute une problématique théorique et pratique nouvelle. S'ils ne sont plus au sens propre du mot des acteurs, parce qu'ils ne *font* rien de socialement utile, comment pourraient-ils *exister* socialement ? Au sens évidemment où exister socialement voudrait dire tenir effectivement une place dans la société. Car, en même temps, ils sont bien présents — et c'est tout le problème, car ils sont en surnombre.

Il y a là une profonde « métamorphose » par rapport à la question précédente qui était de savoir comment un acteur social subordonné et dépendant pouvait devenir un sujet social à part entière. Maintenant, la question est plutôt d'euphémiser cette présence, de la rendre discrète au point de l'effacer (c'est, on le verra, tout l'effort des politiques d'insertion, à penser dans l'espace d'un reflux des politiques d'intégration). Nouvelle problématique, donc, *mais non pas autre problématisation.* On ne peut en effet autonomiser la situation de ces populations placées aux marges, sauf à entériner la coupure que l'on dénonce en prétendant lutter contre l'exclusion. Le détour historique proposé montrera que ce qui se cristallise à la périphérie de la structure sociale — sur les vagabonds avant la révolution industrielle, sur les « misérables » du XIXe siècle, sur les « exclus » d'aujourd'hui — s'inscrit dans une dynamique sociale globale. Il y a là une donnée fondamentale qui s'est imposée en cours de recherche à travers l'analyse que je propose de la situation des vagabonds, et sa leçon vaut pour aujourd'hui : la question sociale se pose explicitement sur les marges de la vie sociale, mais elle « met en question » l'ensemble de la société. Il y a là une sorte d'effet boomerang par lequel les problèmes posés par les populations qui échouent aux bordures d'une formation sociale font retour vers son centre. Dès lors, que nous soyons entrés dans la société « postindustrielle », voire « postmoderne », ou comme on voudra l'appeler, n'empêche pas que la condition faite à ceux qui sont « out » dépend toujours de la condition de ceux qui sont « in ». Ce sont toujours les orientations prises aux foyers de décision — en matière de politique économique et sociale, de management des entreprises, de reconversions industrielles, de recherche de la compétitivité, etc. — qui se répercutent comme une onde de choc dans les différentes zones de la vie sociale. Mais la réciproque est également vraie, à savoir que les puissants et les stables ne sont pas placés sur un Olympe d'où ils pourraient impavidement contempler la misère du monde. Intégrés, vulnérables et désaffiliés appartiennent à un même ensemble, mais dont l'unité est problématique. Ce sont les conditions de constitution et de maintien de cette unité problématique qu'il va falloir interroger. Si la redéfinition de l'efficacité économique et de la compétence sociale doit se payer de la mise hors jeu de 10, 20, 30 % ou plus de la population, peut-on encore parler d'appartenance à un même ensemble social ? Quel est le seuil de tolérance d'une société démocratique à ce que j'appellerai, plutôt que l'exclusion, l'invalidation sociale ? Telle est à mon sens la nouvelle question sociale. Qu'est-il possible de faire afin de remettre dans le jeu social ces populations invalidées par la conjoncture, et pour mettre fin à une hémorragie de désaffiliation qui risque de laisser exsangue tout le corps social ?

La question ainsi posée est aussi la question de l'État, du rôle que l'État peut être appelé à jouer dans cette conjoncture. L'État social (je dirai pourquoi j'évite de parler d'«État providence») s'est constitué à l'intersection du marché et du travail. Il a été d'autant plus fort qu'étaient fortes les dynamiques qu'il régulait : la croissance économique et la structuration de la condition salariale. Si l'économie se ré-autonomise et si la condition salariale se délite, l'État social perd de son pouvoir intégrateur. Mais ici aussi il peut s'agir d'une métamorphose plutôt que d'un effacement. Si l'on prend la peine de reconstruire les péripéties qu'il a traversées, il devient clair qu'une forme unique d'État social n'est pas inscrite dans le ciel des idées. La conjoncture après la Seconde Guerre mondiale a pu donner de l'articulation de l'économique et du social élaborée alors une version assez satisfaisante pour qu'elle ait été tentée de se penser comme quasi définitive. Chacun sait qu'aujourd'hui nous n'en sommes plus à l'ère des compromis sociaux permis par la croissance, mais qu'est-ce à dire ? Sans doute sommes-nous placés devant une bifurcation : accepter une société tout entière soumise aux exigences de l'économie, ou construire une figure de l'État social à la mesure des nouveaux défis. Le consentement à la première branche de l'al-

ternative ne peut être exclu. Mais il risquerait de
se payer de l'effondrement de la société salariale,
c'est-à-dire de ce montage inédit de travail et de
protections qui a coûté tant de peine avant de
s'imposer.

Émile Durkheim et les républicains de la fin du
XIXe siècle ont nommé solidarité ce lien problématique qui assure la complémentarité des composantes d'une société en dépit de la complexité
croissante de son organisation. C'est le fondement du pacte social. Durkheim le reformulait en
ces termes au moment où le développement de
l'industrialisation menaçait des solidarités plus
anciennes qui devaient encore beaucoup à la
reproduction d'un ordre fondé sur la tradition et
la coutume. À l'aube du XXe siècle, la solidarité
devait devenir une prise en charge volontaire de
la société par elle-même, et l'État social s'en faire
le garant. À l'aube du XXIe siècle, lorsque les régulations mises en œuvre dans le cadre de la société
industrielle sont à leur tour profondément ébranlées, c'est sans doute ce même contrat social qu'il
faut redéfinir à nouveaux frais. Pacte de solidarité, pacte de travail, pacte de citoyenneté : penser
les conditions de l'inclusion de tous pour qu'ils
puissent avoir commerce ensemble, comme on
disait au temps des Lumières, c'est-à-dire «faire
société».

NOTE SUR LE COMPARATISME

La problématisation qui sera déployée dans la première partie couvre en principe une large part de l'Europe à l'ouest de l'Elbe : l'aire géographique de la « chrétienté latine », devenue « l'Europe de toutes les réussites », pour reprendre des expressions de Pierre Chaunu[1], berceau de la double révolution industrielle et politique dont l'héritage a dominé la civilisation occidentale. Elle n'en comporte pas moins des spécificités nationales irréductibles. Pour deux raisons au moins, il était impossible de prendre en charge cet ensemble : l'ampleur des matériaux à travailler, et l'incapacité de se plier aux exigences d'une approche sérieusement comparative à une telle échelle. L'analyse de la situation française a donc été privilégiée. Il ne s'agit pas pour autant d'une enquête purement hexagonale. D'une part, parce que des correspondances avec d'autres situations ont été soulignées (paradoxalement en apparence, elles sont plus visibles lorsque l'on remonte dans le temps, avant

---

1. P. Chaunu, *Histoire, science sociale : la durée, l'espace et l'homme à l'époque moderne*, Paris, SEES, 1974.

la consolidation des États-nations : le milieu du
XIVᵉ siècle et le début du XVIᵉ siècle, par exemple,
révèlent d'étonnantes analogies quant aux struc-
tures de l'assistance et aux formes de l'organisa-
tion du travail dans tout cet espace européen).
D'autre part, parce que je me suis constamment
référé aux transformations correspondantes de la
société britannique et que j'en ai fréquemment fait
état (cette mise en parallèle ne prétend pas à la
rigueur d'une véritable analyse comparative ; elle
vise seulement à suggérer un jeu entre les ressem-
blances et les différences pour aider à dégager des
constantes¹). Enfin et surtout, une analyse de ce
type suppose, quant à sa possibilité même, qu'exis-
tent effectivement des constantes dans le temps et
dans l'espace, en dépit de ou grâce aux diversités
culturelles et historiques. «Constantes» ne signifie
pas la pérennité des mêmes structures, mais des
homologies dans les configurations des situations
et dans les processus de leurs transformations.
Mais il s'agit à ce stade d'une pétition de principe,
qui doit maintenant s'affronter à la tâche d'orga-
niser la diversité historique.

Schématiquement, on pourrait dire que mon
analyse est très largement «européenne» jusqu'à la
Renaissance comprise. Elle fait ensuite fréquem-
ment référence à la situation anglaise jusqu'à la
fin du XVIIIᵉ siècle. Au-delà, il était impossible de
prendre en charge le problème de la diversité des
États sociaux et de la spécificité de la situation

---

1. Comme le montre E.J. Hobsbawm (*l'Ère des révolutions*,
trad. fr. Paris, Fayard, 1970), la mise en parallèle de la situation en France et en Angleterre est particulièrement suggestive,
l'une ayant été l'épicentre de la révolution politique, et l'autre
de la révolution industrielle.

*actuelle dans les différents pays d'Europe occiden-
tale (il aurait d'ailleurs fallu inclure dans l'analyse la situation aux États-Unis). Pour nommer
d'un mot la position sous-jacente à mon propos,
qui pourrait se réclamer de Karl Polanyi*[1]*: les
États sociaux des pays occidentaux ont répondu à
un commun défi, celui de l'industrialisation et des
facteurs de dissociation sociale qu'elle entraînait,
mais ils l'ont évidemment fait à des rythmes différents, en mobilisant leurs traditions nationales et
compte tenu des différentes forces sociales en présence dans chaque contexte. Toutefois, le débat
reste sur ce plan quelque peu métaphysique et relè-
verait d'analyses comparatives précises des différents contextes nationaux, qui restent largement à
promouvoir*[2]*.*

1. K. Polanyi, *la Grande Transformation. Aux origines économiques et politiques de notre temps,* tr. fr. Paris, Gallimard, 1983.

2. Ce débat est actuellement surtout mené à partir des positions dites «néo-institutionnalistes» *(State-central approach),*
qui mettent l'accent sur l'hétérogénéité des situations nationales et sur le rôle spécifique des États et des agents de l'État;
cf. P.B. Evans, D. Rueschemeyer, T. Skocpol, *Bringing the State
back in,* New York, Cambridge University Press, 1985. Présentation des différentes positions en présence *in* F.-X. Merrien,
«État et politiques sociales : contribution à une théorie "néo-institutionnaliste"», *Sociologie du travail,* n° 3/90, 1990. Pour une
comparaison des facteurs présidant à la naissance et au développement des États sociaux, *cf.* P. Flora, A.J. Heidenheimer
(éds), *The Development of Welfare States in Europe and America,*
New Brunswick and London, Transactions Books, 1979.

PREMIÈRE PARTIE

De la tutelle au contrat

La «question sociale» peut être caractérisée par une inquiétude sur la capacité de maintenir la cohésion d'une société. Cette menace de rupture est portée par des groupes dont l'existence ébranle la cohésion de l'ensemble. Quels sont-ils? Le problème ici se complique, du fait du flou que recouvre le terme de «social». On explicitera progressivement ses différentes acceptions. Mais il faut partir d'une distinction massive, quitte à la nuancer par la suite. Les populations qui relèvent d'interventions sociales diffèrent fondamentalement selon qu'elles sont ou non capables de travailler, et elles sont traitées d'une manière toute différente en fonction de ce critère.

Un premier profil de populations renvoie à ce que l'on pourrait appeler une *handicapologie*, au sens large du terme. Vieillards indigents, enfants sans parents, estropiés de toutes sortes, aveugles, paralytiques, scrofuleux, idiots — l'ensemble est hétéroclite comme un tableau de Jérôme Bosch, mais tous ces types ont en commun de ne pas subvenir par eux-mêmes à leurs besoins de base parce qu'ils ne peuvent pas œuvrer pour le faire. Ils sont de ce fait dédouanés de l'obligation du travail. La question peut se poser — et elle se pose à chaque instant — de savoir où passe exactement la ligne de partage entre capacité et incapacité de travailler. Ce vieillard décrépit ne pourrait-il pas néanmoins se débrouiller pour survivre par ses propres moyens? Les malheureux seront toujours soupçonnés de vouloir vivre aux crochets des nantis. Néanmoins, il existe un noyau de situations de dépendance reconnues, constitué autour de l'incapacité à entrer dans l'ordre du travail du fait de déficiences physiques ou psychiques manifestes dues à l'âge (enfants et vieillards), à l'infirmité, à la maladie, et qui peuvent même s'étendre à certaines situations familiales ou sociales désastreuses, comme celle de la «veuve chargée d'enfants», pour reprendre une expression fréquemment rencontrée dans les réglementations de l'assistance. «Handicapologie» doit donc s'entendre au sens métaphorique: la catégorie est hétérogène quant aux conditions qui mènent à ces situations; en revanche le critère est d'une grande cohérence quant au rapport au travail qu'il qualifie.

Ces populations exonérées de l'obligation de travailler sont les clients potentiels du *social-assistantiel.* Une telle prise en charge peut poser des problèmes financiers, institutionnels et techniques difficiles. Elle ne pose pas de problème de principe. À condition que l'indigent arrive à faire reconnaître cette incapacité, il peut être secouru, même si dans les faits ce traitement se révèle souvent insuffisant, inadéquat, condescendant et même humiliant. Mais si l'existence de ce type de population est toujours source d'embarras, elle ne met pas fondamentalement en cause l'organisation sociale. Il en sera principalement fait état (chapitre 1) pour dissocier son sort de celui d'un autre profil d'indigents, qui lui pose la «question sociale» sous sa forme aiguë. Cette distinction d'une *problématique des secours* et d'une *problématique du travail* représente un des points sur lesquels mon «récit» s'écarte quelque peu de celui de la plupart des historiens de l'assistance, mais j'espère montrer qu'il n'est pas contradictoire avec eux.

Toute différente de la condition des assistés est en effet la situation de ceux qui, capables de travailler, ne travaillent pas. Ils apparaissent d'abord sous la figure de *l'indigent valide*. Celui-ci, démuni et, de ce fait, lui aussi dépendant d'un secours, ne peut pour autant bénéficier directement des dispositifs concernant ceux qui sont exonérés de l'obligation de s'autosuffire. En défaut par rapport à l'impératif du travail, il est aussi le plus souvent repoussé au-dehors de la zone de l'assistance. Aussi va-t-il être placé, et pour longtemps, dans une situation contradictoire. S'il est de surcroît un étranger, un «forain» sans attaches, il ne peut bénéficier des réseaux de protection rapprochée qui assurent tant bien que mal aux autochtones une prise en charge minimale de leurs besoins élémentaires. Sa situation sera alors littéralement invivable. C'est celle du vagabond, le désaffilié par excellence.

Il était envisageable, et ce fut mon intention première, d'analyser l'essentiel des questions posées par ce rapport aporétique au travail dans la société préindustrielle[1] à partir du traitement

---

1. On appellera ici «société préindustrielle» la période historique qui, dans l'Occident chrétien, va du milieu du xive siècle aux profondes transformations intervenues à la fin du xviiie.

réservé à cette frange la plus stigmatisée. Car c'est ainsi que le problème est alors posé sous sa forme la plus manifeste, et les efforts acharnés déployés pour éradiquer le vagabondage montrent bien l'importance décisive de cette question pendant plusieurs siècles.

Cependant, la question se complique si l'on restitue la réalité sociologique que recouvre le label de vagabond. Le plus souvent, il condamne l'errance d'un travailleur précaire en quête d'une occupation qui se dérobe. Ce type de personnage révèle un accroc irréparable dans la forme dominante de l'organisation du travail. C'est l'incapacité de cette organisation à faire sa place à la mobilité qui alimente et dramatise la question du vagabondage. Celle-ci n'est alors que la forme paroxystique du conflit qui traverse de larges secteurs de l'organisation sociale. C'est en fait la question *du salariat* qui est ainsi posée, c'est-à-dire à la fois la nécessité croissante de recourir à la salarisation, et l'impossibilité de réguler une condition salariale du fait de la persistance de tutelles traditionnelles qui corsètent le travail dans des réseaux rigides d'obligations *sociales*, et non point économiques.

Son unité relative sera saisie principalement sous l'angle des formes d'organisation du travail qui s'y déploient avant la «révolution industrielle». Non point que cette séquence de plus de quatre siècles ne connaisse des transformations économiques et sociales importantes, au contraire. Mais elles se heurtent à des systèmes de contraintes qui, eux, gardent une grande permanence. C'est cette *tension* entre les contraintes d'une «société cadastrée», société d'ordres et de statuts, et les facteurs de changement, qui servira de fil conducteur aux analyses des quatre premiers chapitres.

Des tutelles au contrat : le chemin est long qui aboutit, à la fin du XVIIIe siècle, au seuil de la modernité libérale. Si on se résout à l'emprunter, il faut pénétrer les formes complexes de l'organisation du travail de la société préindustrielle, travail réglé, travail forcé, développement de noyaux ébauchés et fragmentaires, mais toujours circonscrits et contenus, de salariat « libre ». Il apparaît alors que la condition de la majorité de ceux qui vivent du travail de leurs bras n'est pas garantie par les protections attachées au travail réglé. Elle se caractérise par une *vulnérabilité de masse*, engendrée par le fait que le travail ne peut être régulé sur le modèle du marché.

Je me suis finalement résolu à épouser ces longs cheminements. Il le fallait pour reconstituer la lente émergence d'une nouvelle formulation de la question sociale : la question *du libre accès au travail*, qui s'impose au XVIIIe siècle et a un impact alors proprement révolutionnaire. L'institution du libre accès au travail est une révolution juridique aussi importante sans doute que la révolution industrielle, dont elle est d'ailleurs la contrepartie. Elle revêt en effet une importance fondamentale par rapport à tout ce qui la précède. Elle casse les formes séculaires d'organisation des métiers et fait du travail forcé une survivance barbare. La promotion du libre accès au travail boucle ainsi un long cycle de transformations conflictuelles en mettant fin aux blocages qui ont entravé l'avènement d'une condition salariale. Mais cette révolution est aussi décisive par rapport à ce qui suit. C'est elle qui relance la question sociale sur des bases toutes nouvelles au début du XIXᵉ siècle. Sous le règne des tutelles, le salariat étouffait. Sous le régime du contrat, il s'épanouit mais, paradoxalement, la condition ouvrière se fragilise en même temps qu'elle se libère. On découvre alors que la liberté sans protection peut conduire à la pire des servitudes, celle du besoin.

La démarche qui sera reconstituée dans cette première partie peut se résumer ainsi. Au commencement étaient les tutelles et les contraintes, que l'État absolutiste et l'organisation traditionnelle des métiers conspiraient à maintenir. À la fin — à la fin du XVIIIᵉ siècle —, adviennent les contrats et la liberté d'entreprendre que le principe de la gouvernementalité libérale façonné par les Lumières impose dans les faits à travers la révolution politique. Ainsi, l'enchaînement de ces épisodes servira de socle pour comprendre les péripéties de la partie suivante. La tâche d'une politique sociale à partir du XIXᵉ siècle sera en effet d'étayer cette structure trop friable du libre contrat de travail. La liberté qui favorisait les entreprises était trop forte, trop sauvage, pour ceux qui ne pouvaient que la subir. La liberté et l'individualisme triomphants comportent une face d'ombre, *l'individualité négative* de tous ceux qui se retrouvent sans attaches et sans supports, privés de toute protection et de toute reconnaissance. L'État social s'est construit comme une réponse à cette situation. Il a cru pouvoir en conjurer les risques en tissant autour de la relation de travail de solides systèmes de garanties. De sorte que le suivi de ces enchaînements, ou plutôt de ces ruptures et de ces recompositions, représente bien la voie, sinon la plus courte, du moins la plus rigoureuse, pour en arriver à la problématique contemporaine, dans la mesure où celle-ci tient principalement au fait que ces régulations tissées autour du travail perdent leur pouvoir intégrateur. De la société préindustrielle à la société postindustrielle s'opère ainsi un total retournement. La vulnérabilité naissait de l'excès des contraintes, alors qu'elle apparaît maintenant suscitée par l'affaiblissement des protections. C'est l'ensemble des conditions de ce retournement qu'il faudra déployer. Elles circonscrivent les bornes de la question sociale dans le cadre d'une même problématisation qui commence à prendre forme au milieu du XIVe siècle.

CHAPITRE PREMIER

LA PROTECTION RAPPROCHÉE

Des deux versants de la question sociale dont on va suivre les transformations, le social-assistantiel est le moins tributaire d'une histoire spécifique. Il s'organise autour de caractéristiques formelles dont on trouverait sans doute l'équivalent dans toutes les sociétés historiques. «Assister» recouvre un ensemble extraordinairement diversifié de pratiques, qui s'inscrivent cependant dans une structure commune déterminée par l'existence de certaines catégories de populations démunies et par la nécessité de les prendre en charge. Soit donc en premier lieu une tentative pour dégager ces caractéristiques qui constituent la logique de l'assistance.

Pourtant, on ne peut s'en tenir à un organigramme purement formel: cette constellation de l'assistance a évidemment pris des formes particulières dans chaque formation sociale. Celle qu'elle a revêtue dans l'Occident chrétien doit retenir particulièrement l'attention pour deux raisons. Parce qu'elle fait toujours partie de notre héritage: les enjeux contemporains de l'assistance sont encore constitués autour de lignes de force dont on ne saisit le sens qu'en les rappor-

tant aux situations historiques au sein desquelles
elles se sont constituées depuis le Moyen Âge. La
seconde raison tient à ce que cette configuration
assistantielle a interféré et continue d'interférer
(à la fois pour le prendre partiellement en charge
et pour l'occulter) avec l'autre grand pan de la
question sociale qui relève principalement de la
problématique du travail, et dont l'émergence est
plus tardive (milieu du XIVe siècle). Pour dégager
l'originalité de cet avènement (*cf.* chapitre II), il
est nécessaire de le situer sur la toile de fond
d'une configuration assistantielle déjà constituée
à ce moment-là dans ses grandes lignes.

La sociabilité primaire

Le social-assistantiel peut être formellement
caractérisé par opposition aux modes d'organisation collective qui économisent ce type de recours.
Car il existe des sociétés sans social. Le social, en
effet, ne doit pas être entendu ici comme l'ensemble des relations caractérisant l'humanité en
tant qu'espèce dont le propre est de vivre en
société. Certes, «l'homme est un animal social»,
et l'abeille aussi. Mais pour ne pas être encombré
par une simple question de vocabulaire, on
conviendra de nommer «sociétale» cette qualification générale des rapports humains, en tant
qu'elle se rapporte à toutes les formes d'existence
collective. Le «social», par contre, est une configuration spécifique de pratiques qui ne se retrouvent pas dans toutes les collectivités humaines.
On dira d'abord sous quelles conditions il émerge.
Une société sans social serait entièrement
régie par les régulations de la sociabilité pri-

maire[1]. J'entends par là les systèmes de règles
liant directement les membres d'un groupe sur la
base de leur appartenance familiale, de voisinage, de travail, et tissant des réseaux d'interdépendances sans la médiation d'institutions
spécifiques. Il s'agit d'abord des sociétés de permanence au sein desquelles l'individu, encastré
dès sa naissance dans un réseau serré de
contraintes, reproduit pour l'essentiel les injonctions de la tradition et de la coutume. Dans ces
formations, il n'y a pas davantage de «social» que
d'«économique», de «politique» ou de «scientifique», au sens où ces mots qualifieraient des
domaines identifiables de pratiques. Des règles
ancestrales s'imposent aux individus sur un mode
synthétique et directement normatif. Des formes
stables de relations accompagnent l'accomplissement des principaux rôles sociaux dans la
famille, le voisinage, le groupe d'âge et de sexe,
la place occupée dans la division du travail, et
permettent la transmission des apprentissages et
la reproduction de l'existence sociale.

On applique généralement aux sociétés dites
sans histoire ce modèle — ici très simplifié — de

---

1. J'emprunte cette expression à Alain Caillé, «Socialité primaire et société secondaire», *in Splendeurs et misères des
sciences sociales*, Genève-Paris, Droz, 1986, p. 363-375. Caillé
oppose la socialité ou la sociabilité primaire à la socialité
«secondaire», qui est une socialité construite à partir de la participation à des groupes supposant une spécialisation des activités et des médiations institutionnelles. Bien entendu, il s'agit
d'une opposition formelle et abstraite, mais que l'on peut faire
travailler sur des situations précises. Je l'utilise ici comme un
modèle pour caractériser l'émergence d'une prise en charge
spécialisée à partir d'une faille dans les prises en charge non
spécialisées, ou «primaires».

formations sociales qui se reproduiraient à l'identique en imposant une programmation stricte aux prestations des individus. De fait, pour les sociétés dont s'est occupée l'ethnologie à ses débuts, le changement est perçu comme advenant du dehors, par la conquête ou par la colonisation, et il les fait exploser en leur imposant un modèle de transformation qu'elles ne peuvent intégrer à partir de leur dynamique propre. Mais on peut retrouver des structures de ce type dans toutes les aires culturelles, y compris celle de l'Occident chrétien. Elles correspondent à ce que l'anthropologie historique a appelé les « sociétés paysannes ». Ainsi, jusqu'à une époque très proche, des communautés rurales vivaient en quasi-autarcie, non seulement économique mais aussi relationnelle, telles des enclaves au sein d'ensembles entraînés par le mouvement de la modernité[1]. Davantage : dans l'Occident chrétien, cette structure fermée a été l'organisation sociale dominante de l'époque féodale, marquée par la sacralisation du passé, la prépondérance du lignage et des liens de sang, l'attachement à des relations permanentes de dépendance et d'interdépendance enracinées dans des communautés territoriales restreintes. Par le mode de sociabilité qu'elle orchestre, la société féodale conjugue même deux vecteurs principaux d'interdépendance qui conspirent à sa stabilité : les rapports horizontaux au sein de la communauté rurale, les rapports verticaux de la sujétion seigneuriale. Son unité de base est en

---

1. *Cf.* W.I. Thomas, E. Znaniecki, *The Polish Peasant in Europe and America*, première édition, New York, 1918. Pour une conceptualisation générale, T. Shanin, « Peasant Economy » I et II, *Journal of Peasant Studies*, octobre 1973 et janvier 1974.

effet la communauté d'habitants ancestralement composée de familles lignagières soudées face aux exigences militaires et économiques de la seigneurie qui la domine[1]. Chaque individu se trouve ainsi pris dans un réseau complexe d'échanges inégaux qui le soumet à des obligations et lui procure des protections en fonction de cet organigramme à double entrée : la dépendance par rapport au seigneur ecclésiastique ou laïc, l'inscription dans le système des solidarités et des contraintes du lignage et du voisinage. Comme le dit d'une manière heureuse un historien de l'ancienne école dont la prolixité est souvent plus approximative : «Aucune époque ne s'est plus efforcée de combiner entre les individus des rapports immuables ; aucune n'a été ensuite plus embarrassée par son œuvre, et n'a plus souffert pour l'anéantir[2].»

Mais même dans les sociétés les plus régulées par les interdépendances traditionnelles, des accrocs peuvent se produire dans ces processus d'intégration primaire. Par exemple, la situation d'orphelin rompt le tissu de la prise en charge familiale, l'infirmité ou l'accident peuvent rendre l'individu provisoirement ou définitivement inca-

1. *Cf.* J.-P. Gutton, *la Société villageoise dans l'ancienne France*, Paris, Hachette, 1979. Robert Fossier parle d'«encellulement» pour décrire, au Moyen Âge, le processus de cristallisation de l'habitat rural en communautés d'habitants à dominante autarcique (*Histoire sociale de l'Occident médiéval* Paris, A. Colin, 1970).
2. G. d'Avenel, *Paysans et ouvriers depuis 700 ans*, Paris, A. Colin, 1907, p. 9. Bien entendu, cette forme d'organisation sociale peut se retrouver dans d'autres aires culturelles et à d'autres époques historiques. C'est en particulier le cas du Moyen Âge japonais».

pable de tenir sa place dans le système réglé d'échanges assurant l'équilibre du groupe d'appartenance, ou encore l'indigence complète peut le placer en situation de dépendance sans interdépendance. La désaffiliation telle que je l'entends est, en un premier sens, une rupture de ce type par rapport à ces réseaux d'intégration primaire ; un premier décrochage à l'égard des régulations données à partir de l'encastrement dans la famille, le lignage, le système des interdépendances fondées sur l'appartenance communautaire. Il y a risque de désaffiliation lorsque l'ensemble des relations de proximité qu'entretient un individu sur la base de son inscription territoriale, qui est aussi son inscription familiale et sociale, se trouve en défaut pour reproduire son existence et pour assurer sa protection.

Cependant, les communautés très structurées peuvent, sous certaines conditions, pallier ces ratés de la sociabilité primaire en mobilisant les potentialités de cette même sociabilité. Elles réaffilient les individus déstabilisés en sollicitant les ressources économiques et relationnelles de l'environnement familial et/ou local. Ainsi, l'orphelin sera pris en charge par la famille élargie, l'invalide ou l'indigent trouveront un minimum de solidarités « naturelles » dans la communauté villageoise. On a ainsi pu parler, métaphoriquement du moins, de « famille-providence[1] ». Au-delà de la famille, la communauté territoriale peut, même en l'absence d'institutions spécialisées, assurer certaines régulations collectives,

1. *Cf.* A. Lipietz, *l'Audace ou l'enlisement*, Paris, La Découverte, 1984.

comme ce fut le cas au Moyen Âge pour l'utilisation des communaux, la répartition des corvées et de certaines sujétions féodales[1]. Elle peut aussi veiller à ce que les membres les plus démunis de la communauté bénéficient d'une prise en charge minimale, dans la mesure où leur abandon total entamerait la cohésion du groupe.

Ces communautés tendent ainsi à fonctionner comme des systèmes autorégulés ou homéostatiques, qui recomposent leur équilibre en mobilisant leurs propres ressources. Une réaffiliation s'opère sans changer de cadre de référence. L'intégration menacée se reconstitue sur une base territoriale et dans le cadre des interdépendances données par cette inscription. Lorsque survient un accroc dans le système des protections rapprochées, la sociabilité primaire est moins rompue que distendue, et la réussite des opérations de rattrapage dépend de son élasticité. Celle-ci n'est pas infinie. Il peut se produire des démissions, des abandons, des rejets. Les réseaux primaires de solidarité peuvent être déséquilibrés par de telles surcharges et se rompre. Ces prises en charge peuvent aussi se payer très cher, par une surexploitation, de petites persécutions ou un mépris pesant. La vie de l'idiot du village, par exemple, tolérée et pour une part supportée par sa communauté, n'est pas pour autant paradisiaque[2].

Je ne propose donc pas ici une vision idyllique

---

1. *Cf.* R. Fossier, *Histoire sociale de l'Occident médiéval, op. cit.*, chap. v.
2. Marc Augé parle de «totalitarisme lignagier» pour qualifier les situations de dépendance quasi absolue par rapport au lignage, à la tradition et à la coutume dans les sociétés «sans histoire». *Cf. Pouvoirs de vie, pouvoirs de mort*, Paris, Flammarion, 1977, p. 81.

des mérites d'une société civile version primitive, mais plutôt une reconstruction de ce à quoi sont condamnées, pour le pire ou le meilleur, des sociétés sans instances de prise en charge spécialisées lorsqu'elles ont à affronter un avatar qui perturbe leurs régulations coutumières : ou bien la reprise par les réseaux communautaires « donnés » s'opère (et elle présente toujours un coût), ou bien il n'y a rien, hormis différentes formes d'abandon et de mort sociale. On pourrait ici multiplier les témoignages d'ethnologues sur le caractère perturbateur de la présence dans ces sociétés d'individus en situation d'isolement social[1]. Cette structure sociale connaît déjà ce profil d'individus que l'on qualifiera de surnuméraires. Mais elle ne peut leur ménager aucun traitement.

Ce schéma s'applique, dans une certaine mesure et sous réserve de certaines précautions, à la société féodale telle qu'elle a existé en Occident avant l'an mille. Georges Duby a pu écrire à son propos : « Tous les documents de l'époque (polyptyques, censiers, coutumiers) décrivent une société

---

1. *Cf.* par exemple la catastrophe que représente, selon Claude Lévi-Strauss, l'existence du célibataire dans ce type de société : du fait qu'il ne prend pas sa place dans le réseau d'échanges régulé par les structures de parenté, il se trouve en surnombre et est rejeté par le groupe (*cf.* « La famille » *in Claude Lévi-Strauss*, textes réunis par R. Billour et C. Clément, Paris, Gallimard, 1979, p. 105). De même, W.I. Thomas et F. Znaniecki soulignent que « l'ensemble du système des attitudes familiales implique absolument la nécessité du mariage pour tous les membres de la jeune génération... Quelqu'un qui, au bout d'un certain temps, n'est pas marié provoque dans le milieu familial une réaction de surprise hostile. C'est comme si cette personne avait arrêté le cours des choses, et elle est mise hors circuit et laissée seule » (*The Polish Peasant in Europe and America, op. cit.*, p. 104). Le « système des attitudes familiales » traduit les contraintes de la sociabilité primaire.

paysanne hiérarchisée certes, et fortement, mais une société encadrée, assurée, nantie. Il en ressort un sentiment de sécurité économique[1].»

Il s'agit bien pourtant de ces communautés paysannes misérables, perpétuellement exposées à la guerre et périodiquement en proie à de terribles famines. Mais, un peu comme pour les razzias ou pour le débarquement des colonisateurs dans les sociétés «exotiques», ce sont là des irruptions incontrôlables venues d'ailleurs, cataclysmes météorologiques ou ravages de la conquête et de la guerre, qui peuvent ébranler l'ensemble de la communauté et à la limite l'anéantir. Cependant, Duby s'autorise à parler de sociétés «assurées» ou de sociétés «nanties»: par leur organisation interne, elles peuvent dans une large mesure conjurer les risques endogènes, comme le fait qu'un individu ou un sous-groupe soit complètement laissé pour compte et s'installe dans une situation de désaffiliation permanente. D'autant que des solidarités-dépendances verticales s'ajoutent aux interdépendances horizontales, ou y suppléent. Georges Duby dit encore: «Pendant tout le haut Moyen Âge, aucun grand ne fermait ses greniers aux miséreux, et cette générosité nécessaire provoquait certainement alors dans la société rurale des redistributions de biens de très considérable ampleur[2].»

«Générosité nécessaire»: la prise en charge des démunis n'est pas une option laissée à l'initiative

1. G. Duby, «Les pauvres des campagnes dans l'Occident médiéval jusqu'au XIIIᵉ siècle», *Revue d'histoire de l'Église en France*, t. LII, 1966, p. 25.
2. G. Duby, *Guerriers et paysans*, Paris, Gallimard, 1978, p. 261.

personnelle, mais l'effet obligé de la place occupée dans un système d'interdépendances. Vers le VIIIᵉ siècle, lorsque commence à s'imposer cette société fondée sur les liens vassaliques, il n'est pas exceptionnel que des hommes libres (des alleutiers) sollicitent volontairement de se faire «l'homme» d'un maître: l'indépendance les menace dans leur existence, parce qu'elle les prive de protections:

> Celui qui se recommande en la puissance d'autrui. Au Seigneur magnifique «un tel», moi «un tel». Attendu qu'il est parfaitement connu de tous que je n'ai pas de quoi me nourrir ni me vêtir, j'ai demandé à votre pitié — et votre bonté me l'a accordé — de pouvoir me livrer ou me recommander à votre maimbour. Ce que j'ai fait aux conditions suivantes. Vous devez m'aider et me soutenir, pour la nourriture autant que pour le vêtement, dans la mesure où je pourrai vous servir et bien mériter de vous. Aussi longtemps que je vivrai, je vous devrai le service et l'obéissance qu'on peut attendre d'un homme libre, et je n'aurai pas le pouvoir de me soustraire à votre puissance, ou maimbour, mais je devrai au contraire rester tous les jours de ma vie sous votre puissance et protection[1]

Il s'agit d'une formule type établie pour servir de modèle aux scribes chargés de recueillir ces demandes, ce qui montre qu'elles devaient être relativement fréquentes. En l'absence d'une administration structurée et de services spécialisés, la solidification de la relation personnelle dans le serment d'allégeance vassalique représente un

---

1. Cité *in* R. Boutruche, *Seigneurie et féodalité, le premier âge des liens d'homme à hommes*, Paris, Aubier, 1968, p. 166.

premier type de couverture efficace contre les risques sociaux. Sujétion de la personne par l'intermédiaire de l'inscription dans un territoire : on ne prétend pas que cette relation de dépendance ait été absolument hégémonique (il a toujours existé des alleutiers par exemple), mais qu'elle représente le rapport social dominant, bien que variable dans ses modalités d'expression, qui s'est épanoui avec la « féodalité »[1].

Ainsi, la conjonction du fait d'être placé sous le patronage d'un puissant (c'est le sens de « maimbour », transcrit du vieux droit germanique) et d'être inscrit dans les réseaux familiaux ou lignagiers et de voisinage de la communauté d'habitants assurait une protection maximale contre les aléas de l'existence. De telles communautés sont à la fois globalement vulnérables par rapport à des agressions extérieures (crises de subsistance et ravages de la guerre), et fortement intégrées par des réseaux serrés d'interdépendance. La précarité de l'existence fait partie de la condition de tous et ne rompt pas l'appartenance communautaire. De telles sociétés accueillent difficilement la nouveauté et la mobilité, mais elles sont efficaces contre la désaffiliation.

Une telle stabilité permet de comprendre que la pauvreté puisse dans ces sociétés être immense et générale sans poser une « question sociale ». Constat que fait aussi Michel Mollat pour le haut Moyen Âge : « Malgré leur nombre élevé, les rustres

---

1. Pour une discussion de la notion de féodalité, dont le sens s'est complexifié depuis la classique *Société féodale* de Marc Bloch (première édition, Paris, 1939), *cf.* par exemple G. Bois, *la Crise du féodalisme*, Paris, Presses de la Fondation nationale des sciences politiques, 1981.

n'exerçaient aucune pesée appréciable sur le cours quotidien de la vie sociale[1]. » Non seulement parce que, dirait-on dans un langage sans doute anachronique, ils étaient « résignés » à leur sort ; mais surtout parce que — sauf au moment des révoltes, mais celles-ci ont eu semble-t-il une certaine ampleur seulement à partir du XIᵉ siècle, c'est-à-dire lorsque cette structure commence à être ébranlée par les premiers effets de la croissance démographique[2] — les plus démunis ne représentaient pas un facteur de déstabilisation interne à cette formation sociale, qui contrôle les risques de désaffiliation massive grâce à la rigidité de sa propre structure.

Certes, des errants et des isolés existent déjà. Ils représentent même dès avant l'an mille une constante du paysage social. Mais ils sont en dehors de la communauté et des zones de vie « domestiquées » (organisées comme des *domus*, des maisons). Un monde où l'homme est rare et les foyers d'habitat clairsemés laisse de larges espaces à l'errance. C'est l'univers de la forêt et des landes que hantent l'ermite, le chevalier errant, les charbonniers, les brigands, et aussi les forces magiques et maléfiques. Mais ils sont hors des limites, et à proprement parler exclus du monde organisé[3]. La représentation du vagabond sera surdéterminée par la réminiscence de ces figures inquiétantes. Cependant le vagabond, on le verra, représente un autre type d'étranger. Il est *devenu* autre, désaffilié par rapport à un ordre

1. M. Mollat, *les Pauvres au Moyen Âge*, Paris, Hachette, 1978, p. 354.
2. *Cf.* G. Duby, *le Moyen Âge*, Paris, Hachette, 1987, chap. IV.
3. G. Duby, *ibid.*, p. 18.

social auquel il a auparavant appartenu. Au sens strict, la figure du vagabond ne peut apparaître que dans un monde structuré dont il a décroché. Au contraire, l'étranger, le rôdeur symbolisent l'altérité totale par rapport à un type d'organisation communautaire qui autogère encore ses turbulences. La société féodale connaît aussi plusieurs types d'aventuriers aux trajectoires aléatoires comme ces « jeunes », cadets de familles sans terre et disponibles pour toutes sortes d'entreprises, dont Georges Duby a souligné l'importance en tant que facteurs de mobilité au sein des structures féodales. Des religieux, des étudiants peuvent aussi se trouver en position, provisoire ou définitive, d'errance géographique et sociale. Mais le vagabond, lui, appartient à la masse des « pauvres » qui ne peuvent vivre que du travail de leurs bras. Aussi son destin sera-t-il spécifique : il est soumis à la double contrainte de devoir travailler et de ne pouvoir le faire[1].

Ce modèle de « sociétés sans social » a comporté plusieurs variantes historiques. Seule l'interdépendance hiérarchisée de la société féodale nous a retenu un moment ici dans la mesure où c'est de sa décomposition, ou plutôt, comme on essaiera de le montrer plus précisément, de sa « déconversion », qu'a surgi la problématisation moderne du social. Mais la référence générale à des sociétés qui économisent le social permet a contrario de caractériser un premier type d'in-

---

1. Pour approfondir la différence entre une désaffiliation haut de gamme dans ce type de société et la figure postérieure et « populaire » du vagabond, *cf.* chap. II et « Le roman de la désaffiliation : à propos de *Tristan et Iseut* », *loc. cit.*

terventions spéciales constitutives du social-assistantiel. Soit que les liens de la sociabilité primaire se relâchent, soit que la structure de la société se complexifie au point de rendre impossible ce type de réponse globale et peu différenciée [1], la prise en charge des démunis fait l'objet de pratiques *spécialisées*. Ainsi, l'hôpital, l'orphelinat, la distribution organisée d'aumônes sont des institutions «sociales». Elles procèdent au traitement particulier (spécial et spécialisé) de problèmes qui dans des sociétés moins différenciées étaient pris en charge sans médiation par la communauté. Sous les configurations historiques concrètes à travers lesquelles il s'est déployé, ce social-assistantiel présente un certain nombre de caractéristiques formelles.

Premièrement, c'est une *construction* d'ensemble de pratiques à fonction protectrice ou intégrative (et, plus tard, préventive). J'entends par là que le social-assistantiel résulte d'une intervention de la société sur elle-même, à la différence des institutions qui existent de par la tradition et de par la coutume. On pourrait parler à ce propos, au moins analogiquement, de *sociabilité secondaire*, puisqu'il s'agit de systèmes relationnels décalés par rapport aux groupes d'appartenance familiaux, de voisinage, de travail. À partir de ce décrochage, des montages de plus en plus com-

---

1. La différenciation sociale ne doit pas être confondue avec la hiérarchie sociale. Des formations sociales très hiérarchisées comme la société féodale peuvent être très encastrantes, et de ce fait très protectrices. Mais sans doute ne peuvent-elles être très différenciées: la multiplication des statuts intermédiaires conduit, on le verra, à la mise en crise du type de contrôle féodal et à l'émergence de zones de turbulences peuplées d'individus qui se situent entre les statuts consacrés.

plexes vont se déployer, donnant naissance à des structures de prise en charge assistantielle de plus en plus sophistiquées.

Deuxièmement, ces pratiques présentent toujours au moins des ébauches de *spécialisation*, noyaux d'une professionnalisation future. Ce n'est pas n'importe qui, n'importe comment, n'importe où, qui a la charge de ce type de problèmes, mais des individus ou des groupes au moins partiellement mandatés pour ce faire, et repérés comme tels. Par exemple, le curé, le marguillier, un officier municipal... sont déjà à leur manière des «fonctionnaires» du social dans la mesure où leur mandat est, au moins pour une part, d'assurer ce type d'activité spéciale. La délimitation d'une sphère d'intervention sociale suscite ainsi l'émergence d'un personnel spécifique pour l'instrumentaliser. C'est l'ébauche de la professionnalisation du secteur social[1].

Troisièmement et corrélativement, s'ébauche aussi une *technicisation* minimale. Même en l'absence d'une spécialisation exclusive, et a fortiori d'une formation professionnelle spécifique, le mandaté est contraint d'évaluer les situations sur

---

1. Il n'est pas incongru de parler si tôt de profession si, à la suite de Max Weber, «on entend par profession le fait qu'une personne remplisse en continu des prestations à des fins de subsistance ou de profit» (*cf.* M. Weber, *Histoire économique. Esquisse d'une histoire universelle de l'économie et de la société*, trad. fr. Paris, Gallimard, 1991, p. 17). Weber remarque qu'ainsi définie la première profession est celle de sorcier. Mais le sorcier n'est pas encore à proprement parler un spécialiste, il est le professionnel du religieux en général. En revanche, un religieux peut être un professionnel à temps partiel d'activités sociales spécialisées. Le clergé est au service de Dieu et au service des pauvres, et il est d'ailleurs rémunéré pour ces deux activités.

lesquelles il doit intervenir ou non, de sélection-
ner ceux qui méritent des secours, de construire
des catégories, fussent-elles grossières, pour guider son action. Sa pratique ne doit pas être
confondue avec celle d'un membre ordinaire (non
mandaté) de la communauté, même si certains de
ceux-ci exercent une activité du même type, par
exemple un particulier qui fait l'aumône à titre
« privé ». La pratique de l'intervenant mandaté
doit être ritualisée et se fonder sur un minimum
de savoirs, d'expertise et de technicité propre. Il
n'y a pas de pratique sociale sans un noyau, fût-
il minime, de connaissances sur les populations
concernées et sur les manières de les prendre en
charge, ou au contraire de les exclure de la prise
en charge.

Quatrièmement, la question de la *localisation* de
ces pratiques se pose d'emblée et fait apparaître
aussitôt un clivage entre pratiques « intra-institu-
tionnelles » et pratiques « extra-institutionnelles ».
La raison de l'intervention est, on l'a dit, un
accroc dans la sociabilité primaire. Il est tentant,
et en général plus économique, à tous les sens du
mot, de réparer sur place, par exemple de porter
secours à domicile. Mais la nature du problème à
traiter peut l'interdire, et il y a alors déterritoria-
lisation-reterritorialisation, c'est-à-dire traitement dans un site institutionnel spécialisé (par
exemple, soigner à l'hôpital). Cette tension représente une ligne de force importante pour le développement du social-assistantiel et se repère déjà
à travers les formes très frustes d'organisation
des secours.

Cinquièmement — mais cette caractéristique
essentielle a été seulement aperçue, et il va falloir
longuement y revenir —, il ne suffit pas d'être

démuni de tout pour relever de l'assistance. *Au sein des populations sans ressources, certaines seront rejetées et d'autres seront prises en charge.* Deux critères se dessinent. Celui de l'appartenance communautaire : l'assistance s'attache de préférence aux membres du groupe et rejette les étrangers (il faudra évidemment élaborer ce que signifie «être membre du groupe» et «être étranger»); celui de l'inaptitude au travail : l'assistance accueille préférentiellement ceux qui sont démunis parce que, comme l'orphelin isolé ou le vieillard impotent, ils sont incapables de subvenir à leurs besoins en travaillant (mais, là aussi, ce critère est à préciser à travers l'analyse des pratiques et des réglementations qui le définissent). Cette distinction, qui sera travaillée dans les chapitres suivants, circonscrit le champ du social-assistantiel dans sa différence avec les autres formes d'intervention sociale en direction des populations capables de travailler.

Les caractéristiques ainsi dégagées sont formelles, en ce sens qu'on les retrouve comme conditions générales de possibilité d'un champ assistantiel quelconque. Leur objectif est de suppléer d'une manière organisée, spécialisée, aux carences de la sociabilité primaire. Plus précisément, on dira que le social-assistantiel se constitue en *analogon de la sociabilité primaire*. Il tente de colmater une brèche qui s'est creusée dans les relations commandées par la sociabilité primaire et de conjurer les risques de désaffiliation qu'elle entraîne. Aussi entretient-il un rapport étroit avec la territorialisation. L'assistance dépend du domicile de secours. Cette exigence de la domiciliation ne signifie pas qu'il faille nécessairement recevoir les secours à domicile (ils peuvent être dispensés dans une institution), mais qu'il faut avoir une place marquée dans la communauté pour être assisté. La domiciliation ne correspond pas seulement à un impératif technique pour instrumentaliser la distribution des secours. Elle est d'abord la condition de possibilité qui décide du fait d'être secouru ou non. Ainsi la plupart des réglementations assistantielles demandent-elles à l'indigent, même s'il est «sans domicile fixe», de justifier d'au moins quelques années de résidence dans le village ou la commune, faute de quoi il sera laissé pour compte. *L'assistance est d'abord une protection rapprochée.* Elle concerne en premier lieu, c'est le cas de le dire, un prochain menacé d'éloignement social et incapable de subvenir par lui-même à ses besoins.

La légende évangélique

Ces questions de la spécialisation, de la professionnalisation, de l'institutionnalisation, de la discrimination des populations à prendre en charge, structurent jusqu'à aujourd'hui l'organisation du champ social-assistantiel. Comment se sont-elles transformées pour composer le paysage actuel? On ne se propose évidemment pas de refaire une histoire de l'assistance : il existe à ce sujet un grand nombre d'ouvrages remarquables. Il suffira d'en dessiner la logique afin de la dissocier, plus fermement qu'on ne le fait en général, de la question du travail à partir du constat que ces structures assistantielles ont concerné tout d'abord des populations incapables de travailler. Je suis cependant contraint de discuter l'historiographie classique sur deux points. Premièrement, l'impact propre du christianisme sur la structuration de l'assistance est souvent mal évalué dans beaucoup d'histoires de l'assistance. Deuxièmement, il n'est pas exact de dater de la Renaissance ou de la Réforme le début d'une transformation de l'assistance inspirée par le souci de gérer rationnellement la pauvreté.

Ces deux distorsions sont d'ailleurs liées. Le début du XVIe siècle représenterait une coupure significative s'il marquait, à partir d'un affaiblissement des valeurs chrétiennes auparavant hégémoniques, l'émergence de nouvelles exigences sociales et politiques. On observerait à partir de ce moment un durcissement de l'attitude à l'égard des pauvres, considérés comme une population encombrante et potentiellement dangereuse qu'il faudrait désormais classer, administrer et contenir par des réglementations rigoureuses. Une posture suspicieuse et comptable — dite parfois «bourgeoise» ou «laïque» — remplacerait l'accueil généreux inspiré par la charité chrétienne [1].

Mais une telle construction est contestable. On remarque bien une complexification croissante des dispositifs d'assistance dans laquelle les «politiques municipales» du XVIe siècle représentent une étape importante, mais non pas un com-

---

1. Ce schéma de pensée inspire souvent même les meilleurs travaux historiques sur l'assistance. Ainsi, Jean-Pierre Gutton, au début de sa somme sur *la Société et les pauvres, l'exemple de la généralité de Lyon, 1524-1798*, Paris, PUF, 1971, évoque «le passage de la représentation d'un "pauvre de Jésus-Christ" au caractère sacré plus ou moins marqué, à celle d'un pauvre repoussé, déchet et danger social». En m'appuyant sur les mêmes données, y compris celles rapportées par J.-P. Gutton, j'en tenterai une interprétation différente.

mencement. Le souci gestionnaire ne surgit pas
alors brusquement, il sous-tend déjà les pratiques assistantielles inspirées par le christianisme. Sans sous-estimer l'originalité de
l'élaboration chrétienne, on se propose de montrer qu'elle a davantage renforcé que contredit
les catégories fondamentales qui structurent tout
champ assistantiel. Celles-ci, en particulier le
double critère d'être dans l'incapacité de travailler et de devoir être domicilié, ont une consistance propre qui travaille souterrainement la
construction médiévale elle-même.

Il y a en revanche une mise en cause profonde
de la problématique assistantielle à partir de la
difficulté de prendre en compte un nouveau profil de populations démunies qui posent le problème d'un nouveau rapport au travail (ou au
non-travail), plutôt qu'un rapport aux secours.
Cette prise de conscience émerge non pas au
début du XVIe siècle, mais au milieu du XIVe. Si
donc coupure il devait y avoir — bien qu'en histoire il n'y ait jamais sans doute de coupure absolue —, elle se situerait lorsque, sur la toile de
fond relativement stable de l'assistance, se
détache la question sociale du travail. En fait, la
question sociale à proprement parler. Cette question mérite un traitement à part qui sera abordé
au chapitre suivant. Mais, pour éviter la confusion des deux problématiques, il faut auparavant
revenir sur l'opinion répandue selon laquelle le
christianisme en général et le christianisme
médiéval en particulier seraient porteurs d'une
conception *sui generis* de l'assistance.

La charité est bien la vertu chrétienne par
excellence, et la pauvreté est effectivement valo-

risée en référence au Christ et aux modèles de la
vita apostolica, saints, ermites, religieux, qui ont
su se dépouiller des pesanteurs terrestres pour se
rapprocher de Dieu. Cependant, cette façon de
«tuer le vieil homme», pour reprendre la formule de saint Benoît, est une pauvreté volontaire, une ascèse vers Dieu dont la motivation est
spirituelle. Comme tel, ce type de dénuement ne
peut être le fait de n'importe qui. Il constitue une
composante essentielle de la vocation religieuse :
«La valorisation de la pauvreté se concentrait
traditionnellement autour de la vie religieuse et
cléricale[1].» Encore n'est-elle pas, même sur ce
plan, unanimement acceptée. La grande polémique sur les ordres mendiants qui traverse le
Moyen Âge chrétien à son apogée s'en prend souvent à «ces larves d'hommes qui se maintiennent
dans l'oisiveté grâce à notre travail[2]». Même
dans une perspective d'ascèse spirituelle, si la
pauvreté peut être une condition nécessaire, elle
n'est pas une valeur absolue. Comme le dit Pierre
de Blois dans un de ses sermons, «bienheureux
les pauvres d'esprit, mais pas tous[3]».

L'évaluation sera bien plus restrictive encore,
évidemment, pour la pauvreté subie, la pauvreté
matérielle des misérables. On connaît sans doute
la terrible allégorie de la Pauvreté dans le *Roman
de la Rose* de Guillaume de Lorris :

---

1. M. Mollat, «La notion de pauvreté au Moyen Âge», in
Études sur l'économie et la société de l'Occident médiéval,
Londres, Balorum Reprinto, 1977, XIV, p. 10.
2. Cité par M. Mollat, *les Pauvres au Moyen Âge, op. cit.*,
p. 356.
3. Cité par M. Mollat, «La notion de pauvreté au Moyen Âge»,
loc. cit., p. 322.

La pauvreté n'avait sur elle qu'un vieux sac étroit, misérablement rapiécé ; c'était à la fois son manteau et sa cotte, et elle n'avait que cela pour se couvrir ; aussi tremblait-elle souvent. Un peu éloignée des autres, elle était accroupie et rencrognée comme un chien triste et honteux. Que soit maudite l'heure où fut conçu le pauvre, car il ne sera jamais ni bien nourri, ni bien vêtu, ni bien chaussé ! Il ne sera pas non plus aimé ni élevé[1].

Il est vrai qu'il s'agit là de textes « laïcs ». Mais les évaluations des autorités religieuses sont souvent à peine moins péjoratives vis-à-vis de la condition des pauvres. Saint Augustin, déjà, évoquait avec un certain mépris ces pauvres qui sont « tellement besogneux de l'aide charitable [qu'il n'ont] même pas honte de mendier », et le pape Innocent III parle de « la misérable condition des mendiants[2] ». Michel Mollat note que, dans l'iconographie chrétienne, le pauvre est presque toujours représenté à la porte du riche ou aux portes de la ville dans une attitude humble et suppliante[3]. Il n'est pas d'emblée admis à entrer : il lui faut d'abord être bien conscient de son indignité, et de toute manière l'exercice de l'aumône dépend du bon vouloir des nantis.

Le moins que l'on puisse dire est donc que la

---

1. Cité *in* M. Mollat, *Études sur l'économie et la société de l'Occident médiéval, op. cit.*, p. 17. Dans la même veine, la très aristocratique Christine de Pisan dit des pauvres : « Puisqu'ils ne sont rien, c'est tout ordure — Povreté est celle nommée — Qui de nulle gent n'est aimée. » Et elle conclut éloquemment : « De tel gent, ce n'est que merdaille » (*le Livre de la mucacion de Fortune*, cité *in* P. Sassier, *Du bon usage des pauvres*, Paris, Fayard, 1990, p. 90).
2. Cité *in* G. Ricci, « Naissance du pauvre honteux », *Annales ESC*, 1983, n° 1, p. 160.
3. M. Mollat, *les Pauvres au Moyen Âge, op. cit.*, p. 133.

charité chrétienne ne se mobilise pas automatiquement pour secourir toutes les formes de pauvreté. La pauvreté choisie, en quelque sorte
sublimée sur le plan spirituel, est valorisée. Elle
est une composante de la sainteté. Mais la condition sociale du pauvre suscite une gamme d'attitudes qui vont de la commisération au mépris.
Parce qu'elle évoque la faim, le froid, la maladie,
l'abandon — le manque dans tous ses états —, la
pauvreté prosaïque des gens « de vile condition »
est le plus souvent connotée péjorativement.

Cette ambivalence, voire cette contradiction
qui habite la représentation chrétienne, est sur-
montée sur le plan des pratiques par deux modes
de gestion spécifiques de la pauvreté : l'assistance
s'inscrit dans une économie du salut, et l'attitude
chrétienne fonde une classification discriminante
des formes de pauvreté.

Économie du salut : malheureux, plaint ou
même méprisé, le pauvre peut néanmoins être
instrumentalisé en tant que moyen privilégié pour
le riche d'exercer la vertu chrétienne suprême, la
charité, et lui permettre ainsi de faire son salut.
« Dieu aurait pu rendre tous les hommes riches,
mais il a voulu qu'il y ait des pauvres pour que les
riches puissent ainsi racheter leurs péchés[1]. »
Les implications pratiques de cette attitude
sont considérables puisqu'elle a, dans une large
mesure, financé le budget médiéval de l'assistance à travers les aumônes et les legs aux institutions charitables. À une époque où les moyens

---

1. « Vie de saint Éloi », cité *in* B. Geremek, *la Potence ou la
pitié*, trad. fr. Paris, Gallimard, 1987, p. 29.

de s'enrichir par le commerce et les spéculations financières suscitent encore de la culpabilité, et où, il faut le rappeler, les hommes ont vécu dans la terreur de l'enfer, la charité représente la voie par excellence de rachat et le meilleur placement sur l'au-delà. Le nombre considérable de testaments qui redistribuent en direction des pauvres une partie ou la totalité des biens des disparus prouve à la fois la force de cette attitude et l'importance de ses retombées économiques. Mais que la pauvreté soit reconnue en tant que moyen de faire son salut ne signifie nullement qu'elle soit aimée pour elle-même, ni que le pauvre en tant que personne soit aimé. Les « œuvres de miséricorde » développent une économie politique de la charité dont l'aumône qui « éteint le péché » constitue la valeur d'échange. Ainsi s'établit un commerce entre le riche et le pauvre au bénéfice des deux parties : le premier fait son salut grâce à sa pratique charitable, mais le second est également sauvé, s'il accepte sa condition. *Last but not least*, l'ordre inégalitaire du monde est lui aussi sauvé dans cette économie, qui se révèle providentielle aussi en ce sens que, reconnaissant la pauvreté comme nécessaire, elle justifie son existence et n'a à prendre en charge que ses manifestations les plus extrêmes. La richesse chrétiennement vécue présente ainsi un double avantage sur la pauvreté : elle est un moyen de faire son salut dans l'autre monde, et elle est plus agréable à vivre ici-bas. À une période plus tardive, saint François de Sales a sans doute donné la formulation la plus claire de ce dédoublement au demeurant commode en s'adressant en ces termes aux riches :

Ainsi pouvez-vous avoir des richesses sans être empoisonnés par elles, si vous les avez en votre maison ou en votre bourse, et non pas dans votre cœur. Être riche en effet, et pauvre d'affection, c'est le grand bonheur du chrétien, car il a par ce moyen les commodités des richesses pour ce monde, et le mérite de la pauvreté pour l'autre [1].

Ce que l'on sait de l'instrumentalisation des œuvres de miséricorde au Moyen Âge permet d'avancer que telle était déjà l'attitude dominante des nantis, et sans doute a fortiori des démunis, à l'égard de la pauvreté : la pauvreté matérielle en tant que telle est un malheur, même si l'on peut faire son salut à travers elle. C'est d'ailleurs une opinion de bon sens et, que l'on soit riche ou pauvre, il fallait effectivement être un saint pour ne pas la partager.

Cette économie du salut fonde en même temps une *perception discriminatoire des pauvres* qui méritent d'être pris en charge. Sont en premier lieu exclus ceux des malheureux qui se révolteraient contre cet ordre du monde voulu par Dieu. Le lien entre pauvreté et hérésie est profond, non seulement parce que de nombreuses hérésies ont prêché, avec le refus du monde, la subversion de son organisation sociale, et ont de ce fait été impitoyablement réprimées, mais aussi parce que la non-acceptation de la pauvreté est déjà un acte virtuellement hérétique de contestation de la

---

1. Saint François de Sales, *Introduction à la vie dévote*, Paris, Éditions Florissone, p. 29.

création et de son économie du salut. Le pauvre risque ainsi le péché par excellence, qui consiste à s'opposer aux vues de la Providence. Le «mauvais pauvre» est d'abord une catégorie théologique.

Mais il y a plus précis. Au sein même des pauvres qui subissent sans se révolter leur condition, la conception chrétienne de la pauvreté opère un clivage essentiel. La pauvreté spirituelle du *pauper Christi* est exaltée parce qu'elle réalise le refus du monde et manifeste le mépris de toutes les appartenances terrestres, y compris de cette enveloppe matérielle qu'est le corps. Mais cette éminente dignité peut se diffuser par un effet de halo à certaines formes de pauvreté subie, à la condition qu'elles exhibent les signes visibles de ce détachement. Sur la misère corporelle vont ainsi se cristalliser pour l'essentiel les critères qui donnent à la pauvreté matérielle une dignité spirituelle. Par un retournement typiquement chrétien, de même que les souffrances et la mort atroce du Christ témoignent de sa divinité, ou que le long martyrologe des saints est le meilleur signe de leur élection, de même l'horreur des foules sales et dépenaillées d'ulcéreux, de mutilés, d'aveugles et de paralytiques, de boiteux et de manchots, de femmes déformées, de vieillards faméliques et d'enfants estropiés est sanctifiée par cette exaltation religieuse de la souffrance. Les pauvres font partie du corps de l'Église parce que *leur corps* souffre, ils sont la métaphore du corps souffrant de l'Église. Les figures emblématiques de la pauvreté dans les Écritures — Job sur son fumier, Lazare dont le cadavre sent déjà, les misérables miraculés sur lesquels s'est penchée la miséricorde du Christ, les nudités maigres et fripées, les ulcères et les difformités — exhibent les signes les plus spectaculaires du malheur de la créature abandonnée de Dieu. Elles manifestent que, avant qu'ils soient sauvés par l'amour du Christ, le monde est mauvais et le corps méprisable. Le corps malade est une plaie dont la plainte s'élève vers Dieu.

La pauvreté n'est donc pas seulement une valeur d'échange dans une économie du salut. Chargée de maladie et de souffrance, sanctifiée par elles, la déréliction des corps l'inscrit dans le mystère du rachat. La preuve de l'éminente dignité de la pauvreté est donnée à travers ses manifestations extrêmes, insoutenables, et particulièrement les atteintes les plus spectaculaires à l'intégrité corporelle, de la même manière que la preuve la plus irrécusable de la divinité du Christ est sa mort ignominieuse sur la croix. L'amour des pauvres n'est pas une donnée immédiate de la conscience. C'est un mystère auquel le chrétien n'accède que par cette inversion intégrale des valeurs dont Nietzsche a dégagé la logique, et qui se nourrit du mépris du monde [1].

Ainsi, si sanctification de la pauvreté il y a, c'est à la condition de surenchérir sur le malheur de la situation prosaïque du pauvre. Aux plus beaux moments de l'exaltation chrétienne de la pauvreté, Michel Mollat souligne le caractère stéréotypé de cette image du pauvre dans la pastorale chrétienne : « Maigre, aveugle, ulcéreux, souvent boiteux, le pauvre est en haillons, hirsute ; il quémande de porte en porte, à l'entrée

---

1. *Cf.* F. Nietzsche, *Généalogie de la morale,* trad. fr. Paris, Gallimard, 1971.

des églises, sur la voie publique[1]. » Dans le même
ordre d'idées, Charles de La Roncière a analysé le contenu des sermons des prédicateurs de
Florence au moment de l'épanouissement chrétien qui a marqué le XIIIe siècle et le début du
XIVe. Il en dégage l'omniprésence de cette image-
rie de la pauvreté qui s'exprime à travers la
dégradation de l'enveloppe charnelle[2]. Le pauvre
le plus digne de mobiliser la charité est celui
dont le corps exhibe l'impuissance et la souffrance humaines. Une immense dramaturgie
chrétienne s'est déployée autour de l'orchestration des signes physiques de la pauvreté. Mais
elle retrouve ainsi, en la surdéterminant, une
caractérisation anthropologique fondamentale
nécessaire pour que l'indigence entre sans problème dans le cadre de l'assistance : elle doit être
exonérée de l'obligation du travail. L'impuissance
du corps, la grande vieillesse, l'enfance abandonnée, la maladie, de préférence incurable, les infirmités, de préférence insoutenables au regard, ont
toujours été les meilleurs passeports pour être
assisté. Mettons entre parenthèses une éventuelle
complaisance pour le morbide. En tout état de
cause, ces signes de déchéance donnent immédiatement à voir que l'incapacité de travailler à
laquelle ces handicaps condamnent n'est pas
volontaire.

Le christianisme médiéval a ainsi élaboré une
version fascinante, et unique, de l'exaltation de
la pauvreté fondée sur la conscience exacerbée

1. M. Mollat, *les Pauvres au Moyen Âge, op. cit.*, p. 159.
2. C. de La Roncière, «Pauvres et pauvreté à Florence au
XIVe siècle», *in* M. Mollat, *Études sur l'histoire de la pauvreté*,
Paris, 1974, t. II., p. 661-745.

de la misère du monde[1]. Il n'est pas pour autant le seul à mettre en œuvre le critère de la déréliction des corps pour accéder aux secours. Cette référence à ce que l'on a proposé d'appeler une handicapologie constitue une ligne de force de toute politique de l'assistance. Mais elle comporte une contrepartie, que la légende évangélique éclaire également. Faire le choix préférentiel de l'incapacité physique occulte d'autres formes d'indigence et les exclut de la possibilité d'être prises en charge. À l'apogée du Moyen Âge chrétien, un autre type de misère se développe. C'est celle des gens de petit état, les « menus », le *populo minuto* qui survit aux frontières de l'indigence. En calculant le budget de certains de ces petits métiers, tels les jardiniers ou les maçons, Charles de La Roncière a montré que certaines années, dans la première moitié du XIVe siècle à Florence, la majorité d'entre eux, surtout s'ils sont chargés de famille, tombe au-dessous du seuil de survie. Mais cette misère qu'ils côtoient, les prédicateurs florentins n'en parlent pas, et peut-être même ne la voient-ils pas. Elle relève d'autres catégories d'analyse et de perception. C'est une misère faite de manques, dont les manifestations les plus communes sont discrètes, sauf lorsqu'elle éclate en révoltes tumultueuses

---

1. Il faudrait pouvoir concrétiser ces propos par un large recours à l'iconographie médiévale. Emblématique de cette vision du monde, la séquence de l'arrivée de la procession des flagellants dans le film de Bergman, *le Septième Sceau*. L'insouciance de la fête sur la place du village : les artistes sont beaux, jeunes, gais, ils disent la joie de vivre, et le peuple s'amuse. Surgissent les hommes en noir avec leurs lamentations, leurs chaînes et leur peur, la peste et la mort. L'instant de bonheur bascule dans la souffrance, ce monde d'ici-bas est maudit.

ou lorsqu'elle oblige les malheureux à implorer secours. Manque de nourriture, de logement, de vêtements, de travail, elle ne donne à voir que la vie grise du peuple souffrant, en deçà des mises en scènes pathétiques qui mobilisent la charité. Ainsi les *pauperes Christi* rejettent-ils dans les ténèbres extérieures la misère travailleuse.

Mon prochain est mon proche

Si important soit-il, ce critère de l'incapacité physique n'est pourtant pas le seul à ouvrir les portes de l'assistance. Il compose avec celui de l'appartenance communautaire pour délimiter le champ du social-assistantiel. Ici aussi, le christianisme médiéval a puissamment contribué à sa mise en œuvre. Mais c'est à nouveau pour entériner une conception du «prochain» comme un proche qui peut se lire en terme de proximité sociale ou géographique, aussi bien qu'à partir de ce que la conception chrétienne de la fraternité entre les hommes apporte de spécifique.

C'est en effet très tôt que, dans l'Occident chrétien, la domiciliation s'impose comme une condition privilégiée de la prise en charge des indigents, et elle se maintient également sur la longue durée, enjambant l'hypothétique coupure entre une organisation médiévale ou «chrétienne» de l'assistance et ses formes modernes ou «laïques». La *matricula* date du VIe siècle : c'est la liste nominative des pauvres qui doivent être entretenus par l'église locale. Elle associe secours et domiciliation au point que ceux qui étaient à l'origine de simples assistés (les marguilliers) en viennent à faire partie du personnel permanent de l'église[1]. Au haut Moyen Âge, le système monastique assure l'essentiel des pratiques charitables. Les couvents reçoivent à la fois des individus déterritorialisés voyageant sur les grands axes de pèlerinage et des misérables et des malades du lieu. L'accueil n'en est pas pour autant indifférencié. La règle de saint Benoît fait la distinction entre les solliciteurs qui ne peuvent travailler et les «paresseux» — les valides —, que l'on doit renvoyer au bout de deux jours[2]. À Cluny, par exemple, les voyageurs de passage sont hébergés, mais pour une nuit seulement, tandis que les «vrais pauvres» sont assistés par des distributions occasionnelles ou périodiques de secours, et que certains indigents sont même pris en charge de manière permanente[3]. Les «portiers» des monastères — souvent eux-mêmes des assistés devenus serviteurs du couvent — font le tri entre les solliciteurs[4]. Cette localisation privilégiée des pratiques d'assistance dans les couvents et dans les institutions religieuses correspond d'ailleurs à une sorte de mandat social de l'Église, qui en fait l'administratrice principale de la charité. Cette division du travail est entérinée très tôt par le pouvoir politique. Ainsi un capitulaire de Charlemagne fixe-t-il la part de la dîme qui doit être consacrée à ce service social avant la lettre[5]. Avec le service de Dieu, l'Église trouve

1. M. Mollat, *les Pauvres au Moyen Âge*, *op. cit.*, p. 55.
2. D. Willibrord Witters, «Pauvres et pauvreté dans les coutumiers monastiques du Moyen Âge», *in* Michel Mollat, *Études sur la pauvreté*, *op. cit.*, t. I, p. 184.
3. G. Duby, «Les pauvres des campagnes», *loc cit.*, p. 26.
4. M. Mollat, *les Pauvres au Moyen Âge*, *op. cit.*, p. 56.
5. B. Geremek, *la Potence ou la pitié*, *op. cit.*, p. 25.

dans ce service des pauvres l'autre justification de sa prééminence sociale et de ses privilèges. Rien donc dans l'exercice de ce mandat qui relève de l'initiative « privée » : l'Église est la principale institution de gestion de l'assistance.

L'organisation de l'assistance sur la base de la domiciliation se systématise avec le développement des villes, entraînant un transfert dans le tissu urbain des institutions et de ces professionnels de l'assistance que sont déjà les religieux. Dans toute la chrétienté européenne, les ordres mendiants s'implantent systématiquement et exclusivement dans les villes [1]. Parallèlement, les hôtels-Dieu, charités, hôpitaux se multiplient. En France, et en particulier dans la région parisienne, la plupart des grandes institutions religieuses d'assistance sont fondées entre 1180 et 1350 [2]. Même si l'on a pu parler à cette époque d'un renouveau chrétien, ces fondations correspondent aussi à une transformation sociologique profonde, le développement et la différenciation de l'espace urbain, que les autorités religieuses ne sont pas les seules à assumer. La rupture des dépendances et des protections immédiates des sociétés agraires, le creusement des écarts sociaux entre les groupes posent d'une manière inédite la question de la prise en charge des plus démunis. Aussi les autorités municipales prennent-elles leur part dans ce qui devient un problème de gestion de l'indigence urbaine. L'assistance s'organise

1. *Cf.* J. Le Goff, « Apostolat mendiant et fait urbain », *Annales ESC*, 1968.
2. *Cf.* M. Candille, « Pour un précis d'histoire des institutions charitables, quelques données du XIIe-XIVe siècle », *Bulletin de la Société française d'histoire des hôpitaux*, n° 30, 1974.

sur une base locale et impose une sélection plus
rigoureuse des assistés. L'hôpital de Dinant est
communalisé dès la fin du xiiie siècle. Dès 1290
aussi, la ville de Mons tient une «commune
aumône» qui aide, en plus d'assistés occasionnels, des indigents inscrits sur une liste révisée
annuellement, et bénéficiant ainsi d'une sorte
d'abonnement aux secours[1]. De même, les villes
de Gand et de Florence entretiennent régulièrement chacune plus d'un millier d'indigents
«domiciliés»[2]. Les secours peuvent aussi être
distribués en dehors des structures hospitalières,
à condition que les bénéficiaires soient soigneusement recensés et localisés. Dès le xive siècle on
commence à imposer à ces indigents des marques
distinctives (jetons, plaquettes de plomb, croix
cousues sur la manche ou la poitrine) ouvrant
une sorte de «droit» de participer aux distributions régulières d'aumônes ou de fréquenter les
institutions hospitalières. Bronislaw Geremek
parle à ce propos de «pauvreté pensionnée» et
de véritables «prébendes». Vivre de l'assistance
peut devenir une quasi-profession. D'ailleurs, à
Augsbourg, en 1475, les mendiants figurent sur
les registres fiscaux comme un groupe professionnel[3].

C'est donc bien avant le xvie siècle que l'assistance s'organise sur une base territoriale, et que

1. M. Mollat, *les Pauvres au Moyen Âge, op. cit.*, p. 71.
2. *Cf.* C. Liss et H. Soly, *Poverty and Capitalism in Pre-industrial Europe*, Hasocks, The Harvester Press, 1979, p. 25.
3. B. Geremek, *la Potence ou la pitié, op. cit.*, p. 53-63. Max
Weber notait déjà que dans les villes médiévales certains mendiants étaient dotés d'un statut ou d'un état *(Stand)*; *cf.*
M. Weber, *l'Éthique protestante et l'esprit du capitalisme*, trad.
fr. Paris, Plon, 1964, p. 219.

sa gestion cesse d'être un monopole clérical, si
tant est qu'elle l'ait jamais été. À côté de l'Église,
régulière ou séculière, l'ensemble des autorités,
laïques aussi bien que religieuses, prennent leur
part dans cette gestion du social : seigneurs,
notables et riches bourgeois, confréries, c'est-à-
dire associations d'entraide des corps de métiers,
multiplient les secours[1]. L'exercice de la charité
est devenu à partir de la fin du XIIIᵉ siècle une
sorte de service social local auquel collaborent
toutes les instances qui partagent une responsabilité dans « le bon gouvernement » de la ville.
Une telle responsabilisation des pouvoirs locaux
s'accentue au cours des XIVᵉ et XVᵉ siècles. Cette
forme d'assistance correspondant visiblement à
un souci de gestion rationnelle de l'indigence n'a
donc pas attendu le XVIᵉ siècle pour se manifester.
Elle n'a pas attendu non plus la « laïcisation »
de la société. Avant comme après le XVIᵉ siècle,
l'Église joue son rôle dans le concert des instances
qui concourent à la prise en charge assistantielle.
Sans doute ce rôle est-il plus prépondérant avant
qu'après, mais pas toujours pour des raisons qui
tiennent au rôle spécifique de l'Église. Ainsi, si
les couvents ont joué un tel rôle « charitable » au
Moyen Âge, c'est aussi qu'ils sont des seigneuries, et l'abbé exerce son rôle de protecteur de ses
dépendants, de même que les évêques sont sou-

1. Sur le rôle des confréries, Robert Fossier (*Histoire sociale
de l'Occident médiéval, op. cit.*, chap. v) montre que le début de
l'essor de ces associations charitables « refuge des humbles »,
homologue au développement des associations chevaleresques
pour les puissants, correspond au moment de la dissolution des
protections dispensées par la famille élargie. C'est surtout un
phénomène urbain, mais on en trouve des formes moins élaborées dans les campagnes.

vent les seigneurs des villes et de leur plat pays.
Ces seigneurs ecclésiastiques avaient en fait les
mêmes devoirs de protection et d'assistance que
les seigneurs laïcs, et ils les exerçaient sans doute
de la même manière.

Ce que l'on interprète généralement comme
l'avènement d'une «nouvelle politique sociale[1]»
au début du XVIe siècle ne fait donc que systématiser ce mouvement. Cette relance est occasionnée par une conjoncture économique et sociale
défavorable : crises de subsistance, augmentation
du prix des produits alimentaires, sous-emploi lié
à une forte reprise démographique après les hécatombes dues à la peste, restructurations agraires,
croissance anarchique des villes. Les facteurs de
dissociation sociale perceptibles depuis au moins
deux siècles s'accusent brutalement. La pauvreté
fait l'objet d'un large débat public alimenté par les
controverses de la Renaissance et de la Réforme,
dont le succès de l'ouvrage de Juan Luis Vives,
De subventione pauperum, est le meilleur témoignage[2]. Entre 1522 et le milieu du siècle, une
soixantaine de villes européennes prennent un
ensemble congruent de dispositions. Ces politiques municipales reposent sur quelques principes simples : *exclusion des étrangers*, stricte
prohibition de la mendicité, dénombrement et
classification des nécessiteux, déploiement de

---

1. B. Geremek, *la Potence ou la pitié, op. cit.*, chap. III, «Une nouvelle politique sociale».
2. J.L. Vives, *De subventione pauperum*, Bruges, 1525, trad. fr. *De l'assistance aux pauvres*, Bruxelles, 1943.

secours différenciés correspondant à diverses catégories de bénéficiaires. L'exclusion des étrangers, des errants, des forains, associée à l'interdiction de la mendicité, permet de tenter une prise en charge systématique de l'indigence domiciliée : soins et secours aux malades et invalides, mais aussi mise en apprentissage des enfants pauvres et distribution de secours à des familles sans emploi ou dont le revenu est insuffisant pour assurer la survie[1]. Le souci d'organiser systématiquement l'assistance sur une base locale débouche ainsi sur une innovation considérable : assurer des secours à certaines catégories d'indigents, même parmi ceux qui sont capables de travailler. Ainsi la ville s'efforce-t-elle de prendre en charge la totalité de ses habitants dans le besoin. Nous aurons à revenir sur cette tentative fragile de lever l'interdit qui pèse sur les indigents valides pour être assistés.

Ces mesures, d'abord élaborées au niveau local, sont reprises par les législations nationales : ordonnance de Charles Quint du 7 octobre 1531 pour la Flandre et les Pays-Bas, ordonnance de Moulin de février 1556 pour la France, *poor laws* anglaises de la seconde moitié du XVIe siècle aboutissant à la grande loi élisabéthaine de 1601. Leur esprit général est rendu par l'article 73 de l'ordonnance de Moulin :

---

1. Pour un exposé de ces politiques municipales, *cf.* outre B. Geremek, *op. cit.*, Liss et H. Soly, *Poverty and Capitalism in Pre-industrial Europe, op. cit.*, chap. III, T. Vissol, « À l'origine des législations sociales au XVIe siècle : humanisme et frayeurs populaires », *les Temps modernes*, no 19 ; un exposé détaillé du fonctionnement de l'« Aumône générale » de Lyon *in* J.-P. Gutton, *la Société et les pauvres : l'exemple de la généralité de Lyon, op. cit.* ; pour l'Angleterre, *cf.* J. Pound, *Poverty and Vagrancy in Tudor England*, Londres, 1971.

> Ordonnons que les pauvres de chaque ville,
> bourg et village, seront nourris et entretenus par
> ceux de la ville, bourg ou village dont ils seront
> natifs et habitants, sans qu'ils puissent vaquer et
> demander l'aumône ailleurs qu'au lieu où ils sont,
> lesquels pauvres seront tenus de prendre bulletin
> et certification de dessus-dit en cas que, pour gué-
> rison de leurs maladies, ils fussent contraints de
> venir aux bourgs ou bourgades où il y a des hôtels-
> Dieu et maladreries pour ce destinez[1].

Le «grand renfermement» des mendiants,
implanté lui aussi à l'échelle européenne au
XVIIᵉ siècle, ne dément pas, en dépit des apparences, ce principe de la prise en charge rapprochée. Il doit se lire en continuité et non en rupture
par rapport aux politiques du XVIᵉ siècle, dont il
représente une phase d'organisation ultérieure
plus élaborée, pour tenir compte de l'échec des
premières politiques municipales[2]. Conséquence
du développement des villes, les relations distendues de la sociabilité urbaine rendent de plus en
plus difficile le type d'assistance de proximité qui
minimisait le rôle de l'hospitalisation. Parallèlement, par leur nombre accru et par leurs mœurs
désordonnées, les mendiants risquent de constituer «comme un peuple indépendant» qui ne

---

1. Cité *in* L. Parturier, *l'Assistance à Paris sous l'Ancien Régime et pendant la Révolution*, Paris, 1897, p. 73.
2. Celles-ci paraissent avoir à peu près correctement fonc-
tionné quelques dizaines d'années avant de tomber plus ou
moins en désuétude, *cf.* Liss et H. Soly, *Poverty and Capitalism in Pre-industrial Europe*, *op. cit.* En Angleterre, toutefois, les
initiatives du XVIᵉ siècle ont débouché sur un système de «cha-
rité légale» plus élaboré que sur le continent, et cette particularité caractérisera encore le XIXᵉ siècle anglais.

connaît «ni loi, ni religion, ni supérieur, ni police», telle «une nation libertine et fainéante qui n'avait jamais reçu de règles[1]». Menace donc, déjà à demi réalisée, d'une rupture complète du lien communautaire. Tolérer la condition mendiante, ce serait accepter que se constitue au sein de la communauté un groupe complètement désaffilié, devenu étranger à la cité.

Face à cette menace, l'enfermement n'est qu'un moyen, radical sans doute, mais qui se présente comme un détour nécessaire, pour restaurer l'appartenance communautaire. Les pensionnaires de l'Hôpital général sont moins retranchés de la communauté que déplacés, c'est-à-dire replacés dans un espace *ad hoc* où ils continuent à être pris en charge. Ni par sa structure institutionnelle, ni par le type de population qu'il prend en charge, ni par son mode de fonctionnement, l'Hôpital général ne représente véritablement une innovation.

Du point de vue institutionnel, il s'inscrit dans le prolongement des formes précédentes d'intervention assistantielle. Par exemple, à Lyon, l'Aumônerie générale, une des réalisations les plus accomplies des politiques municipales de la Renaissance, enferme dès la fin du XVIᵉ siècle des

1. Texte de l'édit d'avril 1657 : «Édit du Roy portant établissement de l'Hôpital Général pour le Renfermement des pauvres mendiants de la Ville et Faux-bourgs de Paris», reproduit en annexe à la première édition de l'*Histoire de la folie* de Michel Foucault, Paris, Plon, 1961, p. 646 *sq.* L'interprétation du «grand renfermement» proposée ici est toutefois différente de celle de M. Foucault. Pour une justification plus approfondie de cette différence et ses implications par rapport à l'appréciation de l'approche généalogique de Michel Foucault, *cf.* R. Castel, «Problematization : a way of Reading History», *in* J. Goldstein (éd.), *Foucault and the Writing of History Today, loc. cit.*

«mendiants incorrigibles» dans une tour, et la ville fonde dès 1614 l'hôpital Saint-Laurent, dont le règlement combine le travail et les prières pour l'amendement des mendiants[1]. Même évolution en Angleterre, où le Bridewell de Londres, modèle des *workhouses*, est fondé en 1547. À Amsterdam, le Rasphaus, à la même époque, obéit aux mêmes principes. Le fait que la fondation des Hôpitaux généraux soit commandée par le pouvoir royal ne marque pas non plus une rupture significative par rapport aux politiques antérieures. C'est aux villes et «gros bourgs» qu'il appartient de mettre en œuvre ces mesures, version différente mais homologue de la relation central-local du XVIᵉ siècle, lorsque le pouvoir royal s'appuie sur les initiatives municipales pour en commander la généralisation[2].

Quant aux *populations concernées*, l'enfermement, dans un premier temps, ne vise que les

1. *Cf.* J.-P. Gutton, *la Société et les pauvres, op. cit.* À Paris, on doit une tentative du même genre à Catherine de Médicis dès 1612, l'hôpital des Petites-Maisons. En fait, la structure de l'Hôpital général ou de la *Workhouse* s'implante largement en Europe à partir de la fin du XVIᵉ siècle, et même avant en Italie. *Cf.* Liss et H. Soly, *Poverty and Capitalism in Pre-industrial Europe, op. cit. Cf.* aussi B. Geremek, «Le renfermement des pauvres en Italie (XIVᵉ-XVIIᵉ siècle)», in *Mélanges en l'honneur de Fernand Braudel*, Toulouse, Privat, 1973, t. I. Il faut donc convenir que Michel Foucault a cristallisé sur la fondation de l'Hôpital général de Paris en 1657 un *trend* quasi séculaire et qui affecte tout l'espace européen.

2. «Édit de 1662 portant établissement d'un Hôpital général dans toutes les villes et gros bourgs du Royaume», Jourdan, Decrouzy, Isambert, *Recueil général des anciennes lois françaises*, Paris, 28 vol., 18, t. XVIII, p. 18. Pour une interprétation de ce processus de prise en charge progressive par les instances centrales des problèmes d'assistance dans la lignée de la théorie de la collectivation de Norbert Elias, *cf.* A. de Swaan, *In Care of the State*, Cambridge, Polity Press, 1988.

mendiants domiciliés. Il exclut les étrangers, les vagabonds, qui doivent quitter la ville et continuent à relever des mesures de police[1]. Les individus considérés comme les plus désocialisés, les plus indésirables, les plus dangereux, sont ainsi exclus de l'enfermement (et non *par* l'enfermement). L'édit de 1662 qui préconise l'établissement d'un Hôpital général dans « toutes les villes et gros bourgs du royaume » précise à nouveau qu'il concerne les mendiants « natifs des lieux ou qui y auront demeuré pendant un an, comme aussi les enfants orphelins ou nés de parents mendiants[2] ». Une nouvelle déclaration royale de 1687 réitère l'exigence de l'enfermement, mais condamne les vagabonds aux galères à perpétuité dès la première arrestation. Les mendiants domiciliés ne sont condamnés aux galères qu'à la troisième arrestation, c'est-à-dire après qu'ils se sont montrés deux fois rebelles à la solution « charitable » de l'enfermement, qui n'est pas offerte aux vagabonds. Dans son intention profonde, l'enfermement est d'abord un instrument de gestion de la mendicité, à l'intérieur d'un cadre urbain, pour les indigents autochtones. Dans le langage de l'époque, le préambule de l'édit de 1657 le dit quasi explicitement. Il concerne les « pauvres mendiants » encore rattachés ou rattachables à la communauté, que Louis XIV distingue « comme membres vivants de Jésus-Christ » des « membres

1. *Cf.* J. Depauw, « Pauvres, pauvres mendiants, mendiants valides ou vagabonds ? Les hésitations de la législation royale », *Revue d'histoire moderne et contemporaine*, XXI, juillet-septembre 1974.
2. Jourdan, Decrouzy, Isambert, *Recueil général des anciennes lois françaises, op. cit.* t. XVIII, p. 19.

inutiles à l'État», des vagabonds qui, ayant coupé toute appartenance communautaire, se sont placés en dehors des limites d'une intervention charitable[1].

Quant aux *techniques* qui se déploient au sein de l'Hôpital général, elles représentent une stratégie d'inclusion, et non point d'exclusion. La discipline de l'Hôpital général, le travail forcé entrecoupé de prières incessantes, l'apprentissage de l'ordre et de la régularité sont les recettes bien connues d'une pédagogie musclée dont Erving Goffman systématisera la logique[2] et qui doit permettre au reclus, après cette période de rééducation, de reprendre sa place dans sa communauté d'origine et d'être désormais «un membre utile à l'État».

La parenthèse de l'enfermement à vocation rééducatrice n'est donc nullement contradictoire avec le principe de domiciliation de l'assistance. Elle en tente une reformulation originale compte tenu des conditions devenues défavorables à l'exercice d'une assistance plus rapprochée. Louis XIV peut ainsi affirmer qu'il agit «non par ordre de police» — qui concernerait ici «les membres inutiles à l'État», d'abord les vagabonds —, mais «par le seul motif de la charité», c'est-à-dire pour secourir ceux qui appartiennent encore à l'ordre communautaire[3]. L'enfermement n'a pas sa fin en lui-même. Il met en œuvre une stratégie du détour consistant dans un premier temps à opérer une coupure par rapport à

---

1. «Édit du Roy portant établissement de l'Hôpital général...», *loc. cit.*, p. 648.
2. E. Goffman, *Asiles*, trad. fr. Paris, Éditions de Minuit, 1968.
3. «Édit du Roy portant établissement de l'Hôpital général...», *loc. cit.*, p. 648.

l'environnement afin de se donner les moyens, dans un second temps, de rééduquer le mendiant valide pour, dans un troisième temps, le réinsérer.

C'est si vrai qu'après l'échec de cette utopie pédagogique le principe de la domiciliation directe prévaut à nouveau. Exprimant à la fin de l'Ancien Régime le consensus des esprits éclairés, les *Mémoires présentés à l'Académie de Dijon sur les moyens de détruire la mendicité* sont tout à fait explicites à cet égard : « Parmi les moyens divers proposés pour détruire la mendicité, il n'en est point qui semblent réunir plus de suffrages que celui qui renvoie les mendiants à leur lieu de naissance [...] Chaque paroisse répondra de ses pauvres comme un père de famille de ses enfants[1]. »

Ainsi, cette exigence de territorialisation pour bénéficier des secours, loin de s'atténuer, s'accuse au contraire tandis que l'on approche de la fin de l'« Ancien Régime ». Une autre illustration particulièrement significative est donnée par la grande ordonnance royale de 1764, « dernière expression solennelle des idées de l'ancienne monarchie » selon le mot de Camille Bloch[2]. Cette ordonnance est particulièrement répressive, puisqu'elle assimile les mendiants valides aux vaga-

---

1. *Des moyens de détruire la mendicité en France en rendant les mendiants utiles à l'État sans les rendre malheureux, Mémoires qui ont concouru pour le prix accordé en 1777 par l'Académie des sciences, arts et belles-lettres de Châlons-sur-Marne*, Châlons-sur-Marne, 1780, p. 5.
2. C. Bloch, *l'Assistance et l'État en France à la veille de la Révolution*, réédition Genève, 1974, p. 160. Texte de la déclaration de 1764, *in* Jourdan, Decouzy, Isambert, *Recueil des anciennes lois de la France, op. cit.*, t. XXII, p. 74.

bonds et les condamne aux galères pour les hommes, à l'enfermement pour les femmes et les enfants, tandis que les malades et les invalides seront secourus à domicile ou à l'hôpital en fonction de leur état. Cependant, l'année suivante, le vice-chancelier précise à l'intention des intendants dans quel esprit il faut appliquer cette directive : « L'intention du Roy est qu'on arrête tous les mendiants qui mendieront à plus d'une demi-lieue de leur domicile. » Ainsi, le mendiant domicilié échappe à la stigmatisation et aux sanctions attachées à la condition de vagabond, et le vice-chancelier précise : « Un mendiant domicilié est donc celui qui, demeurant depuis plus de six mois dans un lieu, ne mendie que par occasion, a quelques biens pour subsister ou une profession, qui promet de travailler, et qui peut se faire avouer sur-le-champ par personnes dignes de foi[1]. »

Cette définition ambiguë ne convainc guère, et a dû être concrètement inapplicable. Mais elle souligne le poids du facteur de proximité, proximité géographique — mesurée ici par la distance d'une demi-lieue —, mais aussi proximité sociale — le fait de pouvoir « se faire avouer par personnes dignes de foi ». Cette inscription locale décriminalise la mendicité. Elle est capable de relativiser l'obligation fondamentale du travail, qui devient simple « promesse de travailler », ce qui pratiquement ne veut pas dire grand-chose et est concrètement invérifiable. Mais elle exprime l'exigence qu'un individu encore ratta-

---

1. Cité *in* Christian Paultre, *De la répression de la mendicité et du vagabondage en France sous l'Ancien Régime*, Paris, 1906, p. 400.

ché à son territoire social ne soit pas complètement abandonné. Le mendiant valide est à moitié
dédouané d'être valide (apte au travail) s'il compense cette caractéristique, qui est un obstacle
pour être assisté, par le fait de se faire reconnaître — « avouer » — comme appartenant à une
communauté territoriale.

L'exercice d'une tutelle communautaire —
« chaque paroisse répondra de ses pauvres comme
un père de famille de ses enfants » — représente
donc bien le second axe privilégié de la structuration du social-assistantiel. C'est elle qui prévaut aussi en Angleterre à travers les différentes
poor laws du XVIᵉ siècle instituant la paroisse
comme la base nécessaire de l'organisation des
secours. Cette orientation est reprise et renforcée
par le fameux Speenhamland Act de 1795 : non
seulement chaque paroisse prend en charge ses
pauvres, mais elle doit leur assurer une sorte de
revenu minimal en garantissant un complément
de ressources indexé sur le prix des céréales si le
salaire est insuffisant. Comme pour les *poor laws*
antérieures, le financement est assuré par des
prélèvements obligatoires imposés aux habitants
de la paroisse. En contrepartie, les bénéficiaires
des secours sont liés d'une manière quasi intan-
gible à leur territoire d'origine. Ils sont de ce fait
sous la dépendance des notables locaux, à tel
point que l'on a pu parler à ce propos de servage
paroissial (*parish serfdom*[1]). Le Speenhamland
Act représente — au moment où la « révolution
industrielle » est déjà bien engagée en Angleterre,
on reviendra sur ce paradoxe — la formule la

---

1. K. Polanyi, *la Grande Transformation*, *op. cit.*

plus achevée des politiques assistantielles organisées depuis le Moyen Âge autour de la nécessité
de l'appartenance communautaire. En dehors de
la domiciliation, du double système de protection
qu'elle ménage et des contraintes qu'elle impose,
il n'est, pour les pauvres, guère de salut[1].

L'organigramme de la prise en charge assistantielle

On a pris le risque de réévaluer certaines
constructions de l'histoire de l'assistance sur
deux points, d'ailleurs liés. Sur le caractère fondateur du christianisme dans la genèse du champ
assistantiel en Occident depuis le Moyen Âge en
premier lieu. La conception et la pratique chrétiennes de la charité se sont généralement moulées
dans les catégories constitutives de l'assistance. Le
christianisme a repris et surdéterminé le critère
de l'inaptitude au travail en faisant de la détresse
du corps le signe le plus éminent pour inscrire le
pauvre dans une économie du salut. Il s'est également résigné à ce que le prochain sur lequel
doit se porter l'amour pour l'humanité souffrante
soit préférentiellement le proche, celui qui est

---

1. On discutera au chapitre IV la transformation que représente le droit au secours proposé par le Comité pour l'extinction de la mendicité de l'Assemblée constituante et voté par la
Convention. Mais il ne contredit pas cette exigence de territorialisation. C'est la nation qui devient l'unité territoriale de
référence, et, en faisant de l'obligation de secourir les indigents
une « dette sacrée », elle lui donne la dignité d'un droit. Cependant, l'exercice de ce droit demeure soumis aux exigences de
localisation du « domicile de secours ». Il a également pour
contrepartie l'exclusion des étrangers.

inscrit dans des réseaux de participation communautaire.

Il en résulte, en second lieu, une rectification de la périodisation généralement admise pour rendre compte des transformations de l'assistance jusqu'à l'époque moderne. Même du point de vue institutionnel, le rôle de l'Église est à lire en continuité davantage qu'en rupture avec les exigences d'une gestion de l'assistance sur une base locale. Si les principales pratiques assistantielles se sont localisées d'abord dans les couvents et les institutions religieuses, et si l'Église a été longtemps la principale administratrice de l'assistance, le passage s'est fait sans solution de continuité avec les autorités laïques. Il y a d'ailleurs moins eu passage que collaborations et renvois incessants entre une pluralité d'instances, ecclésiastiques et laïques, centrales et municipales, professionnelles — comme l'action des confréries — ou personnelles — comme les libéralités des grands personnages —, dont les différences ne relèvent nullement de l'opposition du « public » et du « privé ». Même la politique d'enfermement du XVIIᵉ siècle, qui passe souvent pour l'expression d'une volonté de contrôle étatique de la part de la Royauté absolue et pour la traduction d'une attitude spécialement répressive (anticharitable) à l'égard des indigents, a été impulsée par Louise de Marillac, une disciple de saint Vincent de Paul, soutenue par la Société du Saint-Sacrement, et doit beaucoup pour sa mise en œuvre à l'initiative de jésuites particulièrement entreprenants, qui ont sillonné la France de la Bretagne à la Provence et des Flandres au Languedoc pour l'imposer [1].

---

1. *Cf.* O.H. Hufton, *The Poor in Eighteenth Century France,* Oxford, 1974, p. 140-144.

Deux remarques, cependant, pour éviter un double contresens sur la portée de ces propos. Premièrement, cet étayage réciproque entre une économie «chrétienne» inspirée par la charité et une économie «laïque» de l'assistance commandée par des exigences gestionnaires n'exclut évidemment pas des résistances et des tensions entre les deux orientations. Il n'implique pas non plus que ces orientations aient été suivies à la lettre. En particulier, les attitudes populaires à l'égard des indigents ont certainement été plus souples que les prescriptions inscrites dans les règlements. L'aumône manuelle a survécu à ses innombrables condamnations. L'hospitalité, par exemple la soupe et le coucher dans la grange, a dû être largement pratiquée — heureusement pour les indigents — sans que le donateur se demande toujours si le mendiant «méritait» d'être secouru. De telles attitudes peuvent se recommander du message évangélique de l'amour du prochain. Mais on les retrouve aussi dans d'autres aires culturelles — par exemple l'hospitalité musulmane — et sans doute dans toutes les cultures, surtout agraires, qui ont des traditions d'accueil — en même temps que de méfiance — à l'égard des étrangers et des pauvres. Elles peuvent ainsi être référées soit à un sens religieux plus général que celui qu'incarne le christianisme, soit à la conscience d'une proximité sociale, le petit paysan ou le travailleur urbain pouvant bien penser qu'il n'est pas exclu qu'il se retrouve un jour lui aussi totalement démuni et faisant alors jouer une solidarité de condition[1].

---

1. Ce sentiment de solidarité rend compte aussi du fait que le petit peuple des villes prend régulièrement à parti les archers

Ainsi ne peut-on attribuer à la seule charité chrétienne tout ce qui se fait de «charitable» dans une civilisation dominée par le christianisme.

La relation entre la spiritualité chrétienne et l'assistance est également beaucoup plus complexe que ne le suggère la prise en compte, à laquelle on s'est tenu ici, des seules pratiques qui ont socialement prévalu. Des formes plus généreuses de compassion se sont manifestées à la fois au sein du peuple des croyants et chez certains dignitaires de l'Église. Saint François d'Assise développe le culte de «Dame Pauvreté[1]». Un théologien aussi éminent que le dominicain espagnol Domingo de Soto s'est opposé aux humanistes de la Renaissance en s'élevant contre toute restriction à l'exercice de la charité[2]. Et il y a eu sans aucun doute d'innombrables chrétiens qui

---

du guet ou les «chasse-gueux» qui tentent d'arrêter les indigents. *Cf.* A. Farge, «Le mendiant, un marginal?», in *Marginaux et exclus de l'histoire*, «Cahier Jussieu n° 5», Paris, UGE, 1979.

1. Mais le franciscanisme n'est pas une exaltation de l'indigence comme telle. La question est complexe, notons seulement ici que le «Poverello» fait une apologie de la frugalité et de l'humilité davantage que de la pauvreté matérielle proprement dite, et que son idéal est de promouvoir une société éradiquant le savoir et la puissance autant que la richesse pour se laisser entièrement dominer par les valeurs spirituelles. De plus, cet idéal n'a pas prévalu, c'est le moins qu'on puisse dire, dans l'Église. Sur les orientations sociales des franciscains, *cf.* J. Le Goff, «Le vocabulaire des catégories sociales chez saint François d'Assise et ses biographes du XIIIᵉ siècle», in *Ordres et classes*, Colloque d'histoire sociale de Saint-Cloud de 1967, Paris-La Haye, Mouton, 1972.

2. *Cf.* J. Vilar «Le picarisme espagnol», in *Marginaux et exclus de l'histoire, op. cit.* De Soto s'en prend en particulier à Vives, qui condamnait «le dévergondage de mendicité». Plus généralement, il faudrait discuter la place — controversée — tenue par les ordres mendiants dans l'élaboration des pratiques charitables.

ont secouru leur prochain sans se soucier d'appliquer les règles canoniques.

On pourrait multiplier les exemples de ces positions sans doute plus «évangéliques» que celles qui ont prévalu officiellement. Mais c'est de ces dernières qu'il devait être question ici : celles du «christianisme réel», au sens où l'on parle de «socialisme réel», c'est-à-dire celles qui se sont historiquement imposées pour commander une politique de l'assistance. De ce point de vue, l'Église a plutôt conforté que contredit les entreprises «raisonnables» de prise en charge des indigents qui passaient par des classifications discriminatoires[1]. Son impact s'inscrit ainsi dans une conception socio-anthropologique de l'assistance. Dans toute société sans doute, un système cohérent d'assistance ne peut se structurer qu'à partir d'un clivage entre «bons» et «mauvais» pauvres. Pour traduire dans un langage familier une foule de considérations savantes ou pseudo-savantes appuyées sur des arguments théologiques, moraux, philosophiques, économiques, technocratiques : si l'on se mettait à secourir toute

---

1. Il est impossible de traiter ici les différences entre catholicisme et protestantisme dans la mise en œuvre des politiques d'assistance. Deux remarques schématiques seulement. La thèse qui attribue à la Réforme la relance des politiques municipales au XVIᵉ siècle n'est pas fondée sur des arguments sérieux (*cf.* N. Zenon Davis, «Assistance, humanisme et hérésie», *in* M. Mollat, *Études sur l'histoire de la pauvreté, op. cit.*, t. II). Deuxièmement, la doctrine protestante du salut par les œuvres a contribué à rendre la pauvreté encore plus suspecte et à durcir les critères de l'accès aux secours. *Cf.* M. Weber, *l'Éthique protestante et l'esprit du capitalisme, op. cit.*, et R.H. Tawney, *Religion and the Rise of Capitalism : an Historical Study*, New York, 1947, qui souligne le rôle joué par les puritains pour faire de l'indigence une condition indigne dont l'immoralité du pauvre est intrinsèquement responsable.

forme de dénuement, jusqu'où irait-on? Dans
l'Occident chrétien, l'instrumentalisation de la
charité a permis — et ce n'est pas peu — de
construire la forme culturellement dominante de
cette exigence princeps de limitation du champ
de l'assistance en reformulant d'une manière
spécifique ses critères d'accès. Mais, en dépit des
déclarations de principe sur l'amour généralisé
du prochain, l'exaltation chrétienne d'un type de
pauvre qui doit être accablé de maux pour être
secouru et sa condamnation de l'oisiveté « mère
de tous les vices » ont gardé à ces critères un sens
très restrictif. Dans toute société, et une société
chrétienne ne fait pas exception, le pauvre doit
manifester beaucoup d'humilité et exhiber des
preuves convaincantes de sa condition malheureuse pour ne pas être soupçonné d'être un
« mauvais pauvre ».

Seconde précision : l'accent mis ici sur la continuité de la problématique de l'assistance depuis
le Moyen Âge ne doit pas donner à entendre que
l'on observe à travers plusieurs siècles la répéti-
tion monotone des mêmes péripéties. Les progrès
de l'urbanisation, l'affermissement d'un pouvoir
central, le raffinement des dispositifs institutionnels et des techniques d'intervention ont introduit
davantage que des nuances dans ces développements. Ainsi, la systématisation de l'organisation
des secours sur une base municipale au début du
XVIe siècle, l'interventionnisme croissant du pouvoir royal face à la mendicité, cette « lèpre du
royaume » dont on soupçonne de plus en plus
qu'elle est susceptible de poser un problème
social grave, marquent des étapes essentielles et
qualitativement différentes de la structuration du

social-assistantiel. Il n'en demeure pas moins que l'ensemble de ces pratiques reste dominé par deux ʌecteurs fondamentaux, la relation de proximité entre ceux qui assistent et ceux qui sont assistés, d'une part, l'incapacité de travailler, d'autre part. On délimite la zone de l'assistance, ou du moins son noyau à l'intersection de ces deux axes :

1. *La relation de proximité qui doit exister entre le bénéficiaire des secours et l'instance dispensatrice.* Qu'il s'agisse d'aumônes, d'accueil en institution, de distributions ponctuelles ou régulières de secours, de tolérance à l'égard de la mendicité, etc., l'indigent a d'autant plus de chances d'être secouru qu'il est connu et reconnu, c'est-à-dire qu'il entre dans des réseaux de voisinage qui expriment une appartenance maintenue à la communauté. Il se confirme ainsi que l'exercice de l'assistance est bien, dans la mesure du possible, un analogon de la sociabilité primaire[1]. Se trouver en situation de dénuement est l'effet d'une première rupture par rapport aux solidarités « naturelles » ou « spontanées » que dispensent la famille, le voisinage, les groupes primaires d'appartenance. Mais, en se fondant sur la reconnaissance de l'inscription dans une communauté territoriale dont la domiciliation est à la fois le signe, le sup-

---

1. Cette « mesure du possible » dépend en fait de deux variables principales : les ressources disponibles au sein d'une communauté, et l'homogénéité de cette communauté. Le développement de l'urbanisation et l'extension géographique de l'aire de la prise en charge (l'État à la place de la paroisse ou de la commune, par exemple) rendent difficile l'exercice d'une solidarité de proximité. Mais on verra (*cf.*, au chapitre IV, les efforts déployés par les assemblées révolutionnaires) que l'État-nation peut tenter de réactiver l'impératif de la prise en charge communautaire par la médiation du droit au secours.

port et la condition (domicile de secours), l'assistance tente de pallier ces défaillances en mimant au plus près ces mêmes relations de proximité. Elle combat le risque permanent de désaffiliation en essayant de réactiver cette sorte de contrat social implicite qui unit les membres d'une communauté sur la base de leur appartenance territoriale. Ces pratiques forment le noyau du complexe tutélaire dont on verra que sa juridiction dépasse l'assistance, puisqu'il tente aussi de réguler les relations de travail, et qu'il dépasse également le cadre de sociétés préindustrielles, puisqu'il inspire les différentes formes de paternalisme philanthropique qui vont traverser le XIXᵉ siècle. C'est aussi une grille qui sera proposée pour saisir le sens du retour au local dans les politiques contemporaines d'insertion.

2. *Le critère de l'inaptitude au travail.* La pauvreté, et même la complète indigence, ne procurent nullement des titres suffisants pour bénéficier de l'assistance. Sont pris en charge principalement ceux qui ne peuvent subvenir eux-mêmes à leurs besoins parce qu'ils sont incapables de travailler. Le handicap au sens large (infirmité, maladie, mais aussi vieillesse, enfance abandonnée, veuvage avec lourdes charges familiales, etc.) peut renvoyer à une « cause » familiale ou sociale, à une rupture accidentelle des réseaux primaires de prise en charge aussi bien qu'à une déficience physique ou psychique. Mais, au-delà de ces occurrences, un critère discriminant décisif pour être assisté est bien la reconnaissance d'une incapacité de travailler.

Le noyau de l'assistance se constitue à l'intersection de ces deux axes. Son étendue dépend du sens, qui n'est pas immuable, donné à chacun de

ces critères. Car la définition sociale de la relation
de proximité et de l'aptitude ou de l'inaptitude au
travail change. Mais, à un moment donné, se trouver au foyer d'une prise en charge possible, c'est
être situé au point où ces deux vecteurs se croisent
avec leur charge maximale. C'est associer une
incapacité complète de travailler avec une insertion communautaire maximale.

Ces composantes structurelles du champ assistantiel sont plus importantes que la qualité des
ressources disponibles pour l'alimenter. Même
dans un contexte où n'existent guère de finance-
ments spécifiques, où l'infrastructure institutionnelle est pratiquement inexistante et les moyens
d'intervention très frustes, le fait d'être à la fois
indubitablement inapte à assurer sa survie par le
travail et d'être inscrit dans une communauté
territoriale donne une quasi-assurance d'être
secouru. À la limite, l'invalide qui a sa place atti-
trée sous le porche de l'église, faisant partie du
paysage social de la paroisse, jouit d'une sorte
de revenu minimal garanti. On pourrait lire
les développements de l'assistance comme une
sophistication progressive des ressources mises à
la disposition de son projet, c'est-à-dire une spécialisation, une institutionnalisation, une technicisation, une professionnalisation de plus en plus
poussées auxquelles sont associés des moyens
financiers de plus en plus abondants. Mais ces
transformations modifient le mode d'actualisation de ces deux critères sans en entamer l'efficacité opérationnelle.

Bien entendu, il s'agit là de la construction
d'une sorte de modèle idéal de l'assistance. Il
n'est pleinement réalisé que lorsque les deux vec-

teurs de la proximité sociale et de l'inaptitude au travail sont saturés. Mais il est d'autant plus significatif de regarder de près les formes d'interventions assistantielles qui paraissent s'en écarter. Loin de réfuter la force du modèle, ces apparentes déviations en confirment la validité, si du moins on en fait un usage dynamique. Il faut en effet interpréter les pratiques assistantielles réelles non à partir d'une application mécanique de ces critères, mais comme une pondération entre les deux vecteurs. Ainsi, une forte saturation de l'un des deux axes peut compenser, du moins dans une certaine mesure, un déficit sur l'autre, et réciproquement.

La simulation de l'invalidité relève d'une première stratégie pour coller de plus près au modèle idéal de la prise en charge assistantielle. L'exhibition de maladies, plaies ou infirmités feintes est un thème récurrent à travers les siècles de toute la littérature concernant la mendicité. Faux aveugles, faux estropiés, faux blessés qui le soir venu abandonnent leurs béquilles et leurs accessoires pour faire ripaille peuplent le monde de la gueuserie[1]. Il arrive même que le souci de faire pitié soit poussé à ses limites extrêmes, comme dans ces nombreuses histoires contant les mutilations que s'infligent des mendiants professionnels, ou qu'ils font subir à des enfants. Mais cet acharnement à mimer l'inaptitude au travail lorsqu'elle est ineffective témoigne de l'importance décisive de cette catégorisation pour accéder aux secours. En feignant une tare invalidante,

1. *Cf.* R. Chartier (éd.), *Figures de la gueuserie*, Paris, Montalba, 1982.

le simulateur arrive à se glisser dans la zone de l'assistance où il n'aurait pas sa place s'il était sain de corps et d'esprit. Hommage que le vice rend à la vertu, en l'occurrence à la valeur éminente donnée au travail : vous devez avoir pitié de moi, car je suis visiblement dans l'incapacité d'effectuer n'importe quel travail.

Les «*pauvres honteux*» présentent un cas de figure plus subtil. Ils peuvent être assistés sans être physiquement incapables de travailler. Les pauvres honteux sont des indigents qui ont reçu une bonne éducation et ont occupé une place honorable dans la société, mais qui ont déchu et ne peuvent plus tenir leur rang. Ils se trouvent «dans la détresse par le malheur des circonstances sans avoir la ressource des travaux manuels parce que les préjugés de la naissance, de l'éducation, de la profession, disons mieux, l'emprise de la coutume, leur interdit cette ressource». Et le commentateur anonyme du XVIIIe siècle ajoute : «L'épée, la robe, la plume ont chacun leurs pauvres honteux, le tiers état ne laisse pas d'en produire, non pas dans ces classes inférieures, adonnées aux arts purement mécaniques, mais parmi celles qui ont embrassé les arts libéraux, ou d'autres professions dont l'exécution demande plus le travail de l'esprit que celui des mains [1].»

J'ai cité ce texte relativement tardif parce qu'il propose une définition particulièrement explicite du «pauvre honteux» ; mais cette catégorie apparaît en Italie dans la seconde moitié du XIIIe siècle [2]. Elle exprime en fait le déclassement social. Son

---

1. Cité *in* J.-P. Gutton, *la Société et les pauvres, op. cit.*, p. 23.
2. G. Ricci, «Naissance du pauvre honteux», *loc. cit.*

émergence est liée au développement d'une société urbaine qui, en accroissant la différenciation et la stratification sociales, entraîne aussi une mobilité descendante. Mais elle garde sa consistance jusqu'à la fin de l'Ancien Régime. On relève ainsi fréquemment dans les registres des hôpitaux ou des fondations religieuses la mention d'une ligne budgétaire spéciale avec des annotations du type «Une famille honnête qui veut être ignorée. Artiste. Quatre pains[1].» Très fréquemment aussi les responsables de l'assistance sont invités à donner la priorité à cette catégorie de pauvres dont la paroisse ou la ville se sent particulièrement responsable.

Une telle mansuétude vis-à-vis des «pauvres honteux» témoigne en premier lieu du mépris dans lequel sont tenus les travaux manuels : une personne de condition, même réduite à la misère, est dispensée de la nécessité de se livrer à ces besognes dégradantes. Elle confirme aussi la valence négative généralement attachée à la pauvreté : le pauvre «honteux» est honteux de montrer qu'il est pauvre, parce qu'il a gardé sa dignité et que la pauvreté est indigne pour un homme de qualité. Mais le traitement spécial de cette forme d'indigence s'explique surtout par la force et la qualité du lien communautaire que ces malheureux ont conservé. Connus et reconnus pour avoir occupé un rang honorable, ils gardent un capital de respectabilité dont ils touchent maintenant les dividendes sous forme de secours. Ce fort coefficient de participation sociale arrive à compenser ce handicap paradoxal que présente, pour être secouru, le fait de pouvoir travailler.

---

1. Cité *in* J.-P. Gutton, *op. cit.*

Cette apparente exception à la règle du travail ne réfute donc pas son importance. D'une part, parce que le pauvre honteux n'est pas dispensé de l'obligation du travail en tant que telle, mais d'un travail servile qui serait indigne de sa condition : l'obligation du travail manuel ne pèse que sur le bas peuple ; d'autre part, parce que la participation à l'assistance est faite de la combinaison d'un rapport au travail et d'un rapport à la communauté. Sur ce second axe, le traitement du pauvre honteux exemplifie et pousse à sa limite ce qui constitue le fondement de la protection rapprochée : l'intensité et la qualité de l'inscription dans un système d'interconnaissances. Alors que le mendiant simulateur, membre du bas peuple sans aucun crédit, doit feindre et exhiber la déchéance du corps pour forcer la charité, le pauvre honteux, même valide, peut se contenter de faire reconnaître discrètement son capital social.

Mais le traitement réservé au *mendiant valide* est sans doute plus intéressant encore par l'indépassable ambiguïté qu'il révèle. La catégorie apparaît comme telle, avec une signification d'emblée péjorative, au début du XIVe siècle[1]. Son émergence est à peu près contemporaine de celle du « pauvre honteux », et ce n'est pas un hasard. S'il a sans aucun doute existé auparavant des « oyseux » qui vivaient d'aumônes (n'est-ce pas eux que visait saint Augustin, par exemple, à travers sa condamnation de « ceux qui n'ont même pas

---

1. *Cf.* M. Mollat, *Études sur l'histoire de la pauvreté, op. cit.,* t. I, p. 14.

honte de mendier » ?), avec l'expansion démographique, la croissance des villes et la stratification
sociale qui s'accuse, ils deviennent massivement
visibles. Ils forment une catégorie identifiée
comme telle et ils posent problème aux autorités
gestionnaires.

À partir de ce moment, la plupart des réglementations réitèrent l'interdiction de leur faire
l'aumône. Ainsi, selon l'ordonnance prise en
France en 1351 par Jean II dit le Bon, « Ceux qui
voudront y donner l'aumône n'en donnent à nul
gens sain de corps et de membre qui puisse
besogne faire dont ils puissent gagner leur vie,
mais les donnent à gens contrefaiz, aveugles,
impotents et autres misérables personnes[1] ». En
Angleterre, à la même époque, l'ordonnance de
Richard II de 1388 assimile tout mendiant valide
(*« Every person that goeth to begging and is able to
serve or labor »*) aux vagabonds, qui relèvent de
mesures de police, et les distingue des invalides
(impotent beggars) qui peuvent exercer leur activité sur place, si les habitants les tolèrent[2]. Cette
même distinction se répète à travers la longue
série des condamnations du vagabondage et de
la mendicité par les Valois[3] et dans les premières
poor laws anglaises du XVIᵉ siècle[4].

Le cœur du problème tient à ce que cette distinction n'a jamais pu être appliquée en toute

1. « Ordonnance concernant la police du Royaume », *in* Jourdan, Decrouzy, Isambert, *Recueil général des anciennes lois
françaises, op. cit.*, t. IV, p. 577.
2. *Cf.* J.C. Ribton-Turner, *History of Vagrants and Vagrancy,
and Beggars and Begging*, New Jersey, 1972, p. 60.
3. *Cf.* Jourdan, Decrouzy, Isambert, *Recueil général des
anciennes lois françaises, op. cit.*, t. XIII, p. 262-264.
4. *Cf.* J. Pound, *Poverty and Vagrancy in Tudor England, op. cit.*

rigueur. Pas seulement parce que la permanence d'attitudes «charitables» aurait contribué à en atténuer la rigueur. En dépit de la condamnation morale et religieuse des «oyseux», se fait jour le soupçon qu'ils ne sont pas tous coupables de ne pas travailler, et qu'ils pourraient aussi être assistés sans mendier, à condition qu'ils appartiennent à la paroisse. C'est le sens de l'évolution des *poor laws* anglaises au cours du XVIᵉ siècle : partant de la condamnation du mendiant «*able bodied*» qui sera fouetté et chassé (première loi de 1535), elles s'élèvent à l'ambition de prendre en charge l'ensemble de leurs indigents, même valides[1]. De même, en France, les instructions pour l'application de l'ordonnance de 1764 analysées ci-dessus ménagent un traitement particulier aux mendiants domiciliés : ceux qui sont arrêtés «à moins d'une demi-lieue» de leur domicile ne sont pas des mendiants de profession, mais des membres de la communauté dignes d'être secourus. L'enfermement lui-même se veut un moyen de réinsérer les mendiants domiciliés. Comme pour les «pauvres honteux», le critère de

---

1. *Cf.* en annexe de J. Pound, *Poverty and Vagrancy in Tudor England, op. cit.*, des extraits du répertoire des pauvres secourus par la ville de Norwich en 1570. Ils montrent que bénéficiaient effectivement de secours certaines familles de travailleurs, soit au chômage, soit même dont le salaire du chef de famille était insuffisant pour assurer la survie. De même, l'Aumône générale de Lyon, dès sa fondation en 1534, ménage des distributions hebdomadaires de pain aux indigents, qui sont souvent des représentants des petits métiers (*cf.* J.-P. Gutton, *la Société et les pauvres..., op. cit.*). Mais les remèdes proposés par ces «politiques municipales» ont toujours été sans commune mesure avec l'ampleur du problème. Pour l'ensemble des tentatives de mise au travail forcé des indigents valides, *cf.* chapitre suivant.

la domiciliation annulerait à la limite celui de l'inaptitude au travail pour être assisté.

Mais cette position ne peut être tenue jusqu'au bout. Si l'on déconstruit la notion de mendiant valide, elle dévoile une contradiction insoluble. Tel Janus, c'est un être à deux faces. D'un côté, il regarde vers l'assistance, puisqu'il est démuni de tout ; mais de l'autre il appelle la répression, puisqu'il est apte au travail et devrait vivre de la peine de son corps. Tantôt la condamnation du mendiant valide est celle d'un usurpateur : quelqu'un qui se donne comme un bénéficiaire potentiel de l'assistance alors qu'il relève de l'obligation du travail. Tantôt on reconnaît, ou on soupçonne, qu'il n'est pas responsable de sa situation, et la porte de l'assistance s'entrouvre pour lui. Mais, à la différence de la mansuétude dont bénéficie le «pauvre honteux», ce n'est jamais sans réticence. Membre du bas peuple, il ne dispose pas de capital social. C'est sur les gens de son espèce, de «vil état», que pèse d'une manière impitoyable la condamnation biblique : «Tu gagneras ton pain à la sueur de ton front.» Certes, mais que devient alors celui qui ne peut pas le gagner, parce qu'il ne peut pas travailler, non par incapacité, mais parce qu'il n'a pas de travail ?

Toute l'histoire de l'assistance joue avec cette contradiction. Elle pose et réitère l'exigence de l'incapacité de travailler pour bénéficier des secours, et elle l'aménage et la trahit aussi souvent. C'est pourquoi toutes ces tentatives sont boiteuses dans le meilleur des cas, et le plus souvent échouent. Pas seulement par manque de ressources matérielles, de moyens financiers, humains ou institutionnels adéquats. Elles butent sur l'impossibilité de retraiter complètement les problèmes que pose l'indigence valide dans les catégories spécifiques de l'assistance. Tant qu'il s'agit d'enfants abandonnés, de vieillards impotents, d'infirmes, de malades indigents, etc., tant que l'on est dans le cadre de la handicapologie[1], ils ne posent pas un problème de fond. J'entends par là que les difficultés, qui peuvent être très graves, sont essentiellement d'ordre technique, financier, institutionnel. L'incapacité de s'autosuffire pour des gens qui peuvent travailler pose en revanche le problème fondamental que, historiquement, le mendiant valide a été le premier à présenter. Il pose à l'assistance la question du sphinx : comment faire d'un quémandeur d'aide un producteur de sa propre existence ? Cette question ne comporte pas de réponse, parce que la «bonne réponse» n'est pas du registre assistantiel, mais du registre du travail.

Ainsi, à partir de l'ambiguïté portée par le mendiant valide, débouche-t-on sur un dédoublement et une dramatisation de la question sociale. Ce personnage représente la transition concrète pour réintroduire dans la catégorisation générale

---

1. Ce qui ne signifie évidemment pas que cette «handicapologie» se réduise à une catégorisation naturaliste, sans rapport avec la situation sociale et le rapport au travail : les «charités» de Lyon sont majoritairement peuplées de «vieux», et surtout de «vieilles», anciens ouvriers, ouvrières ou veuves d'ouvriers de la soierie ou des petits métiers urbains (*cf.* J.-P. Gutton, *la Société et les pauvres, op. cit.*). L'invalidité due à l'âge les fait bénéficier de l'assistance, à condition toutefois qu'ils soient nés à Lyon ou y habitent depuis plus de dix ans. Cependant, ces «vieux» posent aussi en filigrane la question du travail : c'est l'insuffisance des ressources acquises pendant leur vie active qui les condamne à l'indigence au soir de leur vie. On aperçoit ainsi que c'est l'avènement *d'assurances liées au travail* qui représentera la «solution» à ce problème, comme elle sera la solution au problème de l'indigence valide en général (*cf.* chapitre VI).

du malheur cette forme spécifique et essentielle du malheur du peuple : la déchéance de la misère travailleuse, ou, pis encore des miséreux qui n'ont pas de travail.

CHAPITRE II

LA SOCIÉTÉ CADASTRÉE

À partir des XIIᵉ et XIIIᵉ siècles, le social-assistantiel a pris dans l'Occident chrétien une configuration déjà complexe où l'on peut lire les principaux traits d'une politique d'assistance «moderne»: classification et sélection des bénéficiaires des secours, efforts pour les organiser d'une manière rationnelle sur une base territoriale, pluralisme des instances responsables, ecclésiastiques et laïques, «privées» et «publiques», centrales et locales. L'émergence, dès cette époque, de deux catégories de populations, celle des pauvres honteux et celle des mendiants valides, indique que ces sociétés connaissent déjà des phénomènes de déclassement social (mobilité descendante) et de sous-emploi (travailleurs valides livrés à la mendicité). Tout se passe toutefois comme si elles s'efforçaient d'assimiler ces populations aux catégories de l'assistance: le double critère de la domiciliation et de l'incapacité de travailler continue d'être posé (même s'il est souvent contourné) comme la condition pour être pris en charge. Cette doctrine prévaut jusqu'à la fin de l'Ancien Régime. Cependant, avec l'apparition d'un nouveau profil d'indigents caractérisé par un rapport impossible au travail, se produit au milieu du XIVe siècle une transformation à laquelle la plupart des historiens de l'assistance n'ont pas à mon sens accordé une attention suffisante, parce qu'elle n'entre plus exactement dans le cadre de la problématique des secours. La question sous-jacente à l'existence de la mendicité valide prend alors avec le vagabondage une dimension nouvelle.

Bien entendu, la mutation n'est pas totale. Le personnage ambigu du mendiant valide ne va pas disparaître. Le noyau du dispositif réglementaire et institutionnel monté pour l'assistance est déjà en place et il va tenter de s'adapter au nouveau défi. C'est donc pour une part à une relecture des mêmes données qu'il va falloir procéder. Mais cette relecture devra être foncièrement différente s'il est vrai que vers le milieu du XIVe siècle un personnage nouveau est apparu, ou du moins a pris une visibilité telle qu'il va désormais servir de support à une version différente de la question sociale. Il existait depuis longtemps des nécessiteux, des indigents, des inaptes, des démunis, et même des indésirables de toutes sortes. Il va falloir désormais compter avec des individus qui occupent dans la société la position de *surnuméraires* : ils n'ont aucune place assignée dans la structure sociale et dans son système de distribution des positions reconnues, pas même celle qui fait des indigents secourus une clientèle intégrée. Ils sont les ancêtres des surnuméraires d'aujourd'hui. Non point, évidemment, par une identité de condition, mais par une homologie de position.

1349

Qu'est-ce donc qui «arrive» au milieu du XIVᵉ siècle ? Une brusque propension à la mobilité dans une formation sociale qui n'est pas prête à l'accueillir, et qui va tout faire pour la contrer. Cet ébranlement pousse sur le devant de la scène un nouveau profil d'indigents. En 1349, Édouard III, roi d'Angleterre, promulgue l'ordonnance connue sous le nom de *Statut des travailleurs (Statutum serventibus, Statute of Labourers)*. J'en traduis les principales dispositions :

> Parce qu'une importante partie de la population, spécialement parmi les travailleurs *[workmen]* et les serviteurs *[servants]*, a été récemment victime de la peste, beaucoup, voyant le besoin dans lequel se trouvent les maîtres et la grande pénurie de serviteurs, ne veulent plus servir *[to serve]* à moins qu'ils ne touchent des salaires *[wages]* excessifs, et certains préfèrent mendier dans l'oisiveté plutôt que de gagner leur vie en travaillant. Nous, considérant les graves inconvénients qu'occasionne désormais une pénurie de ce type, après délibération et en accord avec les nobles, les prélats et les gens instruits qui nous assistent, avec leur consentement, ordonnons :
> Que chaque sujet, homme ou femme, de notre royaume d'Angleterre, quelle que soit sa condition, libre ou servile *[bord]*, qui est valide, âgé de moins de soixante ans, qui ne vit pas du commerce *[not living in merchandise]* ou n'exerce pas de métier artisanal *[craft]*, qui ne possède pas de biens dont il puisse vivre, ni de terres à la culture desquelles il puisse s'adonner, et qui n'est au service de personne *[not serving any other]*, s'il est requis de servir d'une manière qui correspond à son état, sera obligé de servir celui qui l'aura ainsi requis ; et il recevra seulement pour la place qu'il sera obligé d'occuper les gages en nature, nourriture ou salaire qui étaient

d'usage durant la vingtième année de notre règne, ou une des cinq ou six précédentes années moyennes. Qu'il soit entendu que le seigneur sera toujours préféré à tout autre par ses propres serfs et métayers, de telle sorte que ceux-ci soient maintenus à son service — mais que cependant les seigneurs ne seront pas tenus de les garder à leur service plus longtemps qu'il ne leur est nécessaire ; et si un homme ou une femme, étant ainsi requis de servir, ne le fait pas, ce fait étant attesté par deux hommes dignes de foi devant le shérif, le bailli, le seigneur ou le prévôt de la ville, il sera immédiatement conduit par eux, ou par l'un d'eux, dans la prison la plus proche où il sera maintenu sous bonne garde jusqu'à ce qu'il soit certain qu'il serve sous les formes énoncées ci-dessus.

Que si un travailleur ou un serviteur quitte son service avant le temps requis, il sera emprisonné.

Que les anciens salaires, sans plus, seront donnés aux travailleurs.

Que si le seigneur d'une ville ou d'un domaine contrevient de quelque manière à cette disposition, il paiera en amende le triple de la somme [versée].

Que si un artisan [artificer] ou un ouvrier reçoit un salaire plus élevé que celui qui lui est dû, il sera emprisonné.

Que les aliments seront vendus à des prix raisonnables. De même, parce que beaucoup de mendiants valides [able-bodies beggars], aussi longtemps qu'ils peuvent vivre de mendicité, refusent de travailler et s'adonnent à la paresse et au vice, et parfois au vol et à d'autres abominations, personne ne pourra, sous peine de sanctions, donner quoi que ce soit sous prétexte de pitié ou d'aumône à ceux qui peuvent travailler, ou les encourager dans leurs inclinations [desires], de telle sorte qu'ils soient contraints de travailler pour vivre[1].

---

1. Cité *in* J.-C. Ribton-Turner, *History of Vagrants and Vagrancy, and Beggars and Begging, op. cit.*, pp. 43-44.

Cette longue citation était nécessaire pour montrer l'articulation systématique des principaux éléments d'une nouvelle problématique du travail aux commencements de la modernité, à savoir :

— le rappel de l'impératif catégorique de travail pour tous ceux qui n'ont d'autre ressource pour vivre que la force de leurs bras ;

— l'obligation que la besogne épouse le plus étroitement possible les formes de la division des tâches fixées par la tradition et la coutume. Que celui qui travaille déjà se maintienne dans son emploi (sauf s'il sied à son employeur de lui donner congé), et que celui qui est en quête d'emploi accepte la première injonction qui lui est faite dans les cadres territoriaux marquant le système de dépendances d'une société encore dominée par les structures féodales. Ce droit de préemption du seigneur vaut autant pour les hommes libres que pour les serfs[1] ;

— le blocage de la rétribution du travail, qui ne peut être objet de négociations ou d'ajustements, ni même de fluctuations spontanées, mais se trouve impérativement fixée une fois pour toutes ;

— l'interdiction d'éluder cet impératif du travail en recourant à des prises en charge de type assistantiel (interdiction pour les démunis de

---

1. Au milieu du xive siècle, le servage a beaucoup reculé dans l'Europe à l'ouest de l'Elbe, mais les situations sont encore très contrastées entre des régions où il est déjà entièrement aboli et d'autres où il survivra encore longtemps. Le contenu que recouvre la notion de servage elle-même est d'ailleurs loin d'être univoque. Mais ces disparités ne sont pas significatives ici, car seul importe pour le présent propos le fait que les mesures prises au milieu du xive siècle ne tiennent pas compte de cette différence et traitent à parité toutes les catégories de travailleurs manuels, rurales ou urbaines, serves ou libres.

mendier et, corrélativement, pour les possédants, d'alimenter par l'aumône la prise en charge de sujets aptes au travail).

Ces dispositions représentent un véritable code général du travail pour tous ceux qui sont soumis à l'obligation de gagner leur vie en œuvrant. Il fonctionne sur deux registres, et trace une ligne de démarcation entre deux types de travailleurs. À tous ceux qui sont inscrits dans le système institué des métiers artisanaux ou qui servent un maître, domestiques, gens de maison, personnels des domaines ecclésiastiques et laïcs, ou qui, de condition libre ou servile, sont attachés à une terre d'où ils tirent leur subsistance sous la dépendance d'un propriétaire, l'ordonnance s'adresse à titre préventif : qu'ils restent fixés à leur lieu de travail et se contentent de leur condition et de la rétribution qui y est attachée. Corrélativement, l'ordonnance condamne le flux en voie de constitution des individus « libérés », ou qui se libèrent de ces régulations traditionnelles, à la fois ceux qui sont sans emploi et ceux qui se placent en position de mobilité par rapport à l'emploi. L'ordonnance répond au constat qu'un certain type de populations non encastrées dans les structures de la division du travail fait désormais problème. Elle impose en même temps une solution : éradiquer la mobilité, en bloquer le flux à sa source, et réinscrire de force dans des structures fixes tous ceux qui ont décroché. Elle interdit en particulier cette échappatoire qui consisterait à avoir recours à l'assistance pour survivre si l'on est capable de travailler. Le code du travail se formule dans une opposition explicite au code de l'assistance.

Est-ce trop solliciter un texte ? Il n'est pas

isolé. En Angleterre même, il sera plusieurs fois réitéré, avec des variantes, dans la seconde moitié du XIVᵉ siècle. En 1388, Richard II y apporte trois précisions intéressantes. Premièrement, les employés *(servants)* quittant leur place doivent être munis d'une attestation certifiée par les autorités de leur district. S'ils sont trouvés errant *(wandering)* sans ce passeport, ils seront enfermés et gardés jusqu'à ce qu'il soit certain qu'ils reprennent l'emploi qu'ils ont quitté. Deuxièmement, tous les travailleurs âgés de plus de douze ans affectés aux travaux agricoles ne peuvent choisir un autre emploi manuel, et tout nouveau contrat de travail ou d'apprentissage qui transgresserait cette règle est déclaré nul et non avenu. Enfin, tout mendiant valide est assimilé aux vagabonds qui errent sans attestation. En revanche, les mendiants invalides peuvent rester sur place si les habitants du lieu les tolèrent; dans le cas contraire, ils devront se rendre soit dans des villes qui comportent des asiles, soit à leur lieu de naissance, où ils résideront jusqu'à leur mort[1].

En France une première ordonnance de Jean II le Bon de 1351 vise ceux «qui se tiennent oyseux par la ville de Paris [...] et ne veulent exposer leur corps à faire aucune besogne [...] de quelque état et condition qu'ils soient, ayant métier ou non, soit homme soit femme, qui soient sain de

---

1. J.-C. Ribton-Turner, *History of Vagrants and Vagrancy*, *op. cit.*, p. 60. La même ordonnance de Richard II exige que les étudiants en transit soient munis d'une attestation du recteur de la dernière université qu'ils ont fréquentée, et que les voyageurs qui se disent pèlerins puissent attester qu'ils se rendent effectivement à un pèlerinage.

corps et de membres», et leur enjoint de «faire aucune [c'est-à-dire n'importe quelle] besogne de labeur en quoi ils puissent gaigner leur vie ou vuident la ville de Paris [...] dedans trois jours après ce cry», faute de quoi ils seront emprisonnés, mis au pilori en cas de récidive, et à la troisième reprise marqués au front au fer rouge et bannis[1]. Trois années plus tard, une nouvelle ordonnance royale (novembre 1354) s'en prend explicitement à

> la grant chierté des ouvriers qui en veulent faire besoigne s'ils ne sont payez à leur volonté [...] et ne veulent ouvrer que à leur plaisir [et à ceux qui] se déportent des lieux de leur demeurance et laissent femme et enfants et leur propre pays et domicile. [...] Commandé est que toute manière de gens, hommes et femmes, qui sont accoustumés à faire ou à exercer ouvrages ou labourages en terres et vignes ou ouvrages de draperie et tannerie, charpenterie, maçonnerie, ouvrages de maison et semblables, aillent avant le soleil levant es places de lieux accoustumez à loüer les ouvriers, pour eulx, à aler ouvrer, pour les prix qui seront mis sur les journées des ouvriers desdits mestiers[2].

Ces injonctions, impératives, soulignons-le, à la fois pour les travailleurs des villes et pour ceux des campagnes, seront rappelées plusieurs fois jusqu'à l'ordonnance cabochienne issue des états généraux de 1413, qui constate que «plusieurs labouraiges demeurent sans cultiver, et plusieurs vilaiges du plat pays mal habitez», en consé-

1. Jourdan, Decrouzy, Isambert, *Recueil général des anciennes lois françaises, op. cit.*, t. IV, p. 577 *sq.*
2. *Ibid.*, t. IV, p. 700.

quence «le Roy ordonne que tous caymans et caymandes possibles de gaigner leurs vies soient contrains de délaisser leurs caymanderies et de aler gaignier autrement leurs vies». Ceux auxquels l'assistance est interdite sont toujours «les caymands et caymandes qui ne sont pas impotents mais ont puissance de labourer ou autrement gaigner leur vie, et aussi gens vagabonds et oyseux, comme huilliers et autres semblables [1]».

Dans la péninsule Ibérique, Alphonse IV de Portugal en 1349, les Cortes d'Aragon en 1349 et 1350 et celles de Castille en 1351, fixent des maxima de salaires, et ces mesures sont renforcées dans le cours du xive siècle, assorties de l'interdiction des déplacements à la recherche d'un emploi et de la répression du vagabondage [2]. Ludwig von Wittelsbach, duc de Bavière, décrète en 1357 que pour la Bavière et le Tyrol les serviteurs et travailleurs journaliers doivent rester au service de leurs employeurs sans augmentation de salaire. S'ils quittent leur emploi, leurs biens seront confisqués [3].

Angleterre, France, Portugal, Aragon, Castille, Bavière: dans la plupart des pays où un pouvoir central commence à s'affirmer se prennent simultanément un ensemble étonnamment convergent de mesures pour imposer un code rigide du travail et réprimer l'indigence oisive et la mobilité de la main-d'œuvre. Mais c'est aussi la politique de nombreuses villes dans l'ensemble de l'Eu-

1. Jourdan, Decrouzy, Lambert, *Recueil général des anciennes lois françaises, op. cit.*, t. IV, p. 701.
2. *Cf.* J.-P. Gutton, *la Société et les pauvres, op. cit.*
3. C. Liss et H. Soly, *Poverty and Capitalism in Pre-industrial Europe, op. cit.*, chap. ii.

rope «civilisée» de l'époque: Orvieto en 1350,
Florence en 1355, Metz en 1356, Amiens en
1359[1]... Pouvoirs centralisés et pouvoirs municipaux conspirent dans leur volonté d'enfermer le
travail dans ses cadres traditionnels en limitant
le plus possible la mobilité professionnelle et
géographique pour les emplois manuels. Ils se
rejoignent aussi dans la prise de conscience qu'il
existe une différence essentielle entre cette question de l'obligation du travail et la question de
l'assistance.

C'est donc bien la conjonction d'un nouveau
type de mobilité des travailleurs et d'une volonté
politique de l'interdire qui caractérise cette situation. La mobilité comme telle n'est nullement
une nouveauté dans la société médiévale. Et
d'abord la mobilité au sens de circulation géographique :

> La vie des routes au Moyen Âge était singulière-
> ment intense aux XIVe et XVe siècles. Les colpor-
> teurs, les meuniers, promenaient leur balle de
> village en village; les pèlerins se rendant à de nom-
> breux lieux de pèlerinage, surtout à Saint-Jacques,
> vivaient d'aumônes; les frères mendiants, les prê-
> cheurs de toute espèce allaient de ville en ville, pro-
> nonçant devant les églises des discours passionnés;
> d'autres spéculaient sur les mérites des saints du
> paradis; les clercs se rendaient de couvent en cou-
> vent, apportant les nouvelles, les étudiants rejoi-
> gnaient leur université. Puis on rencontrait sur les
> routes des jongleurs, des diseurs de contes, des mar-
> chands d'animaux; des soldats en congé ou rejoi-
> gnant une armée encombraient les chemins, côtoyant

---

1. *Cf.* M. Mollat, *les Pauvres au Moyen Âge, op. cit.*

une multitude de mendiants, pendant que les bandes de voleurs peuplaient les bois voisins des routes[1].

A fortiori, en deçà de ce xive siècle, dans un monde où subsistaient de vastes zones, landes et forêts, qui n'avaient jamais subi l'empreinte de la civilisation, des présences inquiétantes rôdaient. Évoquant l'essor de la chrétienté latine entre le xie et le xiiie siècle, Georges Duby note : «Cependant, sur les franges de cette société nantie, on devine l'existence de petits groupes d'inadaptés, d'épaves comme en sécrètent toutes les formes de société. Ces êtres sont rejetés en dehors des zones d'enracinement, dans les zones forestières non colonisées encore, sur les routes[2]. »

Il arrivait fréquemment que ces errants posent des problèmes. Lorsqu'on ne pouvait pas les ignorer, on les combattait comme des ennemis, surtout lorsqu'ils se groupaient, telles ces bandes de routiers qui ravagent les campagnes au xiie siècle[3]. Mais il s'agit de conduites d'autodéfense, qui visent presque à l'élimination de ces indésirables. Ceux-ci restent en dehors de tout commerce social, et on ne tente pas de les utiliser ou de les intégrer. À l'inverse, il existe des formes de mobilité acceptées, comme celles des pèlerinages ou

---

1. C. Paultre, *De la répression de la mendicité et du vagabondage en France sous l'Ancien Régime, op. cit.*, p. 1.
2. G. Duby, «Les pauvres des campagnes dans l'Occident médiéval jusqu'au xiiie siècle», *loc. cit.*, p. 29.
3. *Cf.* E. Fréville, *Des grandes compagnies au xive siècle*, Bibliothèque de l'École des chartes, Série I, t. II, p. 272. Fréville fait lui-même la différence entre la structure hiérarchique et militaire des Compagnies du xive siècle et les bandes de routiers du xiie siècle, surtout constituées de serfs en rupture et formant des rassemblements populaires à l'origine de soulèvements déstructurés et violents du type jacqueries.

des croisades, qui sont dans leur principe cadrées et ritualisées, même si elles donnent lieu à des débordements et à des désordres. Les pérégrinations armées de troupes plus ou moins régulières sont plus dévastatrices, mais elles font également partie du paysage social de l'époque, comme les famines font partie de son paysage économique. De même, la mobilité des marchands, sans doute problématique à l'origine, devient une composante intégrée à la structure sociale médiévale dont elle représente le secteur le plus dynamique[1].

Toute différente est la mobilité qui apparaît, ou du moins qui commence à poser explicitement problème à partir du XIVe siècle. Elle n'est pas le fait d'individus qui sont restés en dehors des cadres de la société organisée, ou qui s'y sont intégrés professionnellement, ou qui circulent à ses frontières. La mobilité nouvelle naît d'un ébranlement interne au sein de la société constituée. D'où une différence essentielle aussi dans les mesures qu'elle suscite. Il s'agit non de se protéger des turbulences externes, mais de renforcer

---

1. *Cf.* J. Le Goff, *Marchands et banquiers au Moyen Âge*, Paris, PUF, 1956. La thèse extrême d'Henri Pirenne (*cf. les Anciennes Démocraties des Pays-Bas*, Paris, Flammarion, 1910) selon laquelle les marchands étaient à l'origine des errants, des « pieds poudreux », n'est plus défendue sous cette forme (pour la position inverse, qui met l'accent sur les liens entre le développement du commerce et la propriété terrienne, *cf.* par exemple J. Heers, *le Clan familial au Moyen Âge*, Paris, PUF, 1974). Il n'en demeure pas moins que marchands, négociants et banquiers représentent la strate la plus mobile, mais aussi celle qui, devenant de plus en plus essentielle, se fait de mieux en mieux accepter dans la société médiévale. Le marchand, comme le pèlerin, l'étudiant, le clerc en transit, etc., sont mobiles ; ils ne sont pas pour autant des désaffiliés.

les régulations internes à l'ordre social en obligeant chacun à se maintenir à sa place dans la division du travail. Car cette difficulté, désormais, est celle de l'organisation du travail, et de la soumission d'un nouveau profil d'individus à ses formes traditionnelles. Les populations concernées représentent ce que l'on est en droit d'appeler, avant la lettre mais au sens strict du mot, un prolétariat : ceux qui ne disposent pour survivre que de la force de leurs bras.

Une question ouvrière inédite se pose ainsi lors de l'ébranlement de la société féodale. Il n'est pas incongru de parler de prolétaires avant le développement du capitalisme. Saint Thomas d'Aquin déjà les évoque : «Les mercenaires qui louent leur travail sont des pauvres car ils attendent de leur labeur leur pain quotidien[1].» Un contemporain de Thomas d'Aquin, Jacques de Vitry, chanoine d'Orgnies, près de Liège, repère également l'existence d'une catégorie de «pauvres qui acquièrent leur subsistance quotidienne du travail de leurs mains sans qu'il leur reste rien après qu'ils ont mangé[2]». Ainsi, ces «mercenaires» dont la survie dépend exclusivement de la location de leur force de travail sont littéralement des prolétaires. Mais tant qu'ils restent intégrés, territorialisés, ce sont «simplement» des pauvres. Ils sont à leur place et font partie de l'ordre du monde ; ils ne posent pas encore une «question sociale».

Différente est la situation au milieu du XIVe siècle, parce qu'elle est produite par la dérégulation de l'organisation du travail. En ce sens,

---

1. Saint Thomas d'Aquin, *Somme théologique*, (Ia, 2, 105, a2), cité *in* M. Mollat, *les Pauvres au Moyen Âge, op. cit.*, p. 282.
2. Cité *in* M. Mollat, *op. cit.*, p. 133.

elle évoque les circonstances du début du
XIXe siècle, au moment où se pose pour la première fois explicitement la question sociale sous
la forme de la question du paupérisme[1]. Elle
l'évoque seulement, parce que ce qu'on appellera
le paupérisme sera produit par la libéralisation
sauvage d'un marché du travail alors qu'ici, au
contraire, c'est l'absence d'un tel marché qui
pose problème. Ce que l'on peut formuler en ces
termes : comment bloquer une mobilité qui ne
trouve pas sa place dans l'organisation traditionnelle du travail ? C'est le sens des mesures prises
à partir du milieu du XIVe siècle : tenter d'éradiquer la contradiction entre les structures fixes
qui organisent le travail et cette mobilité naissante. Si un prolétariat intégré ne fait pas question dans la société préindustrielle, il n'en va pas
de même pour des individus en quête d'emploi.
Ils représentent une main-d'œuvre flottante qui
n'a vraiment pas de place dans l'organisation du
travail et ne peut être acceptée comme telle[2]. Il

1. Pour l'analyse du paupérisme, *cf.* ci-dessous, chapitre v.
2. Marx, on le sait, a souligné le rôle de ces populations flottantes dans le développement du capitalisme, dont elles
auraient constitué « l'armée de réserve » (*cf. le Capital*, livre I,
huitième section, chap. XXVII, trad. fr. *Œuvres*, I, Paris, La
Pléiade, p. 1171 *sq.*). Cependant, surtout s'il est vrai — comme
je tente ici de l'établir — que le phénomène apparaît au milieu
du XIVe siècle, cette interprétation soulève une difficulté. Le
capitalisme est alors très embryonnaire et s'accommode de la
fixation de la main-d'œuvre dans les cadres territoriaux traditionnels, surtout à travers le développement d'un artisanat rural
(*cf.* ci-dessous, chapitre III). Les mesures prises au XIVe siècle ont
ainsi pour effet de bloquer, avec la mobilité de la main-d'œuvre,
la possibilité de son organisation nouvelle qui donnera naissance au capitalisme industriel. Mon hypothèse est que cette
mobilité sauvage n'est pas d'abord un effet des transformations
des structures de la production dans le sens du développement

faut dès lors leur enjoindre non seulement de travailler, mais encore de travailler à leur place ancestralement fixée dans la production.

Pourtant, s'ils ont quitté cette place, c'est souvent qu'ils ne pouvaient faire autrement. Les mesures du milieu du xivᵉ siècle expriment un dilemme ; elles constatent une propension au mouvement, mais elles s'acharnent à imposer l'immobilité. Les populations qu'elles concernent sont littéralement prises en tenaille : engagées dans un processus de mobilité, on les contraint à revenir au *statu quo ante*.

La déconversion de la société féodale

Dans quel contexte se produit l'émergence de cette problématique ? La spectaculaire convergence des mesures promulguées au milieu du xivᵉ siècle renvoie en premier lieu à un événement tragique : la Peste noire, qui, estime-t-on, a emporté environ le tiers de la population européenne avant la fin du siècle. Ainsi, sur fond de *dies irae*, accompagnées par les processions des flagellants et la ronde des danses macabres, les «pestilences» font basculer le «monde plein» du Moyen Âge à son apogée dans un monde où l'homme est devenu rare [1]. Dans cette désolation

---

du capitalisme, et qu'elle est apparue *avant* de pouvoir être intégrée dans ces structures «modernes». L'ébranlement social du milieu du xivᵉ siècle n'est pas déterminé par la poussée de nouvelles forces économiques. Toutefois, pour une interprétation marxiste orthodoxe de ces questions, *cf.* M. Dobb, *Études sur le développement du capitalisme*, trad. fr. Paris, Maspero, 1969, particulièrement le chapitre vi.

1. Pour l'importance à accorder au «monde plein», qui n'est

générale, les misérables, plus vulnérables, ont payé le plus lourd tribut à la mort. Un chroniqueur de la fin du siècle note : « La mortalité universelle fit périr tant de cultivateurs de vignes et de terres, tant d'ouvriers de tous les métiers [...] qu'il y en eut un grand manque. » Et il ajoute : « Tous les ouvriers et leurs familles exigeaient des salaires excessifs[1]. »

Quoi de plus naturel pour ces pauvres hères survivants que de « profiter » de cette situation où ils étaient devenus plus recherchés parce que moins nombreux ? Ils faisaient en somme jouer la loi de l'offre et de la demande de main-d'œuvre à leur profit, et ils y parvinrent dans une certaine mesure. Pendant les vingt années qui suivirent les premières atteintes de la Mort noire, les salaires augmenteront considérablement, souvent de plus du double. La situation demeurera d'ailleurs relativement favorable aux salariés jusqu'au début du XVIe siècle, marqué par une nette reprise démographique[2].

Cette flambée salariale, attestée par tous les

pas seulement un trait de densité démographique, mais la condition d'une intensification des échanges de toutes sortes qui a permis l'essor de la « chrétienté latine », *cf.* les ouvrages de Pierre Chaunu, entre autres *le Temps des réformes*, Paris, Fayard, 1975, t. I, « Le tournant du monde plein ». La population de cette chrétienté latine (l'Europe à l'ouest de l'Elbe) atteignait vraisemblablement 80 millions d'habitants en 1348 et est tombée à environ 60 millions à la fin du siècle. Il faudra attendre plus d'un siècle et demi pour que ce vide démographique soit comblé.

1. Gilles Le Muisit, cité *in* M. Mollat, *les Pauvres au Moyen Âge, op. cit.*, p. 24.

2. L'emploi de ces termes « salaire » et « salariés » n'implique pas qu'il existe alors *un* salariat, mais au contraire une foule de situations salariées hétérogènes et ambiguës. Pour l'explicitation de ce point de vue, *cf.* chapitre III.

documents de l'époque, ne signifie pas pour autant que les mesures de blocage des années 1350 aient été inefficaces. Sans elles, le dérapage aurait sans doute été plus grand. Ainsi, une étude très précise montre qu'en Angleterre des efforts systématiques ont été déployés pour que le Statut des travailleurs soit réellement appliqué[1]. En Angleterre encore, pendant les premières années qui ont suivi sa promulgation, les amendes infligées aux travailleurs pour l'avoir enfreint furent très lourdes, représentant dans certains comtés plus du tiers des taxes payées[2].

Plus généralement, et contrairement à certaines descriptions apocalyptiques de l'après-Peste noire — accompagnée en France par les ravages de la pire époque de la guerre de Cent Ans —, la faille ouverte par la chute démographique n'a pas entraîné un appauvrissement général. Les analyses de Carlo Cipolla attestent un progrès *per capita* à la fois de la production et de la consommation dans l'espace européen entre 1350 et 1500[3]. Pour les pauvres, s'il est

---

1. B. Haven Putman, *The Enforcement of the Statute of Labourers during the First Decade after the Black Death*, New York, Columbia University Press, 1908.
2. R. Hilton, *les Mouvements paysans et la révolte anglaise de 1381*, trad. fr., Paris, Flammarion, 1979, note également que, lors de l'insurrection des travailleurs qui fait vaciller le trône de Richard II en 1381, les révoltés s'en prennent surtout aux hommes de loi, dont beaucoup furent massacrés — ces hommes de loi qui étaient, entre autres, chargés d'appliquer le Statut des travailleurs. Les revendications des révoltés sont également significatives. Ils demandent, rapporte un contemporain, « qu'aucun homme ne travaille pour un autre si ce n'est qu'il le choisisse et que le contrat de travail soit écrit ».
3. C.M. Cipolla, *Before the Industrial Revolution, European Society and Economy, 1000-1700*, Londres, 1976.

exagéré de parler d'un « âge d'or du salariat[1] », la situation des survivants de la peste s'est souvent trouvée, du moins pour un temps, améliorée. Il ne faut donc pas confondre les turbulences sociales et les révoltes populaires de l'époque avec des émeutes dues à la misère, comme il y en eut d'innombrables auparavant, et comme il s'en produira jusqu'au XVIIe siècle au moins. Dans la seconde moitié du XIVe siècle, elles répercutent l'onde de choc d'un ébranlement social davantage qu'elles ne sont l'effet d'une aggravation de la misère.

C'est le cas lors des troubles intenses qui se déclenchent autour de 1380[2]. C'est en fait l'Europe « développée » qui s'ébranle en Angleterre, en Flandre maritime, à Florence, dans le comté de Barcelone, dans les villes les plus développées de la France du Nord. Robert Fossier voit dans l'ensemble de ces événements « le signe violent, comme le veut le climat du temps, d'un vif désir de promotion sociale[3] ». Un contemporain très hostile à ces mouvements ne dit pas autre chose dans le langage de l'époque : « Les méchants gens commencèrent à s'agiter en disant qu'on les tenait en trop grande servitude [...] qu'ils voulaient être tout un avec leurs seigneurs, et que s'ils cultivaient les labours des seigneurs, ils voulaient en avoir salaire[4]. »

1. J. Favier, *la Guerre de Cent Ans*, Paris, Fayard, 1980.
2. M. Mollat, P. Wolf, *Ongles bleus, Jacques et Ciompi : les révolutions populaires en Europe aux XIVe et XVe siècles*, Paris, Calmann-Lévy, 1970.
3. R. Fossier, *Histoire sociale de l'Occident médiéval, op. cit.*, p. 343.
4. J. Froissart, *Chroniques*, L. I, t. X, Luce, Paris, 1874, p. 95.

Dans le drame qui s'est joué dans la seconde moitié du XIVᵉ siècle, les seuls protagonistes ne furent donc pas la mort et ses hécatombes tragiques, ni la guerre, constante de l'histoire sociale depuis le haut Moyen Âge, ni la misère, condition commune du petit peuple. C'est aussi le mode de gouvernementalité de la société qui a été ébranlé, en particulier sur le plan de l'organisation du travail.

L'hypothèse proposée est que ces changements de la seconde moitié du XIVᵉ siècle sont des symptômes d'une *déconversion* de la société féodale. J'emprunte ce terme à Philipp Rieff. Il l'emploie pour caractériser le passage de systèmes à régulations rigides (ce qu'il appelle «les communautés positives») à des organisations sociales dans lesquelles l'individu n'est plus organiquement lié aux normes et doit contribuer à la constitution des systèmes de régulations[1]. Je préfère ce terme à celui de crise, trop vague, ou à celui de décomposition, très exagéré car la spécificité de la situation tient justement à ce que l'armature de la société ne s'est pas effondrée. Elle s'est même à certains égards renforcée. Cependant, en deçà des régulations juridico-politiques rigides, apparaissent des facteurs de changement que les mesures nouvelles prises à partir de 1350 s'efforcent de bloquer. Un espace de turbulences s'ouvre, qui n'est plus maîtrisé par les structures traditionnelles, sans que celles-ci perdent leur emprise. Du jeu apparaît entre les réseaux d'interdépendances, ouvrant des zones d'incertitude aux marges des

---

1. P. Rieff, *The Triumph of Therapeutic: The Uses of Faith after Freud*, New York, Harper and Row, 1968.

statuts constitués. Un profil social se dessine, qui n'a plus sa place au sein des conditions sociales reconnues et des «ordres» constitués.

C'est toute la différence avec ce qui s'est produit à l'est de l'Elbe dans une conjoncture du même type et qui y a produit le «second servage». Soit parce que les pouvoirs traditionnels y étaient plus forts, soit parce que les communautés rurales et urbaines y étaient moins structurées et moins différenciées, ou plutôt pour ces deux séries de raisons à la fois, la réaction nobiliaire a pu bloquer les transformations et enfoncer pour plusieurs siècles la société dans l'immobilisme. À l'ouest, l'ébranlement de la société féodale se caractérise par un montage paradoxal de continuité et de changement dont on s'efforce ici de dégager la logique. Ces événements du milieu du XIVe siècle marquent une étape décisive dans une dynamique dont les premières manifestations sont déjà visibles avant la Peste noire.

Pendant les trois premiers siècles du second millénaire, un essor économique, social et culturel sans précédent s'est progressivement affermi, du moins dans ce que Pierre Chaunu appelle «l'Europe de toutes les réussites»: les Flandres, le sud de l'Angleterre, l'Allemagne et l'Italie du Nord, quelques bastions méditerranéens et la France, surtout entre Somme et Loire[1]. La société médiévale est ainsi passée d'une civilisation essentiellement agraire, étroitement domi-

---

1. P. Chaunu, *Histoire économique et sociale de la France*, t. I, «L'État», PUF, Paris, 1977. Sur le «décollage» de la société féodale, *cf.* l'exposé synthétique de Georges Duby *Guerriers et paysans, op. cit.*

née par les grands domaines ecclésiastiques et par une seigneurie rurale et guerrière, à une bipolarité entre des communautés rurales plus diversifiées et des communautés urbaines plus prospères et plus indépendantes. Sans doute la ville reste-t-elle quantitativement marginale, mais c'est à partir d'elle que se développent l'artisanat, les échanges commerciaux, l'économie monétaire, les techniques bancaires du capitalisme commercial. Mais même ces innovations se déploient à travers des hiérarchies précises, qui maintiennent, à la ville comme dans le monde rural, la même subordination de chacun à l'ensemble[1]. Ainsi ce qui s'invente de plus neuf et va servir de berceau aux développements de la modernité paraît-il encore cadré par les régulations traditionnelles d'une société d'ordres.

Cependant, ce monde plein est un monde fragile pour au moins deux raisons : son hyperpeuplement fait apparaître la rareté des ressources disponibles par rapport à la population, et l'accentuation de la différenciation sociale mine l'efficacité des contrôles traditionnels. Des signes d'essoufflement se manifestent dès le xiiie siècle sur ces deux plans. Les défrichements s'arrêtent faute de nouveaux espaces à conquérir, tandis que la population continue de croître. Les grandes disettes d'antan refont leur apparition et les années 1313-1315, par exemple, sont mar-

---

1. Henri Pirenne, l'historien qui a le plus fortement insisté (et peut-être trop) sur les facteurs d'innovation portés par le développement du phénomène urbain, souligne en même temps le fait que la ville reproduit ou retraduit la structure hiérarchique et les interdépendances de la société agraire. Il compare même la ville médiévale à une ruche. *Cf.* H. Pirenne, *les Anciennes Démocraties des Pays-Bas, op. cit.*, p. 178.

quées dans toute l'Europe par une terrible famine[1]. Mais l'équilibre de la société médiévale est également affecté par les progrès de la différenciation sociale. On a déjà noté des manifestations de mobilité descendante (le pauvre honteux) et de désajustement entre l'offre et la demande d'occupations (le mendiant valide). Des analyses précises établissent qu'il existe déjà vers 1300, dans les contrées les plus riches de l'Europe occidentale, à la campagne comme à la ville, des groupes qui vivent en situation de précarité permanente, alors même que la croissance générale semble se poursuivre[2].

Le milieu du XIVe siècle n'inaugure donc pas une situation complètement nouvelle, mais le choc démographique dû à la Peste noire, en créant brusquement un vide dans ce monde plein, suscite un ébranlement des rapports sociaux dans lequel certains historiens ont vu « la grande fracture de l'histoire européenne ». Entre 1300 et la

1. L'interprétation en termes essentiellement démographiques de ces difficultés débouchant sur la « crise » du milieu du XIVe siècle, et qui est en fait l'application d'un schème néomalthusien (il n'y a pas suffisamment de ressources pour accompagner l'accroissement démographique), est la plus fréquente. *Cf.* par exemple M. M. Postan, *The Medieval Economy and Society: an Economic History of Britain 1000-1500*, Londres, 1972. C. Liss et H. Soly font une critique de cette prépondérance des facteurs démographiques en montrant que la question est moins celle de la rareté des ressources que celle de leur inégale répartition (C. Liss et H. Soly, *Poverty and Capitalism in Pre-Industrial Europe, op. cit.*).

2. Pour la France, *cf.* Robert Fossier, *la Terre et les hommes en Picardie jusqu'à la fin du XIIIe siècle*, Paris, 1968 ; pour l'Angleterre, E.A. Kosminsky, *Studies in the Agrarian History of England in the Thirteenth Century*, Oxford, 1956 ; pour l'Italie, C. de La Roncière, « Pauvres et pauvreté à Florence... », *loc. cit.*

Peste noire la proportion des manouvriers s'enfle dangereusement, néanmoins le groupe central des rustres restait encore majoritaire[1]. Mais à partir du milieu du siècle, la terre se fractionne, et aussi change fréquemment de mains, accusant la bipolarisation du monde rural. À une extrémité, les «coqs de village» commencent une ascension sociale qui les mènera parfois jusqu'à la condition bourgeoise, et même aux offices. À l'autre pôle, les paysans dépossédés se paupérisent. Ils se louent aux plus riches, demi-salariés lorsqu'ils conservent un lopin à cultiver, salariés complets, c'est-à-dire véritables prolétaires agricoles, lorsqu'ils sont sans terre. Les monographies portant sur des sites particuliers confirment cette interprétation. Ainsi, l'analyse des transformations économiques intervenues dans un *manor* anglais sur plusieurs siècles montre que les transformations décisives dans le sens de la paupérisation des tenanciers ont bien eu lieu dans cette seconde moitié du xive siècle[2]. Des évaluations plus générales estiment au tiers environ la proportion de ces ruraux qui ne peuvent plus vivre de l'exploitation de la terre, artisans non compris[3]. Hilton résume ainsi le mouvement de fond : «Une société paysanne régie par les coutumes fut ébranlée du fait de la mobilité incon-

---

1. G. Bois, *la Crise du féodalisme*, Paris, Fondation nationale des sciences politiques, 1976, p. 344.
2. F.G. Davenport, *The Economic Development of a Norfolk Manor, 1080-1565*, Londres, 1906.
3. *Cf.* R. Hilton, «Qu'entend-on par capitalisme?», *in* M. Dobb P.M. Sweerz, *Du féodalisme au capitalisme*, tr. fr. Maspero, 1971, p. 191; *cf.* également C. Liss et H. Soly, *Poverty and Capitalism in Pre-industrial Europe*, *op. cit.*, p. 41 *sq.*

trôlable des paysans et de toutes les transactions portant sur la terre[1]. »

« Mobilité incontrôlable » : des masses de pauvres gens font l'expérience négative de la liberté d'échapper aux inscriptions traditionnelles. Une partie de ces désaffiliés émigrent vers la ville. Mais celle-ci a perdu le relatif pouvoir d'accueil qu'elle avait à sa période de plus grande expansion, lorsque le développement de l'artisanat et du commerce créait, dirions-nous aujourd'hui, des emplois. Le XIVe siècle est aussi le moment où l'accès à la maîtrise devient de plus en plus difficile et commence à être réservé aux fils de maîtres[2]. D'autant que les immigrés ruraux représentent une main-d'œuvre sans aucune qualification, peu apte à entrer dans le cadre de l'apprentissage des artisanats urbains. Bronislaw Geremek parle de l'« a-fonctionnalité » de cette main-d'œuvre par rapport à la demande[3] — a-fonctionnalité qui devient dysfonctionnelle lorsque le nombre de ces travailleurs flottants dépasse un certain seuil. « Population résiduelle » faite d'anciens paysans en rupture avec leur culture rurale, les compétences qui y sont attachées, les ressources et les protections qu'elle procurait, mais aussi étrangers à la culture de la ville et aux supports économiques et relationnels qu'elle peut dispenser[4].

1. R. Hilton, *les Mouvements paysans au Moyen Âge, op. cit.*, p. 213.
2. *Cf.* B. Geremek, *le Salariat dans l'artisanat parisien aux* XIIIe *et* XIVe *siècles*, Paris-La Haye, Mouton, 1978.
3. B. Geremek, « Criminalité, vagabondage, paupérisme. La marginalité à l'aube des Temps modernes », *Revue d'histoire moderne et contemporaine*, XXI, juillet-septembre 1974, p. 374.
4. L'expression de « *residual population* » est proposée par R.H. Tawney, *The Agrarian Problem in the Sixteenth Century*,

Ainsi, «le paupérisme doit ses origines aux mutations des structures agraires, mais c'est en ville qu'il se manifeste dans toute son ampleur[1]».

Ajoutons que cette déconversion s'est inscrite dans une transformation sur la longue durée des relations familiales et de sociabilité, qui, si elle est plus difficile à mettre en évidence, a vraisemblablement entraîné des effets décisifs. Si l'on suit Pierre Chaunu, ces XIIIe-XIVe siècles ont marqué dans de nombreuses régions européennes une étape importante dans le passage de l'ancienne famille lignagière («patriarcale») à la famille conjugale[2]. La communauté paysanne d'habitants s'est ainsi contractée autour de cellules plus étroites et plus fragiles, rendant plus aléatoire l'exercice des solidarités primaires. Cet effet s'est conjugué avec le durcissement de la stratification sociale, accentuant les antagonismes d'intérêts entre sous-groupes au sein de la communauté d'habitants. De plus, en raison de la ponction démographique due à la peste, de nombreux réseaux de solidarité primaire ont été brisés. Ainsi l'équilibre «homéostatique» antérieur, qui permettait de contrôler au sein de la communauté d'habitants la plupart des facteurs d'éclatement et de bloquer le processus de désaffiliation, s'est-il trouvé en péril ou aboli.

Londres, 1912. Mais, s'agissant de dater l'émergence du processus, il me semble légitime de déplacer la chronologie proposée par Tawney, comme par Marx, de plus d'un siècle.

1. M. Mollat, «La notion de pauvreté au Moyen Âge : position des problèmes», in *Études sur l'économie et la société de l'Occident médiéval, op. cit.*, p. 16.

2. P. Chaunu, *le Temps des réformes, op. cit.*, chap. I.

On peut maintenant donner un contenu plus précis à la notion de «déconversion». Une mobilité déréglée coexiste avec la rigidité des structures d'encadrement. D'où, en se permettant un anachronisme dont on verra qu'il est partiellement justifiable, un «chômage paradoxal»: alors que la ponction démographique due à la peste ouvre de larges possibilités d'emplois, on constate que «la mendicité s'accroît dans la seconde moitié du XIVᵉ siècle[1]». Deux types de contraintes pèsent simultanément sur les plus démunis: le renforcement des rapports établis de domination, et une propension au mouvement qui tient à l'incapacité de ces mêmes rapports d'assurer sur place les conditions de la survie. Jürgen Habermas parle ainsi du «caractère ambivalent» de ce qu'il appelle — l'expression peut être discutée — le «précapitalisme[2]». Expression discutable, parce qu'il est loin d'être évident que c'est la transformation du processus de production qui déclenche le processus de déconversion. Comme le note Habermas lui-même, «la production agricole reste pour l'essentiel inscrite dans les rapports de dépendance féodaux, et la production industrielle dans les cadres de l'artisanat tradition-

1. M. Mollat, «La notion de pauvreté au Moyen Âge», *loc. cit.*, p. 16. Sur la notion de «chômage paradoxal», *cf.* Philippe d'Iribarne, *le Chômage paradoxal*, Paris, PUF, 1990, et ci-dessous, chapitre VIII. Dans un contexte évidemment tout différent, Iribarne voit aussi dans ce type de chômage l'effet d'un désajustement entre l'état objectif de l'emploi et la persistance de traits culturels qui ne se plient pas à la logique économique.
2. J. Habermas, *l'Espace public*, trad. fr. Paris, Payot, 1978, p. 26 *sq.*

nel». Si contradiction il y a, elle ne joue pas entre des rapports de production conservateurs (féodaux) et un mode de production déjà capitaliste, mais entre ces rapports de production et des populations qui ne peuvent plus s'y inscrire, sans toutefois pouvoir entrer encore dans un autre mode d'organisation du travail, «capitaliste» si l'on veut.

La «déconversion» se manifeste ainsi par l'apparition de conduites aléatoires produites par le jeu simultané de ces processus antagonistes : une mise en circulation accélérée des terres, des biens et des hommes, et un mode de structuration des relations sociales qui tente de renforcer son emprise traditionnelle. Quelque chose qui ressemble à de la liberté commence à circuler, mais sans pouvoir trouver de place reconnue. Les codes du travail qui s'élaborent dans la seconde moitié du XIVe siècle prennent sens dans cette conjoncture. Ils exigent la fixation des travailleurs sur leur territoire et dans leur condition, à la campagne pour maintenir ou intensifier la productivité de la terre, à la ville pour maintenir la productivité du travail «industriel» dans le cadre des monopoles corporatifs. Mais il s'ensuit que les éléments «libérés» de ces structures — soit qu'ils en sont expulsés, soit qu'ils tentent d'y échapper — se retrouvent dans une position d'*outcast*.

Sans doute la situation n'est-elle pas complètement bloquée. Cette nécessité de changer, ou cette liberté d'entreprendre qui émerge alors a ouvert des opportunités, le plus souvent pour ceux qui partent des positions les mieux assises, comme à la campagne les tenanciers les plus riches qui peuvent accroître leurs terres et louer la force de travail des paysans dépossédés. Mais aussi, parmi les pauvres, certains ont pu tirer parti de cette situation où l'homme était devenu plus rare et une partie de la terre ouverte à des transactions ou à des repeuplements de sites ruraux[1]. Il y a eu ainsi une mobilité ascendante, c'est-à-dire une mobilité sociale réussie. Mais elle ne nous concerne pas directement ici puisque la « question sociale » se pose à partir des désaffiliés, de ceux qui ont disjoncté, et non de ceux qui se sont intégrés.

De même qu'il faut se méfier des explications exclusivement économiques — cette situation n'est pas seulement l'effet d'un appauvrissement généralisé —, de même on est en droit de nuancer les interprétations fonctionnalistes des processus à l'œuvre. Simiand a cru pouvoir établir une « loi » selon laquelle l'augmentation du nombre des mendiants et des vagabonds est liée à une phase de baisse ou de stagnation des salaires, elle-même en relation avec une pénurie des offres d'emploi par rapport à la demande[2]. Une telle corrélation n'est pas vérifiée ici : les salaires augmentent, et aussi la demande globale de travail, et pourtant le nombre des laissés-pour-compte augmente également. En revanche, au début du XVIe siècle, la question du vagabondage et de la mendicité rebondit dans une conjoncture marquée cette fois

---

1. J. Heers, *l'Occident aux XIVe et XVe siècles*, Paris, PUF, 1970, p. 110 *sq.*, souligne l'importance des déplacements de population pour mettre en valeur les terres quasi abandonnées après la Peste noire et le développement de nouveaux types de cultures.
2. F. Simiand, *le Salaire, l'évolution sociale et la monnaie*, Paris, Alcan, 1932, t. I.

par une forte poussée démographique et par une baisse des salaires réels[1]. De ces constats apparemment contradictoires, on peut proposer deux explications qui, elles, ne sont pas nécessairement contradictoires. Dans une conjoncture caractérisée par la rareté de la main-d'œuvre, l'obligation du travail assortie de tentatives pour bloquer les salaires est utile afin d'approcher au moindre coût le plein-emploi. Mais elle est utile également si la main-d'œuvre est pléthorique, afin que la masse des inemployés pèse effectivement sur le marché du travail et fasse baisser les salaires. Pour que l'«armée de réserve» exerce une pression sur les salaires, il faut en effet non seulement qu'il y ait des travailleurs privés d'emploi, mais encore qu'ils veuillent travailler ou soient obligés de le faire. Ainsi, au début du xvie siècle, alors que le nombre des inemployés est considérable, Vives préconise le travail obligatoire même pour les indigents invalides[2].

Mais si ce type d'explication vaut pour deux

1. Sur la conjoncture démographique et la situation des salaires au xvie siècle, *cf.* B. Bennassar, «Vers la première ébauche de l'économie-monde», *in* P. Léon, *Histoire économique et sociale du monde. L'ouverture du monde, xive-xvie* siècle, Paris, A. Colin, 1977. Sur l'interprétation de cette situation dans le cadre de la théorie de «l'accumulation primitive», *cf.* M. Dobb. *Études sur le développement du capitalisme, op. cit.*

2. Juan Luis Vives, *De l'assistance aux pauvres, op. cit.* L'explication tient au fait que Vives est un «moderne», «libéral» avant la lettre en ce qu'il joue l'expansion économique, fût-ce au détriment de ses coûts sociaux. À l'inverse, les responsables politiques du milieu du xive siècle, en général, sont des «conservateurs», qui veulent maintenir et accentuer la ponction qu'ils opèrent sur leurs dépendants, mais en conservant les cadres traditionnels de cette dépendance. Significative à cet égard est la politique des Stuarts en Angleterre, qui s'efforcent, sans grand succès d'ailleurs, de freiner le mouvement des enclosures (*cf.* K. Polanyi, *la Grande Transformation, op. cit.*).

situations aussi contrastées, c'est qu'il n'est spécifique d'aucune. Il laisse échapper une donnée
dont l'importance est déterminante dans les
sociétés où il n'existe pas de «libre» marché du
travail. Il s'agit du contraste entre une demande
de main-d'œuvre et l'existence de sujets qui
n'y répondent pas sous les formes prescrites
par les modes dominants de l'organisation du
travail. Conjoncture qu'il faudra comparer à la
situation actuelle, où l'on observe également un
«chômage paradoxal» dû au désajustement entre
la demande d'emplois et l'absence de qualification de ceux qui voudraient y prétendre[1]. Mais
aujourd'hui ces contraintes sur l'emploi sont
imposées par la modernisation de l'appareil productif. Au contraire, au XIVe siècle la contrainte
est celle de la tradition. Elle veut fixer la main-
d'œuvre dans des statuts immuables de l'organisation du travail. La *residual population* n'est
donc pas une simple réserve de force de travail,
une «armée de réserve». Elle est faite, au moins
pour une part, d'individus déterritorialisés,
mobiles, qui n'ont pas trouvé place dans l'organisation traditionnelle du travail, mais auxquels
le code du travail qui devient explicite à travers
les injonctions qui se multiplient à partir du
XIVe siècle veut interdire de s'employer autrement
que sous les formes traditionnelles prescrites.
Cette contradiction est à l'œuvre jusqu'à la révolution industrielle. Elle rend compte, nous le verrons, de l'effet constant de freinage qu'ont eu ces
prescriptions sur les changements qui affectent
la production dans le sens de la promotion du

1. P. d'Iribarne, *le Chômage paradoxal, op. cit.*

capitalisme. Ces individus «disponibles» ne sont pas pour autant immédiatement enrôlables. Quelle est la place de celui qui, par rapport à cette organisation du travail, est «libre» mais démuni de tout ? Dans un premier temps et pour longtemps : nulle part.

C'est le destin de ces individus placés en porte à faux dans cette conjoncture où la liberté leur advient comme une malédiction que l'on va essayer de retracer. Ils sont en situation de *double bind*, pris entre l'injonction de travailler et l'impossibilité de travailler sous les formes prescrites. Leur tragédie traverse toutes ces sociétés jusqu'à la fin de l'Ancien Régime. Non point que cette formation soit restée figée, en particulier sur le plan des transformations de la production, qui appellent d'une manière toujours plus insistante une organisation plus souple du travail. Mais le code du travail ou ce qui en tient lieu, s'il ne répète pas mécaniquement, réitère obstinément le même type d'interdits, avec le même genre d'effets destructeurs sur certaines catégories de la population. Des formes multiples de salariat, nous le verrons, vont émerger et se rendre indispensables. Mais elles n'arriveront jamais à se cristalliser, avant le XIXᵉ siècle, dans une véritable condition salariale.

Michel Mollat fait état de l'apparition, à la fin du Moyen Âge, d'un riche vocabulaire de l'errance appliqué à des misérables obligés de «fouyr», de «déguerpir», de «délaisser», d'«abandonner» leur territoire, compte tenu de la «grande povreté» dans laquelle ils se trouvent[1]. Cette fuite apparaît

---

1 *Cf.* M. Mollat, *les Pauvres au Moyen Âge, op. cit.*, p. 292-293.

sans issue, car il n'y a pas encore de terre pro-
mise au-delà des frontières qu'imposent les formes
séculaires d'occupation de la terre et d'organisation des métiers. Certains des contemporains ont
eux-mêmes perçu les dimensions de ce drame
consubstantiel à l'accouchement de la modernité : « Ainsi qu'on voit naturellement que bestes
et oyseaux suivent le gras pays et le labouraige et
que ilz se esloingnent du pays désert, pareillement font gens mécaniques et laboureurs vivant
de la peine de leur corps, car ils suivent les lieux
et places où sont les gaignages, et fuyent les
places où le peuple est si agrevé de servitude et
subsides [1]. »

Que vont ces désaffiliés devenir ?

Les inutiles au monde

On suivra d'abord leur trace à travers le destin
réservé à leur frange la plus marginale : les vagabonds. Sur le fond d'une structure sociale où le
statut d'un individu dépend de son encastrement
dans un réseau serré d'interdépendances, le
vagabond fait tache. Complètement visible parce
que totalement déterritorialisé, sur lui va s'abattre
un arsenal toujours renouvelé de mesures cruelles.
C'est qu'il faudrait éradiquer le paradigme d'asocialité qu'il représente en cumulant le handicap
d'être en dehors de l'ordre du travail alors qu'il
est valide, et en dehors de l'ordre de la sociabilité
parce qu'il est étranger. Démuni de toute ressource, il ne peut s'autosuffire. Mais, s'il est vrai

---

1. Cité *in* M. Mollat, *ibid.*, p. 293. Le texte cité est de 1443.

que la zone d'assistance accueille d'abord les inaptes au travail et les proches selon les deux critères précédemment dégagés, il en est doublement exclu. «Inutile au monde[1]», son destin exemplifie le drame du désaffilié par excellence, celui qui, n'ayant aucun «état», ne jouit d'aucune protection.

Qu'est-ce qu'un vagabond? Les tentatives de définition du vagabondage sont relativement tardives. Jusqu'au XVIᵉ siècle, on trouve le plus souvent le terme associé à une série de qualificatifs désignant les individus mal famés : caymands (c'est-à-dire ceux qui quémandent sans justification — c'est la version péjorative du mendiant valide), mâraux, bélîtres (mendiants contrefaisant des infirmités), oyseux, ribauds, ruffians, bimbeurs, goufarins, cagnardiers... À cette énumération s'ajoutent fréquemment les métiers de mauvaise réputation, jongleurs, chanteurs, montreurs de curiosités, arracheurs de dents, vendeurs de thériaque... ainsi que des occupations réprouvées — joueurs de dés ou prostituées, voire ouvriers ou garçons barbiers. Une première, ou une des premières tentatives de systématisation est proposée dans une ordonnance de François Iᵉʳ de 1534 stigmatisant «tous vagabonds, oisifs, gens sans aveu et autres qui n'ont aucun bien pour les entretenir et qui ne travaillent ne labourent pour gaigner leur vie[2]».

---

1. Condamnation de Colin Lenfant, aide à maçon, vagabond convaincu de vol à Paris : «Estait digne de mourir comme inutile au monde, c'est assavoir estre pendu comme larron», registres criminels du Châtelet, cité *in* B. Geremek, *les Marginaux parisiens aux XIVᵉ et XVᵉ siècles, op. cit.*

2. Jourdan, Decrouzy, Isambert, *Recueil général des anciennes lois françaises, op. cit.*, t. XII, p. 271.

Les deux critères constitutifs de la catégorie de vagabond sont devenus explicites : l'absence de travail, c'est-à-dire l'oisiveté associée au manque de ressources, et le fait d'être «sans aveu», c'est-à-dire sans appartenance communautaire. Être «avoué» est un vieux terme emprunté au droit germanique, qui, dans la société féodale, signifiait l'état de celui qui est «l'homme» d'un suzerain à qui il a fait acte d'allégeance et qui en retour le protège[1]. À l'inverse, le vagabond échappe à l'inscription dans un lignage et aux liens d'interdépendance qui constituent une communauté. Cet homme sans travail ni biens est aussi un homme sans maître et sans feu ni lieu. «Demeurant partout», pour reprendre une expression fréquente dans les procès de vagabondage, il est un être de nulle part.

Les définitions plus élaborées et plus tardives continueront de jouer avec ces deux variables, telle celle d'un juriste lyonnais commentant en 1566 un édit de Charles IX sur la profession de domestique : «Vagabonds sont gens oiseux, faitsnéantz, gens sans adveu, gens abandonnés, gens sans domicile, mectiers et vacation et, comme appelle l'Ordonnance de la police de Paris, gens qui ne servent que de nombre, *sunt pondus inutilae terrae*[2]. » «Ils sont le poids inutile de la terre » : la formule est admirable. Par une ordonnance du 24 août 1701, la définition est fixée dans ses termes juridiques, qui ne varieront guère et seront pratiquement repris tels quels par le Code

---

1. *Cf.* A. Vexliard, *Introduction à la sociologie du vagabondage*, Marcel Rivière, Paris, 1956, p. 83.
2. Cité par B. Geremek, *Truands et misérables dans l'Europe moderne*, Paris, Gallimard-Julliard, 1980, p. 349.

pénal napoléonien : «Déclarons vagabons et gens sans aveu ceux qui n'ont ni profession, ni métier, ni domicile certain, ni lieu pour subsister et qui ne sont pas avoués et ne peuvent certifier de leurs bonnes vies et mœurs par personnes dignes de foi[1].»

Cependant, l'importante ordonnance royale de 1764 déjà citée au chapitre précédent lui apporte une précision intéressante. À la clause «tous ceux qui n'ont ni profession ni métier», l'ordonnance ajoute «depuis plus de six mois[2]». Ces quelques mots soulèvent une montagne de problèmes. C'est une tentative pour dissocier un «pur» vagabond, adepte invétéré d'une vie oisive, de ce que nous appellerions aujourd'hui des situations de chômage involontaire, ou de recherche de travail entre deux occupations. Mais cette question de l'impossibilité de trouver un emploi, qui dédouanerait le vagabond du crime d'être un oisif volontaire, n'est évidemment pas résolue par l'adjonction de ce simple codicille. Nous aurons à y revenir.

Si le vagabond est bien cet «inutile au monde» vivant en parasite du travail d'autrui, exclu de partout et condamné à l'errance dans une société où la qualité de personne dépend de l'appartenance à un statut, on s'explique parfaitement et la représentation péjorative qui lui est toujours associée, et le caractère impitoyable du traitement qui lui est appliqué.

Sur la stigmatisation du vagabond, terreur des

1. Cité *in* A. Vexliard, *Introduction à la sociologie du vagabondage, op. cit.*, p. 83.

2 Déclaration royale de 1764, *loc. cit.*, p. 406.

campagnes et responsable de l'insécurité des villes, les témoignages sont innombrables. On se contentera d'en citer un seul, représentatif, en raison même de sa date tardive, d'une répulsion séculaire qui a survécu aux progrès des « Lumières » :

> Les vagabonds sont pour la campagne le fléau le plus terrible. Ce sont des insectes voraces qui l'infectent et qui la désolent et qui dévorent journellement la substance des cultivateurs. Ce sont, pour parler sans figure, des troupes ennemies répandues sur la surface du territoire, qui y vivent à discrétion comme dans un pays conquis et y lèvent de véritables contributions sous le titre d'aumônes[1].

L'auteur de cette vindicte, Le Trosne, n'est pourtant pas un personnage sanguinaire. Charitable et bon chrétien, il revendique, contre la plupart des professionnels de l'assistance, le droit de faire l'aumône aux mendiants « qui sont domiciliés, qui ont une demeure, une famille[2] ». Mais, en même temps, il préconise la peine des galères à perpétuité contre les vagabonds dès la première arrestation. Pour lui comme pour la majorité de ceux qui, contemporains ou prédécesseurs, ont réfléchi sur le phénomène, le vagabondage est un fléau social à l'instar des famines et des épidémies, à l'égard duquel la moindre complaisance — tolérable pour la mendicité — serait criminelle.

---

1. J.F. Le Trosne, *Mémoire sur les vagabonds et les mendiants*, Soissons, 1764, p. 4.
2. *Ibid.*, p. 37 : « Tant qu'il en restera sous nos yeux [des mendiants] la commisération portera toujours à les assister, et ce sentiment d'humanité ne peut être l'objet de punition. »

On comprend dès lors que la répression du vagabondage ait été pour l'essentiel une «législation sanguinaire», selon la qualification dont Marx a stigmatisé les lois anglaises en la matière[1] : si le vagabond est placé hors la loi des échanges sociaux, il ne peut attendre merci et doit être combattu comme un être malfaisant.

La mesure la plus primitive et la plus générale prise à l'égard du vagabond est le *bannissement*. Elle découle directement de sa qualité d'étranger dont la place est n'importe où, à condition que ce soit ailleurs. Cependant, le bannissement représente une sanction à la fois forte et totalement inefficace. Condamnation très grave, parce qu'elle réduit le vagabond à errer perpétuellement dans un no man's land social, tel un animal sauvage repoussé de partout. Mais, de ce fait, le banni transporte avec lui, irrésolu, le problème qu'il pose. Le bannissement représente une échappatoire grâce à laquelle une communauté se défausse d'une question insoluble pour la reposer ailleurs. Il correspond à un réflexe local d'autodéfense incompatible avec la définition d'une politique générale de gestion du vagabondage. Ce n'est pourtant qu'en 1764 que la dernière ordonnance royale de la monarchie française sur la question reconnaît explicitement l'inanité de la mesure : «Nous avons reconnu que la peine de bannissement ne permet pas de contenir des gens dont la vie est une espèce de bannissement volontaire et perpétuel et qui, chassés d'une province, passent avec indifférence dans une autre

---

1. K. Marx, *le Capital*, *op. cit.*, livre I, huitième section, chap. XXVIII, p. 1192 *sq.*

où, sans changer d'état, ils continuent à commettre les mêmes excès[1]. »

Le bannissement figure la disparition fantasmée du vagabond davantage qu'il ne la réalise. *L'exécution capitale*, en revanche, accomplit en acte la mort sociale que constitue déjà le bannissement. La mise à mort de ce parasite représente la véritable solution finale de la question du vagabondage. Elle a été effectivement appliquée aux vagabonds. En France, la déclaration d'Henri II du 18 avril 1556 (noter la proximité avec l'ordonnance de Moulins, instituant la notion de domicile de secours) prescrit de les « amener es prison du Chastelet, pour par ledit lieutenant criminel et officiers du Chastelet estre condamnez à peine de mort s'ils se trouvent avoir contrevenus à nostre présente ordonnance et cry sur ce fait[2] ».

La sentence, sans appel, est immédiatement exécutoire. La peine de mort est également le noyau dur de la « législation sanguinaire » appliquée au vagabondage au XVIe siècle en Angleterre. Le Conseil du roi nomme des fonctionnaires spécialisés chargés de pourchasser les vagabonds et disposant du droit de les faire pendre. Selon Alexandre Vexliard, 12 000 vagabonds auraient été pendus sous le règne de Henri VIII, et 400 par an sous celui d'Élisabeth[3].

---

1. « Déclaration du Roy concernant les vagabonds et gens sans aveu », du 3 août 1764, *loc. cit.*

2. Jourdan, Decrouzy, Isambert, *Recueil général des anciennes lois françaises, op. cit.*, t. XIII, p. 501-511.

3. A. Vexliard, *Introduction à la sociologie du vagabondage, op. cit.*, p. 73. *Cf.* aussi M. Dobb, *Essais sur le développement du capitalisme, op. cit.*, qui propose des évaluations plus lourdes encore.

Ainsi, non seulement le vagabondage est en lui-même un délit, mais il peut constituer le délit suprême[1]. Cette solution extrême n'est toutefois pas à la mesure du problème. Quel qu'ait pu être le nombre de vagabonds condamnés à mort et exécutés, il est dérisoire au regard du nombre de ceux qui ont continué à « infester le royaume ». *Le travail forcé* est une réponse non seulement plus modérée, mais aussi plus réaliste, s'il est vrai qu'il peut rendre utiles ces inutiles au monde. Il constitue la grande constante de toute la législation sur le vagabondage. Dès 1367, à Paris, les vagabonds arrêtés effectuent des travaux publics comme curer les fossés ou réparer les fortifications, « enchaînés deux à deux », précise une ordonnance de François Ier en 1516[2]. Inaugurée par Jacques Cœur pour servir ses entreprises, la

---

1. Il est aussi, évidemment, un facteur associé et une circonstance aggravante pour d'autres délits, en particulier le vol et l'homicide. Par sa vie instable et son manque de ressources, le vagabond est sans aucun doute fréquemment conduit à transgresser la loi. Mais l'état de vagabond le place déjà en situation de suspect et lorsqu'il est arrêté aggrave la sentence en faisant de lui un « fort larron » (*cf.* B. Geremek, « Criminalité, vagabondage, paupérisme », *loc. cit.*). L'examen des registres du Châtelet entre 1389 et 1392 montre ainsi que seulement 18 % des condamnés pour vol sont nés ou domiciliés dans la région parisienne. Les actes de condamnation portent fréquemment des mentions du type « gens sanz estat ne service de seigneur », « sans richesse, puissance ne chevance », « estranger au pays », « demeurant partout »... Les « gens vagabonds et oyseux » figurent sur les listes des ennemis publics parmi les « larrons, meurtriers, espieux de chemins, ravisseurs de femmes, violeurs d'églises, bateurs à loyer, joueurs de faulz dez, trompeurs, faux monniers et autres malfaiteurs ». *Cf.* J. Misraki, « Criminalité et pauvreté en France à l'époque de la guerre de Cent Ans », *in* M. Mollat, *Études sur l'histoire de la pauvreté, op. cit.*, t. II, p. 543 et 546.
2. Jourdan, Decrouzy, Isambert, *Recueil général des anciennes lois françaises, op. cit.*, t. XIII.

peine des galères — à cinq ans, à dix ans ou à perpétuité selon l'époque et le nombre de récidives — sera jusqu'à la fin de l'Ancien Régime une condamnation particulièrement redoutée des vagabonds, d'autant que la nécessité de renforcer les équipages royaux peut déclencher ponctuellement des chasses aux vagabonds. Ainsi la municipalité de Dijon, requise en 1529 d'équiper deux galères royales, y pourvoit-elle en ajoutant aux prisonniers de la ville des vagabonds « recrutés » pour la circonstance[1].

La déportation aux colonies est une autre formule de travail forcé, décidée par une ordonnance du 8 janvier 1719. Mais la maréchaussée qui touchait une prime pour chaque capture, mit un tel zèle dans l'application de la mesure que cette dernière suscita un intense mécontentement populaire et fut rapportée dès juillet 1722. Elle est cependant restée une référence fréquente jusqu'à la fin de l'Ancien Régime pour de nombreux « faiseurs de projets » soucieux de « purger le royaume de sa gueuserie » tout en rendant les vagabonds « utiles à l'État ». Le problème n'a jamais été tranché dans la clarté, car la déportation s'est aussi heurtée à la double hostilité des partisans du mercantilisme (Richelieu y était opposé), craignant de voir ainsi se « dépeupler le royaume », et des dévots, choqués que la « lie du peuple » joue le rôle de propagateurs de la foi aux colonies[2].

---

1. Cité *in* B. Geremek, *Truands et misérables dans l'Europe moderne, op. cit.*, p. 87.
2. En fait, il semble que ce soient surtout des femmes, jeunes de préférence, enfermées dans les Hôpitaux généraux qui ont été sporadiquement requises, pour des raisons que l'on pourrait

Le travail obligatoire par l'enfermement est une autre mesure périodiquement préconisée pour résoudre le problème. Bien qu'il n'ait pas d'abord été proposé pour eux, on l'a vu, l'Hôpital général accueillera aussi des vagabonds. Dans le contexte du mercantilisme se développe l'ambition de mobiliser toute la force de travail du royaume pour assurer sa puissance. Les vagabonds sont évidemment une cible privilégiée de cette politique : « Les villes bien policées ont des maisons où elles retirent les nécessiteux non malades afin de faire des pépinières d'artisans et d'empêcher les vagabonds et les fainéants qui ne demandent qu'à bélistrer ou voler[1]. » Mais, pour des raisons sur lesquelles on reviendra, le travail dans les institutions closes a toujours été un fiasco. L'Hôpital général n'a pas resocialisé la « nation libertine et fainéante » des indigents valides. Il a au mieux ménagé des conditions misérables de survie aux plus misérables parmi les misérables : vieux et vieilles qui n'ont plus aucun recours, fous et folles, enfants abandonnés, déviants réprouvés. De travailler dans ces espaces où les plus démunis parmi les démunis s'entassent, il n'en est bientôt plus question.

Pourtant, lorsque la déclaration de 1764 réitère et renforce la condamnation du vagabondage, c'est le même type de dispositif qui est reconduit.

---

dire démographiques, à aider au peuplement du Canada ou de la Louisiane. La déportation et la mort tragique de Manon Lescaut dans le roman de l'abbé Prévost présentent une transcription littéraire de cette pratique (*Histoire du chevalier des Grieux et de Manon Lescaut*, Rouen, 1733).

1. E. Cruce, *le Nouveau Cynée ou le discours de l'État*, Paris, 1623, cité *in* J.-P. Gutton, *la Société et les pauvres, op. cit.*

La peine des galères se révélant inapplicable à cette échelle, les dépôts de mendicité sont ouverts en 1767. C'est une structure administrativo-policière autonome, spécialement consacrée à la mise au travail forcé des indigents valides. Les vagabonds et mendiants arrêtés ne dépendent plus ni des autorités hospitalières ni de l'appareil de la justice ordinaire. Ils sont directement conduits aux dépôts par les autorités chargées du maintien de l'ordre. La rémunération du travail est calculée pour être, dit un mémoire de 1778, « au-dessus de la prison, au-dessous du soldat [1] »

Ainsi, l'Ancien Régime finissant est encore caractérisé par une chasse intense aux vagabonds et aux mendiants valides. La maréchaussée est motivée par une prime de 3 livres pour chaque capture. Necker évalue à 50 000 le nombre des arrestations en 1767. Entre 1768 et 1772, 111 836 personnes sont « entrées aux dépôts », contre 1 132 condamnations aux galères. Ils sont établis dans des édifices insalubres, sans hygiène ni soins médicaux. La mortalité y est effarante : 21 339 décès pendant ces mêmes quatre années 1768-1772 [2]. Bien entendu, comme à l'Hôpital général, dans ces mouroirs le travail est une fiction.

Mercier, dans son *Tableau de Paris*, tirera ainsi le bilan de cette période :

1. Cité *in* J. Kaplow, *les Noms des rois : les pauvres à Paris à la veille de la Révolution*, Paris, Maspero, 1974, p. 221.
2. Chiffres cités *in* A. Vexliard, *Introduction à la sociologie du vagabondage, op. cit.*, p. 82. Chiffres pour la généralité de Paris : 18 523 arrestations entre 1764 et 1773, *in* J. Kaplow, *les Noms des rois, op. cit.*, p. 218.

On a traité les pauvres, en 1769 et dans les trois années suivantes, avec une atrocité, une barbarie qui seront une tache ineffaçable à un siècle qu'on appelle humain et éclairé. On eût dit qu'on voulait en détruire la race entière, tant on mit en oubli les principes de charité. Ils moururent presque tous dans les dépôts, espèces de prisons où l'indigence est punie comme un crime[1].

Turgot fait fermer la plupart des dépôts en 1775, mais la mesure est rapportée après son renvoi, et ils auront encore un bel avenir puisque Napoléon les remettra en honneur en 1808.

L'Angleterre offre une semblable batterie de mesures, avec peut-être un degré supplémentaire dans la cruauté. On se contentera de citer l'ordonnance royale de 1547, qui représente sans doute ce qui a été proposé de plus radical pour forcer les vagabonds au travail. Partant comme toujours du constat que «les personnes oiseuses et vagabondes sont des membres inutiles de la communauté et plutôt ennemies de la chose publique», Édouard VI ordonne de se saisir de toute personne qui, sans aucun moyen de subsistance, est restée sans travailler plus de trois jours. N'importe quel bon citoyen est invité à amener ce malheureux devant deux juges qui «doivent immédiatement faire marquer ledit oiseux sur le front à l'aide de l'acier brûlant par la lettre V, et adjuger ladite personne vivant si oiseusement au présentateur [c'est-à-dire au dénonciateur] pour qu'il possède et tienne ledit esclave à la disposition de lui-même, de ses exécuteurs ou serviteurs

1. *Cf.* O.H. Hufton, *The Poor of Eighteenth-Century France*, *op. cit.*, p. 232 *sq.*

par l'espace de deux ans à venir[1] ». En pleine
Renaissance, la législation sur le vagabondage
réinstaure ainsi l'esclavage dans le royaume d'Angleterre. Taillable et corvéable à merci, le vagabond peut être fouetté, enchaîné, emprisonné,
loué par son propriétaire, et, en cas de décès de
celui-ci, transmis comme un bien à ses héritiers.
Si la victime s'enfuit une première fois, la peine
est convertie en esclavage à vie, et en exécution
capitale à la seconde tentative d'évasion.

Vagabonds et prolétaires

Mais qui sont réellement les vagabonds ? De
dangereux prédateurs rôdant à la lisière de
l'ordre social, vivant de rapines et menaçant les
biens et la sécurité des personnes ? C'est ainsi
qu'ils sont présentés, et ce qui justifie un traitement hors du commun : ils ont rompu le pacte
social — travail, famille, moralité, religion — et
sont des ennemis de l'ordre public. Il n'est pas
impossible toutefois, comme on l'a tenté pour le
mendiant valide, de déconstruire cette représentation du vagabond et de restituer la réalité
sociologique qu'elle recouvre. Le vagabondage
apparaît alors moins comme un état *sui generis*
que comme *la limite d'un processus de désaffiliation* alimenté en amont par la précarité du rapport au travail et par la fragilité des réseaux de
sociabilité qui sont le lot commun d'une part

1. Cité *in* A.V. Judges (éd.), *The Elizabethan Underworld*,
Londres, 1965. Il est équitable d'ajouter que, soit en raison de
sa cruauté, soit parce qu'elle était d'application difficile, cette
mesure a été rapportée dès 1550.

importante du petit peuple des campagnes comme des villes.

Quel est par exemple, à la toute fin de l'Ancien Régime, le profil sociologique des internés au dépôt de mendicité de Soissons? Les dépôts, on l'a dit, sont censés accueillir exclusivement les vagabonds et assimilés (mendiants valides). Celui de Soissons compte à la veille de la Révolution 854 internés. Parmi eux, 208 individus que son directeur qualifie de «très dangereux», «fléaux de la société», à savoir 28 vagabonds «flétris» et 32 vagabonds «sans asile», une cinquantaine de fous et de folles, 20 détenus par ordre du roi, 32 militaires «sans asile ou déserteurs». Une soixantaine de «vrais» vagabonds, donc, selon la représentation de l'époque. Mais surtout deux grands groupes constituent plus des deux tiers de l'effectif du dépôt: 256 «ouvriers manuels», «excepté un notaire», et 294 «ouvriers agricoles sans ressources[1]». La grande majorité des pensionnaires du dépôt est ainsi composée, à parité, de représentants d'un sous-prolétariat urbain et rural. Ces ouvriers sont sans aucun doute hors travail. Sont-ils pour autant des mendiants et vagabonds «de profession»? Plus vraisemblablement, la plupart d'entre eux représentent ce que nous appellerions aujourd'hui des chômeurs sousqualifiés en quête plus ou moins convaincue d'un emploi. Bien entendu, pour parler de chômage stricto sensu, il faudra attendre que soient réunies les conditions constitutives du rapport salarial moderne au début du xxᵉ siècle (*cf.* chapitre vii).

---

1. C.A.J. Leclerc de Montlinot, «État actuel du dépôt de mendicité de la généralité de Soissons, Compte, année 1786», placé en annexe de *Essai sur la mendicité*, Paris, 1786, p. 57-59.

Il demeure néanmoins qu'existent auparavant, comme on le justifiera au chapitre suivant, des situations de non-occupation résultant d'une organisation du système productif fondée sur l'assignation au travail, et non sur la liberté du travail[1]. Le vagabondage représente la figure limite de ces situations. Montlinot lui-même ne dit pas autre chose lorsqu'il confesse : « Nous avons fait observer dans les comptes précédents que les Tailleurs, les Cordonniers, les Perruquiers, les Tisserands, exercent les professions les plus vagabondes, et sont souvent exposés à manquer d'ouvrage[2]. »

De même, l'autre caractéristique du vagabondage, l'installation délibérée dans l'errance, la rupture déterminée par rapport au domicile et aux règles communes de la sociabilité, paraît n'être le fait que d'une minorité de ces malheureux. Sans doute, si l'ordonnance de 1764 est correctement appliquée, ont-ils été arrêtés à plus « d'une demi-lieue de leur domicile ». Mais l'inventaire du dépôt de Soissons distinguerait-il 32 vagabonds « sans asile » si la majorité des autres n'en avait un quelque part, dont ils ont sans doute été obligés de s'éloigner par la misère et par la recherche d'une occupation ? Les vagabonds sont en fait, dans les sociétés préindustrielles, l'équivalent des immigrés : étrangers, parce qu'ils cherchent des moyens de survivre hors de leur

1. Cette difficulté, mais aussi cette nécessité, pour une approche anthropologique du salariat, de caractériser avec un maximum de précision ce type de relations semi-salariales antérieures à l'établissement du rapport salarial moderne a exigé les développements du chapitre III.
2. C.A.J. Leclerc de Montlinot, « État actuel du dépôt… », *loc. cit.*, p. 59.

«pays». Ainsi, en 1750, sur 418 hommes enfermés à Bicêtre pour vagabondage, 35 sont originaires de Paris, 58 de la région parisienne. Les autres viennent de toutes les provinces et sont souvent à Paris depuis seulement quelques mois[1]. Ils sont dès lors assimilés à des «sans aveu», à moins que des personnes honorables signent un formulaire de «soumission» et se portent garantes des vagabonds enfermés. Ainsi cette attestation signée par ses concitoyens d'Auvergne pour un vagabond incarcéré à Meaux: «Depuis plusieurs années, il a coutume de sortir de la province à chaque saison et d'aller dans des provinces étrangères pour y gaigner sa vie par son travail et son industrie et d'apporter quelques secours à Marie Auzany sa femme et à ses six enfants qu'il a. [...] Ledit Jacques Verdier se rend chez lui tous les printemps pour cultiver son petit bien et s'occuper au mieux du travail de la terre. Nous le croyons honnête homme; nous n'avons jamais vu ni seu qu'il ait fait le métier de mendiant[2].»

Ce malheureux a eu la chance de pouvoir faire parvenir la nouvelle de son arrestation dans son village, et la chance aussi que deux honorables

---

1. *Cf.* J. Kaplow: *les Noms des rois, op. cit.*, p. 222.
2. Cité par J. Kaplow, *ibid.*, p. 228. Sur les formulaires de «soumission» que doivent signer des personnes honorables qui s'engagent à trouver du travail aux vagabonds arrêtés, *cf.* C. Paultre, *la Répression du vagabondage et de la mendicité sous l'Ancien Régime, op. cit.* On pourrait donc dire que cette pratique contribue à constituer l'ébauche d'un marché de l'emploi: en signant une lettre de soumission, on peut devenir l'employeur d'un «vagabond» en le faisant travailler pour son propre compte. Mais il n'y a pas à ma connaissance de moyen d'apprécier l'impact de cette pratique, qui de toute manière ne laissait aucune marge de manœuvre à l'«employé» dans ce singulier «contrat» de travail.

concitoyens prennent la peine d'écrire à Meaux pour se porter garants de lui. Mais combien, parmi ses congénères, sont dans la même situation sans avoir pu faire jouer ces recours, ne serait-ce que parce qu'ils sont souvent dans une situation de travail encore plus précaire que cet ouvrier saisonnier qui retourne régulièrement dans son village natal ? Qui se soucierait de se porter garant d'un malheureux errant sur les routes ? Les appartenances communautaires se brisent et les supports relationnels font de plus en plus défaut tandis que se prolonge le parcours. Un profil de vagabond, différent de sa représentation fantasmée, se dessine ainsi : un pauvre diable qui n'a pas fait apprentissage dans le cadre des « métiers [1] », sans qualification, travailleur à l'occasion, mais souvent en quête d'un petit boulot aléatoire, se désocialisant progressivement au cours de ses pérégrinations, et saisi par le bras séculier à un moment défavorable de sa trajectoire erratique.

Cette reconstitution de la réalité sociologique du vagabond semble valoir pour l'ensemble de la période qui va du XIVe siècle à la fin de l'Ancien Régime. Non point qu'il n'y ait eu, comme on le verra au chapitre suivant, des transformations, ou plutôt des déplacements considérables des formes d'organisation du travail. Mais, à travers

1. La situation est en effet différente pour les compagnons des métiers réglés par les structures corporatistes, *cf.* chapitre suivant. Bien que la tradition du « tour de France » des compagnons soit plus tardive, les compagnons des métiers reconnus pouvaient exercer une mobilité géographique mieux protégée s'ils étaient pris en charge dans chaque ville par les structures d'accueil du compagnonnage.

ce que l'on peut reconstruire ou deviner de la condition des vagabonds, on retrouve toujours et partout cette mobilité à la fois géographique et professionnelle de représentants aux abois de petits métiers qui «roulent le pays pour chercher de l'ouvrage», selon l'expression d'un maçon arrêté en 1768 en Beaujolais[1]. Dans ses analyses si précises du monde des petites gens de la généralité de Lyon dont le destin a mal tourné, Jean-Pierre Gutton présente plusieurs de ces parcours cahotants de manouvriers, bateliers, crocheteurs, portefaix, colporteurs, saisonniers agricoles, domestiques à la recherche d'une place, soldats démobilisés... Les vagabonds arrêtés ont presque toujours un métier[2]. Ils viennent souvent de la terre qui ne les nourrit plus, comme ce paysan du Velay arrêté en 1724 près de Villefranche, car il est venu en Beaujolais «travailler la terre, servir les massons, et s'occuper où il se trouve, attendu qu'il n'y a pas de travail pour lui dans le domaine où son frère est grangier[3]».

---

1. Cité *in* J.-P. Gutton, *la Société et les pauvres, l'exemple de la généralité de Lyon, op. cit.*, p. 154 *sq.*
2. Sur 278 vagabonds arrêtés à Lyon entre 1769 et 1778, seuls quatre sont étiquetés «mendiants professionnels». On trouve en revanche 88 travailleurs de la terre et 138 représentants de différents métiers artisanaux (principalement du textile, de l'habillement et du bâtiment), plus 19 domestiques, 14 colporteurs, 5 anciens soldats, 3 mariniers, 3 maîtres d'école, un joueur de viole, un ermite, un pèlerin, un ancien forçat... (J.-P. Gutton, *op. cit.*, p. 162). Certes, les vagabonds arrêtés devaient avoir tendance à se faire passer pour des ouvriers sans travail plutôt que pour des «oyseux». Mais inversement la maréchaussée ne devait pas être disposée à accepter n'importe quel alibi. Données homologues pour la région parisienne *in* M. Boulant, «Groupes mobiles dans une société sédentaire : la société rurale autour de Meaux aux XVIIᵉ et XVIIIᵉ siècles», *les Marginaux et exclus de l'histoire, op. cit.*
3. J.-P. Gutton, *la Société et les pauvres..., op. cit.*, p. 170.

Ces ruraux déracinés sont souvent attirés par la ville. Ils y tentent une ou des intégrations manquées, avant de reprendre la route. Au bout de quelques années, il est difficile de démêler la composante rurale ou urbaine d'une condition dont le malheur est fait précisément de ne plus avoir d'appartenance. « La conclusion qui se dégage de cette étude, dit Gutton dans un autre ouvrage présentant le même type de données, c'est que les vagabonds n'ayant aucun métier, vivant d'imposture, ne constituent en réalité qu'une petite minorité. Le plus grand nombre d'entre eux se recrute dans le menu peuple lorsque les circonstances sociales et individuelles les jettent sur les routes[1]. » Conclusion qui renvoie à celle déjà tirée par Bronislaw Geremek pour le Moyen Âge : « Le passage vers la marginalité s'opère selon un dégradé de couleurs ; il n'y a pas de barrières figées entre la société et ses marges, entre les individus et les groupes qui observent les normes établies et ceux qui les violent[2]. »

Il faudrait pouvoir analyser de plus près ces circonstances « sociales et individuelles » qu'évoque Gutton, qui font basculer dans le vagabondage. Celui-ci est un drame de la misère, mais aussi de la désocialisation. Le vagabond vit comme s'il avait déshabité ce monde. Qu'est-ce qui fait décrocher des anciennes appartenances et ajoute au malheur d'être pauvre celui d'être seul, sans support ? La documentation disponible permet mal d'explorer cette autre dimension, plus person-

---

1. J.-P. Gutton, *l'État et la mendicité dans la première moitié du XVIIIᵉ siècle*, Centre d'études foréziennes, 1973, p. 198.
2. B. Geremek, « Criminalité, vagabondage, paupérisme », *loc. cit.*, p. 346.

nelle, du destin de l'errance à travers laquelle la désaffiliation s'accomplit. Ici encore, cependant, quelques indices significatifs apparaissent lorsque l'on relit les travaux historiques en leur posant ce type de question. Ainsi, Gutton a analysé pour Lyon des dossiers d'enfants abandonnés par des parents qui ont «absenté la ville». Il constate, évidemment, la misère de couples «trop chargés d'enfants», partis sans rien laisser. Mais il note aussi la forte proportion de familles brisées, de femmes abandonnées, de veuves, et surtout de veufs. «En 1779, sur vingt abandons d'enfants délaissés, six sont le fait de couples complets mais misérables, deux sont le fait de veuves, et huit de veufs[1].»

«Ne sachant plus quel parti prendre, j'ai pris celui de tout abandonner.» Le désespoir de cette ouvrière, déjà quittée depuis quatre ans par son conjoint[2], illustre assez bien ce moment de bascule, où la misère commune se transmue en dénuement absolu. «Les plus démunis», comme on dit aujourd'hui en usant d'un aimable euphémisme, sont effectivement démunis de tout. L'historiographie ne livre que des données fragmentaires — interrogatoires de vagabonds arrêtés, renseignements enregistrés *post mortem* sur les registres paroissiaux. Mais elles laissent souvent deviner le drame de toute une existence. «Le 20 juillet est mort chez Jean Thomas du bourg, un homme âgé d'entour 30 ans, du lieu Saint Léonard proche de Limoges, venant de Grenoble tra-

---

1. J.-P. Gutton, *la Société et les pauvres, op. cit.*, p. 128. Indices du même type pour d'autres villes françaises *in* O.H. Hufton, *The Poor of Eighteenth-Century France, op. cit.*, p. 122 *sq*.

2. J.-P. Gutton, *ibid.*, p. 133.

vailler au métier de masson; a été enterré le 21 du mois après avoir reçu le Saint Viatique[1]. »

Cette notation lapidaire transcrite au temps des moissons de l'année 1694 par le curé de la petite paroisse de Saint-Julien-la-Vêtre, en Beaujolais, pourrait sans doute être placée en exergue de centaines de milliers de biographies de vagabonds, si du moins on pouvait les reconstituer, car pour des raisons évidentes elles ont laissé peu de traces écrites. Encore ce malheureux dont l'existence s'est terminée dans une grange a-t-il eu la chance de prendre congé du monde dans la misère et dans la solitude certes, mais muni des sacrements de l'Église, c'est-à-dire rattaché à une communauté spirituelle. Plus souvent, parce que le vagabondage est constitué en délit et pousse à commettre d'autres délits, le témoignage conservé est celui d'une condamnation. Mais, même dans ce cas, il faut relativiser l'image négative que porte la frange criminalisée de la population vagabonde. Analysant les registres des condamnations portées à Paris aux XIVe et XVe siècles, Bronislaw Geremek confirme cette interprétation, qui pourrait valoir ainsi pour toute la période du Moyen Âge à la fin du XVIIIe siècle :

> Les catégories que nous trouvons dans les actes judiciaires se caractérisent par le mouvement, la brièveté du lien de dépendance à un maître, l'instabilité des occupations, des lieux de travail et les fréquents changements d'employeurs. Ce dernier groupe comprend des artisans paupérisés et des paysans; on y voit des jeunes gens [...] dont la condition permanente est de louer leurs forces.

1. J.-P. Gutton, *ibid.*, p. 163.

Et il ajoute que «le caractère fluctuant de la division entre le monde du travail et le monde du crime» interdit de voir en celui-ci un «milieu» structuré, au sens où l'on parle de milieu délinquant[1]. La véritable unité d'analyse serait cet ensemble flottant dont la criminalité représente la frange extrême, alimentée par la zone floue du vagabondage, lui-même alimenté par une zone de vulnérabilité plus large faite de précarité des rapports de travail et de fragilité des liens sociaux.

Répression, dissuasion, prévention

L'objectif poursuivi n'est pas d'innocenter les vagabonds. Il y en eut à coup sûr de dangereux, se groupant parfois en bandes pillardes et vivant d'exactions; il y eut aussi, pourquoi pas, des vagabonds débauchés, paillards, adonnés aux jeux et aux plaisirs interdits, et «choisissant» une existence oisive plutôt que de se lier à la dure loi du travail — encore que l'on puisse douter de la «liberté» d'un tel choix, souvent si cher payé. Mais le point que je pense avoir établi est celui-

---

1 B. Geremek, *les Marginaux parisiens aux* xive *et* xve *siècles*, *op. cit.*, p. 115. Données du même type sur l'époque *in* J. Misraki, «Criminalité et pauvreté en France à l'époque de la guerre de Cent Ans», *loc. cit.* La contribution de J. Misraki confirme le caractère inaugurateur qu'il faut donner au milieu du xive siècle dans cette problématique de la mobilité. Dans la première moitié du siècle, les accusés sont en général domiciliés dans la région parisienne, et les crimes de sang et actes de violence prédominent. Dans la seconde moitié, le nombre des délits s'accroît considérablement, avec une prépondérance des vols, et la très grande majorité des condamnés sont des étrangers sans attaches familiales ou locales (18 % seulement d'autochtones).

ci : la catégorie générale du vagabond, être totalement asocial et dangereux, est une construction.
Cette élaboration établie à partir de l'existence
d'une frange extrême d'asociabilité déstabilisa-
trice recouvre d'un manteau d'infamie une foule
de pauvres hères «innocents». Mais les qualifier
d'innocents est naïf. Est-on vraiment innocent
lorsqu'on est démuni de tout, sans ressources,
sans travail et sans protection? Le traitement
réservé aux vagabonds prouve que non[1].

Cette construction d'un paradigme négatif du
vagabond est un discours du pouvoir. J'entends
par là qu'elle est d'abord le fait des responsables
chargés de la gestion de ces populations, et qu'elle
est l'instrument de cette gestion[2]. La politique
répressive à l'égard du vagabondage représente la
solution à une situation qui ne comporte pas de

1. Je n'évoque pas ici le cas des tziganes, gitans, «égyptiens»
«bohémiens», qui ont posé problème depuis leur apparition en
Europe occidentale au xviᵉ siècle. Parfois appelés «mendiants»
ou «vagabonds de race», ils ont été particulièrement craints et
réprimés. Mais ce nomadisme est le fait de groupes étrangers à
la culture autochtone et qui n'y ont jamais été intégrés, à la différence des vagabonds que j'analyse. Sur le nomadisme (que
l'auteur appelle néanmoins vagabondage), *cf.* M. Gongora,
«Vagabondage et société pastorale en Amérique latine»,
Annales ESC, 1966, nᵒ 1.
2. Du côté du peuple, la représentation du vagabond semble
ambivalente et plus souvent positive. Les témoignages abon-
dent de la complicité des milieux populaires, en particulier des
représentants des petits métiers des villes, prenant parti pour le
vagabond ou le mendiant arrêté (*cf.* A. Farge, «Le mendiant,
un marginal?», *loc. cit.*). Mais les signes de l'attitude inverse
existent aussi, surtout à la campagne. Ferdinand Dreyfus note
que les cahiers de 1789 (mais par qui ont-ils été écrits?) sont
unanimes à dénoncer la mendicité, «fléau destructeur, lèpre
hideuse du royaume», et «les brigands, le fretin de la société
que sont les vagabonds» (*Un philanthrope d'autrefois. La
Rochefoucauld-Liancourt*, Plon, Paris, 1903, p. 144).

solution. Que faire d'individus qui soulèvent des problèmes inextricables parce qu'ils ne sont pas à leur place, mais qui n'ont nulle part de place dans la structure sociale? La condamnation du vagabond est le plus court chemin entre l'impossibilité de tolérer une situation et l'impossibilité de la transformer en profondeur. Dans les sociétés préindustrielles, la question sociale posée par l'indigence valide et mobile ne peut être traitée que comme une question de police. Cette option présente pour les instances responsables le premier mérite d'exister, autrement dit de proposer une ligne de conduite pour faire face à la situation, parce qu'il n'y en a pas d'autre. Quand bien même la répression ferait à chaque fois la preuve de son inefficacité, elle n'en serait pas moins indispensable. Mais qu'il s'agisse là d'une sorte de coup de force par rapport à la complexité du problème à traiter, certains responsables en ont eu au moins le soupçon. «Mons. le lieutenant Aubert a dict qu'il est bien difficile à gens qui sont accoustumez ung métier d'en prendre ung autre, et s'ils n'en peuvent trouver, si ne peuvent-ils toutefois estre repputez de mauvaise nature et condition, et luy semble qu'il est bon de les avertir qu'ils ayent à trouver autre mayere de vivre»: un édile rouennais s'oppose en ces termes à la résolution de «vuider hors la ville iceult, oysifs, vacabons, maraulx sains et valides, estrangers[1]». Mais comment ménager «une autre manière de vivre» dans les cadres dominants de la division du travail, alors que de surcroît l'artisanat rouennais, lors de cette prise de position, en 1524, est en crise?

---

1. Cité par B. Geremek, *Truands et misérables, op. cit.*, p. 168

Autre indice montrant que les contemporains ont parfois entrevu le problème social général qui se dissimule derrière le vagabondage. Le lieutenant de la maréchaussée du Rhône déclare en 1776 : « Il est constant que tous les vagabonds s'occupent ou font mine de s'occuper pendant les récoltes, mais qu'un pareil travail n'est que momentané et ne peut être considéré comme suffisant pour la qualité d'ouvrier[1]. » Mais quel serait pour ces gens un travail « suffisant pour la qualité d'ouvrier », et à quelles conditions pourraient-ils l'occuper ? Il ne dépend ni de l'instance répressive, ni du vagabond lui-même de les promouvoir. La police du vagabondage est, par défaut, la seule mesure — de portée marginale compte tenu de l'ampleur du problème — pour peser un tant soit peu sur le cours des choses.

Une seconde raison peut justifier l'option répressive. L'existence de ces populations instables, disponibles pour toutes les aventures, représente une menace pour l'ordre public. La liaison entre vagabondage et criminalité est attestée par une multitude de sources. Non seulement les vagabonds commettent individuellement des délits, mais l'insécurité qu'ils représentent peut prendre une dimension collective. Par la formation de groupes qui rançonnent les campagnes et débouchent parfois sur le brigandage organisé, par leur participation aux « émotions » et aux émeutes populaires aussi, les vagabonds, détachés de tout et rattachés à rien, représentent un danger, réel ou fantasmé, de déstabilisation sociale. Comme l'énonce avec force le rapport de synthèse des mémoires pré-

---

1. Cité *in* J.-P. Gutton, *la Société et les pauvres, op. cit.*, p. 157.

sentés en 1777 à l'Académie de Dijon : « Avides de nouveautés, audacieux et d'autant plus entreprenants qu'ils n'ont rien à perdre et qu'ils sont familiarisés avec l'idée de punition qu'ils méritent chaque jour ; intéressés aux révolutions de l'État, qui peuvent seules changer leur situation, ils saisissent avec ardeur toutes les occasions qui se présentent d'exciter les troubles[1]. »

Comme une anticipation de la célèbre formule sur le prolétaire qui « n'a rien à perdre que ses chaînes », ce jugement reconnaît que le problème posé est insoluble dans la structure de la société d'Ancien Régime en dehors de « révolutions de l'État ». Il reconnaît aussi le rôle de la désaffiliation comme facteur de changement : celui qui n'a rien et n'est lié à rien est poussé à faire que les choses ne restent pas en l'état. Celui qui n'a rien à préserver risque de vouloir tout prendre. La fonction de « classe dangereuse » que l'on rapporte en général au prolétariat du XIXe siècle est déjà assumée par les vagabonds. Avec aussi la fantasmatisation de ce danger : les analyses précises des émeutes et émotions populaires semblent montrer que le rôle joué par les vagabonds et par la « populace » est régulièrement surestimé[2].

---

1. *Des moyens de détruire la mendicité en France*, op. cit., p. 17.
2. Pour une analyse critique de certaines de ces situations, *cf.* G. Huppert, *After the Black Death, a Social History of Early Modern Europe*, Indiana University Press, 1986. Dans le même ordre d'idées, Emmanuel Le Roy Ladurie a établi le rôle prépondérant d'un certain type d'élites rurales et urbaines dans la rébellion d'une partie du Dauphiné en 1579 (*le Carnaval de Romans*, Paris, Gallimard, 1979). En règle générale, soit que les éléments les plus marginaux se livrent à des explosions de violence sans lendemain, soit qu'ils soient les premiers sacrifiés lors de mouvements plus structurés dans lesquels ils jouent le rôle de masse de manœuvre puis de bouc émissaire, les vaga-

Ainsi la criminalisation globale du vagabondage a-t-elle pu s'imposer sans que l'on ait à se demander si la majorité des vagabonds étaient effectivement des criminels en puissance. Le paradigme du vagabond n'a pas à coïncider avec la réalité sociologique du vagabondage. En effet, savoir que la majorité des individus étiquetés mendiants ou vagabonds étaient en fait de pauvres bougres conduits là par la misère et l'isolement social, le manque de travail et l'absence de supports relationnels, ne pouvait déboucher sur aucune politique concrète dans le cadre des sociétés préindustrielles. En revanche, en stigmatisant au maximum le vagabond, on se donnait les moyens réglementaires et policiers de faire face aux troubles ponctuels occasionnés par la proportion réduite des vagabonds vraiment dangereux. On pouvait sans doute aussi peser quelque peu sur ce qui tenait lieu alors de marché du travail en tentant de contraindre des inactifs à s'employer à n'importe quel prix pour faire baisser les salaires[1]. Mais c'était surtout construire un

bonds ne paraissent pas avoir profondément marqué les mouvements sociaux qui ont affecté les sociétés préindustrielles.

1. Sauf erreur, on n'a guère de moyens pour mesurer cette efficacité économique, et je fais l'hypothèse qu'elle a dû être faible, ou qu'en tout cas cette finalité n'épuise pas le sens de ces politiques. Des interprétations comme celles de Marx ou d'économistes tel Simiand prêtent sans doute au capitalisme préindustriel une rationalité et un pouvoir de commander à son profit aux transformations de la législation sociale qu'il n'a eu, et encore faudra-t-il en discuter, que bien plus tard. Sur ces points, *cf.* les deux chapitres suivants.

paradigme à fonction dissuasive et préventive en direction de tous les autres individus aux abois, et au-delà en direction des populations guettées par la misère et l'instabilité. Cette finalité est parfois explicitée avec un cynisme déconcertant. Ainsi, la lettre adressée par le contrôleur général aux intendants pour l'application de l'ordonnance de 1764 contient ces conseils :

> Au reste, je ne puis trop vous recommander de mettre la plus grande prudence dans cette opération [arrêter les vagabonds] pour ne pas surcharger les prisons ni les dépôts, et pour donner le temps à la plus grande partie de ces gens de quitter la vie criminelle qu'ils mènent. D'après ces observations, il faut que les maréchaussées arrêtent peu de vagabonds et de mendiants à la fois ; peut-être même leurs démarches doivent-elles être plutôt dirigées sur les mendiants invalides que sur les valides, parce que les premiers n'ayant pas la ressource de pouvoir travailler, il est plus difficile de les empêcher de mendier et que les mendiants valides, qui verront arrêter même les invalides, seront bien plus effrayés et se détermineront d'autant plus tôt à prendre une profession [1].

Par une inversion tout à fait consciente de la rationalité possible de ces mesures (neutraliser les éléments les plus dangereux, quitte à faire preuve de tolérance, faute de moyens ou de place dans les dépôts, à l'égard des plus inoffensifs), on dirigera en priorité la répression sur les mendiants invalides qui ne peuvent présenter aucun danger. C'est dire clairement que la cible visée

---

1. Cité *in* C. Paultre, *la Répression de la mendicité et du vagabondage, op. cit.*, p. 397.

n'est pas celle qui est atteinte, et que le caractère dissuasif de ces politiques l'emporte sur leur efficacité directe.

Mais, de tous les auteurs de l'époque, c'est peut-être l'abbé de Montlinot qui s'est élevé à la compréhension sociopolitique la plus profonde de ce traitement du vagabondage. Montlinot est un esprit éclairé. Il a développé une critique proprement libérale du travail forcé en institution, sur laquelle je reviendrai. Au début de la Révolution, il sera associé aux travaux du Comité pour l'extinction de la mendicité de l'Assemblée constituante. Cependant, en 1786, il écrit ceci :

> On a vu plusieurs individus qui, arrêtés dans ces circonstances fâcheuses [il s'agit des arrestations opérées en application de la même fameuse ordonnance de 1764 qui donna lieu à bien des abus], ont convenu qu'on les avait sauvés de bien des tentations. Le défaut d'argent annonce un besoin excessif : tout homme, dans ces circonstances pressantes, est à la veille de devenir escroc ou scélérat. Le gouvernement doit donc alors prévenir le crime, et assurer la tranquillité des citoyens par tous les moyens possibles. Celui qui, sans asile, sans ressource, ne peut plus payer sa subsistance, cesse d'être libre ; il est sous l'empire de la force, il ne peut faire un pas sans commettre un délit. Enfin, en un mot tranchant, c'est qu'en supposant qu'un homme dénué de tous secours depuis un long terme ne fût qu'un homme malheureux, qu'il fût injuste de l'arrêter ; eh bien, il faudroit commettre cette injustice politique, et ne pas laisser errer sur les routes celui qui n'ayant rien peut tout oser[1].

---

1. C.A.J. Leclerc de Montlinot, *Essai sur la mendicité, op. cit.*

Cette «injustice politique» du point de vue d'un État de droit est le fait de toutes les politiques d'Ancien Régime à l'égard du vagabondage et de la mendicité valide. Mais, du point de vue de la *realpolitik*, n'est-ce pas au contraire faire preuve de sagesse? En focalisant les interventions répressives sur une population marginale et déviante, ou présentée comme telle, on reconnaît au moins implicitement l'impossibilité de développer une politique globale et positive à l'égard de la misère de masse. Mais on peut espérer que ces interventions spécialisées auront un effet dissuasif plus général[1]. Ainsi, les politiques à l'égard des vagabonds et mendiants valides ne peuvent être évaluées seulement par rapport à leur objectif explicite, qui est en fait une utopie: éradiquer le vagabondage. De ce point de vue, elles seraient un échec total, confirmé par la manière répétitive avec laquelle elles sont réitérées et motivées chaque fois par le constat de l'accroissement du nombre des vagabonds. Mais la perspective change si on fait l'hypothèse qu'elles s'adressent aussi à cette masse du peuple qui n'est séparée de sa frange désaffiliée que par des frontières fragiles: l'ensemble de ceux qui se trouvent dans la zone de vulnérabilité. On ne comprendrait pas

---

1. Cela ne signifie évidemment pas que les vagabonds aient eu l'exclusivité de la vigilance répressive des autorités. La répression des émeutes et soulèvements populaires est une constante de l'histoire sociale de l'Ancien Régime qui donne encore lieu à des épisodes sanglants au XVIIe siècle (par exemple, la répression des révoltes paysannes de Bretagne et de Normandie par le chancelier Séguier). Mais ces interventions sont discontinues, elles répondent au coup par coup aux soulèvements populaires. Les politiques à l'égard du vagabondage et de la mendicité sont sans doute les seules politiques concertées et menées sur le long terme dans une double optique répressive et préventive.

que ces politiques aient revêtu pendant plus de quatre siècles une telle importance, qu'elles aient mobilisé de telles énergies, en dépit de leur insuccès constant, si on ne saisissait qu'elles comportent cet enjeu.

Peut-on appeler « sociales » de telles politiques ? Oui, au moins en ce sens minimal que leur objectif est d'assurer l'ordre public et donc de préserver l'équilibre social. Non, si l'on entend par là un ensemble de pratiques qui se déploieront à partir du xixe siècle pour atténuer l'hiatus entre l'ordre économique et l'ordre politique. Ce social-là, qui suppose la double révolution économique et politique de la fin du xviiie siècle, c'est-à-dire la prépondérance du marché et de la représentation démocratique, n'a évidemment pas encore sa place ici. Ce n'est pourtant pas une raison suffisante pour réduire ces mesures à une police répressive qui ne concernerait que les populations en rupture avec l'ordre social. Si le vagabondage est bien la pointe avancée d'un processus de désaffiliation menaçant des secteurs beaucoup plus vastes de la société, il pose un problème qui vaut bien au-delà de ces marges. La question du vagabondage est en fait la manière dont *se formule et s'occulte à la fois* la question sociale dans la société préindustrielle. Elle l'occulte, parce qu'elle la déplace à l'extrême bordure de la société, jusqu'à en faire quasiment une question de police. Mais elle permet aussi de la reformuler, si l'on suit, en amont du vagabondage, la ligne de fracture qu'il révèle. On dégage alors une sorte d'effet boomerang du vagabondage : le processus par lequel une société expulse certains de ses membres oblige à s'interroger sur ce qui, en son centre, impulse cette dynamique. C'est cette relation cachée du centre à la périphérie qu'il faut maintenant essayer de dégager. La leçon pourra valoir aussi pour aujourd'hui : le cœur de la problématique de l'exclusion n'est pas là où l'on trouve les exclus.

CHAPITRE III

INDIGNE SALARIAT

La constitution du rapport salarial moderne suppose que soient réunies un certain nombre de conditions précises : la possibilité de circonscrire l'ensemble de la population active, un dénombrement rigoureux des différents types d'emploi et la clarification de catégories ambiguës d'emploi comme le travail à domicile ou les travaux agricoles, une délimitation ferme des temps d'activité opposés aux périodes d'inactivité, le comptage précis du temps de travail, etc.[1]. Aussi faudra-t-il attendre le tournant de ce siècle — le XXᵉ — pour qu'il s'impose sans ambiguïté. Est-on dès lors en droit de parler de salariat pour des époques antérieures, et spécialement pour des périodes lointaines, lorsque pratiquement aucune des

---

1. *Cf.* R. Salais, « La formation du chômage comme catégorie : le moment des années 1930 », *Revue économique*, vol. 26, mars 1985, et le dossier sur « Histoire et statistique » réuni *in Genèse*, nº 9, octobre 1992, articles de Alain Desrosières, Olivier Marchand et Claude Thélot, Bernard Lepetit, Éric Brian, Christian Topalov. *Cf.* aussi la synthèse de Christian Topalov, *Naissance du chômeur, 1880-1910*, Paris, Albin Michel, 1994, dont je n'ai pu faire état en raison de la date de sa parution, mais qui s'inscrit dans le même cadre d'analyses.

conditions de sa définition rigoureuse n'est présente ? Oui, à condition de savoir que l'on n'a alors que des embryons, ou des traces, de ce rapport salarial moderne.

Mais ce serait faire preuve d'un étrange ethnocentrisme que d'envisager la signification économique, sociale et anthropologique du salariat à la seule lumière de ce qu'il est devenu dans la «société salariale» — ou pis encore, de nier la réalité des situations salariales qui n'entrent pas dans cette définition[1]. Car ces «traces» ont eu autant d'existence que le rapport salarial «fordiste». Elles n'en ont certes pas eu la cohérence, et elles n'ont pas exercé la même hégémonie sur les relations de travail (si tant est que le rapport salarial fordiste ait jamais été hégémonique dans la société industrielle, il faudra y revenir). Mais c'est précisément ce dont il s'agit de rendre compte. Réactiver ces «traces» de salariat dans la société préindustrielle, c'est dire la grande impuissance du salariat d'alors. Mais c'est aussi remonter à son socle anthropologique et trouver un fil conducteur pour suivre ses transformations jusqu'à aujourd'hui.

---

1. Je rappelle d'ailleurs que les historiens consacrés du Moyen Âge, tels Georges Duby ou Jacques Le Goff, parlent eux-mêmes de salariés et de salariat. Bronislaw Geremek en fait même le titre d'un de ses ouvrages les plus riches, *le Salariat dans l'artisanat parisien aux XIIIe-XVe siècles*, Paris-La Haye, Éditions Mouton, 1978. L'expression «se louer» se trouve aussi dans les textes d'époque, par exemple dans l'ordonnance de Jean le Bon de 1351 déjà citée : «Les femmes qui se loueront pour aucune besogne faire en la ville de Paris ne pourront prendre par jour que douze deniers» (Jourdan, Decouzy, Isambert, *Recueil des anciennes lois de la France, op. cit.*, t. LIII, p. 620). Déjà donc une forme de contrat de louage, et aussi une forme de blocage des salaires.

Pourquoi la question ici posée — et, à vrai dire, la question posée à travers l'ensemble de cet ouvrage — est-elle celle du salariat? La conviction que c'était bien là le cœur de la question sociale s'est lentement, mais de plus en plus impérieusement imposée au cours de la démarche. On était parti de l'analyse de deux types particuliers de « populations à problèmes » : les miséreux qui relèvent de l'assistance sur fond d'invalidité et de participation communautaire (chapitre i); la frange désaffiliée des milieux populaires, caractérisée par l'impossibilité de s'inscrire dans les rapports dominants de travail et par l'isolement social (chapitre ii). Mais on ne peut s'en tenir à ces deux « groupes cibles » sur lesquels se focalisent pourtant ce qui tient alors lieu de politiques sociales, parce que la question sociale n'est pas seulement celle de la pauvreté, ni même celle de la misère. Dans une formation sociale où environ la moitié de la population doit se contenter de réserves minimales pour survivre, la pauvreté ne pose pas vraiment problème. Mieux: elle est acceptable, et même requise. Elle est inscrite dans les plans de la Providence et nécessaire au fonctionnement de la machine sociale. Un témoignage entre cent:

> Il est des pauvres dans un État à peu près comme des ombres dans un tableau: ils font un contraste nécessaire dont l'humanité gémit quelquefois, mais qui honore les vues de la Providence [...] Il est donc nécessaire qu'il y ait des pauvres; mais il ne faut point qu'il y ait des misérables: ceux-ci ne sont que la honte de l'humanité, ceux-là au contraire entrent dans l'ordre de l'économie politique. Par eux, l'abondance règne dans les

villes, toutes les commodités s'y trouvent, les arts fleurissent, etc.[1].

Mais un tel «État» ne peut constituer un tout harmonieux qu'à condition que riches et pauvres forment un couple stable dont les positions sont complémentaires, c'est-à-dire que la pauvreté soit intégrée. C'est de moins en moins la structure des sociétés préindustrielles de l'Occident chrétien. Elles sont peuplées, en nombre croissant, de vulnérables. Cette vulnérabilité de masse interdit de tracer une ligne de partage ferme entre «les pauvres» et «les misérables»: une part importante des pauvres est incessamment menacée de devenir misérable. On peut, selon la forte expression de Boisguilbert, *«ruiner un pauvre[2]»*. Ainsi la question sociale que formulent explicitement les indigents à assister ou les vagabonds à réprimer est-elle déjà posée, au moins implicitement, en amont. C'est dans les processus de vulnérabilisation qui «ruinent les pauvres» qu'il faut chercher l'origine des perturbations affectant l'équilibre social.

C'est aussi ce qui pose au premier plan la question du salariat. Non pas que la condition salariale — ou plutôt, on va le montrer, un ensemble de situations salariales hétérogènes qui ne se cristallisent jamais en «condition» — recouvre la

1. P. Hecquet, *la Médecine, la chirurgie et la pharmacie des pauvres*, Paris, 1740, I, p. XII-XIII, cité *in* J. Kaplow, *les Noms des rois*, *op. cit.*, p. 60.
2. P. Le Pesant de Boisguilbert, *Mémoires*, cité *in* A.M. Boislisle, *Correspondance des contrôleurs généraux des Finances avec les intendants des provinces*, Paris, 1874, t. II, p. 531 : «Enrichir ou ruiner un pauvre, c'est-à-dire un manœuvrier, sont la chose la plus aisée : elles ne tiennent qu'à un filet.»

totalité des situations misérables. Il existe à la
campagne de petits tenanciers qui luttent pour
leur survie en restant en principe des producteurs indépendants, et les villes connaissent une
foule de petits boutiquiers, marchands ambu-
lants, portefaix, débardeurs, commissionnaires,
etc., minuscules entrepreneurs qui travaillent à
leur compte et sont, en principe aussi, leurs
propres maîtres. Mais le recours à la salarisation, partielle ou totale, signale presque toujours
une dégradation, même par rapport à des situations déjà misérables : le tenancier qui doit louer
une partie de son temps au paysan plus riche ou
tisser pour le marchand de la ville, l'artisan
déchu qui entre au service d'un autre artisan ou
d'un marchand, le compagnon qui ne peut devenir maître et reste salarié à vie... Partir des situations dans lesquelles le salariat occupe une
position inférieure entre toutes, c'est donner à
voir le chemin à parcourir pour qu'il surmonte
ces fantastiques handicaps. Comment est-on
passé d'un salariat fragmentaire, misérable et
méprisé à une «société salariale» dans laquelle
c'est à partir de leur participation à cette condition que la majorité des sujets sociaux tireront
leurs garanties et leurs droits ? Retracer l'odyssée du salariat représente la voie royale pour
comprendre, jusqu'à aujourd'hui, les principales
transformations de la question sociale [1].

---

1. Il est vrai que jusqu'au XIXᵉ siècle, dans une société à prédominance rurale, la question de la terre, la question agraire,
reste au premier plan ; vrai aussi que son traitement à l'époque
révolutionnaire, l'abolition des droits féodaux et la vente des
biens nationaux, ont eu une importance décisive pour la restructuration de la société française ; vrai enfin que jusqu'à la IIIᵉ République, et peut-être au-delà, l'attention prêtée à la paysannerie, le

L'idiome corporatiste

Au point de départ de cette odyssée, ce paradoxe justifié par les analyses du chapitre précédent: dans la société préindustrielle, *le vagabondage représente l'essence négative du salarié*. Sa figure limite permet de dégager les caractéristiques structurales de la condition, ou plutôt de la non-condition salariale d'alors. Le vagabond est un salarié «pur», en ce sens qu'il ne possède, absolument parlant, que la force de ses bras. C'est de la main-d'œuvre à l'état brut. Mais il lui est impossible d'entrer dans un rapport salarial pour la vendre. Sous la forme du vagabondage, le salariat, pourrait-on dire, «touche le fond», c'est le degré zéro de la condition salariale: un état impossible (mais qui cependant a existé en chair et en os à des centaines de milliers d'exemplaires), qui condamne à l'exclusion sociale. Mais ce cas limite souligne des traits que partagent à l'époque la plupart des situations salariales. Même lorsqu'ils ne sont pas réduits à une telle position d'*outcast*[1], les salariés occupent

---

souci de maintenir la société rurale, de prévenir le dépeuplement de campagnes, etc., ont constitué la préoccupation dominante des régimes qui se sont succédé. Mais ces données essentielles, qu'il faut garder en mémoire, sont parfaitement compatibles avec la position défendue ici, à savoir que cette attention portée à la question agricole laisse irrésolue la question «industrielle», qui va se faire de plus en plus insistante au fur et à mesure que la société, justement, devient de plus en plus «industrielle», puis «salariale».

1. J'emprunte ce terme à Garreth Stedman Jones, *Outcast London*, Oxford, 1973, qui établit une homologie entre la position des intouchables de la société indienne et celle de la frange

presque toujours des positions fragiles et incertaines : demi-salariat, salariat fractionné, salariat
clandestin, salariat méprisé... Au-dessus du
vagabond, mais au-dessous de tous ceux qui ont
un statut, les salariés peuplent les zones inférieures et menacées de dissolution de l'organisation sociale. Voyons pourquoi, dans la société
préindustrielle, il en va nécessairement ainsi.

Marx, on le sait, a élaboré sa théorie du salariat
à partir de la situation du prolétariat moderne.
Mais la caractérisation qu'il en donne s'inscrit
dans une perspective anthropologique plus large.
Pour lui, «la force de travail ne peut se présenter
sur le marché comme marchandise que si elle est
offerte ou vendue par son propre possesseur.
Celui-ci doit par conséquent pouvoir en disposer,
c'est-à-dire être libre propriétaire de sa force de
travail, de sa propre personne[1]». Le salaire est le
coût de cette transaction par laquelle un propriétaire de sa force de travail la vend à un acqué-
reur.

On peut accepter cette caractérisation du salariat, à condition d'ajouter qu'un travailleur peut
vendre une partie de sa force de travail sans être
«libre propriétaire» de sa personne. Ainsi, un
serf peut être déjà un salarié partiel si, ayant
rempli ses obligations serviles, il met au service

---

complètement désaffiliée du peuple de la grande cité moderne.
Les vagabonds occupent la même position dans la société préindustrielle. À propos de la Grande-Bretagne, pour une interprétation du vagabondage qui conforte la mienne, *cf.* A.L. Beir,
«Vagrants and Social Order *in* Elizabeth Century», *Past and
Present*, n° 64, août 1964.
    1. K. Marx, *le Capital, op. cit.*, livre I, 2e section, chap. IV,
p. 715.

du seigneur une partie de son temps « libre » contre rétribution[1]. C'est déjà un salarié agricole partiel. Bien entendu, le salaire peut être payé en argent ou par différents types de rétributions en nature. Si le salaire en argent représente la forme achevée de la rétribution salariale, il est lié au développement d'une économie monétaire, et, même après l'avènement de celle-ci, pourra rester associé à des rétributions non monétaires.

Du côté du travail « industriel[2] », l'artisanat s'est constitué dans le prolongement de l'économie domestique, comme le rappelle Georges Duby.

> Le rôle premier des bourgs était d'approvisionner la cour seigneuriale pour l'artisanat et le commerce. Lorsqu'elle se développa, ce fut sous la forme d'une excroissance des ateliers du domaine, du four, de la tannerie, des chambres où tissaient les femmes. Peu à peu, ces ateliers produisirent plus que ne consommait la maisonnée du maître, et offrirent le supplément à une clientèle extérieure... Toutefois, c'est un peu plus tard, dans le cours du XIIe siècle, que l'on doit placer, dans l'histoire de l'artisanat urbain, le moment où les travailleurs se dégagèrent tout à fait de la domesticité seigneuriale[3].

---

1. *Cf.* I. Josuah, *la Face cachée du Moyen Âge*, Paris, La Brèche, 1988 ; voir aussi « Le modèle de la corvée », ci-après p. 150 *sq.*
2. Les termes « industriel » et « industrie » désignent d'abord les transformations et la fabrication d'objets par un travail manuel. Ils s'appliquent alors à des activités à petite échelle, principalement sous la forme de l'artisanat. Ce n'est qu'à partir de la « révolution industrielle », aux XVIIIe et XIXe siècles, que les qualifications d'industriel et d'industrie s'appliqueront d'une manière préférentielle aux formes de concentration du travail, « la grande industrie », le travail industriel en usine.
3. G. Duby, *Guerriers et paysans, op. cit.,* p. 265.

À la ville, les corps de métier s'organisent alors en communautés autonomes qui disposent du monopole de la production[1]. L'artisanat n'est pas le salariat, mais il en constitue historiquement la principale matrice. L'unité de base de la production au début de l'essor de ces communautés de métier est en effet constituée du maître artisan, propriétaire de ses instruments de production, d'un ou deux « valets » ou compagnons et d'un ou deux apprentis. Les compagnons sont en général logés et nourris chez le maître et lui consacrent la totalité de leur force de travail. Ils sont les seuls salariés puisque les apprentis ne sont pas rétribués pour leur apprentissage. Mais, du moins dans son fonctionnement idéal, cette organisation fait du salariat un état transitoire : les apprentis sont censés devenir compagnons, et ceux-ci deviennent à leur tour maîtres le moment venu. Cette forme de salariat qu'incarnent les compagnons apparaît ainsi constituer une condition relativement solide puisqu'il s'agit d'une activité à temps plein inscrite dans l'organisation stable et permanente des « métiers ». Mais c'est en même temps une condition transitoire. L'idéal de la situation salariale est son auto-abolition, lorsque le compagnon devient maître et partage, seulement à ce moment-là, toutes les prérogatives du métier.

Une communauté de métiers poursuit un

---

1. Il existe un artisanat à dominante industrielle (fabrication d'objets par les forgerons, cordonniers, charpentiers, selliers, tisserands...) et un artisanat à dominante commerciale (vente de produits par les boulangers, bouchers, marchands de vin, merciers...). Mais les deux fonctions interfèrent souvent : le maître fabricant commercialise fréquemment ses produits, et tient boutique dans son atelier.

double but: s'assurer le monopole du travail dans la ville (abolition de la concurrence externe), mais aussi empêcher que se développe une concurrence interne entre ses membres. Le premier objectif est le plus évident. Il consiste à exclure les étrangers ou les «forains[1]», à exiger de longs apprentissages — de trois à onze ans, souvent hors de proportion avec les difficultés du métier —, à multiplier les épreuves et les contrôles. Mais les réglementations prohibent tout aussi sévèrement l'esprit de concurrence *au sein du métier*: limitation du nombre des apprentis et des compagnons — en général un ou deux —, interdiction de cumuler plusieurs métiers même s'il s'agit de travailler une même matière telle que le cuir dont le travail se partage entre les corroyeurs, bourreliers, selliers, fabricants de sacs ou de bottes, enfin restriction et réglementation de l'achat des matières premières qui doivent être équitablement réparties entre les maîtres[2]. Par exemple à Paris, à la fin du XVIᵉ siècle, dans les métiers du cuir, aucun maître ne peut acquérir du cuir brut de son propre chef, ni vendre sa part de matière première à un autre maître[3]. Toutes les précautions sont ainsi prises pour que l'innovation soit impossible, l'ambition de l'emporter sur le voisin interdite. L'idéal est de repro-

---

1. Ainsi, dans le registre civil du Châtelet du 23 juillet 1454: «Condemné Jehan Lhuissier, foulon de draps, en l'amende envers le Roy, pour ce qu'il a confessé avoir mis en besogne ung estrangier et a laissé les ouvriers de Paris contre l'ordonnance» (G. Fagnier, *Documents relatifs à l'histoire de l'industrie et du commerce en France*, Paris, 1898, t. II, p. 239).
2. G. Unwin, *Industrial Organization in the XVIth and XVIIth Centuries*, Oxford, 1904, et M. Weber, *Histoire économique*, *op. cit.*, chap. II.
3. G. Unwin, *Industrial Organization...*, *op. cit.*, p. 149.

duire à l'identique une structure traditionnelle en dégageant très peu de bénéfices. Ainsi cette organisation du travail ne permet-elle pas le développement d'un processus d'accumulation capitaliste. Pour maintenir le statu quo, il faut bloquer à la fois les possibilités d'expansion de chaque unité de production et celles de l'ensemble de la profession et des professions industrielles en général. En 1728 encore, les maîtres tailleurs lyonnais s'expriment ainsi : « Pour les arts mécaniques, il ne faut pas trop d'ouvriers. Ils ne font que se nuire et s'affamer les uns les autres, et remplir la société civile de membres inutiles et méprisables, ce qui est le plus grand mal qui puisse leur arriver[1]. »

Cette structure, qui a connu son âge d'or aux XIIe-XIIIe siècles, correspondait alors aux conditions d'organisation du travail « industriel » dans la ville médiévale. Mais le paradoxe est que, bien qu'elle montre des signes d'essoufflement lors de l'ouverture de plus larges marchés, elle se maintient, et même à certains égards se renforce jusqu'au XVIIIe siècle[2]. Les premières communautés de métier étaient souvent l'expression des franchises et privilèges des villes (c'est pourquoi elles détenaient aussi une part du pouvoir politique municipal). Mais lorsque le pouvoir royal s'af-

---

1. Cité *in* M. Garden, *Lyon et les Lyonnais au XVIIIe siècle*, Paris, Flammarion, 1975, p. 189.
2. *Cf.* E. Cornaert, *les Corporations en France avant 1789*, Paris, 1941. Sur l'organisation et l'histoire du régime « corporatiste », *cf.* également E. Martin Saint-Léon, *Histoire des corporations de métiers depuis les origines jusqu'à leur suppression en 1797*, Paris, 1909, et F.O. Martin, *l'Organisation corporative de la France de l'Ancien Régime*, Paris, 1938.

firme, principalement en France, il s'appuie sur les communautés de métier et encourage leur expansion. Pour des raisons financières sans doute (les franchises s'achètent), mais surtout pour contrôler la production industrielle. La Couronne multiplie ainsi le nombre des métiers jurés dans le cadre « d'une alliance tactique entre la royauté et les maîtrises[1] ». L'édit d'Henri II de 1581, repris par Henri IV en 1597, s'efforce d'étendre à tout le royaume le système corporatif. Richelieu et Colbert accentuent encore cette politique. C'est un même esprit — l'esprit du mercantilisme — qui inspire la création de manufactures royales et le renforcement des métiers traditionnels.

Ainsi, Poitiers, qui avait 18 communautés « jurées » au XIVe siècle, en compte 25 au XVIe et 42 au XVIIIe[2]. À Paris, le nombre de métiers jurés était de 60 en 1672 et de 129 en 1691[3]. Des industries nouvelles comme les papeteries sont contraintes de se plier au moule des jurandes. En Angleterre, bien que de manière moins systématique, les Stuarts tentent d'appuyer les corporations urbaines contre le développement du capitalisme marchand[4].

Les métiers « jurés », dont les privilèges sont administrés par la profession et garantis par le pouvoir royal, ont l'organisation la plus rigide. Certains historiens comme Henri Hauser ont souligné le fait qu'ils ne représentaient qu'une minorité, et qu'ils étaient donc loin de contrôler

---

1. H. Hauser, *Ouvriers du temps passé*, Paris, 1913, p. 2.
2. H. Hauser, *les Débuts du capitalisme*, Paris, 1913.
3. G. Lefranc, *Histoire du travail et des travailleurs*, Paris, Flammarion, 1957, p. 176.
4. *Cf.* G. Unwin, *Industrial Organization...*, *op. cit.*

l'ensemble de la production. L'industrie rurale leur échappe, ce qui aura, on le verra, d'énormes conséquences. Il existe aussi un grand nombre de villes «libres». Ainsi, Lyon a toujours défendu avec acharnement la «liberté du travail» contre les tentatives de contrôle par la royauté. Mais qu'est-ce à dire? Que ce sont les agents municipaux qui font fonction de jurés, assurent les «visitations» et contrôlent la qualité des produits. Les contraintes peuvent être aussi tatillonnes et aussi efficaces contre la liberté d'entreprendre que si elles étaient exercées par les juridictions sanctionnées par les patentes royales. Au milieu du XVIIIe siècle encore, une querelle «moyenâgeuse» éclate à Lyon entre les cordonniers et les savetiers (les premiers travaillent le cuir neuf, tandis que les savetiers réparent les chaussures usagées). Les cordonniers dénoncent «la troupe errante et irrégulière» des savetiers:

> Il serait bien injuste que des aventuriers qui n'ont point essuyé les épreuves et qui n'ont point rempli les obligations auxquelles les maîtres ont été sujets vinssent partager leur état; ce serait même détruire toute discipline et tout règlement, puisque la condition des savetiers serait égale à celle des cordonniers, il ne serait plus besoin de se soumettre aux statuts pour l'apprentissage, le compagnonnage et la maîtrise[1].

«Troupe errante et irrégulière», «aventuriers» d'une part, état, condition, discipline, statut, d'autre part: au-delà même des intérêts économiques défendus par ces régulations, c'est de la place des métiers dans une société d'ordres qu'il

---

1. Cité *in* M. Garden, *Lyon et les Lyonnais, op. cit*

s'agit. La participation à un métier ou à une cor-
poration (ce terme apparaît seulement au
XVIIIe siècle) marque l'appartenance à une communauté dispensatrice de prérogatives et de privilèges qui assurent au travail un statut social.
Grâce à cette dignité collective dont le métier, et
non l'individu, est propriétaire, le travailleur
n'est pas un salarié qui vend sa force de travail,
mais le membre d'un corps social dont la position est reconnue dans un ensemble hiérarchique.

Ainsi, les réglementations des métiers n'ont pas
seulement le rôle technique d'organiser la production et de garantir la qualité des produits.
Elles interdisent l'existence d'un marché sur
lequel les marchandises circuleraient librement :
ni concurrence, ni liberté d'augmenter la production. Mais elles interdisent également l'existence
d'un marché du travail : ni liberté d'embauche ni
liberté de circulation des travailleurs. De ce point
de vue, il n'y a pas de différence de nature entre
les divers types de réglementations : « Qu'on soit
en présence d'un métier juré, soumis au pouvoir
royal, ou d'un métier réglé, soumis à la municipalité, ou des métiers libres, soumis aux règlements
de police, on constate, par conséquent, qu'il n'y a
nulle part de véritable liberté. Il existe seulement
des formes diverses de réglementations[1]. »

Ce que William Sewell appelle *l'idiome corporatiste*[2] commande donc aussi bien l'organisation

---

1. E. Dolléans et G. Debove, *Histoire du travail en France*,
Paris, 1953, p. 61.
2. W. Sewell, *Gens de métiers et révolutions*, trad. fr. Paris,
Aubier, 1983.

technique de la production que l'organisation sociale du travail. Il fait du métier une propriété collective dispensatrice à la fois d'emploi et de statut, réservée au nombre par définition limité de ses membres, et dont les franchises reposent sur la défense d'une seule forme de travail socialement légitime. Un métier se constitue autant à travers la fonction d'exclusion qu'il assure à l'égard des hors-statuts que par les prérogatives positives qu'il dispense.

Cependant, souligner l'importance de cet *idiome corporatiste* sur l'organisation du travail jusqu'à la fin de l'Ancien Régime ne revient pas à dire qu'il la maîtrise complètement. En particulier, l'historiographie la plus récente marque une tendance à revenir sur la conception trop rigide développée par les historiens classiques du corporatisme, telle qu'elle vient d'être présentée. Un ouvrage comme celui de Michel Sonenscher, *Work and Wages*, établit qu'au XVIIIᵉ siècle en tout cas il existe une fluidité de la main-d'œuvre d'atelier à atelier, de ville à ville, plus forte qu'on ne le croyait[1]. Porosité du système corporatiste plus grande qu'on ne se l'est représenté en général, ce qui au fond n'a rien d'étonnant : la rigidité affichée de cette organisation prend à ce point à contre-pied des *trends* profonds du développement commercial et industriel qu'elle ne peut s'appliquer à la lettre. Mais qu'une structure se

1. *Cf.* M. Sonenscher, *Work and Wages, Natural Laws, Politics and the Eighteenth-Century French Trades*, Cambridge, Cambridge University Press, 1989, et le commentaire d'Alain Cottereau, « Derrière les stéréotypes corporatifs : la grande flexibilité des métiers en France au XVIIIᵉ siècle », *le Mouvement social*, 4ᵉ trimestre 1993

révèle poreuse à l'usage ne signifie pas que ses effets soient négligeables. C'est principalement dans cet *intervalle* entre la rigidité d'une structure et ses incessants débordements que s'insèrent difficultueusement différentes figures du salariat. Le paradoxe dont il faut rendre compte c'est que, même miné de l'intérieur et contourné de toutes parts par la dynamique du capitalisme naissant, le système corporatiste continue d'empêcher la promotion d'un libre marché de la main-d'œuvre et d'une condition salariale solide.

La signature du métier

Miné de l'intérieur, le système des communautés de métier est en crise dès le XIVe siècle au moins. À partir de cette date, les chances de parvenir à la maîtrise se ferment et seront bientôt pratiquement réservées aux fils de maîtres. Des réglementations de plus en plus tatillonnes et des conditions d'accès à la maîtrise de plus en plus lourdes, telle la généralisation du coûteux « chef-d'œuvre » (qui était rarement exigé auparavant), ont pour effet de bloquer la promotion interne et de réduire le recrutement externe. Cette fermeture est à l'origine de la constitution de deux catégories de travailleurs. Les compagnons privés de la possibilité d'accéder à la maîtrise forment une sorte de classe de salariés à vie qui tente de s'organiser pour la défense de ses intérêts[1]. Des

1. *Cf.* B. Geremek, *le Salariat dans l'artisanat parisien aux XIIIe et XVe siècles, op. cit.* Il est d'ailleurs douteux que l'artisanat ait jamais été une structure « démocratique » quant à son recrutement. Ainsi l'apprentissage, long, n'est pas rétribué et tendra

grèves de longue durée sont attestées dès le XVIe siècle, comme celle des compagnons imprimeurs lyonnais et parisiens de 1539 à 1542. Les compagnons tentent surtout de contrôler l'embauche, et, dans les villes et les métiers où ils sont le mieux organisés, ils parviennent à imposer le rôle du « rouleur » — un compagnon mandaté par ses pairs pour accueillir les ouvriers à la recherche d'un travail et les placer chez des maîtres agréés —, qui exerce un quasi-monopole sur l'emploi. D'autres compagnons privés de la possibilité de devenir maîtres tentent de s'établir à leur compte. Ce sont les « chambrelans », mot forgé au XVe siècle, ce qui atteste que cette pratique était déjà très répandue[1].

Mais ce que l'on pourrait nommer les effets pervers du système des métiers n'a pas la capacité de transformer d'une manière significative l'organisation du travail. Les chambrelans sont des clandestins impitoyablement pourchassés. Au XVIIIe siècle encore, les « saisies » se multiplient et de nombreux chambrelans sont même embastillés par lettres de cachet[2]. Les organisations de compagnons sont également réprimées. Pourtant, tout en s'opposant aux maîtres, elles partagent les idéaux corporatistes. Les compagnons salariés luttent en fait pour partager les privilèges du métier, y compris et surtout dans ce

---

de plus en plus à devenir payant. Se trouvent ainsi exclus de fait les jeunes ruraux qui ne peuvent résider à la ville plusieurs années sans salaire.

1. H. Hauser, *Ouvriers du temps passé, op. cit.*, p. XXIX.
2. *Cf.* A. Farge, *la Vie fragile. Violence, pouvoirs et solidarités à Paris au XVIIIe siècle*, Paris, Hachette, 1986, deuxième partie, chap. II.

qu'ils **comportent** de restrictif par rapport à l'ouverture d'un marché du travail. Ils s'organisent
pour contrôler ce marché en excluant les
«forains» qui essaient de venir louer leurs bras
dans la ville, et ceux qui ne sont pas passés par
les règles traditionnelles de l'apprentissage des
métiers[1].

Les dysfonctionnements internes de l'idiome
corporatiste n'anticipent donc en aucune
manière une organisation alternative du travail
telle que pourra la promouvoir le capitalisme
industriel sur la base du contrat de louage de la
force de travail.

L'organisation artisanale du travail est aussi
débordée par des dynamiques qui la contournent.
Ces transformations ont pris trois formes principales : l'hégémonie exercée par les marchands
sur la production, le développement d'une
«proto-industrie» rurale, et la création de manufactures à l'initiative du pouvoir royal. Mais ici
encore ces développements importants ont au
moins autant freiné que favorisé la constitution
d'une condition salariale moderne.

1. *Le rôle des marchands* est déterminant dès le
Moyen Âge dans certains secteurs comme le textile et surtout la draperie, qui représentent, en
particulier dans les Flandres et en Italie du Nord,
la «grande industrie» de l'époque. La fabrication
d'une pièce de drap, par exemple, exige une
quinzaine ou une vingtaine d'opérations — le
lavage, le peignage, le cardage, le séchage, le

---

1. Sur l'organisation clandestine des compagnons et les premières grèves ou «cabales», *cf.* H. Hauser, *Ouvriers du temps
passé, op. cit.*

tondage, le filage, la mise en écheveau, le tissage, le battage, le foulage, la teinture... — et donc une division poussée du travail. Mais celle-ci se fait sur la base de l'organisation artisanale : les principales opérations sont effectuées par des maîtres qui ont leur atelier, leurs outils, leurs compagnons et leurs apprentis[1]. Ils sont pourtant sous la dépendance du marchand — le « drapier marchand » en Flandre ou le *clothier* anglais —, qui, en général, fournit la matière première, commercialise le produit fini et contrôle l'ensemble du processus. Lui seul peut investir des sommes importantes, il a seul accès aux circuits de vente et peut amortir les fluctuations du marché. Il est ainsi un véritable capitaliste. Le producteur direct, quant à lui, n'est ni capitaliste ni prolétaire. Certes, il reste propriétaire de ses instruments de production et salarie ses propres employés. Mais il perd toute maîtrise sur son produit, parce qu'il ne le commercialise pas lui-même et parce que son œuvre n'est qu'une étape dans une chaîne qui aboutit au produit fini et commercialisable. Il ne peut donc entrer pour son propre profit dans le processus d'accumulation des richesses.

Cette organisation « capitaliste », source de grandes fortunes commerciales dès le Moyen Âge, s'est donc coulée tant bien que mal dans la structure traditionnelle de l'artisanat. Appelée

1. J. Heers, *le Travail au Moyen Âge*, Paris, PUF, 1975. Certaines de ces opérations, comme le séchage, le filage, la mise en écheveau, sont très peu qualifiées et sont en général allouées à des femmes dont la situation est particulièrement précaire. Le foulage et surtout le tissage sont par contre toujours confiés à des maîtres artisans.

d'abord par les exigences techniques de la division du travail textile, elle va bientôt rogner l'indépendance de nombreux métiers. Ainsi d'autres, vers le XVIᵉ siècle, les merciers parisiens font travailler différents artisans de produits de luxe. Ceux-ci conservent cependant le contrôle de la qualité des produits. À la même époque, à Londres, les métiers du cuir sont dominés par la puissante Leathersellers Compagny of London. George Unwin a décrit en détail, pour la France comme pour l'Angleterre, la lutte séculaire mettant aux prises les grands marchands, qui commandent le commerce au niveau national et international, les marchands-employeurs, qui tentent de faire entrer les artisans « indépendants » dans une logique de la sous-traitance, ces petits artisans, les *small masters*, qui tentent de maintenir leurs prérogatives traditionnelles en en appelant souvent au pouvoir royal, les compagnons et apprentis enfin, repoussés à vie dans la catégorie de purs salariés[1]. La complexité de ce paysage rend compte de l'ambiguïté des situations et de la cascade de compromis qui s'élaborent, se font et se défont au fil des années et des siècles. Si le capitalisme commercial affirme sa volonté d'hégémonie, il ne s'impose pas sans partage, et la défense acharnée des privilèges met continuellement des freins à la liberté d'entreprendre.

La situation de la grande fabrique de soie de Lyon au XVIIIᵉ siècle, sans doute la plus grande concentration industrielle pour l'époque puisque

---

1. G. Unwin, *Industrial Organization...*, *op. cit.* Max Weber analyse cette pratique sous le nom de « sous-traitance commanditée », *cf. Histoire économique*, *op. cit.*, chap. II.

30 000 personnes se consacrent à la même activité, illustre bien la complexité de ces situations[1]. La fabrique est dominée par un groupe restreint de marchands-employeurs, riches négociants dont certains peuvent contrôler entièrement une centaine de «maîtres ouvriers» réduits à la condition de façonniers. D'autres artisans essaient de maintenir une indépendance fragile et menacée[2]. De nombreux auteurs ont insisté sur la dégradation progressive de la condition des artisans lyonnais : beaucoup sont des quasi-prolétaires réduits à la misère, tandis que la classe des marchands est opulente et dominatrice. Les maîtres façonniers eux-mêmes dénoncent en 1780 la «liberté meurtrière» qu'ont les marchands de fixer les tarifs. «Ce n'est point aux dépens de l'étranger, ni du superflu de l'opulence, que le marchand s'enrichit, c'est de la subsistance de ses concitoyens les plus pauvres qu'il s'engraisse... Il fait gémir dans l'indigence des hommes dignes d'un meilleur sort quand ils sont industrieux, économes et actifs[3].» Incontestables accents de «lutte de classes», mais qui doivent s'éclairer de deux remarques. Premièrement, c'est d'un idéal d'indépendance artisanale que le canut lyonnais se réclame, du moins jusqu'au XVIIIe siècle. Sa pro-

1. Lyon, que le comédien Benard qualifiait déjà au XVIIIe siècle de «grande marchande de modes dont le cœur semble battre comme un coffre-fort» (cité *in* E. Mayet, *Mémoire sur les fabriques de Lyon*, Paris, 1786, p. 615).
2. *Cf.* J. Godart, *l'Ouvrier en soie : monographie du tisseur lyonnais, 1466-1791*, Paris, 1899. Estimation de Godart pour 1786 : 500 marchands, 7 000 maîtres et 4 666 femmes de maîtres, 9 700 salariés (4 300 compagnons, 3 100 apprentis, 2 300 domestiques) forment l'effectif de la «grande fabrique», (p. 189 *sq.*).
3. Cité *in* M. Garden, *Lyon et les Lyonnais au XVIIIe siècle, op. cit.*, p. 341.

létarisation est d'autant plus une déchéance qu'il
continue à vouloir se vivre comme un maître.
Deuxièmement, l'hégémonie du marchand n'est
pas encore celle d'un capitaliste industriel. La
décadence de l'artisanat n'a pas donné naissance
sur une large échelle à un groupe qui assure à la
fois les statuts d'employeur et d'organisateur de
la production, c'est-à-dire à un groupe de capitalistes industriels.

Cette situation n'est pas propre à la fabrique
lyonnaise. La structure artisanale a fait obstacle
au développement de producteurs qui investis-
sent dans la production elle-même pour transformer leur entreprise et lui donner un caractère
capitaliste industriel. Sans doute existe-t-il
depuis le xive siècle, et en tout cas depuis le xvie,
un « esprit capitaliste » au sens de Sombart, caractérisé par le goût du profit, le sens du calcul et
de la rationalité, la volonté d'accumuler les
richesses[1]. Christopher Hill note ainsi : « L'homme
d'affaires du xvie siècle présente un profil [*out-
look*] très différent de celui du seigneur féodal. Il
mégote sur le moindre penny en plus ou en
moins pour forcer autrui à travailler pour lui. Et
puisque les travailleurs choisissent "volontairement" de travailler pour lui, il ne se sent aucune
responsabilité à leur égard lorsque les temps sont
durs : s'ils sont mécontents de ce qui leur est proposé, qu'ils aillent voir ailleurs[2]. »

Ainsi, le mécanisme de l'extraction de la plus-
value est déjà à l'œuvre dans le capitalisme com-

1. W. Sombart, *le Bourgeois*, trad. fr. Paris, Payot, 1966.
2. C. Hill, *Puritanism and Revolution*, Londres, 1968, p. 217.

mercial. Mais il diffère de la forme qu'il prendra dans le capitalisme industriel par deux traits : le profit n'est pas le bénéfice du producteur, mais celui du marchand qui le commandite et commercialise le produit ; le travailleur n'a guère la ressource « d'aller voir ailleurs », car il n'y a pas de « libre » marché du travail. Cette forme de capitalisme, fût-elle conquérante, repose sur les contraintes de l'organisation traditionnelle du travail, qu'elle ne subvertit pas complètement mais qu'elle détourne à son profit. La mobilité et la modernité du capitalisme marchand s'appuient sur la permanence du mode de production dominé par l'artisanat.

2. *L'extension de l'artisanat rural* représente une autre ligne de développement « industriel » qui contourne sans la détruire l'organisation traditionnelle des métiers. Parce que le système corporatif est une structure essentiellement urbaine, les ruraux ne sont pas assujettis à ses contraintes, mais ils ne relèvent pas non plus de ses protections. Ils sont dès lors disponibles pour travailler, à plein temps ou le plus souvent pendant les temps morts des travaux agricoles, pour les marchands des villes qui procurent la matière première. C'est le *putting-out system* : le marchand fournit la laine, le drap ou le métal — parfois certains outils —, et il récupère le produit fini, ou semi-fini, qu'il commercialise[1].

---

1. Il faut distinguer le *putting-out system* (*Verlagsystem* en allemand), production pour des marchands qui commercialisent les objets fabriqués, de la production domestique à usage essentiellement familial *(Kaufsystem)*. Depuis les travaux de

Cette forme de sous-traitance est, elle aussi, apparue très tôt. Une bonne part de la fortune de Bruges ou de Gand a tenu au fait que, dès le Moyen Âge, les paysans du plat pays flamand travaillaient pour les drapiers de ces villes. Mais elle se développe dans des proportions considérables, en Angleterre d'abord où, parce que les métiers urbains se défendent plus mal, elle représente dès le XVIᵉ siècle environ la moitié de la production «industrielle». Sur le continent, c'est au XVIIIᵉ siècle qu'elle connaît sa plus grande expansion.

Contrairement à une représentation répandue, la «proto-industrie» n'est donc pas un résidu archaïque du développement industriel. D'abord parce qu'elle admet une certaine division du travail : de nombreux artisans ruraux peuvent travailler à la confection d'une même pièce que le marchand fait circuler et dont il récupère le produit fini. Mais surtout parce qu'elle s'inscrit parfaitement dans la logique du développement du capitalisme marchand. L'artisanat rural présente en effet de multiples avantages : salaires plus bas que la rétribution des artisans urbains, puisqu'il s'agit le plus souvent d'un salaire d'appoint pour les exploitants d'une tenure ; faiblesse des investissements nécessaires, quasi réduits à la fourni-

F. Mendels («Proto-Industrialization : the First Phase of the Industrialization Process», *Journal of Economic History* (32), 1972), les termes de «proto-industrialisation» et de «proto-industrie» tendent à s'imposer pour désigner ces pratiques et pour marquer leur importance décisive dans le processus de développement du capitalisme en Europe. *Cf.* A. Dewerpe, *l'Industrie aux champs. Essai sur la proto-industrialisation en Italie du Nord, 1800-1890*, École française de Rome, 1985.

ture des matières premières et aux coûts de
la commercialisation des produits ; possibilité
d'amortir sans risques les fluctuations du marché, puisqu'il n'y a pas de capital fixe à rentabiliser. Ces produits ont pu ainsi alimenter, d'une
manière rentable pour le marchand, un marché
national et même international[1]. Mais la production a pu se spécialiser, les échanges s'intensifier,
les bénéfices s'accroître, sans qu'il y ait transformation du rapport de production, qui continue à
se mouler dans le cadre d'une économie domestique en économisant la nécessité des concentrations industrielles.

Ces caractéristiques bloquent en même temps
le développement d'un capitalisme industriel et
l'avènement de la forme moderne du salariat qui
se constituera à partir des ouvriers de la grande
industrie. Ces quasi-salariés partiels et misérables
que sont le plus souvent les artisans ruraux ne
s'inscrivent évidemment pas dans une logique
d'accumulation capitaliste. En général, ils produisent pour compléter les profits de leur petite
exploitation agricole. Davantage : en continuant
à fonder la production sur la domiciliation, ce système maintient les rapports traditionnels de
dépendance et les valeurs de la société rurale.
L'artisan rural est un paysan plutôt qu'un ouvrier,
son activité industrielle reste cadrée par les régulations d'une économie domestique. À travers le
développement de l'artisanat rural, les campagnes profondes peuvent ainsi participer au

---

1. *Cf.* D. Landes, *l'Europe technicienne. Révolution technique
et essor industriel en Europe occidentale de 1750 à nos jours,*
trad. fr. Paris, Gallimard, 1975, p. 84 *sq.*

développement du marché, de l'économie monétaire et de la production industrielle, bref, à la
promotion de la modernité, mais sans être pour
autant modernisées en profondeur. Non pas que
cette intrusion soit sans effet sur les rapports
sociaux dans les campagnes, mais ces transformations sont ambiguës du point de vue économique et social. Le développement de l'artisanat
rural permet une surpopulation des campagnes
par rapport aux ressources proprement agricoles, l'abaissement de l'âge des mariages, une
croissance démographique rurale importante et
une différenciation accrue des rapports sociaux à
la campagne[1]. Mais il économise ou restreint le
recours à l'exode rural, et conserve la prééminence des tutelles locales. Ainsi, il empêche ou
retarde la constitution d'un prolétariat au sens
moderne. Conséquence fondamentale sur laquelle
il faudra revenir, le développement de la proto-
industrie, sa longue persistance très avant dans
le XIXe siècle rendent largement compte de ce que
l'on pourrait appeler *l'exceptionnalité du prolétariat moderne* : exceptionnel parce qu'il est longtemps resté très minoritaire, mais surtout parce
qu'il pose un problème social inédit du fait que
les ouvriers des premières concentrations industrielles seront souvent complètement coupés de
leurs attaches territoriales. À l'inverse, et bien
qu'il se développe en parallèle et contre les
contraintes de l'artisanat urbain, l'artisanat rural,
en maintenant dans les campagnes les tutelles

1. *Cf.* R. Braun, « The Impact of Cottage Industry on an Agricultural Population », *in* D. Landes, *The Rise of Capitalism*, New
York, MacMillan, 1966.

traditionnelles, assure une fonction de régulation homologue à celle qu'exercent les corps de métier sur l'artisanat urbain.

La relation entre le développement de la proto-industrie et l'avènement du capitalisme industriel n'est donc pas univoque. Ce n'est pas un hasard si l'Angleterre, où s'est produite d'abord la révolution industrielle, était aussi le pays où le *putting-out system* était le plus anciennement implanté et n'avait plus de marges de développement suffisantes pour répondre aux demandes du marché. On peut faire l'hypothèse que la révolution industrielle se produit, au moins pour une part, lorsque l'Angleterre n'a plus de « Far West ». J'entends par là lorsque l'industrie rurale ne peut plus conquérir de nouveaux territoires, à la fois parce qu'elle est implantée depuis longtemps et parce que le nombre de petites tenures paysannes qui pourraient lui fournir une main-d'œuvre est de plus en plus restreint du fait de la concentration de la propriété rurale et du développement des « enclosures[1] ». Deux conséquences, décalées dans le temps, de la précocité du développement de l'artisanat rural en Angleterre. Il irrigue plus tôt un marché national — et même international — florissant, tandis que les campagnes françaises,

---

1. Le rôle des enclosures a été plusieurs fois réévalué depuis les analyses fameuses de Marx dans *le Capital*. On peut résumer un débat complexe en disant que la phase la plus dévastatrice des enclosures a eu lieu seulement au XVIII⁰ siècle, mais que dès le XVI⁰ siècle le paysage social des campagnes anglaises a été profondément transformé, rendant de plus en plus difficile la situation des petits tenanciers. Sur la concentration de la propriété terrienne en Angleterre, *cf.* G. Unwin, *Studies in Economic History*, et R.H. Tawney, *The Agrarian Problem in the XVIth Century*, *op. cit.*

ayant une plus faible productivité artisanale, alimentent moins le marché en produits «industriels». Ensuite, lorsque le marché de l'artisanat rural est saturé en Angleterre, il est encore ouvert en France et sur le continent européen : il reste des réserves de main-d'œuvre dans les campagnes, qui permettent le développement de la proto-industrie au XIXe siècle et freineront d'autant la croissance d'une industrie «moderne[1]». Les deux principales caractéristiques de la «révolution industrielle» peuvent ainsi s'interpréter comme deux ripostes aux insuffisances de la proto-industrie : recours à la machine, qui démultiplie la productivité du travail sans avoir à multiplier le nombre des travailleurs ; réunion des travailleurs dans la fabrique, qui permet une meilleure division du travail, une meilleure surveillance, un attachement complet de l'ouvrier à sa tâche, et met ainsi fin à ces éléments contre-productifs de l'artisanat rural qu'étaient la dispersion géographique, l'indépendance du travailleur rural attaché à sa terre davantage qu'à son métier, sa distance par rapport aux exigences de la culture industrielle[2]. Mais cette «révolution» n'est pas le prolongement de l'organisation antérieure, elle s'est plutôt imposée à partir des limites atteintes par l'industrie rurale.

---

1. Ce que l'on sait des formes de développement de l'industrie urbaine en Grande-Bretagne paraît confirmer cette analyse. Au XVIe siècle, cette industrie y était en retard par rapport aux pays européens avancés, et à la fin du XVIIe siècle elle avait à peine rattrapé ce retard (*cf.* D.C. Coleman, *Industry in Tudor and Stuart England*, Londres, 1975). C'est la situation des campagnes qui a joué un rôle moteur dans le développement industriel anglais.
2. *Cf.* D. Landes, *l'Europe technicienne, op. cit.*

3. En dépit des apparences, ces premières concentrations industrielles que sont *les manufactures royales* ne représentent pas non plus une anticipation des formes modernes de production et du type de salariat qui y est attaché. Inaugurées en France par les Valois, développées par Richelieu et surtout par Colbert, elles échappent certes complètement au système des jurandes. Mais elles restent fondées sur le privilège et contredisent la liberté du travail et la concurrence. Par lettres patentes, le roi fonde lui-même un établissement qui a le monopole de la fabrication de certains produits (manufactures royales proprement dites, comme Saint-Gobain, Aubusson pour les tapisseries...), ou bien il accorde le privilège de la fabrication pour un temps limité à un particulier ou à un groupe de particuliers. Ces créations doivent se comprendre dans le cadre du mercantilisme, c'est-à-dire selon une logique commerciale et même politique plus qu'industrielle. L'idéal serait d'arriver à l'autarcie dans le cadre du Royaume, afin d'éviter le déséquilibre de la balance commerciale. Colbert lui-même l'exprime avec clarté : « Je crois que l'on demeurera facilement d'accord de ce principe, qu'il n'y a que l'abondance d'argent dans un État qui fasse la différence de sa grandeur et de sa puissance[1]. » Éviter les importations est un devoir impérieux de l'État, et spécialement l'achat des produits de luxe, comme les soieries ou les tapisseries prisées par la noblesse et les classes dirigeantes, ou des

---

1. Jean-Baptiste Colbert, « Rapport au premier Conseil du commerce », 3 août 1664, in *Lettres, instructions et mémoires*, t. II, première partie, cité *in* P. Léon, *Économies et sociétés industrielles*, t. II, Paris, A. Colin, 1970, p. 120.

produits à usage militaire, tels les constructions navales ou les armements. Il faut donc fonder de nouvelles industries pour couvrir la demande nationale dans ces domaines, tandis que l'artisanat traditionnel renforcé (le pouvoir royal tente simultanément d'étendre l'emprise des jurandes) répondra aux besoins du commun. La manufacture est un instrument au service de la politique étrangère de la royauté davantage qu'une innovation qui obéirait à une logique proprement économique.

Ainsi, la manufacture «a sa direction toujours soumise au contrôle de l'État, son état-major, ses chefs d'atelier, ses contremaîtres, ses chefs d'équipe, ses commis, ses spécialistes, ses manœuvres[1]». C'est une structure hiérarchique et fermée. La discipline y est impitoyable, le travail est souvent encadré par des prières[2]. Le personnel comprend une petite élite d'artisans très qualifiés, souvent d'origine étrangère, que l'on a débauchés pour accaparer leur savoir-faire, et un personnel sous-qualifié, en général rebelle à ce type d'encadrement, et dont le recrutement évoque les formes de racolage pratiquées par l'armée. On prend des forçats pour les chantiers navals, on essaie d'enrôler des indigents et de former une main-d'œuvre féminine et enfantine, réputée plus docile et moins exigeante[3]. Ces tentatives se heurtent à l'hostilité des artisans locaux,

---

1. M. Bouvier-Ajam, *Histoire du travail en France*, t. I, Paris, Librairie générale du droit et de la jurisprudence, 1957, p. 475.
2. *Cf.* G. Lefranc, *Histoire du travail et des travailleurs*, *op. cit.*
3. *Cf.* M. Bouvier-Ajam, *Histoire du travail...*, *op. cit.* ; G. Zeller, «L'industrie en France avant Colbert», in *Aspects de la politique française sous l'Ancien Régime*, Paris, PUF, 1964.

mais aussi, semble-t-il, à celle de la majorité de la population : la décision d'établir dans plusieurs villes des manufactures de dentelles pour fabriquer le «point de France», afin de concurrencer le «point d'Angleterre» et le «point de Venise», déclenche à Alençon de véritables émeutes. Il est presque partout impossible de recruter sur place une main-d'œuvre suffisante, alors même qu'on «importe» des ouvrières italiennes pour encadrer les autochtones[1]. Ajoutons que ces manufactures ne prennent que rarement la forme de véritables concentrations industrielles. Le plus souvent, ce sont de grandes «entreprises dispersées», ou des «nébuleuses», réunissant sous une même direction de nombreux ateliers qui effectuent un travail du même type, ou un établissement central faisant travailler une foule d'artisans dispersés dans la ville, les faubourgs ou la campagne.

Cette structure est donc loin d'anticiper l'usine moderne et le développement de l'industrie capitaliste. Sa période de plus grande expansion a coïncidé avec l'apogée du mercantilisme. Émanation de l'absolutisme royal, elle prendra fin avec lui, ou se maintiendra comme une survivance sans impact sur le développement économique[2]. Quant à leur recrutement et leur réglementation interne, les manufactures fonctionnent comme des institutions de travail forcé plutôt que comme

1. E. Levasseur, *Histoire des classes ouvrières et de l'industrie en France*, Paris, 1900.
2. Sans doute peut-on voir dans les manufactures royales une anticipation de formes d'économie dirigée préfigurant l'État entrepreneur qui se réalisera à travers la planification et les nationalisations (*cf.* chapitre VII). Mais même si cette filiation existe, elle n'est pas directe, et l'avènement du libéralisme marquera une rupture.

des initiatrices de la liberté du travail. C'est d'ailleurs dans la même logique et aux mêmes moments que le pouvoir royal les prône et qu'il essaie d'étendre les jurandes traditionnelles.

Dans un passage célèbre du *Capital*, Marx écrit :

> Le passage du mode de production féodal au mode de production capitaliste s'accomplit de deux façons : le producteur devient commerçant et capitaliste ; il s'oppose à l'économie naturelle agricole et au travail manuel organisé en corporations de l'industrie urbaine médiévale. Telle est la voie effectivement révolutionnaire. Ou bien le commerçant s'empare directement de la production. Ce dernier processus, quoique représentant historiquement une phase de transition — le *clothier* anglais du XVIe siècle, par exemple, contrôle les tisserands, qui sont néanmoins indépendants, en leur vendant la laine et en leur achetant le drap —, ne porte pas en soi à la révolution de l'ancien mode de production, qu'il maintient au contraire et sauvegarde comme sa condition même[1].

On pourrait discuter de ce que Marx entend par « phase de transition », expression ambiguë. Mais il est vrai que la voie qui représente une rupture « révolutionnaire » par rapport au mode

1. K. Marx, *le Capital*, III, 4e section, chap. XIII, *op. cit.*, p. 1103. Dans le même esprit, Max Weber souligne que « la fabrique n'est pas née de l'artisanat et qu'elle ne s'est pas développée à ses dépens, mais, d'abord, parallèlement » (*Histoire économique, op. cit.*, p. 196). De même, « elle n'est pas née du système de la sous-traitance commanditée ; là encore, *elle s'est développée parallèlement* » (*ibid.*, p. 197, c'est Max Weber qui souligne).

de production antérieur est bien celle du capitalisme industriel, qui se caractérise par le fait que le producteur lui-même accumule les bénéfices de sa propre production, investit et produit lui-même pour le marché. Or les principaux facteurs qui alimentent le développement du capitalisme marchand, la réduction à l'état de façonnier d'une partie de l'artisanat urbain comme l'expansion de l'artisanat rural, ne vont pas, du moins en ligne directe, dans ce sens. Tout en permettant une accumulation importante de richesses, ce modèle de production maintient la dépendance du producteur à l'égard du marchand et s'accommode de formes traditionnelles de l'organisation du travail. La production de la manufacture royale fondée sur le monopole ne s'inscrit pas davantage dans une logique d'accumulation capitaliste. Ainsi, si elles s'opposent aux régulations de l'idiome corporatiste, ces formes de production ne promeuvent pas, directement du moins, un « libre » marché du travail.

C'est le point en question ici. Il ne s'agit pas de se prononcer sur l'énorme et épineux problème des conditions de l'avènement du capitalisme en Occident. Mais ce détour était nécessaire pour rendre compte d'un constat à première vue mystérieux. En dépit d'extraordinaires transformations économiques et sociales intervenues depuis le Moyen Âge, les relations de travail restent dominées par un modèle qui contredit les exigences, pourtant déjà à l'œuvre, de la liberté : liberté d'entreprendre, de circuler, de produire, d'échanger… Qu'est-ce qui rend compte de la persistance de ce modèle ? Pourquoi la promotion d'un salariat, au sens où nous l'entendons aujourd'hui, a-t-elle demandé un tel temps pour s'imposer ?

Travail réglé, travail forcé

Proposons cette réponse: avant la révolution industrielle, travail réglé et travail forcé représentent les deux modalités principales de l'organisation du travail. Deux modalités de l'exercice de la contrainte dont la persistance explique que le travail «libre» ait eu tant de mal à se tailler une place. Mais cette persistance elle-même se comprend seulement si l'on saisit, au-delà et souvent contre les exigences techniques de la productivité du travail, à quel point cette prééminence de la contrainte est inscrite en profondeur dans le plan de gouvernementalité de ces sociétés.

Par «travail réglé», j'entends ici l'ensemble des réglementations des métiers, à la fois métiers jurés et métiers gérés par les réglementations municipales[1]. Si leur permanence est si souvent contre-fonctionnelle par rapport aux exigences d'une organisation «rationnelle» de la production, c'est qu'elles répondent d'abord à un impératif d'un autre registre, que l'on pourrait formuler ainsi: *à quelles conditions le travail peut-il devenir un «état»?* Ce qui ne va pas de soi, si l'on sait l'immense mépris dans lequel est alors tenu le travail manuel. «Les artisans, ou gens de métiers, sont

---

1. Certains auteurs (par exemple H. Hauser, *les Débuts du capitalisme, op. cit.*) creusent la différence entre les «métiers jurés» dont les privilèges sont garantis par la royauté et les «métiers réglés» dont les régulations émanent des autorités municipales. Cette distinction est éclairante pour analyser les différences entre les modes de régulation internes aux métiers, mais n'est pas pertinente lorsqu'il s'agit de dégager la fonction de ces régulations en tant qu'elles donnent un statut aux métiers en général.

ceux qui exercent les arts méchaniques, et, de fait, nous appelons communément méchanique ce qui est vil et abject. Les artisans, étant proprement méchaniques, sont réputés viles personnes[1]. »

Loyseau entérine ici la hiérarchie des ordres formalisée au XIᵉ siècle, selon laquelle le service de Dieu exercé par les *oratores* — les clercs — et le service des armes exercé par les *bellatores* — les seigneurs — excluent le travail manuel sous peine de dérogeance[2]. Le « troisième ordre » est celui des travailleurs *(laborantes)*, essentiellement à l'époque les travailleurs de la terre. Mais cette trichotomie correspond à une économie domaniale au sein de laquelle la ville n'occupe qu'une place dérisoire. Le développement parallèle des villes et de la « bourgeoisie » est d'emblée un ferment de déséquilibre au sein de cette organisation[3]. Les « bourgeois » sont pour une bonne part les représentants des « métiers », les artisans, à la fois émancipés des tutelles féodales et économiquement indépendants. Significativement, Jacques Le Goff date du XIIᵉ siècle, et surtout du

---

1. C. Loyseau, *Traité des ordres et simples dignités*, Paris, 1610, rééd. 1666, p. 43.
2. *Cf.* G. Duby, *les Trois Ordres, ou l'imaginaire du féodalisme*, Paris, Gallimard, 1988. On reconnaît le schéma tripartite dont Georges Dumézil a dégagé la présence dans toutes les sociétés indo-européennes et auquel le Moyen Âge féodal à son apogée a donné une des expressions les plus rigides.
3. Sur l'émergence d'une bourgeoisie, *cf.* par exemple R. Pernoud, *Histoire de la bourgeoisie en France*, t. I, Paris, Le Seuil, 1960. Le mot bourgeois *(burgensis)* apparaît pour la première fois en 1007 dans une charte concédée par le comte d'Anjou pour la fondation d'une ville. Parallèlement au développement des villes, la différenciation croissante de la société rurale va aussi mettre à mal la conception unidimensionnelle et méprisée des *laborantes*.

xiiie, une certaine reconnaissance du travail manuel qui s'impose aux gens d'Église eux-mêmes : les catégories professionnelles deviennent des «états» reconnus à partir desquels les manuels des confesseurs opèrent une nouvelle classification des péchés[1].

Reconnaissance qui ne se fait pas sans réticences : «Travail ambigu encore où se reconnaît la confusion proprement médiévale entre la peine, la fatigue et l'exercice d'une tâche économique au sens moderne. Le travail est labeur[2].» Néanmoins, le débat est lancé. Le troisième ordre est en passe de devenir un tiers état doté de prérogatives positives. Mais pas le tiers état dans sa totalité. Avec sa complexification croissante, la question d'avoir ou non un «état», c'est-à-dire un statut revêtu d'une dignité sociale, va se poser *au sein même de ce troisième état*. Mieux : le partage *s'opère au sein des travailleurs manuels*. Certaines activités manuelles, celles qui constituent les «métiers», correspondent à des «états», et les autres à rien du tout. Lorsque à l'aube de la Révolution l'abbé Sieyès lance son pamphlet fameux,

---

1. J. Le Goff, «Métier et profession d'après les manuels des confesseurs du Moyen Âge», in *Pour un autre Moyen Âge*, Paris, Gallimard, 1977.
2. J. Le Goff, «Métier et profession...», *loc. cit.*, p. 179. Notons que cette reconnaissance relative du travail est, en même temps, une reconnaissance du salaire. Le Goff relève un glissement au xiiie siècle des exégèses de l'Évangile selon Matthieu : «L'ouvrier est digne de sa nourriture» (Matthieu, X, 10), qui devient alors : «L'ouvrier est digne de son salaire.» L'accomplissement d'un travail licite mérite salaire, ce qui implique aussi la reconnaissance d'une économie monétaire. Commentaire de Le Goff : «La condition nécessaire et suffisante pour qu'un métier devienne licite, pour qu'un salaire soit à bon droit perçu, c'est la prestation d'un travail» (p. 179).

ce n'est pas pour tout le troisième ordre qu'il exprime l'exigence d'«être quelque chose[1]». À peu près au même moment, un autre auteur moins connu publie les *Cahiers du quatrième ordre*, «celui des pauvres journaliers, des infirmes, des indigents[2]», de tous ceux qui n'ont rien et ne sont rien. *Le troisième ordre s'est dédoublé.* La promotion du tiers état ne sera pas celle de l'ensemble du peuple. Sa frange inférieure, exclue de la reconnaissance sociale et politique, est constituée par «la populace qui n'a que ses bras pour vivre[3]».

Enjeu essentiel, donc, et d'autant plus qu'il n'y a pas consensus pour décider où passe exactement cette ligne de partage. Loyseau formule l'option la plus restrictive, puisqu'elle exclut comme «vils et abjects» tous les métiers manuels, réservant les «dignités» aux «arts» parce que dans les arts «la conception, le travail de la pensée prend le pas sur celui de la matière[4]». Au

---

1. «Qu'est-ce que le tiers état? Tout. Qu'a-t-il été jusqu'à présent dans l'ordre politique? Rien. Que demande-t-il? À être quelque chose» (E.J. Sieyès, *Qu'est-ce que le tiers état?*, Paris, 1789, réédition Paris, Flammarion, 1988, p. 31).

2. L. Dufourny de Villiers, *Cahiers du quatrième ordre*, Paris, avril 1789.

3. «J'entends par peuple la populace qui n'a que ses bras pour vivre. Je discute que cet ordre de citoyens ait jamais le temps ni la capacité de s'instruire. Il me paraît essentiel qu'il y ait des gens ignorants... Ce n'est pas le manœuvre qu'il faut instruire, c'est le bon bourgeois» (Voltaire, lettre du 1er avril 1766, cite *in* E. Labrousse, F. Braudel, *Histoire économique et sociale de la France*, op. cit., t. II, p. 676).

4. C. Loyseau, *Traité des ordres et simples dignités*, op. cit., p. 43. Loyseau est loin d'être le seul à tenir cette position. Ainsi, en 1789, le prévôt des marchands de Lyon s'exprime ainsi à propos des artisans en soie: «Les maîtres ouvriers sont bornés à fabriquer à tant par aune les matières que leur fournissent les

contraire, pour la tradition corporatiste dans son ensemble, évidemment un travail, même «mécanique», peut trouver une place, subordonnée mais légitime, dans le système des dignités sociales. Mais c'est à la condition expresse qu'il obéisse à des réglementations strictes, celles précisément qui sont données par l'idiome corporatiste. Celui-ci a donc une fonction essentielle de placement et de classement. Il arrache le travail manuel à l'insignifiance, à l'inexistence sociale qui est son lot s'il demeure une activité privée exercée par des hommes sans qualités. Le métier est une activité sociale dotée d'une utilité collective. Grâce à lui, mais grâce à lui seulement, certains travaux manuels peuvent être dédouanés de leur indignité foncière[1].

L'idiome corporatiste commande ainsi l'accès à ce que l'on pourrait appeler la citoyenneté sociale, le fait d'occuper une place reconnue dans le système des interdépendances hiérarchiques qui constituent l'ordre communautaire. Cette appartenance organique des métiers à l'or-

---

maîtres marchands. La main-d'œuvre est le partage des ouvriers, l'industrie celui des marchands. Ce sont eux qui inventent nos belles étoffes et qui, correspondant avec tout l'univers, en font refluer les richesses dans notre ville» (cité *in* J. Godart, *l'Ouvrier en soie, op. cit.*, p. 96). Il est vrai que ces maîtres ouvriers sont des artisans déchus qui travaillent pour les «maîtres marchands». Ce ne sont plus dès lors que des «ouvriers», c'est-à-dire de la simple main-d'œuvre. Cette conception du travail manuel marquera, bien au-delà du XVIIIe siècle, même ceux qui feront profession d'en donner une théorie sociologique. C'est ainsi que Maurice Halbwachs et François Simiand continueront de faire des travailleurs manuels de purs exécutants attachés à la matière, et de ce fait socialement inférieurs même au plus modeste des employés (*cf.* chapitre VII).

1. *Cf.* W. Sewell, *Gens de métiers et révolutions, on. ci*

ganigramme des dignités, qui est aussi celui des pouvoirs, est explicitement reconnue par le parlement de Paris lorsqu'il s'oppose en 1776 à l'édit de Turgot supprimant les jurandes. Le parlement justifie sa position par son mandat sacré de devoir «maintenir la situation traditionnelle des ordres». Or les corps de métiers font partie «d'une chaîne dont les anneaux vont se joindre à la chaîne première, à l'autorité du trône qu'il est dangereux de rompre[1]». Les régulations du travail sont rattachées à travers une série complexe d'emboîtements au sommet de la pyramide sociale. Y toucher, c'est ébranler l'ensemble de l'édifice.

Le métier trace donc la ligne de partage entre les inclus et les exclus d'un tel système social. En deçà c'est le chaos, l'indignité totale des gens de «vil état». Les privilèges du métier sont en revanche des prérogatives, minuscules sans doute, mais du même type que les privilèges des grands corps reconnus. Ainsi, même et peut-être surtout parce qu'ils sont minuscules, ils sont essentiels en tant qu'ils constituent certains métiers manuels en *états*, en les distinguant à la fois des autres états beaucoup mieux dotés et de la masse sans statut, la «populace» ou la «canaille».

On peut donc concevoir que le caractère contraignant de ces régulations — les contraintes sont d'ailleurs partagées par tous les privilégiés, même les plus grands, l'obligation et l'interdit étant toujours l'envers du privilège — puisse apparaître secondaire par rapport à ce fantas-

---

1. Cité par M. Bouvier-Ajam, *Histoire du travail en France op. cit.*, t. I, p. 655.

tique bénéfice de pouvoir accéder ainsi à l'existence sociale[1]. D'autant que l'alternative n'est pas
entre contrainte et liberté. Être libéré de ces
réglementations ne signifie pas être libre, mais se
trouver placé face à un système beaucoup plus
impitoyable de contraintes. Qu'y a-t-il en effet, en
dehors du système des métiers ? Beaucoup moins
de travail libre que de *travail forcé*. Pour une organisation du travail globalement dominée par le
paradigme de l'obligation, il y a *les privilégiés de
la contrainte*, et ce sont les gens des métiers. La
plupart des autres travailleurs manuels relèvent
de systèmes d'obligations plus dures, qui eux ne
sont assortis d'aucun privilège. L'absence des
régulations collectives du métier place en effet
l'individu seul et démuni face aux régulations
générales de police, qu'il faut entendre au sens de
l'époque : tout ce qui est nécessaire à la conservation et à l'entretien des habitants d'une ville ou
d'une nation, et à la promotion du bien public[2].

Les occupations échappant aux régulations des
métiers relèvent ainsi de *la police des pauvres* :
« La seule police des pauvres renferme tous les
autres soins et tous les autres objets du bien
public[3]. » Elle comprend la discipline des mœurs
(lutte contre l'oisiveté et le libertinage), la

---

1. C'est pourquoi aussi les révoltes des « menus », des travailleurs appartenant aux « arts mineurs » paraissent souvent
avoir été commandées au moins autant par ce souci de garder
ou de conquérir une place dans l'ordre social que par des intérêts strictement « économiques ». Ainsi la révolte des Ciompi de
Florence au xive siècle pour participer au gouvernement de la
cité et « être des hommes » (*cf.* M. Mollat, P. Wolf, *Ongles bleus,
Jacques et Ciompi, op. cit.*).
2. N. de La Mare, *Traité de police*, Paris, 1703.
3. *Ibid.*, p. 4.

conservation de la santé (lutte contre les infections et les épidémies), l'assistance (surtout l'organisation des hôpitaux pour les invalides) et la réglementation du travail pour les valides : « Il importe ainsi pour la sûreté et pour la tranquillité publique, pour le commerce, pour les Arts et pour l'Agriculture, que la cessation de ce désordre, en diminuant le nombre des vagabonds, fournisse à l'État un nouveau secours de laboureurs et d'artisans[1]. » Si le travail est affaire de police, le rôle d'une bonne police appliquée aux pauvres qui ne travaillent pas est de les forcer à travailler. Le traitement du vagabondage, on l'a vu, représente la forme limite de cette exigence qui s'exhibe alors comme pure contrainte, l'impératif catégorique du travail sans même la possibilité d'accéder au travail. Mais le paradigme vaut pour l'ensemble des travailleurs non inscrits dans le système des métiers et s'exprime sous la forme de ce que l'on est en droit d'appeler *un code coercitif du travail*.

C'est en Angleterre que cet ensemble de dispositions a pris son caractère le plus systématique. Parce que le système des métiers y a été moins profondément implanté et s'est trouvé plus tôt contourné par le capitalisme marchand, aussi parce que les transformations de la société agraire y ont été, comme on l'a dit, plus rapides et plus radicales[2], les formes traditionnelles de l'organi-

---

1. *Ibid.*
2. Pour une synthèse sur la transformation des campagnes anglaises qui permet aussi de saisir le contraste avec la situation

sation du travail y ont été plus profondément ébranlées, et la nécessité de les réitérer s'est faite encore plus insistante que sur le continent. On a déjà souligné l'importance du Statut des travailleurs promulgué par Édouard III en 1349. Il inaugure un ensemble cohérent de dispositions dont le Statut des artisans de 1563, les *poor laws* élisabéthaines, le Settlement Act de 1662 et le Speenhamland Act de 1795 représentent les pièces principales.

Le *Statut des artisans* réitère l'obligation du travail pour tous les sujets du royaume âgés de douze à soixante ans; il fixe à sept années minimales l'apprentissage des métiers artisanaux, même les plus simples; il interdit aux jeunes ruraux d'aller faire leur apprentissage en ville; les métiers artisanaux sont réservés aux fils d'artisans; et les artisans ruraux ne peuvent avoir d'apprentis, car il faut éviter que «plusieurs personnes ne soient sous la direction d'un seul homme[1]». Les paysans sans terre et sans qualifi-

---

de la paysannerie française, *cf.* H.J. Habakkuk, «La disparition du paysan anglais», *Annales ESC*, juillet-août 1965, et B. Moore, *les Origines de la dictature et de la démocratie*, trad. fr. Paris, Maspero, 1969.

1. Cité *in* G. Unwin, *Industrial Organization in the xvith and xviith Centuries, op. cit.*, p. 138. Noter aussi l'argument pour justifier que l'apprentissage des métiers urbains soit réservé aux fils d'artisans : «Il est plus facile pour le fils d'artisan rural ou le fils de paysan de devenir artisan [rural] que pour le fils d'artisan [urbain] de devenir artisan rural ou paysan, de sorte que si les artisans ruraux pouvaient placer leurs enfants à la ville, les fils d'artisans urbains seraient conduits à devenir des fripons [*rogues*] et des vagabonds» (*ibid.*, p. 138). C'est bien la volonté de lutter contre les risques de désaffiliation, qui passe par une déterritorialisation des populations rurales ou urbaines, qui inspire toutes ces mesures.

cations ne peuvent quitter leur paroisse sans le certificat d'un officier de police, faute de quoi ils sont assimilés aux vagabonds. Le pouvoir royal vise ici à renforcer l'organisation des métiers artisanaux urbains, mise à mal par le développement du capitalisme marchand et du *putting-out system*, et à fixer les populations rurales dans leurs occupations traditionnelles. Il est encadré par les *poor laws* qui se succèdent entre 1531 et 1601. Elles organisent, on l'a vu, la chasse aux vagabonds. Mais c'est sur la toile de fond du rappel de l'obligation du travail pour «tout homme et femme sain de corps et capable de travailler, qui n'a pas de terre, n'est employé par personne, ne pratique pas de métiers commerciaux ou artisanaux reconnus[1]». Chaque paroisse doit acquérir des matières premières pour mettre au travail cette main-d'œuvre sans qualification «afin que ces fripons [*rogues*] n'aient pas l'excuse de dire qu'ils ne peuvent trouver un travail ou un service à accomplir[2]». Travail proposé, travail imposé : la menace terrible de la condamnation pour vagabondage pèse sur ces oisifs. Par le Settlement Act de 1662, les responsables locaux peuvent même expulser tout nouvel arrivant ne disposant pas de revenus tels que l'on ne puisse garantir qu'il ne sera pas à l'avenir à la charge de la paroisse. Les indigents sont ainsi fixés dans leur paroisse d'origine, en principe d'une manière définitive[3]. Le

---

1. Cité *in* A.V. Judges, *The Elizabethan Underworld*, *op. cit.*, p. xxxiv.
2. Cité *in* R.H. Tawney, *The Agrarian Problem in the* xvith *Century*, *op. cit.*, p. 269.
3. *Cf.* D. Marshall, «The Old Poor Laws, 1662-1795», *in* E.M.C. Arus-Wilson, *Essays* in *Economic History*, London, 1954.

Speenhamland Act de 1795 apporte la dernière
pierre à cet édifice. Les habitants de la paroisse
dans le besoin sont secourus sur place, et un
complément de salaire leur est même attribué en
fonction d'un seuil de revenu indexé sur le prix
des céréales. Revenu minimal avant la lettre,
mais qui a pour contrepartie une stricte exigence
de domiciliation et l'interdiction de la mobilité
géographique de la main-d'œuvre[1].

D'Adam Smith à Karl Polanyi, les commenta-
teurs de ces codes du travail ont en général
dénoncé leur influence néfaste sur le développement d'une économie moderne. George Unwin
également déclare : « À travers l'ensemble de la
législation sociale promue par les Tudors, on voit
l'Angleterre du passé ériger en vain des barrières
contre l'Angleterre du futur[2]. » Ces jugements
posent toutefois problème, car de telles dispositions n'ont pas empêché l'Angleterre de prendre
une avance décisive sur la voie de la modernité.
C'est sans doute parce que, si elles contredisent les
exigences de ce qui va devenir le capitalisme
industriel, elles ne sont pas contre-productives par
rapport à la période qui le précède. L'« avance » de
l'Angleterre tient, du moins en partie, au fait
qu'elle a exploité au maximum les possibilités de
l'organisation du travail préindustriel, et précisément *le couplage de l'obligation du travail et de la
domiciliation*. Le *putting-out system* en particulier y a pris ses formes d'organisation les plus
précoces et les plus systématiques. Or il suppose
l'existence d'une force de travail captive et peu

1. *Cf.* K. Polanyi, *The Great Transformation, op. cit.*
2. G. Unwin, *Studies in Economic History, op. cit.*, p. 315.

exigeante, dont la permanence permet d'amortir
les fluctuations du marché. Elle est médiocre-
ment entretenue en périodes de sous-emploi par
la législation sociale la plus sophistiquée qui existe
à l'époque. Les libéraux du début du xixe siècle
qui ont fait de la « charité légale » version
anglaise la cible privilégiée de leurs attaques[1] ne
pouvaient ou ne voulaient sans doute pas voir
que le système qu'ils dénonçaient avait ménagé
une transition entre le capitalisme marchand et
le capitalisme industriel. C'est bien semble-t-il
parce qu'elle est parvenue à faire travailler sur
place un maximum d'indigents, en faisant jouer
à la fois une législation particulièrement cruelle
contre le vagabondage et l'octroi de secours
minimaux pour les indigents domiciliés, que
l'Angleterre a pu mobiliser une part importante
de sa force de travail sous-qualifiée, avant même
la révolution industrielle. Celle-ci intervient à partir de la seconde moitié du xviie siècle, lorsque
les ressources de ce type de mobilisation territorialisée de la main-d'œuvre apparaissent en voie
d'épuisement[2]. La machine et la concentration

1. *Cf.* J.R. Poynter, *Society and Pauperism, English Ideas on
Poor Relief, 1797-1834*, Londres, 1969. On reviendra aux chapitres iv et v sur cette incompréhension des penseurs libéraux
à l'égard de l'organisation antérieure du travail et des formes
de protection sociale qui y sont associées. En fait, ils inscrivent
leur réflexion dans le cadre d'un tout autre modèle de développement économique, mais aussi d'organisation sociale, qui se
pense en s'opposant au type précédent. La conception libérale
de la liberté fondée sur le contrat s'est construite contre le système des tutelles traditionnelles. La perspective militante qu'ils
adoptaient interdisait aux libéraux de comprendre l'utilité de
ce système pour préserver la cohésion sociale.
2. Il y a bien entendu d'autres « causes », en particulier la rapidité de la croissance démographique en Angleterre à partir de la
seconde moitié du xviiie siècle. Pendant cette période, la popula-

industrielle jouent alors le rôle d'un double démul-
tiplicateur de main-d'œuvre.

Sur le continent, et en particulier en France, la
situation est quelque peu différente. D'une part
parce que la petite exploitation agricole s'y est
davantage maintenue : le petit tenancier est sans
doute misérable, mais il dépend moins ou moins
tôt pour sa survie d'un travail industriel d'appoint. D'autre part parce que l'implantation des
métiers urbains y est plus solide. Les interventions sur l'organisation du travail se spécifient
ainsi en France selon trois directions principales : la répression du vagabondage et de la
mendicité valide, le renforcement et l'extension
des jurandes, et les tentatives pour mobiliser la
force de travail qui se trouve en dehors des régulations traditionnelles de type corporatiste. Il a
été rendu compte précédemment des deux premières stratégies. La troisième a consisté en une
gamme d'interventions du pouvoir royal qui,
bien que limitées et assez peu efficaces, manifestent cependant l'ambition constante de faire de
la question du travail une « affaire d'État ».
Cette intervention du pouvoir royal est aussi
précoce qu'en Angleterre : on a vu que la politique de Jean le Bon s'inscrivait dans cet effort,
qui se déploie alors à l'échelle européenne, pour
renforcer les structures traditionnelles de l'organisation du travail. Au fur et à mesure que le pou-

---

tion anglaise est passée de 6,25 millions à 8,89 millions d'habitants, soit une croissance de 42,2 % (et de 8,89 à 17,92 millions
entre 1801 et 1851, soit une croissance de plus de 100 %).
Cf. G. Chapman, *Culture and Survival*, Londres, 1940, p. 34 *sq.*

voir royal s'affirme, cette intention se confirme, mais elle hésite entre une tentation purement répressive, qui se contenterait de vouloir éradiquer le vagabondage et la mendicité, et des tentatives beaucoup plus ambitieuses de faire de l'État l'initiateur d'une mobilisation générale des capacités de travail du royaume. Ce second volet d'une politique du travail apparaît pour la première fois sans doute avec clarté dans une déclaration de François Ier du 16 janvier 1545 :

> Avons été bien et deument avertis que plusieurs mendians valides, hommes et femmes habitans de ladite ville, et aussi plusieurs étrangers des pays de Picardie et Champagne, et d'ailleurs, se présentent en ladite ville, disans être tombés en telle pauvreté et nécessité qu'ils sont contraints de se pourchasser d'huys en huys, pour être participans de l'aumône, s'excusant qu'ils ne peuvent trouver qui les veuille employer ni mettre en besogne. Ayons voulu, déclaré et ordonné, voulons, déclarons et ordonnons, que les dits mendians valides, tant hommes que femmes, soient par les prévots des marchands et eschevins de nostredite ville de Paris, employés es œuvres les plus nécessaires de ladite ville et leurs salaires estre payés les premiers en clair deniers de ladite ville et afin que lesdits pauvres valides fassent bonnes et entières journées, besognant audites œuvres publiques comme s'ils besoignaient aux ouvrages privés[1].

Prise au pied de la lettre, cette déclaration impliquerait que l'État se fait un devoir de procurer du travail à tous ceux qui en manquent,

---

1. Jourdan, Decrouzy, Isambert, *Recueil général des anciennes lois françaises, op. cit.*, t. XII, p. 900-901.

quitte à ce qu'il force les récalcitrants à se plier à cette obligation. En fait, cette déclaration d'intention ne débouchera que sur des applications dérisoires. Mais elle n'en sera pas abandonnée pour autant. Au fur et à mesure que le pouvoir royal s'impose comme instance centrale de régulation, se multiplient les déclarations sur la nécessité d'exploiter la « pépinière » de travailleurs laissée en friche et de mobiliser ainsi toutes les forces vives du Royaume. Cette image de la pépinière revient avec insistance dans les textes inspirés par le mercantilisme, et d'abord par le plus fougueux de ses idéologues, Barthélemy de Laffemas, qui expose un plan complet de structuration du monde du travail. Pour les travailleurs hors métiers, Laffemas propose la création dans les faubourgs de chaque ville de deux « maisons publiques », une pour les hommes, une pour les femmes, qui prendront aussi les enfants abandonnés pour en faire des apprentis[1]. Les récalcitrants « seront contraints par chesnes et prisons de travailler afin d'empêcher la mendicité et leur faire apprendre la discipline, telle qu'il sera adressé par le chef de police et les douze bourgeois qui donneront les règlements aux communautés[2] ».

Richelieu déclare également en 1625 : « Nous voulons qu'en toutes les villes de nostre royaume soit établi ordre et règlement pour les pauvres, tels que non seulement tous ceux de ladite ville, mais aussi des lieux circonvoisins y soient enfer-

---

1. *Cf.* H. Hauser, *les Débuts du capitalisme, op. cit.*, chap. v, « Le système social de Barthélemy de Laffemas ».
2. B. de Laffemas, *Advis et remontrances à M.M. des Députez du Roy*, Paris, 1600, p. 7.

més et nourris, et les valides employez en œuvres publiques[1]. » Et Colbert en 1667 : « D'autant que l'abondance procède toujours du travail, et la misère de l'oisiveté, vostre principale application doit être de trouver les moyens d'enfermer les pauvres et de leur donner de l'occupation pour gagner leur vie, sur quoy vous ne saurez trop tôt prendre de bonnes résolutions[2]. »

Cette inspiration se retrouve, on l'a vu, dans la création des manufactures royales et dans celle de l'Hôpital général. L'ordonnance de 1662 « portant qu'on établira des Hôpitaux généraux dans toutes les villes et gros bourgs du royaume » précise qu'on « trouvera des pépinières de soldats, de matelots dans les pays maritimes, et de jeunes gens sains, dociles et de bonnes mœurs[3] ». Les résultats seront plus que décevants. Est-ce parce que l'on a eu peur, comme le dit un anonyme *État sommaire des pauvres* de 1662, de « faire préjudice aux artisans[4] » ? On peut en effet supposer que les corps de métiers ne pouvaient que s'opposer à cette concurrence attentatoire à leurs privilèges et qui mettrait sur le marché des produits moins chers. De toute manière la médiocrité et la mauvaise volonté de la main-d'œuvre, la faiblesse des moyens et de l'encadrement ne pouvaient laisser espérer que le travail prendrait un caractère vraiment productif dans ce cadre.

1. Cardinal de Richelieu, *Lettres, instructions diplomatiques et papiers d'État*, t. II, cité in J.-P. Gutton, *la Société et les pauvres, op. cit.*, p. 318.
2. J.-B. Colbert, *Lettres, instructions et mémoires*, t. II, cité par J.-P. Gutton, p. 338.
3. Cité in A. Vexliard, *Introduction à la sociologie du vagabondage, op. cit.*
4. Cité in J.-P. Gutton, *la Société et les pauvres, op. cit.*, p. 468.

Les recteurs de la Charité de Lyon, qui furent parmi les rares responsables à s'investir vraiment dans ces «manufactures d'hôpitaux», en tirent en 1732 ce bilan désabusé: «Le travail des manufactures est moins un bien par rapport au profit que l'on en retire que par rapport aux avantages d'occuper utilement quelques pauvres valides renfermés dans ledit hôpital[1].» Le beau projet de faire fructifier la force de travail des indigents valides du Royaume s'est en somme changé en entreprise d'ergothérapie pour quelques pensionnaires inoffensifs des hôpitaux[2].

Le plus significatif c'est pourtant qu'en dépit des échecs répétés, le projet de mettre au travail forcé tous les pauvres se maintient dans son ambition. En 1724, l'abbé de Saint-Pierre, qui passe pour le spécialiste éclairé de ces questions, insiste à nouveau sur la perte que fait l'État en étant privé de cette force capable d'un «prodigieux travail» que représentent les pauvres inemployés[3]. La même année, une nouvelle déclaration solen-

---

1. *Ibid.*
2. La même illusion entache la création à peu près concomitante des manufactures royales, dont Colbert disait: «Outre les avantages que produira l'entrée d'une grande quantité d'argent comptant dans le royaume, il est certain que, par les manufactures, un million de peuples qui languissent dans la fainéantise gagneront leur vie; qu'un nombre aussi considérable gagnera sa vie dans la navigation et sur la mer; que la multiplication presque à l'infini des vaisseaux multipliera de même la grandeur et la puissance de l'État» (*Lettres, instructions et mémoires*, t. II, 4e partie, cité *in* P. Léon, *Économies et sociétés industrielles*, t. II, *op. cit.*, p. 121). En fait, les manufactures royales ont très peu pesé sur le marché de l'emploi, et encore moins pour la mise au travail des «peuples qui languissent dans la fainéantise».
3. Abbé de Saint-Pierre (Charles Irénée Castel), *Sur les pauvres mendiants*, Paris, 1724, p. 8.

nelle, sans doute motivée par les résultats décevants de l'enfermement, n'en recommande plus l'emploi systématique. Elle réitère cependant l'injonction à tous les indigents, «tant hommes que femmes, valides et capables de gagner leur vie par le travail, de prendre un emploi pour subsister par leur travail, soit en se mettant en condition pour servir ou en travaillant à la culture des terres, ou autres ouvrages et métiers dont ils peuvent être capables». Ceux qui n'auront pas trouvé de travail par eux-mêmes seront «distribués en compagnies de vingt hommes chacune, sous la direction d'un sergent qui les conduira tous les jours à l'ouvrage [...] ils seront employés aux ouvrages de Pont et Chaussée ou travaux publics et autres sortes d'ouvrages, qui seront jugés convenables[1]...».

On ne trouve nulle part trace du travail de ces «brigades». Pourtant, l'emploi des indigents valides aux Ponts et Chaussées et aux travaux publics va connaître un vif regain à la fin de l'Ancien Régime, marqué par la multiplication des «ateliers de charité». Turgot en développe d'abord a formule dans le Limousin, avec un certain succès semble-t-il. Ils sont généralisés à l'ensemble des pays d'élection entre 1775 et 1789, et le Comité de mendicité de l'Assemblée constituante les reprendra, avant de reconnaître leur échec, sous le nom d'«ateliers de secours[2]». Ils semblent avoir surtout trouvé leur utilité dans les pays de petite culture, où ils procurent une res-

---

1. Cité in J.-P. Gutton, *l'État et la mendicité dans la première moitié du XVIIIe siècle, op. cit.*, annexe I, p. 226-227.
2. *Cf.* C. Bloch, *l'Assistance et l'État en France à la veille de la Révolution*, Paris, 1909.

source d'appoint aux tenanciers trop pauvres pour subsister sur leur propre exploitation[1].

Ces dernières innovations ne sont pas à la mesure des problèmes posés par le sous-emploi de masse. Il est cependant significatif qu'elles représentent, parallèlement à la création des dépôts de mendicité, l'autre initiative de l'Ancien Régime finissant pour affronter au niveau de l'État la question du travail. Ateliers de charité et dépôts de mendicité représentent deux variantes, une relativement douce et une dure, du commun paradigme de l'obligation de travailler. Entre ces deux possibilités, la monarchie n'a pas vraiment choisi. Mais avait-elle à le faire ? Elles sont complémentaires. Les dépôts de mendicité visent la frange la plus désocialisée, ou du moins perçue comme telle, de l'indigence valide : les mendiants et les vagabonds. L'obligation se fait ici répression pure, et la référence conservée au travail à produire sert mal d'alibi, comme dans la *work-house* anglaise, à des pratiques punitives de pure intimidation. L'atelier de charité, comme certaines opportunités du travail ménagées au niveau local par les *poor laws* anglaises, vise un spectre plus large d'indigents exclus de l'emploi, et même en principe l'ensemble de ceux qui n'auraient pu trouver un travail par leurs propres moyens. Des opportunités de travail seraient donc en principe proposées par la puissance

---

1. *Cf.* O.H. Hufton, *The Poor of the Eighteenth Century France*, *op. cit.*, chap. VI. Pour la politique de Turgot dans le Limousin, *cf.* M. Lecoq, *l'Assistance par le travail et les jardins ouvriers en France*, Paris, 1906. La réussite relative de Turgot tient à ce qu'il a pris la peine d'opérer une classification des populations concernées, et de tenter d'y faire correspondre des types différents d'ouvrages.

publique. Mais, outre qu'elles sont notoirement insuffisantes, l'offre est, dès l'origine, biaisée. Il ne faut pas que ces travaux puissent entrer en concurrence avec les formes communes du travail, de sorte que, comme le dit l'Intendant de Poitiers en 1784, on a «pris soin de réduire les prix et de n'admettre à ce travail que les plus nécessiteux[1]». C'est le principe de *less eligibility* qui règne sans partage dans les politiques sociales (et pas seulement dans les sociétés préindustrielles): les secours et allocations de ressources doivent toujours êtres inférieurs aux plus basses rétributions qu'un individu pourrait retirer d'une activité «normale». Ainsi, pour entrer dans ce système, il faut soit être réduit à la plus extrême nécessité, soit y être contraint par une force extérieure ou par la peur. Ces formules de travail «offert» ne s'opposent donc pas aux travaux forcés du type des dépôts de mendicité, ni même des galères royales. Ces deux opportunités fonctionnent en couple. Il faut qu'une police du travail particulièrement répressive fasse planer sa menace pour que les malheureux «choisissent» des formes de travail forcé pour lesquelles la contrainte est plus euphémisée, mais qui n'ont rien d'attractif. Se confirme ainsi la fonction d'exemplarité jouée par le traitement du vagabondage: il représente le paradigme de la régularisation d'une organisation du travail dominée par le principe de l'obligation. Dans les sociétés préindustrielles, il surplombe de sa menace le régime du travail pour tous les indigents.

1. Cité *in* Pierre Léon, «La réponse de l'industrie», *in* Fernand Braudel, Ernest Labrousse, *Histoire économique et sociale de la France, op. cit.*, t. II, chap. II.

Les paumés de la terre

Travail réglé, disions-nous, ou travail forcé : entre les deux, le travail «libre» a bien du mal à se trouver une place. Le travail libre signifierait que la force de travail s'échange en tant que telle, s'achète et se vend en fonction des besoins du marché. Mais le paradoxe de ces sociétés d'avant la révolution industrielle est que, si elles ont connu et développé des formes variées de situations salariales, elles n'ont pas permis à une condition salariale de se constituer. Bronislaw Geremek le notait déjà à propos des XIIIe, XIVe et XVe siècles : « L'analyse des formes du salariat et du marché de la main-d'œuvre autorise à conclure que, dans l'économie urbaine du Moyen Âge, la main-d'œuvre entre également dans la circulation des marchandises, sans cependant perturber déjà les structures économiques et sociales fondamentales. Le processus reste marginal, car cette économie n'éprouve encore que faiblement le besoin d'une main-d'œuvre libre et non artisanale[1]. »

Non point que le salariat représenterait une composante secondaire dont l'organisation de la production pourrait à la limite se passer. Au contraire, ce «besoin» s'accuse au fil du temps : au fur et à mesure que l'on avance vers la fin de l'Ancien Régime, on constate un accroissement considérable du nombre des salariés et une diversification des types de salariat. Mais s'il

---

1. B. Geremek, *le Salariat dans l'artisanat parisien aux XIIIe-XVe siècles, op. cit.*, p. 147.

devient *quantitativement de plus en plus impor-*
tant, le salariat reste *structurellement périphé-*
rique par rapport aux formes légitimées de la
division du travail. En deçà des métiers reconnus
dont l'emboîtement maintient l'ordre social, le
salariat se loge dans les zones de plus faible légitimité. Mais il n'est pas seulement inférieur. Il
est à ce point fragmenté que cette atomisation
redouble sa faiblesse. Tentons un inventaire des
domaines qu'il couvre.

1. Son noyau le plus stable est formé par les
compagnons des métiers. Ils représentent pour
l'époque une sorte d'«aristocratie ouvrière» très
qualifiée. Les compagnons, même «condamnés»
à l'état de salariés à vie, sont les plus assurés de
conserver ou de retrouver un emploi, car ils sont
les mieux formés et les plus compétents. Mais
cette élite ouvrière vit sa condition comme une
déchéance, ou du moins comme un échec par
rapport à l'accomplissement que représenterait
la situation de maître artisan. Les compagnons à
vie sont les laissés-pour-compte d'un système
corporatif qui s'est bloqué, et ils ne représentent
pas une alternative «moderne» à ce système.
Leur idéal reste l'accès à la maîtrise, c'est-à-dire
l'abolition du salariat permanent. À défaut, leurs
«cabales» se mobilisent pour tenter de monopoliser à leur profit, en particulier au niveau de
l'embauche, les privilèges corporatifs.

2. Proche est la situation des maîtres déchus ou
ruinés, réduits alors à travailler pour un tiers, et le
plus souvent pour un marchand. Cette involution
vers le salariat est générale dans les métiers
comme la draperie ou la soierie, pour lesquelles le
capitalisme marchand dicte plus facilement et
plus tôt sa loi. Mais bien d'autres artisans indé-

pendants courent le même risque en raison de la
fréquence des crises dans ce type de société. Car les
crises de subsistance des sociétés préindustrielles
ont leur répercussion sur la production artisanale.
La « cherté » des prix alimentaires, déclenchée par
une ou plusieurs mauvaises récoltes, entraîne une
baisse de la demande en produits « industriels »[1].
L'expansion du marché national et international
est un autre facteur de fragilisation de la position
des producteurs directs : leurs réserves sont souvent trop faibles pour amortir les fluctuations de
ces marchés. Dans les deux cas, ils tombent sous
la dépendance des marchands. Le processus de
paupérisation et de mise sous tutelle ne débouche
pas pour autant sur une condition salariale
franche, car ce que vend l'artisan déchu, c'est la
marchandise qu'il a fabriquée et non sa force de
travail.

3. Si la position de ceux qui, maîtres ou compagnons, appartiennent au système des métiers
n'est jamais complètement assurée, celle des
ouvriers qui travaillent à ses marges est encore
plus précaire. Ainsi les « chambrelans », compagnons ou maîtres non reconnus par les réglementa-
tations officielles, ou les « forains » qui tentent de
s'établir à leur compte. Ils sont condamnés à une
semi-clandestinité, et leur situation est d'autant

---

1. Le mécanisme de ces crises est bien décrit *in* P. Goubert,
*Cent Mille Provinciaux au XVIIᵉ siècle, Beauvais et le Beauvaisis
de 1600 à 1730*, Paris, Flammarion, 1968. Goubert montre
comment l'absence de numéraire, mobilisé pour l'achat des
céréales, entraîne sous-emploi et chômage dans les professions
industrielles. Ce processus frappe de plein fouet une ville
comme Beauvais, spécialisée dans la fabrication des produits
artisanaux de grande consommation à usage « populaire ».
Mais si l'affaiblissement de la demande solvable se prolonge,
elle touche également la production de luxe.

plus aléatoire que l'organisation des métiers est solide. En 1789 encore, des maîtres perruquiers demandent dans leurs Cahiers d'interdire la location d'un local «aux ouvriers chambrelans qui enlèvent aux maîtres tous leurs travaux et qui, en les réduisant à se retrouver sans ouvrage, les mettent dans l'impossibilité de vivre et de payer leurs impositions[1]». Pour eux aussi, travailler comme façonnier pour un marchand peut représenter un recours, mais il se paie de la perte de leur indépendance.

4. Les domestiques et serviteurs représentent un groupe social au statut particulièrement ambigu, assez peu étudié bien qu'ils soient nombreux: de l'ordre de 10 % de la population des villes[2]. Groupe hétérogène, car certains domestiques sont fortement intégrés à des «maisons» et peuvent même occuper d'honorables positions s'il s'agit de «grandes maisons». Même des serviteurs subalternes peuvent jouir d'une stabilité rare au sein du peuple, car la satisfaction de leurs besoins de base est assurée. Ainsi, Vauban, dans son *Projet de dîme royale*, veut les taxer, car, dit-il, «c'est à proprement parler une des conditions du bas peuple les plus heureuses. Ils ne sont jamais en soin de leur boire et de leur manger, non plus de leurs habits, coucher et lever, ce sont les maîtres qui en sont chargés[3]». Cepen-

---

1 Cité *in* J. Kaplow, *les Noms des rois*, *op. cit.*, p. 75.
2. J.-P. Gutton, *Domestiques et serviteurs dans la France de l'Ancien Régime*, Paris, Aubier, 1981.
3. Vauban, *Projet de dîme royale*, Paris, 1907, p. 66. Un contemporain de Vauban dit également: «Ils ont leur vie comme assurée: leurs terres ne sont pas sujettes à la grêle, ni leurs biens à la banqueroute» (C. Cordier, *la Sainte Famille*, Paris, 1700, cité par J.-P. Gutton, *Domestiques et serviteurs...*, *op. cit.*, p. 171).

dant, on observe une évolution de l'état de domestique dans le sens de la salarisation et de la précarisation. De nombreux témoignages à partir du XVIIᵉ siècle montrent que la domesticité est devenue une condition particulièrement vile, et perçue comme la frange turbulente, instable, malhonnête et fainéante du bas peuple[1]. Dans les dernières années de l'Ancien Régime, Mercier déplore la fin de l'âge d'or de la domesticité : «On les méprise ; ils le sentent, et sont devenus nos plus grands ennemis. Autrefois leur vie était laborieuse, dure, mais on les comptait pour quelque chose, et le domestique mourait de vieillesse à côté de son maître[2].» Si l'ancien lien de tutelle est distendu ou rompu, la condition de domestique se rapproche de ce qui deviendra celle de l'employé de maison.

5. Il existe aussi à la ville un groupe, ou plutôt des groupes, difficiles à circonscrire, d'emplois dont la situation anticipe les catégories modernes d'employés : commis et garçons des services administratifs, clercs de la basoche, «courtauds de boutiques», etc. Ils ne travaillent pas de leurs mains, si ce n'est parfois aux écritures, et méprisent sans doute les travailleurs manuels. Cependant, ils sont pauvres, plus pauvres que certains ouvriers qualifiés, et leurs occupations sont sans

---

1. *Cf.* N. de La Mare, *Traité de police, op. cit.* Une ordonnance de police de 1720 renouvelée en 1778 stipule que les domestiques parisiens changeant de maître doivent être munis d'un certificat de leur ancien employeur (*cf.* J. Kaplow, *les Noms des rois, op. cit.*, p. 94).

2. L.-S. Mercier, *Tableau de Paris, op. cit.*, I, p. 161. À la même époque, des Essarts déclare à la suite d'une charge contre les domestiques : «On peut donc conclure que la classe des serviteurs n'est composée que de l'écume des campagnes» (*Dictionnaire de la police*, Paris, 1786-1798, t. III, p. 485).

prestige et manquent souvent de stabilité. Georges Lefebvre classe ces travailleurs non manuels dans «le peuple», dont ils paraissent partager les réactions[1]. Ce n'est que du Directoire, et surtout de l'Empire, que date une véritable organisation administrative, avec un système de grades et de classes[2]. Encore est-elle très hiérarchisée, ne ménageant qu'un statut fort médiocre aux commis et garçons de bureau. Ainsi, jusqu'au milieu du XIXe siècle au moins, la majorité des «serviteurs de l'État» ne représentera que des catégories restreintes et mal rétribuées de tout petits salariés. La situation des employés du «secteur privé», du commerce et des professions «libérales» devait être encore plus incertaine.

6. Mais le bas peuple des villes est surtout composé par les ouvriers de certains métiers qui ne sont pas passés par l'apprentissage, comme dans la construction, et de ces innombrables occupations, crocheteurs, portefaix, porteurs d'eau, transporteurs de marchandises, gagne-deniers, etc., «hommes de peine et de mains» qui se louent, en général à la journée, pour des besognes sans qualification. Indice de la force de l'idiome corporatiste, certaines de ces occupations miment les réglementations et les hiérarchies des métiers respectables[3]. Mais, globalement, ils représen-

---

1. G. Lefebvre, *Études orléanaises*, t. I. *Contribution à l'étude des structures sociales à la fin du XVIIIe siècle*, Paris, Imprimerie nationale, 1962. *Cf.* aussi, en particulier sur les ambiguïtés de la notion de «peuple» à l'époque, François Furet, «Pour une définition des classes inférieures à l'époque moderne», *Annales ESC*, mai-juin 1963.

2. *Cf.* Pierre Rosanvallon, *l'État en France de 1789 à nos jours*, Paris, Le Seuil, 1990, chap. v.

3. Ainsi les gagne-deniers, qui sont, selon le *Dictionnaire du commerce* de Savary (1761), des «hommes forts et robustes

tent le gros de la « lie du peuple », la « populace »,
la « canaille ». « Ceux qui ne font ni métiers ni marchandises et qui gagnent leur vie avec le travail
de leurs bras, que nous appelons partout gens de
bras ou mercenaires, comme crocheteurs, aides
à massons, chartiers et autres gens de journée,
sont tous les plus vils du menu peuple. Car il
n'est point plus mauvaise vacation que de ne pas
avoir de vacation[1]. » Une bonne part de cette
main-d'œuvre sous-qualifiée est féminine : lin-
gères, blanchisseuses, couturières, chapelières…

7. Cette sorte de sous-prolétariat des villes a
son équivalent à la campagne : masses misérables d'ouvriers agricoles qui n'ont d'autre ressource que de s'employer sur des exploitations
étrangères, soit comme domestiques agricoles à
plein temps, soit — et sans doute plus misérables
encore — pour des travaux intermittents, saisonniers. Le manouvrier doit alors se louer à la
tâche et subir les aléas des saisons, des récoltes,
du bon vouloir du propriétaire qui l'emploie,
alors même que cette location de sa personne est
la condition de sa survie. Il ne pourra guère non
plus « s'installer » au sens de tisser des liens fami-

----

dont on se sert à Paris (et ailleurs) pour porter des fardeaux et
marchandises en leur payant une certaine somme dont on
convient à l'amiable avec eux », sont divisés en quatre groupes :
les forts des Halles et de la douane, les porteurs spécialisés
dans un type de marchandises comme le bois, la craie, le sel,
les grains…, les débardeurs qui déchargent certains produits
amenés par bateaux sur la Seine, enfin le tout-venant qui travaille à la demande. Les trois premiers groupes étaient organisés en monopoles reconnus par les autorités municipales après
avoir payé un droit d'entrée dans la profession (*cf.* J. Kaplow,
les Noms des rois, op. cit., p. 61 *sq.*).

1. C. Loyseau, *Traité des ordres, op. cit.*, chap. VIII, p. 80.

liaux, d'entretenir des relations stables avec une communauté. Se vérifie pour lui ce qui était apparu de la situation du vagabond, dans laquelle il est d'ailleurs toujours menacé de tomber : que la mobilité est l'attribut négatif de la liberté pour ceux qui n'ont rien à perdre faute de posséder quoi que ce soit.

8. Le fermier parcellaire, lui, est fixé, mais l'exiguïté de son exploitation l'oblige souvent à compléter ses ressources par un travail artisanal[1]. Pierre Goubert a analysé avec beaucoup de soin la situation complexe des « manouvriers-sergiers » du Beauvaisis, « manouvriers l'été, sergiers l'hiver, jardiniers toujours[2] », souvent propriétaires de leur maison, cultivant leurs quelques acres de terre, avec une vache et des volailles. Mais cette situation se retrouve, avec des nuances, dans presque toutes les campagnes, alimentant l'immense production de l'artisanat rural. On pourrait qualifier cette situation de quasi salariale, puisque ces paysans vendent leur travail à travers la marchandise qu'ils ont transformée, mais celle-ci ne leur appartient pas, le marchand

---

1. Le type de recours au travail artisanal dépend des rapports, extrêmement divers, que les paysans entretiennent avec la terre et de la grandeur des exploitations. On sait que la proportion des « alleutiers », c'est-à-dire des paysans complètement propriétaires de leur terre, est faible, et qu'à la veille de la Révolution les quatre cinquièmes des terres françaises sont encore soumis à des droits « féodaux ». Mais les diverses sortes de « tenures » ménagent, en fonction de leur étendue et des charges qui y sont attachées, des degrés très différents d'indépendance économique et sociale. Pour une synthèse sur ces situations complexes, *cf.* P. Goubert, « Les paysans et la terre ; seigneuries, tenures, exploitations », *in* F. Braudel, E. Labrousse, *Histoire économique et sociale de la France, op. cit.*, t. II, chap. v.

2. P. Goubert, *Cent Mille Provinciaux au XVIIᵉ siècle, op. cit.*, p. 189

leur ayant fourni la matière première. La part des femmes, dévideuses, fileuses, dentellières, etc., est également importante, ainsi que celle des enfants, qui assistent le père dans le cadre d'une division domestique du travail. Sous l'extrême diversité des formes que prend cet artisanat rural, il semble que l'on puisse dégager cette sorte de loi : le fait d'y recourir signale toujours une situation de dépendance économique, l'impossibilité d'assurer la reproduction de la vie familiale sur la base de l'exploitation agricole. Les artisans ruraux sont les plus pauvres des tenanciers ruraux[1]. Et comme les ouvriers agricoles sont encore plus pauvres, mais aussi plus complètement salariés, on peut risquer cette extrapolation : à la campagne du moins, le recours au salariat trahit toujours une grande précarité de condition, et plus on est salarié, plus on est démuni.

9. « Paysans-ouvriers », pour employer une terminologie moderne qui conviendrait approximativement pour cette proto-industrie, mais il existe aussi des « ouvriers-paysans ». Les ébauches de concentrations industrielles — les mines, les forges, les papeteries... — sont très souvent implantées à la campagne. Elles sont aussi généralement de taille modeste : une dizaine, parfois quelques dizaines d'ouvriers pour une forge ou

---

1. C'est ainsi que les inventaires après décès dans un village flamand montrent que la possession ou non de métiers à tisser est strictement liée à l'étendue et à la richesse de l'exploitation agricole : aussitôt que celle-ci donne une certaine aisance à l'économie familiale, on ne trouve plus de métier. *Cf.* F.F. Mendels, « Landwirtschaft um bäuerliches Gewerbe in Flandern in 18. Jahrhundert », cité *in* P. Léon, *Histoire économique et sociale du monde, op. cit.*, t. III, p. 22.

pour une mine[1]. Elles recrutent leur personnel
subalterne dans leur environnement rural, et ce
semi-prolétariat garde de solides attaches avec la
terre. Il continue de cultiver son lopin et de participer aux travaux des champs au moment des
moissons ou des vendanges. Cette situation mixte
présente des avantages pour l'employeur : les
salaires peuvent être particulièrement bas,
puisque l'ouvrier dispose de revenus annexes. Elle
présente aussi des inconvénients, puisque l'ou-
vrier-paysan est moins dépendant de la fabrique,
peut s'absenter, suivre ses propres rythmes de
travail. La docilité de l'ouvrier aux exigences de
la production industrielle et sa fidélisation à la
fabrique ne s'imposeront que tardivement au
XIXe siècle (*cf.* chapitre v).

10. Autre variante d'une catégorie bâtarde
entre campagnards et urbains, salariés et exploitants « indépendants », et elle-même fort diversifiée, la situation des travailleurs saisonniers. Le
travail saisonnier représente une nécessité pour
la survie dans les régions de petites tenures paysannes. D'où ces innombrables « Auvergnats »,
« Savoyards », etc., qui viennent vendre chaque
année leur service spécialisé pendant quelques
mois à la ville, avant de revenir cultiver leur
lopin et apporter à leur famille un complément
de ressources. Une autre variété est celle des travailleurs qui se louent à la campagne pour des
travaux saisonniers, les moissons, les vendanges... Olwen H. Hufton a bien analysé la coutume très répandue qu'il appelle « manger hors

---

1. P. Léon, « La réponse de l'industrie », *in* F. Braudel,
E. Labrousse, *Histoire économique et sociale de la France, op. cit.,*
t. II, chap. ii, p. 260 *sq.*

la région[1] ». À la limite, l'opération est rentable si l'immigré peut simplement s'autosuffire quelques mois n'importe où ailleurs sans ponctionner les ressources familiales. Comme l'artisan rural, il peut ainsi accepter des salaires très bas et concurrencer avantageusement des autochtones qui doivent nourrir une famille ou entretenir complètement un foyer. On ne comprendrait pas autrement que, par exemple, des Auvergnats puissent trouver à s'employer jusqu'en Andalousie, où règne cependant un sous-emploi chronique. Cependant ces démarches sont aléatoires Souvent, il n'y a pas loin du travailleur saisonnier au vagabond.

11. Il existe enfin un véritable prolétariat naissant dans certaines concentrations industrielles : des manufactures, des arsenaux, des filatures, des fabriques, des mines, des forges... Un décollage qui anticipe l'usine du XIXe s'amorce au XVIIIe siècle. Ainsi, Anzin emploie 4 000 ouvriers en 1789. À Hayange, avec les Wendel, au Creusot, à Montceau-les-Mines, commencent à s'édifier de puissants empires industriels. Mais ces établissements demeurent encore exceptionnels (Anzin livre à elle seule la moitié de la production française de houille). Surtout, le personnel employé reste très hétérogène. Il comprend souvent, comme dans les manufactures royales, une élite ouvrière très qualifiée et relativement bien payée, souvent « importée » de l'étranger, Allemands et Suédois pour la métallurgie, Italiens pour la soierie, Anglais pour certains produits

---

1. O.H. Hufton, *The Poor of the Eighteenth Century France*, *op. cit.*

textiles, Hollandais pour les toiles... Il compte aussi des artisans ruraux, selon la formule de l'«entreprise dispersée» dont la pérennité n'est pas une survivance. Par exemple, dans la métallurgie, à l'usine Dietrich de Niederbronn, en Alsace, établissement «moderne» pourtant, sur un effectif de 918 employés, 148 seulement travaillent en atelier[1]. Au sein de l'usine naissante, ce qui constitue l'équivalent du prolétariat, ou du sous-prolétariat au sens moderne, représente ainsi la part la plus fruste de la main-d'œuvre, la plus instable, constituée de gens complètement démunis et qui n'ont pas d'autre recours pour survivre que ce qu'en Angleterre on appelle alors les «fabriques de Satan» (*satanic mills*[2]).

Onze formes de salariat ou de semi-salariat préindustriel? Je n'ai pas la prétention d'être parvenu à une typologie exhaustive, et cette nébuleuse est tellement confuse qu'on pourrait à coup sûr raffiner l'analyse. Par exemple, on pourrait se demander si le recrutement des troupes par les armées ne correspond pas à une de ces formes de salarisation. L'*Encyclopédie* de Diderot et d'Alembert le suggère, puisqu'elle propose à l'article «salarié»: «Se dit principalement du prix que l'on donne aux journaliers et mercenaires pour leur travail[3].» Mais mon objectif était seulement de donner à voir l'extraordinaire hétérogénéité

1. P. Léon, *op. cit.*, t. II, p. 260.
2. *Cf.* K. Polanyi, *La Grande Transformation, op. cit.*, p. 59.
3. *Encyclopédie, ou Dictionnaire raisonné des sciences, des arts et des techniques*, t. XIV, p. 532.

de ces situations. Cette approche montre aussi que les très importantes transformations économiques et sociales qui se poursuivent sur plusieurs siècles et s'accusent au XVIIIᵉ n'ont pas eu un effet homogénéisateur sur la condition salariale, sans doute au contraire. Décelant à la fin de l'Ancien Régime «une mutation socioprofessionnelle importante», Ernest Labrousse ajoute: «Elle demeure, dans de nombreux cas, hétérogène et équivoque. Elle ne s'accompagne pas toujours, il s'en faut — en dehors d'un salariat classé, relativement réduit —, d'une salarisation à plein temps. Ni, surtout, comme ça sera le cas avec le capitalisme industriel, de la fabrication d'un nouveau type de travailleurs.» Et Labrousse insiste sur le poids déterminant de ce qu'il appelle «les salariés fractionnels [1]».

En dépit de la rareté des données statistiques fiables, on peut risquer quelques évaluations quantitatives qui confortent cette impression d'hétérogénéité profonde. À la campagne d'abord — fait rarement souligné —, ces «salariés fractionnels» sont vraisemblablement majoritaires dans la population. «On peut penser pour le moins qu'à la fin du XVIIIᵉ siècle [...] le groupe composite des salariés vient en tête, relativement ou absolument, dans la population des campagnes [2].» Cette évaluation ne vaut pas seulement pour la France, mais pour l'ensemble des

---

1. E. Labrousse, «En survol de l'ouvrage», *in* F. Braudel, E. Labrousse, *Histoire économique et sociale de la France, op. cit.*, t. II, p. 711-712.
2. P. Léon, «Morcellement et émergence du monde ouvrier», in *Économies et sociétés industrielles, op. cit.*, t. II, p. 495.

régions européennes qui ont été le plus anciennement mises en valeur et sont les plus peuplées,
en somme les plus « développées ». Ainsi aux Pays-
Bas, au xviiie siècle, une des régions les plus
riches d'Europe :

« Avec une activité secondaire et temporaire,
avec des salaires de misère, les Pays-Bas apparaissent comme une immense fabrique textile,
archaïque, bien peu industrialisée, mais exemple
parfait d'une complémentarité, essentielle pour
la survie, entre une industrie sous sa forme
ancienne et une agriculture de haute productivité, sur des terres trop exiguës, chargées d'une
population trop nombreuse [1]. »

Mais ce constat de prépondérance d'un « salariat composite » à la campagne implique que le
salariat « pur » y reste embryonnaire : « Le travailleur à plein temps, vivant uniquement de la
vente de sa main-d'œuvre, ne représente qu'une
minorité au sein du salariat paysan [2]. » Il en va de
même à la ville, à la fois quant à l'hétérogénéité
des situations salariales et quant au caractère
minoritaire du « pur » salariat. Celui-ci ne représente pas une nouveauté liée au développement
de l'industrialisation. Bronislaw Geremek note
que déjà « dans l'artisanat de la fin du Moyen Âge
la catégorie des salariés prend un caractère permanent et bien caractérisé [3] ». Ce salariat issu de
l'artisanat va progressivement s'étoffer, sans que
l'on puisse chiffrer avec rigueur sa progression.

---

1. M. Garden, « L'industrie avant l'industrialisation », in *Histoire économique et sociale du monde*, *op. cit.*, t. III, p. 27.

2. P. Léon, *op. cit.*, t. II, p. 495.

3. B. Geremek, *les Marginaux parisiens aux xive et xve siècles*,
op. cit., p. 279.

Mais elle continue le plus souvent de s'inscrire dans le cadre de la petite entreprise. À Paris, à la veille de la Révolution, la proportion des ouvriers par rapport aux employeurs est de l'ordre de cinq à un[1]. Ce n'est que dans des sites très localisés que s'ébauchent des concentrations industrielles faisant émerger des masses de «purs» salariés. Ainsi, à Sedan, la population ouvrière (en comptant les familles) serait passée de 800 en 1683 à 14 000 en 1789 — mais c'est un cas limite. Pour l'ensemble du territoire, «la France recenserait peut-être 500 000 ouvriers "purs" à la veille de la Révolution», alors qu'ils étaient entre 150 000 et 200 000 au début du XVIIIe siècle[2].

Donc accroissement rapide du nombre de salariés à temps plein, mais dans des proportions qui restent très minoritaires, prépondérance des situations composites qui concernent environ la moitié de la population, caractère misérable de la plupart de ceux qui doivent recourir à la salarisation complète ou partielle : les incertitudes du salariat, sa subordination et son indignité sociale ne laissent nullement prévoir, à la fin du XVIIIe siècle, son destin ultérieur. Il est encore profondément inscrit dans — ou circonscrit par — un type de relations d'interdépendance auquel la société féodale a imprimé son sceau. On est, dans ce domaine, en droit de parler d'un «long Moyen Âge», au sens où l'entend Jacques Le Goff.

---

1. Le recensement opéré par F. Brasch en 1791 donne une proportion de 16,6 employés par patron, mais elle ne prend en compte ni les petites entreprises avec un ou deux employés, ni les ouvriers en chambre et les travailleurs à façon (*cf.* A. Soboul, *Paysans, sans-culottes et jacobins*, Paris, Éd. Sociales, 1966).

2. P. Léon, in *Économies et sociétés industrielles, op. cit.*, t. II, p. 378.

Le modèle de la corvée

Depuis la révolution industrielle, le salariat est spontanément pensé sur le modèle de la liberté et du contrat. Même si l'on dénonce le caractère léonin de ce contrat et la fiction de la liberté d'un travailleur souvent poussé par le besoin à vendre sa force de travail, on convient que le marché du travail met en présence deux personnes indépendantes du point de vue juridique, et que la relation sociale qu'ils nouent à travers cette transaction peut être rompue par l'une ou l'autre des parties. Cette conception libérale du salariat représente cependant une extraordinaire révolution par rapport aux formes qui l'ont historiquement précédée, et qui se perpétueront après leur abolition formelle. Pour comprendre le caractère tardif de l'avènement d'un salariat moderne, les longs tâtonnements qui l'ont accompagné, et aussi les difficultés qu'il va rencontrer pour s'imposer, on voudrait suggérer que *le salariat n'est pas né de la liberté ou du contrat, mais de la tutelle*. C'est sans doute dans la pérennité du *modèle de la corvée*, prototype de la forme d'échange obligée à travers laquelle un travailleur manuel s'acquitte de sa tâche, qu'il faut chercher la raison de fond des résistances à l'avènement du rapport salarial moderne.

L'imposition du travail s'est faite d'abord *dans le cadre d'une dépendance personnalisée à partir d'une localisation assignée*. La corvée est ce que doit (ou plutôt une partie de ce que doit) un tenancier à son seigneur : la mise à disposition de sa personne, un certain nombre de journées, afin de travailler l'exploitation seigneuriale[1]. En ce sens, la corvée s'oppose au salariat : elle n'est pas rétribuée, elle marque une dépendance personnelle du type du servage et a succédé à l'esclavage[2]. Cependant, parallèlement au mouvement d'affranchissement de la main-d'œuvre servile, avec le développement de l'économie monétaire à partir du XIIe siècle, la corvée est de plus en plus fréquemment rachetée : de prestation obligatoire en travail, elle devient prestation obligatoire en argent. La conversion de la corvée est le rachat d'une soumission : le tenancier devient « libre » d'organiser son travail, qui doit assurer sa survie et celle de sa famille, ainsi que le paiement de la rente (et des autres obligations) qu'il doit au seigneur. Mais il peut se faire (et ce sera fréquemment le cas) que le produit de sa propre exploitation soit insuffisant pour assurer l'ensemble de ses obligations Il « libère »

1. Le régime de la corvée, qui présente des modalités très diverses, est sans doute le plus clairement représenté à l'époque carolingienne dans les régions entre Loire et Rhin. Il suppose la séparation du domaine seigneurial entre la « réserve », directement exploitée par le seigneur avec les serfs et éventuellement les esclaves qui y résident, et les « tenures », exploitées soit par des serfs, soit par des tenanciers « libres » (tenures ingénuiles). Les tenanciers serviles doivent en général au moins trois journées de travail par semaine sur la réserve. S'ils sont rarement soumis à la corvée hebdomadaire, les tenanciers « libres » doivent pourtant de lourds services manuels : corvées de charrois, construction et réparations de bâtiments pour le seigneur, participation aux grands travaux agricoles, fenaison, moisson... Ces services, qui impliquent une sujétion de la personne sous la forme d'une obligation directe de travail manuel, représentent, même pour les tenanciers « libres », la part principale des redevances obligatoires attachées à la tenure. Sur ces points, cf. I. Josuah, *la Face cachée du Moyen Âge, op. cit.* Cf. aussi M. Bloch, *la Société féodale, op. cit.*

2. La corvée est caractéristique du servage et prend la place de l'esclavage, forme complète de la mise à disposition de la personne.

alors une partie de son temps qu'il met à la disposition, contre rétribution, du seigneur ou d'un autre exploitant plus riche. *Telle paraît être l'origine du salariat rural.* Concrètement, cela signifie que le tenancier ira, tant de jours par semaine ou par an, travailler, contre rétribution, sur une autre exploitation, au service d'autrui. Le salarié est donc «libre» de travailler, mais à partir de la place qu'il occupe dans un système territorialisé de dépendance, et le travail qu'il effectue est exactement du même type que celui de la corvée.

Ces deux formes de travail, la corvée et le travail salarié[1], peuvent d'ailleurs coexister, non seulement à une même époque, mais chez un même individu. Ainsi, en Angleterre, où le servage est encore très répandu aux XIe-XIIe siècles, certains tenanciers doivent au maître la corvée du lundi (aussi les appelle-t-on les *lundinarii*). Mais Georges Duby remarque à leur propos : «Dans certaines cours, les *lundinarii* se présentaient chaque lundi pour y travailler gratuitement. Revenaient-ils un autre jour, on leur donnait un gage[2].» Ainsi

---

1. Il doit être rappelé que la rétribution du travail ne se fait pas nécessairement en argent. Ce devait même être très exceptionnellement le cas dans ces formes primitives de salariat. Mais le «gage», quelle que soit sa nature, représente bien une forme de salaire dans la mesure où il rétribue un travail effectué pour le compte d'un tiers et dans une relation de dépendance à l'égard de celui-ci.

2. G. Duby, *l'Économie rurale et la vie des campagnes dans l'Occident médiéval*, Paris, Montaigne, 1962, t. I, p. 424. Le même type de recouvrement entre sujétion de la personne et ébauche d'un rapport «salarial» peut se retrouver dans d'autres aires culturelles et jusqu'à des époques très proches de la nôtre. Ainsi les plantations sucrières du Nordeste brésilien ont été exploitées après l'abolition de l'esclavage par des «*moradores*», travailleurs qui résidaient en permanence sur la plantation, partageaient leur temps de travail entre l'exploitation du

ces «cottiers» anglais sont-ils la même semaine, et qui plus est pour le même maître, tantôt des serfs acquittant la corvée, tantôt des salariés partiels rétribués par un employeur. Le même homme, évidemment, travaille de la même manière le lundi, le mardi ou un autre jour. Autrement dit, son activité salariée ne se distingue pas dans sa forme matérielle de son activité servile. Elle est aussi une mise à disposition de sa personne, mais qui n'a plus alors le statut juridique d'une sujétion personnelle. Juridiquement, la corvée et le salariat s'opposent, et historiquement le salariat a progressivement chassé la corvée. Mais existentiellement, si je puis dire, quant au type de travail qu'il effectue et aux conditions sous lesquelles il l'effectue, qu'est-ce qui distingue un salarié «libre» d'un corvéable dans une relation de soumission personnelle à un maître? Rien, si ce n'est que dans le premier cas il reçoit une rétribution, un salaire.

Cette situation n'est pas propre à ces salariés partiels qui louent une partie seulement de leur force de travail. Elle est même sans doute aggravée pour la plupart des ouvriers agricoles à plein temps. Ainsi ces innombrables ruraux sans terre implantés souvent à vie sur l'exploitation d'un

---

lopin qui leur était concédé et le service du maître de la plantation, et pouvaient accomplir certains jours certaines tâches contre rétribution. Lorsque cette fixation des travailleurs au sein de la plantation a pris fin au cours des années cinquante et soixante — en grande partie parce qu'ils pouvaient «choisir» d'aller travailler à la ville, où se développait un marché du travail —, les *moradores* sont devenus des salariés agricoles à part entière (*cf.* Afrânio Garcia, *Libres et assujettis, marché du travail et modes de domination au Nordeste*, Paris, Éditions de la MSH, 1989, et les travaux du Museu nacional de Rio de Janeiro).

propriétaire, à son service exclusif, totalement
dépendants et totalement quoique misérablement entretenus. Ces domestiques ou ces salariés
(comment établir conceptuellement la différence ?) ne disposent de rien d'autre que de la
force de leurs bras, ce sont des prolétaires. Ils
vivent exclusivement de la rétribution de leur
force de travail, ils sont salariés. Mais le salaire
se réduit quasiment aux prestations prélevées en
nature sur l'exploitation, la nourriture à la table
commune et le coucher dans l'étable, plus un
minuscule pécule. Quant au travail, il s'effectue
dans une relation de complète dépendance à
l'égard du maître, qu'il s'agisse d'un seigneur ou
d'un propriétaire [1]. Les journaliers et saisonniers
sont sans doute plus « libres », au sens où ils ne
sont pas fixés en permanence auprès d'un
maître, mais leur situation est peut-être moins

---

1. On pourrait s'interroger sur la différence entre cette condition du domestique agricole et celle des membres de la famille
travaillant sur la terre du maître. Elle peut sembler ténue, dans
la mesure où la femme et les enfants peuvent être dans une
relation de dépendance aussi ou plus forte à l'égard du maître.
Cependant, la tutelle familiale et la tutelle à l'égard des domestiques sont substantiellement différentes si on prend en compte
le rapport à la propriété. Les membres de la famille sont inscrits dans le cadre d'une économie purement domestique, ils
constituent le groupe familial en tant qu'unité de production et
de transmission des biens. Les « domestiques », en revanche,
sont dans une relation de type marchand, même si elle est très
faiblement monétarisée et contractualisée. Par rapport à
l'unité économique familiale, les domestiques sont — en dépit
de l'idéologie « paternaliste » — des étrangers. Aussi peuvent-ils
être abandonnés lorsqu'ils ne peuvent plus servir, par exemple
lorsqu'ils sont trop vieux pour travailler, alors qu'entre les
membres de la famille existe ce que l'on appelle aujourd'hui
« l'obligation alimentaire », mode d'échange transgénérationnel
qui n'est pas fondé sur une relation marchande, mais sur l'appartenance familiale.

enviable encore, car ils ne sont jamais assurés du
lendemain, et le basculement dans le vagabondage les guette. Quant à ces quasi-salariés que
sont les artisans ruraux, on a dit à quel point ils
étaient pris dans des réseaux serrés de dépendance fondés sur la territorialisation.

Les différentes formes de salariat rural, ou de
ce qui en tient lieu, restent ainsi prisonnières des
systèmes traditionnels de contrainte. Peut-on
dire que le salariat urbain en soit complètement
affranchi ? Certes, l'artisanat — qui plonge aussi
ses racines dans le travail servile comme forme
de dépendance de la personne, lorsque l'artisan
rural travaillait dans la réserve du seigneur[1] —
paraît avoir rompu avec les formes de la sujétion
féodale en acquérant à la ville ses franchises.
Mais ces privilèges sont les prérogatives *du métier*,
et non de la personne du travailleur. L'artisan
n'est nullement libre dans son travail, il n'est
indépendant que dans le cadre du système rigide
des sujétions du métier, dont les régulations bor-
nent de toutes parts ses initiatives. Son indépendance est en fait l'usufruit de sa participation aux
contraintes collectives de la guilde. De plus, en
tant qu'il inaugure une forme fondamentale de
salariat, celui des compagnons, l'artisanat urbain
y transpose un modèle de relation employeur-
salarié qui reste marqué par la tutelle féodale.
Bronislaw Geremek note que le terme de « valet »,

1. Le fait que jusqu'à la fin de l'Ancien Régime le roi, des seigneurs et même de riches bourgeois aient « leurs » artisans travaillant exclusivement pour eux peut être interprété comme un
héritage de cette situation « archaïque ». Mais il s'agit alors d'artisans particulièrement qualifiés et privilégiés qui excitent la
jalousie de leurs collègues soumis aux contraintes des métiers.

qui a précédé celui de compagnon, porte le signe de cette sujétion[1]. Certains des traits de cette relation salariale maître-valet, ou maître-compagnon, renvoient d'une manière euphémisée à la conception du droit féodal qui faisait du valet l'« homme » d'un maître : non seulement le maître commande, mais encore il est interdit au compagnon de travailler en dehors de l'échoppe de l'employeur, de travailler à temps partiel pour un autre employeur, le compagnon est souvent logé et nourri dans l'habitation du maître, etc. À l'âge d'or de l'artisanat urbain, le compagnon n'avait même pas le droit de se marier sans l'autorisation du maître et il devait souvent attendre d'être maître à son tour pour acquérir cette prérogative d'indépendance[2]. Ce rapport salarial est ainsi pris dans une relation de dépendance étroite à l'égard du maître, et, comme le dit Geremek, pour le compagnon, « le salariat est plutôt une forme de location de sa personne que la vente de sa force de travail[3] ». Est-ce un hasard si l'« Édit portant suppression des jurandes et communautés de commerce, arts et métiers » et l'« Édit portant suppression de la corvée[4] » (qui subsistait encore au XVIIIe siècle dans certaines provinces pour l'entretien et la construction des routes) sont promulgués simultanément en février 1776 ? Dans l'exposé des motifs des deux mesures, Turgot développe la même argumentation : la liberté

---

1. B. Geremek, *le Salariat dans l'artisanat parisien, op. cit.*, p. 36.
2. *Cf.* M. Weber, *Histoire économique, op. cit.*, p. 174.
3. B. Geremek, *le Salariat dans l'artisanat parisien, op. cit.*, p. 145.
4. Jourdan, Decrouzy, Isambert, *Recueil général des anciennes lois françaises, op. cit.*, t. XXII, p. 358-370 et 370-386.

nouvelle d'entreprendre doit abattre les contraintes traditionnelles.

Il existe certes des relations salariales plus «libres», mais elles sont aussi moins assurées. On aboutit ainsi à ce paradoxe: le type de salariat sans doute le plus enviable dans cette société, celui que réalise le compagnon, est aussi celui qui conserve le plus de traits que l'on pourrait qualifier d'archaïques. Il n'est pas certain d'ailleurs que les autres formes de salariat soient complètement affranchies de cet héritage. Ce qui ressemble le plus à un marché du travail pour l'époque, ce sont ces places ménagées dans les villes où les ouvriers sans travail doivent se présenter à l'aube à la recherche d'un employeur[1]. Il s'agit d'une main-d'œuvre sous-qualifiée et instable, qui échappe au système des métiers réglés. Mais Geremek note également qu'à travers cette institution la main-d'œuvre est exposée en personne sur la place d'embauche, comme les autres marchandises, produits agricoles ou produits artisanaux sont exposés sur le marché[2]. L'embauche est ainsi une forme d'appropriation ponctuelle de la personne plutôt qu'un contrat juridique de vente de la force de travail. L'acheteur de travail «emporte» le travailleur à la manière dont, dans le cas rapporté par Duby, les *lundinarii* qui s'étaient proposés un autre jour à la cour seigneuriale partaient accomplir la corvée, cette fois contre rétribution.

---

1. Ainsi à Paris la place de Grève, qui est à l'origine du terme «gréviste» sur la base d'un contresens: il s'agissait de concentrations d'ouvriers qui ne travaillaient pas, mais qui étaient à la recherche d'un travail.
2. B. Geremek, *le Salariat dans l'artisanat parisien, op. cit.*

Essayer de reconstruire ce que pouvait être le salariat dans ce type de société, c'est donc se référer à un ensemble de situations qui ont en commun une certaine indignité. Le salariat ne connote pas seulement la misère matérielle, des situations de pauvreté ou proches de la pauvreté, mais aussi des états de dépendance qui impliquent une sorte de sous-citoyenneté ou d'infracitoyenneté en fonction des critères qui, pour l'époque, assurent une place reconnue dans l'ensemble social. Certes, il en est ainsi parce que dans tous ces types de salariat il s'agit de gens «de vil état» ou de petit état qui n'ont à échanger qu'une capacité de travail manuel, et souvent sous des formes sous-qualifiées. Mais, justement, le salariat ne peut guère proposer de modèle plus prestigieux que celui offert par cette part de la population constituant «le peuple», et obligée de travailler de ses mains pour vivre ou pour survivre. Les services qui ont une dignité sociale — et qui se multiplient et se diversifient au fur et à mesure que l'État se structure et que les professions «libérales», hommes de lois, médecins, etc., se développent — ne relèvent pas du salariat. Ainsi les offices, d'abord octroyés par un suzerain dans la logique du don, de plus en plus achetés en fonction de la vénalité des charges. Ils ne s'identifient pas à une situation salariale, ni quant à leur forme d'exercice, ni quant à leur mode de rétribution. L'office correspond à la possession d'une entreprise de production de richesses et d'honneurs au bénéfice du titulaire et de sa famille. Il évoque une forme de commerce plutôt qu'un service public. C'est sans doute à travers le développement d'un appareil d'État que l'on peut trouver le noyau de situations salariales dotées de prestige et de pouvoir : le groupe des fonctionnaires publics dont la frange supérieure deviendra « la noblesse d'État[1] ». Mais à l'époque ce groupe est encore embryonnaire, et ses représentants doivent être difficiles à distinguer des dignitaires traditionnels relevant d'une logique du privilège, et non de celle de la salarisation des services[2].

Indigne salariat : il renvoie à une extrême diversité de situations, mais qui caractérisent quasi exclusivement des activités sociales imposées par le besoin et encadrées par des relations de dépendance. La définition qu'en donne l'*Encyclopédie*, en dépit de l'orientation « progressiste » de cet ouvrage, entérine cette appréciation péjorative : « Salaire : paiement ou gage que l'on accorde à quelqu'un en considération de son industrie ou en récompense de ses peines ou des services qu'il a rendus en quelque occasion. Il se dit principalement du prix qu'on donne aux journaliers et mercenaires pour leur travail[3]. » Et ce que l'on peut anticiper de son évolution à la fin de l'Ancien Régime n'incite pas à l'optimisme. S'il est en

---

1. *Cf.* P. Bourdieu, *la Noblesse d'État*, Paris, Éditions de Minuit, 1989.
2. Ainsi, outre les commissaires, comme les intendants et les conseillers d'État nommés par le roi, le corps des Ponts et Chaussées est créé en 1754, celui des Mines en 1783. Recrutés au concours, leur statut évoque celui de la fonction publique. Mais (*cf.* P. Rosanvallon, *l'État en France de 1789 à nos jours, op. cit.*) c'est seulement après la Révolution que la fonction publique se structure et peut commencer à proposer des modèles de salariat attractifs et... « nobles ».
3. Article « Salaire », *Encyclopédie, op. cit.*, t. XIV, p. 532.

phase d'expansion spectaculaire, ses secteurs en plus rapide croissance, comme l'artisanat rural et le premier prolétariat industriel, sont aussi parmi les plus misérables. S'il se dégage difficilement d'anciennes formes de dépendance, c'est pour en trouver de nouvelles. Il est en effet symptomatique que l'apparition d'un embryon de prolétariat industriel s'accompagne de nouvelles formes de surveillance et d'encadrement autoritaires, qui vont d'ailleurs se renforcer au XIXᵉ siècle. Une ordonnance de 1749 interdit aux travailleurs de quitter leur emploi sans un «billet de congé» signé du patron, et à partir de 1781 l'ouvrier doit être muni d'un «livret ou cahier» qu'il lui faut faire viser par les autorités administratives lorsqu'il se déplace, et qu'il doit présenter à l'embauche[1]. Ce n'est pas pure coïncidence. Ces salariés des concentrations industrielles naissantes sont parmi les premiers à être affranchis des tutelles traditionnelles. Toutefois, comme le fait remarquer en 1788 un inspecteur des papeteries de Thiers : «Comme la plupart de ces ouvriers ne sont point domiciliés et ne tiennent pas plus à un pays qu'à un autre, ils décampent au premier caprice qui leur vient, et un seul qui manque arrête le travail de trois[2].» Il faut donc tenter de

1. *Cf*. S. Kaplan «Réflexions sur la police du monde du travail, 1700-1815», *Revue historique*, 261, janvier-mars 1979. Ce type de mesures n'est pas propre à la France. À Gand et à Anvers, à la fin du XVIIIᵉ siècle, des ordonnances municipales punissent comme vagabonds les ouvriers et les enfants pauvres qui circulent dans les rues pendant la journée, parce que les uns et les autres devraient être au travail. *Cf*. C. Liss, H. Soly, *Poverty and Capitalism in Pre-Industrial Europe, op. cit.*, p. 164.
2. Cité *in* F. Braudel, E. Labrousse, *Histoire économique et sociale de la France, op. cit.*, t. II, p. 660.

les fixer par des nouvelles réglementations. Mais celles-ci prolongent d'anciennes formes de coercition à l'œuvre dans les Manufactures royales, voire dans les Hôpitaux généraux, les ateliers de charité et les dépôts de mendicité.

Le vieux paradigme du travail forcé n'est donc pas récusé alors même que se constitue l'embryon d'un salariat «moderne». Bien plutôt, il accompagne et tente d'encadrer ses premiers développements. Ce qui peut parfaitement se comprendre : les conditions de travail sont telles dans les premières concentrations industrielles qu'il faut être placé sous la plus extrême sujétion du besoin pour accepter de telles «offres» d'emploi, et les malheureux ainsi recrutés n'aspirent qu'à quitter au plus vite ces lieux de déréliction. À nouveau, on n'est pas très éloigné de la figure du vagabond. C'est en effet au sein des populations nomades de désaffiliés que les premières concentrations industrielles paraissent avoir recruté une part importante de leurs ouvriers (et aussi parmi les femmes et les enfants, plus intimidables ou disposant d'encore moins d'opportunités pour échapper à ces conditions de travail). Il est donc «normal» que l'exercice de la contrainte y ait été particulièrement impitoyable.

Les grandes concentrations de travailleurs ont toujours supposé le travail forcé. Les grands travaux et les mines de l'Antiquité, comme le système de la plantation coloniale, ont reposé sur l'esclavage. Les richesses du Nouveau Monde ont été extraites grâce au travail forcé des indigènes, qui très souvent en sont morts. Privées d'esclaves, du moins dans leurs métropoles, et aussi de l'équivalent de réserves d'Indiens où puiser de la main-d'œuvre, les sociétés de l'Occident, chré-

tiennes de surcroît, ont eu à résoudre un difficile
problème : trouver et mobiliser des travailleurs
pour des types de besognes que personne n'ac-
cepterait s'il pouvait faire autre chose ou ne rien
faire du tout. Indépendamment même des moti-
vations morales qui incitent toujours à punir de
pauvres hères supposés vicieux et dangereux, on
comprend la focalisation de l'intérêt sur certaines
catégories d'*outcasts*, vagabonds, forçats, galé-
riens, pour accomplir ce type de travaux que tout
homme de bien ne peut que refuser. Malheureusement pour les employeurs, ces populations
marginales, de surcroît souvent particulièrement
rebelles au travail, ne sont pas assez nombreuses
pour répondre à une demande qui s'accroît avec
l'industrialisation. D'où le recours à des indigents
«libres», mais qu'il faut néanmoins contraindre.
Comme le souligne Max Weber, les premières
concentrations industrielles «ne sont jamais
apparues sans qu'intervienne la contrainte de la
misère[1]». Mais même la misère ne suffit pas toujours à imposer ces tâches. Weber rapporte
qu'au XVIIIᵉ siècle des travailleurs étaient enchaînés par des colliers de fer dans les mines de
Newcastle[2]. Situation limite, sans doute, mais
qui montre que le goulag n'est pas une invention
du XXᵉ siècle. Son ombre a accompagné le développement du capitalisme industriel à ses débuts.

La preuve : c'est dans ce contexte que Jeremy
Bentham élabore son *Esquisse d'un ouvrage en
faveur des pauvres*, moins connue mais sans

---

1. M. Weber, *Histoire économique, op. cit.*, p. 198. *Cf.* aussi
L.M. Leonard, *The Early History of English Poor Relief*,
Londres, 1900.
2. M. Weber, *ibid.*, p. 198.

doute plus significative que le *Panoptique*. Car le
public visé n'est pas une population délinquante,
mais l'ensemble des «pauvres», c'est-à-dire «toute
personne qui n'aura point de propriété apparente
ou présumable, ou de moyens de subsistance hon-
nêtes ou suffisants[1]». Ces individus seront arrêtés
sur dénonciation de «particuliers de bonne réputation[2]» et placés dans des maisons de travail
«distribuées d'une manière égale sur toute la
surface du pays[3]». Le système sera administré et
financé comme une compagnie privée disposant
du monopole de cette activité, sur le modèle de la
Compagnie des Indes. Dans ces établissements,
la technologie panoptique et une division des
tâches qui anticipe le taylorisme seront mobili-
sées pour assurer le rendement du travail auquel
seront contraints tant les invalides que les valides
en fonction de leurs capacités. Utopie d'une
organisation du travail qui, d'un même mouvement, éradiquerait la misère et la déviance
sociale et maximiserait la production : le renforcement de la *total institution* y apparaît comme
l'ombre portée par la libération du travail.

Tout se passe comme si, à la fin du XVIIIe siècle,
deux modèles archaïques d'exercice du pouvoir
se profilaient encore à l'arrière-plan de la relation salariale. Ils concernent deux types très
contrastés de populations. L'un (formé par les
désaffiliés) est caractérisé par une liberté sans
attaches mais sans supports, qu'il faut fixer de

1. J. Bentham, *Esquisse d'un ouvrage en faveur des pauvres,*
trad. fr. Paris, an X, p. 40.
2. *Ibid.,* p. 246.
3. *Ibid.,* p. 36.

force. L'autre (les héritiers des corvéables) est inscrit dans des tutelles traditionnelles qu'il faut maintenir. Certes, ces modèles sont loin de couvrir l'ensemble des relations salariales, et encore moins de répondre aux exigences d'une organisation rationnelle du travail. Cependant, la promotion d'une forme moderne et unifiée de salariat ne se fera pas sans drame dans la mesure où sa structure contractuelle, expression de la philosophie individualiste et du formalisme juridique qui s'imposent avec les Lumières, renvoie à une tout autre configuration des rapports sociaux[1]. Il faut ainsi résister à la tentation de lire en continuité l'histoire de la promotion du salariat. Certes, pendant les siècles qui précèdent la chute de l'Ancien Régime, il s'étoffe, se diversifie, et on pourrait dire qu'il se « développe ». Il devient de plus en plus indispensable, et il a aussi de plus en plus de mal à tenir dans les formes traditionnelles d'organisation du travail. Aussi les déborde-t-il de toutes parts. Cependant, l'avènement de la modernité libérale marque une rupture par rapport à ces « développements ». Elle devra imposer le libre accès au travail *contre* les régulations précédentes : faire que le travail « libre » ne soit plus pensé *par défaut*, comme ce qui échappe aux statuts reconnus ou imposés, mais devienne le statut même du salariat à partir duquel toute la question sociale se recompose.

---

1. *Cf.* E. Cassirer, *la Philosophie des Lumières*, trad. fr. Paris, Fayard, 1966, particulièrement chap. vi, « Le droit, l'État et la société ».

CHAPITRE IV

LA MODERNITÉ LIBÉRALE

« Le commerce et l'industrie sont appelés partout, et leur établissement produit une fermentation étonnante avec les restes de la férocité de la constitution féodale[1]. » Ce jugement est représentatif de l'exaspération croissante des esprits éclairés de l'Europe du XVIIIe siècle à l'égard des résistances opposées par les structures héritées du passé à la dynamique profonde qui bouleverse l'économie et ébranle les rapports sociaux. Il donne aussi l'interprétation communément reçue de l'origine des antagonismes qui déchirent la société. Deux mondes s'opposeraient avant de s'affronter brutalement parce que les forces qui portent la modernité sont bridées par le poids du passé. Combat entre les anciens et les modernes, les adeptes du progrès et les défenseurs de privilèges archaïques.

Cette mise en scène est cependant simplificatrice. Les processus qui sous-tendent cette opposition sont plus complexes — et les luttes

---

1. J. Stevart, *An Inquiry Into the Principles of Political Economy*, 1767, trad. fr. Paris, 1789; t. I, p. 454, cité *in* Pierre Rosanvallon, *le Capitalisme utopique*, Paris, Le Seuil, 1981, p. 49.

révolutionnaires le révéleront — que ce que
donne à voir le face-à-face dramatisé de l'ancien
et du nouveau. D'abord parce que le nouveau
n'est pas si nouveau. Il a longtemps cheminé, et
ses germes ont été déjà déposés dans «la constitution féodale». Ensuite parce qu'il n'est pas
homogène. La dynamique qui entraîne «le commerce» et «l'industrie», pour s'en tenir aux deux
secteurs évoqués ici par Stevart, n'a ni la même
ampleur ni le même rythme. Enfin parce qu'elle
n'a pas l'universalité que lui prêtent ses porte-
parole. Le triomphe de la modernité représente
des intérêts et des valeurs portés par des groupes
bien circonscrits, et ils ne s'opposent pas seulement aux privilèges des partisans de l'«Ancien
Régime». L'Europe du xviiie siècle a sans aucun
doute ses «progressistes» et ses «conservateurs».
Mais elle comprend aussi la masse de ceux qui
sont placés en porte à faux par rapport à cette
opposition. En particulier, dans les transformations qui se profilent, la position de ceux qui
forment la base de la pyramide sociale est particulièrement ambiguë. Sans doute ont-ils peu à
perdre, en tout cas peu de privilèges. Mais
qu'ont-ils à gagner? Est-il évident même qu'ils
ne peuvent que gagner si le statu quo est détruit?
   Dans quels enjeux vont-ils être pris, et en quoi
va être transformée la situation de ces groupes
hétérogènes qui vivent essentiellement de leur
travail et dont on vient de dessiner le destin malheureux dans «l'ancienne société»? On montrera
pourquoi tout ce que la société du xviiie siècle
comporte de «progressiste» conspire à faire du
libre accès au travail la nouvelle formulation de
la question sociale. Mais on essaiera aussi de
comprendre pourquoi cette solution est limitée,

difficilement opérationnelle, et porteuse de tensions telles qu'elle va devenir un facteur de division davantage que le fondement d'un consensus durable. Cet impératif du libre accès au travail, qui fait l'unanimité parmi les partisans et les artisans des Lumières, représente en fait un précipité instable et fragile. Plus exactement, il donne le principe du mode d'organisation *économique* qui va s'imposer. Mais il porte aussi, sans que ceux qui le formulent en soient pleinement conscients, des effets *socialement* dévastateurs. Ainsi, alors qu'il se voulait réponse globale et définitive à la question sociale, le libre accès au travail ne représentera historiquement qu'une étape vers sa reformulation au XIXᵉ siècle sous la forme de la question de l'intégration du prolétariat.

La vulnérabilité de masse

Deux données nouvelles modifient, à partir de la fin du XVIIᵉ et du début du XVIIIᵉ siècle, la manière dont se pose la question de la place occupée par les groupes les plus défavorisés. D'une part, la prise de conscience d'une vulnérabilité de masse qui rend de plus en plus fictive la propension à rabattre la question sociale sur le traitement de ces deux groupes extrêmes, les indigents incapables de travailler que l'on assiste, et les vagabonds que l'on réprime. D'autre part, une transformation de la conception du travail, qui n'est plus seulement un devoir répondant à des exigences religieuses, morales ou même économiques. Il devient la source de toute richesse, et, pour être socialement utile, doit être repensé et réorganisé à partir des principes de la nouvelle économie politique.

Sur le premier point, la transformation n'est pas évidente. Si l'on se contentait de mesurer les proportions de la population qui se trouvent à la limite de l'indigence, on mettrait en avant d'étonnantes constantes dans le temps et dans l'espace, c'est-à-dire pendant au moins cinq siècles et sur toute la surface de l'Europe à l'ouest de l'Elbe. Certes, s'il est difficile de définir aujourd'hui des « seuils de pauvreté », c'est une entreprise encore plus aléatoire pour des époques lointaines[1]. Il n'en demeure pas moins que dans une société donnée à un moment donné, il existe des exigences incompressibles — bien qu'elles soient souvent compressées — en matière de nourriture, de vêtement, de logement, en deçà desquelles l'individu est hors d'état de subsister par ses propres moyens. On acceptera donc comme une approximation satisfaisante pour les sociétés préindustrielles la définition, ou le repérage, de l'indigent proposé par Charles de La Roncière à partir de son analyse de la situation du petit

---

1. Seuils de pauvreté qu'il vaudrait mieux appeler « seuils d'indigence » pour respecter l'opposition entre une pauvreté parfaitement admise et même requise, et une indigence « honte de l'humanité », pour reprendre l'expression du docteur Hecquet citée au début du chapitre précédent. Cette distinction domine la réflexion sociale du xviiiᵉ siècle, y compris de beaucoup d'esprits « avancés ». « Il y aura toujours des riches, il doit donc y avoir des pauvres. Dans les États bien gouvernés, ces derniers travaillent et vivent ; dans les autres, ils se revêtent des haillons de la mendicité et rongent insensiblement l'État sous le manteau de la fainéantise. Ayons des pauvres et jamais des mendiants ; voilà le but où doit tendre une bonne administration » (J.-P. Brissot, *Théorie des lois criminelles*, 1ʳᵉ édition, Berlin, 1781, p. 75). Il s'agit bien du Brissot qui deviendra une des figures marquantes de l'époque révolutionnaire et auparavant, preuve que cette position n'est nullement « réactionnaire », le fondateur de la Société des amis des Noirs, qui milite à partir de 1786 pour l'abolition de la traite et l'adoucissement de l'esclavage.

peuple de Florence au XIVe siècle : «Celui qui manque du nécessaire pour survivre, incapable qu'il est avec ses seules ressources d'être à la fois nourri (au minimum vital), vêtu (le plus simplement) et logé (pourvu d'une place pour dormir dans un logement individuel ou collectif)[1]. »

S'agissant par exemple de Lyon au tournant du XVIe et du XVIIe siècle, Roger Gascon a calculé, à partir du coût du blé, des produits de base et des loyers, que ce seuil était franchi lorsqu'une famille de quatre personnes devait consacrer plus des quatre cinquièmes de ses ressources à l'achat des céréales panifiables[2]. Quelle proportion de la population se trouve, à un moment donné, au-dessous de cette ligne ? En l'absence de statistiques fiables, une telle évaluation est évidemment des plus approximatives. Les données disponibles sur les bénéficiaires de secours permettent cependant de dégager d'intéressantes constantes dans l'espace et dans le temps. À Orvieto, à la fin du XIIIe siècle, les mendiants et indigents assistés — ceux qui se trouveraient au-dessous du «seuil de misère», puisqu'ils ne peuvent survivre par eux-mêmes — représentaient environ 10 % de la population de la cité[3]. Les proportions sont voisines dans la Picardie rurale à la même époque[4] et à Florence au XIVe siècle[5].

1. C. de La Roncière, «Pauvres et pauvreté à Florence au XIVe siècle», *loc. cit.*, p. 662.

2. R. Gascon, «Économie et pauvreté aux XVIe-XVIIe siècles. Lyon, ville exemplaire et prophétique», *in* M. Mollat, *Études sur l'histoire de la pauvreté, op. cit.*, t. II, p. 274 *sq.*

3. M. Mollat, *les Pauvres au Moyen Âge, op. cit.*, p. 212.

4. R. Fossier, *la Terre et les hommes en Picardie, jusqu'à la fin du XIIIe siècle, op. cit.*

5. C. de La Roncière, «Pauvres et pauvreté à Florence au XIVe siècle», *loc. cit.*

Henri Pirenne évalue également au dixième la proportion des indigents dans la population urbaine d'Ypres[1]. Les secours dispensés par les municipalités de nombreuses villes européennes au XVIᵉ siècle paraissent aussi concerner entre 5 et 10 % des habitants. Ainsi, à Lyon, « entre 1534 et 1561, un peu plus de 5 % de la population totale recevait une distribution hebdomadaire[2] ». Pour le XVIIᵉ siècle, Pierre Goubert relève que le bureau des pauvres de Beauvais secourait en année moyenne 700 à 800 personnes, soit 6 % des habitants de la ville[3]. Le 14 germinal an II, le rapport adressé par l'administration des hôpitaux au conseil général de la Commune de Paris recense 68 981 indigents secourus, soit un Parisien sur neuf[4].

On pourrait multiplier les références, sans doute toujours plus ou moins approximatives. Elles permettent néanmoins d'affirmer qu'en année moyenne de 5 à 10 % de la population — peut-être plus près de 5 % compte tenu de la tendance fréquente à surestimer les situations les plus dramatiques, mais inversement il faudrait aussi tenir compte des « pauvres honteux » et de ceux qui échappent à toutes les formes de repérage — dépendent pour survivre d'une assistance dispensée sous différentes formes, soit d'une prise en charge totale dans les hôpitaux et « charités »,

---

1. H. Pirenne, *Histoire économique de l'Occident, op. cit.*, p. 487.
2. N. Zenon Davis, « Assistance, humanisme et hérésie : le cas de Lyon », *in* M. Mollat, *Études sur l'histoire de la pauvreté, op. cit.*, t. II, p. 800.
3. P. Goubert, *Cent Mille Provinciaux au XVIIᵉ siècle..., op. cit.*, p. 342.
4. Cité *in* A. Soboul, *les Sans-Culottes*, Paris, Le Seuil, 1968, p. 45.

soit de secours partiels, par exemple sous la forme d'une distribution ponctuelle ou régulière d'aliments ou de subsides. À la campagne, puisqu'il n'existe guère d'institutions spécialisées, il est encore plus difficile d'évaluer le nombre des indigents. Mais on peut supposer qu'ils existent dans les mêmes proportions, supportés par les réseaux de voisinage, à moins qu'ils ne soient contraints de «déguerpir» en devenant vagabonds. Ainsi, *une indigence structurelle* importante est un trait incontestable de ces sociétés. Elle se maintient d'une manière à peu près constante sur plusieurs siècles, affectant l'ensemble des pays qui représentent alors l'Europe «riche» ou «développée».

Mais *l'indigence conjoncturelle* représente une caractéristique aussi significative de ces sociétés préindustrielles. Par exemple, à Florence, au milieu du XIVe siècle, le nombre des mendiants pouvait, certaines années, quintupler[1]. Tous les historiens de l'assistance ont décrit, partout et sur la longue durée, les villes assaillies les années de «chertés» par des nuées de mendiants. Roger Gascon a compté, pour la région lyonnaise, vingt-neuf années critiques entre 1470 et 1550[2] Pendant les pires d'entre elles, les paysans démunis affluent en ville à la recherche de secours. Simultanément, parce que la cherté des grains entraîne une baisse de la production «industrielle» et le chômage, une partie du petit peuple de la cité tombe dans l'indigence. Si les indigents de Beauvais représentent en moyenne 6 % de la popula-

---

1. C. de La Roncière, «Pauvres et pauvreté à Florence au XIVe siècle», *loc. cit.*
2. R. Gascon, «Économie et pauvreté...», *loc. cit.*

tion, en décembre 1693 les curés recensent 3 584 «pauvres» incapables de s'autosuffire pour environ 13 000 habitants, soit entre le quart et le tiers de la population de la ville[1].

À côté de l'indigence structurelle, une masse importante de gens vit donc dans une condition précaire, et il suffit d'une situation conjoncturelle pour qu'ils basculent dans la dépendance. Mais «conjoncturel» ne signifie pas exceptionnel, puisque ces crises de subsistance sont une constante de l'économie de telles sociétés, et qu'un adulte ayant la chance d'atteindre une cinquantaine d'années devait en avoir traversé plusieurs. Quelle est la proportion de la population susceptible d'être ainsi déstabilisée? Elle est encore plus difficile à établir que pour l'indigence «chronique». Le rapprochement de notations de chroniqueurs et de diverses études monographiques, le recoupement de différents indices (le comptage des feux «pauvres» ou «indigents», ou celui des *nihil habentes*, c'est-à-dire des foyers trop pauvres pour payer l'impôt, ou encore l'étude des contrats de mariage et des inventaires après décès, l'examen des régimes alimentaires et des budgets des familles pauvres, etc.) permettent d'avancer qu'entre le tiers et la moitié de la population globale, selon les endroits et les époques, se trouve dans cette situation de devoir vivre quasi «au jour de la journée», perpétuellement menacée de se retrouver en deçà du seuil de ressources qui permet une autonomie minimale[2].

---

1. P. Goubert, *Cent Mille Provinciaux au XVIIᵉ siècle...*, *op. cit.*, p. 343.
2. L'ouvrage de C. Liss et H. Soly, *Poverty and Capitalism in Pre-Industrial Europe*, *op. cit.*, présente sans doute la synthèse

Pas plus qu'elle n'est celle de la pauvreté proprement dite, la question ainsi soulevée n'est celle du niveau général de richesse de ces sociétés, qui peut s'accroître tandis qu'une partie importante de la population continue de subir la pénurie. Incontestablement, du XIVᵉ au XVIIIᵉ siècle, les sociétés européennes se sont « développées », la productivité de la terre et des industries s'est accrue, le commerce s'est enrichi et a enrichi marchands et banquiers, une bourgeoisie puissante s'est constituée, et une mobilité ascendante a permis à certains groupes d'améliorer leur condition[1]. Mais la misère demeure une composante structurelle essentielle de ces formations sociales. Une explication néo-malthusienne en termes de rareté des ressources par rapport au volume des populations est insuffisante. Si elles ne furent pas opulentes par rapport aux critères contemporains, ces sociétés n'ont pas eu pour autant à faire face à une rareté généralisée. Tout se passe comme si la pression exercée sur les producteurs directs de la richesse avait suivi l'accroissement de celle-ci, les maintenant à un seuil de ressources juste suffisant pour assurer leur survie. Si les consommations alimentaires et certains éléments du mode de vie

---

la plus complète des données qui illustrent cette situation sur la longue durée et pour l'ensemble de l'Europe préindustrielle. *Cf.* aussi C.M. Cipolla, *Before the Industrial Revolution, op. cit.*, qui évalue également à plus de 50 % le taux de la population européenne que l'on peut qualifier de « pauvre au sens où elle ne dispose pas de réserves ».

1. Pour une analyse des mécanismes de cette promotion sociale, *cf.* par exemple J. Bourgeon, *les Colbert avant Colbert*, Paris, 1973. La réussite du grand commis de Louis XIV est l'aboutissement d'une stratégie biséculaire d'une famille de laboureurs et de marchands champenois accédant progressivement au grand commerce, aux offices et à la banque.

ont pu se modifier, la situation économique d'un petit tenancier normand du xviie siècle n'est sans doute pas foncièrement différente de celle de son homologue du xive siècle, ni la condition d'un foulon flamand du bas Moyen Âge de celle des misérables soyeux lyonnais au xviiie siècle. On a calculé qu'à la veille de la Révolution 88 % du budget des ouvriers parisiens les plus pauvres étaient encore affectés à l'achat de pain[1].

L'existence d'une misère de masse relève donc au moins autant de raisons sociopolitiques que de raisons directement économiques ; au moins autant que la rareté des biens disponibles, c'est un système impitoyable de ponction pesant sur les producteurs directs qui est responsable de la pérennité et de l'ampleur des situations de pénurie. La permanence de ce système de contraintes — la « férocité de la constitution féodale » — peut ainsi justifier de traiter comme une séquence diversifiée mais unique une période de près de cinq siècles. En dépit de transformations considérables, les continuités l'emportent sur les différences quant aux effets sur les populations les plus démunies de cette organisation sociopolitique. Le prélèvement de la rente foncière, la pression fiscale, les contrôles exercés sur les salaires peuvent se transformer sans remettre en question le fait que pendant toute cette période, dans une Europe occidentale qui a « décollé », qui s'est « désenclavée », pour reprendre des expressions de Pierre Chaunu[2], le tiers au moins de la

1. P. Léon, *Économies et sociétés préindustrielles, op. cit.*, t. II, p. 376.
2. *Cf.* P. Chaunu, *Histoire, science sociale : la durée, l'espace et l'homme, op. cit.*

population européenne est resté placé autour du seuil de l'indigence.

Pourtant, un changement s'opère vers la fin du XVIIᵉ siècle et plus nettement au XVIIIᵉ. Il n'est pas facile de le caractériser avec précision, s'il est vrai que les paramètres objectifs de la misère sont restés à peu près constants. L'entreprise est d'autant plus difficile que je veux m'interdire la facilité de parler de changement de la « représentation » ou de l'« image » de la pauvreté ou des pauvres. De telles expressions ne signifient pas grand-chose et n'expliquent rien, à moins qu'on ne les rapporte aux changements des situations et des pratiques. Il faudra pourtant partir ici des discours tenus sur ces populations pour essayer de dégager la transformation sociale qu'ils traduisent.

Ce qui apparaît nouveau dans le discours sur l'indigence à partir de la fin du XVIIᵉ siècle, c'est son insistance sur le caractère *massif* du phénomène. Non que la connaissance du fait que les indigents soient nombreux constitue une nouveauté. La littérature sur la question est au contraire encombrée depuis plusieurs siècles par la description de « hordes » de mendiants et de vagabonds. À peu près toutes les réglementations sur la police des pauvres — et elles sont légion — sont introduites par le constat de l'accroissement, parfois qualifié de « prodigieux », de ces populations inquiétantes qui menacent de submerger l'ordre établi. Mais, si nombreuses soient-elles, elles sont longtemps conçues comme atypiques. Les termes de « mendiants » et de « vagabonds » servent à marquer cette marginalité. Ils désignent des gens *hors du régime commun*, c'est-à-dire aussi du régime commun de la pauvreté. Selon le modèle que l'on a proposé, ces populations occupent deux régions de la vie sociale périphériques par rapport à la zone principale d'intégration. Si nombreux que puissent être ces individus — soit les indigents, d'ailleurs réintégrés par l'assistance, soit les désaffiliés, qui demeurent en dehors de l'espace social —, leur existence altère peu la représentation d'une société équilibrée, même si cette stabilité repose sur une majorité de conditions «médiocres». L'élément nouveau, à partir de la fin du xviie siècle, paraît résider dans la prise de conscience d'une *vulnérabilité de masse, différente de la conscience séculaire d'une pauvreté de masse.* Le caractère inacceptable de la misère et les risques de dissociation sociale qu'elle comporte cessent alors d'être essentiellement portés par ces éléments, en somme marginaux, que sont les assistés et les désaffiliés. Ils deviennent un risque qui affecte la condition laborieuse comme telle, c'est-à-dire la majorité du peuple des villes et des campagnes. La question sociale va devenir la question posée par la situation d'une partie du peuple en tant que tel, et non seulement de ses franges les plus stigmatisées.

En France, cette prise de conscience paraît avoir été suscitée par la situation tragique du royaume à la fin du règne de Louis XIV. Donnons la parole aux Intendants, représentants mandatés de l'appareil d'État, et a priori peu suspects d'une mansuétude exagérée à l'égard du peuple. L'intendant de Normandie écrit en 1693 au Contrôleur général des Finances :

La misère et la pauvreté est au-delà de tout ce que vous pouvez imaginer. [...] Une infinité de peuples meurt fréquemment de faim. [...] Le peuple, qui réellement meurt la plupart de faim, qui ne mange que des herbes [il faut craindre qu'il] ne coupe et ne ruine tous les blés avant qu'ils ne soient mûris. *Et l'Intendant ajoute :* Ne croyez pas, s'il vous plaît, que j'exagère[1].

L'intendant de Normandie s'inquiète de cette situation dans le pays de Caux, région agricole. Mais Trudaine, intendant de la Généralité de Lyon, écrit également dans les mêmes années au Contrôleur général en ces termes :

Il y a dans la ville de Lyon et aux alentours 20 000 ouvriers qui vivent au jour la journée ; si l'on cesse huit jours de les faire travailler, la ville sera inondée de pauvres qui, ne trouvant plus à gagner leur vie, pourront se porter à toutes les extrémités les plus violentes[2].

Trudaine perçoit bien la nature du risque, celui d'un *basculement* d'un état dans un autre, le passage d'une pauvreté qui ne poserait pas de problèmes si elle restait stabilisée, à une forme de dénuement total pouvant déboucher sur une explosion de violence. La majorité des travailleurs est placée sur cette ligne de fracture. Les responsables de l'ordre public ne s'inquiètent plus seulement, comme ils l'ont toujours fait, de la prolifération du nombre de ceux qui ne travaillent

---

1. *Correspondance des contrôleurs généraux des Finances avec les intendants des provinces*, t. I, Paris, 1874, lettre du 4 mai 1693, cité *in* P. Sassier, *Du bon usage des pauvres*, Paris, Fayard, 1990, p. 126.
2. Cité par J.-P. Gutton, *la Société et les pauvres, op. cit.*, p. 94.

pas (les vagabonds et les mendiants assistés),
mais de la précarité de la situation de ceux qui
travaillent.

C'est peut-être Vauban, grand commis de l'É-
tat, mais aussi observateur attentif des malheurs
du peuple et homme de courage (il paiera de sa
disgrâce cette analyse trop lucide), qui donne
une première formulation claire de ce que j'entends par vulnérabilité de masse :

> Par toutes les recherches que j'ai menées depuis
> plusieurs années que je m'y applique, j'ai fort bien
> remarqué que dans ces derniers temps, près de la
> dixième partie du peuple est réduite à la mendi-
> cité, et mendie effectivement, que des neuf autres
> parties, il y en a cinq qui ne sont pas en état de
> faire l'aumône à celle-là, parce que eux-mêmes
> sont réduits, à très peu de choses près, à cette
> misérable condition[1].

Vauban est conscient qu'il n'existe pas de solution de continuité entre la partie du peuple, de
l'ordre du dixième, qui a basculé dans l'indigence
totale et la majorité vulnérable de ce même peuple
que la précarité constante des conditions d'existence met à la merci du moindre accident. Mais
Vauban va plus loin dans l'analyse en rapportant à
l'organisation du travail cette précarité de la
condition populaire. Ce ne sont pas seulement les
faibles salaires qui scellent le destin de la misère
laborieuse, mais autant l'instabilité de l'emploi, la
quête d'occupations provisoires, l'intermittence
des temps de travail et de non-emploi :

---

1. Vauban, *Projet de dîme royale, op. cit.*, p. 3.

Parmi le menu peuple, notamment celui de la campagne, il y a un très grand nombre de gens qui, ne faisant profession d'aucun métier en particulier, ne laissent pas d'en faire plusieurs très nécessiteux... Tels sont ceux que nous appelons manœuvriers, dont la plupart n'ayant que leurs bras, ou fort peu de choses au-delà, travaillent à la journée, ou par entreprise, pour qui les veut employer... *Et Vauban résume ainsi le destin de ce prolétaire avant la lettre :* Il aura toujours bien de la peine à attraper le bout de son année. D'où il est manifeste que pour peu qu'il soit surchargé, il faut qu'il succombe[1].

Avec Vauban l'essentiel est dit. On peut effectivement, pour reprendre la formule de Boisguilbert, «ruiner un pauvre» car la différence entre la pauvreté et l'indigence «ne tient qu'à un filet[2]». La vulnérabilité est devenue une dimension collective de la condition populaire. La conjoncture du «tragique XVIIe siècle» a sans doute rendu possible ce type d'analyse, mais elle n'explique pas tout. À preuve, cette conscience qu'une vulnérabilité de masse persiste et même s'accuse, alors que la situation économique et sociale s'améliore. Dès les années 1720-1730, la société française paraît sortir du drame qu'a été la fin du règne du «Grand Roi». Décollage démographique, économique et social à la fois. C'est la fin des famines proprement dites et la maîtrise des épidémies les plus terribles (la peste dans le Midi pendant les années 1720 est la dernière grande attaque du fléau). C'est en somme la fin de ce qui avait été depuis le Moyen Âge le grand facteur de

1. *Ibid.*, p. 77-78.
2. *Cf.* ci-dessus, p 175.

rééquilibrage économique et démographique : *la régulation par la mort*[1].

Mais voici le paradoxe. Démarrage économique, donc : dans certains secteurs, les finances et le commerce surtout, les industries en voie de concentration, la progression est extraordinaire et l'expansion profite, bien qu'inégalement, à presque tous les groupes sociaux. Mais les salariés sont les seuls perdants dans l'affaire. Selon les calculs effectués par Ernest Labrousse, de 1726 à 1789, le salaire moyen progresse de 26 %, mais le coût de la vie augmente de 62 %, soit une diminution du revenu de l'ordre du quart. C'est que les pauvres, ne mourant plus en masse, continuent de procréer, et deviennent ainsi à la fois plus nombreux et plus pauvres. Ce qui peut aussi s'exprimer en termes plus scientifiques : « Un prolétariat ou un quasi-prolétariat sans preneur encombre rapidement le marché du travail. [...] Il n'est pas douteux que la révolution démographique du XVIIIe siècle aggrave considérable-

---

1. L'efficacité de ce régulateur séculaire est encore attestée à la fin du XVIIe siècle. Durant l'hiver 1693, la ville de Beauvais compte 3 584 « pauvres » qui ont besoin de l'assistance pour subsister. La majorité d'entre eux sont des ouvriers du textile sans travail ou que leur travail ne nourrit plus. Mais treize mois plus tard les fabricants se plaignent du manque de main-d'œuvre « à cause de la mortalité de l'année passée » : 3 000 personnes, sur 13 000 habitants de Beauvais, étaient mortes en un an (P. Goubert, *Cent Mille Provinciaux au XVIIe siècle..., op. cit.*, p. 343). Marcel Lachiver évalue à une ponction de près de 1,5 million la surmortalité (famines, maladies, épidémies associées) occasionnée par la crise des années 1692-1694, les registres paroissiaux tenus par les curés portent fréquemment des annotations telles que « mort par défaillance et de faim », « mort de faim et de misère », « mort de pauvreté » (M. Lachiver, *les Années de misère. La famine au temps du Grand Roi*, Paris, Fayard, 1991, p. 157 *sq.*).

ment la position ouvrière, déjà mauvaise, par la multiplication de l'ouvrier[1]. »

Ainsi, une pression démographique qui n'est plus auto-régulée par la mort pèse sur l'ensemble des travailleurs. Simultanément, le développement des échanges commerciaux, s'il enrichit massivement les financiers et les marchands, rend les producteurs directs plus dépendants des aléas d'un marché dont les fluctuations s'intensifient. Il en résulte que *la vulnérabilité de masse s'accroît, alors même que les cas de misère les plus extrêmes sont sans doute moins nombreux*. Paradoxe que Hufton formule ainsi : « La relative libération des affres de la famine et des épidémies a produit un plus grand nombre de pauvres qu'auparavant[2]. »

Cette situation n'est pas propre à la France, même si la France a payé au prix le plus fort le triomphe de la monarchie absolue. Pour l'Angleterre, à bien des égards plus favorisée et où les famines ont été jugulées plus tôt, des travaux récents ont confirmé les calculs de Gregory King établissant qu'à la fin du XVIIe siècle entre le quart et la moitié de la population vivait dans une situation proche de l'indigence[3]. Pour les Flandres, Catharina Liss et Hugo Soly attestent également qu'à cette époque « le terme de pauvre devient quasi synonyme de travailleur[4] ». La situation

1. E. Labrousse, *la Crise de l'économie française de la fin de l'Ancien Régime au début de la Révolution*, t. I, Paris, PUF, 1943, p. XXIX.

2. O.H. Hufton, *The Poor of the Eighteenth Century France*, *op. cit.*, p. 15.

3. P. Léon, *Économies et sociétés préindustrielles*, *op. cit.*, t. II, p. 90.

4. C. Liss et H. Soly, *Poverty and Capitalism in Pre-Industrial Europe*, *op. cit.*

n'est pas non plus limitée à la ville, quoique ce soit sans doute dans les sites urbains qu'elle est le plus ressentie. Mais la flambée de l'artisanat rural au XVIIIᵉ siècle est une des réponses à la dégradation de la conjoncture. Plus généralement, Hufton parle pour les campagnes d'une «économie d'expédients» *(economy of makeshifts)* qui doit multiplier les «activités annexes[1]». Ces «expédients» ou ces «activités annexes» ne sont pas pour autant accessoires. Ils sont nécessaires pour la survie d'une majorité de travailleurs et de leur famille, jamais assurés du lendemain.

Que l'«image» de l'indigence ne soit plus seulement focalisée sur le mendiant ou le vagabond n'est donc pas un simple changement de «représentation». Ce glissement traduit le montage paradoxal d'amélioration/aggravation de la vie des petites gens à la fin de l'Ancien Régime. Ainsi, surtout lorsque après la période d'expansion économique qui a culminé dans les années 1760, une récession s'affirme[2], les témoignages se multiplient de cette prise de conscience de la précarité générale de la condition populaire. Citons-en un seul :

> Il est certain que le gain d'un ouvrier, quelque sobre qu'il soit, est trop borné pour qu'il lui suffise

1. O.H. Hufton, *The Poor of the Eighteenth Century France, op. cit.*, p. 16. L'expression d'«activités annexes» est employée par G. Lefebvre, *les Paysans du Nord pendant la Révolution*, Paris, 1924, pour désigner le fait de recourir à l'artisanat rural, aux travaux chez les paysans plus riches, à l'utilisation des communaux, au braconnage, etc.
2. Sur l'ampleur de la récession qui a marqué la fin de l'Ancien Régime, *cf.* la substantielle analyse d'Ernest Labrousse, *la Crise de l'économie française de la fin de l'Ancien Régime au début de la Révolution, op. cit.*

tout au plus à subsister, et à faire subsister journel-
lement sa famille, et lorsque la faiblesse de l'âge ne
lui permet plus de travailler, il se trouve entièrement dépourvu au milieu des infirmités insépa-
rables de la vieillesse [...]. Il n'est pas moins vrai
qu'un ouvrier qui n'a d'autres ressources que ses
bras ne peut alimenter une famille nombreuse,
payer les mois de nourrice de plusieurs enfants en
bas âge, et procurer des secours nécessaires à sa
femme dans les moments critiques où elle met au
jour un nouveau fruit de leur union, et que souvent, cette infortunée, maudissant sa fécondité,
périt de besoin au milieu d'un enfantement laborieux, ou des suites d'une couche négligée[1].

J'ai choisi parmi des dizaines de textes cet
extrait du bulletin de la Société philanthropique
parce que, en cette même année 1787 où elle produit cette peinture larmoyante mais lucide de
la condition ouvrière, elle décide de secourir
1 100 indigents. Ceux-ci seront choisis parmi les
octogénaires munis d'un certificat de baptême, les
aveugles de naissance, les femmes enceintes léga-
lement mariées, les veuves mères de six enfants
dont l'aîné ne doit pas avoir dépassé quinze ans[2].
Jamais n'était apparu avec une telle évidence le
décalage entre la manière dont se pose désor-

---

1. *Calendrier philanthropique*, Paris, 1787, nº XXXIV, cité *in*
J. Kaplow, *les Noms des rois, op. cit.*, p. 170. Ce calendrier est
le bulletin de la Société philanthropique, fondée en 1780 avec
la protection de Louis XVI. D'origine franc-maçonne, elle
regroupe avant la Révolution de très nombreux dignitaires du
régime et elle accueille même en 1789 le comte de Provence et
le duc de Chartres, les futurs Louis XVIII et Louis-Philippe.
Elle deviendra d'ailleurs sous la Restauration un foyer de légitimisme (*cf.* A. Gueslin, *l'Invention de l'économie sociale*, Paris,
Economica, 1987, p. 123 *sq.*).
2. J. Kaplow, *les Noms des rois, op. cit.*, p. 171.

mais la question sociale et l'assistance traditionnelle, qui ne dispose d'autres recours que de
mobiliser une nouvelle fois les catégories les plus
éculées de la «handicapologie». On pourrait en
dire autant des tentatives pour réprimer le vagabondage : ce ne sont pas les dépôts de mendicité
ou les galères qui peuvent affecter significativement la condition du peuple. Il devient clair à la
veille de la Révolution que les frontières entre les
quatre zones d'intégration, de vulnérabilité, d'assistance et de désaffiliation sont à recomposer
sur des bases nouvelles.

La liberté du travail

Parallèlement à cette prise de conscience d'une
vulnérabilité de masse se produit une transformation de la conception du travail lui-même, qui
va profondément affecter la condition laborieuse.
Le travail est reconnu comme la source de la
richesse sociale : «Depuis longtemps on cherche
la pierre philosophale ; elle est trouvée, c'est le
travail[1].»

La découverte de la nécessité du travail ne date
certes pas du XVIIIe siècle. Elle s'enracine dans la
malédiction biblique, et la condamnation de l'oisiveté est une constante de toute la prédication
religieuse et morale, du moins pour ceux qui
relèvent de ce type de travail, qui littéralement
«fait suer» — «tu gagneras ton pain à la sueur de
ton front» —, le travail manuel. Et l'exemption

---

1. R. de Coppans, in *Des moyens de détruire la mendicité en
France en rendant les mendiants utiles sans les rendre malheureux, op. cit.*, p. 323.

dont jouissent les ordres dominants, loin de réfuter cette obligation du travail, en renforce la nécessité. L'exemption du travail manuel est le privilège par excellence, tandis qu'au contraire la contrainte du travail est la seule manière dont puissent s'acquitter de leur dette sociale tous ceux qui ne possèdent rien d'autre que la force de leurs bras. Mais que le travail soit la loi incontournable pour le peuple ne signifie pas qu'il soit l'origine de la richesse. Il est plutôt, jusqu'à la période moderne, la contrepartie du fait de se trouver en dehors de l'ordre de la richesse.

Celle-ci a été en effet d'abord pensée sur le modèle du don ou du prélèvement, terre donnée par le suzerain à un vassal qui lui rend hommage (l'« affièvement »), éventuellement transmise dans un rapport social de dépendance, jusqu'au dernier tenancier, qui lui la cultive, parce qu'il n'a rien à offrir en contrepartie que la peine de son corps. De même, les charges et offices, concessions octroyées par ou achetées au pouvoir royal, sont des dignités sociales plutôt que les contreparties d'un travail[1]. Le commerce, autre grande source de la richesse avec la terre et les privilèges liés aux positions publiques, est pensé sur le modèle d'un échange inégal selon lequel le profit n'est pas la récompense directe d'un travail productif. La richesse commerçante naît d'une opération de prélèvement dont on croit, jusqu'au mercantilisme inclus, qu'elle se fait au détriment de celui avec qui l'on commerce. Le grand commerce international, celui des épices, des soieries, du sucre, du café, et même les exportations

---

1. *Cf.* F. Fourquet, *Richesse et puissance, une généalogie de la valeur*, Paris, La Découverte, 1989, chap. ii.

lointaines de produits manufacturés, qui est à
l'origine des grandes fortunes marchandes, met
en général en présence des partenaires inégaux
et opère comme une forme euphémisée de la
conquête. Au seuil de la modernité, l'exploitation
du Nouveau Monde illustre à nouveau le fait que
l'acquisition des richesses repose sur une ponction
systématique des ressources des indigènes vaincus, aux antipodes d'un travail productif. Dans ces
formes d'extraction de la richesse qui évoquent les
razzias des anciens conquérants nomades, la part
du travail proprement dit (par exemple, extraire
l'argent des mines du Pérou, le voiturer jusqu'aux ports, le convoyer jusqu'à Séville) paraît
dérisoire par rapport aux fabuleux bénéfices reti-
rés. Il est de surcroît réservé aux gens de la
condition la plus misérable, comme les indigènes
réduits à un semi-esclavage.

La quantité de travail qu'elle contient ne peut
donc apparaître comme la source de la valeur
d'une marchandise. Le travail n'entretient pas un
rapport visible avec la richesse, et encore moins
la richesse avec le travail : en règle générale, les
plus riches travaillent le moins, ou pas du tout.
Le travail est au contraire le plus souvent le lot
des pauvres et des gagne-petit réduits à la nécessité d'œuvrer la matière ou de cultiver la terre
pour survivre. Il est à la fois une nécessité économique et une obligation morale pour ceux qui
n'ont rien, l'antidote à l'oisiveté, le correctif aux
vices du peuple. Il s'inscrit donc « naturellement »
dans des schémas disciplinaires. Il existe une relation organique, on l'a déjà souligné, entre travail
et contrainte. Non pas que la valeur économique
du travail soit nulle, puisqu'il représente le moyen
nécessaire de subvenir aux besoins de tous ceux

qui ne sont pas socialement dotés, et on a aussi noté que l'Église elle-même, dès le XIIe siècle, lui reconnaît une fonction économique. Mais cette utilité économique n'est pas identifiée comme une dimension autonome du travail. La nécessité du travail est inscrite dans un complexe que l'on pourrait appeler *anthropologique* — indissociablement religieux, moral, social et économique —, qui définit la condition populaire dans son opposition aux conditions privilégiées. Ce modèle est encore vivant au XVIe siècle lorsque, dit-on souvent, le capitalisme moderne commence à prendre son essor. Ainsi Juan Luis Vives, auquel on fait fréquemment l'honneur d'avoir importé les exigences du capitalisme dans le vieux monde de l'assistance «médiévale» dominée par les valeurs religieuses, veut effectivement faire travailler tous les indigents, y compris les invalides. Mais c'est surtout afin que, «occupés et adonnés au travail, ils refrènent en eux les pensées et les occupations mauvaises qui leur naîtraient étant inoccupés[1]». Le travail, comme les exercices religieux auxquels il est toujours associé dans les établissements de travail forcé, vaut au moins autant pour ses capacités moralisatrices que pour son utilité économique. L'exemple-limite de cette fonction disciplinaire du travail est donné par le Rasphaus d'Amsterdam, fondé à la fin du XVIe siècle dans le prolongement des politiques municipales dont on souligne généralement le caractère «bourgeois» et rationnel. Les oisifs récalcitrants sont enfermés dans une cave inondée et doivent pomper frénétiquement l'eau pour

---

1. **J.L.** Vives, *De l'assistance aux pauvres, op. cit.*

éviter la noyade: valeur rédemptrice maximale du travail pour un bénéfice économique nul[1].

Le mercantilisme marque une étape dans la prise de conscience de la valeur du travail, mais celle-ci reste encore enrobée dans le modèle disciplinaire. Par son souci de maximiser toutes les ressources du Royaume, le mercantilisme est conduit à mobiliser aussi toute sa force de travail. Les potentialités inemployées des oisifs représentent de ce point de vue un scandale auquel il faut mettre fin. Mais si le travail devient ainsi une valeur essentielle, y compris pour son utilité économique, il l'est en tant que moyen pour réaliser cette exigence politique: placer le Royaume en position de force vis-à-vis de la concurrence internationale qui se joue sur le plan commercial (la politique industrielle est un moyen au service de la politique commerciale, elle-même subordonnée à l'impératif régalien d'accroître la puissance du Royaume). Le travail n'a toujours pas sa justification en lui-même. On comprend dès lors que le productivisme mercantiliste se marie parfaitement avec la conception religieuse du travail comme rachat, et avec la conception morale de la nécessité de travailler pour com-

---

1. Cette attitude survivra au triomphe du capitalisme industriel. Au XIXᵉ siècle, on appelle en Irlande «tours de la faim» des édifices que devaient construire, puis détruire, les indigents bénéficiaires de distributions de pommes de terre: «Plutôt que de distribuer les pommes de terre gratuitement, comme on les avait reçues, on exigea d'eux un travail pour y avoir droit. On n'en trouva pas: alors on leur fit construire des tours en rase campagne. Ces tours inutiles furent appelées tours de la famine. Et comme les tours de la famine furent debout avant que la famine cessât, on chargea les chômeurs de les démolir» (J. Duboin, *L'économie distributive s'impose*, Paris, Leedis, 1950, p. 81).

battre les mauvais penchants de la nature humaine, et cela toujours sous l'égide du *travail forcé*. Dans les Hôpitaux généraux, les manufactures royales ou les manufactures spécialement prévues pour les pauvres, le rendement maximal du travail sera obtenu par un encadrement rigoureux et une discipline de fer, tandis que les exercices religieux scandent les opérations techniques. Pour promouvoir le travail, le mercantilisme réactive les pouvoirs disciplinaires de l'espace clos, comme il renforce parallèlement l'emprise des réglementations corporatistes.

Qu'il s'agisse du mercantilisme ou des formes antérieures de régulation du travail par des impératifs moraux ou religieux, la valeur économique du travail est ainsi toujours subordonnée à d'autres exigences. Il en résulte que le travail ne saurait se développer «librement». Il faut toujours l'encadrer par des systèmes *externes* de contraintes. C'est seulement avec le libéralisme que la représentation du travail va être «libérée», et l'impératif de la liberté du travail s'imposer.

Hannah Arendt résume ainsi les principales étapes de cette promotion de la conception moderne du travail :

> L'ascension soudaine, spectaculaire du travail, passant du dernier rang, de la situation la plus méprisée, à la place d'honneur et devenant la mieux considérée des activités humaines, commença lorsque Locke découvrit dans le travail la source de toute propriété ; elle se poursuivit lorsque Adam Smith affirma que le travail est la source de toute richesse ; elle trouva son point culminant dans le «système du travail» de Marx, où le

travail devint la source de toute productivité et l'expression de l'humanité même de l'homme[1].

Au sein de cette trilogie, Adam Smith occupe une position stratégique :

> Ainsi, la valeur d'un produit quelconque, pour celui qui le possède et n'entend pas en user ou le consommer lui-même, mais qui a l'intention de l'échanger pour autre chose, est égale à la quantité de travail que ce produit le met en état d'acheter ou de commander. Le travail par conséquent est la mesure réelle de la valeur d'échange de toutes les marchandises [...] Ce n'est point avec de l'or ou de l'argent, mais avec du travail, que les richesses du monde ont été achetées originairement[2].

Certes, cette position n'est pas exempte d'une certaine ambiguïté. Adam Smith fait de la quantité du travail le fondement de la valeur d'échange d'un produit, sans aller jusqu'à dire, comme le fera Marx, que cette quantité de travail constitue vraiment et exclusivement la valeur de tout produit[3]. Mais c'est que — de même que Locke s'intéresse moins au travail en lui-même qu'au fondement de la propriété privée — Smith veut fonder l'existence d'un *marché* permettant la libre circulation des marchandises et l'accumulation sans limite des richesses. Pour constituer un tel marché, il faut que les produits du travail s'y échangent en fonction de leur coût.

---

1. H. Arendt, *Condition de l'homme moderne*, 1re édition 1958 trad. fr. Paris, Calmann-Lévy, 1983, p. 114-115
2. A. Smith, *Recherches sur la nature et les causes de la richesse des nations*, 1re édition, 1776.
3. Pour une discussion de ce point, *cf.* L. Dumont, *Homo aequalis, genèse et épanouissement de la logique économique*, Paris, Gallimard, 1977.

L'échange promeut alors le juste équilibre des intérêts entre les partenaires, il cesse d'être un échange inégal où l'un doit l'emporter sur l'autre. Mais c'est à la condition que ce soit un libre marché sur lequel les produits s'échangent en fonction de leur valeur travail, *elle-même produite par un libre travail.* « L'utilité de l'industrie tient essentiellement à la liberté, et sans cette liberté non seulement cette même utilité s'évanouirait, mais encore dégénérerait en monopoles et serait remplacée par des désordres dont la ruine de l'État serait un effet nécessaire [1]. » Les monopoles cassent à la fois la libre circulation des produits et le libre déploiement des conditions de leur production. Ils se constituent en féodalités privilégiées qui captent les richesses et imposent des échanges inégaux. C'est d'un même mouvement qu'est affirmée la valeur du travail comme étalon de la richesse, et que l'échange économique est posé comme le fondement d'un ordre social stable assurant

---

1. F. Quesnay, *Ordre naturel et essentiel des sociétés politiques*, Paris, 1767, cité *in* E. Labrousse, F. Braudel, *Histoire économique et sociale de la France, op. cit.*, t. II, p. 225. On ne peut discuter ici des relations entre le libéralisme économique d'Adam Smith et la position des Physiocrates. Seul importe pour le présent propos le fait qu'en dépit de leur attachement à la terre comme fondement réel de la richesse ceux-ci sont des partisans farouches de la liberté des échanges (« Liberté, liberté totale, immunité parfaite, voilà donc la loi fondamentale », dit l'abbé Baudeau dans le *Journal de l'agriculture*) et de la valeur éminente du travail comme médiation nécessaire pour mettre en valeur la terre : « Le travail agricole rend les coûts avancés, paye le travail manuel avancé dans la cultivation et de plus produit le revenu de la propriété foncière » (F. Quesnay, article « Grains », *Encyclopédie, op. cit.*, t. VII, p. 813). Ainsi, en dépit de certaines divergences doctrinales, les Physiocrates et les premiers libéraux sont également déterminés dans la lutte qui les oppose aux monopoles et aux privilèges.

l'équilibre des intérêts entre les partenaires. Adam Smith veut fonder l'économie politique à partir de la liberté des échanges sur le marché. Mais la réalisation de cette liberté des échanges suppose la liberté du travail, et donc la libéralisation du travail ouvrier:

> La plus sacrée et la plus inviolable de toutes les propriétés est celle de sa propre industrie [au travailleur], parce qu'elle est dans la force et dans l'adresse de ses mains; et l'empêcher d'employer cette force et cette adresse de la manière qu'il juge le plus convenable, tant qu'il ne porte de dommage à personne, est une violation manifeste de cette propriété primitive. C'est une usurpation criante sur la liberté légitime, tant de l'ouvrier que de ceux qui seraient disposés à lui donner du travail[1].

La véritable découverte que promeut le XVIIIe siècle n'est donc pas celle de la nécessité du travail, mais celle de la *nécessité de la liberté du travail.* Elle implique la destruction des deux modes d'organisation du travail jusque-là dominants, le travail réglé et le travail forcé. L'œuvre de Turgot est à cet égard exemplaire. Il est celui qui, dans la courte période où Louis XVI parut se résigner à lui laisser l'initiative, tenta de supprimer à la fois les jurandes et les dépôts de mendicité et aussi les survivances de la corvée. Mais auparavant, dans l'article «Fondation» de l'*Encyclopédie*, il avait livré la philosophie de ses entreprises. Il dégage à cette occasion l'essence de la philosophie politique du libéralisme qui

---

1. A. Smith, *Recherches sur la nature et les causes de la richesse des nations, op. cit.*, p. 252, cité *in* P. Rosanvallon, *le Capitalisme utopique, op. cit.*, p. 104.

redéfinit complètement les fonctions de l'État : «Ce que l'État doit à chacun de ses membres, c'est la destruction des obstacles qui les gêneraient dans leur industrie ou qui les troubleraient dans la jouissance des produits qui en sont la récompense[1].» Un *État minimal* doit se contenter de supprimer les entraves au marché et garantir que ceux qui s'adonnent librement à leur industrie ne seront pas spoliés de leurs bénéfices. Comme pour Adam Smith, l'intérêt est pour Turgot le véritable régulateur capable de dynamiser la société. Le rôle de l'État est de garantir que ce jeu des intérêts pourra librement s'exprimer : «Les hommes sont-ils puissamment intéressés au bien que vous voulez leur procurer, laissez-les faire : voilà le grand, l'unique principe. Vous paraissent-ils s'y porter avec moins d'ardeur que vous ne le désireriez, augmentez leur intérêt[2].»

Pour réaliser ces objectifs, il y a deux obstacles principaux à abattre. Les fondations et hôpitaux, ces institutions charitables censées assister les indigents et, pour certaines d'entre elles, les obliger à travailler, sont à la fin de l'Ancien Régime complètement déconsidérés par tous les adeptes des Lumières[3]. Mais ces établissements ne sont pas seulement devenus des lieux d'épouvante où

1. A.R.H. Turgot, «Édit portant suppression des jurandes et communautés de commerce, arts et métiers», *in* Jourdan, Decrouzy, Isambert, *Recueil général des anciennes lois françaises, op. cit.*, t. XXIII, p. 372.

2. *Ibid.*, p. 54.

3. *Cf.* par exemple V. Mirabeau, *l'Ami des hommes*, Paris, 1774, t. II, p. 349, et Tellès-Dacosta, *Plan général des hospices du royaume*, Paris, 1789 : «Les noms d'hôpital ou d'hôtel-Dieu sont devenus avilissants et ne servent qu'à éloigner par un sentiment naturel tous les sujets qui ont le plus besoin de secours et d'assistance» (p. 4).

règne, au sein de la misère, de la promiscuité et de la crasse, l'arbitraire d'un pouvoir sans contrôle. Au moins autant qu'un scandale moral et politique, ces institutions closes représentent un crime contre les nouveaux principes de l'économie libérale. On ne se contente pas d'y maltraiter les pauvres, mais on stérilise la richesse potentielle qu'ils représentent parce que l'on annule leur force de travail.

Montlinot est sans doute celui qui a donné la formulation la plus lucide de cette sensibilité nouvelle. Il ne se contente pas d'exprimer, comme tous les esprits avancés de l'époque, son opposition au travail forcé. La raison qu'il donne de son hostilité à l'enfermement est singulièrement profonde :

> Toute fabrique nouvelle qui n'est pas le fruit de l'industrie et qui n'a pas pour guide l'intérêt personnel ne peut réussir : c'est l'émulation, c'est le désir d'un sort meilleur qui transporte, quoique lentement, tous les arts, tous les métiers d'un pôle à l'autre ; or je demande quel courage, quelle industrie on peut attendre d'une troupe d'hommes auxquels on ne donne que le pain de la douleur, et que nul talent ne peut rendre ni plus riche ni plus honoré[1].

Toute l'idéologie « libérale » tient en ces quelques lignes : la liberté du travail doit libérer aussi l'initiative privée, le goût du risque et de l'effort, le sens de la compétition. Le désir d'améliorer sa condition est un moteur dont l'industrie

---

1. C.A.J. Leclerc de Montlinot, *Quels sont les moyens de détruire la mendicité, de rendre les pauvres utiles et de les secourir dans la ville de Soissons*, Soissons, 1770, p. 18.

ne peut se passer. On est aux antipodes de la conception traditionnelle pour laquelle la norme sociale est de s'inscrire dans un ordre fixe et de s'en satisfaire. La rupture avec la société d'ordres, de statuts, d'états, régie par les tutelles, est totale. Mais à la charnière entre les deux mondes, c'est une nouvelle définition du travail qui s'impose et va permettre l'avènement du nouveau régime opposé à «l'Ancien Régime».

En vertu de ces principes, Turgot décide donc en 1776 l'abolition des dépôts de mendicité, qui perpétuent la tradition du travail forcé (sans beaucoup de succès, puisqu'ils sont reconduits aussitôt après sa disgrâce). Mais le deuxième volet de la même politique, la suppression du travail réglé, des jurandes, tentée la même année, est de plus grande ampleur encore. Cette suppression doit réconcilier les exigences du droit naturel et celles de l'efficacité économique. Comme pour Montlinot, les régulations traditionnelles du travail sont perçues par Turgot comme autant de freins à l'épanouissement de ce qui est au principe de la production : la dynamique d'un sujet libre de rechercher son propre intérêt : «Nous voulons abroger les institutions arbitraires qui ne permettent pas à l'indigent de vivre de son travail [...] qui éteignent l'émulation et l'industrie[1].»

Le fondement de ces mesures est l'affirmation solennelle d'un véritable droit au travail : «Dieu, en donnant à l'homme des besoins, en lui rendant nécessaire la ressource du travail, a fait du droit

---

1. C.A.J. Leclerc de Montlinot, *Quels sont les moyens de détruire la mendicité, de rendre les pauvres utiles et de les secourir dans la ville de Soissons, op. cit.*, p. 4.

de travailler la propriété de tout homme, et cette propriété est la plus sacrée et la plus imprescriptible de toutes [1]. » Turgot est-il pleinement conscient des immenses conséquences de ce mot d'ordre du droit au travail, qui alimentera les luttes sociales les plus dures au cours du XIXe siècle ? Sans doute pas. Mais il opère déjà un bouleversement révolutionnaire en fondant la nécessité de travailler dans la nature et non dans la société. La liberté du travail a la légitimité d'une loi naturelle, tandis que les formes historiques de son organisation sont contingentes. Il s'ensuit que, puisque ces formes ont été jusqu'à présent placées sous le registre de la contrainte, elles sont arbitraires et despotiques. L'histoire a dévoyé une exigence rationnelle, parce que naturelle, en imposant « l'intérêt particulier contre l'intérêt de la société ». La société historiquement organisée sur la base de privilèges est particulariste. Elle a légitimé des corps intermédiaires inspirés par l'esprit de monopole. Il est urgent d'abolir cet héritage du vieux monde pour laisser jouer les lois naturelles. Le libre accès au travail, l'institution d'un libre marché du travail, marquent l'avènement d'un monde social rationnel par la destruction de l'ordre social arbitraire de l'ancienne société [2].

Cette restitution de la liberté fondée en droit

1. *Ibid.*, p. 375. Adam Smith déclare également dans le cadre de sa critique du Statut des artisans de 1563 : « La plus sacrée et la plus inviolable de toutes les propriétés est celle de sa propre industrie », qu'il appelle aussi « propriété primitive », *Recherches sur la nature et les causes de la richesse des nations*, *op. cit.*, p. 252, cité *in* P. Rosanvallon, *le Capitalisme utopique*, *op. cit.*, p. 104.

2. Sur cette conception de l'histoire source d'irrationalité par opposition à l'ordre naturel et rationnel des sociétés, *cf.* G. Procacci, *Gouverner la misère*, Paris, Le Seuil, 1993, chap. I.

naturel présente en même temps l'avantage de recouper les intérêts concrets des groupes dont l'activité est socialement utile (et non parasitaire, comme le sont les porteurs de privilèges). Il s'agit au premier chef des deux catégories d'employeurs et d'employés, dont les positions apparaissent de ce point de vue complémentaires, avant de se révéler antagonistes. Les ouvriers ont absolument besoin de travailler, c'est pour eux une question de survie : « Nous devons surtout protection à cette classe d'hommes qui, n'ayant de propriété que leur travail, ont d'autant plus le besoin et le droit d'employer dans leur étendue les seules ressources qu'ils aient pour subsister[1]. » Mais les employeurs ont également besoin de disposer librement de toute la force de travail disponible pour développer leurs entreprises : « Toutes les classes de citoyens sont privées du droit de choisir les ouvriers qu'ils voudraient employer, et des avantages que leur donnerait la concurrence pour le bas prix et la perfection du travail[2]. »

On soupçonne que cette complémentarité apparente des intérêts ne signifie pas nécessairement la réciprocité totale des avantages qu'employés et employeurs tireront de l'établissement de la liberté du travail. Laisser face à face, sans médiation, les intérêts différents se compléter ou s'affronter constitue néanmoins la condition principale de la transformation fondamentale de l'organisation du travail qu'il faut instaurer. Les conséquences suivront, qui ne sont pas encore toutes déductibles du principe.

1. A.R.J. Turgot, « Édit portant suppression des jurandes », *loc. cit.*, p. 376.
2. *Ibid.*

Mais déjà le fait que la richesse soit produite par le travail et maximisée par la liberté du travail est susceptible d'entraîner un changement profond d'attitude à l'égard de la masse, généralement misérable et méprisée, qui constitue la force de travail d'une nation. C'est que la richesse de cette nation tient désormais à l'emploi rationnel de cette force de travail. Même pauvre, le travailleur est riche de sa capacité de travail, qu'il suffit de faire fructifier. Comme l'avait anticipé le mercantilisme, la véritable politique d'un État devrait consister à développer au maximum la capacité de travail de sa population. Mais à ce constat de l'utilité sociale générale du travail il est maintenant possible d'ajouter une précision essentielle qui porte sur le traitement des travailleurs. Le mercantilisme avait enfermé sa découverte dans une instrumentalisation directiviste et répressive de la mise au travail qui rendait celui-ci contre-productif. À la veille de la Révolution, un auteur dont le nom aurait mérité de passer à la postérité exprime dans toute sa force la nouvelle stratégie à adopter face au peuple travailleur :

> Si toute jouissance sociale est fondée sur le travail, il est indispensable, pour l'intérêt de la classe jouissante, de veiller à la conservation de la classe laborieuse. C'est un besoin, sans doute, de prévenir le désordre et les malheurs de la société. C'en est un de veiller à la conservation de cette immense et précieuse pépinière de sujets destinés à labourer nos champs, à voiturer nos denrées, à peupler nos manufactures et nos ateliers[1].

---

1. C.P. Copeau, *Essai sur l'établissement des hôpitaux des grandes villes*, Paris, 1787, p. 142. Cette exigence s'impose d'au-

On voit dans ce texte se fractionner l'attitude à l'égard des populations laborieuses. La vieille posture répressive n'est pas récusée. Elle surplombe toujours le paysage pour parer aux dangers auxquels l'excès de la misère peut conduire ceux qui n'ont plus rien à perdre. Mais pour la majorité des pauvres — la majorité de la population —, l'image de la pépinière prend désormais tout son sens. Les catégories laborieuses représentent une masse à entretenir avec soin, à cultiver au sens propre du mot, c'est-à-dire à travailler pour la faire travailler, afin de faire pousser et récolter ce dont le travail est porteur : la richesse sociale. La population est vraiment la source de la richesse des nations — mais à la condition, évidemment, qu'elle travaille[1].

---

tant plus que le xviiie siècle a vécu sur la croyance très répandue d'une diminution de la population. *Cf.* par exemple Quesnay, article «Population» de l'*Encyclopédie*, ou Montesquieu : «D'après un calcul aussi exact qu'il peut l'être dans ce genre de choses, il y a à l'époque dix fois moins d'hommes qu'autrefois […]. Ce qu'il y a d'étonnant c'est qu'elle [la planète] se dépeuple tous les jours et si cela continue, dans dix siècles, elle ne sera plus qu'un désert» (*Lettres persanes*, lettre 112, première édition, Amsterdam, 1727). Le même Montesquieu est l'auteur de la phrase célèbre : «Un homme n'est pas pauvre parce qu'il n'a rien, mais parce qu'il ne travaille pas» (*De l'esprit des lois*, première édition, Genève, 1749). On comprend que cette double prise de conscience de la valeur du travail et de la rareté des travailleurs conspire à faire du travail la richesse par excellence.

1. C'est également le moment où s'affirme une volonté de «conservation des enfants» et de prise en charge des enfants abandonnés poursuivant le même objectif de «peupler le royaume» (*cf.* M. Laget, «Note sur les réanimations des nouveaunés», *Annales de démographie historique*, 1983). Pour un point de vue d'ensemble sur la politique à l'égard des enfants abandonnés, *cf.* B. Assicot, *l'Abandon d'enfant, étude de sociologie*, thèse pour le doctorat de sociologie, université Paris VIII, 1993

Cela dans «l'intérêt de la classe jouissante». On est ici bien au-delà des épanchements sentimentaux de la philanthropie assistantielle comme de l'attitude séculaire qui consistait à faire de la mise au travail des indigents oisifs une question de police. Les pratiques assistantielles concernaient des catégories très particulières d'indigents, essentiellement ceux qui ne peuvent pas travailler. Le problème maintenant posé est celui de la situation de la masse du peuple, et il impose *une nouvelle organisation d'ensemble du travail*. Les leçons de l'économie, et non les penchants du cœur, conduisent à porter sur les malheureux un regard neuf: l'intérêt bien compris de la collectivité nationale, et en premier lieu des possédants, exige impérieusement que s'instaure une politique nouvelle à l'égard des masses défavorisées. L'assistance et aussi son envers, la répression, sont dépassées en tant que postures privilégiées à promouvoir à l'égard des malheureux.

Certes, l'attitude de la «classe jouissante» n'est pas homogène face à cette question. La philanthropie est à la mode dans les salons et à la Cour. Surtout, la politique officielle prolonge les réglementations séculaires réprimant le vagabondage et la mendicité. On a souligné que la grande ordonnance de 1764 et la manière dont elle a été appliquée ne faisaient que systématiser les plus vieilles recettes. Ce fut pourtant la politique dominante de la royauté jusqu'à sa chute. Mais Turgot, qui porte l'attitude nouvelle, n'est pas pour autant un marginal. Lors de son court passage au pouvoir en tant que Contrôleur général des Finances, il fait vaciller les deux principaux piliers sur lesquels reposait l'organisation traditionnelle du travail, les jurandes et les institutions de travail forcé. En le désavouant, l'Ancien Régime a peut-être laissé échapper la chance d'une option « réformiste ».

Il est donc clair que deux plans de gouvernementalité s'affrontent sur les questions liées de l'indigence, du travail, de la mendicité et du vagabondage. Ils n'ont cependant pas la même portée. La prise de conscience associée d'une vulnérabilité de masse et de l'éminente valeur du travail en tant que producteur de la richesse sociale discrédite les politiques traditionnelles de distribution des secours et de travail forcé, et va les cantonner dans un rôle secondaire. Pour une raison de fond : parce qu'elles ne peuvent agir que sur les marges de la question sociale, sur les zones de l'assistance et de la désaffiliation, quitte à vouloir se donner un rôle dissuasif plus large, mais dont l'efficacité se révèle très douteuse. S'il est vrai, par contre, que le travail se trouve au cœur de ces problèmes, parce que la misère ou la vulnérabilité de masse proviennent pour une part importante de son organisation profondément défectueuse, alors la question sociale peut se formuler comme la question de la réorganisation du travail. Le mot d'ordre du *libre accès au travail* dépasse le caractère sectoriel des différentes mesures qui s'attachent à des catégories particulières de la population, mendiants, vagabonds, vieillards indigents, enfants abandonnés, etc. Concernant l'ensemble des populations laborieuses, il peut avoir un effet direct sur la vulnérabilité de masse, en particulier sur la condition des salariés. Le libre accès au travail est un objectif de politique générale qui doit entraîner une réforme structurale de la société d'Ancien Régime. On conçoit que tout ce que celle-ci comporte de « pro-

gressiste » se soit rallié à ce mot d'ordre. Un jugement de Tawney exprime exactement cet impetus
partagé par tous ces hommes, et qui fait d'eux
par essence des libéraux : « Le grand ennemi de
l'époque était le monopole ; le cri de guerre au
nom duquel les hommes des Lumières combat-
taient était l'abolition des privilèges ; leur idéal
était une société dans laquelle chaque homme
serait libre d'accéder aux opportunités économiques dont il pouvait disposer, et jouir des
richesses que ses efforts peuvent créer [1]. » La libéralisation du travail représentait la pièce essentielle pour réaliser ce programme [2].

On peut certes s'interroger, comme le fait l'historiographie récente, sur l'exactitude de cette
représentation par rapport à l'organisation effective du travail, dont on a vu qu'elle parvenait à
contourner dans une large mesure ces contraintes
traditionnelles [3]. Comme l'était le vagabondage

---

1. R.H. Tawney, *The Acquisitive Society*, Londres, Collins,
1961, p. 23 (première édition, 1926).
2. Cela ne signifie évidemment ni que le libre accès au travail
soit la seule réforme pensable, ni que sa portée soit universelle.
Concernant avant tout les salariés (c'est pourquoi son importance a été ici particulièrement soulignée), il n'aura pas grand
impact sur la misère paysanne. Mais la suppression des droits
féodaux la nuit du 4 août n'est pas sans relation avec l'abolition
des régulations du travail par la loi Le Chapelier : l'une et
l'autre mesure suppriment des privilèges qualifiés d'archaïques
et rendent l'une la terre, l'autre le travail disponibles pour une
libre exploitation. La réforme fiscale est une autre option. En
préconisant une taxation proportionnelle aux revenus, la dîme
royale, à la place d'une fiscalité pesant le plus lourdement sur
les moins nantis, Vauban voulait aussi combattre la misère de
masse. Mais ce projet et d'autres tentatives de réforme fiscale
élaborées au XVIIIe siècle se sont heurtés à la même opposition
de la part des privilégiés que ceux qui concernaient le travail
ou la terre.
3. *Cf.* M. Sonescher, *Work and Wages, op. cit.*

— et comme le sera bientôt le paupérisme —, cette cible forgée par les premiers libéraux d'un travail entièrement dominé par les privilèges et les monopoles est une construction sociale qui distord sans doute la diversité déjà grande des rapports concrets de travail. Mais si elle a eu un tel impact révolutionnaire, c'est qu'elle s'inscrit dans le cadre de la transformation essentielle qui bouleverse au XVIIIe siècle la conception du fondement même de l'ordre social. Pour la pensée des Lumières, la société cesse d'être référée à un ordre transcendant, elle trouve en elle-même le principe de son organisation. Or le marché et le contrat sont *les opérateurs* de ce passage d'un fondement transcendant à l'immanence de la société à elle-même. Le recours au contrat — le contrat social de Rousseau, fondement de l'ordre social produit par la seule volonté des citoyens — signifie que ce sont les sujets sociaux qui s'auto-instituent en collectif au lieu d'être surplombés par une Volonté extérieure qui les commande d'en haut. Il marque ainsi, dit Marcel Gauchet, «l'émancipation de la société du schéma de la subordination[1]». À peu près simultanément, Adam Smith découvre la prépondérance du marché, «principe autonome de cohésion du social indépendant de la volonté des individus et fonctionnant rigoureusement à leur insu de manière à les rassembler[2]».

---

1. Marcel Gauchet, «De l'avènement de l'individu à la découverte de la société», *Annales ESC*, mai-juin 1979, p. 463.
2. *Ibid.* Selon Gauchet le marché mieux que le contrat accomplit la rupture par rapport à un fondement transcendant de l'ordre social, car il fait l'économie de toute référence à une conscience ou à une volonté.

Ainsi imposer le nouveau couplage : contrat de travail — libre accès au marché, contre l'ancien couplage : tutelles corporatistes — monopoles commerciaux traduit, sur le plan particulier de l'organisation de la production et du commerce, la posture générale d'affranchissement à l'égard d'un système de contraintes fondé sur la subordination des sujets par rapport au Tout — Dieu, ou son représentant ici-bas, le Roi — et leur encastrement dans une hiérarchie d'ordres, d'états, de statuts qui sont l'héritage au sein de la modernité qui va triompher de la vieille société encore « holiste[1] ». Comment, au-delà même des intérêts proprement économiques, un tel combat n'aurait-il pas rassemblé tout le camp des Lumières ?

« *Une dette inviolable et sacrée* »

Au moment où bascule l'Ancien Régime, un texte d'une lucidité étonnante synthétise tout le mouvement d'idées que l'on a tenté de reconstruire. Les *Procès verbaux et rapports du Comité pour l'extinction de la mendicité de l'Assemblée constituante*[2] clarifient les options de l'ancien

---

1. *Cf. in* Louis Dumont, *Homo acqualis, op. cit.*, l'analyse du rôle joué par le marché pour la destruction des normes holistes et la promotion d'une société d'individus.

2. Édition C. Bloch, A. Tuetey, Paris, Imprimerie nationale, 1910. Mis en place par l'Assemblée constituante et présidé par le duc de La Rochefoucauld-Liancourt, le Comité pour l'extinction de la mendicité deviendra le Comité de secours public sous l'Assemblée législative et la Convention : pour le vocabulaire aussi, on est passé de l'Ancien Régime aux Temps modernes. Mais les travaux du Comité de l'Assemblée constituante sont, de beaucoup, les plus denses et les plus originaux, et ce sont eux qui inspirent directement l'œuvre législative de la Convention.

système et dessinent pour les Temps modernes un programme d'ensemble de distribution des secours et d'organisation du travail.

Clarification d'un mouvement séculaire d'abord :

> En considérant cette longue suite de lois [l'ensemble des réglementations sur le vagabondage et la mendicité] on s'aperçoit qu'elles étaient principalement dirigées contre les mendiants que la misère force à être des vagabonds. L'administration, presque toujours impuissante d'offrir du travail au peuple, n'avait d'autre ressource que d'entasser dans les hôpitaux une misère importune ou d'armer la loi de rigueur pour enfermer tous ceux qui fatiguaient la société[1].

Ce que l'ancien système de gouvernement n'a pas compris, c'est que l'indigence posait fondamentalement un problème de droit : « On a toujours pensé à faire la charité aux pauvres, mais jamais à faire valoir les droits de l'homme pauvre sur la société, et ceux de la société sur lui[2]. » Ainsi a-t-on au mieux ménagé des secours aux malheureux les plus méritants ; parallèlement, on réprimait comme des criminels tous ceux qu'une mauvaise administration laissait démunis de ressources, et d'abord de travail. Double manière, par l'assistance condescendante ou par des mesures de police, de détacher la question de la

---

Preuve qu'en ce domaine du moins l'opposition d'une période « modérée » et d'une période « radicale » de la Révolution n'a pas grande pertinence : la Convention montagnarde a pour l'essentiel entériné la politique préconisée dès les débuts de la Révolution.

1. C. Bloch, A. Tuetey, « Deuxième Rapport », p. 353.
2. *Id.*, « Premier Rapport ».

misère d'une réflexion sur la citoyenneté : « Aucun
État n'a considéré les pauvres dans la Constitution[1]. » À la place des errements anciens, un principe simple, mais de portée universelle, permet
de reconstruire sur des bases solides le double
édifice de la distribution des secours et de la
réorganisation du travail :

> *Tout homme a droit à sa subsistance* : cette vérité
> fondamentale de toute société, et qui réclame impé-
> rieusement une place dans la Déclaration des
> droits de l'homme, a paru au Comité être la base de
> toute loi, de toute institution politique qui se pro-
> pose d'éteindre la mendicité. Ainsi, chaque homme
> ayant droit à sa subsistance, la société doit pour-
> voir à la subsistance de tous ceux de ses membres
> qui pourront en manquer, et cette secourable assis-
> tance ne doit pas être regardée comme un bienfait,
> elle est, sans doute, le besoin d'un cœur sensible et
> humain, le vœu de tout homme qui pense, mais elle
> est le devoir strict et indispensable de tout homme
> qui n'est pas lui-même dans la pauvreté, devoir qui
> ne doit point être avili, ni par le nom, ni par le
> caractère de l'aumône ; enfin, elle est pour toute
> société une dette inviolable et sacrée[2].

Mais de quel type de droit s'agit-il ? Ici s'opère
une distinction d'une portée décisive pour l'avenir. L'homme a certes droit à la subsistance. Le
droit à la vie est une prérogative fondamentale
de l'humanité qu'aucune société ne peut transgresser, car il y va de son unité même : « Là où
existe une classe d'hommes sans subsistances, là
existe une violation des droits de l'humanité, là

1. C. Bloch, A. Tuetey, « Premier Rapport »
2. *Id.*, « Plan de travail », p. 310.

l'équilibre social est rompu[1].» Mais la mise en
œuvre de ce droit se dédouble selon que ces
«hommes sans subsistances» sont capables ou
non de travailler. Le Comité reprend telle quelle
cette distinction dont on a longuement souligné
qu'elle structurait depuis plusieurs siècles toute
la réflexion sur l'indigence. Il y a deux types de
malheureux, qui ont toujours relevé et qui doivent continuer de relever d'un traitement tout
différent.

Les inaptes au travail relèvent du droit aux
secours. Ce sont «ceux auxquels l'âge ne permet
pas encore, ou ne permet plus de travailler ; enfin
ceux qui sont condamnés à une inaction durable
par la nature de leurs infirmités ou à une inaction momentanée par des maladies passagères[2]».
Le Comité en établit soigneusement la liste
exhaustive, des enfants abandonnés aux vieillards
sans ressources. Ainsi, le droit nouveau à l'assistance se moule dans les catégories de la vieille
handicapologie. Son caractère restrictif est soigneusement souligné[3]. Mais, s'agissant «d'une
dette inviolable et sacrée», ces secours seront
désormais intégralement financés et administrés
par la puissance publique. Le projet de décret
sur les secours publics rédigé pour l'Assemblée

---

1. *Ibid.*
2. *Ibid.*
3. Ce caractère restrictif limite non seulement les catégories
de bénéficiaires, mais la quantité des secours accordés : «Il est
dur de le dire, mais c'est une vérité politique, le pauvre ne doit
pas, par les secours qu'il reçoit du gouvernement, être tout à
fait aussi bien que s'il n'avait pas besoin de ces secours...»
C'est pourquoi «les sommes qu'un gouvernement sage doit
affecter au soulagement des pauvres doivent être plutôt en des-
sous qu'en dessus de la nécessité» («Proposition pour un ordre
du travail», annexe à la session du 26 février 1790, *ibid.*, p. 3).

constituante déclare biens nationaux les revenus
des hôpitaux, maisons de charité et de toutes les
anciennes institutions en charge de la distribution des secours. À leur place, un fonds national
est institué, et l'Assemblée nationale doit elle-
même répartir les fonds entre les départements,
qui les distribueront par l'intermédiaire d'agences
publiques aux bénéficiaires inscrits sur les rôles
de secours. Donc le système complet de l'assistance doit être intégralement financé et organisé
comme un service public : « L'administration des
secours sera assimilée aux autres parties de l'administration publique, dont aucune n'a lieu avec
les revenus de biens-fonds particuliers[1]. »

La double condition à remplir nous est fami-
lière : être incapable de travailler, et être domicilié, c'est-à-dire justifier d'un « domicile de
secours ». Le bénéficiaire « doit faire constater
son besoin réel de secours public par le serment
de deux citoyens éligibles domiciliés dans le
canton[2] » tandis que l'étranger, « le sans-asile »,
« contre le danger duquel la société doit opposer
une forte puissance », sera éconduit hors du
royaume[3]. Le principe de territorialisation est
conservé, tout comme le principe d'invalidité,
mais c'est désormais la nation qui constitue la
communauté de base garantissant le droit au
secours. L'assistance est une prérogative de la
citoyenneté. Nonobstant ces deux conditions, le
Comité propose au législateur d'entériner solen-

1. C. Bloch, A. Tuetey, « Troisième Rapport », p. 369.
2. C. Bloch, A. Tuetey, « Troisième Rapport », p. 383. Pour
l'élaboration de la notion de domicile de secours, *cf.* « Quatrième Rapport », p. 438 *sq.*
3. *Id.*, « Sixième Rapport », p. 514-516.

nellement le caractère constitutionnel du droit
au secours :

> L'Assemblée nationale déclare qu'elle met au
> rang des devoirs les plus sacrés de la nation l'as-
> sistance des pauvres dans tous les âges et dans
> toutes les circonstances de la vie, et qu'il y sera
> pourvu, ainsi qu'aux dépenses pour l'extinction de
> la mendicité, sur les revenus publics, dans l'éten-
> due qui sera jugée nécessaire [1].

En revanche, les indigents valides relèvent
d'un traitement tout différent : « Nous avons
admis comme un principe incontestable que les
pauvres valides doivent seulement être aidés par
les moyens du travail [2]. » Ainsi, en entérinant
cette coupure séculaire entre valides et invalides,
le Comité redéfinit en même temps complètement la politique à leur égard. Au lieu de punir
les indigents valides ou de les forcer au travail,

---

1. *Id.*, « Troisième Rapport », p. 380. Que le Comité donne
une clarté et une solennité nouvelles à ces principes ne signifie
évidemment pas qu'il les crée ex nihilo. Ici comme ailleurs, il
place dans un dispositif cohérent des notions progressivement
élaborées au cours du XVIIIe siècle. La notion de droit au
secours peut se réclamer de Montesquieu : « Quelques aumônes
que l'on fait à un homme nu dans les rues ne remplacent pas
les obligations de l'État qui doit à tous les citoyens une subsistance assurée, un vêtement convenable et un genre de vie qui
ne soit pas contraire à la santé » (*De l'esprit des lois, op. cit.*,
XXIII, chap. XXIX, 1re édition, 1742), et surtout de l'abbé Baudeau : « Tant que vous n'aviez pas donné aux vrais pauvres tous
les secours qu'ils ont droit d'exiger, vous étiez contraint de
souffrir la mendicité » (*Idées d'un citoyen sur les besoins, les
droits et les devoirs des vrais pauvres*, Amsterdam, 1765, p. 98).
Pour Baudeau aussi les « vrais pauvres » sont les vieillards, les
enfants, les invalides, les malades et les « pauvres honteux »,
tandis que les « faux pauvres » sont, comme toujours, stigmatisés sous la forme du vagabondage et de la mendicité.
2. « Troisième Rapport », p. 38.

on leur ménagera la possibilité de travailler. Le libre accès au travail remplace l'obligation disciplinaire de travailler. Concrètement, cela signifie qu'il faut et sans doute qu'il suffit de lever toutes les barrières élevées par la tradition à l'ouverture du marché du travail : « Les droits les plus sacrés de l'homme ne seraient pas conservés si l'ouvrier rencontrait des obstacles lorsque la liberté ou ses propres combinaisons le détermineraient à chercher un travail profitable dans les lieux où il voudrait se porter[1]. » Casser le système des communautés de métier et abolir toutes les réglementations protectionnistes qui empêchent la libre circulation des travailleurs, c'est du même coup assurer la libéralisation de l'économie et le développement de la richesse nationale. Le quatrième rapport enchaîne immédiatement :

> L'intérêt politique du royaume commande encore impérieusement cette liberté. C'est par elle seule que le travail se distribue naturellement dans les lieux où le besoin l'appelle, que l'industrie reçoit son plus grand encouragement, que toutes les entreprises deviennent faciles, et qu'enfin le niveau de la main-d'œuvre, condition si désirable pour la prospérité de l'État, s'établit dans toutes les parties de l'Empire[2].

Ainsi faut-il entendre la formule célèbre : « La misère des peuples est un tort des gouvernements[3]. » Une volonté politique nouvelle peut éradiquer complètement l'indigence en suppri-

---

1. « Quatrième rapport », p. 438.
2. *Ibid.*, p. 438-439.
3. « Premier Rapport », p. 7.

mant les structures archaïques de l'organisation du travail, héritage révolu d'un régime de privilèges. De même que «l'ancien gouvernement» a négligé de faire valoir les droits des indigents invalides sur la nation, il a reconduit les intérêts particuliers et les monopoles dont l'effet est d'interdire à chacun, «librement», de travailler. Mais il faut le souligner: le libre accès au travail n'est pas, en tant que tel, un droit au travail. Il appartient au demandeur d'emploi de faire l'effort de trouver un travail.

«Si le travail est offert au pauvre valide à chaque fois qu'il se présente et dans le lieu le plus prochain et de la nature la plus facile, la société le dispense par là de la nécessité de chercher lui-même à s'en procurer; elle tombe dans l'inconvénient qu'elle voudrait éviter en se refusant aux secours gratuits: elle favorise la paresse, l'incurie[1].» Le quatrième rapport réfute longuement la thèse selon laquelle un «gouvernement sage» serait tenu de «pourvoir dans les temps ordinaires à procurer du travail à tous ceux qui en manquent». Par contre, «par de grandes institutions, par une législation prévoyante, par des vues générales bien combinées, il doit se borner à encourager, à multiplier les moyens de travail[2]». C'est la transcription sur le plan de l'organisation du travail de la forme de gouvernementalité dont Turgot avait donné la formule. Mais l'État ne peut en aucun cas garantir directement l'emploi des travailleurs: «Son intervention doit être indirecte; il doit être le

1. «Quatrième Rapport», p. 427.
2. *Ibid.*, p. 431.

mobile du travail mais éviter, pour ainsi dire, de le paraître[1]. »

Formule subtile — trop peut-être. Elle implique la levée des régulations traditionnelles du travail. Mais que se passera-t-il si ces mesures sont insuffisantes pour assurer du travail à tous ? Le Comité ne pose pas explicitement la question. Il constate que l'assurance pour l'ouvrier de trouver du travail en toutes circonstances serait contraire aux intérêts des employeurs comme à la puissance de l'État, car elle rendrait les travailleurs exigeants au regard du travail qu'on leur propose.

> Le propriétaire, le manufacturier se verraient exposés à manquer d'ouvriers quand leurs entreprises demanderaient un grand nombre de bras [...]. Cette assistance nuirait donc à l'industrie, à l'emploi des fonds, à la véritable prospérité nationale ; elle aurait, dans ce rapport, les conséquences les plus funestes, les plus radicalement impolitiques ; elle placerait l'État ainsi gouverné dans un état inférieur à tous les États qui n'auraient pas cette dangereuse administration[2].

Pour le reste, tout se passe comme si la croyance dans les immenses possibilités du marché une fois que seront levées les contraintes de l'organisation traditionnelle du travail sous-tendait l'optimisme de ces libéraux. Montlinot, devenu membre du Comité de mendicité, avait déjà déclaré en 1779 : « Nous établissons comme un principe incontestable qu'il n'est presque jamais de pauvre valide, quelle que soit la dureté

---

1. *Ibid.*, p. 428.
2. « Quatrième Rapport ».

du temps, qui ne puisse gagner quelque chose[1]. »
La juxtaposition de « principe incontestable » et
de « presque jamais » choque un peu. Est-il tellement évident que qui veut trouver du travail est
si assuré d'en trouver qu'il n'y a même pas à
prendre la peine de le justifier ? L'histoire admi-
nistrera bientôt la preuve du contraire. Mais les
premiers libéraux n'ont pas pu ou pas voulu
envisager la possibilité d'un déséquilibre structurel entre l'offre et la demande de travail, et ont
sous-estimé l'antagonisme d'intérêts entre
employeurs et employés qui bientôt va relancer
la question sociale.

Il faudra revenir sur cette ambiguïté fondamentale. Mais l'ouverture du marché du travail
comporte déjà par elle-même des conséquences
immédiates. La mendicité et le vagabondage
peuvent maintenant devenir en droit ce qu'ils
étaient en fait à l'époque antérieure : des délits
relevant de sanctions pénales justifiées. L'oisiveté est criminalisable à partir du moment où
elle est volontaire. Alors que les « anciens gouvernements » se déshonoraient en condamnant des
innocents privés de travail, le nouveau fera
œuvre de justice en sanctionnant les parasites
qui se soustraient à la dure loi du travail alors
que la possibilité de travailler leur est ouverte. Le
Comité de mendicité peut ainsi reprendre les
condamnations les plus impitoyables de la mendicité et du vagabondage, qui deviennent le *délit
social* par excellence :

---

1. C.A.J. Leclerc de Montlinot, *Quels sont les moyens de
détruire la mendicité, de rendre les pauvres utiles et de les secourir dans la ville de Soissons, op. cit.*, p. 84.

Cet état de fainéantise et de vagabondage, conduisant nécessairement au désordre et au crime et les propageant, est donc véritablement un délit social ; il doit donc être réprimé et l'homme qui l'exerce être puni à autant de titres que tous ceux qui troublent, par d'autres délits plus ou moins graves, l'ordre public. Cette punition ne contredit pas plus l'exercice des droits de l'homme que la punition d'un fripon ou d'un assassin [1].

La contradiction voilée que risque de comporter cette position — condamner ceux qui auraient voulu et n'auraient pas pu travailler — est évoquée une seule fois : « Il est inutile de rappeler ici que, pour que cette vérité soit tout entière applicable à la mendicité, il faut que le mendiant valide ait pu se procurer du travail. Sans cette condition la répression serait à son tour une injustice, par conséquent un crime contre l'humanité [2]. » Les amateurs de lecture symptomale seraient ici comblés. Le « il est inutile de rappeler ici » sonne comme une dénégation. Mais cette exigence « que le mendiant valide ait pu se procurer du travail » est censée être réalisée par la simple ouverture du marché du travail. De sorte que l'on peut maintenant parler à juste titre de « mauvais pauvres », même s'ils ressemblent comme des frères à ceux que réprimaient les « mauvais gouvernements » : « Ceux qui, connus sous le nom de mendiants de profession ou de vagabonds, se refusent à tout travail, troublent l'ordre public, sont un fléau de la société et appellent sa juste sévérité [3]. »

1. « Sixième Rapport », p. 513.
2. « Plan de travail ».
3. Assemblée nationale, séance du 14 juin 1791, *le Moniteur universel*, t. VIII, p. 661.

Il fallait dégager les lignes de force de ce document exceptionnel pour au moins trois raisons : par l'articulation qu'il établit entre droit au secours et libre accès au travail, il propose une solution formellement cohérente aux apories des politiques antérieures ; il inspire l'œuvre législative des assemblées révolutionnaires qui vont en reprendre à peu près littéralement les propositions ; il dessine enfin, autant à partir de ses non-dits que des avancées qu'il promeut, les enjeux fondamentaux de politique sociale qui vont déchirer le XIXᵉ siècle.

En attendant, les assemblées révolutionnaires vont entériner les vues du Comité de mendicité. Le 14 juin 1791, l'Assemblée législative vote à la quasi-unanimité la loi Le Chapelier. Selon les termes de son exposé des motifs :

> Il n'y a plus de corporations dans l'État ; il n'y a plus que l'intérêt particulier de chaque individu et l'intérêt général. Il n'est permis à personne d'inspirer aux citoyens un intérêt intermédiaire, de les séparer de la chose publique dans un esprit de corporation [...]. Il faut remonter au principe que c'est aux conventions libres d'individu à individu de fixer la journée pour chaque ouvrier, c'est ensuite à l'ouvrier de maintenir la convention qu'il a faite avec celui qui l'occupe[1].

Le travail est désormais une marchandise vendue sur un marché qui obéit à la loi de l'offre et de

---

1. *Cf. in* L. Parturier, *l'Assistance à Paris sous l'Ancien Régime et pendant la Révolution*, Paris, 1897, p. 222.

la demande. La relation unissant le travailleur à son employeur est devenue une simple «convention», c'est-à-dire un contrat entre deux partenaires s'entendant sur le salaire, mais cette transaction n'est plus régulée par des systèmes de contraintes ou de garanties extérieures à l'échange lui-même. Le monde du travail va changer de base. C'est une révolution dans la Révolution.

Le 19 mars 1793, la Convention nationale proclame : «Tout homme a droit à sa subsistance par le travail, s'il est valide ; par des secours gratuits s'il est hors d'état de travailler.» Ce double principe est inscrit sous une forme solennelle dans l'article 21 de la Constitution votée le 24 juin 1793 : «Les secours publics sont une dette sacrée. La société doit la subsistance aux citoyens malheureux, soit en leur procurant du travail, soit en assurant les moyens d'exister à ceux qui sont hors d'état de travailler[1].»

Ainsi les lois sociales des assemblées révolutionnaires appliquent-elles l'essentiel du programme du Comité de mendicité, qui lui-même exprime l'essentiel des aspirations des Lumières en matière d'accès au travail et d'assistance. Il faut ajouter que, contrairement à une opinion répandue, les révolutionnaires ne se désintéressèrent pas de l'application de ces «principes». Dans des circonstances plus que difficiles, sollicités par une multitude de tâches, ils prirent des mesures concrètes. Réservons un instant ce qui concerne le libre accès au travail et les apories sur lesquelles il va déboucher. Pour le droit au secours,

---

1. *Cf.* L.-F. Dreyfus, *l'Assistance sous la législative de la Convention*, 1791-1795, Paris, 1905.

une loi du 28 juin 1793 définit les conditions que doivent remplir les bénéficiaires, vieillards, infirmes, malades, enfants abandonnés, familles chargées d'enfants. Deux mois avant Thermidor, la loi du 22 floréal an II (11 mai 1794), sur rapport de Barère, ouvre le Livre de la bienfaisance nationale et organise l'assistance dans les campagnes. Contrairement aux évaluations hâtives portées après la chute de la Convention, ce programme n'a rien d'inflationniste. Il limite les inscriptions sur le Livre à trois catégories d'indigents, avec des quotas limites par département pour chaque catégorie : les cultivateurs âgés ou infirmes (en fait les vieux manouvriers devenus incapables de travailler), les artisans âgés ou infirmes, les mères et veuves indigentes « chargées d'enfants [1] ». Mais le rapport de Barère est aussi un témoignage particulièrement significatif de l'utopie politique qui sous-tend cette stratégie républicaine de gouvernement de la misère. Après avoir proclamé que « la mendicité est incompatible avec le gouvernement populaire » et rappelé la sentence de Saint-Just — « les malheureux sont les puissances de la terre » —, Barère préconise qu'une cérémonie civique soit organisée chaque année afin « d'honorer le malheur [2] ». Ce jour-là, les bénéficiaires des

1. Barère de Vieuzac, « Rapport sur les moyens d'extirper la mendicité et sur les secours que doit accorder la République aux citoyens indigents », *le Moniteur*, n° 234, 24 floréal an II (13 mai 1794), p. 54.
2. Quatre jours avant, le 8 floréal, Robespierre avait ainsi ciblé les objectifs de la fête du Malheur : « Les esclaves adorent la fortune et le pouvoir ; honorons le malheur, le malheur que l'humanité ne peut entièrement bannir de la terre, mais qu'elle console et soulage avec respect » *(Discours sur les rapports des idées morales et religieuses avec les principes républicains et sur les fêtes nationales)* 18 floréal an II.

secours recevront leurs prestations entourés de leurs concitoyens :

> Les deux extrémités de la vie seront réunies avec le sexe qui en est la source. Vous y serez, vieillards agricoles, artisans invalides, et à côté d'eux, vous y serez aussi, mères et veuves infortunées, chargées d'enfants. Ce spectacle est le plus beau que la politique puisse présenter à la nature et que la Terre fertilisée puisse offrir au Ciel consolateur[1].

Il ne s'agit de rien de moins que d'une tentative pour inverser le stigmate du malheur. Les fastes de la nouvelle religion républicaine réhabiliteront l'indigence malheureuse. Le misérable, entouré par les notables locaux, les bons citoyens et les enfants des écoles, sera réinscrit dans la communauté des hommes. Sous la phraséologie grandiloquente de l'époque, ce cérémonial met en scène une intuition profonde. C'est la nation une et indivisible qui garantit le droit universel aux secours. Mais l'indigence est un drame vécu dans la quotidienneté et un risque de rupture de la sociabilité primaire. C'est donc dans la communauté locale que la réparation doit être opérée et le lien social reconstitué. Le droit au secours comme prérogative régalienne et garantie constitutionnelle trouve sa contrepartie dans cette cérémonie à la fois intime et solennelle au chef-lieu de district, lorsque la communauté locale exhibe sa solidarité en célébrant ses concitoyens dans le besoin. La «fête du malheur» symbolise le pouvoir de la République d'assurer à tous à la

---

1. Barère de Vieuzac, « Rapport sur les moyens d'extirper la mendicité... », *loc. cit.*, p. 56.

fois l'universalisme des droits de l'homme et un support relationnel concret, les garanties de la citoyenneté dans l'espace public et la reconnaissance d'une place dans l'espace privé. N'est-ce pas le contenu qu'il faut donner à la fraternité dans la trilogie républicaine? La nation ne se contente pas de secourir des citoyens malheureux. Elle les réaffilie en mettant en scène pour eux le spectacle du retour au bercail communautaire. Dans le symbolisme de la fête, le malheur cesse d'être un facteur d'exclusion et se change en mérite qui reçoit sa récompense. Notre moderne revenu minimum d'insertion fait sans doute pâle figure à côté de ces fastes civiques de la République naissante. Mais la notion contemporaine d'insertion trouve peut-être là le fondement de son contenu authentiquement social et politique. Que devrait-elle être, en effet, sinon l'actualisation, comme l'énonce la loi de décembre 1988 instituant le RMI, d'un «impératif national» de solidarité — le droit à l'insertion reconnu par la communauté nationale — à travers la mobilisation des ressources de la communauté locale pour reconstruire le lien social dans un rapport de proximité retrouvé? L'assistance, disions-nous, fonctionne comme un analogon de la sociabilité primaire. Même lorsqu'elle devient une dette nationale, elle se doit d'opérer une restauration des supports communautaires concrets.

La dissociation du droit

Cette histoire était sans doute trop belle pour être tout à fait vraie. Il faut pourtant se demander pourquoi ce programme ne s'est pas imposé et sera quasi oublié pendant un siècle, jusqu'à sa réactualisation par la IIIe République, qui en donnera d'ailleurs une version édulcorée.

Les raisons de fait ne manquent pas : une France ruinée, déchirée par la guerre étrangère et les divisions intestines ; un changement de volonté politique après Thermidor, qui instaure une véritable restauration avant la lettre dans le domaine de l'assistance[1]. Il est cependant un peu court de dénoncer l'irréalisme de ces principes, qui n'auraient été inspirés que par des motifs « idéologiques ». Ils furent au contraire mûrement réfléchis, longuement discutés, leurs sources de financement recherchées avec soin, et leurs conditions d'application analysées en détail. Leurs principaux maîtres d'œuvre n'ont pas été non plus de dangereux « extrémistes[2] ».

---

1. L'un des premiers actes de la Convention thermidorienne sera de surseoir à la vente des biens des hôpitaux avant de leur restituer le 16 vendémiaire an V (7 octobre 1796) leur personnalité civile et la jouissance de leurs biens. Le Directoire rétablit pratiquement les congrégations dans leurs anciennes prérogatives. La principale mesure de l'Empire en ce domaine est la relance des dépôts de mendicité, c'est-à-dire de la version répressive du traitement des indigents valides. Sur le retour au confessionnel, au privé et au paternalisme philanthropique, qui s'accuse évidemment avec la Restauration proprement dite, *cf.* le chapitre suivant.

2. Le principal inspirateur non seulement des travaux du Comité de mendicité, mais de la législation sociale des assemblées révolutionnaires, est le duc de La Rochefoucauld-Liancourt, grand seigneur libéral, fidèle de Louis XVI, qui s'exilera après l'exécution du roi et reviendra en France, où il sera jusqu'à sa mort « le patron banal de toutes les philanthropies de la terre », pour citer un rapport de police sous la Restauration (cité *in* C. Pautras, *Guizot sous la Restauration*, Paris, 1949). Sur ce destin hors du commun, *cf.* L.-F. Dreyfus, *Un philanthrope d'autrefois, le duc de La Rochefoucauld-Liancourt, op. cit.* Barère, lui-même, le principal porte-parole de la législation sociale de la Convention et auteur de cet autre grand texte

L'hypothèse proposée n'est pas que ces mesures sont restées inappliquées en raison de leur coût économique, de leur abstraction philosophique ou de leur radicalisme politique. C'est qu'elles étaient inapplicables en raison de leur économie interne. Mais comprendre les raisons de cette « inapplicabilité », c'est saisir le type spécifique d'articulation du politique, de l'économique et du social que la fin du XVIIIᵉ siècle a tenté de promouvoir, et saisir aussi pourquoi, à peine instauré, ce montage s'est écroulé. Pour résumer le problème : pourquoi la solution de la question sociale proposée par les artisans des Lumières et entérinée au moment de la Révolution — l'association du libéralisme pour régler la question du travail et d'une assistance étatique pour régler la question des secours — s'est-elle révélée aussitôt obsolète ? Deux éléments de réponse : parce qu'elle faisait coexister implicitement deux conceptions contradictoires du rôle de l'État ; parce que, surtout, l'association du volontarisme politique et du laisser-faire économique libérait des antagonismes sociaux que ses promoteurs étaient impuissants à contrôler, et qu'ils étaient même sans doute incapables de prévoir. Parce que cette construction, en fait, occultait la dynamique sociale qu'elle déclenchait. La complémentarité de l'économique et du politique ainsi établie « oublie »

---

qu'est son rapport du 22 floréal an II, est un ancien collaborateur de La Rochefoucauld-Liancourt au Comité de mendicité. On constate chez Barère une radicalisation du discours révolutionnaire — « faire tourner la Révolution au profit de ceux qui la soutiennent, à la ruine de ceux qui la combattent » —, mais les mesures arrêtées reprennent pour l'essentiel les propositions du Comité de mendicité.

les effets pervers de l'organisation qu'elle met en place. Ce qui va alimenter l'histoire du XIXᵉ siècle, c'est le retour de ce social à la fois libéré et refoulé par la synthèse libérale révolutionnaire.

Premier point, la juxtaposition de deux conceptions antagoniques de l'État. La mise en place d'une véritable politique des secours publics impliquait la construction d'un État fort. Le programme du Comité de mendicité et des assemblées révolutionnaires, même s'il est soigneusement réfléchi, est ambitieux. Il suppose un système public de financement et de distribution qui exclut la participation des secteurs privés et confessionnels. C'est la logique de ce que l'on appellera beaucoup plus tard l'État-providence : prélèvements obligatoires, mise en place d'une administration du social, avec les inévitables contreparties bureaucratiques et technocratiques qu'elle comporte. Cette charge aurait risqué d'être d'autant plus lourde que, entre la chute des Girondins et Thermidor, la Convention montagnarde prévoit des mesures de plus en plus audacieuses : outre un soutien très généreux aux filles mères et aux enfants assistés, un système d'allocations familiales largement ouvert aux familles, puisqu'il concerne les familles qui sont imposées jusqu'à dix journées de travail (loi du 28 juin 1793) ; puis relance d'un système de travaux publics à l'échelon départemental (loi du 15 octobre 1793). Une telle conception de l'État paraît incompatible — et toutes les polémiques qui vont traverser le XIXᵉ siècle jusqu'à aujourd'hui tendent à le confirmer — avec les présupposés du pur libéralisme et le type d'État « minimal » qu'il implique [1].

---

1. C'est mon point de désaccord avec l'imposant travail de Catherine Duprat, *le Temps des philanthropes*, t. I., Éditions du

À l'inverse, la conception de la puissance publique qui sous-tend le libre accès au travail est cet État minimal de type libéral dont Turgot a donné la formule. Certes, l'État dont se réclame le libéralisme doit savoir se faire interventionniste, et en période révolutionnaire il ne s'en privera pas. L'action du Comité de salut public en particulier est un cas limite de dirigisme étatique que d'aucuns ont pu interpréter comme une anticipation du tout-État des régimes totalitaires. Mais c'est, en principe, pour opposer une contreforce afin de briser les résistances de l'organisation politique antérieure[1]. L'État, au nom de la minimisation du rôle de l'État, doit se faire d'autant plus fort qu'il lui faut mettre fin aux abus d'un État absolutiste. La justification de cet inter-

---

Comité des travaux historiques et scientifiques, Paris, 1993, paru après la rédaction de ce chapitre. À propos des travaux du Comité de mendicité — mais les assemblées révolutionnaires reprennent, on l'a vu, à quelques nuances près, ces propositions —, selon elle, « il est clair que ce manifeste de libéralisme social se situe aux antipodes de l'État-providence dont une légende tenace veut que le Comité se soit fait l'initiateur » (p. 317). Mais l'auteur ne prend pas suffisamment en compte la distinction essentielle et fondée sur une tradition multiséculaire entre le traitement des populations hors d'état de travailler et celles qui doivent travailler. Le coup de génie, mais aussi la fragilité, de la position du Comité de mendicité et de la Convention elle-même tient à la réinterprétation nouvelle qu'ils font de cette vieille opposition, qui leur permet de faire coexister une position « étatiste » et une position « libérale ». Corrélativement, cette percée décisive qu'opère le Comité de mendicité interdit de placer cette « philanthropie révolutionnaire » — si l'on tient à cette appellation — dans la continuité de la philanthropie antérieure de la Société philanthropique, qui comptait une majorité de nobles et de notables liés à l'Ancien Régime, et surtout de la rapprocher de la philanthropie paternaliste qui va s'imposer à partir de la Restauration, *cf.* le chapitre suivant.

1. Et aussi pour vaincre les ennemis de l'extérieur.

ventionnisme est de combattre le despotisme, ce qui permettra, simultanément, de libérer les processus économiques et d'éradiquer l'injustice sociale. C'est réaliser le mariage de la pensée d'Adam Smith et de celle de Jean-Jacques Rousseau. Les révolutionnaires ont cru à quelque chose comme une «main invisible» qui assurerait un équilibre entre l'offre et la demande de travail, entre la production et la consommation, de telle sorte que la libéralisation de l'économie devrait entraîner de facto la fin du sous-emploi et réduire la misère de masse. Ils ont adhéré simultanément, et sans que cela leur parût contradictoire, à une conception rousseauiste, c'est-à-dire vertueuse, de la politique. La soumission à la volonté générale dissout les intérêts particuliers, de sorte que l'individu qui se reconnaît souverain en abandonnant son point de vue d'individu se place au-delà des antagonismes d'intérêt[1]. Rousseau accomplit la politique dans la vertu civique, et en ce sens Robespierre est son fidèle disciple. Comme plus tard pour la justification de la dictature du prolétariat, la Terreur s'autoprogramme comme un spasme à travers lequel l'État promeut énergiquement sa propre disparition

Ainsi la conception de l'État nécessaire pour

---

1. «Chacun, se donnant à tous, ne se donne à personne ; et comme il n'y a pas un associé sur lequel on n'acquière le même droit qu'on lui cède sur soi, on gagne l'équivalent de tout ce qu'on perd, et plus de force pour conserver ce qu'on a», J.-J. Rousseau, *Du contrat social*, livre I, chap. VI. Pour le dire autrement, le citoyen qui appartient à un État de droit n'a le droit de rien demander de plus que ce dont il dispose dans ce cadre. Il est comblé par la Constitution, qui émane de sa propre volonté. D'où cette implication, qui est le moteur profond de la Terreur révolutionnaire : le citoyen doit absolument être vertueux, de gré ou de force.

libérer l'économie d'entraves artificielles, et même celle qui est mobilisée pour abattre le despotisme, est-elle toute différente de celle qu'exigeraient le dirigisme et les contrôles requis pour réaliser un programme complet de secours publics. L'articulation, à première vue harmonieuse, du droit aux secours et du libre accès au travail dissimule ainsi l'antagonisme de deux principes de gouvernementalité, celui de l'État social et celui de l'État libéral. Cette juxtaposition se serait sans doute révélée incompatible en fait, si le temps avait permis de déployer toutes les conséquences pratiques des programmes révolutionnaires ; ou, si ces deux principes ne sont pas foncièrement antagonistes, l'élaboration d'un compromis (tel que le réalisera le keynésianisme, par exemple) exigera un long « travail de l'histoire » qui n'est pas encore engagé à la fin du XVIIIe siècle. Les politiques sociales modernes reposent en effet sur l'existence de « partenaires sociaux » constitués dans leur identité sur la base d'un salariat stabilisé. Mais, à l'époque révolutionnaire, il n'existe aucun espace de négociation possible entre la volonté politique de l'État et les exigences de l'économie.

On pourrait objecter à une telle interprétation que ces deux plans de gouvernementalité ne sont pas contradictoires parce qu'ils n'opèrent pas sur le même registre. Pourquoi serait-il impossible d'associer un juridisme de l'obligation sur le plan du droit (droit aux secours pouvant se prolonger en droit du travail, et en droits sociaux divers) et le libéralisme du libre accès au travail sur le plan économique ? Mais — et c'est le deuxième élément pour tenter de comprendre l'échec de la tentative d'articulation de l'économique et du social

tentée à la fin du XVIIIᵉ siècle — la manière dont
est pensée la notion de libre accès au travail est
intrinsèquement ambiguë. Au lieu d'apporter une
solution au problème de l'indigence valide, elle
ouvre la boîte de Pandore des futurs conflits
sociaux.

Formellement, pourtant, la solution est élé-
gante. Elle est exprimée avec un maximum de
clarté dans le rapport préliminaire de Jean-Baptiste Bô, qui introduit la loi du 24 vendémiaire
an II (15 octobre 1793) sur l'extinction de la
mendicité : « En leur imposant la nécessité du
travail [aux indigents valides qui ne travaillent
pas] vous les ramenez à la nécessité d'être des
citoyens utiles et vertueux. Vous établissez entre
eux et la société une réciprocité de devoirs¹. »
Mais cette réciprocité est à sens unique, et risque
de fonctionner comme un piège. L'indigent est
réintroduit dans le pacte politique s'il travaille : il
devient « un citoyen utile et vertueux ». Mais il n'y
a pas de pacte social pour lui en assurer la possibilité. Il en résulte que l'obligation pèse sur le
seul indigent. Lui doit travailler, au sens fort du
terme, et la criminalisation refondée en droit de
la mendicité et du vagabondage est là pour le lui
rappeler. Mais le gouvernement, lui, n'est pas
tenu, au sens propre du terme, de lui procurer un
travail. « Imposer la nécessité du travail », c'est
encore se référer au travail forcé, au moment
même où l'on proclame la liberté du travail. Les
pouvoirs publics, quant à eux, en sont à peu près
quittes lorsqu'ils ont posé le principe du libre

---

1. J.-B. Bô, *Rapport sur l'extinction de la mendicité présenté à
la Convention nationale au nom du Comité des secours publics*,
22 vendémiaire an II, Bibliothèque nationale, Paris, p. 4.

accès au travail[1]. Autrement dit, l'État peut se contenter pour l'essentiel de prendre des mesures politiques (la destruction des monopoles et des corporations). Ce volontarisme politique dégage un espace où va se déployer le laisser-faire économique. Entre les deux, il n'y a pas de place pour développer une politique sociale.

Le cœur de l'ambiguïté porte sur la notion même de droit. Le mot droit n'a pas un sens identique selon qu'il concerne les secours ou le travail. Dans le premier cas, il s'agit bien d'une créance de l'indigent sur la société. L'État «doit», et peut-être pourrait, mettre en place un système de secours publics, lever des impôts, recruter des personnels, créer des institutions spéciales, etc. Il en va autrement s'il s'agit de «procurer la subsistance par le travail»: l'État refuse explicitement de prendre la responsabilité d'assurer à chacun du travail. On a déjà noté la casuistique subtile, mais quelque peu embarrassée, développée par le Comité de mendicité entre «une législation générale» pour «multiplier les moyens du travail», qu'il faut «encourager», et les garanties «spéciales» de procurer à chacun du travail, qui entretiendraient la négligence et la paresse des ouvriers assurés d'un emploi sans avoir à le chercher, et qui auraient «les conséquences les plus radicalement funestes, les plus impolitiques[2]».

1. À cette réserve près que cette loi du 24 vendémiaire an II prévoit bien l'organisation de travaux saisonniers sur la base du domicile de secours pour fixer les indigents, rétribués aux trois quarts du salaire moyen local (*cf. ibid.*, p. 6). Mais, outre que cette mesure ne fut pas appliquée, elle obéit au principe de *less eligibility* de l'assistance qui évoque le Speenhamland Act anglais (1797) plutôt que la dynamisation du marché du travail.
2. C. Bloch, A. Tuetey, «Quatrième Rapport», *op. cit.*, p. 428.

Cet État animateur, comme on dirait aujourd'hui, n'est pas l'État de droit qui impose une réciprocité d'obligations entre l'individu et la collectivité.

Pourtant, la loi du 19 mars 1793 proclame d'un seul mouvement : « Tout homme a le droit à sa subsistance par le travail s'il est valide ; par des secours gratuits s'il est hors d'état de travailler. » Mais la passionnante discussion qui a précédé ce vote montre que certains au moins des protagonistes furent conscients de ce qui se jouait à travers cette ambiguïté — enjeu fondamental, s'il est vrai qu'il s'agit de savoir s'il est possible de concilier les droits civiques et politiques généraux des citoyens et des droits sociaux dont pourraient bénéficier les plus malheureux ; ou encore, de concilier la liberté et le droit de propriété, d'une part, qui avantageront plutôt les nantis, l'égalité et la fraternité, d'autre part, qui sont désirées par ceux qui vivent surtout d'espérances[1].

Ainsi Romme s'expose : « Je propose un paragraphe additionnel ainsi conçu : tout homme a droit d'exiger de la société, pour ses besoins, du travail ou des secours. » Mais le compte rendu de la séance aux Archives parlementaires note : « *Interruptions, murmures*[2]. » L'immense majorité de l'Assemblée partage l'opinion « raisonnable » de Boyer-Fonfrède, qui est aussi celle déjà défendue par le Comité de mendicité :

> Il serait très dangereux de décréter que la société doit les moyens d'exister aux individus. Que veut-

1. *Cf.* M. Gauchet, *la Révolution et les droits de l'homme*, Paris, Gallimard, 1989, 2ᵉ partie, chap. vi.
2. *Archives parlementaires*, séance du 22 avril 1793, t. LXIII, p. iii.

on dire d'ailleurs lorsque l'on assure que la société doit ses secours à ceux qui n'ont pas les moyens de subsister ? De quels pauvres alors veut-on parler ? Est-ce de ces pauvres valides ou invalides ? Mais la société ne doit des secours qu'aux infirmes, à ceux qui ont été disgraciés par la nature et qui ne peuvent plus vivre de leur travail. Sous ce rapport la société, sans doute, doit la subsistance aux individus ; mais vous rendriez la société misérable et pauvre, vous tueriez l'industrie et le travail, si vous assuriez la subsistance à ceux qui n'ont rien, mais qui peuvent travailler [1].

En effet, l'établissement d'un droit effectif au travail ne serait pas une mince affaire. Il faudrait que l'État intervienne dans l'organisation de la production, en se faisant lui-même entrepreneur par exemple («nationalisations»), ou du moins qu'il s'immisce dans la politique d'embauche des employeurs. Il faudrait alors un État socialiste ou socialisant, et le droit au travail sera effectivement une revendication majeure des futurs programmes socialistes. Mais un tel pouvoir donné à l'État, si tant est qu'elle en ait clairement dégagé ces implications, apparaît exorbitant même à la Convention montagnarde.

C'est pourquoi le flou entretenu autour du statut du libre accès au travail dans sa différence par rapport au droit au travail n'est pas une inconséquence. Il est constitutif de la position de

---

1. Cité *in* M. Gauchet, *la Révolution et les droits de l'homme, op. cit.*, p. 232. Je reviendrai sur ce débat au chapitre VI, car il exprime pour la première fois avec une clarté totale les enjeux de l'opposition entre la propriété et le travail que l'État social du début du XXe siècle tentera de dépasser en instaurant une forme de propriété sociale fondée sur l'assurance et les services publics.

la majorité des révolutionnaires Mais ils ont donné une expression formellement irréprochable à cette ambiguïté. Grâce à leur réinterprétation de la vieille dichotomie invalidité-validité, ils ont pu juxtaposer sans contradiction apparente *une position maximaliste en matière de droit au secours, et une position minimaliste en matière de droit du travail*. Leur programme assistantiel est peut-être à ce jour inégalé, tandis qu'ils n'ont pas inauguré de régulations concernant le travail.

Doit-on interpréter comme un habile calcul cette impasse faite sur le droit au travail ? Certes, pour les employeurs il était avantageux de faire « comme si » le libre accès au travail valait pour un droit au travail. C'était placer sous leur seul contrôle le développement économique, tandis que le droit au travail serait surtout un droit pour les travailleurs et surbordonnerait l'intérêt économique à la réalisation d'objectifs sociaux. Et, de fait, la revendication du libre accès au travail paraît avoir été portée seulement par les « esprits éclairés », et non par les travailleurs. Les quelques témoignages dont on dispose sur l'opinion de ceux-ci — bien moins nombreux que ceux répertoriables dans les livres, libelles, journaux et débats parlementaires, qui expriment la position des détenteurs d'un capital culturel et aussi économique — semblent indiquer que les ouvriers n'ont pas « compris » la liberté du travail dans le même sens que ceux qui s'en faisaient les promoteurs.

Ainsi, juste avant le vote de la loi Le Chapelier, en avril 1791, les compagnons charpentiers parisiens « pétitionnent » à la mairie de Paris pour obtenir un salaire minimal de 50 sols par jour, arguant que le salaire qui leur est dispensé ne leur permet pas de survivre. Ils s'adressent poliment aux nouvelles autorités, au nom, pensent-ils, des principes révolutionnaires : « L'Assemblée, en déclarant les droits de l'homme, a certainement voulu que la Déclaration des droits servirait à quelque chose à la classe indigente qui a été si longtemps le jouet du despotisme des ci-devant maîtres. » Le maire de Paris, Bailly, les admoneste de la sorte : « Tous les citoyens sont égaux en droit, mais ils ne le sont pas en facultés, en talents, en moyens... Une coalition d'ouvriers pour porter le salaire de leur journée à un prix uniforme, et forcer ceux du même état à se soumettre à cette fixation, serait donc évidemment contraire à leurs véritables intérêts[1]. »

Ainsi, les ouvriers devraient comprendre que leur « véritable intérêt » n'est pas d'être garantis contre la misère par un salaire assuré, mais d'épouser l'idéologie libérale qui les met en concurrence, rétribue les « facultés » et les « talents », et pénalise les médiocres et les faibles. Mais pourquoi seraient-ils entrés de leur plein gré dans cette logique concurrentielle dont ils devaient bien pressentir qu'elle allait les livrer à la discrétion des employeurs ? Autre témoignage, après le vote de la loi Le Chapelier cette fois : en août 1792, des délégations d'ouvriers viennent demander à la mairie du Havre une hausse de leurs « tarifs ». Comme Bailly, le maire refuse en leur faisant la leçon : « Les ouvriers doivent être pénétrés du respect de la loi qui veut que celui

---

1. Cité *in* E. Dolléans et G. Debove, *Histoire du travail en France, op. cit.*, p. 129-131.

qui donne à travailler, comme celui qui travaille, soit libre de donner ou de recevoir le prix qui lui convient… En principe, les salaires des gens de travail sont le résultat d'un traité libre entre l'ordonnateur et celui qui travaille[1]. » Ici encore les ouvriers venaient collectivement chercher l'appui des pouvoirs publics, et chacun est renvoyé à lui-même et au face-à-face avec l'employeur. Le « libre contrat de travail » paraît bien avoir été imposé aux travailleurs dans un rapport de domination politique.

Plus généralement, la critique de l'organisation traditionnelle des métiers ne paraît pas avoir été, comme telle, une revendication populaire. Sidney et Béatrice Webb caractérisent ainsi l'attitude des ouvriers face à la mise en cause des contraintes corporatistes : « Ce qui se passait, alors que se faisaient sentir partout les effets de la compétition capitaliste, c'était que le journalier et même souvent les petits artisans pétitionnaient pour redresser la situation, exigeaient l'interdiction des nouvelles machines, l'application de la vieille loi limitant strictement le nombre des apprentis pour chaque artisan[2]. » Avant même le « luddisme », qui prendra en Angleterre le caractère d'une révolte de masse contre les machines[3], les réactions des ouvriers à la libéralisation du travail paraissent avoir majoritairement pesé dans le sens du main-

1. Cité *in* J. Leroy, *le Peuple du Havre et son histoire*, Le Havre, 1962, t. I, p. 221.
2. S. et B. Webb, *The History of Trade Unionism*, Londres, 1920, p. 53.
3. E.P. Thompson, *la Formation de la classe ouvrière anglaise*, *op. cit.*, chap. xiv. Pour une synthèse sur cette question en France, *cf.* M. Perrot, « Ouvriers et machines au xixᵉ siècle », in *Recherches*, nᵒˢ 32-33, septembre 1978.

tien du protectionnisme[1]. Ainsi, à la fin de l'Ancien Régime, un dur conflit oppose à Lyon les marchands de la soie et les ouvriers, maîtres artisans compris. Ceux-ci demandent un « tarif » homogène pour les marchandises et dénoncent la liberté « meurtrière » des prix, car c'est « la liberté, en un mot, d'écraser ceux qui l'alimentent et le soutiennent[2] ». Pendant la Révolution, sauf erreur, les revendications des sans-culottes et des foules révolutionnaires ne se sont pas portées contre l'organisation du travail. Ils ont exigé le contrôle des prix et, à un moindre degré, un salaire décent, c'est-à-dire une réglementation du coût de denrées (les lois sur les maxima qui furent effectivement imposées par la pression populaire) et une meilleure rétribution de leur travail[3]. Il est permis de supposer qu'en règle générale ils se sentaient davantage protégés par les formes traditionnelles du travail réglé que par une liberté sauvage, et qu'à défaut de ces protections ils en appelaient aux pouvoirs publics pour obtenir de nouvelles régulations, et non la liberté du travail.

1. Noter toutefois qu'Arlette Farge fait état de manifestations de joie populaire à Paris à l'occasion de la suppression des jurandes par Turgot en 1776 (*la Vie fragile, pouvoirs et solidarités à Paris*, Paris, Hachette, 1986). Mais le sens de ces réactions populaires n'est sans doute pas univoque. S'agit-il de célébrer la liberté du travail en tant que telle, ou une victoire remportée sur les anciens privilèges et le parti de la Cour ?

2. Cité *in* M. Garden, *Lyon et les Lyonnais*, *op. cit.*, p. 341.

3. *Cf.* A. Soboul, *les Sans-Culottes*, *op. cit.*, et G. Rudé, *les Foules dans la Révolution française*, trad. fr. Paris, Maspero, 1982. Le Comité de salut public cédera à la pression populaire sur les maxima des denrées, au grand dam des modérés, mais instituera parallèlement un maximum des salaires. Cette dernière mesure rend en partie compte du manque d'enthousiasme des foules révolutionnaires à défendre la gauche montagnarde au moment de Thermidor, et la chute de Robespierre.

Le capitalisme utopique

Ainsi le libre accès au travail bénéficiait-il incontestablement aux classes « bourgeoises » qui allaient prendre le pouvoir. La phrase de Marat, l'un des rares opposants à la loi Le Chapelier, apparaît rétrospectivement prophétique : « Qu'aurons-nous gagné à détruire l'aristocratie des nobles si elle est remplacée par l'aristocratie des riches[1] ? » Peut-on conclure pour autant que l'audacieuse construction du Comité de mendicité ou la législation des assemblées révolutionnaires n'étaient que des paravents pour assurer l'hégémonie économique des industriels ? Il n'y a pas grand mérite à interpréter l'histoire après coup en la corrigeant à la lumière de ce qui s'est ensuite passé. Mon interprétation est plutôt que l'ambiguïté constamment soulignée à travers l'analyse de ces positions était bien une ambiguïté réelle, présente dans les esprits parce qu'elle l'était aussi dans les faits. C'est pourquoi, à une lecture cynique (la bourgeoisie montante a tout manipulé en fonction de

---

1. Cité par M. Bouvier-Ajam, *Histoire du travail en France*, *op. cit.*, t. I, p. 707. Notons toutefois que l'argumentation de Marat n'est pas économique, mais politique. Il dénonce certes les employeurs qui « ont enlevé à la classe innombrable des manœuvres et des ouvriers le droit de s'assembler pour délibérer en règle sur leurs intérêts, sous prétexte que ces assemblées pourraient ressusciter les corporations qui ont été abolies ». Mais c'est parce qu'« ils voulaient isoler les citoyens et les empêcher de s'occuper en commun de la chose publique » (*l'Ami du peuple*, 18 juin 1791). De fait, l'enjeu de la loi Le Chapelier était politique au moins autant qu'économique : interdire les sociétés et les clubs dont l'action empêchait la stabilisation du nouveau régime, et la suite de l'histoire confirmera la gravité de ce danger. Mais je m'en tiens ici aux effets économiques et sociaux de la loi Le Chapelier.

son intérêt), j'en préfère une autre qui permet de replacer cet épisode révolutionnaire dans la longue durée et introduit une meilleure compréhension des péripéties futures de la question sociale. L'hypothèse est que ces constructions ont un caractère «*utopique*», au sens où Pierre Rosanvallon parle de «capitalisme utopique[1]». Ces réformateurs auraient extrapolé, poussé à la limite, les caractéristiques les plus dynamiques du développement économique et social qu'ils observaient à la fin du XVIIIe siècle. Ils auraient projeté son accomplissement complet sans voir, c'est-à-dire sans pouvoir anticiper parallèlement les contreparties sociales de cette réalisation, qui n'étaient pas encore pleinement lisibles à partir de la situation du XVIIIe siècle. En cela ils ne font d'ailleurs que traduire la tendance profonde de toute la critique «progressiste» du siècle si bien dégagée par Reinhart Kosellek, à savoir «proclamer la réalité véritable de ce qui est demandé par la rationalité[2]». Mais si illusion il y a, n'est-elle pas entretenue par la réalité sociale et économique de l'époque?

Qu'est-ce, en effet, que le capitalisme au XVIIIe siècle? Fernand Braudel a montré qu'une forme de capitalisme constituait déjà le secteur dynamique des sociétés préindustrielles. «Modernité, agilité, rationalité [...]. Il est la pointe avancée de la vie économique moderne[3].» Et il est

---

1. P. Rosanvallon, *le Capitalisme utopique, op. cit. Cf.* aussi D. Meuret, «A Genealogy of Political Economy», *Economy and Society*, Londres, vol. 17, n° 2, mai 1988.
   2. R. Kosellek, *le Règne de la critique*, trad. fr. Paris, Éditions de Minuit, 1979.
   3. F. Braudel, *Civilisation matérielle, économie et capitalisme XVe-XVIIIe siècle*, t. III, «Le temps du monde», Paris, A. Colin, 1967, p. 11.

cela «dès ses lointains débuts», lorsqu'il s'impose au Moyen Âge dans certaines villes italiennes et flamandes. Mais il ne règne que sur des secteurs très limités d'échanges, la finance, le commerce international, minces pellicules à la surface de ce que Braudel appelle «*la ne économique*», qui demeure circonscrite par les régulations traditionnelles et alimente des circuits de faibles débits — et plus profondément encore dans «*la vie matérielle*» des routines et des répétitions qui conditionnent le temps long, quasi immobile, de l'histoire.

Or au XVIIIe siècle, par rapport à ces «lointains débuts», ce secteur capitaliste de pointe s'est considérablement développé, mais sa position structurale par rapport à la «vie économique» et à la «vie matérielle» n'a pas été substantiellement transformée. On est en droit de parler de progrès foudroyants de la finance et du grand commerce, d'une progression plus lente mais encore substantielle de l'industrie, plus lente encore de l'agriculture. Cependant ce secteur dynamique qui «tire la croissance», dirions-nous aujourd'hui, est encore extraordinairement limité. Dans une logique comparable à celle de Braudel, Pierre Chaunu distingue trois cercles concentriques de communications économiques et sociales[1]. Dans le premier, de quelques kilomètres de rayon, s'effectuent environ 90 % des échanges de tout ce qui se produit et se consomme (y compris les femmes sur le marché matrimonial). Le deuxième cercle, de quelques centaines de kilomètres carrés, correspond à un «pays» au sens ancien du terme et

P. Chaunu, *l'Histoire, science sociale, op. cit.*

inclut le marché d'une ou deux petites villes. Il mobilise encore près de 10 % des échanges. Enfin le troisième cercle, celui des larges transits, du grand commerce, des échanges des produits manufacturés, a pris une dimension de plus en plus internationale, surtout avec le « désenclavement » de la vieille chrétienté occidentale au XVIᵉ siècle. Il permet d'immenses fortunes commerciales et financières. Mais il ne représente que le centième de l'ensemble des échanges. S'il exerce une « pesée globale » sur l'ensemble de la structure, sa place demeure périphérique. Dans le même ordre d'idées encore, Carlo Cipolla a calculé qu'au long des siècles « préindustriels », pour que dix personnes mangent, il fallait que sept ou huit d'entre elles restent attachées à la terre[1]. Cette nécessité, rançon de la faiblesse des technologies de transformation, rend compte non seulement de la prééminence écrasante de l'agriculture dans l'économie, mais aussi de la territorialisation massive des populations et du caractère géographiquement très limité et fermé sur eux-mêmes de la plupart des échanges économiques et sociaux.

Le XVIIIᵉ siècle, et surtout sa seconde moitié, représente le moment où ces équilibres ancestraux se mettent à vaciller[2]. Moment de « décon-

---

1. C. Cipolla, *Before the Industrial Revolution, op. cit.*
2. Rappelons que la plupart des historiens sont aujourd'hui d'accord pour dater l'avènement de la révolution industrielle dans les années 1770 en Angleterre. Ce qui ne signifie évidemment ni que le décollage se produit brusquement, puisqu'il est préparé par plusieurs siècles de lentes transformations, ni qu'il s'impose immédiatement d'une manière hégémonique sur l'ensemble de l'aire géographique qu'il ébranle. La « révolution industrielle » va même de pair, sur le continent européen, avec un développement accru de la « proto-industrie », *cf.* le chapitre

version» qui évoque ce qui a pu se passer pour
de tout autres raisons et à une autre échelle
au milieu du XIVᵉ siècle. Une dynamique économique, commerciale et même industrielle de plus
en plus insistante continue de se heurter à l'immobilité massive de l'ensemble de la société. Pour
les contemporains, il ne devait pas être évident
que quelques signes même importants (l'accéléra-
tion de la croissance démographique, industrielle
et surtout commerciale, les premières machines,
les premières fabriques encore modestes...)
débouchaient sur un type nouveau d'organisation
économique et sociale face au poids encore écrasant, dans tous les domaines, des contraintes
séculaires. Les promoteurs de la modernité se
sont proposé d'étendre au corps social tout entier
les bénéfices de transformations qu'ils observent
dans des secteurs encore limités. Ils extrapolent
une dynamique encore en gestation. En cela
consiste précisément le caractère «utopique» de
leur construction. Ils ne décrivent pas un état
général mais projettent à la dimension du monde
l'accomplissement d'un processus qui, s'il n'est
plus marginal, reste entravé par tous les héritages, qu'il s'agisse des structures politiques, des
régulations juridiques, des manières d'exploiter
la terre ou de faire travailler les hommes.

Peut-on leur reprocher de n'avoir pas anticipé
de surcroît les effets sociaux de transformations
non encore accomplies, à savoir que la destruction des régulations à leurs yeux dépassées allait

---

précédent. L'avenir avance masqué. D'où la difficulté pour les
contemporains de le déchiffrer sous les permanences.

aussi révolutionner les rapports sociaux de base, en particulier le rapport à la terre et le rapport au travail ? Les analyses de Karl Polanyi éclairent deux spécificités essentielles entraînées par la révolution industrielle : le caractère exceptionnel de la forme du marché capitaliste « autorégulé » par rapport à toutes les organisations antérieures d'échanges et d'économies ; le fait que, pour s'imposer, il doive remodeler l'ensemble de la société à son image sous le règne de la marchandise[1]. Cependant Polanyi et d'autres avant lui, dont Marx, produiront ce type d'analyse à partir de la situation du XIXe siècle, lorsque les conséquences sociales de ces transformations, en particulier l'apparition de nouvelles formes de paupérisme, se seront imposées sur une large échelle. Mais était-ce possible à partir de la situation de la seconde moitié du XVIIIe siècle ? Un discours « progressiste » à peu près de ce type pouvait alors être tenu sans trop de mauvaise foi : le royaume est encore pauvre, et la plupart des sujets sont malheureux parce que la société est bloquée. En mettant fin à ces blocages, la production agricole et industrielle s'accroîtra, le commerce prospérera, la demande solvable augmentera, relançant la production et assurant le progrès indéfini de la richesse nationale. Le travailleur lui-même participera aux fruits de cette richesse, sa part s'accroîtra en fonction du développement de la fortune commune, et le quasi-plein-emploi sera assuré grâce à l'accroissement de la demande solvable.

---

1. K. Polanyi, *la Grande Transformation*, *op. cit.*, 2e partie, chap. I.

C'est une traduction moderne, «keynésienne» si l'on veut, de nombreux textes de l'époque. Par exemple celui-ci :

> Les pauvres valides ne sont donc autre chose que des journaliers sans propriété. Ouvrez des travaux, ouvrez des ateliers, facilitez pour la main-d'œuvre les facilités de la vente : ceux qui, avec le besoin de travail, ne reconnaissent apparemment pas ce besoin, s'ils mendient, ils seront réprimés ; s'ils ne mendient pas, ils trouveront sans doute ailleurs les moyens de vivre [1].

Soulignons toutefois le «sans doute» : il trahit l'ambiguïté sous-jacente à cette politique et révèle que l'optimisme de maintes déclarations célébrant un avenir meilleur n'est pas pure naïveté. Mais il n'est pas pour autant pur cynisme. Rien n'est encore joué. Le partage relatif des bénéfices de la croissance, le rééquilibrage spontané de la demande réalisant le quasi-plein-emploi ne sont pas des certitudes, comme n'est pas non plus encore une certitude l'exploitation future du prolétariat. Pour que celle-ci se révèle dans toute son ampleur, il faudra non seulement que la généralisation du marché soit *proclamée*, mais encore qu'elle soit déjà *réalisée* sur une large

---

1. C. Bloch, A. Tuetey, *Procès-verbaux et rapports du Comité de mendicité, op. cit.,* «Troisième Rapport», p. 381. Dans le même esprit, Leroy d'Allarde, auteur en février 1791 d'un rapport qui formule les propositions reprises par la loi Le Chapelier, écrit : «L'âme du commerce est l'industrie, l'âme de l'industrie est la liberté. Craindrait-on la multiplication des ouvriers ? Leur nombre se compose toujours en raison de la population, ou, ce qui revient au même, en raison des besoins de la consommation» (cité *in* M. Bouvier-Ajam, *Histoire du travail en France, op. cit.,* t. II, p. 25).

échelle. Cependant l'optimisme libéral version
XVIIIᵉ siècle est fragile pour une raison de fond,
que maintenant nous pouvons comprendre. La
construction d'ensemble qui met au premier plan
le libre accès au travail comporte un maillon
faible. Elle fait porter le poids de la liberté nouvelle au travailleur manuel, c'est-à-dire à un individu sans ressources, sans dignité, et dont — il
faut à nouveau y insister — le statut demeure
proche de celui que l'on attribue à l'époque à la
«canaille».

L'abbé Sieyès a été, on le sait, le principal inspirateur de la Déclaration des droits de l'homme.
C'est aussi lui cependant qui a écrit:

> Parmi les malheureux voués aux travaux pénibles,
> producteurs de la jouissance d'autrui et recevant à
> peine de quoi sustenter leur corps souffrant et plein
> de besoins, dans cette foule immense d'instruments
> bipèdes, sans liberté, sans moralité, ne possédant
> que des mains peu gagnantes et une âme absorbée,
> est-ce là ce que vous appelez des hommes? Y en a-
> t-il un seul qui fût capable d'entrer en société[1]?

L'opinion de Sieyès n'a rien d'exceptionnel.
L'Assemblée nationale adopte, trois jours après
le vote de la Déclaration des droits de l'homme,
la distinction entre citoyens actifs et citoyens
passifs qui exclut de la participation à la vie politique deux millions sept cent mille Français de

---

1. E.J. Sieyès, *Écrits politiques, op. cit.*, p. 81. Les individus
qui manquent de tout support et de toute ressource ne sont pas
capables «d'entrer en société», de constituer à proprement
parler des collectifs, ils forment seulement une collection de
«bipèdes»: c'est sans doute une des premières formulations
explicites de la thématique de «l'individualisme négatif» dont
l'importance sera soulignée en conclusion.

sexe masculin qui ne paient pas un impôt équivalent à trois journées de travail, c'est-à-dire la
majorité des salariés et plus du tiers des hommes
en âge de voter[1]. Le journaliste Loustalot déclare
à cette occasion : « Nul citoyen ne doit être privé
de la faculté de voter par le droit, et il importe que
par le fait tous les prolétaires, tous les citoyens
susceptibles d'être corrompus en soient privés[2]. »

Paradoxe éclairant de l'argumentation : au
nom du droit qui doit s'imposer à tous, les prolétaires doivent être de fait exclus de la citoyenneté
complète. Celle-ci suppose en effet l'indépendance et, comme le domestique assujetti à son
maître, le prolétaire assujetti à son besoin est un
être corruptible, incapable de civisme. On ne
peut éluder une question grave en qualifiant simplement de « droitières » ou de « bourgeoises » ces
positions. Saint-Just, que l'on ne peut accuser de
modérantisme, laisse également transparaître
son mépris pour le travail « industriel » : « Un
métier s'accorde mal avec le véritable citoyen : la
main de l'homme n'est faite que pour la terre et
pour les armes[3]. » Saint-Just mais aussi, un cran
au-dessus encore dans la radicalité révolutionnaire, Gracchus Babeuf, exécuté, on le sait, pour
avoir fomenté la Conspiration des Égaux. La

---

1. Sur les enjeux de cette discrimination politique,
cf. O. Lecour Grandmaison, *les Citoyennetés en révolution,
1789-1794*, thèse pour le doctorat de sciences politiques, université Paris I, 1991, et P. Rosanvallon, *le Sacre du citoyen*,
Paris, Gallimard, 1993.

2. Loustalot, *les Révolutions de Paris*, nº 17, cité *in* J. Bart,
« Le prolétaire présent/absent », actes du colloque *la Révolution
française et les processus de socialisation de l'homme*, université
de Rouen, Éditions Messidor, 1988, p. 402.

3. Cité *in* A. Olivier, *Saint-Just ou la force des choses*, Paris,
1954, p. 18.

nécessité qu'il ressent avec passion **de mettre fin**
à la scandaleuse inégalité des conditions ne le
conduit cependant pas à revaloriser la condition
salariale, au contraire : « Faisons en sorte que les
hommes laborieux jouissent, moyennant un travail très modéré et sans recevoir de salaire, d'une
honnête et inaltérable aisance, et le bandeau
tombera bientôt des yeux des citoyens égarés par
les préjugés et par la routine[1]. » Babeuf condamne
absolument l'oisiveté, source du parasitisme des
possédants et de l'injustice sociale. Mais, comme
contrepartie d'un travail modéré, il préconise
une sorte de rente sociale et non un salaire, dont
il est conscient du caractère dégradant.

Le poids écrasant de l'indignité de la situation
salariale, dont on a dégagé les racines séculaires,
ne peut être annihilé par la simple affirmation
de principe du libre accès au travail. Le talon
d'Achille du libéralisme — si tant est du moins
qu'il ait voulu porter aussi un projet de justice
sociale — a sans doute été l'insigne faiblesse
sociale de cette condition. « C'est à l'ouvrier de
maintenir la convention qu'il a faite avec celui
qui l'occupe », déclare le préambule de la loi Le
Chapelier. Mais quelle peut être dans les faits la
traduction de cet idéal contractuel si le salarié
réel ne dispose que des attributs négatifs de la
liberté ? La promotion du contrat de travail
débouche sur la découverte de l'impuissance du
contrat à fonder un ordre stable.

Face à la majorité des déclarations libérales

---

1. Rapporté par I. Buonarotti, *la Conspiration pour l'égalité,
dite de Babeuf*, Éditions sociales.

déjà évoquées, dont l'ambiguïté penche vers l'optimisme, il fallait sans doute être extraordinairement lucide pour tenir dès la seconde moitié du XVIIIe siècle un discours sans équivoque. Un homme au moins le fut, Turgot, qui anticipe déjà la « loi d'airain » des salaires et « l'armée de réserve » industrielle :

> Le simple ouvrier qui n'a que ses bras et son industrie n'a rien qu'autant qu'il parvient à vendre à d'autres sa peine. Il la vend plus ou moins cher ; mais ce prix plus ou moins haut ne dépend pas de lui seul : il résulte de l'accord qui est fait avec celui qui paye son travail. Celui-ci le paye le moins cher qu'il le peut : comme il a le choix entre un grand nombre d'ouvriers, il préfère celui qui travaille au meilleur marché. Les ouvriers sont donc obligés de baisser le prix à l'envi les uns les autres. En tous genres de travail, il doit arriver, et il arrive en effet, que le travail de l'ouvrier se borne à ce qui lui est nécessaire pour assurer sa subsistance[1].

La lucidité de Turgot est-elle prémonitoire ? En fait, Malthus n'est pas très loin[2], et auparavant l'économie politique anglaise avait déjà amorcé une réflexion sur *le besoin* susceptible de subvertir l'idée de nature et de dévoiler la perversité du contrat. Si on abolit les protections traditionnelles, on risque de faire affleurer, non point la rationalité des lois naturelles, mais la puissance biologique des instincts : les démunis seront alors

---

1. A.R.J. Turgot, *Formation et distribution des richesses*, Éditions Schelle, Paris, t. II, p. 537, cité *in* H. Hauser, *les Débuts du capitalisme, op. cit.*
2. T.R. Malthus, *An Essay on the Principle of Population*, 1re édition, Londres, 1798.

poussés par la nécessité naturelle, c'est-à-dire par la faim[1]. À l'arrière-plan de la réciprocité juridique du contrat de travail se profile ainsi l'altérité fondamentale des positions sociales des contractants, et l'espace pacifié des relations marchandes se transmue en un champ de bataille pour la vie si l'on réintroduit la dimension *temporelle* dans le contrat de travail. L'employeur, lui, peut attendre, il peut contracter « librement », car il n'est pas sous l'empire du besoin[2]. Le travailleur est déterminé biologiquement à vendre sa force de travail parce qu'il est dans l'urgence, il a besoin dès maintenant de son salaire pour survivre. Ce qu'Edmund Burke, si « réactionnaire » fût-il, ou plutôt sans doute parce qu'il l'était et qu'il défendait les tutelles traditionnelles contre la logique libérale, a parfaitement perçu :

> Le travail est une marchandise et, comme telle, un article de commerce. Lorsqu'une marchandise est portée sur le marché, la nécessité que le prix s'élève ne dépend pas du vendeur, mais de l'acheteur. L'impossibilité de survivre *[the impossibility of subsistance]* de l'homme qui apporte son travail

1. « Ceux qui gagnent leur vie par un travail quotidien n'ont aucun autre aiguillon que leurs besoins pour se rendre serviables, besoins qu'il est prudent de soulager, mais faux de vouloir guérir. [...] Dans une nation libre qui proscrit l'esclavage, la richesse la plus sûre tient à la multitude des pauvres laborieux » (B. de Mandeville, *The Fable of the Bess*, 5e édition, Londres, 1728, p. 213 et p. 228).

2. Adam Smith lui-même avait perçu ce rôle joué par l'urgence, c'est-à-dire par la temporalité, qui réintroduit les instincts de lutte, la vie et la mort dans l'univers aseptisé des lois économiques : « À la longue [...] l'ouvrier est aussi nécessaire au maître que le maître à l'ouvrier, mais le besoin qu'ils ont l'un de l'autre n'est pas aussi urgent » (*Recherches sur la nature et les causes de la richesse des nations, op. cit.*, t. I, chap. v).

au marché est complètement hors de question selon cette manière de voir les choses. La seule question est : qu'est-ce que ça vaut pour l'acheteur[1] ?

En France toutefois, tout se passe comme si la réflexion de ceux qui se font les porte-parole du progrès au moment où s'amorce la révolution industrielle était surdéterminée politiquement[2]. Ou, pour le dire autrement, leur lecture de la situation politique est claire, tandis que celle de la situation sociale reste brouillée. Le volontarisme politique s'impose à leurs yeux, car il est nécessaire pour libérer les potentialités de l'économie, mais les effets sociaux de cette rupture sont incertains. Les coûts sociaux de la liberté d'entreprendre ne seront-ils pas exorbitants ?

Cette situation est ainsi déjà grosse d'affrontements entre ceux qui ne pourront se satisfaire d'un régime se contentant de libérer les lois du marché sans toucher à leur condition misérable, et ceux qui prétendent avoir résolu la question sociale lorsqu'ils ont levé les obstacles au développement économique. Il faut pourtant reconnaître une cohérence à cette réponse à la question sociale par la libération du marché du travail. Elle prend le contre-pied des systèmes antérieurs de contraintes pour promouvoir le progrès. Elle

---

1. E. Burke, «Thought and Details» (publié en 1795), *in Works*, vol. V., Boston, 1869, p. 142, cité *in* R. Bendix, *Work and Authority in Industry*, New York, 1956, p. 75.
2. Deux hypothèses complémentaires pour rendre compte de cette différence : en Angleterre, la révolution industrielle, plus avancée, permet de percevoir plus tôt certaines de ses conséquences sociales ; des cadres politiques et sociaux plus souples y font moins ouvertement obstacle à la promotion du nouveau régime des échanges.

épouse ainsi, à la fois, les exigences de la révolution politique et de la rationalité économique.
Elle opère la double modernisation de l'État et
de l'économie. Mais elle ne va pas résister à la
dynamique de la révolution industrielle, parce
que le nouvel ordre économique va être facteur
de dérégulations sociales.

À la fin du XVIIIe siècle, c'est là toutefois une
métamorphose encore à venir.

Du contrat au statut

Les bouleversements advenus à la fin du XVIIIᵉ siècle ont libéré l'accès au travail, mais ils n'ont rien fait, ou si peu, pour la promotion de la condition salariale. L'ouvrier devra désormais, selon la forte expression de Turgot, «vendre à d'autres sa peine», au très petit bonheur la chance. La contractualisation du rapport de travail n'est pas en mesure de remédier à l'indignité du salariat qui demeure, si ce n'est le dernier, du moins l'un des derniers des états. À peine y a-t-il au-dessous les plus viles couches de la populace vivant d'expédients et de délits, mais la ligne de partage est difficile à tracer : on parlera bientôt de «classes dangereuses» pour nommer une partie des classes laborieuses. L'avènement d'un nouvel état salarial à partir de la contractualisation des rapports de travail se présente ainsi comme le degré zéro d'une condition salariale, si l'on entend par là la reconnaissance d'un statut auquel sont rattachés des garanties et des droits. Privé de ses supports tutélaires, l'état salarial n'est pas seulement vulnérable. Il va devenir invivable.

Ce qui a été proposé lors de la chute de l'Ancien Régime comme la réponse moderne à la question sociale ne va donc pas pouvoir s'instituer comme telle. Le principe du libre accès au travail ouvre une ère de turbulences et de conflits. La question sociale se reformule à partir de nouveaux noyaux d'instabilité qui sont comme l'ombre portée du développement économique. Laissé à lui-même, le processus de l'industrialisation engendre un monstre, le paupérisme. Comment trouver un compromis entre le marché et le travail qui assure la paix sociale et résorbe la désaffiliation de masse créée par l'industrialisation ? Cette question va devenir celle de l'intégration de la classe ouvrière. Mais les réponses apportées ne vont pas être univoques. Les régimes qui se recommandent de l'initiative individuelle et de la liberté des échanges feront tout, dans un premier temps, pour tenir la puissance publique en dehors de ces enjeux. Une politique sociale sans État est possible, le libéralisme l'a inventé. Elle met en place de nouvelles tutelles pour relester le contrat, reconstruire de l'extrasalarial autour du salariat. Le patronage, philanthropique ou patronal, n'impose pas seulement des modes de dépendance personnelle. Il représente un véritable plan de gouvernabilité politique qui vise à restructurer le monde du travail à partir d'un système d'obligations morales (chapitre v).

C'est après son relatif échec que s'imposent de nouvelles stratégies indexées sur l'État. L'État social prend acte des effets pervers des régulations purement économiques et de l'insuffisance des régulations morales. Il s'efforce de garantir une conception de la sécurité (sociale) dont les protections dépendent moins de la propriété que du travail. Il n'est pas pour autant l'expression d'un volontarisme politique. Au contraire, les dispositifs spécifiques déployés au nom de la solidarité sont autant de moyens d'éviter la transformation directement politique des structures de la société. Que chacun reste à sa place, mais ait une place. Faire du social, ou comment faire l'économie du socialisme : l'État social, dans sa philosophie comme dans ses modes d'instrumentalisation pratique, est un compromis.

Compromis entre les intérêts du marché et les revendications du travail : les arbitrages qu'il institue entre les différents « partenaires sociaux » dépendent de la situation que ceux-ci occupent les uns par rapport aux autres. Ainsi a-t-il comporté, avant la période contemporaine, au moins deux versions : une version minimaliste, sous la IIIᵉ République, correspondant à une situation salariale encore très vulnérable et à un marché encore abandonné pour l'essentiel à ses autorégulations (chapitre VI) ; une version maximaliste, après le compromis keynésien qui intègre la croissance économique, le quasi-plein-emploi et le développement du droit du travail dans la structuration de la société industrielle. Sa marge de manœuvre est alors d'autant plus grande qu'un « cercle vertueux » paraît rendre compatibles les intérêts de la production et ceux des producteurs. À tout le moins l'expansion, sur le double plan de la productivité et des « acquis sociaux », permet-elle d'espérer que celui même qui obtient le moins en aura néanmoins à l'avenir davantage (chapitre VII).

Cette situation n'est plus la nôtre. Du côté du travail, comme du côté des protections, un processus de dégradation paraît engagé, et les effets de cette dérive s'additionnent dans un cercle cette fois vicieux. Sans doute n'avait-on pas réa-

lisé à quel point notre conception de la sécurité
dépendait du type de structuration de la condition salariale qui s'est imposé dans la société
industrielle. À quel point aussi le travail est plus
que le travail : lorsqu'il se délite, les modes de
socialisation qui y étaient associés et les formes
d'intégration qu'il nourrissait risquent de se fra-
casser. Que devient l'État social dans cette nouvelle conjoncture ? Il n'est plus possible de se
contenter de combler des « trous » résiduels dans
les protections, ni de continuer sur la lancée des
politiques intégratives de régulation des inégalités et d'égalisation des chances. C'est le bilan à
tirer des transformations en cours sur le plan de
l'organisation — ou de la désorganisation — du
travail et de la structuration — ou de la déstructuration — de la sociabilité. Elles invitent à reformuler aujourd'hui la question sociale dans les
termes de la remontée d'une vulnérabilité de
masse que l'on croyait conjurée (chapitre VIII).

Cependant, l'État social demeure notre héritage, et il est aussi sans doute notre horizon.
Notre héritage : nous vivons encore au milieu de
puissants systèmes de protection, et c'est ce qui
donne à la situation actuelle sa spécificité. Cette
vulnérabilité après les protections, et avec des
protections, n'est pas la vulnérabilité d'avant les
protections de la première moitié du XIXᵉ siècle.
Mais l'État social est aussi un horizon. La mise
en perspective historique montre qu'il est la
forme — mais la forme variable — que prend le
compromis entre la dynamique économique
commandée par la recherche du profit et le souci
de protection commandé par les exigences de la
solidarité. Peut-on penser une société sans un tel
compromis, fût-il différent de celui qui a prévalu

jusqu'ici ? Peut-on accepter d'en revenir à l'insécurité sociale permanente d'avant les protections ? Si non, il faudra bien renégocier les
relations entre le marché et le travail élaborées
dans la matrice de la société industrielle lorsqu'elle était hégémonique. On va le montrer : ce
que l'histoire sociale a élaboré d'inédit depuis le
XIXᵉ siècle, c'est la déconnexion au moins partielle de la sécurité et de la propriété, et le subtil
couplage de la sécurité et du travail. Sauf à penser que nous sommes au-delà du travail et à
consentir à revenir en deçà de la sécurité, c'est
une version nouvelle de ce montage qui est maintenant à inventer.

CHAPITRE V

UNE POLITIQUE SANS ÉTAT

L'Ancien Régime avait déployé des interventions publiques énergiques dans le domaine social : politiques de lutte contre la mendicité et le vagabondage, soutien de la royauté à l'organisation traditionnelle du travail, initiatives du pouvoir royal pour créer des institutions de travail, hôpitaux généraux, « ateliers de charité », dépôts de mendicité... En Angleterre, les interventions publiques avaient permis la construction d'un véritable système de secours alimenté par une taxe obligatoire. En Angleterre encore, la scène politique pendant le premier tiers du XIXᵉ siècle est animée par un grand débat pour ou contre l'abolition des *poor laws*, c'est-à-dire de la « charité légale » qui assure en principe un revenu minimal à tous les indigents. Et lorsque, portée par la critique des économistes, Malthus en tête, la tendance abolitionniste paraît l'emporter, c'est en fait un nouveau système public de secours que met en place la législation réformée en 1834. Système très dur, centré sur la *workhouse*, c'est-à-dire sur le travail obligatoire des indigents dans des conditions souvent inhumaines, mais système centralisé, national, qui se veut homogène, et qui est financé par des fonds publics[1].

Rien de tel en France. Guère de grand débat public, avant 1848, sur les questions de l'indigence et du travail[2]. Des références constamment critiques à la «charité légale» anglaise, accusée à la fois d'être d'un coût financier exorbitant et d'entretenir chez les pauvres une mentalité d'assistés. Cette situation est paradoxale. La première moitié du XIXe siècle est en effet marquée par la prise de conscience d'une forme de misère qui paraît accompagner le développement de la richesse et le progrès de la civilisation. La question sociale se pose à nouveaux frais parce que ces «nouveaux pauvres» sont maintenant plantés au cœur de la société, ils forment le fer de lance de son appareil productif. Une société peut-elle rester indifférente au risque de sa fracture?

La société de la première moitié du XIXe siècle ne l'a pas été. Elle va mobiliser des stratégies originales qui affichent ostensiblement leurs prétentions «sociales». On peut donc «faire du social», et aller assez loin en ce sens, sans en référer à l'État et même, au contraire, pour conjurer son intervention. Parallèlement aux contrats qui régulent les relations marchandes et les rapports sociaux entre égaux, de nouvelles tutelles et un patronage éclairé doivent recréer des réseaux d'interdépendance entre supérieurs et inférieurs,

---

1. *Cf.* J.R. Poynter, *Society and Pauperism, English Ideas on Poor Relief, 1795-1834.*

2. Sauf la discussion parlementaire qui a précédé le vote de la loi limitant le temps de travail des enfants en mars 1841. Exception dont on dira plus loin le sens : il y allait de la reproduction de la vie des travailleurs, davantage que de l'amélioration de leurs conditions de travail.

entre le peuple mineur et ses guides soucieux du bien commun. Une faille cependant, et même sans doute une contradiction, au cœur de ces dispositifs au demeurant sophistiqués : l'efficacité morale suppose l'adhésion de ceux que l'on moralise et doit ainsi perpétuer la situation de minorité sociale des assujettis. De sorte que l'histoire d'une politique sans État conte aussi les mésaventures d'une conception morale du social qui va être rattrapée par le politique.

Les misérables

L'histoire sociale du XIXe siècle s'ouvre sur une énigme, l'inquiétante étrangeté d'une situation inédite :

> Lorsque l'on parcourt les diverses contrées d'Europe, on est frappé par un spectacle extraordinaire et en apparence inexplicable. Les pays qui apparaissent les plus misérables sont ceux qui, en réalité, comptent le moins d'indigents, et chez les peuples dont vous admirez l'opulence, une partie de la population est obligée pour vivre d'avoir recours aux dons de l'autre [1].

Et Alexis de Tocqueville — qui, comme à peu près tous les penseurs sociaux de l'époque, a lui aussi produit son mémoire sur le paupérisme — poursuit son propos par une comparaison entre le Portugal et l'Angleterre. Le Portugal, c'est ce

---

1. A. de Tocqueville, *Mémoire sur le paupérisme* lu à l'Académie de Cherbourg en 1835. Mémoire reproduit *in Revue internationale d'action communautaire*, n° 16/56, automne 1986, Montréal, p. 27-40.

que l'on pourrait appeler une société préindustrielle, ou d'Ancien Régime, le contraire d'une
société opulente, mais où la pauvreté, massive,
est à peine visible parce que c'est une pauvreté
intégrée, prise en charge par les réseaux primaires
de la sociabilité paysanne ou par des formes
frustes d'assistance dont l'Église catholique est le
maître d'œuvre. L'Angleterre, ce serait plutôt
l'Amérique ou le Japon de l'époque. La révolution
industrielle y a été un fantastique multiplicateur
de richesses qui lui a donné une avance considérable en Europe, et a fortiori sur les pays à forte
dominante agraire comme le Portugal. Pourtant,
l'indigence y est omniprésente, insistante, massive.

Tocqueville ne fait preuve ici d'aucune originalité. Eugène Buret, par exemple, se livre au même
constat, et procède à la même mise en perspective historique : « Dans la situation actuelle, il est
malheureusement trop vrai que la misère a suivi
exactement les différents peuples en civilisation
et en richesse. Si on consulte la statistique, on
voit que les nations occupent à peu près le même
rang dans l'échelle de la misère que dans celle de
la richesse. » Et il ajoute que le mot de paupérisme exprimant cette nouvelle pauvreté est
« emprunté à l'Angleterre, qui méritait assuré-
ment de nommer le mal qu'elle possède avant
toutes les autres nations[1] ».

----

1. E. Buret, *De la misère des classes laborieuses en France et
en Angleterre*, Paris, 1840, t. I, p. 120. Buret oppose quant à lui
« la misère [qui] est un phénomène de civilisation ; elle suppose
l'éveil et même un développement avancé de la conscience », et
« les populations qui sont restées dans leur primitive indigence,
comme les Corses et les bas Bretons ».

«Nouvelle pauvreté», en effet, et dont on a oublié à quel point la découverte a pu apparaître littéralement sidérante, car elle marquait un contraste absolu par rapport au «capitalisme utopique», à l'optimiste libéral version XVIIIe siècle. Cette indigence qui «sous le nom nouveau et tristement énergique de paupérisme envahit des classes entières de la population», dit pour sa part Villeneuve-Bargemont, «tend à s'accroître progressivement en raison même de la production industrielle. Elle n'est plus un accident, mais la condition forcée d'une grande partie des membres de la société». C'est pourquoi «le paupérisme est une menace à l'ordre politique et social[1]». En fait, il pose la nouvelle question sociale.

Deux caractères principaux du paupérisme permettent de saisir la nouveauté de cette reformulation. D'une part, il prend à contre-pied la pensée libérale élaborée au long du XVIIIe siècle, pour laquelle «un homme n'est pas pauvre parce qu'il n'a rien, mais parce qu'il ne travaille pas» (Montesquieu). Il fallait donc «ouvrir les ateliers», «ménager les moyens du travail» (La Rochefoucauld-Liancourt). Voici le résultat. Il existe une indigence qui n'est pas due à l'absence de travail mais à la nouvelle organisation du travail, c'est-à-dire au travail «libéré». Elle est fille de l'industrialisation. De Louis-Napoléon Bonaparte, qui lui aussi a proposé son programme d'extinction du paupérisme:

> L'Industrie, cette source de richesses, n'a aujourd'hui ni règle, ni organisation, ni but. C'est une

---

1. A. de Villeneuve-Bargemont, *Traité d'économie politique chrétienne ou recherches sur le paupérisme*, Paris, 1834.

machine qui fonctionne sans régulateur ; peu lui importe la force motrice qui l'emploie. Broyant également dans ses rouages les hommes comme la matière, elle dépeuple les campagnes, agglomère la population dans des espaces sans air, affaiblit l'esprit comme le corps, et jette ensuite sur le pavé, quand elle ne sait plus qu'en faire, les hommes qui ont sacrifié pour l'enrichir leur force, leur jeunesse, leur existence. Véritable Saturne du travail, l'industrie dévore ses enfants et ne vit que de leur mort[1].

Le paupérisme met ainsi la modernité au défi de surmonter sa maladie infantile. Mais est-ce une maladie infantile, ou le destin des sociétés industrielles ? Par-delà les innombrables condamnations globales du phénomène, les auteurs qui en ont tenté une analyse précise, tel Eugène Buret, montrent qu'il est l'effet direct de la nouvelle organisation du travail, facteur permanent d'insécurité sociale. « Ces populations de travailleurs, de plus en plus pressées, n'ont pas même la sécurité d'être toujours employées ; l'industrie qui les a convoquées ne les fait venir que lorsqu'elle a besoin d'elles et, sitôt qu'elle peut s'en passer, elle les abandonne sans le moindre souci[2]. » C'est, littéralement, de la précarité de l'emploi qu'il est question ici. Buret souligne aussi l'importance du chômage, ce qu'il appelle « les chômages », et qu'il analyse à partir de situations précises, comme celle des tisserands à main pour lesquels « les chômages sont plus fréquents que

---

1. L.-N. Bonaparte, *l'Extinction du paupérisme*, in *Œuvres*, Paris, Éditions napoléoniennes, édition de 1848, t. II, p. 256 (l'édition originale est de 1844).
2. E. Buret, *Misère des classes laborieuses...*, op. cit., t. I, p. 68.

dans aucune autre industrie, et à la première perturbation économique, le tisserand n'a plus d'ouvrage[1]». L'observateur social met également en avant l'absence de qualification: «Le plus grand nombre des fonctions industrielles ne constituent pas des métiers, mais seulement des services passagers que le premier venu peut rendre; et cela est si vrai que l'enfant de six ans est rétribué pour l'emploi de son corps dès son entrée dans la manufacture[2].» Il souligne également à la fois la grande précarité — le terme est employé — qu'entraîne cette absence de qualification et le caractère massif du recours à ce type de main-d'œuvre: «L'industrie mécanique multiplie les travailleurs inhabiles; ce sont les travailleurs inhabiles qu'elle recherche de préférence, dont elle encourage surtout la production[3].»

Buret se livre ainsi à une analyse d'ensemble de la vulnérabilité des ouvriers de l'industrie. Ce qui rend la situation grave, c'est qu'elle ne comporte rien d'accidentel. Elle ne concerne pas des poches archaïques ou marginales de l'organisation du travail, mais découle des exigences modernes de la productivité. La précarité du travail, l'absence de qualification, les alternances d'emploi et de non-emploi, les chômages, caractérisent la condition générale de la classe ouvrière naissante: «On ne contestera pas au moins que, dans ce régime actuel, le travail est

1. *Ibid.*, t. II, p. 25
2. *Ibid.*
3. E. Buret, *Misère des classes laborieuses...*, *op. cit.*, t. II, p. 35. Buret traduit par «travailleurs inhabiles» l'expression *unskilled workers* qu'il emprunte à des auteurs anglais et qui signifie en fait les travailleurs non qualifiés ou sous-qualifiés.

sans aucune sécurité, sans garantie comme sans protection[1]. »

Une autre caractéristique du paupérisme rend compte de son caractère nouveau et littéralement bouleversant. Il présente une catégorie historiquement inédite du malheur du peuple, faite non seulement de misère matérielle mais aussi de dégradation morale profonde. C'est une sorte de condition anthropologique nouvelle qui se dégage, créée par l'industrialisation : une espèce de nouvelle barbarie, qui est moins le retour à la sauvagerie d'avant la civilisation que l'invention d'un état de désocialisation propre à la vie moderne, spécialement urbaine[2].

Buret, pourtant très critique à l'égard du processus d'industrialisation, parle de gens qui « pourrissent dans la saleté », qui « sont retombés à force d'abrutissement dans la vie sauvage ». Ils inspirent ainsi « plus de dégoût que de pitié ». « Ce sont des barbares[3]. » Ces jugements sont alimentés principalement par la description des formes de vie des familles ouvrières entassées dans les

1. *Ibid.*, t. I, p. 70. Ce diagnostic a globalement été confirmé par des travaux historiques plus récents. Ainsi, E.J. Hobsbawm marque l'importance « du chômage structurel et cyclique » au début de l'industrialisation et précise qu'à certains moments, comme lors de la crise des années 1841-1842, plus de la moitié des ouvriers des manufactures anglaises pouvaient être privés de travail (« En Angleterre : révolution industrielle et vie matérielle des classes populaires », *Annales ESC*, nov.-déc. 1962, p. 1049). En France, lors de la crise de 1828, la fonderie de Chaillot, qui occupe normalement 300 à 400 ouvriers, n'en garde plus qu'une centaine. À la Savonnerie également la moitié de l'effectif est au chômage (*Cf.* E. Labrousse, *le Mouvement ouvrier et les théories sociales de 1815 à 1848*, Paris, CDU, p. 92).

2. *Cf.* G. Procacci, *Gouverner la misère, op. cit.*, chap. VI.

3. E. Buret, *Misère des classes laborieuses..., op. cit.*

faubourgs des villes industrielles où la promiscuité des sexes et des âges, l'absence totale d'hygiène, constituent ce que l'on pourrait appeler une
étiologie nouvelle de la dépravation des mœurs. Il
faut faire un sort à ces images du «magma», du
«ghetto», espaces sans différenciation, sorte de
flaques étendues de misère sur laquelle, tel un
fumier, poussent les vices, violence et alcoolisme
des hommes, inconduite et prostitution des
femmes, perversions des enfants. Elles traduisent
le sentiment d'être en présence d'une situation
historique inédite :

> La misère et la subversion de l'intelligence, la
> pauvreté et l'abaissement de l'âme, l'affaiblissement
> et la décomposition de la volonté et de l'énergie, la
> torpeur de la conscience et de la personnalité, l'élé-
> ment moral en un mot, sensiblement, souvent
> même mortellement atteint. Voilà le caractère
> essentiel, fondamental et absolument nouveau du
> paupérisme [1].

Le paupérisme représente ainsi une sorte d'immoralité faite nature à partir de la dégradation
complète des modes de vie des ouvriers et de leurs
familles. L'aliéniste Morel va d'ailleurs construire
son concept de dégénérescence, promu à un bel
avenir, à partir de l'observation des ouvriers du
textile et des membres de leur famille internés à
l'asile de Saint-Yon, près de Rouen. La dégénérescence exprime une dégradation de l'espèce
humaine, héréditaire mais qui n'est pas origi-
naire. Elle est suscitée par un environnement

---

1. E. Laurent, *le Paupérisme et les institutions de prévoyance*,
Paris, 1865, t. I, p. 13.

social dont Morel constate d'abord sur les populations ouvrières les effets les plus déplorables[1].

Une telle attitude ne marque pas une simple réaction ponctuelle aux débuts de l'industrialisation. En 1892 encore, dans le *Dictionnaire d'économie politique* de Léon Say et Joseph Chailley, qui fait alors autorité, l'article « paupérisme », écrit par Émile Chevalier contient ce jugement :

> Le paupérisme est un état nouveau aussi bien par ses causes que par son caractère. Son origine est due à l'organisation industrielle de notre époque contemporaine ; elle réside dans la manière d'être et de vivre des ouvriers de manufactures [...]. Il suppose un anéantissement du moral, un abaissement et une corruption des facultés mentales[2].

Ces appréciations fondent ce que l'on est en droit d'appeler un racisme antiouvrier largement répandu dans la bourgeoisie du xixe siècle. « Classes laborieuses, classes dangereuses. » Louis Chevalier cite de nombreux textes — de Lecouturier : « Paris n'est qu'un campement de nomades », de Jules Breyniat : « La bourgeoisie devait être victime de ces barbares », de Thiers : « La vile multi-

---

1. *Cf.* R. Castel, *l'Ordre psychiatrique*, Paris, Éditions de Minuit, 1976, p. 280 *sq.*
2. L. Say, J. Chailley, *Dictionnaire d'économie politique*, Paris, 1892, article « Paupérisme », p. 450. On pourrait trouver des expressions beaucoup plus récentes de cette attitude. Ainsi l'*Encyclopaedia Americana*, édition de 1951, à l'article « Paupérisme », s'exprime encore en ces termes : « L'histoire du paupérisme est essentiellement l'histoire des erreurs commises dans l'assistance aux pauvres, d'un humanitarisme trop zélé et d'une charité déraisonnable. [...] La cause essentielle du paupérisme, outre les aumônes inconsidérées, ce sont les vices qui ravagent l'individu. [...] La sensualité affaiblit les corps, détruit le respect de soi et mène à la dépendance chronique. »

tude qui a perdu toutes les Républiques», d'Haus-
mann : «Cette tourbe de nomades», etc.[1] — qui
placent ces populations «en dehors de la société,
en dehors de la loi, des *outlaws*» (le mot, cette
fois, est de Buret[2]). Louis Chevalier montre bien
cependant que cette thématique dominante
«classes laborieuses, classes dangereuses» n'est
pas seulement celle de la criminalité, même si la
criminalité constitue sa limite : «Le danger n'est
pas dans le crime, il est dans les rapports entre les
bas-fonds et le monde du travail[3].» Par rapport
aux peintures séculaires de la «gueuserie», la nouveauté tient à la prise de conscience d'une condition travailleuse tellement dégradée qu'elle place
des populations entières aux lisières de l'asocialité.

Victor Hugo a donné dans *les Misérables* une
peinture de cette situation qui vaut sans doute
plusieurs ouvrages d'histoire sociale[4]. Jean Val-

1. L. Chevalier, *Classes laborieuses et classes dangereuses à
Paris pendant la première moitié du XIXᵉ siècle*, 2ᵉ édition, Paris,
Hachette, 1984, p. 602.
2. E. Buret, *Misère des classes laborieuses...*, op. cit.
3. L. Chevalier, *Classes laborieuses et classes dangereuses...*,
op. cit., p. 255. Les données qu'interprète Chevalier concernent
Paris, qui n'est pas une nouvelle métropole industrielle et où les
formes artisanales ou semi-artisanales d'organisation du travail
sont encore dominantes. Mais il montre aussi que cette représentation nouvelle des travailleurs porteurs d'une criminalité
potentielle est suscitée par la transformation sans précédent de
la composition de la population ouvrière parisienne au début du
XIXᵉ siècle : immigration massive de ruraux désocialisés, populations flottantes qui saturent les anciens quartiers pauvres et
peuplent les garnis, etc. Ce qui caractérise le «paupérisme»,
c'est bien, à Paris aussi, et a fortiori dans les nouvelles concentrations industrielles, l'association de nouvelles formes d'organisation du travail et de la dégradation des conditions de vie des
«classes inférieures» due dans une large mesure à l'arrivée de
nouvelles couches désocialisées (désaffiliées).
4. Rappelons que si la première édition des *Misérables* date
de 1862, les épisodes parisiens se déroulent à la fin de la Res-

jean, Gavroche, les Thénardier, sont des « misérables » : continuum de conduites qui vont de l'hé-
roïsme à l'abjection, mais qui ont en commun,
précisément, la misère, cette condition nouvelle,
« moderne », des gens du peuple, ne relevant plus
de la pauvreté intégrée ni « de la primitive indigence des Corses ou des bas Bretons » qu'évoquait Eugène Buret. Selon la juste remarque de
Louis Chevalier, le mot misérable « s'applique de
plus en plus fréquemment, de plus en plus
totalement, à ceux qui se trouvent à la frontière
incertaine et constamment remaniée de la misère
et du crime. Il [Hugo] ne distingue plus deux
conditions différentes, mais le passage de l'une à
l'autre, cette détérioration sociale que nous décri-
vons : une situation intermédiaire et mouvante, et
non pas un état [1] »

---

tauration et sous la monarchie de Juillet, c'est-à-dire au
moment où se cristallise la question sociale.
1. L. Chevalier, *Classes laborieuses et classes dangereuses…*,
op. cit., p. 176. Ainsi, pour Hugo, le qualificatif de « misérable »
ne porte pas une condamnation, il s'inscrit au contraire dans
une tentative de réhabilitation à partir de la découverte de
l'étiologie sociale de la misère. On trouve d'ailleurs exactement
la même connotation du terme « misère », et le même continuum entre l'innocence flouée et le crime chez des penseurs
socialistes comme Proudhon ou Louis Blanc : « La misère
conseille incessamment le sacrifice de la dignité personnelle et
presque toujours elle le commande. La misère crée une dépendance de condition à celui qui est indépendant par caractère,
de sorte qu'elle cache un tourment nouveau dans une vertu et
change en fiel ce qu'on porte de générosité dans le sang. Si la
misère engendre la souffrance, elle engendre aussi le crime. Si
elle aboutit à l'hôpital, elle conduit aussi à la prison. Elle fait
les esclaves ; elle fait la plupart des voleurs, des assassins, des
prostituées » (L. Blanc, *Organisation du travail*, Paris, édition
de 1850, p. 4, 1re édition, 1839). Eugène Buret a également
cette belle formule : « La misère, c'est la pauvreté moralement
sentie » *(Misère des classes laborieuses…, op. cit.)*.

Mais tous les «bourgeois» n'ont pas pour les misérables les yeux de Victor Hugo. Ils auraient plutôt ceux de Javert. Le mélange de mépris et de peur qui structure leur attitude est l'expression d'un antagonisme social fondamental pouvant prendre le visage d'une lutte à mort. Ainsi, parmi tant d'autres, ce texte publié dans *le Journal des débats* au lendemain de la révolte des canuts lyonnais en 1831 :

> Chaque habitant vit dans sa fabrique comme les planteurs des colonies au milieu de leurs esclaves ; la sédition de Lyon est une espèce d'insurrection de Saint-Domingue... Les Barbares qui menacent la société ne sont point au Caucase, ni dans les steppes de la Tartarie. Ils sont dans les faubourgs de nos villes manufacturières... Il faut que la classe moyenne sache bien l'état des choses ; il faut qu'elle connaisse sa position[1].

La lutte des classes n'a pas été inventée par les seuls «collectivistes». Elle est aussi formulée par des conservateurs et par des modérés qui prennent conscience, au début des années 1830, de l'existence d'un risque imminent de dissociation sociale, parce que les travailleurs de l'industrie forment «une nation dans la nation que l'on commence à désigner d'un nom nouveau : le prolétariat industriel[2]».

Cet étonnement des contemporains devant le paupérisme et les réactions qu'il suscite doit lui-

---

1. Saint-Marc Girardin, *le Journal des débats*, 8 décembre 1831, cité par E.J. Hobsbawm, *l'Ère des révolutions, op. cit.*
2. Daniel Stern, cité par Louis Chevalier, *Classes laborieuses et classes dangereuses, op. cit.*, p. 599.

même aujourd'hui susciter l'étonnement. D'abord parce que le phénomène n'a pas le caractère massif que ces descriptions et ces craintes lui prêtent. Autour de 1848, on peut évaluer la population ouvrière française à environ 4 400 000 personnes. Mais la majorité de ces travailleurs est encore inscrite dans un environnement rural ou semi-rural qui maintient les régulations traditionnelles. Il faut rappeler qu'alors les trois quarts des habitants du pays vivent à la campagne. Même pour ceux qui sont déjà urbanisés, « la France est, dans la première moitié du XIXᵉ siècle, un pays de petites villes où la vie urbaine se distingue peu de la vie rurale et s'entretient par elle [1] ». La mobilité géographique est très restreinte : en 1856 encore, seuls 11 % des Français résident dans un autre département que celui où ils sont nés [2].

Permanence des modes de vie traditionnels, donc, mais aussi des formes dispersées d'organisation du travail. Le processus de concentration industrielle a été très lent, et la plupart des grands rassemblements de travailleurs datent de ce que l'on appelle parfois la « seconde révolution industrielle », à la fin du XIXᵉ et au début du XXᵉ siècle [3]. Jusque-là, les ouvriers de la grande industrie restent minoritaires par rapport à ceux des petites entreprises regroupant moins de dix personnes [4]. Même dans ces régions industrielles,

---

1. C.-H. Pouthas, *la Population française pendant la première moitié du XIXᵉ siècle*, Paris, 1956.
2. R. Noiriel, *les Ouvriers dans la société française*, Paris, Le Seuil, 1986, p. 18.
3. Pour une synthèse sur les lenteurs de l'industrialisation, *cf.* C. Charles, *Histoire sociale de la France au XIXᵉ siècle*, Paris, Le Seuil, 1991, chap. I.
4. *Cf.* W. Sewell, *Gens de métiers...*, *op. cit.*

comme les grands centres textiles de Reims, Mulhouse ou Roubaix, le tissage se fait à 75 % extra-muros. Pour les mines, dans un site comme Carmaux, les efforts acharnés de la direction tout au long du XIXᵉ siècle n'arriveront pas à éliminer le caractère d'ouvriers ruraux d'une majorité de mineurs[1]. Rappelons enfin (*cf.* chapitre III) que la « proto-industrie », l'artisanat rural, ne sont pas des survivances : ils continuent encore leur expansion au début du XIXᵉ siècle.

Ainsi, dans la première moitié du XIXᵉ siècle, le timide décollage de la grande industrie n'a pas encore supplanté les deux formes antérieures d'organisation du travail, l'artisanat rural et l'organisation urbaine du travail en petits ateliers. Évaluons à 1 200 000 le nombre des « ouvriers industriels » à plein temps[2], dont la moitié environ travaillent dans les grandes concentrations industrielles qui ont alimenté les descriptions du paupérisme[3].

Alors, le paupérisme, un fantasme entretenu par la peur des possédants ? Des travaux historiques récents reviennent sur les peintures catastrophiques du paupérisme produites au XIXᵉ siècle : elles seraient l'effet d'une sorte d'ethnocentrisme de classe, leurs auteurs — des notables pour la plupart — exprimant à travers ces descriptions leur incompréhension des mœurs et des compor-

---

1. *Cf.* R. Trempé, *les Mineurs de Carmaux, 1848-1914*, 2 vol., Paris, Éditions ouvrières, 1971.

2. *Cf.* R. Noiriel, *les Ouvriers dans la société française, op. cit.*, p. 18.

3. J.-P. Rioux, *la Révolution industrielle*, Paris, Le Seuil, 1971, p. 170, en compte 670 000 en 1848 dans les établissements groupant plus de 10 ouvriers, dont la moitié de femmes et d'enfants (254 000 et 130 000).

tements populaires, assimilés à de monstrueuses perversions. Double réhabilitation, du peuple pas si mauvais qu'on l'a dit, et des possédants, dédouanés d'avoir été impitoyables en exploitant une situation qui au demeurant n'était pas non plus si terrible. Une telle relecture de l'histoire des débuts de l'industrialisation n'est d'ailleurs pas nouvelle. Elle apparaît dès le milieu du XIXᵉ siècle dans les cercles qui défendent la pureté des principes du libéralisme économique, comme le *Journal des économistes* :

> Que fait-on depuis quinze ans, si ce n'est nous présenter sans cesse de sombres tableaux sur la situation des ouvriers, en accusant tour à tour le gouvernement et les classes moyennes d'opprimer et d'exploiter les travailleurs et de les livrer ainsi à une misère sans fin ? Ce n'est pas avec de pareilles déclarations qu'on arrive aux réformes sociales[1].

Mais même si elles invitent à relativiser certaines peintures du paupérisme, ces réévaluations ne sont pas totalement convaincantes. « Exagérations » mises à part, des centaines de milliers d'hommes, de femmes et d'enfants passèrent à coup sûr dans les premières concentrations industrielles jusqu'à quatorze ou seize heures par jour, leur courte vie durant, pour des salaires de misère, totalement livrés à l'arbitraire patronal

---

1. T. Fix, « Observations sur l'état des classes ouvrières », *Journal des économistes*, nov.-déc. 1845. *Cf.* aussi C. Dunoyer, *De la liberté du travail, ou simple exposé des conditions dans lesquelles les forces humaines s'exercent avec le plus de puissance*, Paris, 1845, qui se réjouit « du progrès du bien-être matériel, non seulement pour les classes aisées, mais aussi pour le grand nombre, ce qui est prouvé par des documents officiels et irrécusables ».

et réduits à la condition de machines à produire du profit, rejetées aussitôt qu'elles cessent de servir. On ne peut qu'être frappé également par la similitude des descriptions de tous les observateurs qui prirent la peine d'aller y voir, des «modérés», comme le docteur Villermé ou Eugène Buret, aux «radicaux», tels Robert Owen ou Friedrich Engels[1]. Ils citent aussi de nombreux témoignages d'officiers de santé, de religieux, voire des rapports officiels d'enquête qu'il n'y a pas de raison de soupçonner a priori de fabulation. Observant les débuts du processus en

---

1. Comparer, par exemple, la description du quartier Saint-Sauveur à Lille par Villermé, *Tableau de l'état physique et moral des ouvriers employés dans les manufactures de laine, de soie et de coton* (1838, réédition Paris, UGE, 1971), celle de l'East London par Eugène Buret, *la Misère des classes laborieuses en France et en Angleterre, op. cit.*, et l'hallucinante description de Manchester par Friedrich Engels, *la Misère des classes laborieuses en Angleterre*, 1845, trad. fr. Paris, 1933. Rappelons aussi que l'ouvrage le plus «engagé» de Charles Dickens, *Hard Times*, paru en 1854 (trad. fr. *Temps difficiles*, Paris, Gallimard), a également pour cadre Manchester. Dickens peint avec un humour féroce, à travers le personnage de Mr. Bounderby, l'attitude des bons bourgeois à l'égard des ouvriers mécontents de leur sort, dont la prétention exorbitante serait de «vouloir manger avec des cuillères en or». On doit souligner — bien que ce ne soit pas une preuve absolue de scientificité — que les sciences sociales ont fait leurs premières armes sur ces «terrains». Beaucoup de ces peintures du paupérisme correspondent à des recherches à prétention objective et à finalité pratique, répondant à de véritables «appels d'offres» parfaitement codés. Ainsi cette commande de l'Académie des sciences morales et politiques, en 1838, qui valut à Buret le premier prix : «Rechercher d'après des observations positives quels sont les éléments dont se compose, à Paris ou dans toute autre grande ville, cette partie de la population qui forme une classe dangereuse par ses vices, son ignorance et sa misère ; indiquer les moyens que l'administration, les hommes riches ou aisés, les ouvriers intelligents et laborieux, pourraient employer pour améliorer cette classe dangereuse et dépravée. »

Angleterre, Jean-Baptiste Say qui à coup sûr n'est pas suspect d'extrémisme politique, écrivait déjà dès 1815 : « Un ouvrier, selon la famille qu'il a et malgré des efforts souvent dignes de la plus haute estime, ne peut gagner en Angleterre que les trois quarts et quelquefois seulement la moitié de ses dépenses[1]. »

Le paupérisme, c'est incontestable, est une construction sociale. Mais toute réalité sociale est une construction sociale. Il est incontestable aussi que les descriptions extrêmes du paupérisme ne valent que pour une minorité de travailleurs de la première moitié du XIXe siècle. Mais ce constat ne réfute pas l'importance historique du phénomène. Avant la révolution industrielle, les vagabonds aussi ne représentaient qu'une minorité par rapport à la vulnérabilité de masse du peuple travailleur. Avant comme après l'industrialisation, la question sociale se pose à partir de la situation de populations apparemment marginales. Elle n'en concerne pas moins la société tout entière.

En effet, prendre au sérieux la question du paupérisme permet de comprendre un des enjeux fondamentaux de l'histoire sociale pendant la première moitié du XIXe siècle : *la concurrence entre deux modèles d'industrialisation*. Le premier paraît « doux », en ce sens qu'il s'inscrit dans un mouvement de transformations sécu-

---

1. J.-B. Say, « De l'Angleterre et des Anglais ». *Œuvres*, t. **IV**. p. 213.

laires qu'il semble prolonger sans soubresauts dramatiques. Ainsi, à la ville, il se moule dans la structure de la petite entreprise de type artisanal, et William H. Sewell a bien mis en évidence la vigueur de cette organisation très avant dans le XIXᵉ siècle. À la campagne, la proto-industrie paraît concilier le développement économique avec le maintien des tutelles traditionnelles. Son ancrage familial et rural perpétue les protections rapprochées de la sociabilité primaire et semble pouvoir éviter la désaffiliation. Alain Dewerpe parle à ce propos de « prolétarisation en famille [1] » : le passage au salariat complet s'effectue souvent dans le cadre d'une économie domestique où la division des tâches s'opère au sein de la cellule familiale. Cette organisation du travail prévient ainsi la dissociation familiale et freine l'exode rural. L'industrialisation paraît possible dans le cadre protégé de la famille et du village, sans mettre en cause, apparemment du moins, leurs systèmes traditionnels de régulation. Cette situation paradoxale a été soulignée par Hans Medick, qui relève « la face de Janus de la proto-industrialisation [2] » : d'un côté, ces ouvriers demeurent affiliés à la communauté rurale ; mais ils sont en même temps virtuellement déterritorialisés, dans la mesure où leur salaire est déterminé sans référence aux prix locaux, mais en fonction de la concurrence nationale et même internationale

---

1. A. Dewerpe, *l'Industrie aux champs. Essai sur la proto-industrialisation en Italie du Nord, 1800-1880*, École française de Rome, 1985, p. 479.
2. Cité par M. Garden, « L'industrie avant l'industrialisation », *in* P. Léon (dir.), *Histoire économique et sociale du monde, op. cit.*, t. III.

qui définit la valeur de leur production. Jusqu'à
Le Play (et même jusqu'à l'État vichyste) de nombreux réformateurs sociaux caresseront le rêve
de rapatrier dans les campagnes un maximum de
travailleurs qui retrouveraient, par leur réinscription dans un terroir, les valeurs de la famille,
de la morale et de la religion.

C'est par rapport à ce modèle que les formes
modernes de concentration industrielle prennent
le caractère d'une tragique nouveauté. Eugène
Buret :

> L'industrie moderne a introduit dans la condition
> des classes laborieuses un changement qui a l'im-
> portance d'une terrible innovation : elle a remplacé
> le travail en famille par le travail en fabrique ; elle a
> brusquement interrompu le silence et la paix de la
> vie domestique pour lui substituer l'agitation et le
> bruit de la vie en commun. Aucune transition n'a été
> ménagée, et les générations élevées pour l'existence
> tranquille de la famille ont été jetées sans prépara-
> tion dans les ateliers ; hommes, femmes et enfants se
> sont entassés par milliers dans de vastes manufac-
> tures où ils devront travailler côte à côte et pêle-
> mêle pendant quatorze ou quinze heures par jour[1].

Conception à coup sûr idéalisée du travail en
famille et des charmes de la ruralité[2]. Il n'en

---

1. E. Buret, *Misère des classes laborieuses en France et en
Angleterre, op. cit.*, t. II, p. 20.
2. E.P. Thompson émet un jugement plus équilibré : « Le
crime du système de la fabrique a été d'hériter du pire du système domestique dans un contexte qui ne conserva aucune des
compensations domestiques » (*la Formation de la classe ouvrière
en Angleterre, op. cit.*, p. 370). David Lewine montre par ailleurs
qu'il ne s'agit pas d'une opposition absolue et que le développement de la proto-industrie a été un facteur décisif de la paupérisation des campagnes elles-mêmes, et a profondément affecté

demeure pas moins que cette opposition d'une économie domestique et d'un «modèle manchestérien» de concentration industrielle a représenté aux yeux des contemporains une grille essentielle de lecture pour dégager la nouveauté et la spécificité des formes nouvelles que prenait l'industrialisation. Les *Annali universali di statistica* formulent ainsi en 1829 cette opposition, en des termes qui ne valent pas seulement pour l'Italie :

> L'Italie a une vocation pour un type d'industrie, par exemple, pour le tissage de la soie. Mais cette espèce d'industrie ne ressemble pas à celle des ateliers de Birmingham, de Manchester ou de Paris. Il faut distinguer industrie et industrie. Celle qui est la plus proche des fonctions agricoles et qui n'exige pas une multitude au sort précaire de façon permanente et des amas dans les usines et les ateliers, celle-là sera toujours la plus innocente, la moins désagréable à l'État et la moins lourde à supporter par les populations[1].

Dans la première moitié du XIXᵉ siècle, la proto-industrie a entamé sa lente décadence[2] et

---

la structure démographique et sociale de la famille rurale *(cf. Family, Formation in an Age of Nascent Capitalism, op. cit.).* Mais ces effets à terme de la proto-industrialisation ne sont pas immédiatement évidents pour les contemporains, qui continuent à chanter les charmes de la ruralité.

1. *Annali universali di statistica*, 19, 1829, cité *in* Alain Dewerpe, *l'Industrie aux champs, op. cit.*, p. 470.

2. La proto-industrie va se révéler contre-productive surtout quant à l'exigence de rentabiliser les équipements coûteux de la fabrique et de mobiliser pour ce faire une main-d'œuvre fixée et attachée à un travail précis et continu. Mais cette dernière exigence n'est pas donnée aux débuts de l'industrialisation, de sorte que l'on a pu longtemps balancer entre les avantages et les inconvénients de l'un ou l'autre type d'organisation de la main-d'œuvre.

sera ensuite supplantée par la grande industrie. Mais ce qui nous apparaît après coup comme une évidence est pour les contemporains un risque. Cette éventualité, que la nouvelle organisation du travail avec ses conséquences sociales inédites soit l'avenir du monde, les effraie :

> La diffusion générale des manufactures dans tout le pays engendre un caractère nouveau chez ses habitants, et comme ce caractère est formé selon un principe tout à fait défavorable au bonheur de l'industrie et au bonheur général, il produira les maux les plus lamentables et les plus durables, à moins que les lois interviennent et ne donnent une direction contraire à cette tendance[1].

Ainsi peut-on comprendre que le paupérisme soit le point de cristallisation de la nouvelle question sociale. Le paupérisme est d'abord une immense déception qui sanctionne l'échec de l'optimisme libéral façon XVIIIe siècle. Il ne soulève pas, en dépit de son caractère quantitativement circonscrit, un problème sectoriel, parce qu'il représente la donnée historique inédite de ce début du XIXe siècle, la véritable rupture par rapport au passé. C'est une rupture dans l'organisation du travail, mais c'est aussi ce qui paraît capable d'engendrer, pour le pire, un homme nouveau. Ainsi représente-t-il le caractère le plus patent de la modernité. Il pose en fait le problème de la signification de la modernité et de la menace fondamentale dont elle est porteuse : le risque que — à moins de renoncer à l'industrialisation — le

---

1. R. Owen, cité *in* K. Polanyi, *la Grande Transformation, op. cit.*, p. 176.

progrès économique ne conduise à une dissociation sociale complète. Ainsi, si le ciblage qui s'opère sur lui évoque celui qui s'était auparavant porté sur le vagabondage — prendre la partie pour le tout, une population particulière comme le point de cristallisation de l'ensemble de la question sociale —, le problème apparaît maintenant plus grave. Le vagabond était un rôdeur qui restait à la périphérie de l'espace social, et son drame tenait au fait qu'il était placé hors de l'ordre productif. Avec le paupérisme se révèle le danger d'une désaffiliation de masse inscrite au cœur même du processus de production des richesses.

Le paupérisme a peut être été fantasmé. Mais une telle fantasmatisation portait une vérité historique, sociale et anthropologique profonde. On peut certes discuter sur le nombre des victimes de l'industrialisation, ou essayer de relativiser leur malheur à coups de statistiques sur l'évolution des salaires. C'est indispensable, mais les querelles de chiffres traduisent mal les enjeux et les drames d'une époque. Aussi, en complément des discours savants auxquels je me suis efforcé de faire leur part, ferai-je également appel, après Hugo et Dickens, à un poète qui fut aussi un homme politique important. Alphonse de Lamartine dessine de la désaffiliation moderne une fresque que l'on peut trouver trop «lyrique», mais qui a le pouvoir évocateur d'une séquence d'Abel Gance. Comme dans une épopée napoléonienne à rebours, son discours du 14 décembre 1844 à la Chambre des députés sur le droit du travail met en scène

les armées d'ouvriers dont le travail, immense comme les capitaux qui l'emploient, chanceux comme la spéculation qui le commande, mobile comme la mode qui le consomme, n'a pas la condition de fixité des économies domestiques. Les grandes usines de la Loire, du Rhône, de l'Alsace, des Vosges, du Nord, appellent ou enrégimentent un nombre de 6 ou 700 000 familles, instruments des grandes industries de la soie, des cartons, des draps, des fers; peuple sorti du peuple, nation dans la nation, race dépaysée qui a pour unique capital ses bras, pour terre un métier, pour foyer un toit emprunté, pour patrie un atelier, pour vie un salaire. C'est une caste flottante dont les cadres sont brisés, qui ne sait faire qu'une seule chose et qui, lorsque son métier tout spécial et ses vivres viennent à manquer, se répand, s'extravase dans la nation sous forme de coalitions, d'émeutes, de vagabondage, de vices, de lèpre, de misère. C'est là ce qu'on appelle proprement les prolétaires, race destinée à peupler le sol, espèce d'esclaves de l'industrie, qui servent sous le plus rude des maîtres, la faim [1].

Sous ces «exagérations», un paradoxe mérite aujourd'hui encore de retenir l'attention: la volonté de construire un appareil productif compétitif place en situation de quasi-exclusion ceux-là mêmes qui se trouvent au foyer de la dynamique de la modernisation. L'actualité de la question du paupérisme ne tient pas seulement à ce que l'on peut observer, au XIXe siècle et aujourd'hui, une «paupérisation» de certaines catégories sociales. Plus profondément, elle invite à s'interroger sur les relations qui existent entre les recompositions de l'ordre du travail et une déso-

1. A. de Lamartine, *la France parlementaire, Œuvres oratoires et écrits politiques*, t. IV, p. 109, cité *in* L.-F. Dreyfus, *l'Assistance sous la Troisième République*, Paris, 1907.

cialisation de masse. Le paupérisme est un drame qui illustre cet effet boomerang par lequel ce qui paraît se situer aux marges d'une société ébranle son équilibre d'ensemble.

Le retour des tutelles

Devant cette déréliction de la condition salariale, que faire ? Devant, aussi, d'autres formes d'indigence et d'autres risques de dissociation sociale, comme l'accroissement des taux de naissances illégitimes, du nombre des enfants abandonnés et des infanticides[1]. Selon Villeneuve-Bargemont, la France compte en 1834 198 000 mendiants et 1 600 000 indigents recensés[2], chiffres qui sousestiment la gravité de la situation car tous les indigents ne sont pas répertoriés. Ainsi à Lille, il y aurait, toujours d'après Villeneuve-Bargemont, 22 000 personnes incapables de subvenir à leurs besoins pour 70 000 habitants. À Paris, un rapport du préfet de la Seine estime en 1836 le nombre des indigents à 1 pour 12 habitants. Buret conteste ce chiffre et fait des calculs compliqués à partir de la mortalité dans les hôpitaux pour aboutir à un rapport de 1 pour 4,2 habitants à Paris et 1 pour 9 dans l'ensemble du pays[3]. Toutes ces évaluations sont contestables. Mais Louis Chevalier, qui les discute à son tour, conclut néanmoins :

1. *Cf.* P. Strauss, *Assistance sociale. Pauvres et mendiants,* Paris, 1901.
2. A. de Villeneuve-Bargemont, *Traité d'économie politique chrétienne, op. cit.*, p. 255 sq.
3. E. Buret, *Misère des classes laborieuses en France et en Angleterre, op. cit.*

Misère monstrueuse en somme, et en permanence : s'exaspérant aux moments les plus forts des crises et acculant à la faim, à la maladie et à la mort près de la moitié de la population de Paris, c'est-à-dire la quasi-totalité de la population ouvrière, mais sévissant aussi en période normale et ne s'abaissant jamais beaucoup au-dessous du quart de la population globale, c'est-à-dire une grande partie des effectifs ouvriers[1].

Face à une telle situation, les réponses apportées dans la première moitié du XIXe siècle apparaissent à première vue dérisoires. Les ambitieux programmes des Assemblées révolutionnaires sont restés lettre morte. En leur lieu et place, les anciennes structures de l'assistance confessionnelle se sont reconstituées et ont récupéré à peu près les positions qu'elles occupaient avant la Révolution : en 1848, 25 000 religieux gèrent 1 800 établissements charitables (ils étaient 27 000 en 1789). À côté de cette ancienne organisation charitable, ce qui tient lieu de service public comporte deux versants. Le système des hôpitaux et hospices au régime administratif très complexe, mais placé sous le contrôle des municipalités, concerne surtout les indigents invalides[2]. Il est mal organisé et archaïque : en 1869 encore, sur les 1 557 hôpitaux et hospices, 1 224 datent de l'Ancien Régime. Le versant extra-hospitalier est représenté par les bureaux de bienfaisance, créés en 1796. Placés en principe sous

1. L. Chevalier, *Classes laborieuses, classes dangereuses, op. cit.*, p. 585.
2. Pour une exposition complète du régime des hôpitaux et hospices, *cf.* J. Imbert, *le Droit hospitalier de la Révolution et de l'Empire*, Paris, 1954.

l'autorité des préfets, ce sont en fait des établissements communaux dont le financement est précaire (taxes de 10 % sur les spectacles et surtout dons des particuliers). Une enquête de 1871 relève qu'ils n'existent que dans 13 367 des 35 389 communes françaises, avec d'immenses disparités en fonction des situations locales[1]. Rappelons aussi l'existence d'une dizaine d'établissements spéciaux, genre instituts pour sourds, aveugles ou muets, plus les orphelinats et les asiles d'aliénés (en principe un par département depuis la loi de 1838). Voilà donc à quoi se résume la prise en charge publique des situations d'indigence. Cette assistance reste, à deux exceptions près (les aliénés et les enfants abandonnés), facultative et sous la responsabilité des autorités locales (les communes). Une telle organisation garde ses défenseurs tout au long du XIXᵉ siècle. Dans le *Nouveau Dictionnaire d'économie politique* de Léon Say et Joseph Chailley (1892), Émile Chevalier, après avoir souligné la complémentarité du système hospitalier et des bureaux de bienfaisance et admis des lacunes dans leur fonctionnement, ajoute cependant : « Cette organisation serait complète si elle était généralisée[2]. »

1. Compte rendu de cette enquête due à Watreville *in* P. Leroy-Beaulieu, *l'État moderne et ses fonctions*, Paris, 1890, p. 304-305.
2. Émile Chevalier, article « Assistance », *in* L. Say, J. Chailley, *Nouveau Dictionnaire d'économie politique, op. cit.*, t. I, p. 76. On trouvera dans les quatre forts volumes du baron de Gérando, *Traité de la bienfaisance publique*, Paris, 1839, l'exposé détaillé de toutes les institutions qui peuvent se réclamer de la « bienfaisance ». Il faut y ajouter les prisons et les dépôts de mendicité, relancés à l'initiative de Napoléon. Celui-ci, dans une note à son ministre de l'Intérieur du 15 novembre 1807, ordonne : « Il faut qu'au commencement de la belle saison la

Extrême pauvreté du système public ou para-
public de secours donc, qui contraste avec l'ampleur de la «charité légale» telle qu'elle existe
alors en Angleterre. Cependant, ce système est
bien loin d'assurer la totalité de la prise en
charge des situations d'indigence sociale. Il faut
évidemment y ajouter la nébuleuse de l'assistance privée confessionnelle, des institutions religieuses aux bonnes œuvres paroissiales. Mais
s'élabore aussi une conception nouvelle et originale de la mobilisation des élites sociales pour
déployer un pouvoir tutélaire envers les malheureux et assumer une fonction de bienfaisance qui
économise l'intervention de l'État. Ainsi, le quasi-
interdit opposé en France au développement de
la «charité légale» a pour contrepartie des stratégies complexes fondées sur la recherche de
réponses non étatiques à la question sociale.

Le premier porte-parole de ces orientations
qui vont dominer jusqu'à la fin du XIXᵉ siècle est
sans doute le conventionnel Delecroy. Il a
obtenu, immédiatement après Thermidor, la sus-
pension de la loi du 23 messidor an II sur la
vente des biens hospitaliers. Sous le Directoire, il
la fait abolir définitivement et propose à cette
occasion un plan général d'organisation des
secours. Texte court, mais dense, qui contient

France présente le spectacle d'un pays sans mendiants» (cité *in*
L. Rivière, «Un siècle de lutte contre le vagabondage», *Revue
parlementaire*, mai 1899, p. 5). En conséquence, un décret du
5 juillet 1808 sur «l'extirpation de la mendicité» impose la
création d'un dépôt de mendicité par département. Bien
entendu, cette politique à l'égard du vagabondage, comme
toutes celles qui l'ont précédée, se soldera par un échec.

déjà l'essentiel de la thématique libérale en matière sociale[1].

Le plan commence par une condamnation de «l'ornière profonde où une philanthropie exagérée nous arrête depuis l'Assemblée constituante», à savoir l'imposition du droit à l'assistance, expression d'une «manie de nivellement et de généralisation dans la distribution des secours[2]». Exit donc la «dette inviolable et sacrée» de la nation à l'égard des citoyens dans le besoin. Outre que cet égarement est coûteux financièrement parlant, il contredit aux principes de la gouvernabilité libérale. «Le gouvernement ne doit rien à qui ne le sert pas. Le pauvre n'a le droit qu'à la commisération générale[3].» Position de principe, en effet, et qui sera incessamment rappelée par les penseurs libéraux comme un butoir incontournable pour contenir l'interventionnisme de l'État en matière de secours. Adolphe Thiers ne dit pas autre chose dans son fameux rapport de 1851 sur l'assistance et la prévoyance :

> Il importe que cette vertu [la bienfaisance], quand elle devient de particulière collective, de vertu privée vertu publique, ne perde pas son caractère de vertu, c'est-à-dire reste volontaire, spontanée, libre enfin de faire ou de ne pas faire, car autrement elle cesserait d'être une vertu pour devenir une contrainte, et une contrainte désastreuse. Si en effet une classe entière, au lieu de recevoir, pouvait exiger, elle prendrait le rôle du mendiant qui demande le fusil à la main. On don-

1. J.-B. Delecroy, *Rapport sur l'organisation des secours publics.* Convention nationale, séance du 12 vendémiaire an V.
2. *Ibid.*, p. 2.
3. *Ibid.*, p. 4.

nerait l'occasion à la plus dangereuse des violences[1].

Cependant cette position est beaucoup plus
complexe qu'il n'y paraît à première vue. Delecroy, quant à lui, continue ainsi : « Posons donc
encore comme principe que le gouvernement ne
peut pas seul se charger de l'entretien du pauvre ;
mais, le mettant sous la sauvegarde de la commisération générale et de la tutelle des gens aisés, il
doit donner l'exemple d'une bienfaisance limitée
dans ses moyens[2]. » Ainsi, même dans le cadre
du refus d'élaborer des politiques publiques, des
pratiques de « bienfaisance » ne sont pas exclues
mais au contraire recommandées, y compris de
la part du gouvernement. Quel peut être leur statut ? François Ewald a insisté sur le fait que le
refus acharné des libéraux de faire des secours
une affaire de droit avait pour contrepartie le
souci de mettre en place un autre type de régulation des problèmes sociaux[3]. Le droit est le garant
des rapports de réciprocité entre individus responsables et égaux dans l'échange que le contrat
sanctionne. À l'inverse, les pratiques d'assistance
se déroulent dans le cadre d'un échange inégal.
L'indigent demande et ne peut donner une contrepartie équivalente à ce qu'il reçoit. Sa relation
avec son bienfaiteur est *en deçà de la sphère du
droit*. Légiférer en ces matières, ce serait prendre
parti sur l'organisation de la société civile, ou,
dans le langage de l'époque, « légiférer sur les

---

1. A. Thiers, *Rapport au nom de la Commission de l'assistance
et de la prévoyance publique*, séance du 26 janvier 1850, p. 11.
    2. J.-B. Delecroy, *op. cit.*, p. 3.
    3. F. Ewald, *l'État providence*, Paris, Grasset, 1985, livre pre-
mier, « Responsabilité ».

mœurs». Ce serait tendre à faire de l'ensemble des rapports sociaux un système d'obligations sanctionnables, ce qui donne, avant la lettre, une définition assez exacte du totalitarisme. Portalis le dit quasi explicitement lors des discussions préparatoires à l'élaboration du Code civil et du Code pénal : «Les lois ne peuvent rien sans les mœurs. Mais tout ce qui intéresse les mœurs ne saurait être réglé par les lois. Un législateur qui voudrait comprendre dans son code tout ce qui appartient à la morale serait forcé de confier une puissance trop arbitraire à ceux qui exécuteraient ses règlements ; il croirait protéger la vertu, il ne ferait qu'établir la tyrannie[1]. » Et Portalis propose cette forte formule : «On gouverne mal quand on gouverne trop[2]. »

Mais que la sphère du droit doive être ainsi strictement limitée ne signifie pas que le reste de la vie sociale puisse être laissé à la fantaisie ou à l'arbitraire. Elle peut relever d'un type d'obligations, aussi strictes mais de nature différente : *les obligations morales*. La morale ne se cantonne pas au privé. Il y a une *morale publique*, c'est-à-dire des obligations qui règlent certaines relations sociales sans sanction juridique. La gageure du libéralisme va être de tenter de faire tenir une politique sociale complète dans cet espace qui est éthique, et non politique. La morale, Kant l'a fortement marqué, est la synthèse de la liberté et de l'obligation. La sphère des devoirs moraux est étendue, elle couvre les rapports privés, certaines

1. J.E.M. Portalis, *Discours et rapports inédits sur le Code civil*, Paris, 1844, p. 83, cité *in* F. Ewald, *l'État providence, op. cit.*, p. 60.
2. *Ibid.*, p. 53.

relations entre égaux, les relations familiales...
Mais elle comporte aussi un secteur spécifique,
les relations avec les inférieurs, et spécialement
avec les «classes inférieures», à savoir l'ensemble
de ce qui va constituer le secteur «social». Ce
devoir est un devoir de protection, et il s'exerce
par l'intermédiaire de cette vertu morale d'utilité
publique qu'est la bienfaisance. «La bienfaisance
est une sorte de tutelle», dit Duchâtel[1]. Les
membres des classes inférieures, comme les
enfants, sont des mineurs qui manquent de la
capacité de se conduire par eux-mêmes. C'est
pourquoi «il faut fonder entre la classe éclairée
et celle à laquelle manquent les lumières, entre
les gens de bien et ceux dont la moralité est
imparfaite, les rapports d'une protection qui,
sous mille formes, prenne le caractère d'un patronage bienveillant et volontaire[2]». Une politique
morale est nécessaire, ou, ce qui revient au même,
une politique sociale est nécessairement de nature
morale, dans la mesure où elle s'adresse à des
groupes en situation de minorité. Cette analogie
du peuple et de l'enfant est le leitmotiv de tous
ceux qui se penchent sur le sort des classes inférieures : «L'ouvrier est un enfant robuste, mais
ignare, qui a d'autant plus besoin de direction et
de conseils que sa position est plus difficile[3].» Le
seul type de conduite positive à son égard est
donc l'exercice d'une tutelle morale. Gérando :

---

1. M.T. Duchâtel, *De la charité dans ses rapports avec l'état moral et le bien-être des classes inférieures*, Paris, 1829, p. 29.
2. Baron de Gérando, *le Visiteur du pauvre*, Paris, 1820, p. 9.
3. P. Rossi, *Discours sur la liberté de l'enseignement secon-daire*, Paris, 1844, cité in E. Labrousse, *le Mouvement ouvrier et les théories sociales en France de 1815 à 1848*, op. cit., p. 129.

«La pauvreté est à la richesse ce que l'enfance est à l'âge mûr[1].» Ainsi,

> il ne saurait donc, à nos yeux, être question d'imaginer un système général d'organisation industrielle, tel que le demandent certains esprits, c'est-à-dire un plan d'établissement fondé par l'État. [...] Nous avons plus de confiance dans les mesures qui auront pour objet de propager les lumières, d'encourager le travail en le guidant, d'établir entre les capitalistes, les consommateurs et les producteurs des relations amicales, de suppléer par un bienveillant patronage à l'impuissance des faibles[2].

Tutelle, patronage, «capacités» (Guizot) ou «autorité sociale» (Le Play): notions fondatrices d'un plan de gouvernementalité à l'égard des classes inférieures. Une réponse *à la fois politique et non étatique* à la question sociale est possible, s'il est possible d'instrumentaliser à partir de ces notions un ordre de relations assez puissantes pour conjurer le risque de dissociation qui hante la société au début du XIXe siècle.

Cette hantise de la dissociation sociale est portée par tous les esprits de l'époque postrévolutionnaire. Sentiment communément partagé que la Révolution a, en un sens, trop bien réussi, et qu'en abolissant tous les corps intermédiaires elle a laissé un vide dangereux entre l'État et les individus atomisés[3]. Terminer la Révolution en

---

1. Baron de Gérando, *Traité de la bienfaisance publique, op. cit.*, t. IV, p. 611.
2. *Ibid.*, t. III, p. 288-290.
3. *Cf.* P. Rosanvallon, *le Moment Guizot*, Paris, Gallimard, 1986. *Cf.* aussi *le Sacre du citoyen, Histoire du suffrage en France*, Paris, Gallimard, 1993, 2e partie, chap. I, «L'ordre capacitaire». Pour une analyse de la manière dont les contemporains ont vécu

retissant des liens sociaux brisés, voilà la grande question du début du XIXᵉ siècle. Napoléon, que l'on ne s'attendrait pas à trouver en compagnie de Saint-Simon, de Mme de Staël, de Benjamin Constant, de Rémusat, de Royer-Collard, d'Auguste Comte, etc., l'exprime déjà : « Il y a un gouvernement, des pouvoirs, mais tout le reste de la nation, qu'est-ce ? Des grains de sable. Nous sommes épars, sans système, sans réunion, sans contact. » Et dans son langage énergique il ajoute : « Il faut jeter sur le sol de la France quelques masses de granit[1]. » Il s'y emploiera à sa manière : l'effort pour constituer une noblesse impériale, pour fonder une nouvelle notabilité du mérite avec la Légion d'honneur[2], celui, plus abouti, de construire un appareil administratif solide, sont autant de tentatives pour jeter un pont entre « le gouvernement » et ce qu'il reste de vivant, ou qu'il faut ressusciter, dans la société civile. Mais la recomposition napoléonienne repose essentiellement sur un centralisme administratif qui surplombe de haut les rapports concrets entre les individus, et de surcroît l'écroulement de l'Empire va encore accroître le désarroi. Royer-Collard résume ainsi le sentiment général au moment de la Restauration : « La Révolution n'a laissé debout que les individus ; la dictature qui l'a terminée a consommé, sous ce rapport, son ouvrage[3]. »

---

cette situation, *cf.* H. Gouhier, *la Jeunesse d'Auguste Comte et la formation du positivisme*, 2 vol., Paris, 1933.

1. Cité par P. Léon, *Histoire économique et sociale de la France*, t. III, p. 113.

2. À la fin de l'Empire, il y a 32 000 légionnaires, mais parmi eux seulement 1 500 civils (P. Léon, *ibid.*, p. 125).

3. P.-P. Royer-Collard, *in* Barande, *la Vie politique de M. Royer-Collard, ses discours, ses écrits*, Paris, 1851, t. II, p. 131, cité *in* P. Rosanvallon, *le Moment Guizot, op. cit.*, p. 62.

Autrement dit, les anciennes tutelles ont été cassées, ce qui a permis la Terreur et le despotisme politique, et se perpétue maintenant en un état généralisé d'instabilité sociale[1]. Si l'on refuse l'option littérairement réactionnaire de reconstituer comme telles les anciennes sujétions, il faut reconstruire, dans un univers où règne en principe le contrat, de nouvelles régulations qui soient compatibles avec la liberté tout en maintenant les relations de dépendance sans lesquelles un ordre social est impossible. Pierre Rosanvallon montre d'une manière convaincante que la théorie des « capacités » mise en œuvre par Guizot est la réponse dans l'ordre *politique* à une telle problématique. Elle fonde la légitimité du suffrage censitaire, c'est-à-dire d'un régime représentatif qui se met à l'abri du pouvoir du nombre, des débordements des hommes sans qualité. Mais cette solution vaut au-delà d'un cadre strictement politique. Elle correspond à la volonté de reconstruire un *ordre social*. Guizot dit ceci, qui est essentiel à plusieurs niveaux : « La supériorité sentie et acceptée, c'est le lien primitif et légitime des sociétés humaines ; c'est en même temps le

---

1. Par rapport à la réalité sociologique du début du XIXe siècle, ces analyses ont à coup sûr un caractère unilatéral. Ainsi, elles ne prennent pas en compte la structure familiale, dont le fonctionnement hiérarchique n'a pas été aboli : la famille continue à exercer un pouvoir tutélaire fort sur ses membres. De même, les relations sociales, surtout à la campagne, restent très marquées par les dépendances traditionnelles. Indépendamment de la restauration politique, la « vie de château », avec tout ce qu'elle comporte de sujétions, renaît dans les campagnes de la première moitié du XIXe siècle. Mais ces constats ne réfutent pas le fait que les problèmes de l'époque postrévolutionnaire aient été majoritairement représentés à travers le schème de la dissociation sociale.

fait et le droit· c'est le véritable, le seul contrat social[1] »

Contre la conception rousseauiste du libre contrat passé par des individus souverains, *le véritable contrat social est un contrat de tutelle*. Il y avait les tutelles traditionnelles, comme la relation féodale ou le travail réglé par l'ancienne organisation du travail. Au nom de la liberté conquise contre l'arbitraire et l'absolutisme, il n'est pas question de les reconstituer comme telles. Mais il peut y avoir *de nouvelles tutelles* à partir du moment où existe entre les sujets sociaux une dénivellation telle qu'elle interdit qu'ils passent un contrat d'échange réciproque : entre le riche et l'indigent, le compétent et l'ignare, le médecin et l'aliéné, le civilisé et l'indigène. Ces tutelles peuvent être provisoires ou définitives, en fonction du caractère transitoire ou permanent de la relation d'inégalité. Mais elles n'expriment plus l'irrationalité d'héritages archaïques, lorsque la société était gouvernée par les principes du despotisme et plongée dans l'ignorance. Elles traduisent la légitimité du savoir, de l'autorité fondée sur la compétence, bref, elles sont l'exercice le mieux justifié de la raison dans une conjoncture historique où tout le monde n'est pas raisonnable[2]. Il s'agit, dit Gui-

---

1. F. Guizot, *Des moyens de gouvernement et d'opposition dans l'état actuel de la France*, Paris, 1821, p. 164, cité *in* P. Rosanvallon, *le Moment Guizot, op. cit.*, p. 109.

2. J'ai montré ailleurs que la relation thérapeutique dans le cadre de l'aliénisme reposait sur une tutelle de ce type (*cf. l'Ordre psychiatrique, op. cit.*, chap. i). Le traitement moral suppose un rapport d'inégalité entre le médecin représentant de la raison et le malade privé de l'usage de ses facultés. Mais cette tutelle est une tutelle savante, en principe fondée sur le savoir psy-

zot, sur le plan politique, mais on peut extrapoler sa formule pour en faire un plan général de gouvernementalité, «d'extraire de la société tout ce qu'elle possède de raison, de justice, de vérité, pour les appliquer à son gouvernement[1]».

Ainsi se trouve récusé ce qui était sans doute le fondement de l'idéal social des révolutionnaires, des Montagnards en tout cas, si bien exprimé par cette formule de Barère à placer en contrepoint de celle de Guizot: «Tout ce qui peut établir une dépendance d'homme à homme doit être proscrit dans une République[2].» Désormais, il y a des dépendances d'homme à homme légitimes. Il est même urgent d'en constituer de nouvelles, et de les inscrire solidement dans le tissu social[3].

~~~~~~

chiatrique et contrôlée par la déontologie médicale dont l'objectif est la guérison de l'aliéné. Cette relation s'oppose aux tutelles antérieures fondées à partir de la violence et de l'arbitraire. Dans les meilleurs des cas elle est aussi provisoire, puisque la guérison rétablirait l'égalité entre les personnes. On peut voir là la forme la plus élaborée et mieux sublimée par le savoir de ce nouveau rapport de tutelle qui va dominer les relations entre supérieurs et inférieurs tout au long du xixᵉ siècle.

1. F. Guizot, *les Origines du gouvernement représentatif*, t. I, p. 98, cité *in* P. Rosanvallon, *le Moment Guizot, op. cit.*, p. 93.

2. Barère de Vieuzac, «Rapport sur les moyens d'extirper la mendicité et sur les secours que doit apporter la République aux citoyens indigents», 24 floréal an II, *loc. cit.*, p. 55.

3. On peut ainsi comprendre ce paradoxe lourd de conséquences: la mise en place de la société libérale coïncide avec la réactivation des structures de l'institution totale, le dépôt de mendicité, la prison, l'asile pour les aliénés ou en Angleterre les *workhouses*. Le retour à l'enfermement sous des formes modernisées et justifiées par des idéologies de la réparation ou de la guérison est la «solution» qui convient aux groupes les plus réfractaires ou les plus désocialisés, qu'il s'agisse des allergiques au travail, des criminels (*cf.* M. Foucault, *Surveiller et punir*, Paris, 1975) ou des fous (*cf. l'Ordre psychiatrique, op. cit.*, chap. I). Mais de nouvelles stratégies sont à inventer, et sont plus difficiles à mettre en œuvre pour les catégories qu'il faut mora-

Peu importe ici que la manière choisie pour «recueillir, concentrer toute la raison qui existe éparse dans la société[1]» ait abouti en fait à donner le pouvoir politique à une petite oligarchie de propriétaires. Est-il possible d'établir des critères de «capacité» qui ne soient pas écrasés par l'argent? Guizot semble avoir été débordé par une Chambre plus conservatrice que lui. Mais, au-delà de cette réduction du mérite social à l'argent, c'est le modèle général d'un «gouvernement des meilleurs[2]», fondement d'une autorité nouvelle, qui doit retenir l'attention, car il va se déployer dans de multiples domaines.

---

liser *in vivo*. Le problème est aussi d'une toute autre ampleur puisqu'il concerne l'ensemble des «classes inférieures» qui ne sont plus prises dans les régulations traditionnelles, soit, surtout, une part importante des nouvelles populations industrielles.

1. Article «Élections», *Encyclopédie progressive*, 1826, p. 406, cité *in* P. Rosanvallon, *le Moment Guizot, op. cit.*, p. 93.

2. On sait que c'est l'étymologie du mot «aristocratie», mais on peut ajouter que l'aristocratie était, ou était devenue la représentante des tutelles traditionnelles et que pour les libéraux son rôle historique était de ce fait dépassé. La première ou l'une des premières mentions de l'expression du «gouvernement des meilleurs» dans le contexte postrévolutionnaire est due à Boissy d'Anglas dès 1795: «Nous devons être gouvernés par les meilleurs: les meilleurs sont les plus instruits et les plus intéressés au maintien des lois; or, à bien peu d'exceptions près, vous ne trouverez de pareils hommes que parmi ceux qui possèdent une propriété, sont attachés au pays qui la contient» («Discours préliminaire au projet de Constitution pour la République française», *le Moniteur universel*, t. XXV, 29 juin 1795, p. 92). Mais la nécessité de dégager une élite compétente après qu'ont été abolis les privilèges fondés sur la tradition est en fait au cœur de tous les débats inaugurés par Sieyès dès 1789, avec la distinction entre «citoyens actifs» et «citoyens passifs». *Cf.* O. Lecour-Grandmaison, *les Citoyennetés en révolution, 1789-1794, op. cit.*

L'apport de Guizot n'a pas été évoqué ici seulement parce qu'il est l homme qui a profondément marqué la politique et la société françaises de la Restauration à 1848 Il a été aussi l'un des personnages les plus représentatifs de l'approche libérale de la question sociale. Personnage clé de l'opposition libérale sous la Restauration, il est alors en même temps militant actif de ce courant qui s'autodésigne « philanthropique » et dont l'objectif est de déployer la bienfaisance en direction des « classes inférieures » de la société. Il est ainsi l'un des membres fondateurs de la Société de morale chrétienne, en 1821, son vice-président en 1826, son président en 1828. Cette Société est à l'époque le groupe de pression le plus important qui rassemble l'intelligentsia préoccupée par les problèmes sociaux. « Chrétienne », mais non pour autant catholique au sens de la politique de l'Église appuyée sur les Congrégations et qui reste fidèle à la charité traditionnelle. La Société de morale chrétienne réunit de nombreux protestants, des banquiers et des industriels inquiets des risques de dissociation sociale portés par les progrès de l'industrialisation, des disciples de Sismondi qui veulent développer une « économie sociale » pour équilibrer les effets les plus inhumains du développement économique, des catholiques éclairés comme Villeneuve-Bargemont, que son ancienne fonction de préfet du Nord a rendu sensible à la misère ouvrière, des aristocrates libéraux comme le duc de La Rochefoucauld-Liancourt revenu d'Amérique où il s'est exilé après la condamnation de Louis XVI [1]... Ce sont là ces « gens de bien »

---

1. La société réunit également le duc de Broglie, les barons de Gérando et Dupin, Benjamin Constant, le duc d'Orléans, Lamar-

que le baron de Gérando invite à moraliser le peuple. Leurs activités philanthropiques représentent le versant social d'une gouvernementalité «capacitaire» que Guizot a instrumentalisée sur le plan politique. Et, sur le plan social plus ouvertement que sur le plan politique, elle demeurera quasi hégémonique jusqu'à la IIIe République.

En effet, au-delà des activités de la Société de morale chrétienne, qui marquent surtout la Restauration et les débuts de la Monarchie de Juillet, cette posture se perpétue tout au long du XIXe siècle en s'adaptant aux circonstances et en s'enrichissant de multiples nuances. Il est difficile de subsumer les courants qui la composent sous un concept unique. «Philanthropes» sans doute, mais le mot commence à vieillir avant les années 1850; «chrétiens sociaux», beaucoup le furent, mais l'expression est ambiguë car elle recouvre des sensibilités très différentes, de Frédéric Ozanam, qui défend des positions démocratiques en 1848 [1], à Armand

---

tine, Tocqueville, Dufaure, etc. Sur ses activités, *cf.* L.-F. Dreyfus, *Un philanthrope d'autrefois, le duc de La Rochefoucauld-Liancourt, op. cit.*

1. Frédéric Ozanam fonde en 1833 la Société Saint-Vincent-de-Paul, dont l'objectif exclusivement charitable est de regrouper de jeunes catholiques pour les exercer au bien à travers la pratique des bonnes œuvres. Mais il conçoit de plus en plus le rôle du chrétien comme celui d'un «médiateur» entre «le paupérisme envahissant, furieux et désespéré» et «une aristocratie financière dont les entrailles sont endurcies» (lettre du 12 juillet 1840). Aux approches de 1848, il devient démocrate et écrit à la veille de février son article célèbre «Passons aux barbares», où il conseille aux chrétiens de se rallier à la classe ouvrière (*cf.* J.-B. Duroselle, *les Débuts du catholicisme social en France, 1822-1870*, Paris, PUF, 1951, p. 165-172). Mais cette orientation «démocrate-chrétienne» disparaîtra de la scène publique après l'écrasement de l'insurrection ouvrière en juin 1848 et le coup d'État de Louis-Napoléon Bonaparte.

de Melun, un légitimiste et pourtant sans doute le plus important de tous ces réformateurs sociaux dont l'inlassable activisme se poursuit jusqu'aux débuts de la IIIe République[1]. C'est qu'à côté d'une version «ultra» et proprement réactionnaire du légitimisme (en revenir purement et simplement aux tutelles de l'Ancien Régime), il existe une version plus souple, soucieuse de transposer dans le nouveau contexte créé par l'industrialisation la relation traditionnelle de protection que les notables exerçaient à l'égard de leurs dépendants. Cette tendance du légitimisme peut ainsi entrer en résonance avec l'attitude de ceux parmi les libéraux qui se soucient de conjurer les effets les plus dévastateurs du développement économique[2].

Dans la seconde moitié du XIXe siècle, Frédéric Le Play et les leplaysiens s'inscrivent dans la

1. Sur les orientations sociales du légitimisme, *cf.* D. Renard, «Assistance en France au XIXe siècle: logique de l'intervention publique», *Revue internationale d'action communautaire*, n° 16-56, Montréal, automne 1986; sur la diversité des positions légitimistes, *cf.* P. Rosanvallon, *le Sacre du citoyen, op. cit.*, 2e partie, chap. I. Sur la complexité des positions que recouvre le «catholicisme social», *cf.* J.-M. Mayeur, «Catholicisme intransigeant, catholicisme social, démocratie chrétienne», *Annales ESC*, mars-avril 1972.

2. Armand de Melun, d'abord comme Ozanam un adepte des bonnes œuvres, «hantant le même jour les mansardes et les salons», comme il le dit lui-même (lettre de juillet 1844), retrace ainsi sa propre évolution: «La nouvelle orientation de mes recherches m'a retenu fidèle à mon programme qui me fait passer des pauvres aux ouvriers et de l'assistance aux associations» (lettre de juin 1850). De fait, il sera l'animateur de la commission chargée de réformer les secours publics sous la IIe République, puis l'infatigable défenseur des sociétés de secours mutuels, mais à la condition que l'adhésion reste facultative et que les sociétés soient soigneusement encadrées par des notables, au premier rang desquels Armand de Melun place les curés (*cf.* J.-B. Duroselle, *op. cit.*, p. 439-474).

même mouvance. Ce ne sont pas non plus des libéraux, mais ils sont obsédés par la «plaie du paupérisme[1]». Le Play veut lui aussi rassembler toutes les «autorités sociales» pour exercer un nouveau «patronage» sur ces masses désocialisées. «Le patronage volontaire est aussi efficace que l'ancien régime des contraintes pour combattre le paupérisme[2].» D'où le caractère paradoxal de son école, montage de nostalgies archaïques et d'aspirations modernistes qui a fasciné des cercles d'ingénieurs et de chefs d'entreprise dynamiques[3]. Le Play, polytechnicien luimême, créateur d'une méthode originale d'observation des faits sociaux (les monographies de familles ouvrières), sera le conseiller écouté de Napoléon III et le maître d'œuvre de l'Exposition de 1867 qui popularise l'«économie sociale». Son influence survivra largement à la chute du second

1. Le Play parle ainsi du drame que représente à ses yeux l'industrialisation sauvage: «Alors commença à se produire un ordre de choses sans précédents. On vit se grouper autour des nouveaux engins de fabrication d'innombrables populations séparées de leurs familles, inconnues de leurs nouveaux patrons, dépourvues d'habitations décentes, d'églises, d'écoles, privées en un mot de moyens de bien-être et de moralisation qui jusquelà avaient été jugé nécessaires à l'existence d'un peuple civilisé. [...] Ce régime pesait à l'improviste sur des individus brusquement arrachés à un antique patronage et à des habitudes traditionnelles de sobriété. On conçoit qu'ils aient alors provoqué des désordres sociaux dont l'humanité n'avait jusqu'alors aucune idée» (*la Réforme sociale en France*, Paris, 1867, t. II, p. 413).
2. *Ibid.*, p. 425.
3. Ce montage évoque celui que tentera de réaliser le régime de Vichy, dans lequel les derniers leplaysiens se sentiront d'ailleurs à l'aise. Notons aussi que le dernier de ces «inventeurs oubliés» qui ait joui d'une certaine notoriété, Paul Descamps, le doit au fait d'avoir été appelé au Portugal par Salazar pour l'aider à élaborer sa politique sociale (*cf.* B. Kalaora, A. Savoye, *les Inventeurs oubliés, Le Play et ses continuateurs aux origines des sciences sociales*, Seyssel, Éditions du Champ-Valon, 1989).

Empire et à sa mort. Cependant, l'école leplay-sienne n'est pas non plus homogène, de Le Play lui-même, de plus en plus tenté par une réaction catholique, à des technocrates avant la lettre, comme Émile Cheysson, inventeur du rôle de l'«ingénieur social». Pourtant, tous ces hommes se croisent, se fréquentent, et leurs influences s'additionnent. C'est ainsi que la Société d'économie sociale de Le Play s'ouvre largement aux «catholiques sociaux», et qu'Armand de Melun fera même partie de son conseil d'administration[1].

La caractérisation proprement politique de ces réformateurs n'est pas plus facile à établir. La plupart d'entre eux, lorsqu'ils en auront l'âge, traverseront les différents régimes, moins soucieux de la fidélité à l'étiquette d'un parti que de défendre cette position «centriste», entre les excès de la réaction et le cynisme du pur économisme, d'une part, les «débordements» des socialismes de l'autre. Ils sont «sociaux» au sens que le *Dictionnaire* de Littré donne à ce mot: «[Social] se dit, par opposition à politique, des conditions qui, laissant en dehors la forme des gouvernements, se rapportent au développement intellectuel, moral et matériel des masses populaires.»

1. Sur les orientations leplaysiennes, *cf.* B. Kalaora, A. Savoye, *les Inventeurs oubliés, op. cit.* Sur les relations complexes entre l'ensemble de ces courants qui à la fin du siècle se croisent au Musée social, *cf.* S. Elivit, *The Third Republic Defended, Bourgeois Reform in France*, Baton Rouge, Louisiana State University Press, 1986. La réserve à apporter à cet ouvrage très riche est qu'il a à mon sens sous-estimé la spécificité du solidarisme en tant que cette doctrine préconise l'intervention de l'État, ce que les autres courants «bourgeois» refusent (*cf.* chapitre suivant).

Le «social» est un ensemble de pratiques qui visent à atténuer le déficit caractérisant l'état matériel, mais encore plus moral, des classes inférieures de la société. Il s'entend «par opposition à politique», non pas à la politique politicienne dont la plupart de ces réformateurs furent d'habiles pratiquants, mais en opposition par rapport à une politique qui ferait de l'État l'ordonnateur de ces pratiques sociales. La politique sociale qu'ils préconisent n'est pas de la responsabilité du gouvernement, mais de celle des citoyens éclairés, qui doivent prendre volontairement en charge l'exercice de ce patronage sur les classes populaires.

En ce sens, on pourrait dire que ces attitudes restent dans l'orbite du libéralisme, ou en tout cas qu'elles n'y contredisent pas. Entre le libéralisme «utopique» du XVIIIe siècle et celui qui a imposé sa marque à la société industrielle, il s'est produit un déplacement considérable. Le premier était conquérant, iconoclaste et proprement révolutionnaire dans sa conception de la société : il fallait détruire les obstacles à l'avènement de la liberté. Sans nécessairement changer de valeurs, le libéralisme qui prévaut au XIXe siècle est devenu conservateur, ou plutôt restaurateur de l'ordre social. C'est sa position qui a changé. Il s'agit maintenant de s'affronter non plus à des systèmes de privilèges, mais à des facteurs de désordres ; non plus à un excès de régulations pesantes et archaïques, mais à des risques de dissociation sociale. Cette dissolution de l'idéal critique dans l'obsession de préserver à tout prix la paix sociale rend le libéralisme compatible avec les différentes variantes de la philanthropie sociale.

Certes, il existe un libéralisme pur et dur qui regarde avec méfiance toute intervention, de quelque nature qu'elle soit, susceptible d'influer, si peu que ce soit, sur les lois du marché. Il a aussi ses porte-parole, tels Naville[1], Bastiat[2] ou Dunoyer[3]. S'ils ne sont pas aveugles à la misère, certains proclament haut et fort, dans la tradition de Malthus, qu'elle est un mal nécessaire et qu'à tout prendre elle est utile[4]. Il existe aussi des positions purement conservatrices. Ce sont celles de l'Église catholique en général, de la majorité des notables ruraux et de tous les nostalgiques de l'Ancien Régime. Pour ces conservateurs, si intervention en faveur des «pauvres» il doit y avoir, elle se réduit aux pratiques charitables traditionnelles sous la férule de l'Église et des Congrégations. Mais entre ces deux extrêmes se dessine une, ou plutôt des positions intermédiaires, formant une nébuleuse assez confuse, mais qui s'est finalement imposée. C'est de ce

1. F.M.L. Naville, *De la charité légale, de ses effets et de ses causes*, Paris, 1838, 2 tomes.

2. F. Bastiat, *Harmonies économiques*, Paris, 1850.

3. C. Dunoyer, *De la liberté du travail, au simple exposé des conditions dans lesquelles les forces humaines s'exercent avec le plus de puissance*, Paris, 1845.

4. Charles Dunoyer: «Vous trouvez qu'elle est un mal hideux [la misère]? Ajoutez qu'elle est un mal nécessaire. [...] Il est bon qu'il y ait dans la société des lieux inférieurs où sont exposés à tomber les familles qui se conduisent mal. [...] La misère est ce redoutable enfer. [...] Il ne sera peut-être donné qu'à la misère et aux salutaires horreurs dont elle marche escortée de nous conduire à l'intelligence et à la pratique des vertus les plus vraiment nécessaires au progrès de notre espèce et à son développement régulier. [...] Elle offre un salutaire spectacle à toute la partie demeurée saine des classes les moins heureuses; elle est faite pour les remplir d'un salutaire effroi; elle les exhorte aux vertus difficiles dont elles ont besoin pour arriver à une condition meilleure.»

centre un peu mou qu'est sortie au xixᵉ siècle la première version moderne des politiques sociales[1].

En dépit de son hétérogénéité, cette mouvance se laisse caractériser par deux traits principaux. D'une part, *un interdit d'État*, qui a déjà été signalé, mais dont on verra se multiplier les traductions pratiques — ou plutôt, parce que le refus d'une intervention publique sera de plus en plus difficile à maintenir sous une forme absolue, un acharnement à la minimiser et à la circonscrire. Et, simultanément bien que contradictoirement en apparence, *un refus du laisser-faire*, c'est-à-dire une prise de distance par rapport à l'économie politique «pure». C'est pourquoi la façon la moins insatisfaisante de nommer ce qu'ont en commun ces postures serait de dire qu'elles présentent plusieurs variantes de *l'économie sociale*. Elles posent la question des effets sur les producteurs eux-mêmes du mode de production des richesses qu'impose le capitalisme. Mais elles s'interdisent d'intervenir directement sur la manière de les produire. «Faire du social», c'est travailler sur la misère du monde capita-

---

1. Évidemment il existe aussi des positions socialistes et des formes de revendications et d'organisations proprement ouvrières, qui préconisent des transformations sociales radicales. Mais elles sont hors des limites de la présente épure car elles portent une conception toute différente de la société et du social. L'attitude des républicains est plus ambiguë, tantôt elle s'appuie sur le mouvement ouvrier, mais après juin 1848 nombre de républicains se rallient au parti de l'Ordre, tandis que les autres occupent une position trop minoritaire pour avoir une influence significative sur l'élaboration des politiques. La posture républicaine ne trouvera son régime et n'aura son impact, décisif cette fois, que sous la IIIᵉ République, *cf.* le chapitre suivant.

liste, c'est-à-dire sur les effets pervers du développement économique. C'est tenter d'apporter des correctifs aux contre-finalités les plus inhumaines de l'organisation de la société, mais sans toucher à sa structure[1].

Le patronage et les patrons

C'est donc au sein de cette nébuleuse des réformateurs sociaux que se formule tout d'abord la question sociale dans sa version du XIXe siècle, la question du relèvement des classes travailleuses

1. C. Gide, qui tente de renouveler l'économie sociale au tournant du XIXe et du XXe siècle, la répartit en quatre courants : une orientation chrétienne-sociale, une libérale, une solidariste et une socialiste (*Quatre écoles d'économie sociale*, Conférences de l'université de Genève, Genève, 1890). Mais je montrerai (*cf.* chapitre suivant) que le solidarisme et les socialismes portent un sens très différent du social. S'agissant ici des « politiques sans État », ce sont seulement les deux premières formes, issues du libéralisme et du catholicisme social, qui forment la nébuleuse tutélaire que je viens d'évoquer. S'il est vain de chercher une cohérence théorique rigoureuse à ces tentatives, c'est cependant sans doute Léonard Simonde de Sismondi qui au début du siècle en a le plus clairement dégagé les principes (*Nouveaux Principes d'économie politique ou de la richesse dans ses rapports avec la population*, Paris, 1819). Sismondi veut corriger l'économie politique uniquement préoccupée par la production des richesses (la « chrématistique ») par une « économie sociale » qui garde le souci de promouvoir le bonheur du plus grand nombre. Marx y voyait avec un certain mépris une « économie politique vulgaire » qui — à la différence de la construction de Ricardo — refusait de tirer toutes les conséquences humainement destructrices de la logique interne du capitalisme. Sur ces points, *cf.* G. Procacci, *Gouverner la misère, op. cit.* À la fin du siècle, René Worms donne cette définition savoureuse et assez exacte de l'économie sociale : « L'économie sociale est une économie politique attendrie » (« L'économie sociale », *Revue internationale de sociologie*, 1898).

«gangrenées[1]» par la plaie du paupérisme. Sauf erreur, l'expression apparaît pour la première fois à la suite du soulèvement des canuts lyonnais dans un journal légitimiste, *la Quotidienne*, qui s'en prend ainsi au gouvernement le 28 novembre 1831 : «Il faudrait enfin comprendre qu'en dehors des conditions parlementaires de l'existence d'un pouvoir, il y a une question sociale à laquelle il faut satisfaire... Un gouvernement a toujours tort lorsqu'il n'a que des fins de non-recevoir à opposer à des gens qui demandent du pain[2].» Cette formulation donne déjà la clé de la manière dont cette question sera posée jusqu'à la IIIᵉ République. La question sociale existe «en dehors des conditions parlementaires de l'exercice d'un pouvoir», c'est-à-dire en dehors de la sphère du politique. Elle touche au plus près la condition du peuple, et ces opposants politiques que sont les légitimistes interpellent le gouvernement en son nom afin qu'il «se penche» sur la misère populaire. Mais la question n'implique pas encore une recomposition du champ politique. Il s'agit de soulager la misère, non de repenser à partir d'elle «les condi-

---

1. Cette image de la gangrène est de l'abbé Meysonnier : «Il faut moraliser la classe ouvrière, c'est la partie gangrenée de la société» (cité par L. Reybaud, *Études sur le régime des manufactures*, Paris, 1955, p. 276). Cet ecclésiastique est l'aumônier des «couvents de soyeux», ces fabriques créées par le patronat lyonnais dans lesquelles les jeunes filles pauvres sont encadrées par des religieuses et soumises à une discipline monacale.

2. Cité *in* J.-B. Duroselle, *les Débuts du catholicisme social en France, op. cit.* Se confirme ici la complexité du légitimisme, que son rôle d'opposant politique après 1830 et son refus de la modernité libérale conduisent à soutenir certaines revendications populaires et à se placer dans un rôle de protecteur des victimes de l'industrialisation.

tions de l'existence d'un pouvoir». C'est pourquoi dans toute cette séquence, jusqu'à la reformulation de la question de la solidarité en termes politiques, on a bien affaire à une «politique sans État», qui n'engage pas la structure de l'État.

La formule circule ensuite dans les milieux du catholicisme social. Frédéric Ozanam écrit à son ami Falconnet le 13 mars 1833 pour le remercier de l'avoir initié au «grand problème social de l'amélioration des classes laborieuses[1]». Dans le même contexte, les conférences de la Société Saint-François-Xavier, œuvre catholique pour l'éducation des jeunes ouvriers, Théodore Nizard déclare : «De nos jours, le grand problème social est sans contredit l'amélioration des classes ouvrières[2].» Villeneuve-Bargemont intervient à la Chambre lors de la discussion de la loi de 1841 sur la réduction du temps de travail des enfants et il est le seul à donner toute son ampleur au débat : «La restauration des classes inférieures, des classes ouvrières, est le grand problème de notre âge. Il est temps d'entreprendre sérieusement sa solution et d'entrer enfin dans la véritable économie sociale, trop souvent perdue de vue au milieu de nos stériles agitations politiques[3].» Et c'est sans doute Armand de Melun qui donne de cette question la formulation la plus pertinente : «Quel est le devoir de la société vis-à-vis du paupérisme, de ses causes et de ses effets, et ce devoir, dans quelle mesure et par quels moyens doit-elle l'accomplir ? Là est toute la question sociale[4].»

1. *Ibid.*, p. 168.
2. *Ibid.*, p. 9.
3. *Ibid.*, p. 231.
4. Armand de Melun, *De l'intervention de la société pour prévenir et soulager les misères*, Paris, 1849, p. 9.

Certes, dans ces années 1830 et 1840, la question commence aussi à être posée, et d'une tout autre manière, par des socialistes et par des ouvriers qui préconisent une organisation alternative du travail, l'association des producteurs et l'abolition du salariat[1]. Il faudra bien entendu y revenir. Mais il s'agit ici pour l'instant de la position des classes dominantes. De ce point de vue, ce qui doit retenir l'attention, c'est le fait qu'en dépit du double refus massif de l'État et de la moindre capacité des «classes inférieures» à influer sur leur propre destin elles soient parvenues à déployer un ensemble systématique de procédures. Ces stratégies de moralisation jouent à trois niveaux: l'assistance aux indigents par des techniques qui anticipent le travail social au sens professionnel du terme; le développement d'institutions d'épargne et de prévoyance volontaire qui posent les prémices d'une société assurantielle; l'institution du patronage patronal, garant à la fois de l'organisation rationnelle du travail et de la paix sociale.

1. Le baron de Gérando propose dans *le Visiteur du pauvre*, une nouvelle technologie de l'assistance. Sa finalité principale n'est pas de dispenser des secours aux indigents. Il est en effet toujours dangereux de distribuer des biens matériels aux pauvres, à moins de s'assurer les moyens de

---

1. Ainsi la première édition de *l'Organisation du travail* de Louis Blanc est de 1839 et le journal *l'Atelier*, qui paraît entre 1840 et 1851, développe un véritable programme d'autonomie ouvrière.

contrôler strictement l'usage qu'ils en feront. L'exercice d'une charité aveugle entretient l'assisté dans sa condition et multiplie le nombre des pauvres. Un plan de secours commence donc par un examen méticuleux des besoins des nécessiteux, «base de tout l'édifice qu'une charité éclairée est appelée à construire[1]». Parmi les besoins, il en est de permanents, comme ceux suscités par l'invalidité, et d'autres provisoires, comme ceux dus à la maladie, d'autres encore qui tiennent aux conditions de travail, comme «les chômages», ou à la mauvaise constitution morale et à l'imprévoyance des indigents. À chaque «cause» donc son remède. Mais surtout, il faut subordonner l'octroi des secours à la bonne conduite du bénéficiaire. Le service octroyé doit être un outil de relèvement moral, et en même temps doit instituer un rapport permanent entre les protagonistes de l'échange. La relation d'aide est comme un flux d'humanité qui circule entre deux personnes. Certes, cette relation est inégale, mais c'est ce qui fait tout son intérêt. Le bienfaiteur est un modèle de socialisation. Par sa médiation, le bien s'épand sur le bénéficiaire. Celui-ci, à son tour, répond par sa gratitude, le contact est rétabli entre les gens de bien et les misérables. Un lien positif se reconstitue là où il n'y avait qu'indifférence, voire hostilité et antagonisme de classe. Le rapport de tutelle institue une communauté dans et par la dépendance. Le bienfaiteur et son obligé forment une société, le lien moral est un lien social. Le misérable est relevé de son indignité et réarrimé à l'univers des valeurs com-

---

1. Baron de Gérando, *le Visiteur du pauvre, op. cit.,* p. 39

munes. Il n'y a, au fond, de mauvais pauvres que parce qu'il y a de mauvais riches : « Riches, reconnaissez la dignité dont vous êtes investis ! Mais reconnaissez bien que ce n'est pas à un patronage vague et indéfini que vous êtes appelés... Vous êtes appelé à une tutelle libre et de votre choix, mais réelle et active [1]. » La vertu du riche fait office de ciment social qui réaffilie ces nouveaux barbares que sont les indigents des temps modernes démoralisés par leurs conditions d'existence.

Certes, à l'échelle de l'indigence de masse, ce type d'intervention ne peut avoir que des effets limités. Le « visiteur du pauvre » s'en tient à un rapport personnel (mais non ponctuel : il doit assurer le suivi), il ne fait en somme que de la clinique sociale, de la *crisis intervention* sur des situations singulières. Cependant, cet usage réfléchi de la bienfaisance ne comporte rien de naïf. Il constitue un noyau d'expertise d'où pourra sortir le travail social professionnalisé : évaluation des besoins, contrôle de l'usage des secours, échange personnalisé avec le client. Le courant de la *scientific charity*, si vivace dans les pays anglo-saxons pendant la seconde moitié du xixe siècle, développera sur une large échelle cette approche de l'assistance [2]. La tradition du *case work* s'inscrit également dans cette lignée [3]. Et l'on peut se

---

1. Baron de Gérando, *Traité de bienfaisance publique, op. cit.*, t. IV, p. 611.
2. *Cf.* G. Himmelfarb, *Poverty and Compassion*, New York, A. Knopf, 1991.
3. Le *social case work* est né dans les années 1920 aux États-Unis d'une volonté de recentrer l'intervention sociale auprès des milieux défavorisés sur la relation entre l'intervenant et les bénéficiaires, d'où, comme le dit la présidente du congrès

demander si la prégnance du modèle clinique dans le travail social ne tient pas dans une large mesure à cette double exigence, dont le baron de Gérando a été le premier théoricien, de procéder à une investigation «scientifique» des besoins du client et d'établir avec lui un rapport personnalisé.

S'agissant du XIXᵉ siècle, en tout cas, il faut bien voir que, dans l'esprit de leurs promoteurs, ces pratiques *tiennent lieu de droit au secours*. C'est l'exercice de ce diagnostic guidé par la vertu de bienfaisance qui commande l'accès aux secours ainsi que les formes qu'ils doivent prendre. Ainsi échappera-t-on aux pièges de la «charité légale» anglaise, dont l'image, ou la caricature, sert d'épouvantail pour repousser les tentations d'une intervention de l'État en matière d'assistance. Là-dessus tout le monde est d'accord, ou presque, et au premier chef les grands libéraux. Ainsi Alexis de Tocqueville :

> Je suis profondément convaincu que tout système régulier, permanent, administratif, dont le but sera de pourvoir aux besoins des pauvres, fera naître plus de misère qu'il n'en peut guérir, dépravera la population qu'il veut secourir et consoler, réduira avec le temps les riches à n'être que les fermiers des pauvres, tarira les sources de l'épargne, arrêtera l'accumulation des capitaux, comprimera l'essor du commerce, engourdira l'activité et l'industrie humaines, et finira par amener une révolution violente dans l'État, lorsque le nombre de

---

national du travail social en 1930, c'est-à-dire pendant la Grande Crise, «l'inutilité de tous les programmes officiels, et en particulier de ceux qui dépendent de l'État» (*cf.* F. Castel, R. Castel, A. Lovell, *la Société psychiatrique avancée : le modèle américain*, Paris, Grasset, 1979, p. 59 *sq.*).

ceux qui recouvrent l'aumône sera devenu presque aussi grand que le nombre de ceux qui la donnent, et que l'indigent, ne pouvant plus tirer des riches appauvris de quoi pourvoir à ses besoins, trouvera plus facile de les dépouiller tout à coup de leurs biens que de demander des secours[1].

Adolphe Thiers et la «grande peur» des possédants ne sont pas loin. Nous avons aujourd'hui du mal à comprendre qu'un penseur aussi profond que Tocqueville puisse déduire de telles catastrophes de la simple existence d'un droit aux secours pour quelques catégories de démunis. Mais ce qui hante tous ces esprits, c'est le risque de mettre le doigt dans un engrenage qui conduirait à l'État-Léviathan, ou pis, au socialisme[2].

2. Cependant, ces techniques de relèvement des pauvres, procédant au coup par coup, dans une relation *person to person*, ne peuvent faire face à l'ampleur des problèmes posés par le paupérisme. Il faut que s'y ajoutent des pratiques

1. A. de Tocqueville, *Mémoire sur le paupérisme, op. cit.*, p. 39. Rappelons également que, libéralisme oblige, Tocqueville est l'auteur, lors de la discussion parlementaire sur le droit au travail en 1849, d'une attaque particulièrement violente contre le socialisme : «Il faut que nous déchargions le pays du poids que cette pensée du socialisme fait peser, pour ainsi dire, sur sa poitrine... [le socialisme est] un appel énergique, continu, immodéré aux passions matérielles de l'homme [...] Si, en définitive, j'avais à trouver une formule générale pour mieux exprimer ce que m'apparaît le socialisme dans son ensemble, je dirais que c'est une nouvelle forme de la servitude » (cité in E. Labrousse, *le Mouvement ouvrier et les théories sociales en France, op. cit.*, p. 214).
2. *Cf.* au chapitre suivant la dramatisation de ce débat en 1848 autour de la question du droit au travail.

collectives, inscrites dans des institutions. L'insistance sur la dimension *institutionnelle* des interventions sociales est pour ce courant réformateur ce qui constitue à ses propres yeux sa différence essentielle par rapport aux formes traditionnelles de l'assistance. Dès l'année 1824, le secrétaire de la Société de morale chrétienne clôt ainsi son rapport d'activité :

> On peut ajouter, Messieurs, que la philanthropie, c'est-à-dire la manière philosophique d'aimer et de servir l'humanité, est plutôt votre bannière que la charité, qui est le devoir chrétien d'aimer et de secourir son prochain... La charité est satisfaite lorsqu'elle a soulagé l'infortune ; la philanthropie ne peut l'être que lorsqu'elle l'a prévenue... Les améliorations, son ouvrage [au philanthrope], loin de cesser avec lui, se transforment tôt ou tard en institutions [1].

De fait, la *Société de morale chrétienne* — où se croisaient, rappelons-le, des personnages aussi différents que La Rochefoucauld-Liancourt, Guizot, Constant, Dufaure, Tocqueville, Gérando, Dupin... — a constitué un foyer de réflexions et d'initiatives d'où sont sorties de nombreuses institutions. Elle a soutenu les caisses d'épargne et les sociétés de secours mutuels. Elle comportait un comité pour l'amélioration morale des prisonniers, un autre pour le placement des orphelins, un comité d'hygiène publique, un comité pour l'assistance aux aliénés, etc., et de nombreuses réglementations sortiront de ses délibérations [2].

---

1. L. de Guisart, *Rapport sur les travaux de la Société de morale chrétienne pendant l'année 1823-1824*, Paris, 1824, p. 22-23.
2. *Cf.* L.-F. Dreyfus, *Un philanthrope d'autrefois*, *op. cit.*

Au sein de cet ensemble, particulièrement dignes d'intérêt sont les institutions susceptibles de *prévenir* les maux causés par l'indigence. Une chose est de tenter de réparer les dégâts lorsqu'ils sont commis ; une meilleure chose serait d'éviter qu'ils ne se produisent. De ce point de vue, deux institutions, les caisses d'épargne et les sociétés de secours mutuels, sont mieux aptes à réaliser le mandat de relèvement moral des classes inférieures en quoi consiste la philanthropie. « De tous les services que la charité peut rendre aux classes inférieures, il n'en est pas de plus grand que de développer chez elles les sentiments de prévoyance[1]. » L'imprévoyance est en effet la cause principale des malheurs du peuple. L'ouvrier, comme l'enfant, est incapable d'anticiper l'avenir et ainsi de maîtriser son destin. Il vit au jour le jour, buvant un soir de paye le salaire de la semaine, insoucieux de ce qui peut lui advenir, la maladie, l'accident, les chômages, les charges familiales, la vieillesse qui le laissera sans ressources. Cotiser à une caisse, c'est inscrire dans le présent le souci de l'avenir, apprendre à discipliner ses instincts et à reconnaître à l'argent une valeur qui dépasse la satisfaction des besoins immédiats. C'est aussi se constituer des réserves, s'assurer contre les aléas de l'existence.

La première caisse d'épargne est fondée à Paris en 1818. Elle est présidée par le duc de La Rochefoucauld-Liancourt, qui, au temps du Comité pour l'extinction de la mendicité, avait déjà préconisé la création d'une telle caisse dans chaque

---

1. **M.T.** Duchâtel, *De la charité dans ses rapports avec l'état moral et le bien-être des classes inférieures, op. cit.*, p. 306.

département pour contribuer «aux avantages de la classe utile et laborieuse[1].» Après 1830, Villermé note un développement important de ces caisses[2]. Cependant, compte tenu de la modicité des salaires ouvriers, l'impact proprement économique de cette épargne reste limité. Ce type d'économie vaut surtout pour sa valeur moralisatrice, en tant que pédagogie de la prévoyance[3]. Alors que le mont-de-piété symbolise l'irresponsabilité populaire et son malheur commandé par l'immédiateté du besoin, la caisse d'épargne initie le peuple aux mérites de la rationalité calculatrice et à la valeur de l'argent comme source d'investissements productifs.

Mais la portée moralisatrice des sociétés de secours mutuels est plus grande encore. En fait, elles vont, avec le patronage patronal, porter l'essentiel des espérances d'une amélioration du sort des classes populaires compatible avec la struc-

1. C. Bloch, A. Tuetey, *Procès-verbaux et rapports au Comité pour l'extinction de la mendicité, op. cit.*, «Quatrième Rapport».
2. L.R. Villermé, *Tableau sur l'état physique et moral des ouvriers employés dans les manufactures, op. cit.*
3. Il est vrai que certains ouvriers, surtout s'ils sont restés proches de leurs origines rurales, peuvent révéler des qualités insoupçonnées. Louis Reybaud s'émerveille : «L'esprit s'y perd. D'un côté des déficits qui semblent inévitables, de l'autre des réserves centrées sur ces déficits. Comment concilier cela? C'est qu'évidemment tous nos calculs pèchent sur ce point qu'il n'est pas tenu compte à un degré suffisant d'une faculté très développée chez les ouvriers d'origine rurale : la faculté de s'abstenir, la puissance de privation volontaire. On a beau évaluer leurs dépenses au plus bas mot, ils trouvent encore moyen de rester en deçà. Leurs vices mêmes, leur ivrognerie, par exemple, ne dérangent pas toujours ces calculs ; ils la défraient en faisant pâtir les leurs. C'est ainsi, et par gouttes d'eau souvent mêlées de larmes, que se grossit le courant de l'épargne populaire» (*le Fer et la houille*, Paris, 1874, p. 111).

ture libérale de l'économie. La situation en
Angleterre fait ici fonction de modèle, alors
qu'elle sert de repoussoir pour le droit au secours.
Le développement des *friendly societies* semble
indiquer qu'il existe un moyen, en garantissant
des professions entières contre certains risques —
la maladie, l'accident, voire le chômage et la
vieillesse —, de combattre l'insécurité fondamentale de la condition salariale[1]. La prévoyance peut
se faire collective en restant volontaire. Elle peut
donner une dimension véritablement « sociale »
aux pratiques philanthropiques. Les sociétés de
secours mutuels présentent cependant deux
grands écueils. Les ouvriers peuvent détourner
cette possibilité pour s'associer à des fins reven-
dicatives ou subversives, et faire des sociétés de
secours des sociétés de résistance. Le risque est
d'autant plus grand que l'associationnisme
ouvrier plonge ses racines dans de très anciennes
traditions des métiers qui ont survécu, d'une
manière plus ou moins clandestine, à la loi Le
Chapelier[2]. Le danger existe aussi qu'en deve-

---

1. Les *friendly societies* comptent déjà 925 000 membres en
1815, chiffre qui ne sera atteint en France qu'après 1870, date
à laquelle les sociétés anglaises grouperont, elles, 4 millions
d'adhérents. Cette « avance » anglaise tient au fait que ces
sociétés ont pu se développer d'une manière plus autonome
par rapport à la surveillance de l'État et à l'encadrement des
notables, et aussi au nombre plus élevé des salariés anglais.
Cependant, en Grande-Bretagne comme en France, les sociétés
de prévoyance recrutent surtout parmi les travailleurs les plus
stables et les mieux payés. *Cf.* B.B. Gilbert, *The Evolution of
National Insurance in Great Britain*, Londres, 1966.
2. Sur l'origine « corporatiste » des sociétés de secours,
cf. E. Laurent, *le Paupérisme et les sociétés de prévoyance*, t. I,
Paris, 1865, et W. Sewell, *Gens de métiers et révolutions, op. cit.*
Vers 1820, on peut estimer à 132 le nombre des sociétés
mutuelles, groupant une dizaine de milliers d'associés (A. Gues-

nant obligatoires les cotisations perdent leur valeur moralisatrice. Il ne saurait y avoir de véritable prévoyance que volontaire. L'obligation ne pouvant être garantie que par l'État, la cotisation obligatoire serait alors le cheval de Troie grâce auquel la puissance publique s'immiscerait dans les questions du travail.

La mutualité doit donc être surveillée et encadrée, et la participation doit rester facultative. C'est sous cette double condition qu'elle prendra son essor ; et c'est aussi la difficulté de maintenir cette double exigence qui rend compte du parcours tourmenté de ces sociétés avant qu'elles ne débouchent, mais très tard, sur l'assurance obligatoire (*cf.* chapitre suivant).

Liberté sous surveillance, donc. On encourage la création de sociétés de secours, mais on les encadre soigneusement. Sous la Restauration, elles ne peuvent en principe se réunir que sous la présidence du maire ou du commissaire de police. À la suite de l'agitation ouvrière du début de la monarchie de Juillet, une loi de 1834 réduit à vingt le nombre de leurs membres et aggrave les peines (jusqu'à deux ans de prison) en cas d'infraction[1]. Aux approches de 1848, elles se multiplient. Mais elles sont prises dans un mouvement

---

lin, *l'Invention de l'économie sociale, op. cit.*, p. 124). Le détournement des sociétés de secours en sociétés de résistance est attesté très tôt. C'est ainsi que la Société du devoir mutuel à Lyon prend une part active dans les insurrections de canuts de 1831 et 1834 (*cf.* M. Perrot, «Mutualité et mouvement ouvrier au XIXᵉ siècle», *Prévenir*, nº 4, octobre 1981). Pour une histoire d'ensemble de la mutualité, *cf.* B. Gibaud, *De la mutualité à la Sécurité sociale*, Paris, Éditions ouvrières, 1986.

1. G. Dupeux, *la Société française*, Paris, A. Colin, 1964. p. 148 *sq.*

profond qui pousse les ouvriers à voir dans l'association le principe d'une complète réorganisation de l'ordre du travail. Aux yeux des modérés, l'association de secours mutuel risque de souffrir de cette contamination. Cependant, l'attraction du modèle de la prévoyance est si forte pour les réformateurs sociaux que, après le retour à l'ordre qui suit l'insurrection de juin 1848, l'Assemblée veut redonner un statut légal aux associations de secours, à condition qu'elles respectent les principes libéraux. Armand de Melun s'en fait l'ardent défenseur. La majorité de l'Assemblée législative repousse l'idée d'obligation, qui était soutenue par la «Montagne» républicaine. En vertu de la loi votée le 15 juillet 1850, l'adhésion aux mutuelles reste facultative, et les sociétés sont corsetées d'autorisations préalables et de contrôles qui vont faire obstacle à leur développement. Parallèlement, une loi du 18 juin 1850 crée une «caisse de retraites ou rentes viagères pour la vieillesse». Mais là aussi l'adhésion est purement facultative, et ces caisses fonctionnent en fait comme de simples caisses d'épargne pour de rares cotisants de bonne volonté[1]. Ainsi, les sociétés de secours doivent combattre le paupérisme par la prévoyance, mais à condition qu'elles restent inscrites dans le complexe tutélaire. Le rapporteur de la loi à l'Assemblée, Benoît d'Azy, l'exprime avec une parfaite clarté :

> Les sociétés de secours mutuels sont de véritables familles qui doivent avoir presque tous les traits des familles privées... Si ces sociétés cessent

---

1. *Cf.* L.-F. Dreyfus, *l'Assistance sous la Seconde République*, Paris, 1907.

d'être des groupements entre des personnes se connaissant les unes les autres, ce ne sont plus des sociétés dans le sens où nous le comprenons, ce sont des associations générales ; elles cessent d'être fraternelles, c'est autre chose[1].

Interprétation confirmée par l'épisode suivant. Lorsque Louis-Napoléon Bonaparte arrive au pouvoir, il veut relancer les sociétés de secours et leur donner un caractère obligatoire et général. L'auteur de *l'Extinction du paupérisme* paraît alors tenté par une formule de protection autoritaire des travailleurs du type de celle que Bismarck réalisera en Allemagne un quart de siècle plus tard : la mutualité obligatoire impulsée et garantie par l'État assurerait l'ensemble des travailleurs contre les principaux risques sociaux et les détournerait de l'action revendicative. Louis-Napoléon en appelle à Armand de Melun, qui, pour éviter que soit introduit en France « un véritable socialisme d'État », le dissuade de donner ce caractère obligatoire à la mutualité. Les sociétés ne dispenseront pas non plus de secours en cas de chômage. Armand de Melun rédige le décret-loi organique du 28 mars 1852, qui encourage la création des sociétés de secours « par les soins du maire et du curé ». Les « sociétés approuvées » par le ministre de l'Intérieur sont de surcroît soigneusement encadrées par des « membres honoraires », c'est-à-dire par les notables. Ainsi la Commission supérieure d'encouragement et de surveillance des sociétés de secours mutuels, dont le rapporteur est Armand de Melun, peut-elle se féliciter dans son bulletin de 1859 :

---

1. Cité *in* J. Le Goff, *Du silence à la parole, droit du travail, société, État, 1830-1889*, Quimper, Calligramme, 1983, p. 84.

« Chacun doit applaudir à la pensée à la fois chrétienne et politique qui a su tirer des associations ouvrières un élément d'ordre, de dignité et de moralisation [1]. » « En 1869, 6 139 sociétés comptent 913 633 adeptes, 764 473 membres participants et 119 160 membres honoraires. »

Ainsi le second Empire léguera-t-il à la IIIe République un mouvement mutualiste déjà structuré et assez largement implanté dans la classe ouvrière. Mais grâce au militantisme de réformateurs sociaux comme Armand de Melun, il continue de s'inscrire dans le programme « philanthropique » de moralisation des classes populaires.

3. C'est pourtant dans l'entreprise que l'idée de patronage a pris toute sa force, du fait du pouvoir quasi sans partage du chef d'entreprise sur les ouvriers. Le Play, qui s'est fait le chantre du patronage industriel, l'élève à la dignité d'un véritable principe de gouvernementalité politique :

> Le nom de patronage volontaire me paraît s'appliquer avec toute convenance à cette nouvelle organisation [du travail industriel] ; le principe de la hiérarchie y sera maintenu ; seulement, l'autorité militaire des seigneurs qui étaient chargés autrefois de défendre le sol sera remplacée par l'ascendant moral des patrons qui dirigeront les ateliers de travail [2].

---

1. *Cf.* J.-B. Duroselle, *les Débuts du catholicisme social en France*, *op. cit.*, p. 501-512.
2. F. Le Play, *la Réforme sociale en France*, *op. cit.*, t. II, p. 413.

Mais encore faut-il que les chefs d'entreprise veuillent bien jouer le jeu de ce patronage moral, c'est-à-dire prendre de la distance par rapport à la conception purement libérale, contractuelle, du rapport de travail, qui revient à ceci: «L'ouvrier donne son travail, le maître paie le salaire convenu, là se réduisent leurs obligations réciproques. Du moment qu'il [le maître] n'a plus besoin de ses bras [à l'ouvrier] il le congédie et c'est à l'ouvrier de se tirer d'affaire[1].» Au contraire, «cette sollicitude envers l'ouvrier qui fait que le patron s'intéresse à lui en dehors de ce qu'il lui doit strictement et s'efforce de lui être utile constitue le patronage[2]».

La différence entre économie politique et économie sociale prend ici un contenu clair et concret. Il est vrai, en toute justice contractuelle, que l'employeur ne doit à l'employé que le salaire. Mais il peut comprendre qu'il est équitable, et aussi de son propre intérêt, de dispenser des services qui n'obéissent pas à une stricte logique marchande:

> Derrière la main-d'œuvre, cette abstraction économique, il y a un ouvrier, un homme avec sa vie et ses besoins. Si on tient à ce que le travail soit une marchandise, c'est en tout cas une marchandise sui generis, ne ressemblant à aucune autre et ayant des lois toutes spéciales. Avec elle, c'est la personnalité humaine tout entière qui est en jeu[3].

---

1. M.T. Duchâtel, *De la charité dans ses rapports avec l'état moral et le bien-être des classes inférieures de la société*, Paris, 1829, p. 133.
2. H. Valleroux, article «Patronage» *in* L. Say, J. Chailley, *Nouveau Traité d'économie politique, op. cit.*, t. II, p. 440.
3. E. Cheysson: «Le rôle de l'ingénieur», *la Réforme sociale*, Paris, octobre 1897.

Par exemple, l'ouvrier chargé de famille n'a pas les mêmes besoins que le célibataire, il a des charges supplémentaires pour nourrir, loger sa famille, éduquer ses enfants, etc. Il y a donc un manque d'équité dans la justice purement contractuelle qui donne à l'homme marié et au célibataire le même salaire, d'autant que le premier est socialement plus utile et moins dangereux : il reproduit la force de travail et est fixé au foyer tandis que le célibataire est souvent un facteur d'instabilité sociale et de désordre pour les mœurs [1]. De même, l'ouvrier peut être temporairement privé par la maladie ou par l'accident de la capacité de survivre sans qu'il en soit responsable. Pourtant, la fixation du salaire obéit aux lois de l'économie politique, qui ne peut prendre en compte ces impedimenta. C'est donc par l'intermédiaire de *services* que les préoccupations « sociales » peuvent prendre forme sans entrer en contradiction avec les exigences économiques. La réparation de la santé, l'amélioration du logement, des secours en situation de détresse, voire des moyens d'éducation, des loisirs sains, et aussi des allocations d'invalidité, des supports

---

1. Le vieux paradigme du vagabond, du rôdeur complètement désaffilié hante toujours la société industrielle : « Partout, ce sont les ouvriers nomades, les gens étrangers à la localité, les vagabonds, les célibataires, tous ceux qui ne sont pas fixés au foyer par la famille, qui ont en général les plus mauvaises mœurs et font le plus rarement de l'épargne [...]. Ceux qui ne voyagent point mais restent toujours dans le même lieu, près de leurs parents ou des amis de leur enfance, en craignent la censure et échappent davantage au contact des mauvais sujets » (H.A. Fréguier, *Des classes dangereuses de la population dans les grandes villes et des moyens de les rendre meilleures*, Paris, 1840, p. 81).

pour les veuves ou les orphelins d'ouvriers, etc., peuvent être dispensés dans une autre logique que celle du profit sans pour autant la contredire. Le patron se fait ainsi l'ordonnateur de la sécurité de l'ouvrier, qui en est par lui-même incapable. « N'est-ce pas à lui [au patron] qu'incombe le devoir de faire pour l'ouvrier ce qu'il ne fait pas lui-même, c'est-à-dire d'être prévoyant pour lui, économe pour lui, soigneux pour lui[1] ? »

Sur ces bases, dans certains des grands sites industriels de l'époque, le textile alsacien, les mines d'Anzin, Le Creusot, Montceau-les-Mines, se développe une infrastructure à peu près complète de services sociaux. Ainsi, sous l'énergique férule de la famille Schneider, Le Creusot propose un service médical avec pharmacien et infirmerie, un bureau de bienfaisance qui dispense des secours aux ouvriers malades ou blessés, mais aussi aux veuves et orphelins des ouvriers, une caisse d'épargne pour laquelle l'usine verse 5 % d'intérêt sur les sommes déposées, une société de prévoyance à laquelle les ouvriers doivent cotiser à hauteur de 2 % de leur salaire. La compagnie développe également une politique du logement: construction de logements standards, vente de terrains à prix réduits et prêts pour l'accès des ouvriers à la propriété. Réalisations voisines à Montceau-les-Mines avec les Chagot[2].

L'idéal est de réaliser une osmose parfaite entre l'usine et la vie quotidienne des ouvriers et de leurs familles. « L'usine est en réalité la com-

1. H. Valleroux, article « Patronage », *loc. cit.*, p. 439.
2. *Cf.* J.-B. Martin, *la Fin des mauvais pauvres, de l'assistance à l'assurance*, Seysset, Éditions du Champ Valon, 1983.

mune ; toutes deux ont obéi jusqu'ici à la même main, et s'en sont bien trouvées... Voilà le secret du Creusot, et comment il fait beaucoup à peu de frais, la ville et l'usine sont deux sœurs qui ont grandi sous la même tutelle[1]. » Elles réalisent en effet une institution totale au sens littéral du mot, lieu unique dans lequel l'homme accomplit la totalité de ses besoins, vit, travaille, se loge, se nourrit, procrée et meurt. À propos d'Anzin cette fois, Reybaud s'émerveille à nouveau : « Littéralement, la Compagnie prend l'ouvrier au berceau et le conduit jusqu'à la tombe, on va voir avec quels soins vigilants et au prix de quelles sommes[2]. » Cette première réalisation d'une sécurité sociale se paie ainsi de la dépendance absolue de l'ouvrier.

Ces réalisations contribuent en même temps à résoudre le plus grave problème auquel ait eu à faire face le capitalisme aux débuts de l'industrialisation : fixer l'instabilité ouvrière, réaliser à la fois, selon l'expression de David Landes, « la discipline du travail et la discipline au travail[3] ». Le « sublimisme » des ouvriers est en effet le leitmotiv de toute la littérature sociale du XIXe siècle[4]. Il

1. L. Reybaud, *le Fer et la houille*, Paris, 1874, p. 34.
2. *Ibid.*, p. 190.
3. *Cf.* D. Landes, *The Rise of Capitalism, op. cit.*
4. *Cf.* D. Poulot, *le Sublime*, et la présentation d'Alain Cottereau à l'édition de 1980, Paris, Maspero. Il est caractéristique que le terme de « sublime » pour qualifier cette irrégularité ouvrière, péjoratif dans la bouche de Denis Poulot, s'applique pourtant aux meilleurs ouvriers, à ceux qui travaillent le plus vite et le mieux et peuvent ainsi ne s'occuper que trois ou quatre jours par semaine, choisir leur employeur, ne pas risquer les chômages. Il traduit en fait la volonté d'autonomie des ouvriers les plus qualifiés et leur profonde allergie aux formes

correspond à un nomadisme géographique (les ouvriers vont de mine en mine, de chantier en chantier, quittant leur employeur d'une manière imprévisible, attirés par de plus hauts salaires ou repoussés par les conditions de travail) et à une irrégularité dans la fréquentation des postes de travail (célébration du «saint lundi» et autres coutumes populaires, stigmatisées comme autant de marques d'imprévoyance).

Le patronage patronal est un puissant facteur de fixation de cette mobilité ouvrière, car les travailleurs perdent tous ces «avantages sociaux» s'ils quittent la compagnie. Une telle emprise ne peut cependant s'imposer à la perfection que dans l'espace clos des grandes concentrations industrielles. Dans les petits ateliers ou bien lorsqu'il habite en ville, l'ouvrier risque d'être livré à toutes les «mauvaises influences» du cabaret et des solidarités populaires, de s'adonner à ses mauvais penchants[1]. Mais même dans ces conditions moins favorables la tutelle patronale s'exerce à travers deux institutions dont l'importance a été énorme au xixe siècle : le livret ouvrier et le règlement d'atelier.

---

d'embrigadement du travail collectif et à l'ordre moral que l'on tente de leur imposer.

1. Georges Duveau oppose la mentalité et les comportements des ouvriers vivant dans les villes «représentant l'usine tentaculaire et le patron omniprésent» à la vie dans les grandes villes qui apportent la liberté et peuvent «nourrir les rêves des travailleurs» (*la Vie ouvrière en France sous le second Empire*, Paris, Gallimard, 1946, p. 227). Pour les «gens de bien», en revanche, le cabaret populaire est le lieu de toutes les turpitudes et de tous les dangers. Leroy-Beaulieu, par exemple, n'y va pas par quatre chemins : «On y devient à la fois envieux, cupide, révolutionnaire et sceptique, communiste en fin de compte» (*la Question ouvrière au xixe siècle*, Paris, 1871, p. 335).

Institué par le Consulat sur la base de dispositions datant de la fin de l'Ancien Régime (*cf.* chap. III), réitéré en 1850 et 1854 et aboli seulement en 1890, *le livret* a pour objectif de contrôler la mobilité ouvrière. Nécessaire à l'embauche, servant de passeport auprès des autorités de police, il porte de surcroît les dettes que l'ouvrier a pu contracter auprès de son ancien patron. « Garantie d'un ordre très spécial, mais très énergique, imaginé dans l'intérêt du patron et du patron seul[1] », le livret ouvrier rompt la réciprocité des deux contractants selon le droit civil. C'est une « loi industrielle » qui donne au patron un pouvoir discrétionnaire sur l'embauche. C'est aussi une loi qui a des fonctions de police : deux ordonnances du 1er avril 1831 et du 30 décembre 1834 enjoignent à tout ouvrier venant chercher du travail à Paris de faire viser dans les huit jours son livret au commissariat[2].

Plus dérogatoire encore au droit commun est le règlement d'atelier. Il exprime clairement cette volonté d'absorption du public dans le privé en quoi consiste la tutelle patronale. Propriétaire de l'usine, le patron édicte un règlement qui a force de loi et dont la transgression donne lieu à sanctions. De l'espace privé de la fabrique pensée sur le modèle de la famille dont le patron est le chef sort donc un système de réglementations obligatoires à fonction moralisatrice. Car, outre des consignes correspondant à des exigences techniques de sécurité et d'hygiène, les règlements

---

1. M. Sauzet, *le Livret obligatoire des ouvriers*, Paris, 1890, p. 14.
2. *Cf.* J.-P. de Gaudemar, *la Mobilisation générale*. Paris, Éditions du Champ urbain, 1977, p. 115.

d'atelier comportent des dispositions comme celle édictée à la Verrerie Saint-Édouard en 1875, article 30 : «Tout ouvrier employé à la Verrerie dont la conduite ne serait pas celle de l'honnête homme sobre et laborieux, cherchant en tout et partout l'intérêt des maîtres, sera renvoyé de l'établissement et dénoncé à la justice s'il y a lieu[1].» Alain Cottereau note à ce propos qu'à la différence de la «police des manufactures» de l'Ancien Régime, et contrairement à l'esprit du Code civil, ce sont les patrons, personnes privées, qui décident des règlements de la police du travail, et font en somme fonction de personnages publics.

C'est là un exemple particulièrement significatif du débordement de l'ordre contractuel par l'ordre tutélaire, mais l'ensemble de ces débordements forme système. La combinatoire des dépendances instaurée par l'ordre patronal représente le modèle qui devrait être étendu à l'ensemble de la société pour assurer la paix sociale. Au-delà même de la contribution à la résolution des antagonismes de classes, il est élevé par Le Play au statut de principe civilisateur par excellence : «Les patrons volontaires du nouveau régime ont plus de droit que les anciens seigneurs féodaux à la considération publique... Ils sont alors éminemment propres à guider les classes vicieuses ou imprévoyantes, à créer d'utiles relations entre les nations civilisées et à protéger les races sauvages ou barbares[2].»

---

1. Cité par A. Cotterau, «Introduction», *in* A. Biroleau, *Catalogue des règlements d'atelier, 1798-1936*, Paris, Bibliothèque nationale. Marx parlait déjà de «l'esprit retors des Lycurgue de fabrique [qui] fait en sorte qu'ils profitent encore plus de la violation que de l'observation de leurs lois» (*le Capital, op. cit.*, t. II, p. 106).
2. F. Le Play, *la Réforme sociale en France, op. cit.*, t. IV, p. 425.

Une utopie à rebours

Ces stratégies présentent cependant un caractère paradoxal. Leurs porte-parole acceptent, pour l'essentiel, le libéralisme économique, l'industrialisation, la structure contractuelle du droit en général et du rapport salarial en particulier. Cependant, dans cet univers de la modernité, ils s'efforcent de réinjecter un modèle de relation tutélaire qui évoque ce que Marx et Engels appellent avec une cruelle ironie « le monde enchanté des rapports féodaux[1] ». N'y a-t-il pas là une sorte d'utopie réactionnaire, c'est-à-dire une tentative pour recoder ce que l'histoire propose d'inédit dans des catégories qui ont servi à penser et à maîtriser d'anciennes formes d'organisation sociale ?

Ces techniques patronales se sont surtout implantées au cœur des grandes concentrations industrielles, dans les secteurs de pointe de la production. Mais, dans la littérature qui fait l'apologie de ce type de pratiques, on trouve de curieux textes, comme celui-ci :

> Le mot patron ne s'applique qu'aux chefs qui assurent à leurs subordonnés la paix et la sécurité. Lorsque ce rôle n'est plus rempli, le patron tombe sous la catégorie des maîtres et n'est plus qu'un employeur, suivant le terme barbare qui tend à se substituer à celui qui prévaut dans les zones où règne l'insécurité[2].

1. K. Marx, F. Engels, *l'Idéologie allemande*, trad. fr. Éditions sociales, 1968.
2. F. Le Play, *la Réforme sociale en France*, op. cit., t. II, p. 458.

Le véritable patron est ainsi celui qui entretient ses ouvriers dans une relation de subordination. En revanche, l'«employeur» qui opère dans «les régions où règne l'instabilité», c'est-à-dire dans les nouveaux bassins d'emploi qui échappent aux régulations tutélaires, n'est qu'un «barbare». Cette conception du management des personnels reste celle du «visiteur du pauvre» qu'appliquait le baron de Gérando à cette autre catégorie de mineurs que sont les indigents : jouer sur les sentiments, attendre de la gratitude en échange de bienfaits, dissoudre la différence des rôles et les conflits d'intérêts dans une dépendance personnalisée. Un tel modèle familialiste est-il compatible avec le développement de la division du travail, la hiérarchisation de plus en plus technique des tâches et la prise de conscience de l'antagonisme des intérêts ? Ainsi, Eugène Schneider ne manque pas une occasion de rappeler à ses ouvriers que Le Creusot est une grande famille. Mais lorsque ceux-ci décident en 1870 de gérer eux-mêmes la caisse de secours de l'entreprise, Schneider les admoneste de la sorte : «Prenez garde, vous faites de l'opposition, polie, mais ce n'est pas moins de l'opposition, et je n'aime pas l'opposition[1].» Les ouvriers répondront par la grève.

Les représentants les plus conscients et les plus tardifs du patronage patronal ont perçu cette difficulté de rendre compatibles tutelle morale, efficience technique et paix sociale. Émile Cheysson, qui fut directeur du Creusot de 1871 à 1874, crée plus tard la notion d'«ingénieur social», qui doit associer la compétence technique et le souci de

---

1. Cité *in* E. Dolléans, *Histoire du mouvement ouvrier, op. cit.*, t. I., p. 344.

guider les ouvriers vers le bien. Mais sa position reste ambiguë :

> De nos jours, là où les ouvriers ont le sentiment fier et jaloux de leur indépendance, le patron les associera de près aux institutions qu'il organise pour eux, si même il ne leur abandonne pas complètement la gestion, sauf à les aider par des conseils discrets et des subventions ou avances. Il gagnera de prévenir les froissements du «paternalisme» sur les esprits ombrageux et de rendre par là son patronage plus acceptable et plus efficace [1].

Est-ce suffisant pour désarmer «le sentiment fier et jaloux» de l'indépendance ouvrière ?

Les stratégies du patronage ont sous-estimé deux facteurs qui vont jouer un rôle de plus en plus décisif dans la grande industrie. Le premier est d'ordre technique. Les exigences de l'organisation du travail sur une large échelle vont imposer des rapports objectifs et définis par les tâches à accomplir, plutôt que des relations de dépendance personnelle commandées par des impératifs moraux. Le «désenchantement du monde» caractéristique de la modernité implique, dans l'organisation du travail aussi, la promotion de rapports formels, «bureaucratiques» au sens de Max Weber, à la place du clientélisme et des sujétions personnelles. C'est l'orientation qui s'imposera avec le taylorisme. Le moins que l'on puisse dire est que l'idéologie du patronage ne prépare pas à accueillir cette transformation décisive de l'organisation du travail.

---

1. É. Cheysson, «Le patron, son rôle économique et social» (conférence prononcée le 11 avril 1906), in *Œuvres choisies*, Paris, 1911, t. II, p. 117.

La seconde impasse est plus grave encore. Elle tient à la sous-estimation du « sentiment fier et jaloux » que les ouvriers ont de leur indépendance, ou, pour mieux dire, à l'impossibilité de prendre en compte dans ce contexte les revendications propres aux ouvriers et leurs formes spécifiques d'organisation. La tutelle patronale peut sans doute exercer son emprise sur des populations ouvrières composées d'immigrants récents, déracinés dans leur nouvel environnement industriel, mais encore imprégnés de leurs valeurs rurales d'origine[1]. En revanche, au fur et à mesure qu'une classe ouvrière s'implantait et s'organisait, qu'elle devenait perméable aux doctrines socialistes et communistes qui exaltaient son importance et dénonçaient son exploitation, elle ne pouvait que s'opposer à ces formes de gestion patronale qui demandaient aux travailleurs d'être heureux dans leur misère et reconnaissants envers ceux qui en tiraient profit. La preuve expérimentale de l'incompatibilité de ces intérêts sera bientôt administrée. Il est significatif que ce soit dans les bastions du patronage patronal qu'éclatent, à partir de la fin du second Empire, de grandes grèves ouvrières[2]. Significatif aussi qu'elles interviennent à cette date, c'est-à-dire lorsqu'une deuxième ou une troisième

---

1. La lenteur et le caractère relativement continu de l'immigration rurale en France (à la différence de l'Allemagne) a eu pour effet de freiner considérablement la prise de conscience d'une condition ouvrière spécifique : plusieurs strates de populations ouvrières coexistent dans un même lieu, les dernières encore imprégnées de modes de vie ruraux alors même que les premières s'en sont affranchies. Sur ce point, *cf.* F. Sellier, *la Confrontation sociale en France, 1936-1981*, Paris, PUF, 1981.
2. *Cf.* F. L'Huillier, *les Luttes ouvrières à la fin du second Empire*, Paris, A. Colin, « Cahiers des Annales », 1957.

génération d'ouvriers de l'industrie a pu se constituer une culture propre et commencer à se donner des formes propres d'organisation. Auparavant, il y avait des rustres encore habités de nostalgies tutélaires. Désormais commence à s'imposer l'embryon d'une classe ouvrière organisée[1].

Non point que le patronage patronal, à la fin du XIXe siècle, soit déjà une survivance. Certes, Louis Reybaud déclare en 1863 : « Il reste peu de place, on le devine, pour le patronage direct et une tutelle officieuse. Cette poésie appartient désormais à l'enfance des fabriques ; elle s'efface à mesure qu'elles prétendent à la virilité[2]. » Mais le journal du Comité des forges affirme encore en 1902 : « Le patron n'a pas entièrement acquitté sa dette quand il a payé à des salariés le prix stipulé, et il doit avoir pour eux, dans la mesure du possible, la prévoyance d'un père de famille[3]. »

En fait, de larges secteurs de l'organisation du travail porteront jusqu'à aujourd'hui l'héritage du patronage et du paternalisme[4]. Ceux-ci ont repré-

---

1. Ces remarques concernent l'évolution du prolétariat des grandes concentrations industrielles sur lequel la tutelle patronale s'est principalement exercée. L'évolution de l'élite ouvrière issue du prolétariat urbain est antérieure et obéit à une logique moins dépendante de l'emprise patronale. *Cf.*, par exemple, G. Duveau, *la Vie ouvrière en France sous le second Empire, op. cit.*, et l'étonnante peinture de la mentalité des ouvriers parisiens in D. Poulot, *le Sublime, op. cit.*

2. L. Reybaud, *le Coton*, Paris, 1863, p. 368.

3. Cité par A. Melucci, « Action patronale, pouvoir, organisation », *le Mouvement social*, n° 97, octobre-décembre 1976, p. 157.

4. Pour une version quasi contemporaine du patronage, *cf.*, par exemple, A. Lemenorel, « Paternalisme version XXe siècle : l'exemple de la Société métallurgique de Normandie, 1910-1988 », in *le Social aux prises avec l'histoire*. « Cahiers de

senté une première tentative de lutte d'ensemble contre l'instabilité de la condition ouvrière. Ils ont aussi proposé les premières formes systématiques de protection sociale. Mais ces innovations réactivent des formes très archaïques de domination. Le patronage tente ainsi la gageure impossible, comme le dit Louis Bergeron, « de couler la nouvelle société industrielle dans le moule de l'ancienne société rurale », ou encore de « faire oublier l'urbanisation et la prolérisation en marche[1] ». En ce sens, on peut parler à son propos d'« utopie réactionnaire », ou d'« utopie à rebours » : c'est une utopie pour laquelle la référence au passé sert de schème organisateur de l'avenir et s'efforce en somme de verser un vin nouveau dans de vieilles outres.

L'incapacité ou le refus de concevoir l'existence *sui generis* du social paraît ainsi constituer le socle commun de cette nébuleuse de positions occupées par les réformateurs sociaux. On se contente en général de mettre en relation la sorte d'interdit d'État qui pèse sur les interventions sociales avec la conception libérale d'un État

recherches sur le social », vol. III, 1991 (la Société métallurgique de Normandie est d'ailleurs une filière des usines Schneider du Creusot). On peut tenter de distinguer le patronage, conçu comme un mode de gestion de la main-d'œuvre qui fait appel aux régulations traditionnelles, du paternalisme, durcissement du patronage après les grèves ouvrières de la fin du XIXᵉ siècle (*cf.* G. Noiriel, « Du patronage au paternalisme : la restauration des formes de domination de la main-d'œuvre ouvrière dans l'industrie métallurgique française », *le Mouvement social*, nᵒ 144, juillet-septembre 1988). Mais, dans les faits, les deux attitudes se recoupent fréquemment.

1. L. Bergeron, *les Capitalistes en France, 1780-1914*, Paris, Julliard-Gallimard, 1978, p. 152.

minimal. Mais ces attitudes ne sont-elles pas, plus profondément, fondées sur la conception d'une *société minimale*, elle aussi entretenue par le libéralisme? L'homme libéral est un individu rationnel et responsable qui poursuit son intérêt sur la base des relations contractuelles qu'il noue avec autrui. «Individualisme méthodologique» avant la lettre. Mais tous les hommes ne sont pas à la hauteur de cet idéal. La découverte du paupérisme a dû présenter un défi pour cette conception de la société construite comme une association d'individus rationnels. Mais elle l'a assumé, ou contourné, grâce au schème de la minorité de ces classes inférieures qui permet d'instaurer avec elles un rapport de tutelle. Le libéralisme déploie deux modèles d'organisation sociale qui ne sont pas nécessairement contradictoires, encore que la tension entre eux soit forte : *le registre de l'échange contractuel* entre individus libres, égaux, responsables, raisonnables, et *le registre de l'échange inégal*, du patronage à exercer à l'égard de ceux qui ne peuvent entrer dans la logique de la réciprocité contractuelle. Benjamin Constant : «Ceux que l'indigence tient dans une éternelle dépendance et qu'elle condamne à des travaux journaliers ne sont ni plus éclairés que des enfants sur les affaires publiques, ni plus intéressés que les étrangers à la prospérité nationale[1].» Les interventions «sociales» s'inscrivent alors dans cet espace d'une différence quasi anthropologique qui n'est plus régi par la responsabilité entre égaux, mais par l'exercice d'une tutelle éclairée

---

1. B. Constant, *De la liberté chez les modernes*, in *Œuvres*, La Pléiade, Gallimard, 1957, p. 316.

envers des mineurs. Un social de substitution en quelque sorte, pour faire le lien entre des supérieurs et des inférieurs qui ne forment pas vraiment une société.

L'écart ne peut dès lors que se creuser entre cette *Weltanschauung* paternaliste et une classe ouvrière qui devient progressivement consciente, pour reprendre le langage de Proudhon, de ses propres «capacités[1]». Le patronage industriel n'empêche pas, on l'a vu, les grèves. Mais le rejet est plus général. Dès les années 1840, le journal *l'Atelier*, qui développe une idéologie cohérente de l'autonomie ouvrière, exprime régulièrement son mépris de «la philanthropie»: «La philanthropie est un véritable cauchemar qui pèse d'un poids énorme sur la poitrine des classes ouvrières. [...] Qui donc nous délivrera de la paternité philanthropique[2]?»

Cette condamnation sans appel du patronage se fait d'autant plus vive que le mouvement ouvrier se forge un mode alternatif d'organisation du travail qui doit abolir l'exploitation salariale, l'association ouvrière: «Nous sommes certains, par l'association, de pouvoir nous appartenir et n'avoir plus de maîtres[3].» L'association porte une autre conception du social, dont la réalisation passe par la constitution de collectifs instituant des rapports d'interdépendance entre individus égaux. On sait que l'effervescence de 1848, comme plus tard le

---

1. J. Proudhon, *De la capacité des classes ouvrières*, Paris, 1865.
2. Compte rendu critique de l'ouvrage de A. Egon, *le Livre de l'ouvrier*, dans le numéro de *l'Atelier* de février 1844, cité *in* A. Faure, J. Rancière, *la Parole ouvrière 1830-1851*, Paris, UGE, 1976, p. 232.
3. *Ibid.*, p. 352.

mouvement de la Commune de Paris, ont donné lieu à une extraordinaire prolifération d'associations, de consommation et surtout de production[1]. Typique est la réaction des notables face à ces tentatives. Thiers y voit le 26 juillet 1848 «la plus ridicule de toutes les utopies qui se produisent parmi nous[2]». Villermé regrette que «les ouvriers ne comprennent pas qu'il n'y ait que deux classes possibles d'hommes dans l'industrie, les chefs et les salariés; et que, quoi qu'ils fassent, qu'ils soient ou non associés, ils auront toujours des chefs ou, comme on dit aujourd'hui, des patrons[3]». Le summum de la morgue de classe est sans doute atteint par Leroy-Beaulieu: «N'ayons ni regrets ni impatience de l'inutilité de ces tentatives; le rôle que les ouvriers voudraient saisir est rempli d'une manière plus satisfaisante, au mieux des intérêts de tous, par la bourgeoisie. Quant à la population ouvrière, il est des moyens plus sûrs d'élever sa destinée[4].»

On ne s'étonnera pas que les représentants des classes dominantes condamnent cette forme d'organisation du travail, l'association ouvrière, qui les déposséderait[5]. Mais plus significatifs sont les arguments employés, et la conception de l'activité sociale qui les sous-tend. Ce n'est pas seulement

---

1. *Cf.* A. Gueslin, *l'Invention de l'économie sociale, op. cit.,* p. 139 *sq.*
2. A. Thiers, discours du 26 juillet 1848, cité *in* L.-F. Dreyfus, *l'Assistance sous la Seconde République, op. cit.,* p. 62.
3. L.-R. Villermé, *Des associations ouvrières,* Paris, 1849, p. 34.
4. P. Leroy-Beaulieu, *la Question ouvrière au xixe siècle,* Paris, 1871, p. 287.
5. Pour une lecture différente, «sympathisante» du même type de données, *cf.* M. Leroy, *la Coutume ouvrière,* Paris, 1913.

« le collectivisme » comme tel qui est stigmatisé, au sens d'une volonté d'appropriation collective des moyens de production (l'association est prônée par l'ensemble des courants ouvriers, y compris par les libertaires anticollectivistes). La fin de non-recevoir porte sur *l'existence du collectif* lui-même, c'est-à-dire sur toutes les tentatives pour prendre en charge collectivement, à partir de l'implication des intéressés, la misère ouvrière et l'assujettissement des ouvriers. Les « moyens plus sûrs d'élever la destinée » de la population ouvrière que préconise Leroy-Beaulieu excluent toute forme d'organisation, et même toute initiative des intéressés. Les remèdes sont entre les mains des « gens de bien », et ils consistent dans les stratégies qu'ils déploient de leur propre chef en direction des groupes subordonnés. La seule voie de salut pour le peuple est son adhésion respectueuse au système de valeurs construit pour lui et sans lui. Ce qui tient lieu de politique sociale consiste à extrapoler une attitude morale à l'échelle d'enjeux collectifs. La finalité de ces stratégies est bien que « le nouvel ordre social soit tout entier vécu comme un ensemble d'obligations morales[1] ».

Il y a là un curieux paradoxe. Toute cette réflexion est déclenchée par la découverte du paupérisme à partir des années 1820, à travers les enquêtes sur les modes de vie populaires ébranlés ou détruits par l'industrialisation. Ces connaissances constituent le noyau originel des sciences sociales[2]. Mais l'usage pratique qui est

---

1. G. Procacci, *Gouverner la misère, op. cit.*, p. 179.
2. La démarche est homologue à celle que retrouvera l'École de Chicago, dans les années 1920, fondant la sociologie améri-

fait de ce savoir le rabat sur le plan de l'instrumentalisation morale. Coexistent chez la plupart de ces auteurs la prise de conscience que la misère nouvelle est un phénomène de masse, un effet de l'industrialisation irréductible à une somme de défaillances individuelles, et l'acharnement à traiter cette misère par des techniques qui, individuelles ou collectives, imposées ou proposées, relèvent de la *morale institutionnalisée*.

Mais cette ambiguïté s'éclaire si on prend en compte la finalité politique de ces stratégies. Point n'est besoin d'interprétations subtiles pour la déchiffrer. Elle est clairement affichée :

> Au lieu de diviser la société sous des noms odieux par les catégories de propriétaires et de prolétaires qu'on excite à se haïr, à se spolier mutuellement, efforçons-nous au contraire de montrer aux hommes les moins fortunés combien de sources abondantes et sacrées de sympathie et de bienfaits découlent en leur faveur du sein des classes fortunées. À chacun des malheurs qui peuvent atteindre une famille ouvrière, une charité généreuse oppose un établissement qui tend à les prévenir, ou du moins à les soulager[1].

Cette déclaration mérite considération car elle émane d'un homme qui fut sans doute, avec Armand de Melun, le personnage le plus représentatif de cette mouvance d'une « politique sans

---

caine à partir d'une interrogation sur la fragilité du lien social et sur le risque de sa rupture porté par l'existence de groupes immigrés, « déviants », qui ne s'inscrivent pas dans les régulations communes de la société américaine.

1. Baron Dupin, *Bien-être et concorde des classes du peuple français*, Paris, 1840, p. 40.

État». Charles Dupin, élu député de tendance libérale en 1827 puis pair de France, grand officier de la Légion d'honneur, membre de l'Institut, membre de la Société de morale chrétienne présidée par Guizot, puis de la Société d'économie charitable fondée par Armand de Melun et de la Société d'économie sociale fondée par Le Play, etc., est de tous les débats et de tous les combats qui concernent ce social un peu louche[1]. Mais si un tel syncrétisme se dérobe à un cadrage conceptuel précis, son intention politique est évidente. Sont évidentes aussi les limites de cette posture, ou plutôt vont-elles bientôt le devenir. Il aurait

---

1. Il est ainsi le premier à demander en 1848 la fermeture des ateliers nationaux parisiens, mais c'est une réaction banale pour un philanthrope. Deux de ses interventions sont plus significatives pour illustrer le glissement des positions libérales qui s'opère au XIXᵉ siècle. C'est lui — signe de la position éminente qu'il occupe dans le milieu philanthropique — qui prononce à l'Institut l'éloge funèbre du duc de La Rochefoucauld-Liancourt. Il réalise le tour de force de rendre compte en quatre lignes du rôle joué pendant la Révolution par le duc, «qui ne voulut diriger qu'un simple comité de mendicité» (*Éloge du duc de La Rochefoucauld-Liancourt prononcé le 30 mars 1827*, publication de l'Institut, 1827, p. 12). Le duc avait aussi été, entre autres activités, membre de la Société des amis des Noirs, qui dès 1789 combattait pour l'abolition de la traite. En 1845, à la Chambre des pairs, Charles Dupin s'oppose en ces termes à toute réforme du Code noir qui perpétuera l'esclavage jusqu'en 1848 : «Resserrons les liens entre les maîtres et les ouvriers libres ou non. Continuons à respecter, à favoriser le bon ordre, l'économie et la sagesse de la vie chez les travailleurs noirs comme nous le faisons en France chez les travailleurs blancs. Abstenons-nous de les aigrir ou de les révolter par des déclarations incendiaires» (*le Moniteur universel*, 5 avril 1845). La philanthropie mène ainsi le même combat, pour le bien des esclaves et pour celui des «travailleurs blancs». Mais, surtout, un tel discours illustre le retournement complet de l'idéologie libérale entre la fin du XVIIIᵉ siècle et le milieu du XIXᵉ : de porte-parole des aspirations à la liberté, elle est devenue la caution de la conservation de l'ordre social.

fallu que «les hommes les moins fortunés» fussent singulièrement vertueux, ou singulièrement naïfs, pour se contenter de cette «charité généreuse». Aussi, comme une réponse à ce discours lénifiant, il faut entendre la rude voix de Proudhon, à peu près contemporaine :

> Vainement vous me parlez de fraternité et d'amour : je reste convaincu que vous ne m'aimez guère, et je sens très bien que je ne vous aime pas. Votre amitié n'est que feinte et si vous m'aimez, c'est par intérêt. Je demande tout ce qui me revient, rien que ce qui me revient. Dévouement ! Je nie le dévouement, c'est du mysticisme. Parlez-moi de droit et d'avoir, seuls critères à mes yeux du juste et de l'injuste, du bien et du mal dans la société. À chacun selon ses œuvres d'abord[1].

Il s'agit bien de deux positions inconciliables. Dès lors, les constructions d'une politique sans État risquent de conduire à une impasse. D'essence morale, leur réussite repose en dernière analyse sur l'adhésion du peuple aux valeurs qui lui sont proposées/imposées. Mais, au fur et à mesure qu'un monde ouvrier se structure, il élabore ses propres modes d'organisation et ses propres programmes, qui ne peuvent qu'entrer en conflit avec ces conceptions fondées sur le déni de l'autre. Le discours de la paix sociale forge ainsi les conditions de la lutte des classes qu'il veut conjurer. Par son refus de faire de l'État un partenaire impliqué dans le jeu social, il laisse face à face, sans médiations, dominants et

---

1. J. Proudhon, *Système des contradictions économiques ou économie de la misère*, première édition 1846, Paris, édition Marcel Rivière, 1923, t. II, p. 258.

dominés. Dès lors, le rapport de forces pourrait bien s'inverser, et ceux qui n'ont rien à perdre se mettre en tête de vouloir tout gagner. Qui pourra les en empêcher ? L'État sans doute, mais un État libéral est réduit au rôle de gendarme qui intervient du dehors pour réprimer les turbulences populaires — comme en juin 1848 ou lors de la Commune de Paris — sans pouvoir agir sur ce qui les produit, ni les prévenir. Au nom même de la paix sociale, il faudrait que l'État soit doté de nouvelles fonctions pour maîtriser cet antagonisme destructeur.

CHAPITRE VI

LA PROPRIÉTÉ SOCIALE

On peut interpréter l'avènement de l'État social comme l'introduction d'un tiers entre les chantres de la moralisation du peuple et les partisans de la lutte des classes. Les uns et les autres campent sur des positions symétriques, mansuétude des gens de bien envers les misérables d'un côté, lutte des exploités contre les exploiteurs de l'autre. Positions symétriques, parce qu'il n'y a rien de commun à l'une et à l'autre, rien de négociable entre l'une et l'autre. À l'inverse, l'État social, pourrait-on dire, commence sa carrière lorsque les notables cessent de dominer sans partage et lorsque le peuple échoue à résoudre la question sociale pour son propre compte. Un espace de médiations s'ouvre qui donne un sens nouveau au « social » : non plus dissoudre les conflits d'intérêts par le management moral ni subvertir la société par la violence révolutionnaire, mais négocier des compromis entre des positions différentes, dépasser le moralisme des philanthropes et économiser le socialisme des « partageux ».

La question de fond est cependant de savoir *comment* l'action de la puissance publique peut s'imposer en droit, alors que sont exclues les interventions directes sur la propriété et sur l'économie. L'élaboration d'une première solution a été en France particulièrement laborieuse. Elle occupe la séquence qui va de la révolution de 1848 à la consolidation de la IIIe République. C'est qu'elle exige à la fois une réélaboration de ce qu'est un collectif de producteurs pour qu'il fasse société, de ce qu'est le droit pour qu'il puisse réguler autre chose que des contrats personnels, et de ce qu'est la propriété pour qu'elle assure des protections publiques sans contredire aux intérêts privés. Comment se sont articulés ces trois éléments d'un même ensemble qui forme la première matrice de l'État social entendu comme l'imposition de systèmes de garanties légales grâce auxquelles la sécurité ne dépend plus exclusivement de la propriété? Comment l'État est-il parvenu à occuper une position relativement en surplomb par rapport à l'antagonisme entre dominants et dominés?

Il faut revenir sur ces tâtonnements laborieux, car ils ont constitué le socle de ce qui a été appelé l'État providence. Ils permettent aussi de comprendre à quel point cette expression d'État providence est impropre à signifier les finalités de l'État social. Rien en effet dans ces stratégies qui évoque une manne généreuse épandant ses bienfaits sur des sujets comblés. Cet État est plutôt parcimonieux, calculateur, et volontiers soupçonneux quant à l'usage qui est fait de ses prestations. Il est celui qui recherche des ajustements minima plutôt que le dispensateur désintéressé d'une masse d'oboles, et ses innovations sont commandées par la peur autant que par la générosité. La lenteur de sa promotion, marquée d'avancées timides et de lourds piétinements, prouve bien que le conflit est au cœur de sa dynamique. Mais s'il n'est pas impérial, l'État social est profondément novateur. L'avènement de la *propriété sociale* représente un des acquis décisifs de la modernité dont on lui est redevable, et qui reformule en de nouveaux termes le conflit séculaire entre le patrimoine et le travail.

Une nouvelle donne

Qu'il soit clair, tout d'abord, qu'une telle émergence d'un tiers (ce qui ne signifie pas la présence d'un arbitre impartial) suppose que soient réalisées deux séries de conditions préalables. D'abord, que se desserre l'étau du patronage, autrement dit que devienne manifeste l'incapacité de ces réseaux de régulations morales pour corseter toute la vie et toutes les aspirations des «classes inférieures»: lente maturation, tout au long du XIXᵉ siècle, de pôles de résistance à la conception de l'ordre social définie par les notables. Mais il a fallu aussi, et tout autant, que l'alternative proprement révolutionnaire du renversement radical du rapport de domination fût vaincue, ou à tout le moins suspendue: le changement social ne va pas advenir par la substitution d'une hégémonie à une autre. L'État social, à la fois, suppose l'antagonisme des classes et le contourne. On voudrait suggérer qu'il l'a sublimé, c'est-à-dire, comme toute forme de sublimation, qu'il a représenté une invention.

L'interprétation des événements de 1848 proposée par Jacques Donzelot dans *l'Invention du social* aide à saisir le sens de cet avènement[1]. 1848 est bien un terrible coup de semonce par rapport aux stratégies antérieures de pacification sociale : le peuple (ou du moins les ouvriers parisiens) reprend possession de la scène publique et impose dans un premier temps ses exigences au gouvernement. Que les ouvriers aient pu porter une telle menace révèle une contradiction fondamentale dans le plan de gouvernementalité de la société, qui exige une redéfinition du rôle de l'État. Leur échec consommé et le *droit au travail* récusé, il reste à trouver une formule de gouvernement qui ménage une certaine place au *droit du travail*.

Les péripéties sont connues : en février, sous la pression de la rue, le gouvernement provisoire proclame à la fois la République, le suffrage universel et le droit au travail : «Le gouvernement provisoire de la République s'engage à garantir l'existence de l'ouvrier par le travail. Il s'engage à garantir du travail à tous les citoyens. Il reconnaît que les ouvriers doivent s'associer entre eux pour jouir du produit de leur travail[2].» Mais il substitue aussitôt à la demande populaire d'un ministère du Travail, ou du Progrès, qui serait chargé de mettre en œuvre ces exigences, la «Commission du Luxembourg», organe d'enregistrement et de délibération. Il ouvre les Ateliers nationaux, qui ressemblent davantage aux ateliers de charité de l'Ancien Régime qu'à un véritable système public d'organisation du travail. La

---

1. J. Donzelot, *l'Invention du social, op. cit.*, chap. I, *cf.* aussi G. Procacci, *Gouverner la misère, op. cit.*; P. Rosanvallon, *le Sacre du citoyen, op. cit.*
2. Décret du 25 février 1848, cité *in* M. Agulhon, *les Quarante-Huitards*, Paris, Gallimard-Julliard, 1992 (1re édition 1973), p. 130.

fermeture de ces ateliers, en juin, déclenche l'insurrection ouvrière et sa répression sanglante.

Les implications de cette défaite du droit au travail, corrélative de la prise de conscience de la fragilité des contrôles tutélaires exercés par les notables, ouvre un champ d'incertitudes à partir duquel va s'élaborer une nouvelle conception du social et de la politique sociale. Moment inaugural, qui fait aussi fonction de «traumatisme initial[1]», car la prise de conscience qui se produit à ce moment est proprement bouleversante : c'est celle d'un divorce entre l'idéal républicain, désormais réalisé par le suffrage universel, et la démocratie sociale, dont l'espérance est portée par les travailleurs parisiens. Pierre Rosanvallon cite à ce propos une déclaration, a posteriori étonnante, du *Bulletin de la République* du 19 mars 1848, sans doute rédigée par Lamartine : «L'élection appartient à tous les citoyens. À partir de cette loi [décrétant le suffrage universel], il n'y a plus de prolétaires en France[2].» Mais l'étonnement est rétrospectif — pour nous, qui connaissons la suite de l'histoire. Pour l'essentiel de la tradition républicaine, forgée dans l'opposition aux régimes qui se sont succédé depuis le Consulat, l'avènement de la pleine souveraineté politique est la revendication fondamentale. Mettre fin à la minorité politique du peuple doit entraîner son affranchissement social. La République à part entière est le régime qui peut assurer à tous les citoyens sans exception la plénitude de leurs droits[3].

1. J. Donzelot, *l'Invention du social, op. cit.*, p. 20.
2. Cité *in* P. Rosanvallon, *le Sacre du citoyen, op. cit.*
3. Inutile sans doute de s'interroger pour savoir si cette croyance était «sincère» ou si les «bourgeois» républicains se sont servis des aspirations populaires pour réaliser leurs propres

Les événements de 1848 représentent une démonstration in vivo du caractère illusoire d'un telle croyance. Lorsque paraît cette profession de foi du *Bulletin de la République*, doivent être encore lisibles sur les murs de Paris les affiches de la *Déclaration du peuple souverain* apposées le 24 février : « Tous les citoyens doivent rester aux armes et défendre leurs barricades jusqu'à ce qu'ils auront obtenu la jouissance de leurs droits comme citoyens et comme travailleurs[1]. » Certes les ouvriers, travaillés par la propagande républicaine, ont progressivement fait leur la revendication politique du suffrage universel[2]. Mais surtout ils ont eux-mêmes élaboré leur revendication spécifique et à leurs yeux essentielle : la fin de la subordination de la relation de travail par l'association et le droit au travail[3]. Et si dans son élaboration explicite cette revendication du droit

---

objectifs politiques, avant de s'en désolidariser. Il y a là une ambiguïté, déjà rencontrée au moment de la première Révolution (*cf.* chap. IV), qui ne se réduit pas nécessairement à de la mauvaise foi. La forme républicaine se pense pour ses adeptes comme un plan de gouvernementalité qui vaut pour *l'ensemble* de la société, c'est-à-dire capable de subsumer la dimension politique et la dimension sociale. La critique, marxiste, par exemple, du « formalisme » de cette représentation et du fait qu'elle sert de couverture pour dissimuler des intérêts de classe intervient après coup, et dans une large mesure, justement, comme la leçon que les travailleurs doivent tirer de ces événements *après* que l'expérience a décanté l'ambiguïté des commencements (*cf.* K. Marx, *la Lutte des classes en France*, trad. fr. Paris, Éditions sociales, 1984).

1. Cité *in* W. Sewell, *Gens de métiers et révolutions*, *op. cit.*, p. 327.
2. *Cf.* G. Weil, *Histoire du parti républicain*, Paris.
3. C'est le thème que privilégie le journal *l'Atelier*, publié entre 1840 et 1850, *cf.* A. Cuvillier, *Un journal d'ouvriers*, « *l'Atelier* », *1840-1850*, Paris, 1914.

au travail n'est sans doute ie fait que d'une élite ouvrière, ou de certains théoriciens socialistes comme Louis Blanc[1], elle représente pour l'ensemble des ouvriers une sorte de nécessité vitale qui peut seule les sortir de la misère et de la dépendance (et cela d'autant plus que la révolution de 1848 intervient au milieu d'une grave crise économique avec de forts taux de chômage). Cette exigence est clairement exprimée dans la nouvelle version des droits de l'homme publiée par le *Manifeste des sociétés secrètes* :

> Une double mission nous était imposée : l'établissement de la forme républicaine et la fondation d'un ordre social nouveau. Ainsi, le 24 février, nous avons conquis la République ; la question politique est résolue. Ce que nous voulons maintenant, c'est la résolution de la question sociale, c'est le prompt remède aux souffrances des travailleurs, c'est enfin l'application des principes contenus dans notre Déclaration des droits de l'Homme... Le premier droit de l'homme, c'est le droit de vivre[2].

On ne peut mieux exprimer la manière dont les ouvriers redéfinissent à partir de leurs besoins propres la question sociale. La seule forme sociale que peut prendre le droit de vivre, pour les travailleurs, c'est *le droit au travail*[3]. Il est l'homologue du droit de propriété pour les possédants. Une telle revendication est évidemment exorbitante pour l'Assemblée nationale, même

---

1. L. Blanc, *l'Organisation du travail, op. cit.*
2. Cité *in* M. Agulhon, *les Quarante-Huitards, op. cit.*, p. 128.
3. Félix Pyat, dans son plaidoyer pour le droit au travail le 2 novembre 1848, le dit avec force : « Le droit au travail, c'est le droit de vivre en travaillant » (*ibid.*, p. 184).

légitimement élue au suffrage universel. Car elle n'implique rien de moins qu'une transformation fondamentale du rapport que l'État entretient avec la société pour abolir le clivage entre le capital et le travail et promouvoir la socialisation de la propriété industrielle. Implications parfaitement dégagées par Karl Marx dans *la Lutte des classes en France* : « Derrière le droit au travail, il y a le pouvoir sur le capital, derrière le pouvoir sur le capital, l'appropriation des moyens de production, leur subordination à la classe ouvrière associée, c'est-à-dire la suppression du salariat, du capital et de leurs rapports réciproques[1]. »

Ce n'est pas uniquement une analyse « marxiste ». Dans leur acharnement à repousser le droit au travail, les représentants de la majorité de l'Assemblée nationale dont Thiers et Tocqueville, qui furent les porte-parole les plus éloquents et représentent les intérêts majoritaires des autres catégories sociales, ne disent pas autre chose. Ne dit pas autre chose non plus l'homme politique qui en fut le principal promoteur et en fit inscrire le principe dans le décret du 25 février, Louis Blanc : « En rédigeant ce décret, je n'ignorais pas jusqu'à quel point il engageait le gouvernement : je savais à merveille qu'il n'était applicable qu'au moyen d'une réforme sociale ayant l'association pour principe et pour effet l'abolition du prolétariat. Mais à mes yeux c'était justement là la valeur du décret[2]. »

Ainsi pourrait-on dire que la revendication du droit au travail portait sa propre défaite dans la

---

1. K. Marx, *la Lutte des classes en France, op. cit.*
2. L. Blanc, *Histoire de la révolution de 1848*, Paris, 1849, t. I, p. 129.

France du milieu du XIXᵉ siècle. Mais à la condition d'ajouter que cette défaite est celle de l'alternative ou des alternatives révolutionnaires à la question sociale, et aussi que, d'une certaine manière, l'option révolutionnaire ne se relèvera jamais de cette défaite. Non pas que la révolution soit morte sur les barricades de juin 1848, ou dans les débats parlementaires qui ont suivi, dominés par le parti de l'Ordre[1]. Mais il s'est produit un déplacement décisif et irréversible, même si la Commune de Paris a rejoué à peu près le même scénario, également perdu, une vingtaine d'années plus tard[2]. La solution radicale de la question sociale est passée en quelque sorte à la clandestinité. Elle ne pourrait se réaliser que par

1. Un amendement proposé par Félix Pyat pour inscrire le droit au travail dans le préambule de la Constitution est repoussé le 22 novembre 1848 par 638 voix contre 86 : le chemin parcouru à rebours depuis son acceptation de principe en mars par le gouvernement provisoire est immense. Sur le très dense débat parlementaire de l'automne 1848, dont A. Thiers et Tocqueville furent les opposants les plus acharnés, *cf.* J. Garnier, *le Droit au travail à l'Assemblée nationale. Recueil complet de tous les discours prononcés dans cette mémorable discussion*, Paris, 1848.

2. On pourrait dire que le drame de la Commune de Paris réactive le «traumatisme initial» de 1848 qu'évoque Jacques Donzelot. Comme l'écrasement de l'insurrection de juin 1848, celui de la Commune ne rassure pas complètement les possédants et met en évidence la gravité de la question sociale. À la veille de Noël 1871, la Société d'économie charitable, toujours présidée par Armand de Melun, fait placarder sur les murs de Paris un «Appel aux hommes de bonne volonté»: «La question sociale à l'heure présente n'est plus un objet à discuter. Elle se pose devant nous comme une menace, comme un péril permanent [...] Laisserons-nous ces enfants (car le peuple est un enfant sublime et égoïste), laisserons-nous ces ouvriers, flattés dans leur passion et leur orgueil, consommer la ruine de la patrie et du monde?» (cité par R.H. Guerrand, *les Origines du logement social en France*, Paris, Éditions ouvrières, 1967, p. 217).

une subversion totale de l'ordre républicain, que les partis révolutionnaires tenteront de promouvoir par l'insurrection. Ce qui apparaît désormais obsolète, c'est l'espérance de greffer directement une démocratie sociale assurant le droit au travail sur la forme de la démocratie politique promue par le suffrage universel[1].

Mais pour les vainqueurs également les choses, après 1848, ne seront plus exactement comme avant. La Constitution de la République votée le 4 novembre 1848 «au nom du peuple français» contient, en son article 8, la réponse «modérée» à la revendication du droit au travail, qu'il faut opposer au décret du 25 février :

> La République doit protéger le citoyen dans sa personne, sa famille, sa religion, sa propriété, son travail, et mettre à la portée de chacun l'instruc-

---

1. Bien entendu, l'insurrection a été une pratique des républicains avant 1848, à preuve l'existence des sociétés secrètes, ou une carrière comme celle de Blanqui, insurgé perpétuel. Mais c'était une subversion pour faire triompher l'idéal républicain étouffé par des régimes conservateurs. Si l'on excepte certains épisodes de la période révolutionnaire, comme la conjuration des Égaux de Babeuf, c'est après 1848, comme le remarque Jacques Donzelot, que la République commence à avoir des ennemis à gauche et que se développe une double critique théorique et pratique du régime républicain assimilé à l'exploitation bourgeoise. Même pour ceux qui restèrent des républicains convaincus, une douloureuse prise de conscience s'est faite des limites d'un suffrage universel qui, au lieu d'assurer le triomphe de la démocratie, donnait une légitimité populaire à une Chambre conservatrice. «La République est au-dessus du suffrage universel», rapporte Eugène Spuller en résumant les débats qui eurent lieu en 1848, «au sein du parti républicain tout entier» (*Histoire parlementaire de la Seconde République*, Paris, 1891). Dans le même contexte, le Comité social-démocrate de Paris inscrit dans son programme en février 1849 : «La République est placée au-dessus du droit des majorités» (cité *in* P. Rosanvallon, *le Sacre du citoyen, op. cit.*, p. 301).

tion indispensable à tous les hommes ; elle doit,
par une assistance fraternelle, assurer l'existence
des citoyens nécessiteux, soit en leur procurant du
travail dans les limites de ses ressources, soit en
donnant, à défaut de la famille, des secours à ceux
qui sont hors d'état de travailler [1].

Ce sont, à peu près littéralement reprises, les
mesures préconisées par le Comité pour l'extinction de la mendicité et inscrites dans la Constitution de 1793. La fameuse et multiséculaire
dichotomie capables-incapables de travailler est à
nouveau appelée pour cliver le champ du social.
Pour ceux qui relèvent de la vieille « handicapologie », un droit au secours est à nouveau affirmé
— « La République doit... » —, encore que sous la
forme la plus restrictive possible : « ... à défaut de
la famille ». Pour l'autre catégorie des indigents
valides, qui recouvre en partie celle des ouvriers
sans travail, le même flou subsiste, sur lequel
avait joué le Comité de mendicité et la Convention
elle-même : « ... en leur procurant du travail dans
les limites de ses ressources ». Qui sera l'arbitre de
ces « limites », si ce n'est ceux qui viennent de
récuser par la force la version maximaliste de
cette « assistance fraternelle », le droit au travail ?
Autant dire qu'un changement de l'organisation
du travail étant frappé d'interdit, l'intervention
de la puissance publique en ce domaine semble
condamnée à rester lettre morte.
   L'histoire se répéterait-elle, ou, pis, bégaierait-
elle ? Pas exactement. D'une part, en réaffirmant
le droit au secours après une éclipse de plus d'un
demi-siècle, la IIe République reconnaît les insuf-

---

1. Cité *in* M. Agulhon, *les Quarante-Huitards*, *op. cit.*, p. 229.

fisances de toutes les orientations dominantes qui, depuis le Directoire, se sont associées pour condamner la «charité légale». Ainsi, l'Assemblée constituante prépare une grande loi de coordination de l'assistance, mais se dissout avant de la voter (par contre, elle réalise la réforme de l'Assistance publique de Paris). L'Assemblée législative qui lui succède à partir de mai 1849, plus conservatrice encore, plus marquée par les influences religieuses, nomme une commission de l'Assistance dont Armand de Melun est le président et Thiers le rapporteur: peu de risques pour qu'elle développe un audacieux système public de secours[1]. De même, les velléités de donner un statut officiel aux mutuelles et de créer une caisse nationale de retraite se heurtent à la double hostilité des libéraux et des traditionalistes, qui s'en tiennent au principe de l'adhésion facultative cher à l'économie sociale[2].

Le coup d'État du 2 décembre 1851 met un terme à ces timides tentatives. Le ralliement massif des conservateurs et des «républicains du lendemain[3]» à Louis-Napoléon Bonaparte s'explique sans doute par le fait qu'une dictature leur est apparue plus appropriée que la République pour

1. *Cf.* L.-F. Dreyfus, *l'Assistance sous la Seconde République*, *op. cit.* L'Assemblée législative a voté un certain nombre de lois partielles sur les enfants trouvés, le patronage des détenus, le statut des hôpitaux et des hospices, l'apprentissage, etc., mais la discussion d'ensemble sur le programme d'assistance n'aura jamais lieu du fait du coup d'État de Louis-Napoléon Bonaparte.
2. *Cf. supra*, chap. v.
3. L'expression, par opposition aux «républicains de la veille», enracinés dans la tradition républicaine, désigne ceux qui se sont ralliés à la République lors de la révolution de février, et dont les convictions républicaines sont souvent incertaines.

maintenir l'ordre et la paix sociale sur des bases solides. Il n'est pas exclu qu'avec le temps, une fois apaisée la grande peur des possédants qui a suivi les événements de juin, la IIᵉ République aurait déployé le programme social modéré inscrit dans le préambule de la Constitution de novembre 1848. Mais il ne s'agit pas de réécrire l'histoire. Ce qui paraît certain, c'est que le second Empire a interrompu le débat public sur le traitement de la question sociale dans un régime démocratique[1]. Il va reprendre à nouveaux frais lorsque la République réinstaurée commence à se consolider, vers les années 1880. Elle a encore de puissants ennemis à droite, mais elle est aussi menacée par la montée et la radicalisation du mouvement ouvrier. La situation sociale pose désormais un problème explicitement politique, et l'État ne peut plus continuer à l'éluder.

---

1. Ce qui ne signifie pas du tout que la situation ne se soit pas transformée sous le second Empire. *Cf.* en particulier le développement considérable des sociétés de secours, la structuration et la radicalisation du mouvement ouvrier avec la création de la Iʳᵉ Internationale. La loi de 1864 qui autorise les «coalitions» ouvrières, ce qui légalise les grèves, est d'une importance décisive pour la prise de conscience de la réalité du collectif ouvrier face aux relations personnalisées du patronage patronal. Sur le plan théorique aussi, une réflexion s'engage qui conteste le rôle que le libéralisme fait jouer à l'État, avec en particulier l'ouvrage précurseur de M.C. Dupont-White, *l'Individu et l'État*, Paris, 1857. Dupont-White décrit la contradiction dans laquelle est pris le travailleur contemporain, «annexe d'une machine de par l'industrie, souverain de par le suffrage universel... Le juge de ces antagonismes, c'est l'État» (p. 57). «Il est clair que le train du progrès, aussi bien que le progrès lui-même, fait à l'État un rôle d'intervention qui ne lui appartenait pas autrefois» (p. 62).

Le cœur de ce débat tourne autour de la manière dont l'État peut s'impliquer dans la question sociale. Si la IIe République est restée si timide en la matière, ce n'est sans doute pas seulement par conservatisme. Ce n'est pas faute non plus d'avoir compris que la question sociale pose une question politique : juin 1848 en a fourni la démonstration, évidente et tragique. Mais demeure aléatoire la manière dont pourrait *s'instrumentaliser* une intervention de l'État sur ces questions. Une troisième voie est à inventer entre les deux options disponibles, mais insuffisante pour l'une et inacceptable pour l'autre : l'alliance du libéralisme et du conservatisme éclairé, qui confond intervention sociale et activisme moral ; l'option de « la sociale », qui, en dépit de la double défaite de juin 1848 et de la Commune, poursuit sa conquête de la classe ouvrière, mais passe par une transformation complète du régime politique et ne peut de ce fait recueillir un assentiment majoritaire.

Le problème en fait est double. Il se pose du côté de l'État, et la formule n'est pas évidente à trouver entre le quasi-interdit de l'intervention publique, qui reste le credo des notables, et le danger d'une confiscation de l'État pour promouvoir l'affranchissement des classes travailleuses[1]. Mais, du côté de ce que j'ai appelé « la question du collectif », manque également un point d'ap-

---

1. Ainsi la conception de l'État de Louis Blanc : « Nous voulons un gouvernement fort parce que dans le régime d'inégalité dans lequel nous végétons encore, il y a des faibles qui ont besoin d'une force sociale qui les protège. Nous voulons un gouvernement qui intervienne dans l'industrie, parce que là où l'on ne prête qu'aux riches, il faut un banquier social qui prête aux pauvres » (*l'Organisation du travail, op. cit.*, p. 20).

pui pour orchestrer une politique sociale. D'une part, le lien collectif tend à se réduire au lien moral à travers les stratégies du patronage; de l'autre, c'est le risque du «collectivisme», de la réduction des individualités et de la collectivisation de la propriété privée, représentés par le socialisme révolutionnaire.

La formule de résolution de la question sociale dont nous sommes redevables à la IIIᵉ République a tenu au fait qu'elle est parvenue à articuler *ces deux aspects* du problème en associant une conception nouvelle de l'intervention de l'État avec une élaboration nouvelle de la réalité du collectif, ou réciproquement. Léon Bourgeois: «En détruisant la notion abstraite et a priori de l'homme isolé, la connaissance des lois de la solidarité naturelle détruit du même coup la notion également abstraite et a priori de l'État, isolé de l'homme et opposé à lui comme un sujet de droits distincts ou comme une puissance supérieure [à laquelle] il serait subordonné[1].»

«La connaissance des lois de la solidarité», c'est, fondamentalement, la prise de conscience de l'interdépendance des parties dans leur rapport au tout, qui est la loi naturelle pour les vivants et la loi sociale pour l'humanité: «Les hommes sont entre eux placés et retenus dans des liens de dépendance réciproque comme le sont tous les êtres et tous les corps, sur tous les points de l'espace et du temps[2].» Léon Bourgeois, personnage clé de ces «républicains de progrès» qui ont fait la IIIᵉ République, mobilise les acquis de la sociologie naissante, et en particulier celle de Durkheim

---

1. L. Bourgeois, *Solidarité*, Paris, 1896, p. 87.
2. *Ibid.*, p. 50

qui réfute le postulat de base de l'anthropologie libérale, ce que j'ai nommé au chapitre précédent son «individualisme méthodologique», sa propension à voir dans les phénomènes sociaux des entreprises ne renvoyant qu'à des initiatives individuelles. Avec Durkheim s'impose ce que l'on pourrait nommer, à l'inverse, «une conception sociologique de la société», ce qui n'est pas une tautologie, l'exemple du libéralisme développant une théorie individualiste de la société le montre a contrario. Cette élaboration d'une réalité *sui generis* du collectif a cheminé à travers l'œuvre de Saint-Simon et d'Auguste Comte et se systématise chez Durkheim : il existe de grandes régulations objectives, les processus globaux l'emportent sur les initiatives individuelles, les phénomènes sociaux existent «comme des choses». Ainsi, l'homme social n'a d'existence que par son inscription dans les collectifs, qui, pour Durkheim, tirent en dernière analyse leur consistance de la place qu'ils occupent dans la division du travail social[1].

Importance décisive de Durkheim par rapport à la reformulation de la question sociale : il comprend que la société industrielle inaugure un mode de relations spécifiquement nouveau entre les sujets sociaux, qui ne peut plus être fondé sur les protections rapprochées de la sociabilité primaire — il l'appelle la solidarité «mécanique». Il faut dès lors reprendre à nouveaux frais la question du lien social dans la société moderne menacée d'une désaffiliation de masse. La solidarité «organique» inaugure le nouveau régime

---

1. É. Durkheim, *De la division du travail social*, 1ʳᵉ édition, Paris. 1895.

d'existence qui doit prévaloir dans la société industrielle[1]. La division du travail impliquant une complémentarité de tâches de plus en plus spécifiées, il y a un fondement objectif à cette idée que la société moderne forme *un ensemble de conditions sociales inégales et interdépendantes*.

La proposition vaut contre le libéralisme. l'échange contractuel n'est pas au fondement du lien social, «tout n'est pas contractuel dans le contrat». Le contrat repose sur des péréquisits qui tiennent à la position occupée dans la division sociale du travail. Mais l'argument vaut aussi contre le collectivisme. Le collectif ne s'oppose pas à l'individu. Il existe *des* collectifs, qui occupent des positions différentielles et complémentaires dans la structure sociale. C'est cette différenciation qui fait la richesse d'une société, son caractère «organique», par opposition aux simples juxtapositions «mécaniques» de similitudes qui font masse. Ce jeu complexe de différences et d'interdépendances est à préserver d'autant plus soigneusement que les progrès de la division du travail accroissent les risques de

1. Il est possible que le vocabulaire, d'époque, ait joué un mauvais tour à Durkheim, et nous rende difficile de comprendre aujourd'hui la profondeur de son intuition. Il appelle «organique» cette nouvelle conception de l'interdépendance sociale, mot à connotation naturaliste alors que, comme le souligne Gérard Noiriel, Durkheim propose une critique radicale des thèmes de l'enracinement, de l'inscription dans les sociabilités locales, territoriales, ethniques ou à base généalogique (*le Creuset français*, Paris, Le Seuil, 1988, p. 33). La solidarité «organique» est au contraire une sociabilité construite ou à construire, sur les ruines de la sociabilité primaire. De même, l'intérêt que Durkheim porte aux «corporations» n'est pas l'expression d'une nostalgie passéiste, mais la prise de conscience des risques de désaffiliation que porte l'organisation industrielle moderne.

désintégration sociale. La solidarité, ciment d'une société, se construit et se préserve, et cela d'autant plus qu'une société devient plus complexe. Ainsi se trouve également fondée en raison une pratique, ou une politique, se donnant pour objectif de maintenir et de renforcer cette unité dans la différence qui est le miracle fragile qu'une société moderne peut promouvoir, mais aussi manquer.

Cette conception de la société donne à l'État une fonction régulatrice par rapport aux intérêts des différents collectifs : « L'État est l'organe de la pensée sociale[1]. » Sans doute, chez Durkheim lui-même, l'analyse de ce rôle est-elle demeurée quelque peu formelle, puisqu'il s'attache surtout à dégager l'impartialité des représentants de l'appareil d'État, placés en position d'arbitres par rapport aux intérêts particuliers[2]. C'est Léon Bourgeois qui, de sa place de responsable politique, lui donne une traduction opératoire. Une société est un ensemble de services que ses membres se rendent réciproquement. Il en résulte que chacun a des dettes à l'égard de tous, d'autant plus qu'un individu, en arrivant au monde, y trouve une accumulation préalable de richesses sociales dans lesquelles il puise. Les obligations à l'égard de la collectivité ne font que traduire cette position de débiteur, qui est le fait de chacun en société. Des prélèvements obligatoires, des redistributions de biens et de services ne

1. É. Durkheim, *Leçons de sociologie*, Paris, PUF, 1950, p. 95.
2. *Cf.* P. Birnbaum, « La conception durkheimienne de l'État : l'apolitisme des fonctionnaires », *Revue française de sociologie*, vol. XVIII, nᵒ 2, avril-juin 1976. Plus généralement, sur la place du politique dans l'œuvre de Durkheim, *cf.* B. Lacroix, *Durkheim et la politique*, Montréal, Presses universitaires, 1981.

représentent donc pas des atteintes à la liberté de l'individu. Ils constituent des remboursements qui peuvent lui être demandés en droit, et ce n'est que justice. Par qui peuvent-ils être demandés et même exigés? Par l'État: «L'État, disait déjà Dupont-White, est le gérant des intérêts collectifs[1].» Mais Dupont-White ne savait pas comment instrumentaliser ce rôle, car, victime encore du libéralisme qu'il critiquait, il demeurait enfermé dans l'opposition individu-État, et pour lui le collectif restait extérieur au sujet social. Pour Léon Bourgeois, l'État, gérant des intérêts collectifs, est en même temps le garant des «quasi-contrats» que les individus ont passés par le simple fait qu'ils appartiennent à la société[2]. Il n'est que l'exécuteur des dettes contractées par les sujets sociaux eux-mêmes. Ainsi, l'État peut «donner à ceux qui sont créanciers et faire payer ceux qui sont débiteurs[3]» sans s'immiscer dans les intérêts bien compris de l'individu.

Ce positionnement de l'État fonde concrètement une politique, qui est une politique de justice sociale: «Ce n'est pas le bonheur qui est, qui peut être le but de la société. Ce n'est pas non plus l'égalité des conditions... C'est la justice que nous devons à tous nos semblables[4].» En effet, le

1. C. Dupont-White, *l'Individu et l'État, op. cit.*, p. 345.
2. Par opposition à l'homme libéral dont l'individualisme est fait d'inconscience ou d'égoïsme, le citoyen reconnaît sa dette envers tous et alors le «quasi-contrat» passé par tout un chacun en tant qu'il est membre de la société «n'est autre chose que le contrat rétroactivement consenti» (*Solidarité, op. cit.*, p. 133).
3. *Ibid.*, p. 94.
4. L. Bourgeois, *Deux Discours de M. Léon Bourgeois*, Paris, Fédération nationale de la mutualité française, 1903, p. 23 (discours prononcé à Saint-Étienne le 28 septembre 1902, pour la création de la Société de secours mutuels de France).

bonheur est une notion à la fois si vague et si générale qu'une «politique du bonheur» devrait intervenir sur tous les secteurs publics et privés de l'existence et dégénérerait en totalitarisme. L'égalité des conditions, quant à elle, annihilerait la nature même du lien social dans une société complexe, fondé sur la différenciation dans l'interdépendance, autrement dit sur l'inégalité dans la complémentarité. En revanche, «cette justice dans l'échange des services sociaux, j'en aperçois clairement les deux conditions : la société doit ouvrir à tous ses membres les biens sociaux qui sont communicables à tous ; elle doit garantir contre les risques qui sont évitables par les efforts de tous[1]».

Ainsi, une société démocratique pourrait légitimement être une société inégalitaire, à condition que les moins bien nantis ne soient pas des dépendants pris dans un rapport de tutelle, mais, dit Léon Bourgeois, des «semblables[2]», solidairement associés dans une œuvre commune. Mieux : une société démocratique ne saurait réaliser l'égalité des conditions, car ce serait araser la différenciation «organique», régresser à un sens du collectif fait de la simple juxtaposition mécanique d'éléments similaires. Mais l'État peut et doit intervenir pour que, en dépit de ces inégalités, il soit fait justice à chacun, à sa place.

1. *Ibid.*, p. 22.
2. «La société est formée entre des semblables, c'est-à-dire entre des êtres ayant, sous les inégalités réelles qui les distinguent, une identité première, indestructible» (*Solidarité, op. cit.*, p. 51).

Ces principes nouveaux qui s'affermissent avec la IIIe République vont ainsi permettre de dépasser la conception de la souveraineté de l'individu selon le libéralisme, et celle de la souveraineté de l'État conçu comme une instance extérieure capable de reconstruire la société sur des bases nouvelles. Mais avant de déployer l'efficience de cet État, comment le nommer? Question préalable, qui n'est pas seulement de vocabulaire. On y voit communément le noyau de l'«État providence» moderne. Cette appellation me paraît à proscrire, pour au moins trois raisons.

D'abord parce que l'expression postule une relation en face à face entre un État bienfaiteur et des bénéficiaires, réceptacles passifs de ses dons. D'où l'antienne de tous les contempteurs de l'intervention de l'État dénonçant à l'envi l'assujettissement, la déresponsabilisation et finalement la veulerie des bénéficiaires de cette providence. Cette interprétation du rôle de l'État social ne rend pas compte de la position de *tiers* qu'il occupe entre des groupes dont les intérêts s'opposent. C'est pourtant ce qui fait la spécificité des modes d'action de cet État. Il gère de l'antagonisme et du conflit au moins autant qu'il pacifie ou déresponsabilise.

Deuxièmement, l'«État providence» est, dès l'origine, une expression polémique inventée par les détracteurs de l'intervention publique pour dénoncer ce prétendu assujettissement. Cette dénonciation émerge d'ailleurs des deux côtés de la scène politique. Sauf erreur, la première, en tout cas une des toutes premières mentions du rôle providentiel de l'État en termes péjoratifs, apparaît dans *l'Atelier*, où, en décembre 1849, le principal collaborateur du journal ouvrier, Cor-

bon, regrette que « plus d'un exploité attend que
la Providence, sous forme de gouvernement,
vienne le tirer du bourbier sans aucun effort de sa
part[1] ». Et dans son dernier numéro du 31 juillet
1850, dans une sorte de testament politique avant
de disparaître, *l'Atelier* exhorte les ouvriers « à
avoir plus de confiance dans leurs propres forces,
à compter davantage sur eux-mêmes et moins
sur cette décevante Providence que l'on appelle
l'État[2] ». La pointe de la critique est d'ailleurs
dirigée non point contre les réalisations de l'État
« bourgeois » — et pour cause, car elles n'existent
guère alors en ce domaine —, mais contre les
orientations du socialisme qui voudraient prendre
appui sur l'État pour transformer la condition
ouvrière, et très vraisemblablement, bien qu'il ne
soit pas nommé, contre Louis Blanc. La critique
de l'« État providence » est ici placée en contre-
position dans le cadre de la défense de l'autonomie ouvrière.

La même critique apparaît à la même époque
dans les milieux à la recherche d'une position
réformiste modérée qui reste inscrite dans le
cadre des initiatives volontaires. Les associations
libres, les sociétés de secours, très bien, mais
à condition qu'elles se développent en dehors
de toute emprise étatique. Ainsi Émile Laurent,
dont toute la doctrine tient en une timide tentative
de dépassement du patronage par la prévoyance
volontaire[3], dénonce comme un « trait national »

1. Cité *in* A. Cuvillier, *Un journal ouvrier, « l'Atelier », op. cit.*,
p. 222.
2. *Ibid.*, p. 42.
3. Timide est bien le mot qui convient, car, après avoir déclaré
que « l'aversion pour le patronage est un des courants les plus
invincibles de notre époque », Émile Laurent conclut ainsi son

propre à la France la tendance à « accroître outre mesure les attributions de l'État, érigé alors en une sorte de Providence[1] ». Dans la même veine, Émile Ollivier, dans un plaidoyer prononcé à la Chambre le 27 avril 1864 en faveur des associations ouvrières, fait remonter l'« État providence » à la Révolution française, qui, en abolissant tous les corps intermédiaires, n'a laissé que des individus atomisés devant l'État tout-puissant : « De là sont sortis les excès de la centralisation, l'extension démesurée des droits sociaux, les exagérations des réformateurs socialistes ; de là le procès de Babeuf, la conception de l'État providence, le despotisme révolutionnaire sous toutes ses formes. Là trouve son origine le préjugé contre l'initiative individuelle[2]. »

« L'extension démesurée des droits sociaux », on croit rêver. Ces références effarouchées à la toute-puissance de l'État providence se font jour en effet — et c'est la troisième raison pour éviter ce terme — à une époque où il n'existe simplement pas. L'État providence est une construction idéologique montée par les adversaires de l'intervention de l'État qui étendent à un prétendu rôle social de l'État un grief peut-être fondé sur les

---

vibrant éloge des vertus moralisatrices des associations de secours mutuels : « Ce n'est pas l'abolition absolue de ce que l'on a appelé le patronage, mais bien sa radicale transformation » (*le Paupérisme et les associations de prévoyance, op. cit.,* t. I, p. 92).

1. *Ibid.,* t. I, p. 64.
2. É. Ollivier, *le Moniteur universel,* 15 mai 1864, p. 688, cité *in* A. Cotterau « Providence ou prévoyance ? Les prises en charge du malheur et la santé des ouvriers au XIXe siècle britannique et français », *Prévenir,* nᵒ XIX, 2e semestre 1989, p. 25.

plans administratif et politique. Le discours sur le rôle exorbitant joué par l'État en ces domaines depuis l'Ancien Régime est à l'époque une constante de la réflexion politique à laquelle des critiques aussi opposés que Tocqueville et Marx ont prêté des accents également éloquents[1]. Or, même si on accepte la validité de ces critiques sur le rôle administratif et politique de l'État[2], son rôle social reste alors insignifiant. Sous le second Empire, on peut évaluer à 0,3 % la part du revenu national affectée aux dépenses sociales[3]. C'est plutôt l'absence ou le caractère très tardif d'un rôle « providentiel » de l'État qui devrait susciter l'étonnement. Et surtout en France. Jusque bien avant dans le xxe siècle, la protection sociale

1. La dénonciation de la précocité et des effets niveleurs de la centralisation étatique en France est, on le sait, un des thèmes directeurs de *l'Ancien Régime et la Révolution* de Tocqueville. Mais Marx lui fait écho en faisant remonter le pouvoir de l'État aux « dignitaires féodaux [qui] se virent transformés en fonctionnaires appointés ». « Toutes les révolutions politiques n'ont fait que transformer cette machine sans la briser » (*le 18 Brumaire de Louis-Napoléon Bonaparte*, trad. fr. Paris, Éditions sociales, 1984).

2. Il faudrait pourtant au moins la nuancer. Ainsi, les analyses historiques les plus récentes de la « monarchie absolue » reviennent sur le rôle hégémonique longtemps donné au Cabinet du roi et aux intendants sur la société du xviie siècle. De même faudrait-il sans doute reconsidérer l'omnipotence prêtée à l'État sous le second Empire. Il est vrai que la tutelle politique de l'État s'est fait lourdement sentir (*cf.* le rôle de surveillance exercé par les préfets, les candidatures officielles, etc.), et les fastes de l'appareil d'État se sont faits plus spectaculaires. Mais il n'y a pas eu d'accroissement quantitatif du rôle de l'État : le rapport des dépenses de l'État au « produit physique » de la nation (valeur des productions agricoles et industrielles réunies) est resté pratiquement inchangé, de l'ordre de 13 %, entre 1815 et 1874 (*cf.* Alain Plessis, *De la fête impériale au mur des fédérés*, Paris, Le Seuil, 1973, p. 89 *sq.*).

3. *Cf.* P. Rosanvallon, *l'État en France*, Paris, Éditions du Seuil, 1990, p. 165.

454 *Du contrat au statut*

assumée par l'État y reste incommensurablement inférieure à ce qu'elle est non seulement en Grande-Bretagne et en Allemagne, mais aussi dans les pays scandinaves, l'Autriche, les Pays-Bas, et même en Roumanie[1].

Pour toutes ces raisons, l'expression d'« État providence » véhicule davantage d'obscurités qu'elle n'apporte de lumières. Elle préjuge des modes d'action de l'État dans le domaine social, qui restent à analyser, et de la nature de ses effets qui, ainsi préconçus, ne sauraient manquer d'être pervers. On lui préférera donc systématiquement l'expression « État social », neutre au départ et dont on s'efforcera de dégager le contenu à travers l'ensemble des interventions qu'il déploie. En fait, si on ne craignait un contresens ou un procès d'intention, l'expression « État national-social » serait la plus adéquate[2]. Le mode de constitution et le cadre d'exercice de l'État social sont en effet, profondément, l'État-nation. Il n'en résulte pas seulement une certaine disparité des politiques sociales nationales en fonction des différences de traditions culturelles et politiques entre les pays[3]. Plus profondément, on peut interpréter la politique de l'État social comme une mobilisation d'une partie des ressources d'une nation pour assurer sa cohésion interne, diffé-

1. *Cf.* H. Hatzfeld, *Du paupérisme à la Sécurité sociale*, Paris, A. Colin, 1971, p. 34.
2. Étienne Balibar l'emploie, *cf.* « Inégalités, fractionnement social, exclusion », *in* J. Affichard, J.-B. de Foucault, *Justice sociale et inégalités*, Paris, Éditions Esprit, 1992, p. 154.
3. Pour une version maximaliste des disparités entre États-nations, *cf.* les travaux de l'école dite « néo-institutionnaliste » et en particulier P.B. Evans, D. Rueschemeyer, Theda Stockpol, *Bringing the State Back in, op. cit.*

rente et complémentaire de sa politique étrangère commandée par l'exigence de défendre sa place dans le «concert des nations[1]». Il faudra y revenir, mais on voit déjà que cette inscription de l'État social dans la réalité d'un État-nation soulève de difficiles questions. Quelle peut être, par exemple, l'«Europe sociale» aujourd'hui si les politiques sociales ont toujours été historiquement l'émanation des États-nations[2]? Et la gravité de la situation actuelle en matière de protection sociale ne tient-elle pas dans une large mesure au débordement des États-nations devant la mondialisation de l'économie et du marché du travail? Mais quoi qu'il en soit de ces difficultés actuelles, il est clair qu'une telle fonction de politique intérieure de l'État-nation n'a rien de commun avec une fonction «providentielle».

La question de l'obligation

En quoi donc a consisté le système de protection, noyau d'une première forme d'État social déployé en France à la fin du XIXe siècle jusqu'aux années 1930? Henri Hatzfeld a parfaitement cadré les enjeux des débats parlementaires à travers lesquels l'État républicain a promu le droit au secours et une première série de mesures d'assurance sociale[3]. En premier lieu, la force, l'acharnement avec lesquels persiste l'«objection

---

1. *Cf.* F. Fourquet, N. Murard, *Valeurs des services collectifs sociaux*, Bayonne, Terka, 1992.
2. *Cf.* A. de Swaan, «Les chances d'un système social transnational», *Revue française des affaires sociales* 1990, 3.
3. H. Hatzfeld, *Du paupérisme à la Sécurité sociale*, *op. cit.*, chap. ii, «L'objection libérale et le problème de l'obligation».

libérale». Dix-huit ans entre le dépôt du premier
projet (1880) et le vote de la loi sur les accidents
du travail (1898); vingt ans pour élaborer la première loi sur les retraites ouvrières et paysannes
qui accouchera, ou peu s'en faut, d'une souris[1]. À
cette date (1910), nos grands rivaux de l'époque,
les Allemands, disposent depuis un quart de siècle
d'un système d'assurances qui couvre la majorité
des travailleurs contre les risques de la maladie,
de l'accident et de la vieillesse. Les Anglais ont
une assurance chômage, qui devra attendre...
1958 pour s'imposer en France. Aucune raison
donc de glorifier un «modèle français». En
revanche, rappeler la lente promotion de ces dispositifs est hautement instructif pour prendre la
mesure des obstacles qu'a dû affronter l'État
social : loin d'incarner une souveraineté politique,
il se promeut en contournant des forces hostiles,
ou en négociant avec elles des compromis.

Une première série de mesures reconnaît un
droit au soin pour les malades indigents (loi sur
l'aide médicale gratuite de 1893), un droit au
secours pour les vieillards indigents et les invalides (1905). On peut ajouter une loi de 1913 en
faveur des familles nombreuses et nécessiteuses,
bien que son inspiration soit quelque peu différente[2]. Cette législation représente une applica-

1. La loi sur les retraites ouvrières et paysannes concernait
potentiellement 7 millions de salariés. En 1912, ils étaient environ 2,5 millions à avoir souscrit, et seulement 1 728 000 en
1922 ; *cf.* A. Prost, «Jalons pour une histoire des retraites et des
retraités», *Revue d'histoire moderne et contemporaine*, t. XI,
1964.
2. Cette loi du 14 juillet 1913, qui accorde une allocation
mensuelle par enfant de moins de 13 ans aux familles de plus
de 3 enfants dotées de ressources insuffisantes pour les élever.

tion minimale de la «dette» solidariste, puisqu'il s'agit d'accorder des conditions de survie, également minimales, à des indigents qui, en règle générale, ne peuvent pas ou ne peuvent plus travailler. Car, une nouvelle fois, l'antique clivage capables-incapables de travailler constitue la principale ligne de partage entre ceux qui relèvent des secours et les autres. Encore cette dette, que le Comité de mendicité disait déjà «inviolable et sacrée» et qui avait été réactivée par le préambule de la Constitution de 1848, ne s'est-elle pas imposée sans difficultés. L'«objection libérale» s'est à nouveau mobilisée, en particulier contre la loi de 1905[1], en agitant comme toujours le spectre de la «charité légale» :

> Dans un pays véritablement libre, le rôle de l'État devrait se borner, à très peu de chose près, aux fonctions pour lesquelles il a été créé, c'est-à-dire à assurer la paix extérieure et intérieure, le reste n'est pas de son domaine, et j'estime en particulier que tous les problèmes concernant l'assistance publique seraient résolus d'une manière beaucoup plus satisfaisante, et en même temps beaucoup moins onéreuse, si leur résolution était abandonnée aux petites collectivités, c'est-à-dire aux communes et aux départements et surtout à l'initiative des associations et des particuliers[2].

---

est la première d'une série de mesures d'inspiration nataliste qui aboutiront à la loi sur les allocations familiales de 1932.

1. Soigner les indigents malades (loi de 1893) présente une utilité sociale parce qu'ils pourront à nouveau travailler, ce qui n'est pas le cas pour les invalides et les vieillards. Ainsi la loi de 1893 a-t-elle recueilli un large assentiment, tandis que celle de 1905 a rencontré de vives oppositions.

2. Discours du comte de Languinais à la Chambre des députés, séance du 15 juin 1903, cité *in* H. Hatzfeld, *Du paupérisme à la Sécurité sociale, op. cit.* p. 72.

Notons toutefois le «à très peu de chose près». Le libéralisme peut accepter quelques exceptions à l'interdit d'État dans certains cas très spécifiques correspondant à des situations de dénuement sans autre alternative de prise en charge. Ainsi Edmond Villey, libéral convaincu qui s'opposera avec acharnement à toute forme d'assurance obligatoire, déclare : «L'intervention de l'État est légitime, en principe, toutes les fois qu'il s'agit de la protection des incapables[1].» Les «incapables» : cette catégorie correspond à ce que nous avons appelé la «handicapologie». Parce qu'il s'agit de populations exclues de fait de toute participation aux échanges productifs, leur prise en charge par l'État ne risque pas d'avoir d'incidences sur le plan économique[2].

1. E. Villey, *Du rôle de l'État dans l'ordre économique*, Paris, 1882, cité *in* J. Le Goff, *Du silence à la parole, op. cit.*, p. 50.
2. On comprend dans cette logique que, bien avant «l'invention» de la solidarité et l'avènement de l'État républicain, une première loi d'assistance obligatoire ait été votée. C'est la loi du 30 juin 1838 d'assistance aux aliénés, longuement discutée mais votée à une large majorité par une Chambre où les conservateurs et les libéraux sont hégémoniques. Priorité qui s'explique par deux raisons : les aliénés indigents sont les plus démunis parmi les démunis et visiblement exonérés de l'obligation du travail. Mais aussi, dangereux, ils posent des problèmes d'ordre public et ne peuvent être laissés à eux-mêmes. La prise en charge médicale obligatoire assure à la fois à ces malades les soins que requiert leur état et résout par l'internement la question du rétablissement de l'ordre public : «Heureuse coïncidence, dit le rapporteur de la loi à la Chambre des pairs, qui dans l'application de mesures rigoureuses, fait concourir l'avantage du malade avec le bien général» (*cf.* R. Castel, *l'Ordre psychiatrique, op. cit.*, p. 204 *sq.*). L'autre loi de protection obligatoire de 1841 limitant le travail des enfants posait un problème plus grave, car elle représentait une ingérence directe dans l'organisation du travail et un risque important de dérapage. «C'est la première fois que nous faisons dans une

Aussi faut-il nuancer le jugement de Jean Jaurès lors de la discussion de la loi sur l'assistance obligatoire aux vieillards indigents : « Quelle est en effet la pensée de la loi ? C'est de substituer à l'arbitraire de l'aumône la certitude d'un droit[1]. » Sans doute, mais à condition d'ajouter trois correctifs : premièrement, avant la loi et depuis des siècles, la prise en charge de ceux qui, comme les vieillards indigents, relèvent de l'« incapacité » ou de la « handicapologie » a été le plus souvent assurée de fait par les formes de protection rapprochée qui résultent de la domiciliation (*cf.* chap. i). Il s'agit donc plutôt du passage d'un quasi-droit à un droit effectif, différence non négligeable, mais ne représentant pas une innovation bouleversante.

D'autant que, deuxièmement, ce droit est soumis à des conditions de ressources très strictes, et son octroi dépend de contrôles administratifs : l'indigent doit apporter la preuve qu'il est « démuni de ressources », c'est-à-dire exhiber les signes de son malheur. Il est moins un ayant droit, au sens fort du terme, qu'un bénéficiaire potentiel, soumis à l'examen d'une instance administrative[2]. Le pas-

---

voie qui n'est pas exempt de périls ; c'est le premier acte de réglementation de l'industrie, et l'industrie pour se mouvoir a besoin de liberté », souligne un des intervenants à la Chambre, le comte de Beaumont. Mais cette grave objection a pu être contournée parce que le travail des enfants mettait en péril la reproduction de la force de travail et donc les intérêts supérieurs de l'industrie — et des ouvriers de surcroît, son application fut pratiquement laissée à la discrétion des patrons.

1. J. Jaurès, Chambre des députés, séance du 9 juin 1903, cité *in* H. Hartzfeld, *Du paupérisme à la Sécurité sociale, op. cit.*, p. 75.

2. Bien qu'il soit animé par une hostilité systématique à l'égard de la « charité légale », le jugement porté par Tocqueville un demi-siècle avant sur l'infériorité intrinsèque du droit

sage de l'assistance à un statut de droit ne parvient pas à effacer totalement le stigmate attaché à l'indigence. Il ne parvient pas non plus complètement à délocaliser, ou si l'on préfère à universaliser le droit : l'octroi du droit au secours dépend d'une expertise menée sur le plan local [1].

Enfin, il faut souligner le caractère extraordinairement restrictif des critères auxquels doivent satisfaire les bénéficiaires de ce droit. Henri Monod, directeur de l'Assistance publique, dont on s'attendrait à ce titre qu'il milite pour étendre la juridiction de son institution, déclare ainsi en 1889 : « L'Assistance publique est due, à défaut d'autre assistance, à l'indigent qui se trouve, temporairement ou définitivement, dans l'impos-

~~~~~~

au secours vaut d'être médité : « Les droits ordinaires sont conférés aux hommes en fonction de quelque avantage acquis sur leurs semblables. Celui-ci [le droit au secours] est accordé en raison d'une infériorité reconnue. Les premiers mettent ces avantages en relief et les constatent. Le second place en lumière cette infériorité et la légalise » (*Mémoire sur le paupérisme, op. cit.*, p. 35).

1. Alexandre Mirman, socialiste indépendant et partisan résolu d'un droit élargi à l'assistance, était conscient du problème. Il fait changer par la Chambre des députés la catégorie d'« indigent » en celle d'« ayant droit », « ont réclamé l'assistance » par « ont fait valoir leur droit », etc. Il veut aussi que les commissions d'attribution motivent par écrit leurs décisions et que les intéressés puissent faire appel. Mais ces propositions sont repoussées par le Sénat (*cf.* H. Hatzfeld, *Du paupérisme à la Sécurité sociale, op. cit.*, p. 74 *sq.*). Mais un changement de vocabulaire eût-il suffi pour dédouaner le droit aux secours d'une double contamination séculaire : l'image du « mauvais pauvre » portée par les indigents, et le jugement des instances dispensatrices de secours, qui risque d'être davantage un jugement de valeur sur la moralité des solliciteurs que l'application d'un droit-créance ? Les discussions actuelles sur les conditions d'attribution du RMI montrent que cet irritant problème n'est pas encore résolu.

sibilité physique de pourvoir à ses besoins[1].»
Non seulement le principe traditionnel de la handicapologie — «l'impossibilité physique de pourvoir à ses besoins» — est réaffirmé avec force, mais les secours publics ne sont un droit «qu'à défaut d'autre assistance», familiale ou privée. Du côté de la famille, c'est la persistance de l'«obligation alimentaire» (réitérée encore en 1953, lorsque l'assistance est rebaptisée «aide sociale»), qui ouvre sur une casuistique restrictive de l'application du droit. La possibilité de recourir aux secours privés montre également que, en dépit d'un anticléricalisme de principe, l'assistance sous la IIIe République va en fait très bien s'accommoder de l'existence des œuvres privées. Les congrès de l'assistance vont ménager cette collaboration du public et du privé, qui a au moins l'avantage d'économiser les deniers publics[2]. On

---

1. H. Monod, «Discours d'ouverture», *Ier Congrès international d'assistance publique*, Paris, 1889. Monod dira encore plus explicitement une vingtaine d'années plus tard en revenant sur le sens de son œuvre : «Tout mon effort a été de limiter l'intervention de l'État, de déterminer les catégories de malheureux auxquels les secours publics doivent aller» (*la Réforme sociale*, avril 1906, p. 658).

2. Une illustration de la complémentarité de ces points de vue in *Ier Congrès international d'assistance publique*, Paris, 1889, *op. cit.* Une division du travail tend à s'instituer entre l'Assistance publique, quasi automatique pour les sujets en état de dénuement absolu, et le secteur privé, aux interventions plus ponctuelles et plus souples. L'une et l'autre doivent être attentives au fait que la condition des assistés soit toujours moins enviable que la situation de ceux qui subviennent par eux-mêmes à leurs besoins. C'est le principe de *less eligibility*, inspiré des *poor laws* anglaises. Les secours privés privilégient les remèdes moraux et psychologiques sur les aides matérielles. Ils procèdent à examen approfondi et multidimensionnel des «cas» dans la tradition philanthropique du *Visiteur du pauvre* (*cf.* l'exposé de C.S. Loch, secrétaire de la Charity Organization

est en deçà des principes élaborés par le Comité
de mendicité et mis en œuvre par la Convention,
la reconnaissance de cette «dette inviolable et
sacrée» de la nation qu'il incombait à la puissance publique d'assumer de bout en bout, en
excluant les œuvres privées afin que le devoir de
secourir les malheureux «ne puisse être avili ni
par le nom ni par le caractère de l'aumône[1]».

Les grands principes de la solidarité républicaine n'ont donc pas, ici, innové beaucoup. Ils
ont plutôt donné une plus grande cohérence et
une meilleure lisibilité à des pratiques qui étaient
parvenues peu ou prou à s'imposer sur un mode
plus empirique. Mais c'est aussi que ce problème
de l'assistance, s'il a été symboliquement surdéterminé, ne représente pas un enjeu stratégique.
Les populations qu'il concerne sont relativement
bien délimitées. Surtout, elles recoupent différentes catégories de hors-travail, quasi exclus de
fait d'une participation active à la vie sociale.

Society de Londres: «De l'organisation de l'assistance»,
Congrès international d'assistance publique, op. cit., t. I.,
p. 51 *sq.*). En dépit, sans doute, de tensions entre les intervenants en concurrence sur le terrain, pour les responsables, ces
deux formes se pensent comme complémentaires.
    1. C. Bloch, A. Tuetey, *Procès-verbaux et rapports du Comité
pour l'extinction de la mendicité, op. cit.*, «Plan de travail»,
p. 310. Ces restrictions n'excluent ni un hommage appuyé aux
fondateurs de la Iʳᵉ République, ni une «lutte idéologique»
intense sur la signification à donner dans l'histoire de l'assistance aux travaux des assemblées révolutionnaires. Elle oppose
les historiens républicains comme Camille Bloch et Louis-Ferdi-
nand Dreyfus aux «cléricaux» comme Lallemand ou Christian Paultre. Ainsi l'interprétation que la IIIᵉ République a
donnée de l'assistance a-t-elle correspondu au moins autant à
des enjeux politiques qu'à des nécessités pratiques. Sur ces
points, *cf.* C. Bec, *Assistance et République*, Paris, Éditions
ouvrières, 1994.

Leur prise en charge par une politique de secours peut en faire des indigents intégrés. Elle ne change pas grand-chose à l'équilibre d'ensemble de la société. La question sociale ne se pose pas sous une forme aiguë à ce niveau.

Elle se pose en revanche sur le plan de la vulnérabilité de masse que représente l'insécurité ouvrière. C'est le problème du statut de la majorité des salariés, formulé d'abord à travers le paupérisme et qui se perpétue à travers l'instabilité de l'emploi, l'arbitraire patronal, les bas salaires, l'insécurité du travail, la misère des vieux travailleurs. Le problème, ici, change d'échelle.

> Quelle est la classe à laquelle appartient le plus grand nombre de personnes qui s'adressent à l'assistance et à la bienfaisance publique? Évidemment le plus grand nombre de souffrances dans l'armée de la misère est donné par la classe des ouvriers et des laboureurs. Quelles sont les causes principales par lesquelles la classe des ouvriers et des laboureurs se trouve plus que les autres dans un état de misère? La plupart de ces causes sont données par les conditions économiques particulières à cette classe [1].

Au début du siècle, un vif débat s'est engagé sur ce point : assistance ou assurance ? À partir du moment où l'on reconnaît que la misère renvoie pour une bonne part à la problématique du

---

1. C. Biancoli, intervention au *IVe Congrès international de l'assistance publique et de la bienfaisance privée*, Milan, 1906, p. 134.

travail, l'assistance peut-elle constituer la réponse adéquate à cette misère travailleuse ? Tout se passe comme si la réflexion sur ce problème, y compris celle des républicains, et même de certains socialistes, avait hésité entre deux options : *élargir l'assistance* pour prendre en charge l'ensemble des misérables privés de ressources, ou bien *imposer l'obligation d'assurance* à tous ceux dont les ressources sont telles qu'ils risquent, en cas d'accident, de maladie ou pendant leur vieillesse, d'être incapables de subvenir eux-mêmes à leurs besoins.

Dans un premier temps, les républicains « opportunistes » joueront l'assistance. En donnant à l'expression « privé de ressources » une signification plus extensive que l'incapacité physique de travailler, ils tentent d'y inclure la frange inférieure de la classe ouvrière[1]. Un système généralisé d'assistance séduit également des socialistes « indépendants ». Particulièrement significatif est à cet égard le débat qui oppose à la Chambre des députés, en 1905, Alexandre Mirman et Jean Jaurès. Mirman défend un projet de solidarité nationale financé par l'impôt et capable d'assister l'ensemble de la population, salariés et non-salariés, dans le besoin — un revenu minimum avant la lettre. Jaurès voit le piège d'une législation uniquement assistantielle qui limiterait les secours aux catégories les plus démunies et interdirait de développer une législation sociale

1. C. Bec, *Assistance et République, op. cit.* Cf. également *in* J.-M. Tournerie, *le Ministère du Travail, origines et premiers développements*, Paris, Éditions Cujas, 1971, la substitution progressive de l'intérêt pour l'assurance à l'intérêt pour l'assistance dans les discussions et projets qui ont précédé la création du ministère du Travail en 1906.

en faveur des salariés. Il formule à cette occasion l'ambition que reprendront les fondateurs de la Sécurité sociale après la Seconde Guerre mondiale : «Nous aussi rêvons à cette unité de la législation ; nous sommes sûrs qu'un jour c'est l'organisation générale et systématique de l'assurance étendue à tous les risques qui se substituera à l'assistance[1].» En attendant, il ne faut pas se tromper de priorité. Généraliser l'assistance, ce serait accroître la dépendance du peuple. Promouvoir l'assurance à laquelle l'ouvrier accède en payant ses cotisations, c'est faire, comme Jaurès le disait déjà en défendant en 1895 la retraite des mineurs, «qu'il n'y ait plus là comme une organisation de charité, mais comme la reconnaissance du droit sanctionnée par un sacrifice égal[2]».

Cependant tout le monde n'a pas la lucidité de Jaurès. Tout le monde ne partage pas non plus son souci de promouvoir l'émancipation ouvrière. Mais même en mettant entre parenthèses cet intérêt «de classe», l'hésitation qui s'exprime au tournant du siècle est parfaitement compréhensible. Avec l'assistance, on sait à quoi s'en tenir : les techniques assistantielles sont rodées depuis plusieurs siècles, il suffirait d'étendre leur juri-

---

1. Cité *in* H. Hatzfeld, *Du paupérisme à la Sécurité sociale*, *op. cit.*, p. 78. La position de Mirman évoque celle soutenue à la même époque en Grande-Bretagne par Béatrice et Sidney Webb, *The Prevention of Destitution ; la Lutte préventive contre la misère*, Londres, 1911, trad. fr. Paris, 1913. Les Webb sont à la fois hostiles à l'assurance et à toute législation sociale spéciale. Ils préconisent un transfert des interventions publiques centrales à différents services municipaux non spécialisés qui pourraient prévenir le basculement dans les situations de dépendance sans faire de l'indigence une cible particulière.

2. H. Hatzfeld, *ibid.*, p. 118.

diction (et aussi de financer leur extension, ce qui va moins de soi). L'assurance, en revanche, mobilise une tout autre technologie d'intervention, susceptible d'applications nouvelles et quasi infinies. Si l'imposition de l'assurance *obligatoire* va rencontrer de telles résistances, c'est que le type de protection qu'elle promeut est inédit, et qu'elle touche d'autres populations que celle des assistés traditionnels. L'enjeu n'est rien de moins que l'émergence d'une nouvelle fonction de l'État, d'une nouvelle forme de droit et d'une nouvelle conception de la propriété. Enjeu qu'en pesant le sens des mots on est en droit de qualifier de proprement révolutionnaire : l'assurance obligatoire va opérer dans la condition des salariés une révolution tranquille.

Ici, pourtant, on ne part pas non plus de rien. Mais le caractère des réalisations antérieures est davantage de nature à obscurcir le débat qu'à le clarifier. Sous la forme des sociétés de secours, les associations fondées en vue de couvrir des risques ont déjà porté de grandes espérances (*cf.* chapitre v). Le courant philanthropique y a vu un moyen privilégié de moraliser les « classes inférieures ». Une partie du patronat industriel en a fait l'instrument privilégié d'une politique de fidélisation de la main-d'œuvre ouvrière. Mais ces usages de l'assurance restaient, ou prétendaient rester compatibles avec les deux stratégies principales du patronage : la surveillance et/ou l'encadrement par la police et les notables ; la territorialisation de la main-d'œuvre que ces avantages sociaux avant la lettre contribuaient à fixer.

Non sans ambiguïtés cependant. Obsédés par

la peur de voir ces sociétés servir de support à un militantisme syndical ou politique, les notables ont sans doute sous-estimé un danger plus profond : même pacifiques, elles développent *une forme d'organisation incompatible avec le mode de subordination du complexe tutélaire*[1]. Elles instituent en effet des relations *horizontales* entre leurs membres, à l'opposé de la *structure verticale* du « gouvernement des meilleurs ». La mutuelle propose un mode d'existence du collectif qui n'est pas cimenté par la dépendance hiérarchique. Par sa structure même, elle porte ainsi un germe d'organisation démocratique. Le lien social tient en un système d'interrelations indépendantes d'une sujétion morale, et différentes aussi des échanges économiques commandés par les lois du marché. C'est déjà le principe de solidarité qui unit les

---

1. Certains de ces notables semblent en avoir eu au moins le soupçon. Ainsi ce rapport d'un procureur impérial daté de 1867, qui, sous le souci du maintien de l'ordre public propre à sa fonction, paraît pressentir dans cette forme d'association le risque d'une mise en question de « toute supériorité, de tout gouvernement » : « On ne serait surpris que d'une chose, c'est que le gouvernement eût formé de ses mains un instrument de renversement... Je sais que les sociétés de secours mutuels sont une création chérie, mais les enfants préférés sont ceux qui ruinent les familles... Il est séduisant de penser qu'on peut amener le prolétariat à se secourir lui-même dans la maladie, dans la vieillesse ; il est très satisfaisant de croire qu'on échappera aux sociétés secrètes organisées ; il serait doux d'espérer qu'on formera une association immense dévouée au gouvernement. Malheureusement, tous ces résultats dérivés sont loin de la pensée de ceux qui acceptent leurs encouragements. Ils prennent l'arme qui leur est donnée ; mais ils entendent s'en servir à leur guise... Dans la classe ouvrière, la passion dominante et la seule véritablement puissante, c'est la haine de toute supériorité, de tout gouvernement... Il ne leur manque absolument que l'organisation ; et les prétendues sociétés de secours viennent la leur donner » (cité *in* B. Gibaud, *De la mutualité à la Sécurité sociale, op. cit.*, p. 38)

membres d'une mutuelle. Il se pourrait donc qu'en encourageant ces structures fondées sur la réciprocité les tenants d'un ordre tutélaire aient nourri un serpent en leur sein.

Une seconde ambiguïté mine la représentation que se font les «gens de bien» du rôle des mutuelles. En admettant même qu'elles soient ces écoles de relèvement du peuple qu'ils préconisent[1], quel public vont-elles capter? Seulement les bons ouvriers. Ceux qui sont déjà assez moraux, en tout cas déjà assez attirés par le bien, pour souhaiter fréquenter des gens de bien; ceux aussi qui peuvent cotiser, c'est-à-dire ceux que leur salaire place au-dessus de la nécessité de vivre «au jour la journée» et à qui il permet d'anticiper l'avenir. Ni les plus misérables, ni non plus les mauvais esprits qui refusent de croire que leur salut passe par le rapprochement avec les maîtres, c'est-à-dire précisément tous ceux qui auraient le plus besoin d'être moralisés. Au lieu d'être un moyen généralisé de relèvement du peuple, le développement de la prévoyance volontaire risque ainsi de creuser le fossé entre les «bons» ouvriers et les «mauvais pauvres».

---

1. Un témoignage, parmi d'autres, celui d'Émile Laurent, un des premiers contempteurs de l'État providence, qui fait en contrepoint ce vibrant éloge de la société de secours mutuels: «Avec ses membres honoraires, ses réunions fraternelles du maître et de l'ouvrier, dans le sein même de l'usine ou au-dehors, réunions qui seraient bonnes ne fût-ce que par le fait d'une délibération commune, mais où on ne se contente pas de délibérer, où l'on s'aime parce que l'on s'est connu, parce que l'on a lu dans le cœur les uns des autres; où les méfiances disparaissent, où les malentendus s'aplanissent, où les plus élevés sachant qu'ils ont la charge d'âmes, sentent le besoin de donner aux plus humbles le plus grand des enseignements, celui de l'exemple; la société de secours mutuels avec ses écoles, ses adoptions, ses mille aspects tutélaires» (*le Paupérisme et les associations de prévoyance, op. cit.*, t. I, p. 107).

L'évolution du recrutement des sociétés de secours mutuels semble confirmer ce diagnostic pessimiste. Ne soyons pas dupes de l'augmentation du nombre des adhérents (modérée d'ailleurs, et bien inférieure à l'audience des *friendly societies* anglaises). Alors qu'elles étaient à l'origine des sociétés populaires nées dans la tradition des métiers et du compagnonnage, les mutuelles « s'embourgeoisent » progressivement en attirant les seuls ouvriers dignes de fréquenter les notables Le développement du syndicalisme après 1884 creuse encore le fossé entre un mouvement ouvrier organisé, dominé par les orientations révolutionnaires, et un mutualisme politiquement très modéré et dont la collaboration entre les classes est l'objectif avoué[1]. En tout état de cause, les franges les plus misérables et les franges politiquement avancées du prolétariat (ces deux catégories ne se superposent pas nécessairement) échappent à l'entreprise de la mutualité volontaire[2].

On conçoit donc que le passage à l'obligation représente un véritable *changement de paradigme*, à la fois par rapport à la problématique de l'assistance et par rapport à celle de la prévoyance volontaire. Comment s'est-il imposé ?

1. *Cf.* B. Gibaud, *De la mutualité à la Sécurité sociale, op. cit.* Cette opposition persistera au long du xxᵉ siècle, *cf.*, par exemple, *in* B. Gibaud, *op. cit.*, p. 100 *sq.*, le rôle pour le moins ambigu joué par la mutualité sous le régime de Vichy.
2. Les responsables du mouvement mutualiste sont d'ailleurs conscients de cet écart qui se creuse entre la mutualité et la majorité des ouvriers. Léopold Mabilleau, qui deviendra président de la Fédération nationale de la mutualité française, déclare en 1900 que celle-ci « ne pourvoit à l'assurance que des membres les moins intéressants de la classe ouvrière, ceux qui représentent déjà une élite économique dans le pays » (*Premier Congrès international de la mutualité*, Paris, 1900, p. 12).

Il a fallu tout d'abord que se desserre lentement
le lien noué tout au long du XIXᵉ siècle entre l'assurance et le patronage. Vers la fin du siècle
cependant, un certain nombre de données nouvelles fragilisent ce montage. C'est d'abord l'opposition ouvrière croissante à l'hégémonie du
patronat sur les caisses qu'il a fondées pour ses
propres fins et dont il veut garder le contrôle. On
a noté que, dès la fin du second Empire, des
grèves s'étaient déclenchées sur cette question du
contrôle des caisses. L'opposition ouvrière est
entretenue par l'arbitraire, voire la malhonnêteté
de certains patrons dans la gestion de ces caisses.
Dans la vaste synthèse qu'il consacre à cette question Joseph Lefort, pourtant favorable aux thèses
patronales, fait état de pratiques fréquentes, tels
l'utilisation des fonds de secours pour le financement des entreprises et même le renvoi arbitraire
d'ouvriers, licenciés sans indemnisation après
une trentaine d'années de bons et loyaux services,
juste avant l'âge de la retraite, pour éviter d'avoir
à leur verser une pension[1].

Plus grave, ou plus spectaculaire, des faillites
d'entreprises entraînent la faillite des caisses, et
les ouvriers sont spoliés de leurs cotisations.
C'est le cas, à la fin des années 1880, de la Compagnie minière de Terrenoire et du Comptoir
d'escompte de Paris. La publicité donnée à ces
affaires conduit à imposer le contrôle de la puissance publique. Une loi votée en 1895 fait obliga-

---

1. J. Lefort, *les Caisses de retraites ouvrières*, Paris, 1906, t. **I**,
p. 114 *sq.*

tion de déposer les cotisations ouvrières à la Caisse des dépôts et consignations ou dans des caisses agréées par l'administration[1].

Enfin le patronat lui-même transgresse souvent le principe du volontariat, qui est censé assurer la valeur moralisatrice de ce type d'épargne. Des retenues obligatoires sur les salaires assurent fréquemment, avec la participation patronale, le financement des caisses. Mieux : avant la fin du siècle, deux grands types d'entreprises, les mines et les chemins de fer, vivent pratiquement sous le régime de l'assurance retraite obligatoire[2]. Cet état de chose peut s'expliquer par des spécificités propres à ces entreprises : ce sont des concessions d'État, le danger et la dureté du travail pour les mineurs, des exigences spéciales de régularité et de ponctualité pour les cheminots, ont conduit à multiplier les « avantages sociaux », dont les retraites, pour fixer la main-d'œuvre. Mais si quasi-obligation de fait il y a, pourquoi ne deviendrait-elle pas garantie par l'État, au lieu de dépendre de l'arbitraire patronal ? C'est ce que revendiquent en particulier les mineurs. Ils obtiennent satisfaction en 1894. La loi votée le 29 juin fait de la retraite *un droit*. Elle est financée à parité par les cotisations ouvrières et patronales et a le caractère d'une obligation légale à

---

1. *Cf.* E. Levasseur, *Questions ouvrières et industrielles en France sous la Troisième République*, Paris, 1907, p. 500 *sq.*
2. En 1898, 98 % des mineurs et environ les deux tiers des employés des chemins de fer sont affiliés à des caisses patronales (*cf.* J. Lefort, *les Caisses de retraites ouvrières, op. cit.*, t. II, p. 89 et p. 177). La troisième catégorie de bénéficiaires de retraite est celle des agents de l'État en vertu d'une loi de 1853. Mais l'État intervient ici comme employeur dans le cadre d'une politique du personnel qui compense la modicité des salaires par la sécurité de l'emploi et la retraite.

laquelle employeurs et employés sont également soumis. La structure des «assurances sociales» est ainsi en place avant la fin du XIXᵉ siècle. Pourquoi ces mesures ne seraient-elles pas étendues à l'ensemble des salariés ?

C'est l'esprit du projet de loi sur les retraites ouvrières et paysannes, dont une première version a été déposée à la Chambre dès 1890. Il va falloir pourtant encore vingt années, marquées par des débats acharnés au Parlement et hors du Parlement, avant qu'il n'aboutisse, sous une forme édulcorée, en 1910. C'est d'abord que, d'un point de vue quantitatif, il représente un changement d'échelle : il s'agirait de passer de quelques centaines de milliers de bénéficiaires de la retraite à 7 millions de salariés[1]. Mais cette extension pose surtout un problème *de principe*. Joseph Lefort, dont l'ouvrage est couronné en 1906 par l'Académie des sciences morales et politiques, exprime assez exactement la position des opposants :

> Si la question des retraites se pose d'une façon impérieuse pour les ouvriers de l'industrie privée, elle doit être résolue par la liberté, par l'initiative individuelle, par l'association sous ses formes multiples mais si fécondes, par le groupement de toutes les bonnes volontés. L'expérience de ce qui se pratique à l'étranger n'a pu que nous confirmer dans cette conviction qu'un régime basé sur l'obligation et sur l'intervention de l'État serait en opposition avec la situation économique de la France,

---

1. Sept millions environ, et non les 12 millions de salariés que l'on compte à l'époque, parce que, comme on va le voir, l'assurance ne va concerner d'abord que la frange inférieure du salariat.

avec les traditions de sa race, non moins qu'avec les tendances qui doivent dominer dans une société démocratique[1].

Entendons bien que ce n'est pas le principe de la retraite qui est en question. Celle-ci s'impose « d'une façon impérieuse » en raison de la condition misérable des vieux travailleurs, dont la majorité est condamnée à travailler jusqu'à la mort, ou à dépendre de l'aide familiale ou de l'assistance. Mais elle relève de la prévoyance *volontaire*. L'argumentation reste celle de la philanthropie du XIXᵉ siècle : « C'est donc avant tout à l'éducation morale qu'il convient de s'attacher. » La modicité des salaires ouvriers ne dispense pas de l'effort. L'épargne volontaire est toujours possible « à raison de la merveilleuse élasticité des besoins à la fois indéfiniment extensibles et indéfiniment compressibles[2] ».

Sous cette vulgate un peu plate et obsessionnellement répétitive se profile une distinction essentielle, qui clive la population ouvrière en fonction d'un critère *moral*. Tombent dans l'assistance ceux dont l'« insouciance », la « légèreté », le « défaut de sobriété », etc., découragent les entreprises de relèvement. Accèdent à l'autonomie ceux qui sont capables de prévoyance volontaire. Émile Cheysson formule cette distinction avec une certaine brutalité en soulignant

1. J. Lefort, *les Caisses de retraites ouvrières, op. cit.*, t. I, p. III. L'un des arguments contre le « système allemand » ici visé est qu'il ne se contente pas de délivrer des prestations. Il conduit aussi à mettre en place des hôpitaux, des maisons de retraite, des services de consultations, etc., bref, un noyau d'institutions sanitaires et sociales dont le caractère public est inacceptable pour les adversaires de l'intervention de l'État.

2. *Ibid.*, t. I, p. 9.

l'avantage moral et social de séparer l'assistance de la prévoyance et de distinguer nettement les hommes debout et les hommes tombés qu'on ne gagnerait rien à confondre dans une même organisation. Une fois rassuré sur ces derniers, le législateur se sent plus à l'aise pour instituer le traitement qu'il convient à la clientèle sobre, capable d'épargne et d'initiative privée, au lieu d'abaisser les solutions légales au niveau de l'imprévoyance ou des chutes qui appellent la tutelle des secours. Il concilie ainsi le respect qu'il doit à l'association libre et à l'effort personnel[1].

On peut donc octroyer l'assistance aux « hommes tombés », aux « incapables ». En aucun cas on ne peut instituer un droit à l'assurance. Ce serait, dit Cheysson, « abaisser les solutions légales ». Expression un peu curieuse, mais qu'il faut entendre ainsi : le droit doit continuer à réguler les relations entre des hommes responsables. À la rigueur, il est possible d'accorder ce droit de seconde zone qu'est le droit au secours à des populations d'incapables soigneusement circonscrites. Ce peut même être tactiquement habile dans la mesure où, « rassuré sur ces derniers », le législateur sera plus à l'aise pour s'opposer au droit à l'assurance. Cette intention a été explicitement

1. É. Cheysson, « Discussion », in *la Solidarité sociale*, Académie des sciences morales et politiques, Paris, 1903, p. 137. Cheysson se prononce explicitement contre le solidarisme pour la raison précise que la notion de dette sociale crée un droit. En disciple de Le Play, il s'en tient au « devoir social » qui n'entraîne pas une obligation légale, mais une dette morale. Quant à l'État, il peut tout au plus encourager les initiatives en aidant ceux qui s'aident eux-mêmes selon le principe de la « liberté subsidiée », comme on dit à l'époque en Belgique.

celle de nombreux libéraux qui se sont ralliés à la loi de 1905 sur les secours aux vieillards indigents : « Nous allons faire une loi d'assistance qui, j'en ai l'absolue conviction, nous permettra d'éviter l'obligation dans les retraites ouvrières[1]. » Le droit au secours est ainsi pensé dans son opposition à l'obligation d'assurance, comme un garde-fou à l'extension de cette dernière. En clair, cela signifie qu'un droit social, si l'on peut véritablement parler de droit à propos du droit au secours, n'est légitime que s'il concerne ceux qui sont déjà quasi dans le hors-social, dans cette zone d'assistance coupée des circuits d'échanges entre individus autonomes. Le droit ne doit pas toucher la zone de vulnérabilité, celle de la précarité du travail, des insuffisances de la condition salariale. Qui ne veut pas « tomber » dans la misère et la dépendance doit se défendre par ses propres moyens. Il n'y a pas de responsabilité collective face aux malheurs qui tiennent à la condition générale du peuple. Ou pour le dire autrement : l'intervention de la puissance publique n'est légitime que pour prendre en charge ces cas limites, atypiques par rapport à la condition travailleuse, qui relèvent de l'assistance.

Ainsi, en dépit de sa modération, la position « solidariste » appartient bien à un autre registre de pensée. Elle consiste à mobiliser le droit pour une certaine redistribution des biens sociaux et une certaine réduction des inégalités. Elle impose la notion d'ayant droit au sens fort du mot. Jau-

---

1. Intervention de M. Seblina au Sénat, séance du 9 juin 1905, cité par H. Hatzfeld, *Du paupérisme à la Sécurité sociale*, *op. cit.*, p. 71.

rès le voit bien ainsi : « Dans la retraite, dans l'assurance, l'ayant droit, eût-il des millions, à l'heure où la loi marque l'échéance de sa retraite, il l'aura sans discuter avec personne, avec une certitude absolue [1]. » Ainsi Jaurès et la majorité des députés socialistes s'allient-ils aux « républicains de progrès », rendant possible le vote de la loi sur les retraites ouvrières et paysannes. Pour Jaurès et ses amis, l'obligation d'assurance reste inscrite dans les structures du capitalisme. Mais du moins préserve-t-elle la dignité du travailleur. Elle donne une certaine sécurité à la classe ouvrière tout en respectant son autonomie, à la différence du patronage.

Un tel résultat, si laborieusement acquis, peut paraître assez dérisoire. Les pensions de retraite étaient à peine supérieures à l'allocation pour vieillards indigents votée en 1905. De surcroît, à peine le cinquième des 7 millions de bénéficiaires potentiels furent effectivement couverts par la retraite, et le principe de l'obligation lui-même fut bientôt contourné [2]. En y ajoutant la loi de 1898

1. J. Jaurès, Chambre des députés, séance du 12 juillet 1905, cité *in* Hartzfeld, *ibid.*, p. 71.
2. La jurisprudence de la Cour de cassation établit que si l'ouvrier n'a pas souscrit, le patron est dispensé de la nécessité de cotiser. « L'obligation » devient ainsi quasi facultative. On peut ajouter que 65 ans est pour l'époque un âge que seule une minorité d'ouvriers atteignait : « retraite pour les morts », dira la contre-propagande de la CGT, qui s'oppose aussi violemment au principe de la cotisation ouvrière assimilée à une réduction de salaire. L'échec de la loi de 1910 sera officiellement reconnu par les promoteurs de la loi sur les assurances sociales en 1932. « Après tous les ministres du Travail, après tous les rapporteurs du budget, nous ne pouvons que constater l'échec de ce système » (rapport d'Édouard Gringa, *Documents parlementaires*, Chambre des députés, annexe n° 5505, séance du 31 janvier 1923, p. 36).

sur les accidents du travail et les différentes lois qui ouvrent un droit au secours à certaines catégories d'indigents incapables de travailler, on a pourtant là l'essentiel de la législation de protection sociale des quarante années de régime républicain qui précédèrent la Première Guerre mondiale. Bilan très mince, à coup sûr, du côté des réalisations pratiques. Numa Murard a raison de dire : « On peut penser que le XIXᵉ siècle, jusqu'en 1914, n'a produit que des discours[1]. » Mais à condition d'ajouter que ces « discours » vont rendre possible une restructuration de l'ordre juridique, et surtout des relations entre le patrimoine et le travail, qui représente la grande mutation du XXᵉ siècle en matière de politiques sociales.

La propriété ou le travail

Des ouvrages récents ont montré le rôle fondamental joué par la technologie assurantielle pour recomposer la sphère du droit[2]. En dissociant l'obligation légale de la responsabilité individuelle, le droit social peut prendre en compte la socialisation des intérêts, conséquence de la solidarité unissant les différentes parties du corps social. Il y a ainsi un branchement direct entre la conception de la société comme ensemble de parties interdépendantes et un mode pratique d'intervention sur cette société, la technologie assurantielle. L'assurance actualise un modèle

---

1. N. Murard, *la Protection sociale*, Paris, La Découverte, 1989.
2. En particulier J. Donzelot, *l'Invention du social, op. cit.*, et F. Ewald, *l'État providence, op. cit.*

de solidarité, même si les actionnaires n'en sont pas conscients. Un travailleur ne prend pas une assurance pour être solidaire des autres cotisants, mais il l'est. Son intérêt dépend de celui des autres membres du collectif formé par les assurés, et réciproquement. Un risque individuel est « couvert » par le fait qu'il est assuré dans le cadre d'une participation à un groupe.

La portée fondamentalement innovante de ce recours à l'assurance tient à ce qu'elle fournit une matrice opératoire pouvant être appliquée à un nombre quasi infini de situations. En d'autres termes, le principe de la couverture du risque ne dépend pas de la nature du risque couvert. On peut être « couvert » contre l'accident, l'incendie, la grêle ou les inondations, mais aussi — et surtout — la maladie, le chômage, la vieillesse, la mort peuvent être assimilés à des risques. Ce sont des aléas plus ou moins probables, ou dont il est plus ou moins probable qu'ils surviennent à tel ou tel moment, et ces occurrences sont calculables. La vie sociale est ainsi, du moins tendanciellement, assimilable à un certain nombre de risques (sociaux). Être couvert contre l'ensemble des risques, ce serait être dans la sécurité totale.

Que peut faire l'État devant un tel éventail de possibilités[1]? Non point sans doute couvrir tous

---

1. Bien entendu, l'assurance peut être une pratique « privée » et c'est dans les initiatives privées qu'elle a ses origines. Ainsi l'assurance maritime dès le Moyen Âge : les risques énormes de la navigation maritime à l'époque rendaient nécessaire qu'ils soient partagés par les différents commanditaires des expéditions marchandes. La Compagnie royale d'assurance, première compagnie française d'assurance sur la vie, est fondée en 1797, mais c'est, en dépit de son nom, une compagnie privée. De même, les différentes mutuelles sont des associations qui fonctionnent sur le principe de l'assurance, mais sans la garantie de l'État.

les risques, encore que la tentation puisse être grande de le lui demander. Mais par rapport à son rôle de «gérant des intérêts collectifs», pour reprendre la formule de Dupont-White, il en est de particulièrement importants, ou de particulièrement significatifs, parce qu'ils ont des implications sur l'intérêt collectif et menacent à la limite la cohésion sociale. Par exemple, l'accident du travail n'est pas seulement un événement malheureux qui arrive à un ouvrier. C'est aussi un fait de société dont les représentants de l'intérêt général peuvent se demander s'il est acceptable, à quel coût, sous quelle forme : s'il est gérable le plus rationnellement possible au nom de l'intérêt commun. Certains individus sont particulièrement exposés aux risques, alors que leur travail représente un intérêt pour tous. La solidarité, l'interdépendance entre les parties du tout social, légitime qu'il leur soit ménagé des compensations. L'impact personnel de l'accident n'est que la conséquence d'une pratique d'utilité collective. Dédommager les victimes ou leur famille n'est que justice, au sens que prend la justice sociale à partir de la nécessité de maintenir la solidarité de la société[1]. De même, la vieillesse doit être assurée parce qu'il est juste qu'un travailleur ayant usé ses forces pour une entreprise d'intérêt collectif soit garanti du besoin, etc.

Ces implications ont été dégagées avec assez de force pour qu'il soit inutile d'insister là-dessus

---

1. C'est l'enjeu de la loi de 1898 sur les accidents du travail, dont le rôle paradigmatique a été assez amplement souligné par François Ewald, *l'État providence*, *op. cit.*, pour que je ne le reprenne pas ici.

à nouveau. Par contre, il y a une autre implication de la promotion de l'assurance, au moins aussi importante que la mutation de l'ordre juridique, et qui a été davantage laissée en friche après les intuitions fondatrices énoncées par Henri Hatzfeld il y a plus de vingt ans. Il s'agit d'*une mutation de la propriété elle-même*, la fondation d'un type de *propriété sociale* qui n'a pas de précédents historiques, bien qu'elle ait une genèse historique.

Car un paradoxe doit retenir l'attention, qui marque l'insuffisance des réflexions sur l'assurance centrées sur ses implications juridiques. L'assurance est une technologie universaliste. Elle ouvre la voie à une « société assurantielle », comme le dit François Ewald, dans laquelle, tendanciellement du moins, l'ensemble des risques sociaux pourraient être couverts. C'est aussi une technologie « démocratique » en ce sens que tous les assurés occupent une position homologue et interchangeable dans un collectif. Cependant — c'est le paradoxe à prendre au sérieux —, les premières applications de l'assurance obligatoire ont été *limitées aux catégories de la population menacées de déchéance sociale*. Le risque couvert sous différentes formes — de l'accident du travail, de la maladie, de la vieillesse démunie — est en fait le risque d'un basculement d'une situation vulnérable à une situation misérable : le risque que l'accident ou la maladie rompe l'équilibre précaire du budget ouvrier, que la vieillesse saisisse un salarié usé et sans ressources, etc. Le chassé-croisé évoqué précédemment dans les discussions portant sur l'obligation de secours aux indigents et celles concernant l'obligation de retraites aux salariés de l'industrie et de l'agriculture l'a montré : certains consentent à l'obligation de secourir les indigents pour éviter l'obligation de la retraite pour les salariés. Les autres doivent se résigner à une formule de retraites ouvrières et paysannes à peine plus satisfaisante qu'un droit aux secours pour les indigents[1].

Tout se passe ainsi, dans un premier temps, *comme si l'assurance avait joué comme un analogon de l'assistance.* En clair, cela signifie que sont obligés de s'assurer ceux qui risqueraient de devoir être assistés. Au-dessus d'un plafond de revenus, l'assurance reste facultative. Les catégories sociales que leurs ressources, qu'il s'agisse d'un salaire élevé ou d'un patrimoine, paraissent mettre à l'abri du besoin échappent à l'assurance obligatoire. Les premières lois d'assurance entérinent donc une ligne de partage entre les positions inférieures dans la structure sociale, qui doivent être collectivement assurées, et les positions supérieures, pour lesquelles la sécurité dépend de leurs propres ressources, à savoir de leurs biens propres, de leurs propriétés *privées*.

Ainsi, à ses débuts, l'assurance obligatoire est bien éloignée de promouvoir une sécurité généralisée. Elle ne produit pas une rupture complète par rapport à la situation antérieure, ni n'entraîne un basculement dans un nouveau régime de rationalité[2]. Elle propose un nouveau paradigme pour gérer les antagonismes sociaux, dont

1. *Cf.* F. Netter, « Les retraites en France au cours de la période 1895-1945 », *Droit social*, n°s 9-10, septembre-octobre 1965.
2. C'est la réserve que l'on peut apporter à l'impressionnante construction de François Ewald dans *l'État providence, op. cit.* Comprendre les conditions d'application de l'assurance exige l'analyse des transformations du salariat.

la mise en œuvre va dépendre de conditions socio-
historiques complexes. Ce constat soulève deux
problèmes difficiles. Pourquoi dans un premier
temps l'assurance, technologie universaliste,
reste-t-elle applicable seulement à la prise en
charge de situations particulières encore caractérisées par leur *indignité sociale*? Deuxièmement, quelles conditions lui ont permis de passer
d'un universalisme formel à un universalisme
qui s'est incarné en devenant la matrice d'une
société assurantielle? (Avec, à l'arrière-plan, une
troisième question au centre de la conjoncture contemporaine: quelles conditions ont-elles
déstabilisé l'universalisme de la couverture assurantielle, nous plaçant à nouveau aujourd'hui
face au risque généralisé de l'insécurité sociale?)

Pour affronter ces questions, la réflexion doit
prendre en compte les relations nouvelles qui se
nouent au début du XXe siècle entre travail (salariat), sécurité et propriété. Les premiers bénéficiaires de l'assurance n'ont que leur travail pour
survivre. Ce sont les prolétaires placés en dehors
de l'ordre de la propriété. Ils incarnent l'opposition de la propriété et du travail, qui s'est depuis
toujours traduite par l'opposition de la sécurité
et de l'insécurité. Assurer ces non-propriétaires
ne va pas seulement changer la relation du travail et de la sécurité, mais aussi *les relations de la
propriété et du travail*. On suivra la voie ouverte
par Henri Hatzfeld lorsqu'il propose de saisir «la
difficile mutation de la sécurité-propriété à la
sécurité-droit[1]». Mais on voudrait aussi montrer

---

1. H. Hatzfeld, «La difficile mutation de la sécurité-propriété
à la sécurité-droit», *Prévenir*, no 5, mars 1982.

que ce passage marque la première étape d'un basculement qui va mener à la «société salariale» moderne : une société dans laquelle l'identité sociale se fonde sur le travail salarié plutôt que sur la propriété.

Charles Gide déclare en 1902 : «En ce qui concerne la classe possédante, la propriété constitue une institution sociale qui rend les autres à peu près superflues[1].» C'est a contrario placer tout le domaine du social dans l'espace d'un manque, *le manque de propriété*. Et, de fait, jusqu'à cette date (1902), la plupart des réalisations «sociales» évoquées au chapitre précédent ont bien ce caractère d'ersatz tentant de compenser tant bien que mal, et plutôt mal que bien, l'absence d'autonomie, autonomie que donne seule la propriété. Là réside le nœud de la question sociale : la plupart des travailleurs sont au mieux vulnérables et souvent misérables tant qu'ils restent privés des protections attachées à la propriété. Mais posée en ces termes, c'est-à-dire dans le cadre d'une opposition absolue travail-propriété, cette question reste insoluble. La reformulation de la question sociale va consister non pas à abolir cette opposition propriétaire-non propriétaire[2], mais à la redéfinir, c'est-à-dire à juxtaposer à la propriété privée un autre type de propriété, *la propriété sociale*, de sorte que l'on

1. C. Gide, *Économie sociale*, Paris, 1902, p. 6.
2. Sauf pour les options «collectivistes» qui militent pour l'abolition de la propriété privée, mais elles n'ont pas prévalu, du moins en Europe occidentale. On pourrait sans doute dire qu'une révolution du type de celle qui a triomphé en Russie en 1917 a imposé l'autre option, «collectiviste», de la question sociale.

puisse rester en dehors de la propriété privée sans être en manque de sécurité.

Il s'agit bien d'un changement de registre. La sécurité sociale procède d'une sorte de *transfert de propriété* par la médiation du travail et sous l'égide de l'État. Sécurité et travail vont devenir substantiellement liés parce que, dans une société qui se réorganise autour du salariat, c'est le statut donné au travail qui produit l'homologue moderne des protections traditionnellement assurées par la propriété. C'est l'aboutissement d'un très long parcours dont il faut maintenant prendre la peine de marquer les étapes, car c'est bien de cette histoire que nous sommes aujourd'hui, au sens fort du mot, les héritiers.

Dès l'époque révolutionnaire, le problème d'établir de nouvelles relations entre travail et propriété s'est posé, et déjà sous des formes complexes. D'abord, sous la forme de l'aporie politique que pose la masse de tous ceux qui sont hors propriété et qui représentent l'essentiel du monde du travail. Comment réintroduire dans le pacte social ce «quatrième ordre» formé de tous ceux qui n'ont rien, et qui, partant, ne sont rien [1] ? Lors des débats qui précèdent le vote de la Constitution de 1793, le représentant Harmand s'exprime ainsi :

---

1. *Cf.* Dufourny de Villiers, *Traité du quatrième ordre, op. cit.* Dès la fin de 1789 également, Lambert, inspecteur des apprentis placés à l'Hôpital général, et qui deviendra membre du Comité de mendicité, interpelle l'Assemblée constituante, la sommant de créer un comité chargé «d'appliquer d'une manière spéciale à la protection et à la conservation de la classe non propriétaire les grands principes de justice décrétés dans la Déclaration des droits de l'homme et dans la Constitution». Le Comité pour l'extinction de la mendicité est institué en réponse à cette initiative (*cf.* L.-F. Dreyfus, *Un philosophe d'autrefois, op. cit.*, p. 147).

Les hommes qui voudront être vrais avoueront avec moi qu'après avoir obtenu l'égalité politique de droit, le désir le plus actuel, et le plus actif, c'est celui de l'égalité de fait. Je dis plus, je dis que sans le désir ou l'espoir de cette égalité de fait, l'égalité de droit ne serait qu'une illusion cruelle qui, au lieu des jouissances qu'elle a promises, ne ferait éprouver que le supplice de Tantale à la portion la plus utile et la plus nombreuse des citoyens.

Et Harmand pose cette question fondamentale : comment « les institutions sociales peuvent-elles procurer à l'homme cette égalité de fait que la nature lui a refusée, sans atteinte aux propriétés territoriales et industrielles ? Comment y parvenir sans la loi agraire et sans le partage des fortunes [1] ? »

Marcel Gauchet voit là, à juste titre, le nœud de la question sociale moderne et l'aporie fondamentale à laquelle va se heurter le régime républicain, « l'échec à constituer une organisation des pouvoirs traduisant de manière adéquate la liberté et l'égalité des citoyens [2] », l'impossibilité de compléter la Déclaration des droits de l'Homme par le déploiement de droits sociaux. Et pour cause : comment à l'époque promouvoir une telle « égalité » « sans atteinte aux propriétés territoriales et industrielles [...] sans la loi agraire et sans le partage des fortunes » ? Impossible sans un changement de référentiel qui sera, justement, l'assurance obligatoire. Mais faute d'une telle « solution », qui

1. Discours du 15 avril 1793, *Archives parlementaires*, t. LXII, p. 271, cité *in* M. Gauchet, *la Révolution des droits de l'Homme*, *op. cit.*, p. 214.
2. *Ibid.*, p. 201.

n'est ni réalisable ni même sans doute complètement pensable à la fin du XVIIIᵉ siècle [1], les révolutionnaires en ont tenté trois autres, entre lesquelles ils n'ont pas vraiment choisi et qu'ils n'ont pas pu mener jusqu'au bout. Elles sont autant de variations sur cette opposition de la propriété et du travail, qu'elles s'efforcent de réduire.

Rappel de la première réponse : le couplage droit au secours-libre accès au travail assurerait une sécurité minimale aux « classes non propriétaires », soit pour ceux qui sont incapables de travailler (droit au secours), soit pour les valides désormais certains de trouver du travail. Mais on a vu (chapitre IV) que le droit au secours n'a pas survécu à Thermidor et que l'ouverture du marché du travail, au lieu d'abolir la dépendance et la misère des travailleurs, a ouvert la voie au paupérisme.

La deuxième voie, empruntée parallèlement, a consisté à tenter de généraliser l'accès à la propriété. Elle est déjà présente dans les travaux du Comité de mendicité. Celui-ci, « convaincu que la pauvreté s'éteint par la propriété et se soulage

---

1. Bien que la réflexion sur la prévoyance ait représenté une composante importante de la pensée révolutionnaire. *Cf.* Le « Quatrième Rapport » du Comité pour l'extinction de la mendicité rédigé par La Rochefoucauld-Liancourt, *op. cit.*, et surtout J.A.N. Condorcet, *Esquisse d'un tableau historique des progrès de l'esprit humain*, Paris, an III, qui, dans la Dixième période, « Des progrès futurs de l'esprit humain », entend appliquer « la mathématique sociale » à la réduction des inégalités. Mais cette prévoyance reste volontaire et, à la différence de ce qui concerne le droit au secours, ces « vues » ne reçurent aucun commencement d'exécution.

par le travail, examinera s'il ne doit pas proposer à l'Assemblée de saisir la circonstance actuelle pour augmenter le nombre des propriétaires en ordonnant que la partie des biens domaniaux et ecclésiastiques dont la nation projette l'aliénation soit vendue en très petits lots, suffisants cependant pour faire vivre une famille et mis ainsi à la portée du plus grand nombre d'acquéreurs [1] ». La Rochefoucauld-Liancourt était d'ailleurs également rapporteur du « Comité d'aliénation » chargé de la vente des biens nationaux. Il y défendra cette position, apparemment sans succès puisque l'on sait que la vente de ces biens s'est faite essentiellement à l'avantage de ceux qui étaient déjà propriétaires. De même pour la proposition voisine de distribuer aux indigents les biens domaniaux qu'ils « fertiliseraient par leur travail [2] ». C'était aussi une proposition du rapport Barère ouvrant en 1794 le Livre de la bienfaisance nationale [3].

1. *Procès verbaux et Rapports du Comité, op. cit.*, « Plan de travail », p. 318-319.
2. « L'Assemblée nationale [...] peut attaquer puissamment la pauvreté en augmentant le nombre des propriétaires ; les circonstances actuelles lui en donnent l'heureuse faculté qu'elle ne laissera pas échapper, parce qu'elle ne pourrait se reproduire. Quinze à vingt millions d'arpents, dépendant des biens domaniaux, languissent sans utilité sous l'aridité des landes, sous la fange des marais, ou sous la tyrannie des usages. Ces terres rendues à la culture par des bras indigents, qui seraient payés d'une partie de leur travail par la cession d'une part du terrain qu'ils auraient rendue fertile, les préserveraient à jamais de la misère, répandraient et assureraient l'aisance dans les familles malheureuses, et les lieraient ainsi à leur patrie par leur propre intérêt et par vos bienfaits » (*ibid.*, « Quatrième Rapport », p. 388).
3. Barère, « Rapport sur les moyens d'extirper la mendicité et sur les secours que la République doit accorder aux citoyens indigents », *op. cit.*

Poussée à sa limite, cette option abolirait l'opposition propriétaire-non-propriétaire en universalisant l'accès à la propriété. Elle est profondément inscrite dans l'imaginaire social de la période révolutionnaire. «La privation de la propriété pour une grande classe d'hommes sera toujours, dans quelque constitution que ce soit, un principe permanent et nécessaire de pauvreté[1].» Idéal d'une république de petits propriétaires dévoués à la patrie parce qu'ils y sont attachés par leurs biens, et de préférence par leur terre. «Il faut donner quelques terres à tout le monde», dit Saint-Just[2]. Cet idéal reste celui des élites politiquement les plus «avancées», comme Saint-Just. Mais c'est aussi une aspiration populaire. Albert Soboul remarque que l'une des revendications sociales les plus radicales pour l'époque est portée à la Convention le 2 septembre 1793 par la section des sans-culottes du Jardin des Plantes. Elle exige ceci: «Que le même individu ne pourra posséder qu'un maximum, que nul ne puisse tenir à plus de terre qu'il faut pour une quantité de charrues déterminée; que le même citoyen ne puisse avoir qu'un atelier, qu'une boutique.» Ainsi, ajoutent les pétitionnaires, ces mesures «feraient disparaître peu à peu la trop grande inégalité des fortunes et accroître le nombre des propriétaires[3]».

Un tel idéal survivra à la Révolution, à la fois au

---

1. *Procès-verbaux et rapports du Comité...*, *op. cit.*, «Plan de travail», p. 315.
2. Saint-Just, *Fragment sur les institutions républicaines*, Paris, éd. C. Nodier, 1831, cité *in* M. Bouvier-Ajam, *Histoire du travail en France*, *op. cit.*, t. II, p. 30.
3. Cité par A. Soboul, *Paysans, sans-culottes et jacobins*, Paris, 1966, p. 133.

sein du peuple et parmi les réformateurs sociaux. Le premier de ceux-ci chronologiquement parlant, Simonde de Sismondi, reste très flou sur les remèdes requis pour combattre les méfaits du développement sauvage de l'économie, sauf sur un point : il faut procéder à une réforme agraire limitée mais nécessaire pour « fixer dans les champs le plus grand nombre possible de travailleurs[1] ». Cette reterritorialisation sera une référence récurrente dans la plupart des solutions proposées pour réaliser « l'extinction du paupérisme », y compris par Louis-Napoléon Bonaparte proposant de répartir les biens communaux entre les indigents sans travail[2]. Ces aspirations à un « retour à la terre » se prolongeront tard dans le XIXᵉ siècle et au-delà, non seulement avec Le Play, par exemple, mais aussi au sein du personnel politique de la IIIᵉ République[3]. Faut-il évoquer également les nostalgies rurales du régime de Vichy ?

Mais, sous la forme d'une redistribution directe de la propriété, cette option n'a guère eu d'incidences pratiques. Elle ne pouvait pas en avoir compte tenu de l'industrialisation et de l'urbanisation. Elle suppose en effet la contraction du salariat, alors que l'instauration de la société industrielle l'installe et le développe.

---

1. Simonde de Sismondi, « De la richesse territoriale », *Revue mensuelle d'économie politique*, février 1834, p. 15.
2. L.-N. Bonarparte, *l'Extinction du paupérisme*, *op. cit.*
3. *Cf.* de Jules Méline, l'ardent défenseur d'une politique protectionniste en faveur des paysans, *le Retour à la terre et la surproduction industrielle*, Paris, 1906. En 1923 encore, le rapporteur du projet de loi sur les assurances sociales s'exprime ainsi à la Chambre des députés : « Nous connaissons tous les méfaits de la désertion des campagnes ; notre salut est dans le retour à la terre » (*Documents parlementaires*, Chambre des députés, annexe nº 5505, séance du 31 janvier 1923, p. 53).

Pourtant, une troisième option, qui passe par une relativisation de la propriété privée au profit de sa fonction sociale, n'est pas complètement absente à l'époque révolutionnaire. Elle peut se réclamer de la tradition rousseauiste : « Ma pensée [...] n'est pas de détruire absolument la propriété particulière, parce que cela est impossible, mais de la renfermer dans les plus étroites bornes. Je veux, en un mot, que la propriété de l'État soit aussi grande, aussi forte et celle du citoyen aussi petite, aussi faible qu'il est possible[1]. » L'abbé de Mably, disciple de Rousseau, conteste également que l'ordre de la société puisse être fondé sur la consécration de la propriété privée[2].

S'agit-il d'une orientation marginale ? Les constituants ont bien inscrit le droit de propriété parmi les droits de l'homme, et la Convention elle-même a voté à l'unanimité une loi punissant de mort « quiconque proposera ou tentera d'établir des lois agraires ou toutes autres lois ou mesures subversives des propriétés territoriales, commerciales ou industrielles[3] ». Mais ces dispositions peuvent se lire de deux manières : comme une défense inconditionnelle de la propriété privée, ou comme la reconnaissance de son caractère éminemment social. On a sans doute eu tort de trop privilégier la première interprétation. « Faut-il le dire encore ? Nul homme n'est vrai-

---

1. J.-J. Rousseau, *Projet de Constitution pour la Corse ; in C.E. Vaugham, the Political writing of J.J. Rousseau*, Cambridge, 1915, t. II.
2. Abbé de Mably, *Doutes sur l'ordre naturel et essentiel des sociétés*, Paris, 1767.
3. Loi du 18 mars 1793, cité *in* M. Bouvier-Ajam, *Histoire du travail en France, op. cit.*, t. II, p. 30.

ment citoyen s'il n'est propriétaire. Qu'est-ce que la patrie ? Le sol où l'on est né. Et comment l'aimer si l'on n'y tient par aucun lien ? Celui qui n'a qu'à secouer la poussière de ses pieds pour quitter un pays peut-il le chérir[1] ?» À l'arrière-plan, l'image du vagabond, du «pied poudreux» sans foi ni loi parce qu'il est sans feu ni lieu. La propriété est ce qui fonde l'existence sociale parce qu'elle encastre et territorialise. C'est le remède, et sans doute pour l'époque le seul remède, contre le mal social suprême, la désaffiliation.

La propriété ne se réduit donc nullement à sa valeur économique. Elle n'est pas non plus assimilable aux jouissances privées qu'elle dispense. Elle représente le socle sur lequel s'édifie toute appartenance sociale. Ainsi peut-on comprendre autrement que par la démagogie, ou par le dérapage dans l'extrémisme politique, le décret du 8 ventôse an II séquestrant les biens des ennemis de la Révolution pour indemniser les citoyens démunis. Saint-Just déclare à ce propos : «La Révolution nous a conduit à reconnaître ce principe que celui qui s'est montré l'ennemi de son pays n'y peut être propriétaire... Les propriétés des patriotes sont sacrées, mais les biens des conspirateurs sont là pour les malheureux[2].» Traduction possible : c'est la propriété qui fait le citoyen, mais la citoyenneté n'est pas la simple jouissance privée de biens personnels, elle fonde aussi un ensemble de devoirs sociaux. De même que l'on ne peut être vraiment citoyen

1. A. Duquesnoy, *Journal de l'Assemblée constituante*, Paris, édition de 1894, t. I, p. 498.
2. Cité par M. Leroy, *Histoire des idées sociales en France*, t. II, p. 272.

sans être propriétaire, de même on n'a pas le droit d'être propriétaire sans être en même temps citoyen, c'est-à-dire, dans le langage de Saint-Just, «patriote». La propriété, oui, mais limitée dans son extension, contrôlée dans ses usages et rapportée à son utilité sociale. Pour Robespierre aussi, «l'égalité des biens est une chimère», mais «l'extrême dispersion des fortunes est la source de bien des maux et de bien des crimes[1]».

Cette interprétation «modérée» de la position de l'aile la plus radicale de la Montagne paraît justifiée par le fait que le caractère social de certaines propriétés a été explicitement reconnu par la majorité des courants politiques qui ont fait la Révolution. Ainsi, la confiscation par la nation des biens ecclésiastiques et des fondations charitables a été proposée par un esprit aussi mesuré que le duc de La Rochefoucauld-Liancourt et a recueilli un large assentiment. Pourquoi? Parce que ces biens sont destinés au service des pauvres. C'est donc justice qu'ils alimentent le trésor public afin de promouvoir une meilleure organisation de ce service social. Mais est-ce seulement ce type de biens dont l'utilité sociale est reconnue parce qu'ils seraient en somme la propriété des pauvres? Dès le 10 août 1789, lors de la discussion à l'Assemblée nationale sur la suppression de la dîme ecclésiastique, Mirabeau prononce un discours étonnant:

---

1. M. Robespierre, *Projet de Déclaration des droits à la Convention*, 23 avril 1793. Ainsi peut-on comprendre que pour Robespierre la propriété devrait être «le droit de chaque citoyen de jouir et de disposer de la portion de biens qui lui est garantie par la loi».

Je ne connais que trois manières d'être dans la société : mendiant, voleur ou salarié. Le propriétaire n'est lui-même que le premier des salariés. Ce que nous appelons vulgairement sa propriété n'est que le prix que lui paye la société pour les distributions dont il est chargé de faire aux autres individus par ses consommations et par ses dépenses : les propriétaires sont les agents, les économes du corps social[1].

Étonnant en effet, compte tenu de l'indignité sociale attachée à l'époque au salariat, de voir le terme de salarié pris comme quasi-synonyme de propriétaire. Mais Mirabeau esquisse ici une conception de la propriété comme service public le propriétaire est assimilable à un économe qui anime l'activité du corps social par ses commandes et ses dépenses, et ainsi l'irrigue par ses richesses. Comme un économe, il pourrait être tenu pour responsable de cette sorte de mandat social qu'il exerce. Ainsi, dans l'effervescence de la période révolutionnaire paraît s'être dessinée une redéfinition de la propriété privée à partir des fonctions sociales qu'elle assume.

À bien réfléchir, cette position n'est pas si originale qu'elle le paraît. C'est plutôt l'hégémonie d'une conception purement privée de la propriété qui fait question. En effet, dans l'«ancienne société», la propriété était couramment une propriété sociale. Les privilèges corporatistes sont la

1. Cité par Maxime Leroy, *Histoire des idées sociales en rance, op. cit.*, H.G. Mirabeau explicite sa pensée le 2 avril 1791 : «Nous pouvons regarder le droit de propriété tel que nous l'exerçons comme une création sociale. Les lois ne protègent pas, ne maintiennent pas seulement la propriété, elle la font naître en quelque sorte» (p. 270).

propriété collective du métier, et non celle des travailleurs individuels ; les communaux représentent une forme de propriété collective essentielle dans l'économie préindustrielle ; la propriété féodale elle-même n'était pas un patrimoine assimilable à sa valeur marchande, mais un ensemble de prérogatives sociales et juridiques attachées à la terre. Certes, le libéralisme veut abolir ces « archaïsmes » et faire de la propriété — comme du travail — une marchandise. Mais de même que la contractualisation des rapports de travail va être un facteur de dissociation sociale, de même la privatisation complète de la propriété risque d'atomiser le corps social en une poussière d'individus propriétaires. Une simple association de propriétaires souverains peut-elle faire une société ? Lorsque le mot d'ordre s'impose de « terminer la révolution » en mettant fin aux désordres politiques et à l'instabilité sociale, nombreux sont ceux qui doutent qu'un ordre stable puisse reposer sur la jouissance inconditionnelle d'un patrimoine privé. Contentons-nous du témoignage d'Auguste Comte :

> Dans tout état normal de l'humanité, chaque citoyen quelconque constitue réellement un fonctionnaire public dont les attributions plus ou moins définies déterminent à la fois les obligations et les prétentions. Ce principe universel doit s'étendre jusqu'à la propriété, où le positivisme voit surtout une indispensable fonction sociale, destinée à former et à administrer les capitaux par lesquels chaque génération prépare les travaux de la suivante[1].

---

1. A. Comte, *Système de politique positive*, Paris, édition de 1892, t. I, p. 156.

Ainsi la conception de la propriété patrimoine inviolable et sacré d'un individu souverainement libre d'en disposer ne va-t-elle pas de soi. Elle est certes inscrite dans la Déclaration des droits de l'Homme et dans le Code napoléonien, et elle commande aux échanges marchands. Mais il est excessivement réducteur de ramener l'immense brassage d'idées qui a accompagné et suivi la Révolution à la promotion de cette propriété «bourgeoise», seul fondement de l'ordre social. Ce ne sont pas seulement les partisans de son abolition, les «collectivistes», qui contestent son caractère absolu. L'attention à ses fonctions sociales la rapproche du travail. Elle est alors ce qui anime l'activité de la société (Mirabeau), ce qui assure par ses «travaux» la continuité entre une génération et la suivante (Comte). En somme, la propriété privée est également sociale si l'on prend en compte *ses usages*, et pas seulement *son mode d'appropriation*. Sa coupure absolue avec le travail apparaît d'autant plus contestable que celui-ci est en dernière analyse la source de la richesse. Mais, dans son acception libérale, demeure un divorce entre les usages et le mode d'appropriation de la propriété. Elle est justifiée par son utilité sociale (c'est ainsi que les patrons justifieront constamment leur prééminence : c'est l'entreprise qui permet aux travailleurs d'exister), mais son possesseur privé reste le juge souverain de son utilisation. Peut-on dépasser cette contradiction qui traverse la conception purement libérale de la propriété et, pour certains au moins de ses usages, reconnaître pour elle-même et mettre au premier plan *son utilité collective* ? On définirait ainsi une propriété sociale qui échapperait à l'arbitraire des usages privés et serait au service de l'intérêt général.

La propriété de transfert

Cette thématique de la propriété sociale devient à partir des années 1880 l'objet d'un débat de fond. Les «républicains de progrès» jouent là la possibilité de fonder la République en occupant une position équidistante entre individualisme et socialisme. C'est l'idée directrice de travaux importants comme les ouvrages d'Alfred Fouillé[1], d'Émile de Laveleye[2] ou de Léon Duguit[3]. Laveleye mobilise contre Thiers les ressources de l'ethnologie naissante pour établir que «la pleine propriété appliquée à la terre est une institution très récente[4]» et fonder la propriété sur l'utilité générale. Duguit va jusqu'à déclarer: «La conception de la propriété droit subjectif disparaît pour faire place à la conception de la propriété fonction sociale[5].» La propriété sociale est au cœur du développement des *services publics*. Ceux-ci représentent des biens collectifs qui devraient permettre une réduction des inégalités en mettant à la disposition de tous des opportunités communes, et au premier chef l'instruction[6]. Ainsi pourra-t-on donner un contenu concret aux fonctions de l'État républicain, telles que Barni les caractérise dans le *Manuel républicain*, qui

---

1. A. Fouillé, *la Propriété sociale et la démocratie*, Paris, 1884.
2. E. de Laveleye, *De la propriété et de ses formes primitives*, Paris, 1891.
3. L. Duguit, *le Droit social, le droit individuel et la transformation de l'État*, Paris, 1908.
4. E. de Laveleye, *op. cit.*, p. 542.
5. L. Duguit, *op. cit.*, p. 148.
6. *Cf.* C. Nicolet, *l'Idée républicaine en France, 1789-1924*, Paris, Gallimard, 1982, spécialement le chapitre x.

fut un peu la bible, laïque évidemment, du régime : « L'État est l'ensemble des pouvoirs publics chargés de régler et d'administrer le pays tout entier[1]. »

L'aporie que soulevait le Conventionnel Hammond — « Comment les institutions sociales peuvent-elles procurer à l'homme cette égalité de fait que la nature lui a refusée sans atteinte aux propriétés territoriales et industrielles » — est-elle dépassée ? En un sens oui, si on ne confond pas égalité et égalitarisme : des institutions sociales promeuvent une participation de tous à la « chose publique ». La société commence, comme le dit Léon Bourgeois, « à ouvrir à tous ses membres les biens sociaux qui sont communicables à tous[2] ». Le développement de la propriété sociale et des services publics représente ainsi la réalisation du programme solidariste, contre l'individualisme-égoïsme du libéralisme classique.

L'importance de cette propriété collective, qui ne se confond pas avec le collectivisme, est confirmée par le fait que les orientations modérées du parti ouvrier, les « possibilistes[3] », en font également la base des transformations sociales à introduire pour combattre l'hégémonie de la bourgeoisie. Ils voient dans les services publics, ossature de l'État, la concrétisation du travail

---

1. J. Barni, *Manuel républicain*, Paris, 1872, p. 420.

2. *Cf.* ci-dessus, *Deux Discours de M. Léon Bourgeois*, *op. cit.*, p. 22.

3. On nomme « possibilistes » ou « broussistes » les socialistes qui veulent tirer parti des possibilités de réformes partielles au sein du régime capitaliste. Ils s'opposent aux partisans d'une transformation radicale et immédiate de la société, qu'il s'agisse de la tendance marxiste conduite par Jules Guesde ou du syndicalisme d'action directe (*cf.* G. Weill, *Histoire du mouvement social en France, 1852-1902*, Paris, 1904, p. 224 *sq.*).

humain indûment confisqué par la classe capitaliste. L'avènement du socialisme dans sa version
possibiliste pourrait s'appuyer sur la réappro-
priation, sous la forme du service public, de l'utilité sociale du travail humain.

> Les gouvernements changent avec les classes
> diverses qui font la conquête du pouvoir, mais l'État
> reste et continue son développement normal en
> transformant peu à peu chaque catégorie du tra-
> vail humain et en se l'appropriant sous le nom et
> sous la forme du service public. L'État est l'en-
> semble des services publics déjà constitués[1].

Cependant, cette forme de propriété sociale
incarnée dans les services publics demeure une
propriété collective aussi au sens où elle est
impersonnelle. Elle n'est pas appropriable par
un individu particulier. Dès lors, elle lui sera
d'un secours insuffisant lors de ces accidents de
la vie personnelle qui font de lui un sujet socialement vulnérable s'il est démuni de propriété privée : la maladie, le chômage, la vieillesse... Dans
ces circonstances — qui peuvent devenir sa
condition permanente, comme toute la vie après
la cessation d'activité —, le travailleur ne peut se

---

1. P. Brousse, *la Propriété collective et les services publics*,
Paris, 1883, Éditions du Prolétaire, organe du parti ouvrier, cité
ici dans la réédition de 1910, p. 27. On peut voir là l'amorce de
la doctrine des nationalisations qui s'énoncera dans l'entre-
deux-guerres dans la mouvance du socialisme réformiste. Henri
de Man, qui en fut le premier théoricien, la caractérise ainsi :
« L'essence de la nationalisation est moins le transfert de la propriété que le transfert de l'autorité ; ou plus exactement, le problème de l'administration prend le pas sur celui de la
possession et les changements dans le système d'autorité nécessité par l'économie dirigée » (cité *in* P. Dogde (éd.), *A Documen-
tary Study of Henrik de Man*, Princeton, 1979, p. 303).

contenter d'être un usager collectif des services publics. Il a aussi des besoins personnels qu'il lui faut satisfaire avec des moyens personnels, par exemple, continuer à se nourrir et à se loger après sa période d'activité. Mais il n'a pas de patrimoine privé. Peut-il exister *un patrimoine personnellement attribuable qui ne soit pas privé* — donc qui soit social —, mais susceptible d'une jouissance privée ? Cette véritable pierre philosophale, qui donne une réponse à l'aporie formulée par Hammond, a été trouvée. Ce sont les prestations de l'assurance obligatoire : un patrimoine dont l'origine et les règles de fonctionnement sont sociales, mais qui *fait fonction* de patrimoine privé [1].

Qu'il y ait là une brèche dangereuse dans l'hégémonie de la propriété privée, rien ne l'illustre

---

1. Les prestations assurantielles ne sont toutefois pas la seule forme de propriété sociale appropriable par des individus. Le logement social représente l'autre grande modalité de la propriété collective disponible, sous certaines conditions réglementaires, pour un usage privé. Ce parallélisme entre les assurances sociales et le logement social comme deux grandes formes de mise à disposition du «peuple» d'une propriété sociale pour l'affranchir de sa vulnérabilité mériterait d'être approfondi — des premières «habitations à bon marché», dont l'apparition est à peu près contemporaine des premières formes d'assurances sociales, aux grands programmes de HLM, dont l'expansion est à peu près parallèle à celle de la Sécurité sociale. Mais développer ces points exigerait d'ouvrir de nouveaux chantiers. Cette réflexion invite toutefois à ne pas identifier les initiatives pour combattre la vulnérabilité sociale avec l'instauration de ce que François Ewald appelle «la société assurantielle». Si essentielle soit-elle, la technologie assurantielle est loin de couvrir le champ de la propriété sociale, qui me paraît le concept englobant pour subsumer l'ensemble du développement du secteur social à partir de l'installation de la IIIe République.

mieux que l'opposition d'Adolphe Thiers, gardien
vigilant de l'ordre propriétaire. En 1848 et 1850,
années chaudes s'il en fut, il publie deux textes
dont le rapprochement est évocateur. *De la propriété*[1] est une défense et illustration violente de
la propriété qui mobilise tous les arguments philosophiques et historiques possibles pour justifier
ce que l'on est en droit d'appeler sa conception
«bourgeoise». Thiers réinterprète librement
toute l'histoire et la philosophie pour prouver
que la propriété privée est le seul fondement possible d'un ordre social. L'autre texte est le rapport de la Commission de l'assistance de
l'Assemblée législative[2].

Ce rapport ne contient pas seulement une réfu-
tation du droit au travail et une défense du caractère «vertueux» que doit conserver la bienfaisance
pour ne pas dégénérer en charité légale (*cf.* chapitre v). Il formule aussi une curieuse critique du
projet de l'Assemblée de constituer des caisses de
retraite. Cette critique est inattendue parce
que, comme on l'a souligné, la plupart des spécialistes du «relèvement des classes inférieures»
s'accordent pour encourager les diverses formes
d'épargne mutualiste, à condition qu'elles restent
volontaires. Mais Thiers se montre très réticent à
l'égard d'une capitalisation, même volontaire,
pour s'assurer une retraite. Il oppose les caisses
d'épargne et les caisses de retraite. Le dépôt à la
caisse d'épargne est «toujours exigible à volonté,
peut servir à l'ouvrier pour le chômage, pour la
maladie, pour se constituer maître à son tour,

---

2. **A.** Thiers, *De la propriété*, Paris, 1848.
2. **A.** Thiers, *Rapport général au nom de la Commission de
l'assistance et de la prévoyance publique, op. cit.*

pour établir sa famille, pour suffire à ses vieux jours[1]». Il est «fécond en résultats matériels et moraux[2]» parce qu'il présente tous les caractères de la propriété privée. L'épargnant est un minuscule propriétaire. Sans doute ne deviendra-t-il jamais un rentier. Mais son petit patrimoine le range déjà dans la classe de ceux qui méritent considération. Il est réintégré dans l'ordre propriétaire par le biais de l'épargne privée.

En revanche, la contribution à une caisse de retraite ne produit que des résultats «bornés et peu moraux», et celui qui procède ainsi «n'est en définitive qu'un égoïste à la vue assez étroite[3]». C'est que le capital ainsi économisé est fixé pour le bénéfice du seul déposant. Mais surtout «il ne doit plus être repris ni emprunté pour aucun autre besoin jusqu'au jour où la pension vient à s'ouvrir[4]». Il ne représente donc pas un patrimoine privé au sens plein du mot, un bien dont son possesseur puisse librement disposer et qu'il puisse transmettre à ses héritiers dans un processus d'accumulation capitaliste. C'est pourquoi, si l'on ne peut proscrire absolument ce type de placement, il est bien inférieur à celui des caisses d'épargne. Son développement date d'ailleurs «du moment où les fausses doctrines inventées pour séduire et tromper la multitude, commençaient à s'élever comme le lit d'un torrent qui grossit avant de déborder[5]». Un tel mode de capitalisation est en somme contaminé

---

1. *Ibid.*, p. 114.
2. *Ibid.*, p. 115.
3. *Ibid.*, p. 118.
4. *Ibid.*, p. 118.
5. *Ibid.*, p. 115

par de louches affinités avec le collectivisme. Il
est gros de débordements à venir.

Un tel jugement trahit sans doute l'incapacité
de Thiers et des tenants du pur libéralisme à se
représenter la valeur de la propriété autrement
que sous la forme d'un patrimoine personnel disponible pour son possesseur et directement trans-
missible à ses descendants. Mais, à travers la
crainte qu'il exprime, il soupçonne aussi l'avènement d'un autre type de propriété qui ne circule-
rait pas comme de l'argent et ne s'échangerait pas
comme une marchandise. Elle serait moins un
bien que l'on détient en son privé qu'une prérogative découlant de l'appartenance à un collectif et
dont la jouissance dépend d'un système de règles
juridiques.

Cette résistance de Thiers à l'égard de la capitalisation n'a rien d'anecdotique. Elle représente
le noyau dur d'une objection récurrente à l'obligation d'assurance. Thiers en donne la version
extrême et même extrémiste, sans doute parce
que, plus lucide ou plus viscéralement attaché à
une conception purement privée de la propriété
que beaucoup d'autres libéraux, il perçoit mieux
tous les péréquisits de la technologie assurantielle, même sous la forme de l'adhésion volontaire. À savoir que le recours à l'assurance inscrit
de facto le sujet dans un diagramme de la solidarité contradictoire avec la définition libérale de
la responsabilité et de la propriété. Cette implication devient évidente lorsqu'il s'agit d'assurance
obligatoire. Ainsi c'est ce même argument qui est
repris et amplement développé un demi-siècle
plus tard lors du débat sur les retraites ouvrières
et paysannes. Denys Cochin, à la Chambre des
députés le 25 juin 1901 :

Quand vous aurez donné à l'ouvrier un conseil judiciaire pour l'obliger à verser ses économies dans votre caisse de retraite, vous l'aurez privé de bien d'autres emplois qu'il aurait préférés. À la campagne, il achète un champ, une maison, du bétail; à la ville, des outils ou un petit fonds de commerce. Il a connu l'accession au patronat. Vous, vous le retenez dans le salariat en exigeant un emploi exclusif de son petit capital, en lui imposant un seul mode de placement. Voyez-vous, messieurs, le tort de votre projet est de partager les citoyens en deux classes, de les séparer en deux clans, celui des patrons et celui des salariés. En réalité, les deux clans se pénètrent, les deux classes se confondent. Vous cherchez en vain l'ouvrier économe sur vos listes de pensionnaires; il est devenu patron, il est devenu bourgeois, sans vous prévenir et sans avoir besoin de vous [1].

À première vue, l'argument paraît paradoxal, voire de mauvaise foi : ce sont les partisans de la loi sur l'assurance obligatoire, c'est-à-dire en gros la gauche parlementaire, qui sont accusés de vouloir enfermer les salariés dans leur condition subordonnée. Cependant, il porte une intuition profonde. Comme le remarque Henri Hatzfeld, déployée, l'idée d'assurance obligatoire implique l'acceptation de la spécificité de la société industrielle et du caractère irréversible de la stratification sociale qu'elle entraîne. Dans la société industrielle, la division des tâches devient de plus en plus poussée, mais aussi la différenciation sociale prend des formes de plus en plus com-

---

1. Cité par H. Hatzfeld, *Du paupérisme à la Sécurité sociale*, *op. cit.*, p. 88.

plexes, sans possibilité de revenir en arrière. Il n'y a plus seulement des propriétaires et des non-propriétaires qui pourraient devenir propriétaires à force de mérite. Le salariat a pris une position *structurelle* dans la société : il y aura toujours des salariés, et de plus en plus de salariés permanents. Dès lors, le paradigme du propriétaire peut-il rester le seul idéal commun pour tous les membres de la société et le seul garant de la sécurité ? Ce serait se résigner à ce que des masses croissantes de gens — ceux-là mêmes qui sont indispensables au développement de la société industrielle — s'installent définitivement dans la précarité. La question n'est-elle pas plutôt de stabiliser le salariat et, si je puis dire, de le «*dignifier*» ? Qu'il devienne un statut à part entière au lieu de continuer d'être pensé comme un état provisoire que l'on pourrait supprimer ou auquel on tenterait d'échapper par l'accès à la propriété.

L'avènement de l'assurance sanctionne ainsi la reconnaissance du caractère irréversible de la stratification sociale dans les sociétés modernes et le fait qu'elle puisse être fondée sur la division du travail et non plus seulement sur la propriété. À l'inverse, les adversaires de l'assurance obligatoire défendent l'hégémonie du modèle du propriétaire indépendant, de la propriété fondement exclusif de la dignité sociale et de la sécurité. Cet idéal peut être incarné par le grand propriétaire terrien ou par le rentier, mais aussi bien par l'artisan, le boutiquier, le petit paysan : acheter quelques arpents à la campagne, ou quelques outils pour s'établir, c'est aussi une aspiration populaire[1].

---

1. L'argument selon lequel l'obligation d'assurance interdit au travailleur de disposer librement de ses économies pour amé-

Ainsi le mode de résolution de la question sociale par le seul accès à la propriété, contre l'assurance obligatoire, n'est pas seulement préconisé par les possédants et leurs idéologues, que l'on pourrait accuser de défendre leurs privilèges de classe. On ne saisirait pas le sens de l'opposition extraordinairement tenace à l'assurance — en France surtout — si on ne comprenait pas qu'elle est celle de toute la France propriétaire ou aspirant à l'être : la France des «petits» aussi bien que celle des «gros», la France boutiquière, celle des traditions artisanales et de la petite propriété rurale, la France anti-industrielle. Il faudra attendre qu'elle soit vaincue, ou du moins affaiblie, pour que s'impose la nouvelle conception de la sécurité, la sécurité sociale. Il faudra attendre que lentement, timidement, trois pas en avant et deux pas en arrière, la société française se recentre autour du salariat. Inversement, on comprend que l'acceptation du salariat à part entière représente une étape décisive de la promotion de la modernité : un modèle de société dans lequel les positions sociales sont essentiellement défi-

---

liorer ou changer sa condition a évidemment été appliqué aussi aux travailleurs ruraux : «La prévoyance de l'ouvrier agricole doit en faire un petit propriétaire et non un petit rentier. Pour lui la retraite serait un péril plutôt qu'un bien si sa perspective et ses versements l'ont détourné de la terre, privé des dignités et de la jouissance de la propriété» (A. Souchon, *la Crise de la main-d'œuvre agricole en France*, Paris, 1914, p. 159, cité *in* H. Hatzfeld, p. 284). Le «retard» de la paysannerie à entrer dans le système de la Sécurité sociale après la fin de la Seconde Guerre mondiale illustre a contrario les liens privilégiés existant entre ce système, l'industrialisation et le salariat industriel. À l'inverse, on pourrait dire que la paysannerie est restée très longtemps captive du modèle de la sécurité-propriété et du noyau le plus archaïque de ce modèle : la propriété de la terre.

nies par la place occupée dans la division du travail.

C'est donc bien une mutation de la propriété que va permettre de réaliser la technologie assurantielle : la promotion d'une « *propriété de transfert* » au sens strict du mot[1]. Les sommes épargnées sont prélevées automatiquement et obligatoirement ; elles ne peuvent être replacées sur le marché par leur bénéficiaire ; l'entrée en jouissance est subordonnée à certaines circonstances ou échéances précises, la maladie, l'âge de la retraite… Le paiement des cotisations est une obligation inévitable, mais il ouvre un droit inaliénable. La propriété de l'assuré n'est pas un bien vendable, elle est prise dans un système de contraintes juridiques, et les prestations sont délivrées par des agences publiques. C'est une « propriété tutélaire[2] », *une propriété pour la sécurité*. L'État qui s'en fait le garant joue un rôle protecteur. Il n'est pas pour autant une « providence » : il ne répand pas des bienfaits, mais s'est fait le gardien d'un nouvel ordre de distribution des biens.

---

1. A. de Swaan, *In Care of the State, op. cit.*, p. 153 *sq*. Il est possible que l'évolution du droit commercial et en particulier la constitution des sociétés anonymes (loi du 24 juillet 1867) ait pu mettre sur la voie de ce type de propriété collective. Alfred Fouillé fait d'ailleurs explicitement le lien entre l'association des capitaux et l'association des cotisations assurantielles : « En face des capitaux associés, il faut que les travailleurs associent leur prévoyance et leurs épargnes, dont la force est centuplée par le régime des assurances » (*la Propriété sociale et la démocratie, op. cit.*, p. 146). La différence, considérable, est toutefois que les membres d'une société anonyme peuvent en principe disposer à leur gré de leurs capitaux, tandis qu'ils sont bloqués pour les sociétaires d'une assurance.
2. A. de Swaan, *ibid.*

On a là le point de départ de ce que la théorie de la régulation énoncera sous la forme de la socialisation des revenus, et qui va constituer une part de plus en plus importante des revenus socialement disponibles (*cf.* chapitre VII). Le salaire n'est plus seulement la rétribution du travail calculée au plus juste pour assurer la reproduction du travailleur et de sa famille. Il comporte une part — le «salaire indirect» — qui constitue une rente du travail pour des situations hors travail. Ces situations sont d'abord définies négativement : la maladie, l'accident, la vieillesse improductive, pâles compensations au travail alors que l'on devrait travailler. Mais elles pourraient être et seront aussi définies positivement comme la possibilité de consommer, de s'instruire, de prendre des loisirs... Paradoxalement, cette propriété liée au travail va procurer un socle pour se délivrer de l'hégémonie du travail.

Cependant, dans un premier temps, la propriété de transfert est surtout perçue comme déficience par rapport aux prérogatives pleines et entières du patrimoine «bourgeois», en particulier quant à la possibilité de la transmettre à sa descendance. Mais, en même temps, elle remplit déjà parfaitement une fonction essentielle dans la société industrielle : préserver la classe ouvrière de la destitution sociale. Ce double caractère est parfaitement dégagé par un auteur qui tire, à l'extrême fin du siècle, les implications sur la famille ouvrière de ces mesures encore en projet :

> Tandis que la transmission du patrimoine de la famille bourgeoise se fait par testament ou ab intestat, pour la famille ouvrière il n'est plus question de transmission par testament ; quant à la suc-

cession ab intestat, elle n'est plus réglée d'une façon uniforme, mais dépend des lois et des règlements adoptés par les diverses institutions qui ont pour but la création de ce patrimoine pour l'ouvrier. Comme nous venons de le dire, la question de la liberté de tester ne se pose pas ici, parce que les diverses institutions de prévoyance ne se proposent pas de former un patrimoine dont l'ouvrier pourrait disposer par testament à sa guise, mais de protéger sa famille, qui, sans le secours desdites institutions, serait une famille déclassée, à la charge de l'assistance publique[1].

Le capitalisme réalise là une étrange opération alchimique. Les pouvoirs de la propriété sont conservés. Le droit est lié au versement de la cotisation, c'est ce qui lui donne son caractère inconditionnel, à la différence du droit au secours : parce qu'il a payé, le cotisant est un ayant droit au sens absolu et quoi qu'il arrive — même s'il n'a pas «besoin» de sa prestation pour survivre, s'il est, par exemple, riche propriétaire en même temps que retraité[2]. Ainsi, cette propriété de transfert n'est pas incompatible avec la propriété classique. Elle respecte les prérogatives de la propriété privée, et même elle les prolonge : seul le paiement individuel donne accès au droit collectif. Mais, en même temps, cette opération inaugure un nouveau registre de sécurité. Avant l'assurance, être dans la sécurité, c'est disposer

---

1. P. Aivarez, *De l'influence de la politique, de l'économie et du social sur la famille*, Paris, 1899, cité in J. Donzelot, *la Police des familles*, Paris, 1977, p. 47.
2. Rappelons la remarque de Jaurès ci-dessus : «Dans la retraite, dans l'assurance, l'ayant droit, eût-il des millions à l'âge où la loi marque l'échéance de sa retraite, il l'aura sans discuter avec personne, avec une certitude absolue.»

de biens pour faire face aux aléas de l'existence. Avec l'assurance, ces risques sont «couverts». Comment? Par un système de garanties juridiques, c'est-à-dire sanctionnées en dernière instance par l'État de droit. L'État social trouve là une fonction spécifique. Il est, pourrait-on dire, *le garant de la propriété de transfert*. L'État se taille ainsi un rôle nouveau et complètement original qui lui permet de surplomber l'antagonisme absolu entre la défense éperdue de la propriété «bourgeoise» et les programmes socialistes visant son appropriation. Il peut jouer ce rôle sans attenter à la propriété privée. Mais, par la gestion[1] de la propriété de transfert, il lui superpose un système de prestations publiques qui assure la sécurité sociale.

Cette instrumentation politique de la technologie assurantielle permet de dépasser le moralisme de la «politique sans État» des notables tout en économisant le «socialisme d'État» des collectivistes. Mais, cette fois, il ne s'agit plus de projets, de programmes: de nouvelles institutions sont en place, et de nouveaux flux d'argent peuvent commencer à circuler.

Une telle élaboration met sur orbite la solution de la question sociale propre à la société indus-

---

1. L'État ne gère pas directement les prestations de l'assurance. Cela se fait, on le sait, par l'intermédiaire des «caisses», dont le statut et les agents ont d'ailleurs subi de profondes transformations: mutuelles d'abord, représentants des employés et des employeurs ensuite. *Cf.*, par exemple, A. Catrice-Lorey, *Dynamique interne de la Sécurité sociale*, Paris, CREST, 1980. Mais, au-delà de ces modalités techniques compliquées, importe surtout ici le fait que l'État soit le garant du dispositif et que l'éventuelle modification du système soit du ressort du législateur.

trielle. Elle s'était, on s'en souvient, formulée à partir de la contradiction présente au début de l'industrialisation et mise en scène à travers les descriptions du paupérisme : l'existence de populations placées à la fois au cœur de l'appareil productif, puisqu'elles sont le fer de lance de l'industrialisation, et quasi exclues de la société, désaffiliées par rapport aux normes collectives et aux modes de vie dominants. Comment instaurer une relation forte d'appartenance sociale pour ces populations poussées aux marges par l'industrialisation sauvage ? L'assurance procure le moyen de rapatrier cette frange «campant au milieu de la société occidentale sans y être casée», selon la formule d'Auguste Comte [1], c'est-à-dire les salariés, ou du moins les franges inférieures du salariat.

De deux choses l'une, en effet. Soit on continue à maintenir le salariat dans la fragmentation de ses états et la précarité de ses statuts et, dans la mesure où les situations salariales se multiplient, s'installent, deviennent de plus en plus irréversibles, c'est aussi installer l'instabilité au cœur de la société industrielle et consentir à ce que le progrès se bâtisse sur les sables de la vulnérabilité sociale. Soit on stabilise ces situations salariales. L'assurance peut être l'opérateur de cette transformation. Elle ne procure pas seulement une certaine sécurité matérielle. Elle inscrit le bénéficiaire dans un ordre de droit. Cette inscription est d'un tout autre registre que celui promu par les protections rapprochées de l'assis-

---

1. A. Comte, *Système de politique positive*, Paris, édition de 1929, p. 411.

tance et les tutelles des stratégies du patronage. Pour celles-ci, seule l'appartenance à des cadres territoriaux ou à des relations de type clientéliste peut donner la sécurité : la participation à des solidarités de proximité, la fidélité à une entreprise, à un patron, donnent les meilleures chances de surmonter les aléas de l'existence ouvrière. L'assurance, par contre, « délocalise » les protections en même temps qu'elle les dépersonnalise. Elle permet de rompre l'association séculaire protection-dépendance personnalisée. A contrario, elle instaure une *association inédite de la sécurité et de la mobilité*. Le nomadisme qui faisait du vagabond la figure négative de la liberté est vaincu en même temps que l'insécurité. S'il remplit les conditions faisant de lui un ayant droit, le travailleur peut être aussi bien assuré à Maubeuge qu'à Cholet. La déterritorialisation n'est plus une désaffiliation. Cette possibilité de conjuguer mobilité et sécurité ouvre la voie à une rationalisation du marché du travail prenant en compte à la fois les exigences de la flexibilité pour le développement industriel et l'intérêt de l'ouvrier. Celui-ci peut théoriquement circuler dans l'espace sans rompre avec les protections, parce qu'il est affilié à un ordre juridique, c'est-à-dire universaliste. Ce que promeut cet ordre juridique associé au droit du travail, c'est aussi un cadre pour une mobilité réglée de la force de travail.

Théoriquement s'entend, car les premières applications de ce nouveau diagramme furent bien modestes, et elles le resteront longtemps. Mais dès 1904 Léon Bourgeois déclare :

> L'organisation de l'assurance solidaire de tous les citoyens contre l'ensemble des risques de la vie

commune — maladies, accidents, chômages invo-
lontaires, vieillesse — apparaît au début du
XXe siècle comme la condition nécessaire du développement pacifique de toute société, comme l'objet nécessaire du devoir social[1].

C'est tout le programme de la Sécurité sociale
réalisé en 1945 et même au-delà, puisque la couverture du chômage est déjà prévue alors qu'elle
ne sera réalisée en France, et fort timidement,
qu'à partir de 1958, avec la création des Assedic.
Cependant, lorsque Léon Bourgeois écrit ce texte
dans le cadre d'un plaidoyer pour les retraites au
congrès de la Mutualité de Nantes, seuls les accidents du travail sont « couverts », depuis la loi de
1898. La loi sur les retraites ouvrières sera, on l'a
vu, un échec. Il faudra attendre les années 1930
pour qu'une nouvelle étape soit franchie. Mais le
caractère restrictif de l'application de l'assurance aux catégories inférieures du salariat est
maintenu. Le premier projet de loi, déposé dès
1921 — à nouveau les délais pour aboutir à la loi
de 1930 seront longs, et les arguments échangés
souvent redondants par rapport à ceux qui
avaient précédé la loi de 1910[2] —, formule ainsi

---

1. L. Bourgeois, *la Politique de la prévoyance sociale, op. cit.*,
p. 321.
2. Deux innovations cependant par rapport au début du siècle.
Une tentative pour couvrir également le chômage proposée par
le sénateur Chauveau en 1925 et finalement repoussée après un
intéressant débat à l'issue duquel la majorité convient que « le
chômage est un danger qui ne menace pas actuellement l'économie française » (*Documents parlementaires*, Sénat, annexe
n° 182, séance du 30 mars 1926, p. 881). Seconde nouveauté, le
précédent imposé par l'Alsace-Lorraine reconquise, qui bénéfi-
ciait du régime de protection inauguré par Bismarck. Il paraît
impensable d'enlever aux Alsaciens-Lorrains des avantages
sociaux du fait qu'ils sont redevenus français, et difficile aussi

la philosophie de l'entreprise: «Dans l'acte d'assurance, lorsque les intéressés peuvent sans difficulté donner l'effort indispensable, pourquoi l'État se substituerait-il, même partiellement, à leur action? [...] C'est en faveur des faibles, des modestes, c'est au profit des petits salariés que sa contribution est nécessaire[1].»

Aussi un plafond des revenus au-dessus duquel il est *inutile* de s'assurer sera-t-il maintenu, et même périodiquement réajusté jusqu'à la veille de la Seconde Guerre mondiale pour tenir compte de l'inflation[2]. Il s'agit moins, à nouveau, d'une reconnaissance pleine et entière du statut du salariat que d'une tentative pour conjurer la misère des salariés les plus démunis:

> Le salarié trouvera désormais dans un contrat de travail plus équilibré, plus équitable, ce qui lui est indispensable pour maintenir son existence alors même qu'il se trouve dans l'impossibilité physique de pourvoir à ses besoins. Assuré, il bannira de ses préoccupations les risques sociaux qui peuvent brutalement le plonger, lui et les siens, dans la plus profonde et la plus imméritée des détresses. Vieillard pensionné, il ne sera plus une charge pour ses enfants, à la table familiale, par sa retraite, il représente une valeur[3].

de garder deux systèmes de protection sociale, en Alsace-Lorraine et dans le reste de la France.
  1. *Documents parlementaires*, Chambre des députés.
  2. En 1930 ce plafond est fixé à 15 000 F de salaire annuel sur l'ensemble du territoire, et à 18 000 F dans les villes de plus de 200 000 habitants. Il atteint 30 000 en 1938 (*cf.* F. Netter, «Les retraites en France au cours de la période 1895-1945», *loc. cit.*)
  3. Premier rapport Gringa, *Documents parlementaires*, Chambre des députés, annexe, séance du 31 janvier 1923.

L'assurance a mis bien longtemps avant de décoller vraiment du vieux socle de l'assistance. Ce n'est qu'en 1945, dans un contexte profondément transformé, que l'assurance obligatoire assumera l'ambition de devenir le principe d'une couverture généralisée des risques sociaux.

Ne parlons cependant pas trop facilement de «retard». De quel retard pourrait-il s'agir? Par sa structure, l'assurance apparaît déjà quasi providentielle en ce qu'elle permet de mobiliser pour la résolution de la question sociale une technologie qui promeut la sécurité sans attenter à la propriété et sans toucher aux rapports de production. Mais cette chance que le capitalisme trouve de se stabiliser sans devoir bouleverser ses structures serait proprement miraculeuse si la technologie assistantielle agissait par son seul pouvoir. L'assurance n'est pas une potion magique dont la vertu dissoudrait par elle-même les antagonismes sociaux. Elle est un mécanisme complexe de régulation dont les réalisations dépendent de l'équilibre, en transformation constante, entre intérêts divergents. Certains de ceux-ci jouent le rôle de «moteurs», et d'autres celui de «freins[1]». Quatre partenaires principaux sont partie prenante dans ce jeu subtil: les salariés eux-mêmes, leurs employeurs, les défenseurs du patrimoine privé et les représentants de l'appareil d'État[2]. Mais aucun

---

1. Expressions de H. Hatzfeld, *Du paupérisme à la Sécurité sociale, op. cit.*
2. *Cf.* A. de Swaan, *In Care of the State, op. cit.* De Swaan utilise ce schéma pour rendre compte des disparités dans la chronologie et dans les modes de réalisation des protections sociales selon les pays d'Europe occidentale. Cette entrée me paraît féconde pour aider à se situer dans le débat qui oppose les

de ces pôles d'intérêt n'est identifiable à un groupe qui suivrait une stratégie cohérente. En simplifiant beaucoup, on dirait que la classe ouvrière est clivée entre une orientation modérée qui soutient les réformes et une tendance révolutionnaire qui s'y oppose violemment ; qu'au sein des employeurs le grand patronat s'y résigne plus facilement, tandis que les petits entrepreneurs se crispent sur la défense de leur indépendance, que c'est surtout l'ensemble des défenseurs du patrimoine privé et de la liberté d'entreprendre — mais lui-même très hétérogène, petits exploitants, petits commerçants, représentants des professions indépendantes et «libérales» avec au premier rang le corps médical — qui est le plus déterminé dans son opposition ; que l'État enfin tente d'occuper une position d'arbitre et essaie d'imposer les options qui minimisent les tensions sociales[1].

Mais un tel panorama n'est pas seulement trop schématique. Il faudrait réintroduire la dimension synchronique dans cette sorte de jeu des quatre coins à travers lequel les rapports de forces entre ces partenaires se transforment, avec des poussées de réformes suivies de reculs (par exemple, au moment de la Première Guerre mondiale, suivie d'une relative normalisation). Il faudrait aussi mettre cette dynamique en relation avec les transformations socio-économiques qui

défenseurs de la spécificité de chaque configuration nationale et les tenants d'une unité de structure de l'État social par-delà les frontières. On aperçoit comment les particularités propres à chaque pays sont cadrées par ces relations «structurales» entre les différents types d'acteurs qui se retrouvent dans chaque situation nationale, mais selon une pondération différente.

1. Pour une présentation synthétique du rôle de l'État, *cf.* ci-dessous, chapitre VII.

affaiblissent ou renforcent la position de chacun de ces groupes (par exemple, une crise économique, ou, d'une manière plus constante, le lent affaiblissement des classes de petits propriétaires, petits producteurs indépendants, petits rentiers). Finalement, c'est à rendre compte de la lente et conflictuelle promotion d'une *position réformiste* qu'il faudrait s'attacher.

Par réformisme, j'entends l'avènement dans les rapports sociaux de changements sanctionnés par l'État. Ainsi les réalisations de la philanthropie ou du patronage, pour être importantes, ne sont-elles pas véritablement des réformes sociales tant qu'elles n'ont pas une sanction légale. L'assurance obligatoire, en revanche, représente une réforme considérable entérinant par la loi une transformation dans les rapports entre les partenaires sociaux, employeurs et employés, propriétaires et non-propriétaires. Cette hypothèse permettrait de saisir le rôle spécifique tenu par l'État dans ce jeu complexe. Il ne représente pas une instance indépendante par rapport aux autres forces sociales, mais il est l'instance qui doit porter et entériner un changement pour qu'il devienne une réforme. Il en résulterait que, pour qu'une réforme sociale soit possible, il faudrait que les partisans d'un changement soient représentés dans l'appareil d'État et qu'ils aient un pouvoir de décision. En France, la représentation d'une telle orientation « réformiste » dans l'appareil gouvernemental a été tardive, et son influence est longtemps restée faible[1].

---

1. Les « socialistes indépendants », en rupture avec les orientations révolutionnaires du parti socialiste parce qu'ils entendent

Mais une telle élaboration dépasserait les limites de la présente analyse. On se contentera de continuer à tirer le fil choisi depuis le début : celui des transformations du salariat. C'est en effet autour du statut du salariat que tourne l'essentiel de la problématique de la protection sociale. On vient de voir que c'est sur ses failles qu'elle s'est d'abord branchée, pour commencer à le tirer de son indi-

---

participer aux gouvernements républicains « bourgeois », ont été les premiers porte-parole explicites d'un tel réformisme à accéder à l'appareil d'État. Alexandre Millerand : « La République est la formule politique du socialisme, comme le socialisme est l'expression économique et sociale de la République » (exergue du *Socialisme réformiste français*, Paris, 1903). Millerand est le premier socialiste à occuper un poste ministériel. Lors de son passage au ministère du Commerce, de 1901 à 1903, il élabore plusieurs projets « sociaux », mais échoue à faire passer la loi sur les retraites ouvrières et paysannes. Viviani, socialiste indépendant également, est le premier titulaire du ministère du Travail, en 1906, mais sa marge de manœuvre est étroite et ses réalisations fort modestes (*cf.* J.-M. Fournerie, *le Ministère du Travail, origines et premiers développements*, *op. cit.*). Aristide Briand énonce en 1909 un ambitieux programme de réformes sociales qui restera lettre morte (*cf.* M.-G. Dezes, « Participation et démocratie sociale : l'expérience Briand en 1909 », *le Mouvement social*, n° 87, avril-juin 1974). Albert Thomas, ministre de l'Armement pendant la guerre, veut poursuivre après la victoire une politique de collaboration de classes esquissée lors de l'« Union sacrée » et promouvoir une « démocratie industrielle » à laquelle le patronat opposera une fin de non-recevoir (*cf.* P. Fridenson, M. Rebérioux, « Albert Thomas, pivot du réformisme français, *le Mouvement social*, *ibid.*). L'implantation d'une politique réformiste d'une ampleur comparable à celle qui s'est imposée en Allemagne et en Grande-Bretagne se heurte à la fois à la faiblesse de l'État lui-même pendant l'entre-deux-guerres » (*cf.* R.F. Kuisel, *le Capitalisme et l'État en France*, trad. fr. Paris, Gallimard, 1984, chap. III et IV), à la relative faiblesse de la classe ouvrière et à sa division précisément sur ce point : réforme ou révolution. Il faudra attendre le Front populaire pour que s'impose une majorité de gouvernement acquise aux réformes sociales. Sur le moment charnière que représente 1936, *cf.* ci-dessous, chap. VII.

gnité ; c'est à travers sa promotion qu'elle va se
développer et s'épanouir dans la société salariale ; c'est la crise du salariat, enfin, qui fragilise
aujourd'hui les protections sociales. On conçoit
ainsi que le salariat soit à la fois le socle et le
talon d'Achille de la protection sociale. La consolidation du statut du salariat permet l'épanouissement des protections, tandis que sa précarisation
mène à nouveau à l'insécurité sociale.

CHAPITRE VII

LA SOCIÉTÉ SALARIALE

Condition prolétarienne, condition ouvrière, condition salariale : trois formes dominantes de cristallisation des rapports de travail dans la société industrielle, et aussi trois modalités des relations qu'entretient le monde du travail avec la société globale. Si, schématiquement parlant, elles se succèdent, leur enchaînement n'est pas linéaire. Par rapport à la question ici posée du statut du salariat en tant que support d'identité sociale et d'intégration communautaire, elles en présentent plutôt trois figures irréductibles.

La condition prolétarienne représente une situation de quasi-exclusion du corps social. Le prolétaire est un maillon essentiel dans le processus d'industrialisation naissant, mais il est voué à travailler pour se reproduire, et, selon le mot déjà cité d'Auguste Comte, il « campe dans la société sans y être casé ». Il ne viendrait sans doute à l'esprit d'aucun « bourgeois » des débuts de l'industrialisation — ni non plus, en sens inverse, d'aucun prolétaire — de comparer sa situation à celle des ouvriers des premières concentrations industrielles en matière de mode de vie, de logement, d'éducation, de loisirs... Plutôt qu'à de la hiérarchie, on a alors affaire à un monde clivé par la double opposition du capital et du travail, de la sécurité-propriété et de la vulnérabilité de masse. Clivé mais aussi menacé. La «question sociale» est alors précisément la prise de conscience que cette fracture centrale mise en scène à travers les descriptions du paupérisme peut conduire à la dissociation de l'ensemble de la société[1].

La relation de la condition ouvrière avec la société envisagée comme un tout est plus complexe. Un nouveau rapport salarial s'est constitué, à travers lequel le salaire cesse d'être la rétribution ponctuelle d'une tâche. Il assure des droits, donne accès à des prestations hors travail (maladies, accidents, retraite) et permet une par-

---

1. «Centrale» doit ici s'entendre par rapport à la société industrielle. On ne saurait oublier que la France est encore au début du XIXe siècle, et pour longtemps, une société à prédominance paysanne. Une réponse indirecte, mais essentielle, à la question sociale posée par l'industrialisation peut consister à la freiner. Richard Kuisel décrit sous le nom de «libéralisme équilibré» ces stratégies faites de méfiance à l'égard des ouvriers de l'industrie, de la croissance des villes, d'une instruction trop générale et trop abstraite qui risquerait de «déraciner» le peuple, etc., et, inversement, de soutien aux catégories qui ont un rôle stabilisateur sur l'équilibre social : travailleurs indépendants, petits entrepreneurs, petits paysans surtout. «Une croissance graduelle et équilibrée où tous les secteurs de l'économie progresseraient du même pas sans que les grands puissent éclipser les petits ni les villes vider les campagnes de leur substance, telle demeurait l'image idéale de la prospérité nationale» (R. Kuisel, *le Capitalisme et l'État en France, op. cit.*, p. 72). *Small is beautiful*. Ce contexte socio-économique est à placer en contre-position par rapport aux processus que je tente de dégager. Il rend compte de la lenteur avec laquelle l'industrialisation a imposé sa marque à l'ensemble de la société française. En fait, la France ne s'est convertie à «l'industrialisme» qu'après la Seconde Guerre mondiale, quelques décennies avant qu'il ne s'effondre.

ticipation élargie à la vie sociale : consommation, logement, instruction, et même, à partir de 1936, loisirs. Image cette fois d'une intégration dans la subordination. Car jusqu'aux années 1930, moment où en France cette configuration se cristallise, le salariat c'est essentiellement le salariat ouvrier. Il rétribue les tâches d'exécution, celles qui sont situées en bas de la pyramide sociale. Mais en même temps se dessine une stratification plus complexe que l'opposition dominants-dominés, qui comprend des zones interséquentes à travers lesquelles la classe ouvrière vit cette participation dans la subordination : la consommation (mais de masse), l'instruction (mais primaire), les loisirs (mais populaires), le logement (mais le logement ouvrier), etc. C'est pourquoi cette structure d'intégration est instable. Les travailleurs dans leur ensemble peuvent-ils se satisfaire d'être cantonnés dans des tâches d'exécution, tenus à l'écart du pouvoir et des honneurs, alors que la société industrielle développe une conception démiurgique du travail ? Qui crée la richesse sociale, et qui se l'approprie indûment ? Le moment où se structure la classe ouvrière est aussi celui où s'affirme la conscience de classe : entre « eux » et « nous », tout n'est pas définitivement joué.

L'avènement de la société salariale[1] ne sera pourtant pas le triomphe de la condition ouvrière. Les travailleurs manuels ont été moins vaincus dans une lutte des classes que débordés par la

---

1. Je prends ici le concept de société salariale au sens que lui donnent Michel Aglietta et Anton Bender, *les Métamorphoses de la société salariale*, Paris, Calmann-Lévy, 1984, et je me propose d'en déployer les implications sociologiques dans ce chapitre.

généralisation du salariat. Salariat «bourgeois», employés, cadres, professions intermédiaires, secteur tertiaire: la salarisation de la société contourne le salariat ouvrier et le subordonne à nouveau, cette fois sans espoir qu'il puisse jamais imposer son leadership. Si tout le monde ou presque est salarié (plus de 82 % de la population active en 1975), c'est à partir de la position occupée dans le salariat que se définit l'identité sociale. Chacun se compare à tous, mais aussi s'en distingue, l'échelle sociale comporte un nombre croissant de barreaux auxquels les salariés accrochent leur identité, soulignant la différence avec l'échelon inférieur et aspirant à la strate supérieure. La condition ouvrière occupe toujours le bas de l'échelle ou presque (il y a aussi les immigrés, mi-ouvriers mi-barbares, et les paumés du quart monde). Mais que se poursuive la croissance, que l'État continue d'étendre ses services et ses protections, et quiconque le mérite pourra aussi «s'élever»: améliorations pour tous, progrès social et mieux-être. La société salariale paraît emportée par un irrésistible mouvement de promotion: accumulation de biens et de richesses, création de positions nouvelles et d'opportunités inédites, accroissement des droits et des garanties, multiplication des sécurités et des protections.

Ce chapitre vise moins à retracer cette histoire qu'à dégager les conditions qui l'ont rendue possible et ont fait de la société salariale une structure inédite, à la fois sophistiquée et fragile. La prise de conscience de cette fragilité est récente, elle date du début des années 1970. Elle est aujourd'hui notre problème, puisque nous vivons toujours dans et de la société salariale. Pouvons-nous ajouter, avec Michel Aglietta et Anton Bender, que «la société salariale est notre avenir[1]»? Ce sera la question à débattre au chapitre suivant, mais même s'il devait en être ainsi il s'agit d'un avenir bien incertain. En attendant, nous comprendrons mieux de quoi est faite cette incertitude si nous ressaisissons la logique de la promotion du salariat dans sa force et dans sa friabilité.

Le nouveau rapport salarial

«C'est l'industrialisation qui a donné naissance au salariat, et c'est la grande entreprise qui est le lieu par excellence du rapport salarial moderne[2].» Ce jugement est à la fois confirmé et nuancé par les analyses précédentes. Le salariat a bien existé d'abord à l'état de fragments dans la société préindustrielle, sans parvenir à s'imposer jusqu'à structurer l'unité d'une condition (*cf.* chapitre III). Avec la révolution industrielle commence à se développer un nouveau profil d'ouvriers des manufactures et des fabriques qui anticipe le rapport salarial moderne sans encore le déployer dans sa cohérence (*cf.* chapitre V)[3].

---

1. *Ibid.*, p. 7.
2. R. Salais, *la Formation du chômage comme catégorie : le moment des années 30, op. cit.*, p. 342.
3. Bien entendu, ce profil ne correspond pas à l'ensemble, ni même à la majorité des travailleurs des débuts de l'industrialisation dans la première moitié du XXᵉ siècle (poids longtemps déterminant des artisans, de la «proto-industrie», des salariés partiels qui tirent une partie de leurs ressources d'une autre activité ou de l'économie domestique, etc.). Mais il représente le noyau de ce qui va devenir le salariat dominant dans la société industrielle, incarné par les travailleurs de la grande industrie.

On peut caractériser ainsi les principaux éléments de ce rapport salarial des débuts de l'industrialisation, correspondant à ce que l'on vient d'appeler la condition prolétarienne : une rétribution proche d'un revenu minimal assurant tout juste la reproduction du travailleur et de sa famille et ne permettant pas d'investissement dans la consommation ; une absence de garanties légales dans la situation de travail régie par le contrat de louage (article 1710 du Code civil) ; le caractère « labile[1] » de la relation du travailleur avec l'entreprise : il change fréquemment de place, se louant au plus offrant (surtout s'il dispose d'une compétence professionnelle reconnue) et « chôme » certains jours de la semaine ou pendant des périodes plus ou moins longues s'il peut survivre sans se plier à la discipline du travail industriel. En formalisant ces caractéristiques, on dira qu'un rapport salarial comporte un mode de rétribution de la force du travail, le salaire — qui commande dans une large mesure le mode de consommation et le mode de vie des ouvriers et de leur famille —, une forme de la discipline du travail qui règle le rythme de la production, et le cadre légal qui structure la relation de travail, c'est-à-dire le contrat de travail et les dispositions qui l'entourent.

On aura reconnu que je viens de dégager ces caractéristiques à partir des critères proposés par l'école de la régulation pour définir le rapport salarial « fordiste »[2]. Je présuppose ainsi

1. L'expression est employée pour caractériser la mobilité des travailleurs des premières concentrations industrielles par S. Pollard, *The Genesis of Human Management*, Londres, 1965, p. 161.

2. *Cf.* par exemple R. Boyer, *la Théorie de la régulation : une analyse critique*, Paris, La Découverte, 1987.

qu'au sein d'une même formation sociale — le capitalisme — le rapport salarial peut prendre des configurations différentes, la question, du moins la question posée ici, étant de dégager les transformations qui commandent le passage d'une forme à une autre[1]. Soit, pour assurer le passage du rapport salarial qui prévalait aux débuts de l'industrialisation au rapport salarial «fordiste», la réunion des cinq conditions suivantes.

Première condition: une ferme séparation entre ceux qui travaillent effectivement et régulièrement et les inactifs ou les semi-actifs qu'il faut soit exclure du marché du travail, soit intégrer sous des formes réglées. La définition moderne du salariat suppose l'identification précise de ce que les statisticiens appellent la population active: repérer et mesurer ceux qui sont occupés et ceux qui ne

1. Lorsque l'on réduit le rapport salarial au rapport salarial moderne, «fordiste», on confond les conditions méthodologiques nécessaires pour parvenir à une définition rigoureuse du rapport salarial et les conditions socio-anthropologiques caractéristiques des situations salariales réelles, qui sont diverses (*cf.* in *Genèse* n° 9, 1991, une variété de points de vue sur cette question). Je maintiens pour ma part que l'on est en droit de parler de situations salariales non seulement aux débuts de l'industrialisation, avant que s'institue le rapport «fordiste», mais encore dans la société «préindustrielle» (*cf.* chap. iii), à condition évidemment de ne pas les confondre avec le rapport salarial «fordiste». Mais la position puriste est impossible à maintenir en toute rigueur, même pour l'époque moderne, car le rapport strictement «fordiste», avec chaîne de montage, comptage rigoureux du temps, etc., a toujours été minoritaire, même à l'apogée de la société industrielle (*cf.* M. Verret, *le Travail ouvrier*, Paris, A. Colin, 1982, p. 34, qui pour la fin des années 1970 évalue à 8 % le taux des ouvriers travaillant à proprement parler à la chaîne, et à 32 % la proportion de ceux qui travaillent sur des machines automatisées).

le sont pas, les activités intermittentes et les activités à temps complet, les emplois rémunérés et non rémunérés. Entreprise de longue haleine, et difficile. Un propriétaire terrien, un rentier, sont-ils des « actifs » ? Et la femme et les enfants de l'artisan ou de l'agriculteur ? Quel statut donner à ces innombrables travailleurs intermittents, saisonniers, qui peuplent les villes comme les campagnes ? Peut-on parler d'emploi, et corrélativement de non-emploi, de chômage, si on ne peut définir ce que signifie véritablement être employé ?

Ce n'est qu'au tournant du siècle — en 1896 en France, en 1901 en Angleterre —, après bien des tâtonnements, que la notion de population active est définie sans ambiguïté, permettant l'établissement de statistiques fiables. « Les actifs seront ceux et seulement ceux qui sont présents sur un marché leur procurant un gain monétaire, marché du travail ou marché des biens ou services[1]. » Ainsi, la situation de salarié, distincte de celle de pourvoyeur de marchandises ou de services, devient clairement identifiable, mais aussi celle de chômeur involontaire, distincte de tous ceux qui entretiennent un rapport erratique avec le travail.

Mais c'est une chose que de pouvoir repérer et comptabiliser les travailleurs ; une meilleure chose serait de pouvoir réguler ce « marché du travail » en contrôlant ses flux. Les Anglais s'y sont attachés avec sérieux dès le début du siècle. William

---

1. C. Topalov, « Une révolution dans les représentations du travail. L'émergence de la catégorie statistique de "population active" en France, en Grande-Bretagne et aux États-Unis », ronéoté, 1993, p. 24, et *Naissance du chômeur, 1880-1910, op. cit.*

Beveridge, dès 1910, avait bien vu que le principal obstacle à la rationalisation du marché du travail était l'existence de ces travailleurs intermittents qui refusent de se plier à une discipline rigoureuse. Aussi faut-il les mater :

> Pour celui qui veut travailler une fois la semaine et rester au lit le reste du temps, le bureau de placement rendra ce souhait irréalisable. Pour celui qui veut trouver un emploi précaire de temps en temps, le bureau de placement rendra peu à peu impossible ce genre de vie. Il prendra cette journée de travail qu'il voulait avoir et la donnera à quelqu'un d'autre qui travaille déjà quatre jours par semaine et permettra ainsi à ce dernier de gagner décemment sa vie[1].

Le bureau de placement doit effectuer un partage du travail, qui consiste à tracer une ligne de démarcation entre de véritables employés à plein temps et ceux qui seront complètement exclus du monde du travail et relèveront des formes coercitives d'assistance prévues pour les indigents valides. De même, les Webb en appellent à «une institution où les individus doivent être relégués pénalement et maintenus sous contrainte [...] absolument essentielle à tout programme efficace de traitement du chômage[2]».

---

1. W. Beveridge, *Royal Commission on Poor Law and Relief Distress*, Appendix V8. House of Commons, 1910, cité *in* C. Topalov, «Invention du chômage et politiques sociales au début du siècle», *les Temps modernes*, nᵒˢ 496-497, nov.-déc. 1987. C'est l'ouvrage de Beveridge publié à l'époque, *Unemployment, A Problem of Industry*, Londres, 1909, qui commence à faire connaître le futur maître d'œuvre de la Sécurité sociale anglaise.
2. S. et B. Webb, *The Prevention of Destitution, op. cit.* Il y a sur ce point unanimité chez les réformateurs sociaux anglais.

S'il est impossible de réaliser en toute rigueur un tel «idéal», les institutions mises en place en Grande-Bretagne dans les premières décennies du xxe siècle l'ont approché. Les bureaux municipaux de placement et les puissants syndicats de travailleurs qui pratiquent le *closed shop* — monopole de l'emploi pour les syndiqués — sont parvenus, non point à juguler le chômage, problème endémique en Grande-Bretagne, mais à mieux maîtriser l'embauche pour les emplois disponibles.

En raison principalement du retard pris dans le développement du salariat industriel par rapport à la Grande-Bretagne[1], ce type de politique de l'emploi avant la lettre n'a jamais pris en France un tel caractère systématique. L'embauche a été longtemps laissée à l'initiative des travailleurs, en principe «libres» d'aller se louer à leur guise, à l'entregent de «marchandeurs» ou de «tâcherons[2]», à la vénalité des bureaux privés

---

Cf. P. Allen, *The Unemployed, a National Question*, Londres, 190o. et une présentation synthétique des «*policies of decasualisation*» — que l'on pourrait traduire par l'ensemble des mesures prises pour mettre fin au travail intermittent afin de constituer un véritable marché du travail — *in* M. Mansfield, «Labour Exchange and the Labour Reserve in Turn of the Century Social Reform», *Journal of Social Policy*, 21, 4, Cambridge University Press, 1992.

1. En 1911 on compte 47 % de salariés dans la population active française, avec un ratio de 3 patrons pour 7 salariés, tandis que la proportion des salariés en Grande-Bretagne avoisine 90 % (*cf.* B. Guibaud, *De la mutualité à la Sécurité sociale, op. cit.*, p. 54).

2. *Cf.* B. Motez, *Systèmes de salaire et politiques patronales*, Paris, Éditions du CNRS, 1967. Le tâcheron, ou le marchandeur, est payé par le patron pour l'exécution d'une tâche et rémunère les travailleurs qu'il embauche lui-même. Cette pratique très impopulaire auprès des ouvriers est abolie en 1848,

de placement, auxquels il faut ajouter de rares bureaux municipaux, et aux tentatives syndicales pour maîtriser, voire pour monopoliser l'embauche. Fernand Pelloutier s'épuise à implanter les bourses du travail, qui doivent, entre autres, collecter toutes les demandes d'emploi et organiser l'embauche sous contrôle syndical[1]. Mais l'entreprise, minée par les divisions syndicales, fera long feu. Sur le plan politique, l'aile réformiste, représentée par les «républicains de progrès» et par les socialistes indépendants, s'intéresse à la question. Léon Bourgeois en particulier comprend le lien existant entre la régulation du marché du travail et la question du chômage, qui devient préoccupante au début du siècle avec une évaluation de 300 000 à 500 000 chômeurs[2]. Mais les remèdes qu'il préconise pour le combattre sont très timides : «L'organisation du placement figure, de toute évidence, au premier rang[3].» Il déplore l'insuffisance des bureaux

mais réinstaurée aussitôt après et défendue y compris par les libéraux, tel Leroy-Beaulieu, qui y voient un double avantage : assurer une surveillance rapprochée des ouvriers par le tâcheron, et permettre la promotion d'une sorte d'élite de petits entrepreneurs à partir du salariat (*cf.* P. Leroy-Beaulieu, *Traité théorique et pratique d'économie politique*, t. II, p. 494-495).

1. *Cf.* F. Pelloutier, *Histoire des bourses du travail*, Paris, 1902, et Jacques Julliard, *Fernand Pelloutier et les origines du syndicalisme d'action directe*, Paris, Le Seuil, 1971.

2. L. Bourgeois, «Discours à la Conférence internationale sur le chômage», Paris, 10 septembre 1910, in *Politique de la prévoyance sociale, op. cit.*, p. 279.

3. L. Bourgeois, «Le ministère du Travail», discours prononcé au congrès mutualiste de Normandie à Caen le 7 juillet 1912, in *Politique de la prévoyance sociale, op. cit.*, t. II, p. 206 *sq.* Bourgeois préconise également un contrôle de l'apprentissage pour améliorer la qualification et «l'action de l'État faisant fonction de modérateur dans l'exécution des grands travaux publics» (p. 207).

municipaux et syndicaux, évoque la nécessité
d'une assurance contre le chômage, mais en
laisse la responsabilité aux groupements professionnels.

Les pouvoirs publics n'auront ainsi, et pour
longtemps, qu'un rôle fort modeste dans l'organisation du marché du travail et dans la lutte contre
le chômage. L'Office du travail, créé en 1891, s'attache à rassembler une importante documentation et à élaborer des statistiques fiables. Cette
œuvre se prolonge dans le cadre du ministère du
Travail, créé en 1906[1], mais ne comporte rien qui
puisse tenir lieu de véritable politique de l'emploi.

Ce qui en a tenu lieu longtemps, c'est l'ensemble des politiques patronales précédemment
déployées (*cf.* chapitre v), mélange de séduction
et de contrainte pour fixer les ouvriers par des
«avantages sociaux», et annihiler leur résistance
par des réglementations rigides. Ce fut aussi,
plus généralement, cette sorte de chantage moral
exercé sur les travailleurs par les philanthropes,
les réformateurs sociaux et les porte-parole du
libéralisme : conformez-vous au modèle du bon
ouvrier régulier au travail et discipliné dans ses
mœurs, ou vous ferez partie de ces misérables
exclus de la société industrielle[2]. Il faudrait ici
citer à nouveau toute cette littérature répétitive
sur la nécessaire moralisation du peuple. On
peut voir un signe de la vitalité de cette attitude
jusqu'à la fin du XIXᵉ siècle et le début du XXᵉ dans
l'extraordinaire flambée de répression du vaga-

---

1. *Cf.* J.-A. Tournerie, *le Ministère du Travail, origines et premiers développements, op. cit.*
2. *Cf.* J. Donzelot, P. Estèbe, *l'État animateur*, Paris, Éditions Esprit, 1994, introduction.

bondage qui fleurit alors : 50 000 arrestations chaque année pour vagabondage dans les années 1890, entraînant jusqu'à 20 000 poursuites annuelles devant les tribunaux[1], avec la menace de la relégation en cas de récidive. Conjoncturellement, ces mesures peuvent s'expliquer par la grave crise économique qui sévit alors et par la misère des campagnes. Mais c'est aussi une manière de rappeler, au moment où un nouvel ordre du travail se dessine avec la deuxième révolution industrielle, ce qu'il en coûte d'y échapper. Le vagabond redevient pour une ou deux décennies le contre-modèle abhorré qu'il a représenté dans la société préindustrielle (*cf.* chapitre II) : la figure de l'asociabilité, qu'il faut éradiquer parce qu'il fait tache dans une société qui resserre les régulations du travail[2].

Mais bientôt un autre mode de régulation va s'imposer d'une manière plus efficace. Tous ces dosages de répression et de mansuétude philanthropique demeurent limités dans leurs effets parce qu'ils restent extérieurs à l'organisation du travail proprement dite. Tant qu'il s'agit de convertir l'ouvrier à une conduite plus régulière en essayant de le convaincre que son véritable intérêt exige davantage de discipline, il peut se révolter, ou se dérober par la fuite à ces obligations dont le ressort demeure moral. La machine impose un autre type de contraintes, objectives cette fois. Avec elle, on ne discute pas. On suit ou

1. *Cf.* M. Perrot. « La fin des vagabonds », *l'Histoire*, n° 3, juillet-août 1978.
2. Pour un échantillon de cette littérature qui prêche une véritable croisade contre le vagabondage, *cf.* docteur A. Pagnier, *Un déchet social : le vagabond*, Paris, 1910.

on ne suit pas le rythme que l'organisation technique du travail impose. La relation de travail
pourra cesser d'être «volatile» si cette organisation technique est en elle-même assez puissante
pour imposer son ordre.

*Deuxième condition: la fixation du travailleur à
son poste de travail et la rationalisation du procès
de travail dans le cadre d'une «gestion du temps
précise, découpée, réglementée*[1]*».* Les tentatives
pour réguler la conduite ouvrière à partir des
contraintes techniques du travail lui-même, qui
vont s'épanouir avec le taylorisme, ne datent pas
du XXᵉ siècle. Le baron Charles Dupin rêve déjà
en 1847 de réaliser le travail perpétuel grâce à
l'infatigable impulsion du «moteur mécanique»:

> Il y a donc un avantage extrême à faire opérer
> infatigablement les mécanismes en réduisant à la
> moindre durée les intervalles de repos. La perfection
> lucrative serait de travailler toujours... On a donc
> introduit dans le même atelier les deux sexes et les
> trois âges exploités en rivalité, de front si nous pou-
> vons parler en ces termes, entraînés sans distinction
> par le moteur mécanique vers le travail prolongé,
> vers le travail de jour et de nuit pour approcher de
> plus en plus le mouvement perpétuel[2].

1. R. Salais, «La formation du chômage comme catégorie»,
loc. cit., p. 325.
2. C. Dupin, rapport à la Chambre des pairs, 27 juin 1847,
cité *in* L. Murard, P. Zylberman, «Le petit travailleur infatigable», *Recherche*, nᵒ 23, nov. 1976, p. 7. On pourrait trouver
des précédents à une organisation quasi «parfaite» de la discipline d'usine avant même l'introduction de machines sophistiquées et a fortiori avant la chaîne de montage. Ainsi, la fabrique
de poterie fondée en Angleterre vers 1770 par Josiah Wedgwood est passée à la postérité comme un modèle de stricte organisation du travail. Elle n'est pourtant pas mécanisée mais

Mais cette merveilleuse utopie repose sur l'«exploitation en rivalité» des différentes catégories du personnel, c'est-à-dire sur la mobilisation du facteur humain.

Avec l'«organisation scientifique» du travail, par contre, le travailleur est fixé non par une contrainte externe mais par l'enroulement des opérations techniques dont le chronométrage a défini rigoureusement la durée. Se trouve ainsi éliminée la «flânerie» ouvrière, et avec elle la marge d'initiative et de liberté que le travailleur parvenait à préserver. Mieux, les tâches parcellisées devenant simples et répétitives, une qualification sophistiquée et polyvalente est inutile. L'ouvrier est dépossédé du pouvoir de négociation que lui procurait le «métier[1]».

Mais les effets de cette «organisation scientifique du travail» peuvent se lire de deux manières. Comme une perte de l'autonomie ouvrière et

---

associe la division du travail manuel au sein de l'entreprise et une politique de moralisation des ouvriers appuyée par l'Église méthodiste et par une Société pour la suppression du vice, animée par le patron. *Cf.* N. McKendrick, «Josiaph Wedgwood and Factory Discipline», *in* D. S. Landes, *The Rise of Capitalism, op. cit.* On peut aussi relever des formes de division des tâches qui anticipent le travail à la chaîne sans reposer sur la machine. Ainsi «la tablée»: un objet circule de main en main autour d'une table et chaque ouvrier y adjoint une pièce jusqu'à son assemblage complet (*cf.* B. Dorey, *le Taylorisme, une folie rationnelle*, Paris, Dunod, 1981, p. 342 *sq.*).

1. *Cf.* B. Coriat, *l'Atelier et le chronomètre*, Paris, Christian Bourgois, 1979. De F.W. Taylor existent plusieurs traductions françaises précoces, ainsi *Études sur l'organisation du travail dans les usines* (412 p.), Angers, 1907. Pour une actualisation des questions posées par le taylorisme aujourd'hui, *cf.* l'ouvrage collectif sous la direction de Maurice de Montmollin et Olivier Pastré, *le Taylorisme*, Paris, La Découverte, 1984.

comme l'alignement des compétences professionnelles sur le plus bas niveau des tâches
reproductives. Les analyses les plus fréquentes
du taylorisme, en mettant l'accent sur cet aspect
de dépossession, sont cependant simplificatrices.
D'une part, elles tendent à idéaliser la liberté de
l'ouvrier prétaylorien capable d'aller vendre ses
compétences au plus offrant. C'est sans doute
vrai des héritiers des métiers artisanaux posses-
seurs de compétences rares et très demandées.
Cependant, s'il est vrai que le taylorisme s'installe surtout dans la grande entreprise, il a eu le
plus souvent affaire à des populations ouvrières
d'origine rurale récente, sous-qualifiées et peu
autonomes.

D'autre part, c'est sans doute la rationalisation
«scientifique» de la production qui a le plus puissamment contribué à l'homogénéisation de la
classe ouvrière. Elle a attaqué le cloisonnement
des «métiers» auxquels leurs membres s'identi-
fiaient étroitement : on se pensait forgeron ou
charpentier avant de se penser «ouvrier» (les
rivalités du compagnonnage, qui ont survécu
longtemps à l'Ancien Régime, illustrent jusqu'à la
caricature cette crispation sur la spécificité du
métier[1]). D'autant qu'au sein d'une même spécialisation professionnelle existaient aussi de très
importantes disparités de salaire et de statut entre
compagnon accompli, manœuvre, apprenti...
Ainsi l'homogénéisation «scientifique» des conditions de travail a-t-elle pu forger une conscience
ouvrière débouchant sur une conscience de

1. *Cf.* A. Perdiguier, *Mémoires d'un compagnon*, Paris, réédition Maspero, 1977.

classe aiguisée par la pénibilité de l'organisation du travail. Les premières occupations d'usines en 1936 auront lieu dans les entreprises les plus modernes et les plus mécanisées. C'est aussi dans ces «citadelles ouvrières» que la CGT et le Parti communiste recruteront leurs militants les plus résolus[1].

Troisièmement, la tendance à l'homogénéisation des conditions de travail ne peut aller jusqu'au bout, ou plutôt, dans la mesure même où elle s'accuse, elle produit des effets inverses de différenciation. La production de masse exige en effet par elle-même des distinctions entre un personnel de pure exécution (ainsi l'ouvrier spécialisé, l'OS) et un personnel de contrôle ou d'entretien (l'ouvrier technicien). Cette évolution technique du travail exige également le renforcement et la diversification d'un personnel de conception et d'encadrement — ceux qui vont devenir les «cadres».

Homogénéisation et différenciation : ce double processus est déjà à l'œuvre au début de la seconde révolution industrielle. Il invite à ne pas parler de la «taylorisation» comme d'un processus homogène lancé à la conquête du monde ouvrier. Son implantation est lente et circonscrite à des sites industriels très particuliers : avant la Première Guerre mondiale, à peine 1 % de la population industrielle française est touché par cette innovation américaine[2]. De plus, le taylorisme n'est que l'expression la plus rigoureuse

---

1. *Cf.* G. Noiriel, *les Ouvriers dans la société française, op. cit.*
2. *Cf.* M. Perrot, «La classe ouvrière au temps de Jaurès», in *Jaurès et la classe ouvrière.* Paris, Éditions ouvrières, 1981. Sur le rôle joué par la Grande Guerre en la matière, *cf.* Patrick Fridenson (éd.), *l'Autre Front*, Paris, *Cahiers du mouvement social*, 2, 1982.

— encore le devient-elle moins lorsqu'elle est importée en France[1] — d'une tendance plus générale à une organisation réfléchie du travail industriel, ce que l'on appelle dans les années 1920 «la rationalisation[2]».

Enfin, ces méthodes vont déborder les sites industriels qu'évoque le «taylorisme» pour s'implanter dans les bureaux, les grands magasins, le secteur «tertiaire». Aussi, plutôt que de «taylorisme», vaudrait-il mieux parler de l'implantation progressive d'une dimension nouvelle du rapport salarial caractérisée par la rationalisation maximale du procès de travail, l'enchaînement synchronisé des tâches, une séparation stricte entre temps de travail et temps de non-travail, le tout permettant le développement d'une production de masse. En ce sens, il est exact de dire que ce mode d'organisation du travail commandé par la recherche d'une productivité maximale à partir du contrôle rigoureux des opérations a bien été une composante essentielle dans la constitution du rapport salarial moderne.

Troisième condition: l'accès par l'intermédiaire du salaire à de «nouvelles normes de consommations ouvrières[3]» à travers lesquelles l'ouvrier devient lui-même l'usager de la production de

1. Sur les modalités de l'implantation du taylorisme aux usines Renault et les problèmes qu'elle a posés, *cf.* P. Fridenson, *Histoire des usines Renault*, Paris, Le Seuil, 1982.
2. *Cf.* A. Moutet, «Patrons de progrès ou patrons de combat? La politique de rationalisation de l'industrie française au lendemain de la Première Guerre mondiale», in *Le soldat du travail*, numéro spécial 32-33, *Recherche*, septembre 1978.
3. L'expression est de Michel Aglietta in *Régulation et crises du capitalisme, l'expérience des États-Unis*, Paris, Calmann-Lévy, 1976, p. 160.

masse. Taylor préconisait déjà une augmentation substantielle du salaire pour inciter les ouvriers à se plier aux contraintes de la nouvelle discipline d'usine[1]. Mais c'est Henry Ford qui systématise la relation entre production de masse (la généralisation de la chaîne de montage semi-automatique) et consommation de masse. Le *« five dollars day »* ne représente pas seulement une augmentation considérable du salaire. Il est pensé comme la possibilité pour l'ouvrier moderne d'accéder au statut de consommateur des produits de la société industrielle[2].

Innovation considérable si on la restitue dans la longue durée de l'histoire du salariat. Jusqu'à ce tournant, le travailleur est essentiellement conçu, du moins dans l'idéologie patronale, comme un producteur maximal et un consommateur minimal : il doit produire le plus possible, mais les marges de profit que dégage son travail sont d'autant plus importantes que son salaire est bas. Il est significatif que les dérogations patronales à la « loi d'airain » des salaires n'aient pas consisté en suppléments salariaux, mais en prestations sociales non monétaires en cas de maladie, d'accident,

1. Il envisage même la possibilité de «diminuer le prix de revient dans des proportions telles que notre marché intérieur et extérieur serait considérablement élargi. Il sera ainsi possible de payer des salaires plus élevés et de diminuer le nombre des heures de travail tout en améliorant les conditions de travail et le confort de la maison» (*la Direction scientifique des entreprises, op. cit.*, p. 23).

2. *Cf.* M. Aglietta, *Régulation et crises du capitalisme...*, Paris, éd. Marabout, p. 23, Traduction française de l'ouvrage de Henry Ford : *My life, my Work; Ma vie et mon œuvre*, Paris. Sur l'organisation concrète du travail en usine et les réactions des travailleurs, *cf.* le témoignage d'un ancien ouvrier de Ford, H. Beynon, *Working for Ford*, Penguin Books, 1973.

dans la vieillesse, etc. Ces prestations pouvaient conjurer la déchéance totale des familles ouvrières mais non maximiser leur consommation. Significatif aussi le fait que l'éventualité pour le travailleur de se trouver plus à l'aise n'ait pas été pensée par ces mêmes patrons et réformateurs sociaux comme une possibilité de consommer davantage, mais comme un devoir d'épargner ou de cotiser pour accroître sa sécurité. La seule consommation légitime pour le travailleur est réduite à ce qui lui est nécessaire pour reproduire décemment sa force de travail et entretenir sa famille sur le même pied de médiocrité. La possibilité de consommer plus est à proscrire car elle conduit au vice, à l'ivrognerie, à l'absentéisme...

Du côté des travailleurs, c'est aussi avec les débuts d'une production de masse qu'apparaît explicitement un souci de bien-être par le développement de la consommation. Alphonse Merrheim, alors secrétaire général de la CGT, déclare en 1913 — ce qui corrige quelque peu la représentation dominante d'un syndicalisme d'action directe uniquement mobilisé pour préparer le « Grand Soir » :

> Il n'y a pas de limites au désir de bien-être, le syndicalisme n'y contredit pas, au contraire. Notre action, nos revendications de diminution d'heures de travail, d'augmentation de salaire, n'ont-elles pas pour but minimum d'augmenter dans le présent les désirs, les facilités de bien-être de la classe ouvrière, et par conséquent ses possibilités de consommation[1] ?

1. A. Merrheim, « La méthode Taylor », *la Vie ouvrière*, mars 1913, p. 305, cité *in* J. Julliard, *Autonomie ouvrière. Études sur le syndicalisme d'action directe, op. cit.*, p. 61. Dans cet article,

Cette préoccupation ouvrière pour la consommation qui apparaît au début du siècle répond à une transformation des modes de vie populaires entraînée par le recul des économies domestiques et touche surtout les travailleurs des grandes concentrations industrielles[1]. Si le monde du travail, dans la société préindustrielle déjà puis aux débuts de l'industrialisation, a survécu à des salaires de misère, c'est dans une grande mesure parce qu'une part importante, quoique difficile à chiffrer, de sa consommation ne relevait pas du marché : liens conservés avec le milieu rural d'origine, disposition d'un lopin, participation saisonnière aux travaux des champs même pour des métiers aussi «industriels» que celui de mineur[2].

Cette situation se transforme avec l'expansion des concentrations industrielles. L'homogénéisation des conditions de travail est accompagnée par une homogénéisation des milieux et des modes de vie. Processus complexe, et qui s'est étalé sur plusieurs décennies. Il a concerné l'ha-

---

Merrheim s'attaque non point à la méthode Taylor mais à sa «falsification» par le patronat français. Significative aussi cette déclaration de l'autre grand leader syndicaliste de l'époque, Victor Griffuelhes : «Pour notre part, nous demandons que le patronat français ressemble au patronat américain et qu'ainsi notre activité industrielle et commerciale grandissant, il en résulte pour nous une sécurité, une certitude qui, nous élevant matériellement, nous entraîne pour la lutte, facilitée par le besoin de main-d'œuvre» («L'infériorité des capitalistes français», *le Mouvement social*, déc. 1910, cité *ibid.* p. 55).

1. B. Coriat, *l'Atelier et le chronomètre, op. cit.*, chap. IV.
2. *Cf.* R. Trempé, *les Mineurs de Carnaux, op. cit.*, qui montre la résistance acharnée des mineurs pour sauvegarder une organisation des horaires de travail compatible avec la poursuite d'activités agricoles.

bitat, les transports, et plus généralement le rapport de l'homme avec son environnement, autant que le « panier de la ménagère ». Mais une part de plus en plus importante de la population ouvrière se trouve objectivement dans une situation voisine de celle qui a alimenté les peintures du paupérisme dans la première moitié du XIXᵉ siècle : ouvriers coupés de leur famille et de leur milieu d'origine, concentrés dans des espaces homogènes et quasi réduits aux ressources que leur procure leur travail. Pour que les mêmes causes ne produisent pas les mêmes effets, à savoir une paupérisation de masse, il faut que la rétribution de ce travail ne reste pas un salaire de survie.

On appelle « fordisme » l'articulation, qu'Henry Ford fut sans doute le premier à mettre consciemment en pratique, de la production de masse et de la consommation de masse. Henry Ford déclare : « La fixation du salaire de la journée de huit heures à 5 dollars fut une des plus belles économies que j'aie jamais faites, mais en le portant à 6 dollars, j'en fis une plus belle encore[1]. » Il perçoit ainsi une relation nouvelle entre l'accroissement du salaire, l'accroissement de la production et l'accroissement de la consommation. Ce n'est pas seulement qu'un salaire élevé augmenterait la motivation au travail et le rendement. S'ébauche une politique des salaires liée aux progrès de la productivité à travers laquelle l'ouvrier accède à un nouveau registre de l'existence sociale : celui de la consommation, et non plus exclusivement de la production. Il quitte ainsi cette zone de vulnérabilité qui le condam-

---

[1]. H. Ford, *Ma vie et mon œuvre, op. cit.*, p. 168

naît à peu de chose près à vivre «au jour la journée» en assouvissant au coup par coup les
besoins les plus pressants. Il accède au désir — je
reprends le mot de Merrheim — dont la condition sociale de réalisation est le décollage par
rapport à l'urgence du besoin. Soit cette forme
de liberté qui passe par la maîtrise de la temporalité et s'assouvit dans la consommation d'objets
durables, non strictement nécessaires. Le «désir
de bien-être», qui porte sur la voiture, le logement, l'appareil ménager, etc., permet — n'en
déplaise aux moralistes — l'accès du monde
ouvrier à un nouveau registre d'existence.

C'est sans doute faire trop d'honneur à Ford
que de lui attribuer le mérite de cette quasi-
mutation anthropologique du rapport salarial.
Il s'agit d'un processus général qui est loin de
reposer exclusivement sur l'invention de la
«chaîne de montage quasi automatique» et sur la
politique salariale d'un industriel américain. Il
n'en demeure pas moins qu'à partir de Ford s'affirme une conception du rapport salarial selon
laquelle «le mode de consommation est intégré
dans les conditions de production [1]». C'est suffisant pour que de larges couches de travailleurs
— mais pas tous les travailleurs — quittent cette
zone d'extrême misère et d'insécurité permanente qui avait été leur condition depuis des
siècles.

*Quatrième condition: l'accès à la propriété
sociale et aux services publics:* le travailleur est

1. M. Aglietta, *Régulation et crises du capitalisme, op. cit.,*
p. 130.

aussi un sujet social susceptible de participer au stock des biens communs, non marchands, disponibles dans la société. Je rappelle seulement ici l'élaboration de la «propriété de transfert» tentée au chapitre précédent, qui s'inscrit dans la même configuration salariale. Si le paupérisme avait été le poison de la société industrielle à ses débuts, l'assurance obligatoire constitue son meilleur antidote. Un filet minimal de sécurités liées au travail peut être déployé dans les situations hors du travail pour mettre l'ouvrier à l'abri du dénuement absolu. Sans doute, sous cette première forme des assurances sociales, ces prestations sont-elles trop médiocres pour avoir une véritable fonction redistributrice et peser significativement sur la «norme de consommation». Elles répondent toutefois à cette même conjoncture historique du salariat où celui-ci peut être classé et répertorié (on ne peut attacher des droits, même modestes, qu'à un état clairement identifiable, ce qui suppose l'élaboration de la notion de population active et la mise à l'écart de multiples formes de travail intermittent), fixé et stabilisé (un droit comme la retraite suppose un travail continu sur la longue durée), autonomisé comme un état devant se suffire à lui-même (on cesse de compter pour assurer les protections sur les ressources des économies domestiques et de la «protection rapprochée»). De toute évidence, ce modèle s'applique d'une manière privilégiée aux ouvriers de la grande industrie, même s'il a été appliqué bien au-delà de cette population. Il reconnaît la spécificité d'une condition salariale ouvrière, et en même temps il la consolide puisqu'il tend à lui assurer des ressources pour s'autosuffire en cas d'accident, de maladie ou après la cessation d'activité (retraite)[1].

Rappelons également que cette promotion de la propriété de transfert s'inscrit dans le développement de la propriété sociale, et spécialement des services publics. Ceux-ci enrichissent la participation des différentes catégories sociales à la «chose publique», bien que cette participation demeure inégale. La classe ouvrière, on y reviendra, va avoir un meilleur accès à des biens collectifs tels que la santé, l'hygiène, le logement, l'instruction.

Cinquième condition: l'inscription dans un droit du travail qui reconnaît le travailleur en tant que membre d'un collectif doté d'un statut social au-delà de la dimension purement individuelle du contrat de travail. On assiste aussi à une transformation profonde de la dimension contractuelle du rapport salarial. L'article 1710 du Code civil le définissait comme un «contrat par lequel l'une

1. Le fait que la première loi française d'assurance-retraite obligatoire ait été la loi de 1910 sur les retraites ouvrières et paysannes paraît contredire cet accrochage privilégié de la protection sociale à la condition des ouvriers de l'industrie. Mais comme le note Henri Hatzfeld (*Du paupérisme à la Sécurité sociale, op. cit.*), ce traitement à parité des paysans et des ouvriers correspondait à une exigence politique dans une France «radicale», qui choyait particulièrement sa paysannerie et voulait éviter avant toute chose la déstabilisation des campagnes et l'exode rural. En l'occurrence, ces bonnes intentions furent mal récompensées. La loi de 1910 sur les retraites s'est révélée quasi inapplicable dans les campagnes, en raison en particulier de la difficulté d'y identifier de «purs» salariés, et de la forte résistance des employeurs à se plier à une injonction perçue comme une intrusion inadmissible de l'État dans les formes «paternelles» des relations de travail. Le salariat paysan représentait bien alors une condition trop différente de celle du salariat industriel pour se prêter au même traitement.

des parties s'engage à faire quelque chose pour l'autre moyennant un prix». Transaction entre deux individus en principe «libres» l'un et l'autre, mais dont la dissymétrie profonde a été plusieurs fois soulignée. Léon Duguit y voit l'expression du «droit subjectif», c'est-à-dire «un pouvoir appartenant à une personne d'imposer à une autre sa propre personnalité[1]». Elle sera remplacée par un droit social «unissant entre eux par la communauté des besoins et la division du travail les membres de l'humanité et particulièrement les membres d'un même groupe social[2]».

La prise en compte de cette dimension collective fait glisser la relation contractuelle du rapport de travail à un statut du salarié. «Il y a dans l'idée de statut, caractéristique du droit public, l'idée de définition objective d'une situation échappant au jeu des volontés individuelles[3].» Une reconnaissance juridique du groupe des travailleurs comme interlocuteur collectif apparaît déjà à travers la loi abolissant le délit de grève (1864) et celle autorisant les coalitions ouvrières (1884). Mais de tels acquis n'ont pas d'incidence directe sur la structure du contrat de travail lui-même. De même, pendant longtemps, les négociations qui ont lieu au sein des entreprises entre les employeurs et le collectif des travailleurs — en général à l'occasion d'une grève ou d'une menace de grève — n'ont aucune valeur juridique. C'est la loi du 25 mars 1919, après le rapprochement

---

1. L. Duguit, *le Droit social, le droit individuel et la transformation de l'État*, op. cit., p. 4.
2. *Ibid.*, p. 8.
3. J. Le Goff, *Du silence à la parole*, op. cit., p. 112. *Cf.* aussi F. Sellier, *la Confrontation sociale en France, 1936-1987*, op. cit.

dû à l'«union sacrée» et à la participation
ouvrière à l'effort de guerre, qui donne un statut
juridique à la notion de *convention collective*. Les
dispositions stipulées par la convention l'emportent sur celles du contrat individuel de travail.
Léon Duguit en tire immédiatement la philosophie :

> Le contrat collectif est une catégorie juridique
> toute nouvelle et tout à fait étrangère aux catégo-
> ries traditionnelles du droit civil. C'est une conven-
> tion-loi réglant les relations de deux classes
> sociales. C'est une loi établissant des rapports per-
> manents et durables entre deux groupes sociaux, le
> régime légal suivant lequel devront être conclus les
> contrats individuels entre les membres de ces
> groupes[1].

En effet, la convention collective dépasse le
face-à-face employeur-employé de la définition
libérale du contrat de travail. Un ouvrier embauché à titre individuel dans une entreprise bénéficie des dispositions prévues par la convention
collective.

L'application de cette loi fut dans un premier
temps fort décevante du fait de la répugnance,
manifestée à la fois par la classe ouvrière et par
le patronat, à entrer dans un processus de négociation. Ces réticences (le mot est un euphémisme)
des «partenaires sociaux» à négocier[2] rendent

---

1. L. Duguit, *les Transformations générales du droit privé*,
Paris, 1920, p. 135, cité *in* J. Le Goff, *Du silence à la parole*, *op.
cit.*, p. 106.
2. Pour une analyse du contexte socio-historique qui rend
compte de cette mauvaise volonté tant patronale que syndicale
à se concerter — et sur les différences par rapport à l'Allemagne et à la Grande-Bretagne —, *cf.* F. Sellier, *la Confronta-*

compte du rôle joué par l'État pour mettre en place des procédures de concertation. Depuis les efforts de Millerand pour créer en 1900 des conseils ouvriers[1], c'est bien l'État qui semble avoir eu un rôle moteur dans la constitution du droit du travail. Du moins jusqu'à ce qu'une partie de la classe ouvrière ralliée aux réformes (comme objectif privilégié ou comme étape dans un processus révolutionnaire) entre en scène pour imposer son point de vue. 1936 représente sous cet aspect une première historique : la conjonction d'une volonté politique (le gouvernement du Front populaire avec une majorité socialo-communiste qui, à travers ses divergences, veut imposer une politique sociale favorable aux ouvriers) et d'un mouvement social (près de 2 millions d'ouvriers occupant les usines en juin). Les accords Matignon relancent les conventions collectives et imposent des délégués d'entreprise élus par l'ensemble du personnel[2].

Mais, au-delà de cette «conquête sociale» et de

----

tion sociale en France, op. cit., p. 1 et 2. Sur les mesures amorcées pendant la Première Guerre mondiale et leur remise en question la paix revenue, *cf.* M. Fine, «Guerre et réformisme en France, 1914-1918», in *le Soldat du travail, op. cit.*

1. Décret du 17 septembre 1900. «Il y a un intérêt de premier ordre à instituer entre les patrons et la collectivité des ouvriers des relations suivies qui permettent d'échanger à temps des explications nécessaires et de régler certaines natures de difficultés... De telles pratiques ne peuvent qu'aider à acclimater les nouvelles mœurs que l'on voudrait en honneur. En les introduisant, le gouvernement de la République reste fidèle à son rôle de pacification et d'arbitre» (cité *in* J. Le Goff, *Du silence à la parole, op. cit.*, p. 102). Mais le décret ne fut jamais appliqué.

2. En 1936, 1 123 conventions collectives sont signées, et 3 064 en 1937, *cf.* A. Touraine, *la Civilisation industrielle*, t. IV, de L.H. Parias, *Histoire générale du travail*, Paris, Nouvelle Librairie de France, 1961, p. 172-173.

quelques autres, la période du Front populaire représente une étape particulièrement significative, décisive et fragile, de l'odyssée du salariat.

La condition ouvrière

Bien qu'il y ait toujours une part d'arbitraitre à tenter de dater des transformations dont seuls des processus de longue durée rendent compte, je voudrais fixer un instant l'objectif sur 1936. On peut en effet y voir à la fois un moment de cristallisation et un point de basculement de ce rapport salarial moderne que je viens de présenter. Étape significative de la promotion du salariat ouvrier : c'est principalement une certaine reconnaissance de la condition ouvrière que sanctionnent les réformes de 1936. Mais il se pourrait qu'il s'agisse d'une victoire à la Pyrrhus. Quel est alors le statut de la classe ouvrière dans la société ? D'un côté, 1936 marque une étape décisive de sa reconnaissance comme force sociale déterminante, une extension de ses droits et une prise de conscience de son pouvoir qui peut lui faire rêver de devenir un jour l'avenir du monde. De l'autre, 1936 sanctionne *le particularisme ouvrier*, son assignation à une place subordonnée dans la division du travail social et dans la société globale.

Du côté de la consécration ouvrière, il y un bel été qui ne craint pas encore l'automne. Victoire électorale de la gauche, les ouvriers anticipent sur les décisions du gouvernement Blum (ou lui forcent la main), occupent les usines et obtiennent immédiatement une avancée sans précédent des droits sociaux. Les patrons paniquent et voient arriver le règne du pouvoir ouvrier[1]. «Tout est possible», écrit dès le 23 mai 1936 Marceau Pivert, leader de l'aile gauche du Parti socialiste dans une tribune libre du *Populaire*[2]. Tout n'est certainement pas possible[3], mais quelque chose, substantiellement, a changé. Comme preuve, une mesure qui pourrait paraître secondaire mais qui revêt une signification symbolique exceptionnelle si on la replace dans l'histoire de l'«indigne salariat»: les congés payés. Quelques jours par an l'ouvrier peut cesser de perdre sa vie à la gagner. Ne rien faire que l'on soit obligé de faire, c'est la liberté d'exister pour soi. Inscrire cette possibilité dans la loi, c'est reconnaître au travailleur le droit d'exister tout simplement — c'est-à-dire aussi comme les autres, les rentiers, les «bourgeois», les aristocrates, les possédants, tous ceux qui, dans l'imaginaire ouvrier du moins, jouissent de la vie pour elle-même et pour eux-mêmes, depuis la nuit des temps.

---

1. *Cf. in* S. Weil, *la Condition ouvrière*, Paris, Gallimard, 1951 (lettre à Auguste Deboeuf, p. 188-190), des témoignages de ces réactions patronales. Les accords Matignon ont été vécus par la majorité du patronat comme un diktat sur lequel il n'aura de cesse de revenir.

2. Cité *in* H. Noguères, *la Vie quotidienne en France au moment du Front populaire*, Paris, Hachette, 1977, p. 131.

3. C'est la réponse de Maurice Thorez dans un discours du 11 juin 1936 et qui donne la clé de la phrase souvent citée «Il faut savoir terminer une grève»: «Il faut savoir terminer une grève dès que satisfaction a été obtenue. Il faut même savoir consentir au compromis si toutes les revendications n'ont pas encore été acceptées mais [si] l'on a obtenu la victoire sur les plus essentielles des revendications. Tout n'est pas possible» (cité *ibid.*, p. 131); sur les positions du Parti communiste en retrait par rapport à la volonté de la CGT et de certaines tendances du Parti socialiste de promouvoir des réformes de structure telles que les nationalisations et la planification de l'économie, *cf.* R.F. Kuisel, *le Capitalisme et l'État en France, op. cit.*, chap. IV.

La revendication d'une réduction du temps de travail a été une des plus anciennes et des plus passionnées des revendications ouvrières. Il semble que les premières «cabales» illicites de compagnons se soient déclenchées davantage pour contrôler le temps de travail que pour obtenir une augmentation des salaires[1]. La révolution de février 1848 arrache la journée de dix heures, mesure aussitôt rapportée. Le syndicalisme du début du siècle fait du repos hebdomadaire (obtenu en 1906) et de la journée de huit heures une de ses principales revendications, la seule peut-être, pour les syndicalistes d'action directe, qui ne soit pas «réformiste». C'est le mot d'ordre le plus populaire des 1er-Mai de lutte, et il couvre les affiches de propagande de la CGT[2]. Mais plus symboliquement significatif que la réduction du temps de travail (la semaine de quarante heures est obtenue en juin 1936), plus profondément libérateur aussi que l'accès à la consommation permise par l'augmentation des salaires[3], le financement d'un *temps libre* vaut pour une reconnaissance officielle de l'humanité du travailleur et de la dignité humaine du travail. Le travailleur est aussi un homme et non un per-

---

1. *Cf.* H. Hauser, *Ouvrier du temps jadis, op. cit.*
2. L'insistance syndicale à exiger une réduction du temps de travail s'alimente à une double raison : aider le travailleur à retrouver sa dignité en rompant l'abrutissement d'un travail continu, et lutter contre le chômage en partageant le travail avec un plus grand nombre d'ouvriers.
3. Les accords Matignon ont accordé une augmentation immédiate des salaires de 7 à 15 %. Entre 1926 et 1939, le salaire réel (augmentation des prix à la consommation et inflation déduites) de l'ouvrier qualifié parisien a progressé d'environ 60 %. *Cf.* F. Sellier, *les Salariés en France*, Paris, PUF 1979, p. 67

pétuel besogneux, et son travail lui paie cet accès
à la qualité d'homme en tant que tel, d'homme
en soi, en cessant d'être la loi inexorable de
chaque journée. Révolution culturelle au-delà de
son caractère d'«acquis social», car c'était changer la vie et les raisons de vivre, fût-ce quelques
jours par an. Il semble que les contemporains
vécurent les congés payés de cette manière, ceux
du moins qui partagèrent l'enthousiasme de ces
moments — car il ne manqua pas de bons esprits
pour dire qu'était venu le temps de la honte,
lorsque l'on commençait à financer la fainéantise
et que les «salopards en casquettes» envahis-
saient les plages réservées au beau monde[1].

Est-ce attacher une importance exagérée à
une mesure au demeurant modeste, l'octroi de
quelques jours par an de congés payés? De fait,
cet épisode (la seule «conquête sociale» de 1936
qui n'a pas été remise en cause) peut exemplifier
la position, que l'on pourrait appeler *suspendue* et
partant instable, occupée par la classe ouvrière
dans la société de la fin des années 1930. D'un
côté, après une longue quarantaine, sa condition
se rapproche du régime commun. Les congés
payés peuvent symboliser ce rapprochement de

---

1. *Cf.* H. Noguères, *la Vie quotidienne en France au temps du
Front populaire, op. cit.*, qui parle lui-même de «révolution culturelle» et décrit à la fois l'enthousiasme des premiers départs
en vacances et les réactions de la presse bien-pensante devant
les «trains de plaisir» organisés par les soins de Léo Lagrange
pour amener les travailleurs et leurs familles à la mer. Subtil
mépris du rédacteur du *Figaro* : «Après, on saucissonna joyeu-
sement sur les galets au pied de l'historique Promenade [il
s'agit de la Promenade des Anglais à Nice], et l'on s'ébroua
dans l'eau... La multiplication des trains rouges sur la Côte
d'Azur est en bonne voie. Et la démultiplication des trains
bleus du même coup» (p. 156).

deux conditions et de deux modes de vie que tout séparait. Sur cette plage de temps ténue, la vie ouvrière recoupe une caractéristique essentielle de l'existence «bourgeoise», une liberté de choisir que faire ou de ne rien faire, parce que la nécessité quotidienne de survivre desserre son étreinte. Quelques jours par an, la condition ouvrière et la condition bourgeoise sont *interséquentes*.

Mais en même temps subsiste très fort un particularisme ouvrier vécu dans la subordination et qui entretient un antagonisme de classe. L'hostilité «bourgeoise» aux congés payés — partagée par les petits travailleurs indépendants, les commerçants, etc., par toute la France non salariée — manifeste bien la pérennité de ce clivage. Cette attitude réactive, en l'euphémisant à peine, le mépris séculaire des classes propriétaires à l'égard du travailleur-qui-ne-travaille-pas et ne saurait être inoccupé que parce qu'il souffre d'une tare morale, n'ayant d'autre emploi possible d'une liberté volée au travail que d'assouvir ses vices, fainéantise, ivrognerie et lubricité. Il n'est nulle autre modalité d'existence possible pour le travailleur que le travail : ce n'est pas une tautologie mais un jugement moral et social à la fois, partagé par tous les bien-pensants et qui enferme l'ouvrier dans un rôle à jamais courbé sur les tâches matérielles.

Du côté des ouvriers aussi l'attitude à l'égard des congés payés trahit la permanence du sentiment de la dépendance sociale. Des loisirs, oui, mais des loisirs «populaires». Une fierté d'être comme les autres, mais une conscience que, loin d'aller de soi, cette liberté tient du miracle et qu'il faut désormais la mériter en apprenant son bon usage, fût-ce en apprenant à s'amuser. «La classe ouvrière a su conquérir ses loisirs, elle doit maintenant conquérir l'usage de ses loisirs», dit Léon Lagrange[1]. L'organisation des loisirs populaires — une part importante et originale des réalisations du Front populaire — traduit ce souci d'échapper à l'oisiveté gratuite. Expression à la fois d'une forte conscience de la différence des classes et d'un certain moralisme pragmatique: les loisirs se méritent, et ils doivent être bien remplis. Il faut se distinguer des riches oisifs, qui sont des parasites sociaux. La culture, le sport, la santé, le rapprochement avec la nature, des relations saines (et non sexualisées) entre les jeunes, etc., doivent saturer la durée qui échappe au travail. Pas de temps mort, la liberté n'est ni l'anarchie ni la pure jouissance. Il faut faire mieux que les bourgeois, et travailler ses loisirs.

Plus profondément, ce court temps de liberté fragile renvoie à son envers, la permanence du travail aliéné qui représente le socle à partir duquel s'édifie le statut social de la classe ouvrière. Pour l'obtention des conquêtes sociales de 1936, les ouvriers de la grande industrie ont joué le rôle moteur[2]. Or les conditions de travail

---

1. Cité *in* H. Noguères, *la Vie populaire en France au temps du Front populaire, op. cit.*, p. 188. Pour un exposé d'ensemble de l'œuvre de Léo Lagrange, «sous-secrétaire d'État aux Sports et aux Loisirs», *cf.* J.-L. Chappat, *les Chemins de l'espoir: combats de Léo Lagrange*, Paris, Éditions des fédérations Léo-Lagrange, 1983.
2. Les premières occupations d'usines se font dans les usines métallurgiques et aéronautiques, c'est-à-dire dans les sites industriels les plus «modernes». Sur les changements intervenus dans le mouvement ouvrier depuis le début des années 1930, qui mettent au premier plan ces ouvriers des grandes

dans ces usines occupées en juin 1936 sont généralement commandées par l'«organisation scientifique du travail» ou ses équivalents : les cadences, le chronométrage, la surveillance constante, l'obsession du rendement, l'arbitraire des patrons et le mépris des petits chefs. Il n'est que de lire l'ouvrage de Simone Weil : il contient déjà toute la thématique du «travail en miettes» qui marquera les débuts de la sociologie du travail[1]. Mais cette relation de travail n'est pas seulement commandée par les exigences technologiques de la production, la division des tâches, la rapidité des cadences... C'est un rapport *social* de subordination et de dépossession qui s'installe par la médiation du rapport technique de travail. Simone Weil insiste sur cet «étau de la subordination[2]» qui caractérise la situation de l'ouvrier au travail. Il est dévolu aux tâches d'exécution. Tout ce qui est conception, réflexion, imagination, lui échappe. Or, parce qu'elle est une situation *sociale* et pas seulement un rapport technique de travail, cette condition de dépendance ne se laisse pas au vestiaire en quittant l'usine. Au contraire, comme le chantera Yves Montand dans *Luna Park*, elle l'accompagne en contrepoint au-dehors. Sans doute peut-on dire avec Alain Touraine que «la conscience ouvrière est toujours orientée par une

---

industries au détriment des secteurs attachés aux traditions artisanales ou aux agents de l'État, *cf.* G. Noiriel, *les Ouvriers dans la société française, op. cit.*, chap. v. Sur les transformations intervenues au sein de la CGT proprement dite (réunifiée en 1935), *cf.* A. Prost, *la CGT à l'époque du Front populaire, 1934-1939*, Paris, A. Colin, 1964.
   1. *Cf.* G. Friedmann, *le Travail en miettes*, Paris, Gallimard, 1963.
   2. S. Weil, *la Condition ouvrière, op. cit.*, p. 242.

double exigence: créer des œuvres et les voir reconnaître socialement comme telles[1]». Mais alors c'est, le plus souvent, une conscience malheureuse, la conscience d'un déficit, à l'usine comme en dehors de l'usine, entre l'importance du rôle de travailleur-producteur à la source de la création de la richesse sociale et la reconnaissance, ou plutôt la non-reconnaissance, qui lui est accordée par la collectivité. C'est cette relation entre une situation de dépendance sur les lieux de travail et une position socialement dévalorisée qui noue le destin des ouvriers: «Aucune intimité ne lie les ouvriers aux lieux et aux objets parmi lesquels leur vie s'épuise, et l'usine fait d'eux, dans leur propre pays, des étrangers, des exilés, des déracinés[2].»

Certes, cette contradiction est particulièrement lisible à partir de la situation des ouvriers de la grande industrie soumis aux formes modernes de rationalisation du travail, et ils sont minoritaires dans la classe ouvrière[3]. Mais elle ne fait que pousser à la limite une caractéristique générale de la condition des travailleurs: la conscience du rôle socialement subordonné dévolu au travail manuel. Cette conception du travail ouvrier réduit aux seules tâches d'exécution, indispensables mais sans aucune dignité sociale, fait figure d'évidence et vaut pour toutes

---

1. A. Touraine, *la Conscience ouvrière*, Le Seuil, 1966, p. 242.
2. S. Weil, *la Condition ouvrière, op. cit.*, p. 34.
3. En 1936, les 350 plus grandes entreprises occupent 900 000 ouvriers (H. Noguères, *la Vie quotidienne au temps du Front populaire, op. cit.*, p. 97). Les établissements de plus de 500 salariés occupent environ le tiers des 5,5 millions de salariés de l'industrie (*cf.* F. Sellier, *les Salariés en France*, Paris, PUF, 1975).

les formes de travail manuel. C'est la thèse centrale de la première analyse à prétention scientifique de la condition ouvrière :

> La situation de l'ouvrier contraste avec celle de l'employé, du fonctionnaire, comme lui non commerçants, mais dont on rétribue, en même temps que le travail, l'ancienneté de service, les qualités intellectuelles ou morales. [...] Du travail ouvrier, on ne rétribue que des opérations mécaniques et quasi machinales parce que l'ouvrier doit s'abstenir de toute initiative et viser seulement à devenir un outil sûr et bien adapté à une tâche simple ou complexe, mais toujours monotone [1].

L'ouvrier ne pense pas, c'est bien connu, et la sociologie naissante prouve même qu'il ne peut pas penser. C'est encore, on le verra, l'idée directrice de la monumentale synthèse que François Simiand consacre au salariat en 1932 [2]. Le travail ouvrier continue d'être défini comme la strate inférieure du travail, techniquement la plus fruste et socialement la moins digne.

Les ouvriers ne partagent pas nécessairement cette conception du travail que présentent aussi bien les constructions savantes de la sociologie et de l'économie que les représentations des classes dominantes. Le mouvement ouvrier a commencé dès ses origines (c'est déjà le leitmotiv de l'*Atelier*, composé et publié par les ouvriers eux-mêmes entre 1840 et 1850) à affirmer la dignité du travail manuel et sa prééminence sociale en

1. M. Halbwachs, *la Classe ouvrière et les niveaux de vie*, Paris, 1912, p. 121 et p. 118.
2. F. Simiand, *le Salaire, l'Évolution sociale et la monnaie* 3 tomes, Paris, 1932.

tant que véritable créateur des richesses. Plus tard
on assistera même à une héroïsation de certaines
figures ouvrières comme le mineur ou le métal-
lo, porteurs d'une conception prométhéenne du
monde[1]. Mais cette exaltation du travail ne supprime pas le sentiment de la dépendance ouvrière.
C'est même cette coexistence d'une affirmation
de dignité et d'une expérience de dépossession
qui est au principe de la conscience de classe
ouvrière. Celle-ci s'est forgée dans le conflit, à
partir de la prise de conscience collective du fait
d'être spolié des fruits de son travail. La posture
revendicative elle-même ne va donc pas sans la
conscience de la subordination. Se sentir dépendant constitue le moteur de la lutte pour se réap-
proprier la dignité sociale du travail « aliéné » par
l'organisation capitaliste de la production.

On pourrait donc caractériser la place qu'occupe la condition ouvrière dans la société des
années 1930 par une *relative intégration* dans la
subordination. Les facteurs d'appartenance ont
été soulignés : assurances sociales, droit du travail,
gains salariaux, accès à la consommation de
masse, relative participation à la propriété sociale,
et même aux loisirs. Le trait commun de ces
acquis est qu'ils ont contribué à *stabiliser* la
condition ouvrière en instaurant une distance par
rapport à l'immédiateté du besoin. En ce sens, la
condition ouvrière diffère bien de la condition
prolétarienne des débuts de l'industrialisation,
marquée par une vulnérabilité de tous les ins-
tants. Et en ce sens aussi on peut parler d'inté-

---

1. Pour un prototype de cette littérature, *cf.* A. Stil, *le Mot
mineur, camarade*, Paris, 1949.

gration : la classe ouvrière a été rapatriée de la position de quasi-exclusion qu'elle occupait alors à l'extrême marge de la société.

Cependant, ce rapatriement s'inscrit dans un cadre qui comporte encore des traits dualistes. Entendons bien : société encore dualiste, mais pas duale. Une société duale est une société d'exclusion dans laquelle certains groupes n'ont rien et ne sont rien, ou presque. Dans le modèle que j'évoque ici coexistent des coupures et de l'interdépendance, l'emportent des rapports de domination qui ne correspondent pas pour autant à des situations où les subordonnés sont livrés à l'arbitraire. Mais cette coexistence d'*indépendance dans la dépendance* entretient le sentiment d'une opposition globale d'intérêts entre dominants et subordonnés. Une telle structure sociale est vécue à travers la bipolarité entre « eux » et « nous » si bien dégagée par Richard Hoggart[1]. « Nous » on n'est pas des zombies, on a notre dignité, nos droits, nos formes de solidarité et d'organisation. Que l'on nous respecte : l'ouvrier n'est pas un domestique, il n'est pas tout à fait sous l'emprise du besoin, ni à la merci de l'arbitraire d'un maître. Fierté ouvrière qui préférera toujours se débrouiller pour « joindre les deux bouts » plutôt que de quémander de l'aide : « nous », on gagne notre vie. Mais « eux », c'est quand même tout à fait autre chose. « Ils » ont la richesse, le pouvoir, l'accès à la culture légitime et à une foule de biens dont nous ne verrons jamais la couleur. « Ils » sont prétentieux et

---

1. R. Hoggart, *la Culture du pauvre*, trad fr Paris, Éditions de Minuit, 1970.

snobs, et il faut s'en méfier même lorsqu'ils prétendent nous vouloir du bien car ils sont retors et capables de tirer des ficelles dont nous n'aurons jamais la maîtrise.

La conscience de ce clivage est entretenue par l'expérience que vit la classe ouvrière dans les principaux secteurs de l'existence sociale, la consommation, le logement, l'instruction, le travail. La consommation, on l'a dit, ne se réduit plus à la satisfaction des besoins nécessaires à la survie, et la classe ouvrière accède à une «consommation de masse». Mais la part dévolue à l'alimentation dans les budgets ouvriers est encore de 60 % dans les années 1930 (elle était de plus de 70 % en 1856 et de 65 % en 1890[1]). Maurice Halbwachs, comme Veblen, a montré les incidences anthropologiques du rabattement d'une part majoritaire du budget sur la consommation alimentaire : c'est la participation à la vie sociale qui se trouve amputée par la faiblesse des dépenses qui n'ont pas pour finalité la reproduction biologique[2]. Ses analyses datent de 1912, mais la situation n'a pas substantiellement changé vingt-cinq ans plus tard : de la fin du XIXᵉ siècle aux années 1930, la part des dépenses non alimentaires dans les budgets ouvriers n'a gagné que 5 points.

Le logement populaire n'est pas non plus exactement l'«enfer du logis» qu'évoque Michel Ver-

---

1. R. Boyer «Les salaires en longue période», *Économie et statistiques*, nº 103, sept. 1978, p. 45. C'est seulement à la fin des années 1950 que la part de la nourriture dans les budgets ouvriers passe au-dessous de 50 %.
2. M. Halbwachs, *la Classe ouvrière et les niveaux de vie, op. cit., cf.* E. Veblen, *the Theory of the Leisure Class*, London, 1924.

ret pour le XIXᵉ siècle, mais l'insalubrité et le sur-
encombrement sont encore le lot de la majorité
des logements ouvriers. Pour Paris, une enquête
de 1926 montre qu'un habitant sur quatre dispose
de moins d'une demi-pièce et que les horribles
« garnis » logent encore 320 000 personnes. La
situation ne s'améliore guère ensuite : on construit
à peine 70 000 logements par an en France à la
fin des années 1930, contre 250 000 en Allemagne [1]. L'urbanisme des « cités-jardins » reste
cantonné dans quelques municipalités socialistes
ou radicales, et les expériences du type Cité
radieuse à la Le Corbusier sont exceptionnelles.
Encore concernent-elles les employés et classes
moyennes naissantes davantage que les ouvriers [2].

Pour l'instruction, la gratuité de l'enseignement
secondaire n'est acquise qu'en 1931. Les effectifs
de cet enseignement sont restés constants entre
1880 et 1930, 110 000 élèves en moyenne [3]. Autant
dire que les enfants des classes populaires sont
cantonnés dans les filières « primaires ». Le thème
du danger d'une instruction trop poussée qui
« déracine » le peuple est une constante de la littérature de l'époque [4]. Jean Zay, ministre du Front
populaire prolonge jusqu'à quatorze ans l'école
obligatoire et tente d'imposer une classe d'orientation et un tronc commun pour tous les élèves. Mais
la « démocratisation » (relative) de l'enseignement
devra attendre les années 1950 pour s'imposer.

---

1. *Cf.* J.-P. Flamand, *Loger le peuple. Essai sur l'histoire du logement social*, Paris, La Découverte, 1989.
2. L. Haudeville, *Pour une civilisation de l'habitat*, Paris, Éditions ouvrières, 1969.
3. *Cf.* A. Prost, *Histoire de l'enseignement en France, 1800-1967*, Paris, A. Colin, 1968.
4. Depuis M. Barrès, *les Déracinés*, Paris, 1897.

Pour le rapport à l'emploi, on a souligné la situation de dépendance sociale des ouvriers sur les lieux de travail. Mais, de surcroît, le marché du travail est encore dominé dans les années 1930 par une mobilité faite d'incertitude, sous la menace d'un renvoi contre lequel ne protège pas la législation du travail. Les embauches à la tâche, à l'heure ou à la journée sont les plus fréquentes. Il n'existe le plus souvent ni contrat écrit ni stipulation préalable de la durée de l'embauche. L'ouvrier «prend son compte» ou l'employeur le «congédie», l'un et l'autre avec une facilité étonnante[1]. Et il y a évidemment la menace du chômage, que la crise du début des années 1930 vient de réactiver. Les immigrés la subissent de plein fouet : 600 000 sur près de 2 millions d'étrangers venus s'installer en France à la suite de la ponction démographique due à la Grande Guerre sont expulsés. Mais les autochtones ne sont pas épargnés. En 1936, on recense près de 1 million de chômeurs[2]. Le moment du Front populaire, c'est aussi cette période d'instabilité économique et sociale, à laquelle va bientôt succéder le drame de la défaite.

Enfin, on a longuement insisté là-dessus, l'assurance obligatoire est un dispositif qui va se

---

1. *Cf.* R. Salais «La formation du chômage comme catégorie», *loc. cit.* Pour un témoignage autobiographique sur l'existence ouvrière à l'époque, *cf.* R. Michaud, *J'avais vingt ans*, Paris, Éditions syndicalistes, 1967, qui montre la permanence de la mobilité professionnelle et du caractère «labile» de la relation à l'employeur.
2. *Cf.* J.-J. Carré, P. Dubois, E. Malinvaud, *la Croissance française*, Paris, Le Seuil, 1972. Les chômeurs représentent alors 8,5 % des salariés, et 4,5 % de la population active (F. Sellier, *les Salariés en France*, Paris, PUF, 1979, p. 87).

montrer décisif pour conjurer la vulnérabilité ouvrière. Mais, dans les années 1930, il commence à peine à faire sentir ses effets. Les retraites ouvrières sont dérisoires et, compte tenu de la durée de capitalisation et de la mortalité ouvrière, il y a alors moins de 1 million de bénéficiaires[1]. Dans ces années 1930, les vieux ouvriers qui doivent recourir à l'assistance pour survivre sont presque aussi nombreux que ceux qui peuvent bénéficier de prestations sociales obligatoires[2].

L'association de ces traits montre la persistance d'un fort particularisme ouvrier. Niveau de vie, niveau d'instruction, modes de vie, rapport au travail, degré de participation à la vie sociale, valeurs partagées, dessinent une configuration spécifique qui constitue la condition ouvrière en classe sociale. Elle n'est plus cette «caste flottante [...] qui s'extravase dans la nation» qu'évoquait Lamartine lors de la première phase de l'industrialisation (*cf.* chapitre v). Mais «l'isolement social et culturel des ouvriers reste assez grand pour que des rapports de classes s'établissent entre ses unités sociales qui constituent encore des groupes réels[3]». Sans doute faut-il se méfier des peintures, qui prennent aujourd'hui une tonalité nostalgique, de la vie ouvrière avec ses solidarités et sa morale, ses plaisirs simples et ses formes intenses de sociabilité. Il n'en demeure pas moins que, tant par la place subordonnée qu'il occupe dans la hiérarchie sociale que par sa cohésion interne, le monde ouvrier apparaît à la

---

1. *Cf.* A. Prost, «Jalons pour une histoire des retraites et des retraités», *loc. cit.*
2. A.-M. Guillemard, *le Déclin du social*, Paris, Le Seuil, 1986.
3. A. Touraine, *la Conscience ouvrière*, *op. cit.*, p. 215.

fois comme faisant partie de la nation et comme organisé autour d'intérêts et d'aspirations propres.

Cette situation montre combien demeure instable le modèle d'intégration qui caractérise les années 1930 et qui reste dominant jusqu'aux années 1950. La classe ouvrière n'est-elle pas devenue trop consciente de ses droits — ou trop avide, diront ses adversaires —, trop combative aussi, pour que se perpétue sa dépendance ? Cette conjoncture incertaine pourrait déboucher sur deux types de transformation : poursuite des « acquis sociaux », érodant progressivement la distance entre « eux » et « nous », ou bien prise du pouvoir par la classe ouvrière organisée. Soit, pour simplifier, réformes ou révolution. Telle pourrait être la reformulation de la question sociale à la fin des années 1930.

Il s'agit moins de deux formules antagonistes que de deux options qui se dégagent à partir d'un même socle de pratiques, d'une même condition. La classe ouvrière n'est plus dans la situation de « n'avoir rien à perdre que ses chaînes ». D'où la consolidation, dans le mouvement ouvrier, « d'un principe positif d'objectifs à défendre et à atteindre[1] ». Ce réalisme va dans le sens de la consolidation d'un réformisme qui a déjà fait ses preuves, puisque des acquis importants ont été obtenus. Mais il n'implique pas nécessairement la fin du messianisme ouvrier. Dans l'imaginaire militant, 1936 prend place, à côté de 1848 et de la Commune de Paris, parmi ces moments fondateurs pendant lesquels la possibilité d'une

1. *Ibid.*, p. 353.

organisation alternative de la société s'est dessinée. La «génération» qui s'est levée en 1936 va
traverser l'Occupation à travers la Résistance et
animer des luttes sociales très dures après la Libération en formant le noyau, dans la CGT principalement, d'une attitude combative de classe[1].

D'autant qu'en face les ennemis ne manquent
pas. L'autre branche de l'alternative est représentée par la menace fasciste et par une France
conservatrice qui — comme en 1848 ou en 1871 —
attend sa revanche. Il n'est que de parcourir la
presse de l'époque pour réaliser à quel point elle
fut une période d'antagonismes politiques et
sociaux aigus. Dès le 5 mai 1936, Henri Béraud,
dans *Gringoire*, tente ainsi de mobiliser les peurs
du Français moyen contre la menace des
Rouges : «Tu aimais ton jardinet, mon brave, ton
café, tes amis, ta petite auto, ton bulletin de vote,
tes journaux bariolés de satires et de faits divers.
Eh bien, l'ami, tu vas dire adieu à tout cela[2].» Et
de l'autre bord, lorsqu'au début de l'année 1938
la défaite du Front populaire est à peu près
consommée sur le plan politique, Paul Faure
écrit dans *le Populaire*, organe officiel du Parti
socialiste : «Nier la lutte des classes, ce serait
nier la lumière du jour[3].»

1. *Cf.* G. Noiriel, *les Ouvriers dans la société française, op.
cit.*, chap. vi.
2. Cité *in* P. Reynaud, *Mémoires*, t. II, Paris, Flammarion,
1963, p. 51.
3. *Ibid.*, p. 151.

La destitution

Cependant, la classe ouvrière n'a pas été vaincue à l'occasion d'une lutte frontale, comme le
furent par exemple les ouvriers parisiens en juin
1848. Il y aurait certes beaucoup à dire sur les
péripéties de la période de l'Occupation et sur la
participation d'une partie de la classe ouvrière à
la Résistance, sur le contexte de la Libération,
des grèves quasi insurrectionnelles de 1947 et
des luttes contre l'«impérialisme américain», et
aussi sur l'acharnement de la CGT et du Parti
communiste à entretenir, au moins verbalement,
une posture révolutionnaire : ce sont autant
d'épisodes d'un affrontement social cristallisé
dans les années 1930 et qui restera vivant jusqu'aux années 1960. Mais cette posture d'opposition radicale s'érode progressivement parce que,
en deçà des avatars politiques, elle est minée par
une transformation de nature sociologique. La
classe ouvrière a été destituée de la position de fer
de lance qu'elle occupait pour la promotion du
salariat. En schématisant la transformation qui
s'est opérée sur une quarantaine d'années (des
années 1930 aux années 1970), on dira que le
«particularisme ouvrier» n'a pas été aboli, mais
qu'il a cessé de jouer le rôle d'«attracteur[1]» qui
avait été le sien dans le processus de constitution

---

1. J'emprunte ce terme d'«attracteur» à Luc Boltanski, *les
Cadres, la formation d'un groupe social*, Paris, Éditions de
Minuit, 1982, p. 152, qui qualifie ainsi le rôle dominant joué
par un groupe social dans la réorganisation d'un champ professionnel. On pourrait dire que le salariat ouvrier a d'abord
joué ce rôle pour la structuration du salariat avant d'être supplanté par un salariat employés-classes moyennes.

de la société industrielle. Le salariat ouvrier a été littéralement vidé des potentialités historiques que lui prêtait le mouvement ouvrier. La condition ouvrière n'a pas accouché d'une autre forme de société, elle s'est seulement inscrite à une place subordonnée dans la société salariale. Quels sont les processus qui sous-tendent une telle transformation ?

La quasi-synonymie du salariat et du salariat ouvrier est patente jusqu'au début des années 1930. François Simiand, dans son ouvrage de 1932 qui se veut une somme sur le salaire, l'entérine purement et simplement :

> L'appellation de salaire nous apparaît dans l'usage courant s'appliquer en propre, de façon à la fois générale et topique, à la catégorie des ouvriers, distingués des domestiques dans l'agriculture, des employés dans le commerce, l'industrie et aussi l'agriculture, des chefs de service, d'exploitation, ingénieurs, directeurs en tous genres[1].

Seule en effet la classe ouvrière produit «une prestation de pur travail», qui constitue «un cadre économique distinct[2]». Mais qu'est-ce qu'une «prestation de pur travail» ? Un travail purement manuel, sans doute, mais il y a aussi le travail sur les machines, et Simiand est obligé d'apporter une nuance : l'ouvrier loue «un travail manuel ou tout au moins dont la partie manuelle est essentielle[3]».

---

1. F. Simiand, *le Salaire, l'évolution sociale et la monnaie, op. cit.*, t. I, p. 151. C'est pourquoi la rémunération des autres formes de travail doit porter d'autres noms : «appointements», «traitements», «émoluments», «indemnisations» etc., mais pas «salaires».
2. *Ibid.*, p. 173.
3. *Ibid.*, p. 171.

C'est aussi un travail de pure exécution, mais les employés ne sont-ils pas souvent de purs exécutants ? Simiand apporte un autre correctif qui trahit son embarras : l'employé « loue un travail non manuel ou tout au moins dont l'effet matériel n'est pas essentiel[1] ». Et qu'en est-il des chefs de service, ingénieurs, directeurs, qui ne sont pas propriétaires de leur entreprise ? Ils fournissent eux aussi, exclusivement, une « prestation en travail ». Pourquoi leur refuser le statut de salariés de l'établissement ? Mais pour Simiand, il n'en est pas question.

En fait, Simiand occupe une position défensive et déjà en voie d'être dépassée qui renvoie au modèle de société des débuts de l'industrialisation, caractérisé par la prééminence des tâches de transformation directe de la matière. Or le processus de différenciation du salariat est déjà fortement engagé dans les années 1930. Il relativise progressivement le poids du salariat ouvrier et, partant, celui de la condition ouvrière dans l'organisation du travail. On dégagera le sens de ces transformations jusqu'en 1975, date qui peut être prise pour marquer l'apothéose de la société salariale[2].

Accroissement massif de la proportion des salariés dans la population active tout d'abord :

1. *Ibid.*, p. 171.
2. On date généralement de 1973 la « crise » à partir de laquelle la condition salariale commence à se dégrader. Mais, outre que les premiers effets mettent un certain temps à se faire sentir (ainsi, le chômage n'augmente très significativement qu'en 1976), 1975 représente une date commode parce que de nombreuses enquêtes statistiques la retiennent comme un moment charnière. On peut aussi noter que c'est en 1975 que la population ouvrière atteint en France son maximum. Elle décroîtra ensuite régulièrement.

elle en représente moins de la moitié (49 %) en 1931, près de 83 % en 1975. En chiffres absolus, si on inclut les ouvriers agricoles, le nombre des travailleurs manuels a décru, de 9 700 000 à 8 600 000 ; en revanche, le total des ouvriers non agricoles a légèrement augmenté, de 7 600 000 à 8 200 000. Mais la transformation essentielle de la composition de la population active est l'augmentation des *salariés non ouvriers*. Ils étaient 2,7 millions en 1931, et sont 7,9 millions en 1975. Leur nombre a donc presque rattrapé celui des ouvriers (et l'a largement dépassé depuis). Mais considérables aussi sont les transformations *internes* à ce groupe. Bien que les données statistiques ne permettent pas des comparaisons d'une précision absolue (ainsi, si l'on compte alors environ 125 000 «experts et techniciens», les catégories de «cadres moyens et de cadres supérieurs» n'existent pas dans les années 1930), on peut affirmer que la grande majorité des salariés non ouvriers étaient de petits employés des secteurs public et privé dont le statut, s'il était considéré comme supérieur à celui des ouvriers, restait néanmoins généralement médiocre. En 1975, cependant, les «simples employés» représentent moins de la moitié des salariés non ouvriers, face à 2 700 000 «cadres moyens» et 1 380 000 «cadres supérieurs»: ce sont ces groupes qui représentent un salariat haut de gamme qui ont connu l'augmentation la plus considérable[1].

1. Sources principales utilisées ici, ainsi que, sauf mention contraire, dans les pages suivantes : L. Thévenot «Les catégories sociales en 1975. L'extension du salariat», *Économie et statistiques*, n° 91, juillet-août 1977 ; C. Baudelot, A. Lebaupin, «Les salaires de 1950 à 1975», *Économie et statistiques*, n° 113,

Ainsi les changements répertoriés par les statistiques traduisent-ils une transformation essentielle de la structure salariale. Si en nombre le salariat ouvrier s'est à peu près maintenu, sa position dans cette structure salariale s'est fondamentalement *dégradée*. D'abord parce que la classe ouvrière a perdu, pourrait-on dire, la strate salariale qui lui était inférieure quant au statut social, au salaire et aux conditions de vie. Les ouvriers agricoles représentaient encore au début des années 1930 le quart des travailleurs manuels (ils étaient plus de la moitié en 1876). En 1975, ils ont pratiquement disparu (375 000). La classe ouvrière représente dès lors la base de la pyramide salariale — en fait, la base de la pyramide sociale[1]. En revanche, au-dessus d'elle

------

juillet-août 1979 ; F. Sellier, *les Salariés en France*, Paris, PUF, 1979 ; M. Verret, *le Travail ouvrier*, Paris, A. Colin, 1988 ; F. Sellier, « Les salariés, croissance et diversité », et M. Verret, « Classe ouvrière, conscience ouvrière », *in* J.-D. Reynaud, Y. Graffmeyer, *Français, qui êtes-vous ?*, Paris, La Documentation française, 1981. Faute de sources homogènes, la date de référence pour les années 1930 peut varier de 1931 à 1936, mais les effets de cette disparité sont minimes pour l'argumentation générale.

1. La croissance du salariat industriel s'alimente à deux sources principales : la réduction des professions indépendantes et l'exode rural. Sur ce dernier point, *cf.* F. Sellier, *les Salariés en France, op. cit.* p. 10 *sq.*, qui insiste sur une forte résistance de la paysannerie à l'attraction de la ville et de l'industrie (en 1946, la population active agricole est pratiquement aussi nombreuse qu'en 1866). Il en résulte que ce sont d'abord les ouvriers agricoles plutôt que les exploitants agricoles qui quittent la campagne, les enfants aussi plutôt que les adultes, mais les enfants de salariés plutôt que les enfants d'exploitants. Ainsi, pour ces ouvriers agricoles et leurs enfants, l'accession à la classe ouvrière a-t-elle pu représenter pendant longtemps une relative promotion sociale. Mais lorsque ce recrutement se tarit la condition ouvrière devient la dernière des positions : celle dans laquelle on reste lorsque l'on ne peut pas « s'élever », ou dans laquelle on tombe par mobilité descendante.

se sont développés non seulement un salariat employé — qui peut n'être souvent, selon l'expression consacrée, qu'un «prolétariat en col blanc[1]» —, mais surtout un salariat «bourgeois». Le salariat ouvrier risque alors d'être à la fois noyé dans une conception de plus en plus extensive du salariat et écrasé par la prolifération de situations salariales toujours supérieures à la sienne. En tout cas, dépossédé du rôle d'«attracteur» qu'il a pu jouer pour la constitution du salariat.

L'analyse de la promotion du salariat des années 1930 aux années 1970 confirme cette progressive destitution de la classe ouvrière. Luc Boltanski a montré la difficulté avec laquelle un «salariat bourgeois» avait commencé à s'imposer selon une logique de la distinction qui creuse sa différence par rapport aux caractéristiques du salariat ouvrier. À cette occasion s'est joué un nouvel épisode de l'opposition entre le travail salarié et le patrimoine qui avait déjà marqué le XIXᵉ siècle au moment des discussions sur l'assurance obligatoire : force de la tradition rendant difficile de penser des positions respectables qui ne soient pas assises sur la propriété ou sur le capital social attaché aux «offices» et aux professions libérales. On assiste ainsi à de curieux

---

1. Le monde des employés est touché, surtout après la Première Guerre mondiale, par la rationalisation du travail : le travail de bureau se mécanise (la machine à écrire apparaît au début du siècle), se spécialise, se collectivise et aussi se féminise, ce qui marque toujours une perte de statut social. Comme beaucoup d'ouvriers, l'employé des grands magasins ou des bureaux d'usine perd la polyvalence qui était celle de l'employé classique du type clerc de notaire, sorte de sous-traitant de son employeur.

efforts pour fonder la respectabilité de nouvelles
positions salariales sur un «patrimoine de
valeurs qui sont en fait les valeurs des classes
moyennes, l'esprit d'initiative, l'épargne, l'héritage, une modeste aisance, la vie sobre, la considération[1]». La situation est alors d'autant plus
brouillée que nombre de ces positions salariales
haut de gamme sont d'abord occupées par des
fils de famille détenteurs d'un patrimoine. Tirent-
ils leur respectabilité de leur occupation ou de
leur héritage? Ces deux dimensions sont difficiles à dissocier. Une illustration de la force de
ces obstacles traditionnels à penser un salariat
«bourgeois» à part entière: en 1937, la Cour de
cassation refuse de reconnaître la qualité d'acci-
denté du travail à un médecin: un homme de
l'art «ne peut entretenir un rapport de subordination» avec un directeur d'hôpital. Ce médecin
blessé en travaillant n'est donc pas le salarié de
l'établissement public qui l'emploie[2].

Il est significatif que le premier groupe professionnel «respectable» à se revendiquer comme
salarié soit celui des ingénieurs, et aussi que
cette initiative soit prise en 1936: le Syndicat des
ingénieurs salariés est créé le 13 juin 1936[3].
Affirmation d'une position «moyenne» entre les
patrons et les ouvriers, souci aussi sans doute de

1. Abbé J. Lecordier, *les Classes moyennes en marche*, Paris,
1950, p. 382, cité par L. Boltanski, *les Cadres, op. cit.*, p. 101,
qui note le caractère «attardé» de ce texte de 1950 présentant
la même tonalité que la littérature des années 1930 attachée à
justifier la réalité d'une «classe moyenne». (Ainsi A. Desquerat,
Classes moyennes françaises, crise, programme, organisation,
Paris, 1939.)
2. Cité par L. Boltanski, *les Cadres, op. cit.*, p. 107.
3. *Ibid.*, p. 106.

bénéficier des avantages sociaux acquis par la classe ouvrière tout en s'en démarquant. En tout cas, cette attitude sera tout à fait claire après la guerre. La Confédération générale des cadres consacrera alors une part importante de son activité à revendiquer à la fois un élargissement de la hiérarchie des salaires et un régime de retraite spécifique qui évite tout risque de confusion avec les « masses » ouvrières.

Si les ingénieurs ont sans doute constitué le fer de lance de la promotion d'un salariat « bourgeois », ils sont bien loin de représenter l'ensemble des cadres de l'industrie. Dès sa fondation, fin 1944, la Confédération générale des cadres recrute large. Elle définit comme cadre tout agent d'une entreprise publique ou privée investi d'une parcelle de responsabilité, ce qui inclut les agents de maîtrise. Les syndicats ouvriers sont par ailleurs contraints de mettre en place des structures spéciales pour accueillir « ingénieurs et cadres », la CFTC dès 1944 (Fédération française des syndicats d'ingénieurs et cadres), la CGT en 1948 (Union générale des ingénieurs et cadres[1]).

Parallèlement à cette transformation de la structure salariale des entreprises, le développement des activités « tertiaires » est à l'origine de la prolifération d'un salariat non ouvrier : multiplication des services dans le commerce, les banques, les administrations des collectivités locales et de l'État (la seule Éducation nationale compte près de 1 million d'agents en 1975), ouverture de nouveaux secteurs d'activité, la

1 *Ibid.*, p. 239 *sq.*

communication, la publicité[1]... La plupart de ces activités sont des activités salariées. La plupart aussi dépassent en revenus et en prestige le salariat ouvrier. Dès 1951, Michel Collinet peint une «classe moyenne salariée» déjà fort complexe, qui comprend certains employés, les fonctionnaires moyens, les chefs de bureau, les cadres, les agents de maîtrise, les techniciens, les ingénieurs[2]...

Non seulement la condition ouvrière est contournée et surplombée par une gamme de plus en plus diversifiée d'activités salariales, mais sa cohérence interne est mise à mal. En 1975, on compte environ 40 % d'ouvriers qualifiés, 40 % d'ouvriers spécialisés et 20 % de manœuvres. La part des femmes s'est accrue pour constituer 22,9 % de la population ouvrière, surtout dans les emplois sous-qualifiés (46,6 % des manœuvres sont des femmes). Près d'un ouvrier sur cinq est un immigré. Le développement du secteur public (le quart de l'ensemble des salariés) renforce un autre type de clivage : les ouvriers de l'État, des collectivités locales et des entreprises nationalisées bénéficient en général d'un statut plus stable

---

1. La distinction entre activités primaires (agricoles), secondaires (industrielles) et tertiaires (les services) a été introduite par C. Clark, *The Conditions of Economic Progress*, Londres. Macmillan, 1940, et popularisée en France par l'œuvre de Jean Fourastié. Le développement économique et social se traduit par le développement des activités tertiaires. Mais outre le tertiaire commercial et le tertiaire administratif, on peut identifier un «tertiaire industriel» qui prend de plus en plus d'importance. Il s'agit de catégories d'emplois du secteur industriel qui ne sont pas directement productives, comme les dactylos, les comptables...

2. M. Collinet, *l'Ouvrier français, essai sur la condition ouvrière*, Paris, Éditions ouvrières, 1951, 2e partie, chap. IV.

que ceux du secteur privé. Le thème de *la segmentation du marché du travail*, c'est-à-dire la
distinction entre des noyaux protégés et des travailleurs précaires, fait son apparition au début
des années 1970[1]. Sans doute l'unité de la classe
ouvrière n'a-t-elle jamais été réalisée : vers 1936,
les disparités entre différentes catégories de travailleurs quant à leur qualification, leur statut
public ou privé, leur nationalité, leur implantation dans de grandes usines ou dans de petites
entreprises, etc., devaient être aussi grandes.
Mais alors un processus d'unification paraissait à
l'œuvre à travers la prise de conscience d'intérêts
communs et l'opposition à l'«ennemi de classe».
Mais, pour des raisons que l'on évoquera, dès
avant les années 1970, cette dynamique paraît
brisée, laissant la condition ouvrière à ses disparités «objectives[2]».

Un autre changement, moins souvent souligné,
a sans doute une plus grande importance encore
pour rendre compte des transformations de la
condition ouvrière envisagée dans la longue
durée. Une enquête de 1978 — mais le mouvement a commencé bien avant — portant, entre
autres, sur «le type de travail principalement

1. En fait, le thème émerge aux États-Unis au cours des
années 1960 et trouve son audience en France pendant les
années 1970, *cf.* M. J. Piore, «On the Job Training in the Dual
Labour Market», *in* A. R. Weber (éd.), *Public and Private Man-
power Policies*, Madison, 1969, et M. J. Piore, «Dualism in the
Labour Market», *Revue économique*, n° 1, 1978.
2. Je fais mienne la thèse centrale de E. P. Thompson selon
laquelle une classe sociale n'est pas seulement une «donnée»
ou une collection de données empiriques. Elle se «fabrique» à
travers une dynamique collective qui se forge dans le conflit
(*cf.* E. P. Thompson, *la Formation de la classe ouvrière anglaise
op. cit.*).

effectué» par les ouvriers constate que ceux
d'entre eux qui se consacrent à des tâches de
fabrication représentent à peine plus du tiers de la
population ouvrière[1]. Autrement dit, une majorité
d'ouvriers se consacre soit à des tâches que l'on
pourrait appeler infraproductives, du type manu-
tention, livraison, emballage, gardiennage, etc.,
soit à des activités plus proches de la conception
et de la réflexion que de l'exécution, du type
contrôle des machines, réglages, essais, entretien,
études, organisation du travail.

C'est là un changement considérable, si ce n'est
par rapport à la réalité de toutes les formes du
travail ouvrier, du moins par rapport à la représentation dominante qui en était donnée dans la
société industrielle. L'ouvrier y apparaît comme
l'*homo faber* par excellence, celui qui transforme
directement la nature par son travail. Le travail
productif s'incarne dans un objet fabriqué. Pour
la tradition de l'économie politique anglaise
comme pour le marxisme, le travail est essentiellement la production de biens matériels, utiles,
consommables[2]. Cette activité de fabrication se
prête d'ailleurs à deux lectures contrastées. Pour
Halbwachs par exemple, elle rend compte du
caractère borné de la condition ouvrière, qui «ne
se trouve en rapport qu'avec la nature et non

1. A.-F. Moliné, S. Volkoff, «Les conditions de travail des
ouvriers et des ouvrières», *Économie et statistiques*, n° 118, janvier 1980. Ce changement est fortement lié au déclin des
formes les plus traditionnelles du travail ouvrier. Ainsi, les
mineurs, qui étaient 500 000 en 1930, ne sont plus que 100 000
en 1975; les ouvrières du textile sont passées de 1,5 million à
200 000 dans la même période (*cf.* F. Sellier, «Les salariés:
croissance et diversité», *loc. cit.*, p. 48).
2. *Cf.* P. Lantz, «Travail: concept ou notion multidimension-
nelle», *Futur antérieur*, n° 10, 1992/2.

avec les hommes, reste isolée face à la matière, se heurte aux seules forces inanimées». C'est pourquoi la classe ouvrière ressemble «à une masse mécanique et inerte [1]». Marx, au contraire, fait de cette activité de transformation de la nature le propre de l'homme, la source de toute valeur, et fonde ainsi le rôle démiurgique qu'il attribue au prolétariat. Mais il est probable que l'un et l'autre — comme, on l'a déjà vu, Simiand — se réfèrent à la conception du travail ouvrier qui prévalait au début de l'industrialisation, et qui commence à devenir obsolète avec les progrès de la division du travail. Le travail ouvrier cesse d'être le paradigme de la production des «œuvres [2]».

Ces transformations en profondeur tant du travail ouvrier que de la place qu'il occupe au sein du salariat ne peuvent manquer d'ébranler la conception du rôle qui était attribué à la classe ouvrière dans la société industrielle. Peut-elle garder cette centralité que lui prêtent à la fois ceux qui exaltent son rôle révolutionnaire et ceux qui la perçoivent comme une menace pour l'ordre social? Le débat est lancé dès la fin des années 1950, et Michel Crozier est l'un des premiers à proclamer que «l'ère du prolétariat s'achève»:

---

1. M. Halbwachs, *la Classe ouvrière et les niveaux de vie, op. cit.*, p. 118, et p. xvii.
2. H. Arendt, dans *la Condition de l'homme moderne, op. cit.*, chap. iii, critique la confusion du travail et de l'œuvre qui aurait caractérisé la réflexion sur le travail à l'époque moderne, non seulement chez Marx, mais déjà chez Locke et Adam Smith. Mais on pourrait ajouter qu'Hannah Arendt peut produire cette critique au milieu du xxe siècle, soit après près de deux siècles de transformation de la conception du travail industriel telle qu'elle a émergé aux débuts de l'industrialisation.

«Une phase de notre histoire sociale doit être définitivement close, la phase religieuse du prolétariat[1].»

Les jeux ne sont cependant pas complètement faits, car les transformations de la condition ouvrière peuvent donner lieu à deux interprétations apparemment opposées. Une «nouvelle classe ouvrière» se constituerait à travers le développement des formes les plus récentes que prend la division du travail. Mais les nouveaux agents qui prennent un rôle de plus en plus décisif dans la production, ouvriers des industries «de pointe», concepteurs davantage qu'exécutants, techniciens, dessinateurs, cadres, ingénieurs, etc., continuent d'être dépossédés du pouvoir de décision et de l'essentiel des bénéfices de leur travail par l'organisation capitaliste de la production. Ils occupent ainsi par rapport à l'antagonisme des classes une position analogue à celle de l'ancien prolétariat et sont désormais les héritiers privilégiés pour reprendre l'entreprise de transformation révolutionnaire de la société que la classe ouvrière traditionnelle, séduite par les sirènes de la société de consommation et encadrée par des appareils syndicaux et politiques réformistes, abandonne[2].

À l'inverse, la thèse de l'«embourgeoisement»

---

1. *Arguments*, «Qu'est-ce que la classe ouvrière française», numéro spécial, janvier-février-mars 1959, p. 33. Le débat reprend avec l'émergence du thème de la «nouvelle classe ouvrière», *cf.* le numéro spécial de la *Revue française des sciences politiques*, vol. XXII, n° 3, juin 1972, avec en particulier l'article de J.-D. Reynaud, «La nouvelle classe ouvrière, la technologie et l'histoire».

2. *Cf.* Serge Mallet, *la Nouvelle Classe ouvrière*, Paris, Le Seuil, 1966.

de la classe ouvrière prend appui sur l'élévation générale du niveau de vie qui atténue les antagonismes sociaux. Le «désir de s'intégrer dans une société où prime la recherche du confort et du bien-être[1]» conduit la classe ouvrière à se fondre progressivement dans la mosaïque des classes moyennes.

En fait, ces deux positions opposées sont complémentaires en ceci au moins que le ressort de leur argumentation est plus politique que sociologique. Serge Mallet surestime le poids de ces nouvelles couches salariales industrielles[2]. Surtout, il surestime la capacité de la classe ouvrière à jouer le rôle d'«attracteur» pour ces catégories nouvelles qui s'affirment à travers les transformations de la production (en particulier le développement de l'automation, thème privilégié dans la sociologie du travail des années 1960). Pourtant, dès 1936, la CGT avait fait l'amère expérience de la «désaffection des techniciens à l'égard du mouvement ouvrier[3]». À de rares exceptions près autour de 1968, l'analyse des conflits sociaux, même «nouveaux», montre que

1. G. Dupeux, *la Société française*, Paris, A. Colin, 1964. La littérature sur cette thématique liée de la marche vers l'abondance et de l'apothéose des classes moyennes est pléthorique. On peut prendre l'œuvre de Jean Fourastié, et en particulier *les Trente Glorieuses*, Paris, Fayard, 1979, pour sa meilleure orchestration.

2. Une étude des années 1970 évalue à 5 % la proportion des ouvriers de l'industrie correspondant à ce profil (*cf.* P. d'Hugues, G. Petit, F. Rerat, «Les emplois industriels. Nature. Formation. Recrutement», *Cahiers du Centre d'études de l'emploi*, n° 4, 1973).

3. S. Weil, dans le rapport qu'elle adresse à la CGT après les grèves de 1936, «Remarques sur les enseignements à tirer des conflits du Nord», in *la Condition ouvrière*, *op. cit.*

le tropisme principal des techniciens, cadres et ingénieurs les pousse à défendre leurs intérêts spécifiques, passant par le maintien de la différenciation sociale et le respect de la hiérarchie, plutôt qu'à s'aligner sur les positions de la classe ouvrière. À moins qu'ils ne fassent preuve de fortes convictions politiques. Mais justement : la conviction qui sous-tend l'exaltation du rôle historique de la «nouvelle classe ouvrière» dans les années 1960 est d'essence politique. Il s'agit de sauvegarder la flamme de la révolution et de ne pas désespérer, non plus Billancourt, mais la CFDT et le PSU[1].

Mais le discours opposé qui proclame la dissolution de la condition ouvrière dans la nébuleuse des classes moyennes paraît sous-tendu par le souhait, lui aussi plus politique que scientifique, d'exorciser définitivement les conflits sociaux. C'est l'idéologie de tous ceux qui proclament la fin des idéologies. Ils scrutent avec gourmandise l'appétit de consommation de la classe ouvrière et constatent avec satisfaction l'affaiblissement des investissements politiques et syndicaux[2]. Mais ils omettent de souligner qu'en dépit de l'incontestable amélioration de ses conditions d'existence, la classe ouvrière ne s'est nullement fondue dans

1. Cette interprétation ne trahit pas la pensée de Serge Mallet, qui présentait lui-même sa démarche initiale non pas comme «celle d'un homme de science se posant objectivement les problèmes de connaissance, mais celle d'un militant du mouvement ouvrier, plus précisément du mouvement syndical», (*la Nouvelle Classe ouvrière, op. cit.*, p. 15). On peut seulement ajouter que le pari de Mallet sur le tropisme révolutionnaire de ces nouveaux agents engagés dans le processus de production a fait long feu.
2. Ainsi, Dupeux parle déjà de «dépolitisation», de «déclin du mythe révolutionnaire» et de «déclin aussi de la participation politique» des ouvriers (*la Société française, op. cit.*, p. 252).

les classes moyennes. Les enquêtes menées dans les années 1950 et 1960 confirment la persistance d'un particularisme ouvrier et d'une conscience de la subordination ouvrière proche de celle qui a été précédemment analysée pour la fin des années 1930[1]. Dépendance par rapport à des conditions de travail dont les modalités ont relativement peu changé quant au rapport de subordination, indissociablement technique et social, qu'elles impliquent[2] et qui se traduit toujours par le sentiment qu'ont les ouvriers d'être situés «socialement en bas[3]». Particularisme,

1. A. Ligneux, J. Lignon, *l'Ouvrier d'aujourd'hui*, Paris, Gonthier, 1960; J.-M. Rainville, *Condition ouvrière et intégration sociale*, Paris, Éditions ouvrières, 1967; G. Adam, F. Bon, J. Capdevielle, R. Moureau, *l'Ouvrier français en 1970*, Paris, A. Colin, 1970. La synthèse de J. H. Goldhorpe, D. Lockwood, F. Bechhofer, J. Platt, *The Affluent Work Series*, 3 volumes, Cambridge University Press, 1968-1969, n'a pas son équivalent en France. Voici cependant, dans la mesure où le titre «l'ouvrier de l'abondance» peut prêter à contresens, une des conclusions majeures de l'ouvrage: «L'intégration aux classes moyennes n'est ni un processus en cours actuellement, ni un objectif souhaité par la plupart de nos ouvriers... Nous avons vu que l'augmentation des salaires, l'amélioration des conditions de travail, l'application de politiques d'emploi plus opportunes, plus libérales, etc., ne modifient pas de façon fondamentale la situation de classe du travailleur industriel à l'intérieur de la société contemporaine» (édition française abrégée, *l'Ouvrier de l'abondance*, Paris, Le Seuil, 1972, p. 210).

2. L'un des changements les plus importants est sans doute la part des immigrés et des femmes dans les travaux les plus pénibles et les plus dévalorisés. Mais le développement de nouvelles formes d'organisation industrielle n'a pas aboli les contraintes ni la pénibilité de nombreuses tâches, en particulier sur les chaînes de montage. On pourra comparer à quarante ans d'intervalle deux témoignages dont les auteurs présentent la même caractéristique d'avoir travaillé en usine sans être ouvriers, S. Weil, *la Condition ouvrière*, *op. cit.*, et R. Linhart, *l'Établi*, Paris, Éditions de Minuit, 1977.

3. A. Ligneux, J. Lignon, *l'Ouvrier d'aujourd'hui*, *op. cit.*, p. 26. C'est un extrait d'une interview d'ouvrier parmi plu-

aussi, des modes de vie et des formes de sociabilité : « Qu'il s'agisse des habitudes de consommation, du style de vie, de l'utilisation de
l'espace urbain, les indices nombreux et variés
manifestent une spécificité des comportements
en milieu ouvrier[1]. » Tout le monde consomme,
mais pas les mêmes produits ; il y a davantage
de diplômes, mais ils n'ont pas la même valeur ;
beaucoup partent en vacances, mais pas dans les
mêmes endroits, etc. Inutile de reprendre ici
toutes ces analyses qui relativisent le discours
de l'œcuménisme social. Celui-ci exprime une
pensée de survol, et il décrète l'homogénéité de
haut. Il s'appuie certes sur d'innombrables
tableaux statistiques et courbes de croissance.
Mais il fait l'impasse sur le sens que ces transformations prennent pour les acteurs sociaux. Un
seul exemple de ces constructions sophistiquées
dont l'abstraction ne rejoint jamais la réalité
sociale qu'elles prétendent traduire. Jean Fourastié, orfèvre en la matière, a savamment calculé qu'« un OS, débutant vers 1970 et restant toute sa vie OS, aura acquis avant sa soixan-
tième année un pouvoir d'achat supérieur à
celui qu'aura gagné depuis son entrée en service
un conseiller d'État prenant aujourd'hui sa
retraite[2] ». Il serait piquant de retrouver en 1995
ce bienheureux OS et de lui demander ce qu'il

---

sieurs autres de la même veine, dans lesquelles les travailleurs
reprennent la perception qui leur est renvoyée de leur statut
social : l'ouvrier, « c'est une poire », « un pauvre couillon », « la
lanterne rouge », etc.
  1. J.-M. Rainville, *Condition ouvrière et intégration sociale*,
op. cit., p. 15.
  2. J. Fourastié, *les Trente Glorieuses, op. cit.*, p. 247.

pense d'un tel alignement sur une position de conseiller d'État[1].

La transformation décisive qui a mûri au long des années 1950 et 1960 n'est donc ni l'homogénéisation complète de la société, ni le déplacement de l'alternative révolutionnaire sur un nouvel opérateur, la «nouvelle classe ouvrière». C'est plutôt la dissolution de cette alternative révolutionnaire et la redistribution de la conflictualité sociale selon un modèle différent de celui de la société de classes: la société salariale.

Dissolution de l'alternative révolutionnaire: la réalité historique de la classe ouvrière n'est pas réductible à un ensemble de modes de vie que l'on décrit, de courbes de salaires que l'on compare, ou à un folklore populiste que l'on regrette. Elle a aussi été une aventure qui a duré un peu plus d'un siècle, avec ses hauts et ses bas, marquée de temps forts — 1848, la Commune, 1936, 1968 peut-être — qui paraissaient anticiper une organisation alternative de la société. L'affaissement de cette conviction que l'histoire sociale pouvait déboucher sur un ailleurs, ce que Crozier appelle dès 1959 «la phase religieuse du prolétariat», n'est pas datable en toute rigueur. Même en ses moments de gloire elle n'a jamais été portée que par une minorité ouvrière[2] et elle peut

---

1. Pour voir où peut conduire la fascination pour les courbes de croissance, on relira aujourd'hui, avec amusement ou agacement, de Jean Fourastié, *la Civilisation de 1995*, Paris, PUF, 1970.
2. Minorité de grévistes en 1936 malgré l'ampleur du mouvement: moins de 2 millions pour 7 millions de salariés ouvriers; phénomène essentiellement parisien que furent juin 1848 et la Commune. Davantage: les indifférents et les «jaunes» étaient

toujours resurgir ponctuellement en faisant revivre comme autant de flashes de rapides explosions qui évoquent la «jeunesse de la grève[1]» et réveillent des utopies assoupies[2]. Cependant, il est devenu de moins en moins crédible que s'institutionnaliseront un jour les lendemains qui chantent. L'oscillation entre révolution et réforme qui a toujours traversé le mouvement ouvrier en vient à se fixer avec de plus en plus d'insistance sur le second pôle, et le clivage entre «eux» et «nous» cesse d'alimenter un imaginaire du changement radical. Désenchantement du monde social, réduit à une unidimensionnalité sans transcendance : les transformations sociales ne se jouent plus à quitte ou double et cessent d'être arbitrées par un sens de l'histoire. C'est peut-être, paradoxalement, Mai 68 qui cristallise cette prise de conscience : la classe ouvrière cette fois s'est ralliée au mouvement au lieu d'en être l'épicentre, et elle s'est contentée d'en retirer des avancées «réformistes». Il est significatif en tout cas que dans l'immédiat après-68 les travailleurs immigrés aient été appelés à reprendre le flambeau

---

aussi ouvriers que les syndicalistes et que les militants, et en juin 1848 les troupes les plus combatives de la Garde qui vainquirent le faubourg Saint-Antoine étaient composées de jeunes ouvriers. En même temps pourtant, juin 1848, la Commune de Paris, 1936, ont vécu dans la mémoire de toute une classe.

1. M. Perrot, *Jeunesse de la grève*, Paris, Le Seuil, 1984.
2. La question de savoir quand meurt une utopie n'a pas de sens, puisque l'utopie est hors histoire (ainsi, pour les Indiens du Mexique, Zapata n'est pas mort). La question — difficile — est de savoir quand une utopie cesse d'être en prise sur l'histoire et de lui imposer, fût-ce partiellement, sa marque. Ainsi la référence à la Révolution a-t-elle longtemps chargé d'une aura d'absolu même les entreprises prosaïquement réformistes. Depuis quand n'est-ce plus le cas ?

d'un messianisme révolutionnaire abandonné par une classe ouvrière autochtone «intégrée au système[1]».

En deçà de la dimension politique de ces péripéties, c'est la signification anthropologique dominante du salariat qui a basculé au cours de ces décennies. La classe ouvrière tenait son potentiel révolutionnaire du fait qu'elle incarnait cet «indigne salariat» qui n'avait rien à perdre que ses chaînes et dont l'émancipation changerait la face du monde. Marx, sur ce point, n'a fait que radicaliser une structure anthropologique du salariat connotée, semblait-il depuis toujours, avec des situations de dépendance à travers lesquelles un homme met à la disposition d'un autre sa capacité de travail. C'est le sens littéral de l'expression «travail aliéné»: œuvrer pour autrui et non pour soi-même, laisser à un tiers qui va le

---

1. *Cf.* par exemple J.-P. de Gaudemar: *Mobilité du travail et accumulation du capital*, Paris, Maspero, 1976, qui exprime le consensus de l'ensemble des courants «gauchistes» au début des années 1970. Il s'agit d'un déplacement analogue à celui qui s'était effectué dix ans plus tôt sur la «nouvelle classe ouvrière» et que l'on peut interpréter comme une nouvelle étape dans le processus de destitution de la classe ouvrière «classique» de son rôle révolutionnaire, y compris aux yeux des idéologues qui se veulent les héritiers du prophétisme révolutionnaire du XIXᵉ siècle. De fait, les travailleurs immigrés furent les agents et les enjeux principaux des luttes sociales les plus dures du début des années 1970. Du côté de la classe ouvrière «autochtone», le conflit Lip est sans doute le dernier qui ait mobilisé le potentiel alternatif du mouvement ouvrier (*cf.* P. Lantz, «Lip et l'utopie», *Politique d'aujourd'hui*, nº 11-12, nov.-déc. 1980). Mais le conflit de Lip peut aussi s'interpréter comme une des dernières luttes de la période de croissance qui a suivi la Seconde Guerre mondiale. Comme le déclare solennellement l'assemblée générale du personnel du 12 octobre 1973: «Nous n'accepterons ni licenciement, ni reclassement, ni démantèlement» (*loc. cit.*, p. 101). Aujourd'hui de telles déclarations seraient impensables.

consommer ou le commercialiser le produit de son travail. Que cette contrainte s'euphémise lorsqu'elle prend avec le libéralisme une forme explicitement contractuelle, ou qu'elle perde son caractère de dépendance personnalisée lorsqu'on travaille par exemple pour une société anonyme régie par des conventions collectives ne change pas la dissymétrie de la relation : c'est bien à une sorte d'abandon du fruit de son travail à une autre personne, ou à une entreprise, ou à une institution, ou «au capital», que procède le salarié.

Dans cette logique, les activités d'un sujet social autonome, même si elles prennent la forme de services rendus, ne devraient pas entrer dans un rapport salarial. Un producteur indépendant ne saurait être salarié. Ce n'est pas une simple tautologie, mais la conséquence du fait que certaines activités sont inaliénables, donc non salariables, même si elles correspondent à un travail effectué pour autrui. Un cordonnier, un tisserand peuvent être travailleurs indépendants ou salariés. Un médecin ne peut être un salarié, comme l'arrêt précédemment cité de la Cour de cassation le montre en 1937 encore.

Cette conception séculaire du travail salarié s'efface vers les années 1950 et 1960, entraînant l'effacement du rôle historique de la classe ouvrière. La lente promotion d'un salariat bourgeois a ouvert la voie. Elle débouche sur un modèle de société qui n'est plus traversé par un conflit central entre salariés et non-salariés, c'est-à-dire entre prolétaires et bourgeois, travail et capital. La «nouvelle société[1]», pour reprendre

1. On sait que c'est le nom donné par Jacques Chaban-Delmas à son programme politique correspondant à une période de forte

un slogan du début des années 1970 qui se voulait la traduction politique de ce changement, est plutôt organisée autour de la concurrence entre différents pôles d'activités salariales. Société qui n'est ni homogène ni pacifiée, mais dont les antagonismes prennent la forme de luttes pour les placements et les classements plutôt que celle de la lutte des classes. Société dans laquelle de repoussoir le salariat devient modèle privilégié d'identification.

La condition salariale

C'est à partir du milieu des années 1950 qu'émerge un nouveau discours sur «les hommes des temps qui viennent», sorte de purs salariés qui ont acquis leurs lettres de bourgeoisie[1]. Ce profil se dégage dans le cadre de la modernisation de la société française qui oppose les agents de la croissance et du progrès aux représentants des classes moyennes traditionnelles, petits patrons et commerçants malthusiens, notables conservateurs. D'un côté, une France frileuse, «poujadiste», crispée sur la défense du passé, de l'autre, une France dynamique qui veut enfin épouser son siècle et dont les nouveaux salariés constituent le fer de lance[2].

---

expansion économique et à une volonté, bientôt contrée, de déblocage de la société après 1968.

1. «Éliminer des classes moyennes les cadres salariés et une grande partie des fonctionnaires serait réduire celles-ci à une caricature de bourgeoisie» (P. Bleton, *les Hommes des temps qui viennent*, Paris, Éditions ouvrières, 1956, p. 230).

2. *Cf.* J. Donzelot, «D'une modernisation à l'autre», *Esprit*, 1986, août-sept. 1986, et M. Winock, *La République se meurt*,

Dans ce contexte, une nouvelle constellation salariale se voit attribuer la fonction d'attracteur auquel est dévolue la tâche de «tirer» la dynamique sociale, comme on dit que tel secteur industriel ou commercial «tire» la croissance économique de toute une société. On assiste alors à une quasi-mythologisation d'un profil d'homme (et accessoirement de femme[1]) efficace et dynamique, libéré des archaïsmes, à la fois décontracté et performant, gros travailleur et grand consommateur de biens de prestige, de vacances intelligentes et de voyages à l'étranger. Il se veut affranchi de l'éthique puritaine et thésaurisatrice, du culte du patrimoine et du respect des hiérarchies consacrées qui caractérisent la bourgeoisie traditionnelle. Des journaux comme *l'Express* — «*l'Express* journal des cadres[2]» — ou *l'Expansion* témoignent de l'audience de cette représentation du monde social, et à leur tour la diffusent. Elle est principalement portée par dif-

---

Paris, Florio, 1985. On ne peut se retenir de citer la savoureuse description que donne cet auteur des défenseurs d'une organisation précapitaliste de la société : «Dans l'autre camp s'épanouissaient les chantres de la vie villageoise, les petits commerçants, les bistrots qui faisaient la fortune de M. Paul Ricard, la France du XIXe siècle, radicale, protectionniste, pavillonnaire, avec sa traînée de notaires, d'avoués, d'huissiers, de curés traditionalistes, de boulistes à béret basque, de chiens méchants, de murs sertis de tessons de bouteilles, de membres actifs de l'Association Guillaume-Budé, de bouilleurs de cru, d'administrateurs coloniaux, d'anciens tenanciers de bordel, à quoi s'ajoutaient les fidèles du maréchal Pétain». J'ajoute pour ma part que dans ce «camp», il n'y a pas ou guère de salariés.

1. Dans la mesure où les femmes restent très minoritaires dans le haut salariat, par exemple 3,8 % des ingénieurs en 1962 et 4 % en 1975, 12 % des cadres administratifs supérieurs en 1962 et 17,3 % en 1975 (L. Boltanski, *les Cadres, op. cit.*).

2. *Ibid.*, p. 179.

férentes catégories de salariés : cadres moyens et supérieurs, enseignants, publicitaires, experts en communication et, sur sa frange inférieure, représentants d'un certain nombre de professions intermédiaires tels qu'animateurs culturels, personnels paramédicaux, éducateurs, etc. [1]. En s'étoffant, elles formeront ce que Henri Mendras appelle « la constellation centrale » et dont il fait le foyer de diffusion de la « seconde révolution française [2] ». L'expression de « seconde révolution française » est sans aucun doute exagérée. Mais il est vrai qu'il existe un ensemble (ou plutôt une interconnexion de sous-ensembles) de prestataires de services qui constituent le noyau le plus mobile et le plus dynamique de la société, le principal diffuseur des valeurs de la modernité, du progrès, des modes et du succès. C'est aussi, par rapport à l'ensemble de la société, le regroupement dont la croissance a été la plus continue et la plus rapide depuis le « décollage » qui a suivi la fin de la Seconde Guerre mondiale.

Cette promotion du salariat bouscule l'opposition séculaire du travail et du patrimoine. Revenus confortables, positions de pouvoir et de prestige, leadership en matière de modes de vie et de modes culturelles, sécurité contre les aléas de l'existence ne sont plus nécessairement liés à

1. Certaines professions libérales peuvent appartenir à la même mouvance, mais elles sont très minoritaires par rapport à cette configuration salariale. On compte en 1975 172 000 membres des professions libérales contre 1,270 million de cadres supérieurs et 2,764 millions de cadres moyens (*cf.* L. Thévenot, « Les catégories sociales en 1975 », *loc. cit.*).

2. H. Mendras, *la Seconde Révolution française*, Paris, Gallimard, 1988.

la possession d'un gros patrimoine[1]. À la limite,
les positions socialement dominantes pourraient
même être assurées par de «purs» salariés, c'est-
à-dire par des personnes dont les revenus et la
position dans la structure sociale dépendraient
exclusivement de leur emploi.

À la limite seulement. La promotion de ces positions salariales est liée à un développement de
secteurs professionnels qui, en particulier dans le
tertiaire[2], requièrent titres et diplômes. Or on sait
que ce capital scolaire est fréquemment lié à l'héritage culturel familial, lui-même fortement
dépendant du capital économique. D'autre part,
le salariat peut désormais être à l'origine de la
constitution d'un patrimoine, en particulier par
l'intermédiaire du crédit et de l'accession à la
propriété. Les relations du patrimoine et du travail deviennent ainsi beaucoup plus complexes
qu'elles ne l'étaient aux débuts de l'industrialisation. Alors, en schématisant, la possession d'un

1. Une enquête de 1977 portant sur «le montant moyen du
patrimoine selon la catégorie socioprofessionnelle des
ménages» (*in* J.-D. Reynaud, Y. Graffmeyer, *Français, qui êtes-
vous?*, *op. cit.*, graphique 5 p. 136) montre que les catégories de
«cadres supérieurs» et de «cadres moyens», qui regroupent
l'essentiel de ces nouvelles couches salariées, disposent d'un
patrimoine quatre fois moins élevé que celui des «industriels et
commerçants» et des «professions libérales», nettement moins
élevé que celui des «agriculteurs» et même deux fois moins
élevé que celui des «artisans et petits commerçants». Une autre
enquête (*ibid.*, graphique 3, p. 133) montre qu'il existe des disparités énormes dans la distribution du patrimoine : les 10 %
des ménages les plus fortunés en possèdent 54 %, et les 10 % les
moins fortunés, 0,03 %. Par contre, les courbes comparées de la
distribution de revenus et du patrimoine montrent qu'il peut y
avoir des revenus assez élevés associés à un faible patrimoine.
2. Entre 1954 et 1975, la proportion des emplois du secteur
tertiaire passe de 38 à 51 %, *cf.* M. Maruani, E. Reynaud,
Sociologie de l'emploi, Paris, La Découverte, 1993, p. 49.

patrimoine dispensait de se livrer à des activités salariées, tandis que l'acquisition d'un patrimoine, même modeste, par les travailleurs les poussait à échapper au salariat en s'établissant à leur compte. Maintenant, le salariat et le patrimoine interfèrent dans les deux sens : le patrimoine facilite l'accès à des positions salariales élevées par l'intermédiaire des diplômes, tandis que l'établissement dans des positions salariales solides peut commander l'accès au patrimoine[1].

Ainsi la « constellation centrale » ne représente-t-elle pas une configuration de positions salariales « pures ». Elle n'occupe pas non plus cette position hégémonique d'une « bourgeoisie sans capital » ayant quasi évincé la « bourgeoisie traditionnelle » que lui prêtent ses thuriféraires les plus enthousiastes[2]. Il demeure *un noyau de positions dominantes*, qui cumulent et entrelacent capital économique, capital social et capital culturel, management des entreprises publiques et

---

1. En 1977, logements principaux et résidences secondaires représentaient 37,8 % de l'ensemble du patrimoine des Français (*cf.* J.-D. Reynaud, Y. Graffmeyer, *Français, qui êtes-vous ?, op. cit.*, graphique 3, p. 133). On sait que les facilités de prêts pour l'accès à la propriété dépendent largement du profil professionnel des emprunteurs et de leur capacité à budgéter l'avenir en pariant à l'avance sur la stabilité et la progression des revenus salariaux, d'où la possibilité pour les ouvriers eux-mêmes d'accéder au patrimoine : en 1973, 38 % d'entre eux étaient propriétaires de leur logement (*cf.* M. Verret, J. Creusen, *l'Espace ouvrier*, Paris, A. Colin, 1979, p. 114).

2. « Ainsi, la bourgeoisie traditionnelle liée à la possession des choses évolue-t-elle dans une néo-bourgeoisie sans capital que grossit à sa base l'extension du tertiaire. En bref, la propriété héritée tend à le céder à la propriété méritée (dans la mesure où le diplôme sanctionne le mérite). Mais quoi de plus personnel qu'une telle propriété ? » (A. Piettre, « La propriété héritée ou méritée », *le Monde*, janvier 1978, cité par P. Bourdieu, *la Noblesse d'État, op. cit.*, p. 479.)

privées et pouvoirs exercés dans l'appareil d'État. De cette «noblesse d'État», Pierre Bourdieu dit :

> Peu de groupes dirigeants ont jamais réuni autant de principes de légitimation aussi différents et qui, bien qu'en apparence contradictoires, comme l'aristocratisme de la naissance et le méritocratisme du succès scolaire ou de la compétence scientifique, ou comme l'idéologie du «service public» et le culte du profit déguisé en exaltation de la productivité, se combinent pour inspirer aux nouveaux dirigeants la certitude la plus absolue de leur légitimité [1].

De fait, beaucoup de professions de la «constellation centrale» sont plus dépendantes qu'elles ne l'avouent du capital économique : cadres dont le destin est lié à celui de l'entreprise, mais aussi producteurs culturels, professionnels de la communication pour lesquels la reconnaissance d'une légitimité passe par l'obtention de moyens de financement. De même, l'opposition classique entre patrons à l'ancienne mode et dirigeants salariés des entreprises («*owners*» et «*managers*») mérite d'être relativisée. Les PDG des grandes entreprises, par exemple, dont on fait volontiers la frange supérieure du salariat choisie pour son professionnalisme et sa compétence technique, sont fréquemment aussi des actionnaires importants de l'entreprise issus de milieux appartenant de longue date au monde des affaires [2]. Si la toute-puissance des «deux cents familles» a été un

---

1. P. Bourdieu, *la Noblesse d'État, op. cit.*, p. 480.
2. *Ibid.*, p. 478. *Cf.* aussi J. Marchal, J. Lecaillon, *la Répartition du revenu national*, Paris, Éditions Génin, 1ʳᵉ partie, t. I, qui montrent que les avantages en nature, primes et émoluments divers dont bénéficient les cadres supérieurs de haut niveau représentent un type de rétribution non salariale qui est en fait une participation aux profits de l'entreprise.

mythe de la gauche, il reste vrai que l'essentiel du pouvoir économique est détenu par des milieux soigneusement choisis (*cf.* la composition des «noyaux durs» des grandes sociétés).

Mais justement : s'il n'y a pas osmose entre les différents blocs qui constituent la société salariale, il n'y a pas non plus altérité absolue. Le salariat haut de gamme a joué le rôle d'attracteur, y compris sur les groupes dominants traditionnels, dont les fractions les plus dynamiques ont réussi leur aggiornamento en acquérant, sans renoncer à leurs anciennes prérogatives, les nouveaux attributs de la réussite et des honneurs qui passent par exemple par la fréquentation des grandes écoles et la possession des meilleurs diplômes. Ce faisant, une part des classes dominantes traditionnelles s'est aussi placée, et au top niveau, sur le marché du salariat.

Ainsi, même au sein des groupes dominants, il y a moins homogénéisation que concurrence, lutte pour les placements. Cet espace social est traversé par le conflit et le souci de la différenciation. Un principe de *distinction* oppose et réunit les groupes sociaux. Oppose et réunit, car la distinction fonctionne sur une dialectique subtile du même et de l'autre, de la proximité et de la distance, de la fascination et du rejet. Elle suppose une dimension *transversale* aux différents groupements qui réunit ceux-là mêmes qui s'opposent et leur permet de se comparer et de se classer. «Classeurs classés par leurs classements», ils se reconnaissent à travers leur distance par rapport aux autres positions, qui forment ainsi un continuum[1].

---

1. *Cf.* les analyses de Pierre Bourdieu in *la Distinction, critique du jugement social*, Paris, Éditions de Minuit, 1979.

Cette logique de la différenciation se distingue à la fois d'un modèle fondé sur le consensus et d'un modèle fondé sur l'antagonisme de l'affrontement classe contre classe. Pour caractériser cette constellation, on pourrait la rapprocher de ce que disait Georg Simmel de la «classe moyenne» dans une représentation encore tripartite de la société : «Ce qu'elle a de vraiment original, c'est qu'elle fait des échanges continuels avec les deux autres classes et que ces fluctuations perpétuelles effacent les frontières et les remplacent par des transitions parfaitement continues[1].» «Transitions parfaitement continues», il faudrait en discuter. Mais l'idée du continuum des positions propres à une société salariale est bien présente.

On pourrait ainsi se représenter la société salariale à partir de la coexistence d'un certain nombre de blocs[2] à la fois séparés et unis par cette logique de la distinction qui joue au sein de chaque ensemble comme entre les différents ensembles. Dans cette configuration, il faudrait faire sa place au bloc *des professions indépendantes au patrimoine non reconverti*, le bloc des vaincus de la modernisation qu'évoquait avec pittoresque Michel Winock. C'est parce que ces groupes ont été marginalisés que la société salariale a pu se déployer : mort du rentier comme

1. G. Simmel, *Sociologie et épistémologie*, trad. fr., Paris, PUF, 1981, p. 200.
2. Je préfère le terme de bloc à celui de classe, non pas au nom d'une idéologie du consensus (il n'y a plus de classe donc il n'y a plus de conflits, etc.), mais parce qu'une classe, au sens plein du mot, n'existe que lorsqu'elle est prise dans une dynamique sociale qui la rend porteuse d'un projet historique qui lui est propre, comme a pu l'être la classe ouvrière. En ce sens, il n'y a plus de classe ouvrière.

paradigme du bourgeois, inexorable régression du petit commerce et de l'artisanat (900 000 artisans, 780 000 commerçants et assimilés au début des années 1980[1]), révolution du monde agricole qui a entraîné la fin des paysans traditionnels[2]. Ou bien ces fractions du patrimoine ont su se reconvertir en s'adaptant aux nouvelles exigences de la société salariale (*cf.* par exemple le relatif dynamisme des petites et moyennes entreprises, ou le développement de coopératives agricoles), ou bien il a dû se résigner à passer la main. Même dans cette France profonde qui depuis un siècle et demi freinait l'avènement du progrès, répugnait à l'urbanisation et à l'industrialisation, le salariat et les valeurs associées de l'instruction et de la culture urbaine ont donc aussi joué le rôle d'attracteur. À preuve le fait qu'après avoir regardé de haut le salariat et tout fait pour s'en distinguer, ces catégories « indépendantes » en sont venues à le considérer avec une envie teintée de ressentiment : paysans, artisans, petits commerçants se comparent aux salariés non seulement quant aux revenus, mais aussi quant à la durée du travail, à l'accès aux loisirs et à la protection sociale. Un ressort profond du « poujadisme » — qui va bien au-delà du phénomène Poujade à proprement parler — est

1. *Cf. Données sociales 1993*, Paris, INSEE, 1993, p. 459. Mais il est significatif de noter que le nombre des emplois indépendants ou assimilés recommence à croître comme une des conséquences de la crise de la société salariale, *cf.* chapitre suivant.

2. *Cf.* H. Mendras, *la Fin des paysans, suivi d'une réflexion sur la fin des paysans vingt ans après*, Le Paradou, Actes-Sud, 1984. Au début des années 1980, il reste moins de 1 million d'agriculteurs exploitants, *cf. Données sociales 1993, op. cit.* C'est donc aussi, selon la classification de Colin Clark, de l'effondrement du secteur « primaire » qu'il s'agit.

bien cette envie et ce ressentiment de catégories menacées dans leur indépendance à l'égard des couches salariées censées travailler moins en bénéficiant de surcroît de tous les avantages sociaux. Ainsi l'attraction du salariat joue-t-elle également en deçà de ses limites, sur les catégories qui n'y ont pas accès, comme elle joue au-delà sur la haute bourgeoisie.

Cette attraction joue aussi sur *le bloc populaire* formé des ouvriers et des employés qui occupent une place subordonnée dans la configuration salariale. Approximation, sans doute, que de placer dans le même «bloc» ouvriers et employés. Cependant, on assiste dans les années 1960 à «la transformation d'une classe ouvrière étendue et renouvelée incorporant de plus en plus d'employés[1]». Parallèlement, du fait de la mécanisation du travail de bureau, l'employé est rarement resté un collaborateur direct du patron. Le «col blanc» des grands magasins ou des bureaux d'entreprises subit des contraintes voisines de celles des ouvriers. L'évolution des salaires marque la même tendance à l'homogénéisation[2]. La généralisation de la mensualisation intervenue en 1970 sanctionne cette évolution : le statut professionnel des ouvriers mensualisés est pratiquement aligné sur celui des employés[3].

1. M. Aglietta, A. Bender, *les Métamorphoses de la société salariale, op. cit.*, p. 69.
2. Calculés sur la base de l'indice 100 en 1950, les gains moyens des employés atteignent l'indice 288,6 en 1960, celui des ouvriers 304,8 (*cf.* J. Bunel, *la Mensualisation, une réforme tranquille?*, Paris, Éditions ouvrières, 1973, p. 36).
3. Le principe de la mensualisation des ouvriers donne lieu à un accord paritaire signé le 20 avril 1970 par les syndicats patronaux et les syndicats de salariés. Cette mesure étend aux ouvriers

Cependant, on soulignera une dernière fois que les incontestables améliorations dont ont bénéficié les groupes populaires, ou qu'ils ont conquises, n'ont pas complètement effacé leur particularisme. Comme le dit Alfred Sauvy, «tout organisme social qui doit se déformer, changer de proportion, le fait plus facilement par addition que par soustraction[1]». En particulier, l'«addition» de nouvelles couches salariales au-dessus du salariat ouvrier n'a pas «supprimé» toutes les caractéristiques qui en faisaient le modèle du salariat aliéné. Il faudrait ici actualiser pour le début des années 1970 le bilan esquissé autour de 1936 des indices de l'intégration différentielle des classes populaires en matière de consommation, de logement, de mode de vie, de participation à l'éducation et à la culture, de droits sociaux. Mais il faudrait y consacrer au moins un chapitre, qui montrerait que, sous tous ces rapports, les catégories populaires sont encore bien loin d'avoir refait leur retard[2]. Toutefois, importe ici surtout le fait

---

les avantages des salariés payés mensuellement en matière de congés, d'indemnités en cas de maladie, de départ à la retraite, etc. Plus profondément, le salaire ouvrier cesse d'être la rétribution directe d'un travail ponctuel pour devenir la contrepartie d'une allocation globale de temps. En 1969, 10,6 % des ouvriers étaient mensualisés. Ils seront 53 % en 1971 et 82,5 % en 1977 (*cf.* F. Sellier, *les Salariés en France, op. cit.*, p. 110).

1. A. Sauvy, «Développement économique et répartition professionnelle de la population», *Revue d'économie politique*, 1956, p. 372.

2. On trouvera *in* J.-D. Reynaud, Y. Graffmeyer, *Français, qui êtes-vous?, op. cit.*, un ensemble de tableaux qui marquent les performances différentielles des catégories sociales en matière de revenus, de patrimoine, de diplômes, d'accès à la culture et aux loisirs, de mobilité sociale, etc. Les catégories ouvrières, légèrement devancées par les employés, occupent régulièrement les dernières positions (sauf si l'on prend en

qu'en dépit de cette subordination ces groupes
sont inscrits dans le continuum des positions qui
constituent la société salariale et peuvent de ce
fait, non point s'interchanger, mais se comparer
en se différenciant.

L'omniprésence du thème de la consommation
pendant ces années — la «société de consommation[1]» — exprime parfaitement ce que l'on
pourrait appeler *ce principe de différenciation
généralisée*. La consommation commande un système de relations entre les catégories sociales
selon lequel les objets possédés sont les *marqueurs*
des positions sociales, les «indicateurs d'un classement[2]». On conçoit, dès lors, que sa valeur soit
surdéterminée : les sujets sociaux n'y jouent
pas leur apparence, mais leur identité. Ils manifestent à travers ce qu'ils consomment leur place
dans l'ensemble social. Analogon du sacré dans
une société désormais sans transcendance, la
consommation d'objets signifie, au sens fort, la
valeur intrinsèque d'un individu en fonction de la
place qu'il occupe dans la division du travail. La
consommation est la base d'un «commerce» au
sens du XVIIIe siècle, c'est-à-dire d'un échange
policé à travers lequel les sujets sociaux commu-
niquent.

Sans prétendre proposer un panorama exhaus-
tif de la société salariale, il faut au moins mar-

compte certaines catégories d'agriculteurs et d'inactifs, les
ouvriers agricoles en voie d'extinction et les populations du
«quart monde», sur lesquelles on reviendra)

1. *Cf.* J. Baudrillard, *la Société de consommation*, Paris,
Denoël, 1970.

2. M. Aglietta, A. Bender, *les Métamorphoses de la société
salariale*, *op. cit.*, p. 98.

quer la place d'un dernier bloc, que l'on nommera
périphérique ou résiduel. La relative intégration de
la majorité des travailleurs que traduit, entre
autres, la mensualisation creuse un écart avec une
force de travail de ce fait marginalisée, regroupant des occupations instables, saisonnières,
intermittentes[1]. Ces «travailleurs périphériques[2]»
sont livrés à la conjoncture. Ils subissent en priorité les contrecoups des variations de la demande
de main-d'œuvre. Constitués en majorité d'immigrés, de femmes et de jeunes sans qualification,
de travailleurs âgés incapables de suivre les
«reconversions» qui s'engagent, ils occupent les
positions les plus pénibles et les plus précaires
dans l'entreprise, ont les revenus les plus faibles
et sont les moins bien couverts par les droits
sociaux. Ils campent aux frontières de la société
salariale davantage qu'ils n'y participent à part
entière. Ainsi, alors même que la condition
ouvrière se consolide, subsiste ou se creuse au
sein des travailleurs, principalement manuels,
une ligne de partage entre des groupes vulnérables dont la condition rappelle celle de l'ancien
prolétariat et une majorité qui paraît solidement
engagée dans un processus de participation élargie aux bénéfices du progrès social et économique. Cependant, avant la fin des années 1970,
la spécificité et l'importance de ce phénomène
sont mal perçues. Pour les tenants du progrès,

---

1. *Cf.* J. Bunel, *la Mensualisation, une réforme tranquille*, *op.
cit.*, p. 192-193.
2. Parallèlement aux travaux sur la segmentation du marché
du travail, ce thème du «travailleur périphérique» émerge aux
États-Unis à la fin des années 1960, *cf.* D. Morse, *The Periphe-
ral Worker*, New York, Columbia University Press, 1969.

il est noyé dans la dynamique dominante qui entraîne l'ensemble de la société vers l'opulence. Ceux qui s'y intéressent, pour des raisons essentiellement politiques, y voient la preuve de la perpétuation de l'exploitation de la classe ouvrière en tant que telle[1]. L'importance de ce clivage au sein de la société salariale n'apparaîtra que plus tard avec l'audience de la thématique de la précarité.

On peut enfin rapprocher — sans les confondre — ces situations «périphériques» de celles des populations qui ne sont jamais entrées dans la dynamique de la société industrielle. C'est ce que l'on appelle le «quart monde», expression à l'exotisme un peu suspect, comme s'il subsistait dans les sociétés développées des îlots archaïques peuplés de tous ceux qui n'ont pas pu ou pas voulu payer le prix de l'intégration sociale et sont restés hors du travail régulier, du logement décent, des unions familiales consacrées et de la fréquentation des institutions de socialisation reconnues. «Ce sont ceux qui, n'ayant pas pu entrer dans les structures modernes, demeurent en dehors des grands courants de la vie de la nation[2].» Ils errent ou habitent aux lisières des

---

1. *Cf.* les discussions de l'époque sur «la paupérisation relative» ou la «paupérisation absolue» de la classe ouvrière. Plus généralement, en raison du quasi-plein-emploi, au moment où elle émerge, cette thématique de la fragmentation de la classe ouvrière est retraduite en termes de persistance des inégalités plutôt qu'en termes de précarité accrue.

2. Préface de l'abbé Wresinski à J. Labbens, *la Condition prolétarienne*, Paris, Sciences et service, 1965, p. 9. Cet ouvrage porte en sous-titre «L'héritage du passé», significatif de cette perception de la pauvreté comme une sorte de corps étranger dans la société salariale. *Cf.* aussi J. Labbens, *Sociologie de la*

villes, se reproduisent entre eux génération après génération, vivent d'expédients ou de secours et paraissent décourager les efforts bien intentionnés de tous ceux qui veulent les moraliser et les normaliser. Ils font un peu honte en période de croissance et de conversion aux valeurs de la modernité, mais il n'y a au fond rien de scandaleux dans le fait qu'existe, comme dans toute société sans doute, une frange limitée de marginaux ou d'asociaux qui ne jouent pas le jeu commun. En tout cas ces poches résiduelles de pauvreté ne paraissent mettre en question ni les règles générales de l'échange social ni la dynamique du progrès continu de la société. Parler de quart monde est une façon de signifier que « ces gens-là » ne sont pas du bois dont on fait les salariés.

À part l'existence de ces populations « périphériques » ou « résiduelles » — et sans doute aussi, au sommet, celle de positions éminentes, artistes, vedettes des médias, grands managers, héritiers des grandes fortunes, dont la condition paraît incommensurable au régime commun, mais il faut bien un autre exotisme que celui du quart monde pour entretenir la mythologie de *Paris Match* —, la société salariale peut déployer une structure relativement homogène dans sa diffé-

---

pauvreté, Paris, Gallimard, 1978. Les « pauvres », pour cet auteur, « se situent au dernier échelon, ou mieux encore à côté de l'échelle sans arriver à mettre le pied sur le premier gradin. Ils ne se reconnaissent pas dans la classe ouvrière, et la classe ouvrière ne se reconnaît pas en eux » (p. 138). Le parti pris de penser la problématique du « quart monde » comme absolument distincte de celle de la classe ouvrière est une composante centrale — et très discutable — de l'idéologie d'ATD-Quart Monde.

renciation. Non seulement parce que l'essentiel
des activités sociales est recentré autour du salariat (près de 83 % de salariés en 1975). Mais surtout parce que la plupart des membres de cette
société trouvent dans le salariat un principe
unique qui à la fois les réunit et les sépare, et
fonde ainsi leur *identité sociale*. «Dans une
société salariale, tout circule, tout le monde se
mesure et se compare[1].» Formule exagérée peut-
être, puisqu'une telle société comporte des marges, des positions d'excellence au-dessus du salariat et des positions d'indignité au-dessous de
lui. Formule globalement juste pourtant, si on ne
confond pas «se comparer» avec s'équivaloir, et
si on entend «se mesurer» comme une mise en
compétition à travers laquelle les sujets sociaux
jouent leur identité dans la différence. Le salariat
n'est pas seulement un mode de rétribution du
travail, mais la condition à partir de laquelle les
individus sont distribués dans l'espace social.
Comme le remarquent Margaret Maruani et
Emmanuelle Reynaud : «Derrière toute situation
d'emploi, il y a un jugement social[2].» Il faut
prendre l'expression dans son sens le plus fort : le
salarié est jugé-placé par sa situation d'emploi, et
les salariés trouvent leur commun dénominateur
et existent socialement à partir de cette place.

1. M. Aglietta, A. Bender, *les Métamorphoses de la société
salariale, op. cit.*, p. 98.
2. M. Maruani, E. Reynaud, *Sociologie de l'emploi, op. cit.*,
p. 113.

L'État de croissance

Cependant la société salariale ne se réduit pas à un nexus de positions salariées. Livrée à la seule logique de la concurrence et de la distinction, elle risquerait d'être emportée par un mouvement centrifuge. Elle est aussi un mode de *gestion politique* qui a associé la propriété privée et la propriété sociale, le développement économique et l'acquisition des droits sociaux, le marché et l'État. J'appelle ici État de croissance l'articulation des deux paramètres fondamentaux qui ont accompagné la société salariale dans son parcours et tissé avec elle des liens essentiels : la croissance économique et la croissance de l'État social. De sorte que le coup d'arrêt porté à cette promotion pourra s'entendre comme un effet de la crise économique sans doute, mais surtout, à travers elle, comme la mise en cause de ce montage sophistiqué de facteurs économiques et de régulations sociales qui a donné au salariat moderne sa fragile consistance.

Croissance économique d'abord. Ce qui faisait figure d'évidence jusqu'au début des années 1970 révèle maintenant la troublante singularité d'une période inédite dans l'histoire de l'humanité, ou du moins dans celle des pays industrialisés. On assiste alors en France, entre 1953 et 1975 environ, avec des taux de croissance annuels de 5 à 6 %, pratiquement au triplement de la productivité, de la consommation et des revenus salariaux[1].

---

1. *Cf.*, par exemple, E. Mossé, *la Crise... et après*, Paris, Le Seuil, 1989 ; Y. Barou, B. Kaiser, *les Grandes Économies*, Paris,

Ce fantastique enrichissement a donné *du jeu* à la société salariale. Il y avait alors, pour reprendre un mot célèbre de Louis Bergeron, secrétaire général de la CGT-Force ouvrière, «du grain à moudre». Pas seulement une relative abondance de biens à répartir. La croissance — tant qu'elle dure — permet de tirer des traites sur l'avenir. Il ne s'agit pas uniquement d'arracher aujourd'hui tel ou tel avantage, mais de programmer une amélioration à terme de sa condition. Le développement économique intègre ainsi le progrès social comme une finalité commune aux différents groupes en concurrence. Il en résulte que les disparités telles qu'elles sont vécues hic et nunc peuvent être en même temps perçues comme des différences provisoires. «Les revendications sectorielles peuvent ainsi être légitimées[1]» — et même, pourrait-on dire, sublimées: elles marquent les étapes d'un parcours qui doit aboutir à la réduction des inégalités. Si une catégorie particulière n'obtient pas tout ce qu'elle demande — et pense, au contraire, qu'elle n'en a jamais assez —, d'une part elle bénéficie déjà de quelque chose, et de plus elle peut toujours penser qu'à l'avenir elle obtiendra davantage. Une telle projection des aspirations sur l'horizon du futur calme le jeu aujourd'hui et donne crédit pour demain à l'idéal social-démocrate d'un effacement progressif des inégalités. Ce pari sur l'avenir n'est pas seulement un acte de foi dans les vertus du

---

Le Seuil, 1984. Pour le CERC, le pouvoir d'achat des salaires en francs constants a été multiplié par 2,7 entre 1950 et 1973 (*CERC*, n° 58, 2ᵉ trimestre 1981).

1. M. Anglietta, A. Bender, *les Métamorphoses de la société salariale, op. cit.*, p. 80.

progrès en général. À travers ses modes de consommation, son investissement dans des biens durables, son usage du crédit, le salarié anticipe au jour le jour la pérennité de la croissance et lie concrètement son destin à un progrès indéfini. Dans la société salariale, l'anticipation d'un avenir meilleur est inscrite dans la structure du présent. C'est d'autant plus vrai que, par une projection sur les générations suivantes, le salarié peut espérer réaliser en différé ses aspirations : ce que je n'ai pu encore accomplir, mes enfants l'obtiendront.

Ainsi le développement de la société salariale a-t-il été tributaire d'une condition dont il faudra se demander si elle lui est intrinsèquement liée, ou si elle représente une donnée conjoncturelle : la croissance économique. Mais il a également été étroitement tributaire d'une deuxième série de conditions : le développement de l'État social. S'il est vrai que la concurrence et la recherche de la distinction sont au principe de la condition salariale, son équilibre exige qu'il soit procédé à des arbitrages et que s'établissent des compromis négociés. De même qu'une société de classe était menacée d'un affrontement global faute d'un tiers médiateur, de même une société salariale risque de se déchirer dans des luttes catégorielles en l'absence d'une instance centrale de régulation. La société salariale, c'est aussi une société au cœur de laquelle l'État social s'est installé.

Cette intervention de l'État s'est déployée dans trois directions principales déjà précédemment dessinées mais qui s'épanouissent dans le cadre de cette nouvelle formation sociale : garantie d'une protection sociale généralisée, maintien des grands équilibres et pilotage de l'économie recherche d'un compromis entre les différents partenaires impliqués dans le processus de la croissance.

1. L'instauration de la Sécurité sociale en 1945 constitue d'abord une étape décisive de *la protection du salariat* dans le prolongement du développement de la propriété de transfert (*cf.* chapitre précédent). Mais l'évolution du système pendant la décennie suivante accomplit le passage d'une société de classes à une société salariale. L'ordonnance du 4 octobre 1945 paraît réaliser la finalité à l'origine des assurances sociales : mettre fin, mais définitivement cette fois, à la vulnérabilité des classes populaires. La population de référence — « les travailleurs » — est encore la classe ouvrière, le salariat de référence est le salariat ouvrier, mal sorti d'une précarité séculaire. C'est sur cette force de travail menacée par « des risques de toute nature » que la protection sociale vient se greffer afin de les éradiquer : « Il est institué une organisation de la Sécurité sociale destinée à garantir les travailleurs et leurs familles contre les risques de toute nature susceptibles de réduire ou de supprimer leurs capacités de gain, à couvrir les charges de maternité et les charges de famille qu'ils supportent [1]. »

Consolider « les capacités de gain » des travailleurs : un tel programme peut partiellement se comprendre dans le prolongement d'une position de type Front populaire qui envisage la réa-

---

1. Ordonnance n° 45-2258 du 4 octobre 1945, *Journal officiel*, 6 octobre 1945, p. 6280.

lisation de la justice sociale à partir de l'amélioration de la condition de la classe ouvrière[1]. La
condition ouvrière est encore à la fois le support
principal et le segment le plus maltraité de la
société industrielle, et le progrès de l'ensemble
de la société doit partir de son affranchissement.
Était-il possible de concilier cette discrimination
positive dont bénéficient les travailleurs et l'ambition, affirmée simultanément, de couvrir l'ensemble de la population contre l'insécurité ? «Tout
Français résidant sur le territoire de la France
métropolitaine bénéficie [...] des législations sur
la Sécurité sociale[2].» Oui, si une volonté politique
forte impose un régime général (pour tous) dont
les mécanismes de financement et de répartition
avantageraient certains (les salariés les plus
menacés). Dans le contexte de la Libération, c'est
ce qui fut voulu[3]. Le régime général devait avoir
une fonction fortement redistributive, les prélèvements sur les catégories les mieux pourvues
contribuant à compléter les ressources des tra-

1. Cependant, si l'œuvre du Front populaire a été considérable en matière de droit du travail et de conventions collectives, il n'a pris, faute de temps peut-être, aucune mesure
concernant la protection sociale proprement dite.
2. Loi du 22 mai 1946 «portant généralisation de la Sécurité
sociale», article 1.
3. Sur ce contexte de la Libération — les directives du Conseil
national de la Résistance dès 1944, le souci d'affirmer la solidarité nationale après les malheurs et les déchirements de la
guerre, la prépondérance d'une gauche numériquement dominée
par le «parti de la classe ouvrière», la discrétion forcée d'une
droite et d'un patronat largement discrédités, etc., *cf.* H. Galant,
Histoire politique de la Sécurité sociale, Paris, A. Colin, 1955. Sur
l'importance du rapport Beveridge, *Social Insurance and Allied
Services*, Londres, 1942, et son influence en France, *cf.*
A. Linossier, *Crise des systèmes assurantiels aux États-Unis, en
Grande-Bretagne et en France*, thèse pour le doctorat en sociologie, université Paris VIII, 1994.

vailleurs ou des familles défavorisées[1]. Mais si on laisse faire les pesanteurs sociologiques, chaque catégorie sociale défend son propre intérêt.

Ces pesanteurs sociologiques sont celles de la transformation du salariat précédemment analysée. Au moment où le régime général de la Sécurité sociale se met en place, le salariat ouvrier est déjà contourné partiellement et surplombé par d'autres configurations salariales mieux pourvues. Il est en même temps entouré par des catégories non salariées, les professions indépendantes, qui répugnent à un alignement sur la condition ouvrière. Aussitôt que la conjoncture politique leur permettra de faire entendre leur voix, elles imposeront un autre système[2].

Avec la multiplication des régimes spéciaux c'est bien en effet, plutôt que d'ajustement à la marge, d'un autre système qu'il s'agit. Il exprime la diversité de la société salariale au sein de laquelle même les non-salariés occupent le terrain défriché pour les salariés en s'efforçant de

1. L'intention était « de prélever sur les revenus des individus favorisés les sommes nécessaires pour compléter les ressources des travailleurs ou des familles défavorisées » (A. Parodi, « Exposé des motifs accompagnant la demande d'avis nº 504 sur le projet d'organisation de la Sécurité sociale », *Bulletin de liaison nº 14 du Comité d'histoire de la Sécurité sociale*).

2. Ce système comptera finalement 120 régimes de base et 12 000 régimes complémentaires, *cf.* N. Murard, *la Protection sociale, op. cit.*, p. 90 *sq.* Sur les péripéties qui ont conduit au blocage du régime général, *cf.* H. Galant, *Histoire politique de la Sécurité sociale, op. cit.* À l'arrière-plan de la scène parlementaire, les représentants des différents groupes professionnels et des « indépendants » se sont livrés à une intense activité de lobbying. Outre le rôle des médecins pour contrer le versant médical du programme, le rôle de la Confédération générale des cadres représentant les catégories de salariés hostiles à tout rapprochement avec le statut des ouvriers a été prépondérant, *cf.* L. Boltanski, *les Cadres, op. cit.*, p. 147 *sq.*

maximiser les avantages et de minimiser les
coûts de la sécurité[1]. Logique de la différenciation et de la distinction plutôt que de la solidarité
et du consensus. L'organigramme de la Sécurité
sociale donne ainsi une assez bonne projection
de la structure de la société salariale, c'est-à-dire
d'une société hiérarchisée dans laquelle chaque
groupement professionnel, jaloux de ses prérogatives, s'acharne à les faire reconnaître et à marquer sa distance à l'égard de tous les autres.

Même si l'on regrette le recul de l'inspiration
démocratique qui était à l'origine du système,
ainsi que certaines de ses lacunes[2], il faut convenir qu'il épouse parfaitement la logique de la
transformation de la société salariale. La subordination hiérarchique de la classe ouvrière traduit
sa destitution en tant qu'attracteur de la condition salariale. Les réalisations de la Sécurité
sociale peuvent ainsi s'interpréter comme l'apothéose d'un salariat au sein duquel le salariat non
ouvrier a pris une place de plus en plus prépondérante. Elles opèrent un type de couverture
propre à une société qui joue la différenciation
davantage que l'égalité. D'une part la vulnérabilité séculaire des classes populaires paraît jugu-

1. *Cf.* G. Perrin, « Pour une théorie sociologique de la Sécurité sociale dans les sociétés industrielles », *Revue française de
sociologie*, VII, 1967. Le souci de la différenciation a joué également au sein de la classe ouvrière : les catégories professionnelles anciennement dotées de régimes spécifiques telles que
mineurs, cheminots, marins..., ont tout fait pour préserver
leurs « avantages acquis ». Sur le poids des régimes antérieurs à
la tentative de généralisation, *cf.* F. Netter, « Les retraites en
France avant le xxᵉ siècle », *Droit social*, nᵒ 6, juin 1963.
2. En particulier l'absence de la couverture du chômage. En
revanche, une analyse complète des protections devrait mettre
l'accent sur l'importance des allocations familiales, expression
de la prépondérance du souci nataliste français.

lée : filet de sécurité pour tous. Mais la socialisation des revenus touche également les autres
catégories salariales et, de fil en aiguille, la
quasi-totalité de la population[1]. La «propriété de
transfert» dont la logique avait commencé à
s'imposer au bas de l'échelle sociale avec les
retraites ouvrières et paysannes et les assurances
sociales (*cf.* chapitre VI) s'universalise. Désormais le «salaire indirect» représente environ le
quart des revenus salariaux, et il n'a plus pour
unique finalité de préserver les plus vulnérables
contre le risque de la destitution sociale[2].

Cette évolution est donc d'un même mouvement une promotion du salariat et une promotion de la propriété sociale dont l'État est à la fois
l'initiateur et le garant. Non seulement parce que
la place de l'administration a été prépondérante
pour la mise en place du système (*cf.* par exemple
le rôle joué en France par Pierre Laroque, ou en
Angleterre par lord Beveridge agissant sur mandat gouvernemental). Plus profondément, une
dimension juridique est inscrite dans la structure
même du salaire. Par l'intermédiaire du salaire
indirect, «ce qui compte, c'est de moins en moins
ce que chacun possède et de plus en plus les
droits qui sont acquis au groupe auquel il appar-

---

1. 75 % de la population française sont couverts en 1975,
99,2 % en 1984 (*cf.* C. Dufour, *la Protection sociale*, Paris, La
Documentation française, 1984, p. 49).
2. Les sommes consacrées à la protection sociale représente-
raient 10 % du revenu national en 1938, 15,9 % en 1960, 24 %
en 1970, 27,3 % en 1980 (*cf.* J. Dumont, *la Sécurité sociale toujours en chantier*, Paris, Éditions ouvrières, 1981, p. 42). En
pourcentage du revenu disponible des ménages, les prestations
sociales sont passées de 1,1 % en 1913 à 5 % en 1938, 16,6 %
en 1950, 28 % en 1975, 32,4 % en 1980 (R. Delorme, C. André,
l'État et l'économie, op. cit., p. 415).

tient. L'avoir a moins d'importance que le statut collectif défini par un ensemble de règles[1].»

La généralisation de l'assurance soumet ainsi la quasi-totalité des membres de la société au régime de la propriété de transfert. C'est là le dernier épisode du chassé-croisé entre le patrimoine et le travail. Une part du salaire (de la valeur de la force de travail) échappe désormais aux fluctuations de l'économie et représente une sorte de *propriété pour la sécurité*, issue du travail et disponible pour des situations de hors-travail, la maladie, l'accident, la vieillesse. L'État social est placé, de ce fait, au cœur du dispositif salarial. Il s'est ainsi imposé comme l'instance tierce qui joue le rôle de médiateur entre les intérêts des employeurs et ceux des employés : « Aux rapports directs entre employeurs et salariés se sont progressivement substitués des rapports triangulaires entre employeurs, salariés et institutions sociales[2]. »

2. Cette conception de l'État qui sous-tend la protection sociale est complémentaire d'un rôle

1. H. Hatzfeld, « La difficile mutation de la sécurité-propriété à la sécurité-droit », *loc. cit.*, p. 57.
2. J.-J. Dupeyroux, *Droit de la Sécurité sociale*, Paris, Dalloz, 1980, p. 102. Rappelons que l'État joue ce rôle sans s'immiscer directement dans la gestion du système, qui s'effectue, comme on sait, sur un mode paritaire. Preuve que le fonctionnement de l'État social n'est pas nécessairement associé au déploiement d'une lourde bureaucratie étatique. Même l'État français. Il n'est peut-être pas inutile de rappeler que le système français de Sécurité sociale obéit à des règles incomparablement plus souples, plus diversifiées et plus décentralisées que le système anglais par exemple (*cf.* D.E. Ashford, *British Dogmatism and French Pragmatism*, Londres, George Allen and Unwin, 1982).

d'*acteur économique* assumé par la puissance publique, qui s'épanouit également après la Seconde Guerre mondiale. Mais alors que la Sécurité sociale accomplit un processus de généralisation de la propriété sociale engagé depuis la fin du XIXᵉ siècle, l'intervention de l'État en tant que régulateur de l'économie fait figure d'innovation[1].

Dans le cadre de la reconstruction d'abord, de la modernisation ensuite, l'État prend en charge la promotion de la société. Il impose une poli-

---

1. Non pas que l'État « libéral » se soit interdit de mener des politiques qui contrecarrent ouvertement le jeu spontané de l'économie, comme le protectionnisme délibéré pratiqué par Guizot ou Thiers, l'encouragement systématique prodigué à l'agriculture au détriment de l'industrie, ou encore, lors de la Première Guerre mondiale, la mobilisation de l'essentiel de la production au service de la défense nationale (*cf.* P. Rosanvallon, *l'État en France de 1789 à nos jours, op. cit.*). Mais — sauf pendant la période de la guerre, dont la plupart des directives furent rapportées sitôt la paix revenue — l'État ne doit pas s'immiscer dans la gestion de l'industrie et il appartient aux industriels de définir les objectifs de leurs entreprises et de les mener à bien au mieux de leurs intérêts. Dans l'entre-deux-guerres, les premières conceptions de la planification et des nationalisations apparaissent, dans la mouvance du socialisme réformiste et aussi dans les milieux tentés par l'instauration d'un État musclé. La CGT développe un substantiel programme de nationalisations, mais il restera lettre morte. La seule initiative de dirigisme économique que promouvra le gouvernement de Front populaire de Léon Blum, lui-même hostile aux nationalisations, est la création d'un Office des blés pour assurer un revenu minimal aux paysans, signe supplémentaire de la prépondérance donnée aux intérêts de l'agriculture sur ceux de l'industrie (*cf.* R. Kuisel, *le Capitalisme et l'État en France, op. cit.*, et A. Bergourioux, « Le néosocialisme. Marcel Déat : réformisme traditionnel ou esprit des années trente ? », *Revue historique*, nᵒ 528, oct-déc. 1978 ; Jacques Amoyal, « Les origines socialistes et syndicalistes de la planification en France », *le Mouvement social*, nᵒ 87, avril-juin 1974 ; sur la croissance quantitative des investissements de l'État, *cf.* R. Delorme, C. André, *l'État et l'économie, op. cit.*).

tique volontariste à la fois pour définir les grands équilibres et choisir les domaines privilégiés d'investissement, et pour soutenir la consommation par des politiques de relance. Au début des années 1950, l'investissement de l'État dans les industries de base est supérieur à celui du secteur privé[1]. Cette économie dirigée donne un rôle pilote aux entreprises nationalisées et au secteur public. Elle se prolonge en interventions sur le crédit, les prix, les salaires...

> L'État jouissait de pouvoirs de réglementation impressionnants, entre autres domaines, l'investissement, le crédit, les prix, les salaires tombaient plus ou moins sous son contrôle. Il pouvait par exemple agir sur les salaires, en fixant d'une part un minimum général, d'autre part l'échelle des traitements dans la fonction publique. Les nouveaux services de statistiques ou de prévision s'avéraient extrêmement utiles, tout en symbolisant l'attitude d'un État disposé maintenant à prévoir l'avenir pour mieux l'organiser[2].

Se mettent ainsi en place les instruments d'une socialisation des conditions de la production. En application des principes keynésiens, l'économie n'est plus conçue comme une sphère séparée. Elle est malléable à coups d'interventions — sur les prix, les salaires, les investissements, les aides à certains secteurs, etc. L'État pilote l'économie. Il ménage une correspondance entre objectifs économiques, objectifs politiques et objectifs sociaux. Circularité d'une régulation qui pèse sur

1. R. Kuisel, *le Capitalisme et l'État en France, op. cit.*, p. 437.
2. *Ibid.*, p. 417

l'économique pour promouvoir le social et qui fait du social le moyen de renflouer l'économie lorsque celle-ci s'affaisse[1]. Comme le dit Clauss Offe, l'autorité de l'État est « infusée » dans l'économie par la gestion de la demande globale, tandis que les contraintes du marché sont « introduites » dans l'État[2]. Les prétendues lois de l'économie ne sont plus vécues comme un destin. Par ses politiques de relance, le rôle qu'il joue pour garantir les salaires, les choix industriels qu'il effectue, l'État intervient non seulement comme producteur de biens, mais aussi, pourrait-on dire, comme producteur de consommateurs, c'est-à-dire de salariés solvables.

Mais c'est principalement le développement de la propriété sociale qui doit retenir l'attention par rapport au présent propos. Il s'agit d'abord des nationalisations dont Henri de Man notait déjà qu'elles procédaient à un transfert d'autorité sur la propriété (*cf.* chapitre VI); mais aussi du développement des services publics et des équipements collectifs dont on a pu dire à partir du IVe Plan de 1962 (le premier à se nommer « Plan de développement économique *et social* ») qu'ils représentaient la manière dont s'incarnait le social[3] — qu'il s'agisse d'établissements spéciaux en faveur de catégories défavorisées de la population ou de services publics à usage collectif. Pierre Massé fait état de l'audience à l'époque

1. *Cf.* J. Donzelot, *l'Invention du social, op. cit.*, p. 170 *sq.*
2. C. Offe, *Contradictions of the Welfare State*, Londres, Hutchinson, 1986, p. 182-183, et aussi A. Linossier, *Crise des systèmes assurantiels aux États-Unis, en Grande-Bretagne et en France, op. cit.*
3. F. Fourquet, N. Murard, *Valeur des services collectifs sociaux, op. cit.*, p. 104.

de critiques (portées entre autres par Jacques Delors) du modèle « américain » de développement économique centré sur la consommation individuelle. Porteurs « d'une idée moins partielle de l'homme », les équipements collectifs mettent à la disposition de tous une propriété indivise[1]. Pour citer un vers de Victor Hugo, « chacun en a sa part, mais tous l'ont en entier[2] ».

Les services publics accroissent ainsi la propriété sociale. Ils représentent un type de biens qui ne sont pas appropriables individuellement, ni commercialisables, mais servent le bien commun. En dehors de la logique du patrimoine et du règne de la marchandise privée, ils appartiennent au même registre que la propriété de transfert, que la Sécurité sociale élargit au même moment. Parallélisme entre l'affermissement d'une propriété-protection et le développement d'une propriété d'usage public.

On peut hésiter à nommer cette forme de gouvernementalité. Richard Kuisel, sensible au retrait de ces positions par rapport aux options socialisantes qui s'étaient dégagées à l'époque de la Libération, parle de « néolibéralisme[3] ». Mais

1. Pierre Massé, cité *in* F. Fourquet, *les Comptes de la puissance*, Paris, Éditions Recherches, 1980.
2. Cité *in* F. Fourquet, N. Murard, *Valeurs des services collectifs sociaux*, *op. cit.*, p. 56. L'image, dans le poème de Hugo, est celle du phare qui luit pour tous les navigateurs, qui sert à tout le monde, mais que personne ne s'approprie.
3. R. Kuisel, *le Capitalisme et l'État en France*, *op. cit.* Outre les positions de Pierre Mendès France, André Philippe, par exemple, était porteur d'une option qui faisait une large place aux syndicats dans la définition et le contrôle des politiques économiques. Mais l'« économie concertée » s'est en fait appuyée sur les grandes concentrations industrielles, sur les secteurs les plus dynamiques du capitalisme et sur les grandes entreprises nationalisées

alors il s'agit d'une forme de libéralisme en quasi-rupture avec les politiques libérales précédentes. Jacques Fournier et Nicole Questiaux parlent quant à eux de «capitalisme social», en soulignant à la fois le caractère incontestablement capitaliste de cette économie et les efforts pour l'encadrer par des régulations sociales fortes[1]. On peut aussi évoquer un keynésianisme à la française, planificateur et centralisateur, comme le suggère Pierre Rosanvallon[2]. Mais, au-delà des spécificités françaises, cette forme d'État est assez bien caractérisée par Clauss Offe : «Un ensemble multifonctionnel et hétérogène d'institutions politiques et administratives dont le but est de gérer les structures de socialisation de l'économie capitaliste[3].» Au-delà des correctifs apportés à un fonctionnement sauvage de l'économie, l'accent est mis sur les processus de socialisation qui transforment les paramètres en interaction dans la promotion de la croissance. Ici aussi l'État est au cœur de la dynamique du développement de la société salariale.

3. Le rôle régulateur de l'État joue sur un troisième registre, celui des relations entre les «partenaires sociaux». Cette ambition est contemporaine de l'émergence des premières velléités d'interven-

---

1. J. Fournier, N. Questiaux, *le Pouvoir du social, op. cit.* On trouvera aussi dans cet ouvrage un certain nombre de propositions pour prolonger ou pour incurver dans le sens d'une politique socialiste les réalisations de l'après-guerre.
2. P. Rosanvallon, *l'État en France, op. cit.*
3. C. Offe, *Contradictions of the Welfare State, op. cit.*, p. 186.

tion de l'État social[1], mais ses réalisations ont été longtemps fort limitées, et au début des années 1970 encore elle a bien du mal à s'imposer. Il s'agirait de traiter sur un mode contractuel, à l'initiative ou avec l'arbitrage de l'État, les intérêts divergents des employeurs et des salariés. Si l'histoire des relations de travail est souvent l'histoire des résistances à la reconnaissance de la négociation en mode de gestion des conflits[2], on retiendra ici deux mesures dont l'impact a été considérable pour la consolidation de la condition salariale.

Le SMIG, salaire minimum interprofessionnel garanti, est institué en 1950 et devient en 1970 le SMIC, salaire minimum interprofessionnel de croissance, indexé à la fois sur l'augmentation des prix et sur la progression de la croissance. Par rapport à l'histoire du salariat, ces mesures

---

1. Rappelons la proposition d'Alexandre Millerand dès 1900 : « Il y a un intérêt de premier ordre à instituer entre les patrons et la collectivité des ouvriers des relations suivies qui permettent d'échanger à temps des explications nécessaires et de régler certaines natures de difficultés... En les intronisant, le gouvernement de la République reste fidèle à son rôle de pacificateur et d'arbitre. »

2. *Cf.* spécialement J. Le Goff, *Du silence à la parole, op. cit.*, F. Sellier, *la Confrontation sociale en France, op. cit.*, J.-D. Reynaud, *les Syndicats, les patrons et l'État, tendances de la négociation collective en France*, Paris, Éditions ouvrières, 1978, et P. Rosanvallon, *la Question syndicale*, Paris, Calmann-Lévy, 1988. Deux raisons principales à cette situation. L'attitude générale de la majorité du patronat tendant à considérer les affaires de l'entreprise comme sa chasse gardée, ce qui entraîne une méfiance de principe à l'égard des syndicats. Cette attitude a évolué très lentement en un siècle. De l'autre côté, la difficulté, et parfois le refus des syndicats ouvriers à se prêter au jeu de la société salariale. Celle-ci implique en effet une gestion différentielle des conflits et l'acceptation de revendications relatives devant déboucher sur des compromis plutôt que des changements globaux.

sont essentielles car elles définissent et donnent
un statut légal aux conditions minimales d'accès
à la condition salariale. Un salarié n'est pas seulement un travailleur quelconque qui touche une
certaine rétribution pour un travail. Avec le
SMIG, le travailleur «entre en condition salariale», pourrait-on dire, c'est-à-dire se place sur
ce continuum de positions comparables dont on
a vu qu'il constituait la structure de base de cette
condition. Le travailleur entre dans une logique
d'intégration différentielle qui, dans la version
SMIC, est même indexée sur la progression globale de la productivité. C'est moins un minimum
vital qu'une assurance de participation au développement économique et social. On a là le premier degré de l'appartenance à un *statut* de
salarié grâce auquel le salaire n'est plus seulement mode de rétribution économique.

La mensualisation représente un autre point
fort de la consolidation de la condition salariale
pour ceux qui se trouvent placés au bas de
l'échelle des emplois. Elle aligne, on l'a dit, le
statut de la plupart des ouvriers sur celui des
employés, et le salaire cesse de rétribuer une
tâche ponctuelle pour devenir une allocation globale attribuée à un individu. Mais, en plus de
cette contribution à l'intégration ouvrière, la
mensualisation, par la manière dont elle s'est
imposée, exemplifie le rôle joué par l'État dans le
développement des politiques contractuelles.
Elle est proposée par le gouvernement, et
d'abord fraîchement accueillie à la fois par le
patronat, qui craint d'en payer le coût, et par les
syndicats ouvriers, méfiants à l'égard d'une
mesure qui avait souvent servi les stratégies
patronales pour instituer des clivages au sein des

ouvriers[1]. Néanmoins, les accords de mensualisation, négociés branche par branche à partir de mai 1970, s'imposent rapidement. Indépendamment d'éventuelles arrière-pensées électorales — le candidat Pompidou avait inscrit la mensualisation dans son programme pour la présidence —, on a là un incontestable succès de l'État dans sa volonté de promouvoir un compromis social entre groupes antagonistes[2].

À ces dispositions qui touchent la structure professionnelle et le droit du travail, il faut associer les efforts tentés pour répartir les fruits de l'expansion. La directive adressée par le Premier ministre pour la préparation du Ve Plan demande en janvier 1965 «d'éclairer ce que peut être [...] dans la réalité la progression des grandes masses de revenus, salaires, profits, prestations sociales et autres revenus individuels pour favoriser une large accession de tous aux fruits de l'expansion, en même temps que de réduire les inégalités[3]». Prend place dans ce cadre la tentative pour développer une «politique des revenus», lancée après la grande grève des mineurs de 1963. Pierre Massé proposait en janvier 1964 qu'à l'occasion de la préparation de chaque plan le Commissariat soit chargé,

1. J. Bunel, *la Mensualisation, une réforme tranquille?, op. cit.*

2. L'âge d'or de cette politique correspond à la tentative de Jacques Chaban-Delmas pour promouvoir sa «nouvelle société». Les accords interprofessionnels de juillet 1970 sur la formation permanente représentent, avec les accords sur la mensualisation, une réalisation exemplaire de cette approche. Le produit d'un accord contractuel devient «obligation nationale»: «La formation professionnelle permanente constitue une obligation nationale» (article L 900-1 du Code du travail).

3. Cité *in* B. Friot, *Protection sociale et salarisation de la main-d'œuvre: essai sur le cas français*, thèse de sciences économiques, université Paris X, Paris, 1993.

parallèlement à la planification traditionnelle en volume, de présenter une programmation indicative en valeur. Cette dernière ferait ressortir des orientations pour les grandes masses de revenus, notamment les salaires, les prestations sociales, les revenus agricoles et les profits, ainsi que les conditions de l'équilibre entre l'épargne et l'investissement d'une part, les recettes et les dépenses publiques d'autre part [...] À partir d'orientations annuelles, le gouvernement pourrait recommander un taux de progression pour chaque catégorie de revenus [1].

La politique des revenus ne verra jamais le jour, du moins sous cette forme. L'évolution des salaires de 1950 à 1975 montre que les disparités sont restées à peu près constantes, avec plutôt une tendance à se creuser (écart de 3,3 entre cadres supérieurs et ouvriers en 1950, de 3,7 en 1975 [2]). Peut-on alors parler d'une répartition des fruits de la croissance ? Oui, si l'on n'entend pas par là la réduction des inégalités. Globalement, l'évolution des salaires a suivi celle de la productivité et toutes les catégories en ont bénéficié, mais sans que l'éventail des hiérarchies soit resserré pour autant. Cependant, si cette progression a été rendue possible par les résultats de la crois-

---

1. Cité *in* F. Sellier, *la Confrontation sociale en France, op. cit.*, p. 217. Pour un exposé des ambitions de la politique des revenus, *cf.* G. Caire, *les Politiques des revenus et leurs aspects institutionnels*, Genève, BIT, 1968.
2. *Cf.* C. Baudelot, A. Lebeaupin, « Les salaires de 1950 à 1975 », *Économie et statistiques*, nᵒ 113, juillet-août 1979. Un redressement des bas salaires intervient en 1968 avec en particulier l'augmentation du SMIC (35 % à Paris et 38 % en province), mais il rattrape pour une part une dégradation antérieure, et il s'érodera à nouveau par la suite.

sance, elle n'en a pas été l'effet mécanique. Le développement économique a été pris dans des structures de régulation juridiques. D'ailleurs, lorsque la dynamique économique commence à s'essouffler, la consistance de ce système de régulation atténue dans un premier temps les effets de la crise. L'accord interprofessionnel signé le 14 octobre 1974 garantit l'indemnisation du chômage total à 90 % du salaire brut la première année, tandis que le chômage partiel est indemnisé par l'entreprise avec l'apport des fonds publics[1]. Les dispositifs paritaires de garantie engageant la responsabilité de l'État permettaient encore de penser qu'il existait un quasi-droit à l'emploi, au moment même où la situation commençait à se dégrader.

Il a donc bien existé une puissante synergie entre la croissance économique avec son corollaire, le quasi-plein-emploi, et le développement des droits du travail et de la protection sociale. La société salariale paraissait suivre une trajectoire ascendante qui, d'un même mouvement, assurait l'enrichissement collectif et promouvait une meilleure répartition des opportunités et des garanties. D'autant que, pour ne pas alourdir démesurément cet exposé et garder le fil directeur de l'argumentation, je m'en suis tenu aux

---

1. J.-D. Reynaud, *les Syndicats, les patrons et l'État, op. cit.*, p. 14-16. Rappelons à ce propos que l'indemnisation — tardive en France — du chômage s'effectue par ce type de conventions paritaires (signature en décembre 1958, là aussi sous la pression des pouvoirs publics, de l'accord créant les Assedic et l'Unedic).

protections directement liées au travail. Le même montage développement économique-régulations étatiques a joué dans les domaines de l'éducation, de l'hygiène publique, de l'aménagement du territoire, de l'urbanisme, des politiques familiales... Globalement, les performances de la société salariale paraissaient en voie de résorber *le déficit d'intégration* qui avait marqué les débuts de la société industrielle à travers l'accroissement de la consommation, l'accession à la propriété ou au logement décent, la participation accrue à la culture et aux loisirs, les avancées vers la réalisation d'une meilleure égalité des chances, la consolidation du droit du travail, l'extension des protections sociales, la résorption des poches de pauvreté, etc. La question sociale paraissait se dissoudre dans la croyance au progrès indéfini.

C'est cette trajectoire qui s'est brisée. Qui prétendrait aujourd'hui que nous allons vers une société plus accueillante, plus ouverte, travaillant à réduire les inégalités et à maximiser les protections ? L'idée de progrès elle-même s'est délitée.

CHAPITRE VIII

LA NOUVELLE
QUESTION SOCIALE

L'aboutissement des analyses précédentes conduit à interpréter la question sociale telle qu'elle se pose aujourd'hui à partir de l'effritement de la condition salariale. La question de l'exclusion qui occupe le devant de la scène depuis quelques années en est un effet, essentiel sans aucun doute, mais qui déplace en bordure de la société ce qui d'abord la frappe au cœur. Ou bien il n'y a, comme Gambetta le prétendait, que des «problèmes sociaux» particuliers, une pluralité de difficultés à affronter une à une[1]; ou bien il y a une question sociale, et c'est la question du statut du salariat, parce que le salariat en est venu à

---

1. Dans un discours du 20 janvier 1880, Léon Gambetta déclare que ce à quoi il faut s'attacher, «c'est à ce que j'appellerai la solution des problèmes économiques et industriels, et que je me refuserai à appeler la question sociale... On ne peut résoudre ces problèmes qu'un à un, à force d'études et de bonne volonté, et surtout à force de connaissances et de labeur» (*Discours politiques*, IX, p. 122, cité *in* G. Weill, *Histoire du mouvement social en France, op. cit*, p. 242). Manière de «diviser les difficultés en autant de parties qu'il faut pour les mieux résoudre», selon le *Discours de la méthode* de Descartes, ou de diviser la question sociale en autant de parties qu'il faut pour la mieux éluder?

structurer notre formation sociale presque tout entière. Le salariat a longtemps campé aux marges de la société ; il s'y est ensuite installé en demeurant subordonné ; il s'y est enfin diffusé jusqu'à l'envelopper de part en part pour imposer partout sa marque. Mais c'est précisément au moment où les attributs attachés au travail pour caractériser le statut qui place et classe un individu dans la société paraissaient s'être imposés définitivement au détriment des autres supports de l'identité, comme l'appartenance familiale ou l'inscription dans une communauté concrète, que cette centralité du travail est brutalement remise en question. Sommes-nous parvenus à une quatrième étape d'une histoire anthropologique du salariat, lorsque son odyssée tourne au drame ?

Une telle question ne comporte sans doute pas à ce jour de réponse univoque. Mais il est possible d'en préciser les enjeux et de définir les options ouvertes en gardant le fil conducteur qui a inspiré toute cette construction : appréhender une situation comme *une bifurcation* par rapport à une situation antérieure, chercher son intelligibilité à partir de la distance qui s'est creusée entre ce qui fut et ce qui est. Sans mythifier le point d'équilibre auquel était parvenu la société salariale il y a une vingtaine d'années, on constate alors un glissement des principaux paramètres qui assuraient cet équilibre fragile. La nouveauté ce n'est pas seulement le retrait de la croissance ni même la fin du quasi-plein-emploi, à moins qu'on n'y voie la manifestation d'une transformation du rôle de « grand intégrateur » joué par le travail[1]. Le travail, on l'a vérifié tout au long

---

1. Y. Barel, « Le grand intégrateur », *Connexions*, 56, 1990.

de ce parcours, est plus que le travail, et donc le non-travail est plus que le chômage, ce qui n'est pas peu dire. Aussi la caractéristique la plus troublante de la situation actuelle est-elle sans doute la réapparition d'un profil de «travailleurs sans travail» qu'évoquait Hannah Arendt[1], lesquels occupent littéralement dans la société une place de surnuméraires, d'«inutiles au monde».

Faire ce constat n'est cependant pas suffisant pour apprécier la signification exacte de cet événement, ni pour savoir comment affronter une situation qui est inédite à l'échelle du demi-siècle, bien qu'elle en évoque de plus anciennes précédemment rencontrées. Moment difficile à passer en attendant la reprise, par exemple : il suffirait de prendre patience en bricolant quelques expédients. Période incertaine de transition vers une inévitable restructuration des rapports de production : il faudrait changer certaines habitudes avant de retrouver une configuration stable. Mutation complète de notre rapport au travail et par là de notre rapport au monde : il s'agirait alors d'inventer une tout autre manière d'habiter ce monde, ou de se résigner à l'apocalypse.

Pour éviter les pièges du prophétisme comme ceux du catastrophisme, on commencera par tenter d'apprécier l'ampleur exacte des changements survenus en vingt ans, puis la portée des mesures prises pour y faire face. Ainsi, par rapport aux politiques d'intégration qui prévalaient jusqu'aux années 1970, les politiques dites d'insertion sont-elles à la mesure des fractures qui se sont creusées ? S'agit-il de moderniser les politiques publiques ou d'en dissimuler la déroute ?

1. H. Arendt, *Condition de l'homme moderne, op. cit.*, p. 38.

Ce travail se veut essentiellement analytique, et n'a pas pour ambition de proposer une solution miracle. Cependant, la mise en perspective historique permet de disposer de quelques pièces pour recomposer un nouveau puzzle. Car cette longue traversée aura dégagé certains enseignements : le tout économique n'a jamais fondé un ordre social ; dans une société complexe, la solidarité n'est plus un donné mais un construit ; la propriété sociale est à la fois compatible avec le patrimoine privé et nécessaire pour l'inscrire dans des stratégies collectives ; le salaire, pour échapper à son indignité séculaire, ne peut se réduir à la simple rétribution d'une tâche ; la nécesité de ménager à chacun une place dans une société démocratique ne peut s'accomplir par une marchandisation complète de cette société en creusant n'importe quel «gisement d'emploi», etc.

Si l'avenir est par définition imprévisible, l'histoire montre que la gamme des ressources dont les hommes disposent pour affronter leurs problèmes n'est pas infinie. Alors, si tant est que notre problème aujourd'hui soit de continuer à constituer une société de sujets interdépendants, pourrait-on au moins nommer quelques conditions à respecter pour qu'il puisse en être ainsi.

Une rupture de trajectoire

C'est peut-être fondamentalement une représentation du progrès qui a été emportée par la «crise» : la croyance que demain sera mieux qu'aujourd'hui et que l'on peut faire confiance à l'avenir pour améliorer sa condition ; ou, sous une forme moins naïve, qu'il existe des mécanismes pour contrôler le devenir d'une société développée, maîtriser ses turbulences et la conduire vers des formes d'équilibre toujours mieux agencées. Il s'agit sans doute d'un héritage euphémisé de l'idéal révolutionnaire d'une maîtrise complète par l'homme de son destin à travers l'ambition de faire rentrer, fût-ce de force, le règne des fins dans l'histoire. Avec le progrès, il n'est plus question cependant d'instaurer de force ici et maintenant un monde meilleur, mais de ménager des transitions qui, progressivement, c'est le cas de le dire, permettront de s'en approcher.

Cette représentation de l'histoire est indissociable de la valorisation du rôle de l'État. Il faut un acteur central pour conduire ces stratégies, obliger les partenaires à accepter des objectifs raisonnables, veiller au respect des compromis. L'État social est cet acteur. Dans sa genèse, on l'a vu, il est d'abord bricolé de pièces et de morceaux. Mais au fur et à mesure qu'il se renforce, il s'élève à l'ambition de conduire le progrès. C'est pourquoi le concept achevé de l'État social, dans le déploiement de la plénitude de ses ambitions, est *social-démocrate*. Tout État moderne est sans doute peu ou prou obligé de «faire du social» pour pallier certains dysfonctionnements criants, assurer un minimum de cohésion entre les groupes sociaux, etc. Mais c'est à travers l'idéal social-démocrate que l'État social se pose comme le principe de gouvernement de la société, la force motrice qui doit prendre en charge l'amélioration progressive de la condition de tous[1]. Pour ce

---

1. Un État libéral peut être obligé de «faire du social» à contrecœur et le moins possible, un État socialiste en ferait par défaut, faute de pouvoir promouvoir immédiatement des trans-

faire, il dispose du trésor de guerre de la croissance et s'attache à en répartir les fruits en négociant le partage des bénéfices avec les différents
groupes sociaux.

On objectera que cet État social-démocrate
« n'existe » pas. De fait, sous cette forme, c'est un
type idéal. La France n'a jamais été vraiment une
social-démocratie[1], tandis que les pays scandinaves ou l'Allemagne, par exemple, l'étaient
davantage. Mais aussi les États-Unis l'étaient
moins, ou même ne l'étaient pas du tout. Cela
signifie qu'indépendamment de la réalisation du
type, il existe *des traits* de cette forme d'État qui se
retrouvent sous des configurations plus ou moins
systématiques dans des constellations sociales différentes. Il importe maintenant de se demander
dans quelle mesure la France du début des
années 1970 s'approchait de la réalisation de
cette forme d'organisation. Non point pour l'inscrire dans une typologie, ni pour lui attribuer le
mérite — ou la honte — de n'avoir pas assez été
ou d'avoir été trop proche de l'idéal social-démo-

---

formations radicales. C'est pour un État social-démocrate que
les réformes sociales sont en elles-mêmes un bien, car elles
marquent les étapes de la réalisation de son propre idéal. Le
réformisme prend ici sa pleine acception : les réformes sont les
moyens de la réalisation de la fin de la politique.
    1. Le moment où elle s'en est rapprochée le plus, en inten-
tion proclamée du moins, a sans doute été celui de la « nouvelle
société » de Jacques Chaban-Delmas, largement inspirée par
Jacques Delors. Intention explicite de troquer l'abandon des
affrontements à visée révolutionnaire contre une politique
de compromis négociés avec l'ensemble des partenaires
sociaux. « Le gouvernement propose au patronat et aux organisations syndicales de coopérer avec l'État pour les tâches d'intérêt commun » (discours de politique générale du 16 septembre
1969, cité par J. Le Goff, *Du silence à la parole, op. cit.*, p. 227).

crate, mais pour tenter d'apprécier l'ampleur du déplacement qui s'est opéré en une vingtaine d'années et de prendre la mesure de la bifurcation qui s'est produite par rapport à la trajectoire d'alors. Accident de parcours, ou changement complet du régime des transformations sociales ? Il est dès lors nécessaire de procéder à une évaluation critique de la position occupée alors sur cette trajectoire ascendante qui paraissait conduire à un avenir meilleur[1].

À cet effet, il faudrait tout d'abord se débarrasser d'une célébration encombrante des «Trente Glorieuses[2]». Non seulement parce qu'elle enjolive une période qui, de guerres coloniales en injustices multiples, a comporté nombre d'épisodes fort peu glorieux. Mais surtout parce que, en mythifiant la croissance, elle invite à faire l'impasse sur au moins trois caractéristiques du mouvement qui emportait alors la société salariale : son inachèvement, l'ambiguïté de certains

---

1. Pour un exposé d'ensemble de l'essoufflement du modèle social-démocrate dans les années 1970, *cf.* R. Darendorf, «L'après-social-démocratie», *le Débat*, n° 7, décembre 1980.
2. Rappelons la manière dont Jean Fourastié a présenté la première fois cette formule devenue fameuse : «Ne doit-on pas dire glorieuses les trente années [...] qui ont fait passer [...] la France de la pauvreté millénaire de la vie végétative aux niveaux de vie et aux genres de vie contemporains ? À meilleur titre certainement que les «trois glorieuses» de 1830, qui, comme la plupart des révolutions, ou bien substituent un despotisme à un autre, ou bien, dans le meilleur des cas, ne sont qu'un épisode entre deux médiocrités ? » (*les Trente Glorieuses, op. cit.*, p. 28.) À part le fait que les «trois glorieuses» de 1830 étaient des journées et non des années, on peut laisser à Jean Fourastié la responsabilité de son jugement sur les révolutions. Mais réduire l'état de la France de 1949 à «vie végétative traditionnelle», «caractéristique d'une pauvreté millénaire», n'est pas sérieux. C'est une raison de plus pour éviter cette expression des «Trente Glorieuses».

de ses effets, le caractère contradictoire de certains autres.

1. *Son caractère inachevé :* même si l'on épouse au premier degré l'idéologie du progrès, force est de convenir que la plupart des réalisations de cette époque marquent des étapes intermédiaires dans le déroulement d'un processus ininterrompu. Soit par exemple, dans le cadre de la consolidation du droit du travail, les deux lois qui, en fin de période (1973 et 1975), réglementent les licenciements. Jusqu'alors, le patron décidait le licenciement, et c'était à l'ouvrier qui s'estimait spolié de faire la preuve devant les tribunaux de l'illégitimité de la mesure[1]. La loi du 13 juillet 1973 exige que le patron fasse état d'une « cause réelle et sérieuse » — donc en principe objective et vérifiable — pour justifier le licenciement[2]. Pour les licenciements à motif économique, la loi du 3 janvier 1975 institue l'autorisation administrative de licenciement (elle sera, on le sait, rapportée en 1986). Ainsi, comme le souligne François Sellier, « il y a dévolution du contrôle du licenciement à l'administration du travail[3] » : l'administration publique, par l'intermédiaire des inspecteurs du travail, se donne le

1. Il s'agissait d'un des héritages les plus consistants du « despotisme de fabrique » du XIXᵉ siècle. Il se fondait sur la définition du « contrat de louage » selon le Code napoléonien : « Le contrat de travail conclu sans détermination de durée peut cesser à l'initiative de l'une des parties contractantes » (article 1780 du Code civil).

2. *Cf.* F. Sellier, *la Confrontation sociale en France, op. cit.*, p. 136-138.

3. *Ibid.*, p. 145.

rôle d'arbitre et de recours par rapport à une prérogative patronale essentielle.

Il y a donc bien réduction de l'arbitraire patronal en matière de licenciement. Mais il n'y a pas pour autant de réciprocité entre les employeurs et les employés par rapport à cette disposition fondamentale du droit du travail. Lors du licenciement pour motifs personnels (loi de 1973), c'est l'employeur, seul juge de «l'intérêt de l'entreprise», qui décide du licenciement et en formule les raisons, et en cas de contestation c'est encore au licencié de faire la preuve qu'il est victime d'une injustice. De même, pour les licenciements à motif économique soumis à l'autorisation préalable (loi de 1975), c'est évidemment l'employeur qui a l'initiative, toujours au nom de l'intérêt de l'entreprise. Les inspecteurs du travail sont trop souvent débordés pour vérifier sérieusement si la mesure est justifiée, et la jurisprudence montre qu'il est très difficile de contester une décision patronale en matière de licenciement économique[1]. Ainsi, les incontestables avancées du droit du travail en matière de licenciement ne signifient pas que la démocratie soit réalisée dans l'entreprise, ou que l'entreprise soit devenue «citoyenne[2]».

Cet exemple met sur la voie d'une ambiguïté plus profonde des réalisations promues pendant

---

1. *Cf.* J. Le Goff, *Du silence à la parole, op. cit.*
2. On pourrait faire la même analyse pour la plupart des «acquis sociaux» de la période. Ainsi, les sections syndicales d'entreprise implantées à la suite des accords de Grenelle de 1968 ont un rôle essentiellement informatif et consultatif, mais n'ont pas de pouvoir décisionnel sur la politique de l'entreprise. Sur ces points, *cf.* J. Le Goff, *Du silence à la parole, op. cit.*, p. 231 *sq.*

la période de croissance. Les licenciements sont alors peu nombreux et le contrat de travail à durée indéterminée (CDI) va fréquemment jusqu'au bout, permettant au salarié de mener carrière dans l'entreprise. Mais par rapport à la sécurité de l'emploi qui en résulte en règle générale, qu'est-ce qui tient à une pure conjoncture économique favorable, et qu'est-ce qui relève de protections solidement fondées ? Autrement dit, dans ce qui a été appelé au chapitre précédent l'« État de croissance », qu'est-ce qui relève d'une situation de fait — le quasi-plein-emploi — et d'un état de droit garanti par la loi ? Quel est le statut de cette connexion qui a duré une trentaine d'années et qui a été davantage tacitement acceptée comme un fait que clairement explicitée ? Par exemple, lors de la présentation de la loi précédemment évoquée du 13 juillet 1973, le ministre du Travail s'exprime en ces termes :

> De quoi s'agit-il ? De faire réaliser d'incontestables progrès à notre droit du travail en protégeant les salariés contre les licenciements abusifs... Il paraît aujourd'hui indispensable que le développement économique ne vienne pas porter atteinte aux travailleurs qui contribuent à le réaliser. Expansion économique et protection sociale doivent aller de pair[1].

Elles sont effectivement allées de pair. Mais la nature du lien n'est pas clarifiée pour autant. Il ne s'agit pas d'une relation intrinsèque du type « il n'y a pas de croissance économique sans protections » (proposition dont la réciproque serait :

1. Cité par J. Le Goff, *Du silence à la parole, op. cit.*, p. 203

« il n'y a pas de protections sans croissance économique »). La croissance a *facilité* les choses, mais elle ne remplace pas la volonté politique. On oublie d'ailleurs souvent de rappeler que la percée sans doute la plus décisive en matière de droits sociaux a été réalisée avec la Sécurité sociale en 1945 et 1946, dans une France dévastée dont la productivité était tombée en deçà du seuil atteint en 1929.

Ainsi, les sécurités peuvent être trompeuses si elles s'appuient exclusivement sur la croissance. Dans les années 1950 et 1960, le contrat de travail à durée indéterminée est devenu la norme et pouvait passer pour une quasi-garantie de sécurité de l'emploi[1]. Mais cette situation tenait au fait qu'en période de quasi-plein-emploi on embauche beaucoup et on ne licencie guère. Que la conjoncture change, la sécurité s'évanouit et le caractère « indéterminé » du contrat se révèle être un simple effet d'une occurrence empirique et non une garantie légale. En somme, un contrat à durée indéterminée est un contrat qui dure... tant qu'il n'est pas interrompu — sauf s'il existe un statut spécial comme celui des fonctionnaires, ou des garanties légales contre les licenciements, dont on a vu que la portée restait limitée[2]. Cela

1. *Cf.* B. Fourcade, « L'évolution des situations d'emploi particulières de 1945 à 1990 », *Travail et emploi*, n° 52, 1992. L'analyse de cet auteur confirme que la constitution d'un paradigme de l'emploi du type CDI est corrélative de la montée en puissance de la société salariale. Avant les années 1950, il n'y a pas de norme générale de l'emploi mais une pluralité de situations d'emploi au sein de laquelle le travail indépendant tenait une place importante. Et à partir du milieu des années 1970, les « situations d'emploi particulières » reprennent de plus en plus d'importance, *cf.* ci-dessous.
2. Les conventions collectives prévoient des procédures spéciales et des indemnités en cas de licenciement, d'où le fait que

n'a pas empêché la plupart des salariés, pendant les années de croissance, de vivre leur rapport à l'emploi à travers la certitude de maîtriser l'avenir et de faire des choix qui engageaient cet avenir, comme l'investissement dans les biens durables, les prêts à la construction, etc. Après le changement de conjoncture, l'endettement va représenter comme un héritage pervers des années de croissance, susceptible de faire basculer nombre de salariés dans la précarité. Mais, auparavant, on pourrait dire qu'ils étaient déjà, sans le savoir, *virtuellement* vulnérables: leur destin était concrètement lié à la poursuite d'un progrès dont ils ne contrôlaient aucun des paramètres[1].

2. Outre le caractère inachevé et encore fragile de ce qu'on est convenu d'appeler «les acquis sociaux», le déploiement des protections a eu aussi certains *effets pervers*. Sans reprendre la vieille antienne des libéraux pour qui toute intervention de l'État a des effets nécessairement

---

le licenciement représente pour l'employeur aussi un coût et des inconvénients (d'où aussi le fait qu'après la période de plein-emploi les employeurs privilégieront des formes d'embauche moins protégées que les CDI). Mais ces dispositions sont loin d'équivaloir à une sécurité de l'emploi.

1. En 1973, 38 % des ouvriers accèdent à la propriété. Mais les deux tiers d'entre eux sont endettés pour une somme qui atteint près de la moitié de la valeur de leur logement. De même, les trois quarts des ouvriers possèdent voiture, machine à laver et télévision. Mais les trois quarts des autos neuves, plus de la moitié des machines à laver et près de la moitié des télévisions neuves sont achetées à crédit (*cf.* M. Verret, J. Creusen, *l'Espace ouvrier, op. cit.*, p. 113-114).

déresponsabilisants et assujettissants[1], force est de constater que la situation sociale et politique à la fin des années de croissance est marquée par un malaise profond dont «les événements de mai» ont été en 1968 l'expression la plus spectaculaire. On peut les interpréter, en pleine période de croissance et d'apothéose de la consommation, comme le refus d'une part importante de la société — de la jeunesse surtout — de troquer les aspirations à un développement personnel contre la sécurité et le confort. Le mot d'ordre «changer la vie» exprime l'exigence de retrouver l'exercice d'une souveraineté de l'individu dissoute dans les idéologies du progrès, du rendement et du culte des courbes de croissance, dont, comme le dit une inscription sur les murs de la Sorbonne, «on ne tombe pas amoureux». À travers l'hédonisme et la célébration de l'instant — «tout, tout de suite» —, s'exprime aussi le refus de rentrer dans la logique de la satisfaction différée et de l'existence programmée qu'implique la planification étatique de la sécurité: les protections ont un coût, elles se paient de la répression des désirs et du consentement à la torpeur d'une vie où tout est joué d'avance[2].

Ces positions peuvent nous apparaître aujourd'hui comme des réactions de nantis gavés de biens consommables et de sécurités trop facilement octroyées. Cependant, elles traduisent aussi une réserve de fond quant à *la forme* de gouver-

1. Cette idéologie a connu un vif regain au début des années 1980. Pour une expression particulièrement virulente, *cf.* P. Beneton, *le Fléau du bien*, Paris, Calmann-Lévy, 1982.
2. Pour le déploiement de cette analyse, *cf.* J. Donzelot, *l'Invention du social*, *op. cit.*, chap IV, 1.

nementalité de l'État social. Ce qui est dénoncé, ce n'est pas tant que l'État en fasse trop, mais plutôt qu'il fasse mal ce qu'il doit faire. En effet, au cours de ces années, les critiques radicales des fondements d'un ordre social voué au progrès sont restées très minoritaires, même si elles se sont exprimées sous des formes particulièrement voyantes[1]. En revanche, nombreuses et variées furent les critiques de la manière dont l'État conduisait le nécessaire affranchissement des tutelles traditionnelles et des injustices héritées du passé. Ainsi la mise en cause si vivace dans les années 1960 du mode de gestion technocratique de la société qui s'exprime à travers la prolifération des clubs — club Jean Moulin, Citoyens soixante... — et des associations d'usagers soucieux de participer aux prises de décision qui engagent leur vie quotidienne. Contre la dépolitisation dénoncée de la société, il faut refonder l'action politique et sociale sur l'implication des citoyens. Leur passivité est le prix qu'ils paient pour avoir délégué à l'État le rôle de conduire le changement d'en haut, sans contrôle de la société civile[2]. La vigueur des «mouve-

1. Outre les vestiges d'une extrême droite éternelle contemptrice du progrès, ce fut surtout le fait de groupes ultragauchistes et de formes exacerbées de spontanéisme dont l'audience est restée marginale en dépit de manifestations spectaculaires. Dans leurs orientations dominantes, ni les critiques de la société de consommation, ni la célébration de l'action révolutionnaire par les différentes familles du marxisme ne contredisent les fondements de la philosophie de l'histoire qui sous-tend la promotion de la société salariale. Les premières dénoncent plutôt le dévoiement des capacités créatrices de la société moderne dans le leurre de la marchandise, les secondes leur confiscation par des groupes dominants.

2. *Cf.* J. Donzelot, *l'Invention du social, op. cit.,* chap. IV, 2.

ments sociaux» des années 1960 et du début des années 1970 atteste l'exigence d'une responsabilisation des acteurs sociaux anesthésiés par les formes bureaucratiques et impersonnelles de gestion de l'État social.

Sur un plan plus théorique, la période de promotion de la société salariale a aussi été le moment où s'est développée une sociologie critique vigoureuse autour de trois thématiques principales : la mise en évidence de la reproduction des inégalités, surtout dans les domaines de l'éducation et de la culture ; la dénonciation de la perpétuation de l'injustice sociale et de l'exploitation de la force de travail ; le refus du traitement, indigne d'une société démocratique, réservé à certaines catégories de la population, prisonniers, malades mentaux, indigents... Il s'agissait en somme de prendre au mot l'idéal républicain tel qu'il s'exprime par exemple dans le préambule de la Constitution de 1946 :

> Chacun a le droit de travailler et d'obtenir un emploi. [...] La nation garantit à tous, notamment à l'enfant, à la mère et aux vieux travailleurs, la protection de la santé, la sécurité matérielle, le repos et les loisirs. Tout être qui, en raison de son âge, de son état physique ou mental, de la situation économique, se trouve dans l'incapacité de travailler, a le droit d'obtenir de la collectivité des moyens convenables d'existence. La nation garantit l'égal accès de l'enfant et de l'adulte à l'instruction, à la formation professionnelle et à la culture[1].

1. Cité *in* J. Fournier, N. Questiaux, *le Pouvoir du social, op. cit.*, p. 97. Cet ouvrage présente un catalogue assez complet des progrès encore à réaliser dans le domaine social dans la perspective socialiste... peu avant l'arrivée au pouvoir des socialistes.

Il n'était pas incongru de constater qu'au début des années 1970 on était encore bien loin du compte, et de ne pas prendre au premier degré les discours lénifiants sur la croissance et le progrès. Pour avoir appartenu à cette mouvance, je n'en éprouve pas aujourd'hui de remords. Mais ces critiques ne remettaient pas en question la lame de fond qui paraissait emporter la société salariale et tirait vers le haut l'ensemble de la structure sociale. Elles contestaient le partage de ces bénéfices et la fonction d'alibi que jouait souvent l'idéologie du progrès pour perpétuer les situations acquises[1].

3. Mais il existe peut-être une contradiction plus profonde dans le fonctionnement de l'État social des années de croissance. La prise de conscience en est plus récente : sans doute fallait-il que la situation commence à se dégrader pour que l'ensemble de ses péréquisits se donnent à voir. D'une part, les interventions de l'État social ont des effets homogénéisateurs puissants. Ges-

1. La confrontation entre sociologues et économistes réalisée en 1964 *in* Darras, *le Partage des bénéfices*, Paris, Éditions de Minuit, 1965, exprime bien cette tension entre deux conceptions du progrès que la version critique ne récuse pas mais dont elle exige l'explicitation rigoureuse des conditions théoriques et pratiques nécessaires pour sa réalisation démocratique. J'ai tenté pour ma part un bilan du mouvement de critique des institutions et des formes d'interventions médico-psychologiques et sociales, *in* « De l'intégration sociale à l'éclatement du social : l'émergence, l'apogée et le départ à la retraite du contrôle social », *Revue internationale d'action communautaire*, 20/60, Montréal, automne 1988.

tion nécessairement catégorielle des bénéficiaires
de services, qui arase les particularités individuelles. Ainsi, l'«ayant droit» est membre d'un
collectif abstrait, rattaché à une entité juridico-
administrative dont il est un élément interchangeable. Ce mode de fonctionnement des services
publics est bien connu et a alimenté de longue
date les critiques du caractère «bureaucratique»
ou «technocratique» de la gestion du social. Mais
son corrélat paradoxal l'était moins, à savoir que
*ce fonctionnement produit en même temps des
effets individualisants redoutables.* Les bénéficiaires des services sont d'un même mouvement
homogénéisés, encadrés par des catégories juri-
dico-administratives, et coupés de leur appartenance concrète à des collectifs réels :

> L'État providence classique, en même temps qu'il
> procède du compromis de classe, produit des effets
> d'individualisme formidables. Quand on procure
> aux individus ce parachute extraordinaire qu'est
> l'assurance d'assistance, on les autorise, dans
> toutes les situations de l'existence, à s'affranchir de
> toutes les communautés, de toutes les apparte-
> nances possibles, à commencer par les solidarités
> élémentaires de voisinage ; s'il y a la Sécurité
> sociale, je n'ai pas besoin de mon voisin de palier
> pour m'aider. L'État providence est un puissant
> facteur d'individualisme[1].

L'État social est au cœur d'une société d'individus, mais la relation qu'il entretient avec l'individualisme est double. Les protections sociales se
sont inscrites, on l'a vu, dans les failles de la

---

1. M. Gauchet, «La société d'insécurité», *in* J. Donzelot, *Face
à l'exclusion, op. cit.,* p. 170.

sociabilité primaire et dans les lacunes de la protection rapprochée. Elles répondaient aux risques qu'il y a à être un individu dans une société dont le développement de l'industrialisation et de l'urbanisation fragilisait les solidarités de proximité. Les pouvoirs publics recréent de la protection et du lien, mais sur un tout autre registre que celui de l'appartenance à des communautés concrètes. En établissant des régulations générales et en fondant des droits objectifs, l'État social creuse encore la distance par rapport aux groupes d'appartenance qui, à la limite, n'ont plus de raison d'être pour assurer les protections. Par exemple l'assurance obligatoire est bien la mise en œuvre d'une certaine solidarité, et signe l'appartenance à un collectif. Mais par la manière dont elle est instrumentalisée, cette façon de «faire société» n'exige que des investissements personnels très limités et une responsabilisation minimale (payer ses cotisations, qui sont d'ailleurs prélevées automatiquement, éventuellement élire des délégués à la gestion des «caisses» dont le fonctionnement est opaque à tout le monde...). Il en va de même de l'ensemble des protections sociales. L'intervention de l'État permet aux individus de conjurer les risques d'anomie qui, Durkheim l'avait bien vu, sont inscrits dans le développement des sociétés industrielles. Mais pour ce faire, ils ont pour interlocuteur principal, et à la limite unique, l'État et ses appareils. La vulnérabilité conjurée de l'individu se trouve ainsi reconduite sur un autre plan. L'État devient son principal support et sa principale protection, mais cette relation reste celle qui unit un individu à un collectif abstrait. Est-il possible, demande Jürgen Habermas, «de produire des nouvelles formes de vie avec des moyens juridico-bureaucratiques[1] » ? La recette, si elle existe, n'a pas encore été trouvée.

Les dangers que comporte cette dépendance à l'égard de l'État vont s'accuser lorsque la puissance publique va se trouver en difficulté pour accomplir ces tâches de la manière relativement indolore qui était la sienne en période de croissance. Tel le Dieu de Descartes qui recréait le monde à chaque instant, l'État doit maintenir ses protections par une action continue. S'il se retire, c'est le lien social lui-même qui risque de se déliter. L'individu se trouve alors en prise directe avec la logique de la société salariale livrée à elle-même qui a dissous, avec les solidarités concrètes, les grands acteurs collectifs dont l'antagonisme cimentait l'unité de la société. Dans ce contexte, le corporatisme risque de tenir lieu d'intérêt général : défense et illustration d'une strate salariale qui se différencie des strates inférieures et aspire aux prérogatives des strates supérieures. À la limite, si l'objectif de chaque individu est de maintenir et si possible d'améliorer sa trajectoire propre et celle de sa famille, la vie sociale risque de se vivre sur le mode du *struggle for life*.

Or il existe, si ce n'est une contradiction, en tout cas de fortes tensions entre ce développement de l'individualisme, qui caractérise la société salariale, et l'imposition de formes de socialisation des revenus et de contraintes administratives indispensables au fonctionnement de l'État social. Cet

---

1. J. Habermas, « La crise de l'État providence et l'épuisement des énergies utopiques », *Écrits politiques*, trad. fr., Paris, Éditions du Cerf, 1990.

antagonisme a pu être désamorcé tant que le coût de la solidarité obligatoire n'a pas été trop lourd, et que les contraintes réglementaires ont été compensées par des bénéfices substantiels dont l'individu touchait lui-même les dividendes. Ainsi les couvertures sociales étaient financées, comme on le sait, par une grande majorité d'actifs, qui cotisaient en somme surtout pour eux-mêmes : ils assuraient leur propre avenir en même temps que celui du collectif des salariés. Mais sous la double contrainte du chômage et du déséquilibre démographique, le système des protections sociales se trouve pris en tenaille. Il se produit un glissement d'un système d'assurances, selon lequel les actifs payaient surtout pour les actifs, à un système de solidarité nationale, pour lequel les actifs devraient payer surtout pour des inactifs de plus en plus nombreux[1].

Dans un univers dans lequel, d'une part, le nombre des personnes âgées et des enfants scolarisés s'accroît, d'autre part, les liens entre la production, l'emploi et le revenu se distendent, la fraction réduite de la population active qui travaille distrait une part de plus en plus importante de ses ressources pour financer la proportion écrasante de ceux qui ne travaillent pas encore, qui ne travaillent plus ou qui ne travailleront jamais[2].

1. D. Olivennes, «La société de transfert», *le Débat*, n° 69, mars-avril 1992.
2. *Ibid.*, p. 118. Sur la dimension proprement démographique de la question, *cf.* J.-M. Poursin, «l'État providence en proie au démon démographique», *le Débat*, n° 69, mars-avril 1992. Du côté du travail, il faut noter que les difficultés de financement ne vont pas tenir seulement à l'ampleur du chômage, mais aussi à la multiplication des emplois précaires et mal rémunérés qui ne permettront que de faibles cotisations sociales tout en appelant de fortes prestations compensatrices.

Ainsi sera-t-il sans doute impossible d'éviter des choix douloureux. Certains débats qui avaient il y a vingt ans un caractère surtout académique prennent aujourd'hui une acuité singulière. Par exemple, la protection sociale doit-elle nourrir l'ambition d'affranchir tous les citoyens du besoin, ou doit-elle être préférentiellement accrochée au travail ? La première option est celle de Beveridge, qui lui donne une signification très extensive : « Assurer à tous les citoyens du Royaume-Uni un revenu suffisant pour qu'ils puissent faire face à leurs charges[1]. » Cependant le même rapport souligne énergiquement la nécessité, pour qu'un plan de sécurité sociale réussisse, de promouvoir une situation de quasi-plein-emploi : « Ce rapport considère comme un des objectifs de la sécurité sociale le maintien du plein-emploi et la prévention du chômage[2]. » L'autre option, le « système bismarckien », lie l'essentiel des protections aux cotisations salariales, et la France, dit-on, s'en rapproche. Pourtant Pierre Laroque reprend à peu près littéralement la formulation de Beveridge sur la « libération du besoin » : la Sécurité sociale, c'est « la garantie donnée à chaque homme qu'en toute circonstance il pourra assurer dans des conditions satisfaisantes sa subsistance et celle des personnes à sa charge[3] ». Beveridge et Laroque

---

1. W. Beveridge, *Full Employment in a Free Society* (1944), trad. fr., Paris, Domat-Montchrétien, 1945, p. 15.
2. *Ibid.*, p. 16.
3. P. Laroque, « De l'assurance à la Sécurité sociale », *Revue internationale du travail*, LVII, n° 6, juin 1948, p. 567. L'expression *« freedom from want »* apparaît pour la première fois dans le Social Security Act de 1935, temps fort du New Deal du président Roosevelt.

pouvaient sans trop d'inconvénients, sinon se
contredire, du moins juxtaposer deux modèles
d'inspiration toute différente. Ils n'avaient pas à
choisir, puisque le quasi-plein-emploi pouvait
contribuer à un «affranchissement» du besoin
alimenté par le travail de la majorité de la population. Mais la protection de tous par la solidarité
et la protection des actifs par les assurances
entrent en contradiction si la population active
devient minoritaire.

De même, on a noté que le système de sécurité
sociale ne s'était guère soucié de la couverture
du chômage. Pierre Laroque s'en justifie ainsi :
«En France, le chômage n'a jamais été un risque
aussi sérieux qu'en Grande-Bretagne [1].» Outre
qu'une telle déclaration paraît aujourd'hui singulièrement datée, elle trahit peut-être une difficulté de fond : le chômage peut-il être «couvert» à
partir du travail ? Sans doute, jusqu'à un certain
seuil. Mais le chômage n'est pas un risque comme
un autre (comme l'accident du travail, la maladie
ou la vieillesse impécunieuse). S'il se généralise, il
assèche les possibilités de financement des autres
risques, et donc aussi la possibilité de se «couvrir» lui-même [2]. Le cas du chômage révèle le
talon d'Achille de l'État social des années de

---

1. P. Laroque, *la Sécurité sociale dans l'économie française*,
Paris, Fédération nationale des organismes de Sécurité sociale,
1948, p. 9.
2. Deux indices de cette «exceptionnalité» du chômage : son
système d'indemnisation par les Assedic à partir de 1958 n'est
pas intégré à la Sécurité sociale ; une circulaire du ministère
du Travail de Pierre Bérégovoy, en novembre 1982, sort les
chômeurs en fin de droits du système de l'assurance pour les
placer dans celui de la «solidarité», manière polie de rebapti-
ser l'assistance.

croissance. La configuration qu'il a prise alors reposait sur un régime du travail qui est aujourd'hui profondément ébranlé.

Mais l'État social est peut-être encore plus profondément déstabilisé par l'affaiblissement de l'État-nation, dont il est l'émanation directe. Double érosion des prérogatives régaliennes, vers le bas avec la montée en charge des pouvoirs locaux «décentralisés», et vers le haut avec l'Europe et plus encore la mondialisation de l'économie et la prépondérance du capital financier international. De même que l'État social keynésien repose sur, et pour une part construit, un compromis entre les partenaires sociaux à l'intérieur de ses frontières, de même il suppose à l'extérieur un compromis, au moins implicite, avec les différents États qui se situent à un niveau comparable de développement économique et social. De fait, en dépit d'inévitables différences nationales, les politiques sociales, y compris les politiques salariales, de pays comme l'Allemagne, la Grande-Bretagne ou la France, par exemple, sont (ou étaient) *compatibles entre elles*, c'est-à-dire compatibles avec la concurrence que ces pays se livrent en même temps sur le plan économique et commercial. La politique sociale d'un État résulte en fait d'un arbitrage difficile entre des exigences de politique intérieure (en simplifiant : maintenir la cohésion sociale) et des exigences de politique extérieure : être compétitif et «puissant [1]». Mais les règles du jeu ont changé depuis

1. Sur ce point, *cf.* les analyses de François Fourquet, en particulier «La citoyenneté, une subjectivité exogène», in *la Production de l'assentiment dans les politiques publiques. Techniques, territoires et sociétés*, n°s 24-25, Paris, ministère de l'Équipement des Transports et du Tourisme, 1993.

le début des années 1970. Par exemple, au lieu que les États européens importent de la main-d'œuvre immigrée qu'ils font travailler à leurs conditions, ils se trouvent en concurrence sur un marché mondialisé du travail avec des zones géographiques où la main-d'œuvre est bon marché. C'est une raison supplémentaire et très forte de penser qu'il est exclu que, même si la croissance revenait, l'État puisse reprendre demain la politique qui était la sienne à la veille du « premier choc pétrolier ».

Il faut donc se demander, avec Jürgen Habermas, si on n'assiste pas à « l'épuisement d'un modèle ». Les différentes formes de socialisme avaient fait de la victoire sur l'hétéronomie du travail la condition de la fondation d'une société d'hommes libres. L'État social de type social-démocrate avait conservé une version édulcorée de cette utopie : il n'était plus nécessaire de subvertir la société par la révolution pour promouvoir la dignité du travail, mais la place de celui-ci demeurait centrale comme base de la reconnaissance sociale et comme socle auquel s'attachent les protections contre l'insécurité et le malheur. Même si la pénibilité et la dépendance du travail salarié n'étaient pas complètement abolies, le travailleur s'en trouvait dédommagé en devenant un citoyen dans un système de droits sociaux, un bénéficiaire des prestations distribuées par les bureaucraties de l'État, et aussi un consommateur reconnu des marchandises produites par le marché[1]. Ce mode de domestication du capita-

---

1. J. Habermas, « La crise de l'État providence et l'épuisement des énergies utopiques », *loc. cit.*

lisme avait ainsi restructuré les formes modernes de la solidarité et de l'échange autour du travail, sous la garantie de l'État. Qu'en est-il de ce montage si le travail perd sa centralité ?

Les surnuméraires

Quelles qu'en puissent être les « causes[1] », l'ébranlement qui affecte la société au début des années 1970 se manifeste bien, en premier lieu, à travers la transformation de la problématique de l'emploi. Les chiffres ne sont que trop connus et occupent aujourd'hui le premier plan de l'actualité : près de 3,5 millions de chômeurs, soit plus de 12 % de la population active[2]. Mais le chô-

1. Pour une interprétation en termes économiques inspirée de l'école de la régulation, *cf.* par exemple J.-H. Lorenzi, O. Pastré, J. Toledano, *la Crise du XXe siècle*, Paris, Economica, 1980, ou R. Boyer, J.-P. Durand, *l'Après-fordisme*, Paris, Syros, 1993. Dans cette perspective, la « crise » actuelle résulte de l'essoufflement du modèle « fordiste », à la conjonction d'une perte des gains de productivité, d'un épuisement de la norme de consommation et du développement d'un secteur tertiaire improductif ou peu productif. Mais le niveau d'analyse choisi ici n'impose pas de se prononcer sur ces « causes ».

2. Pour prendre la mesure de la dégradation de la situation : en 1970, il y avait 300 000 demandeurs d'emploi inscrits à l'ANPE, dont 17 % depuis plus d'un an (ce chômage, dit d'exclusion, touche aujourd'hui plus de 1 million de personnes). Le véritable « décollage » du chômage date de 1976, année où le nombre des chômeurs atteint le million. En dépit d'une légère progression du nombre des emplois (22 millions en 1990 contre 21 612 000 en 1982), le nombre des demandeurs d'emploi a presque toujours augmenté depuis. Pendant la reprise de la fin des années 1980, caractérisée par un taux de croissance qui atteint 4 % en 1988 et 1989, il y a création de 850 000 emplois, mais une baisse de chômage de 400 000 seulement (*cf. Données sociales*, Paris, INSEE, 1993). Pour une mise au point récente sur la question du chômage, *cf.* J. Freyssinet, *le Chômage*, Paris, La Découverte, 1993.

mage n'est que la manifestation la plus visible d'une transformation en profondeur de la conjoncture de l'emploi. *La précarisation* du travail en constitue une autre caractéristique, moins spectaculaire mais sans doute plus importante encore. Le contrat de travail à durée indéterminée est en train de perdre son hégémonie. Cette forme la plus stable de l'emploi, qui a atteint son apogée en 1975 et concernait alors environ 80 % de la population active, est tombée aujourd'hui à moins de 65 %. Les «formes particulières d'emploi» qui se développent recouvrent une foule de situations hétérogènes, contrats de travail à durée déterminée (CDD), intérim, travail à temps partiel et différentes formes d'«emplois aidés», c'est-à-dire soutenus par les pouvoirs publics dans le cadre de la lutte contre le chômage[1]. En chiffres absolus, les CDI sont encore largement majoritaires. Mais si l'on comptabilise les flux d'embauches, les proportions s'inversent. Plus des deux tiers des embauches annuelles se font

---

1. *Cf.* B. Fourcade, «L'évolution des situations d'emploi particulières de 1945 à 1990», *loc. cit.* Rappelons avec cet auteur qu'avant la généralisation des CDI les «situations particulières d'emploi» étaient fort nombreuses (Fourcade en compte plus de 4 millions en 1950). Mais il s'agissait en général des formes proches du travail indépendant, que l'on pourrait qualifier de «présalariales» en ce sens qu'elles ont été à peu près absorbées par la généralisation du salariat. Au contraire, les «nouvelles formes particulières d'emploi» sont postérieures à la généralisation du salariat, et exactement contemporaines du développement du chômage. Elles sont une manifestation de la dégradation de la condition salariale. Sur l'évolution de la structure juridique du contrat de travail, *cf.* la mise au point synthétique de S. Erbès-Seguin, «Les images brouillées du contrat de travail», *in* P. M. Menger, J.-C. Passeron, *l'Art de la recherche, Essais en l'honneur de Raymonde Moulin*, Paris, La Documentation française, 1993.

selon ces formes, dites aussi «atypiques[1]». Les jeunes sont les plus concernés, et les femmes davantage que les hommes[2]. Mais le phénomène touche également ce que l'on pourrait appeler le noyau dur de la force de travail, les hommes de trente à quarante-neuf ans : en 1988 déjà, plus de la moitié d'entre eux étaient embauchés sous un statut particulier[3]. Et il touche au moins autant les grandes concentrations industrielles que les PME : dans les entreprises de plus de 50 salariés, les trois quarts des jeunes de moins de vingt-cinq ans sont embauchés sous des contrats de ce type[4].

Ce processus paraît irréversible. Non seulement la majorité des nouvelles embauches se fait sous ces formes, mais le stock des CDI se réduit (plus de 1 million de suppressions d'emplois de ce type entre 1982 et 1990). Il semble aussi que le processus s'accélère. Le 2 mars 1993, *la Tribune-Desfossés* publiait une projection pour les dix années à venir prévoyant une inversion complète de la proportion CDI-autres formes d'emplois. Le nombre des CDI pourrait alors être réduit à 3 millions. On peut certes faire des

1. A. Lebaube, *l'Emploi en miettes, op. cit.* On trouvera également de nombreuses données actualisées sur le marché de l'emploi *in* B. Brunhes, *Choisir l'emploi*, Paris, La Documentation française, 1993.

2. En termes de «stocks», comme disent les économistes, en 1990, seuls 58 % des jeunes hommes et 48 % des jeunes femmes de vingt et un à vingt-cinq ans travaillent à temps plein sous CDI, alors qu'en 1982 ces taux étaient respectivement de 70 et 60 % (*cf.* J.-L. Heller, M. Th. Joint-Lambert, «Les jeunes entre l'école et l'emploi», *Données sociales*, Paris, INSEE, 1990).

3. M. Cézard, J. L. Heller «Les formes traditionnelles de l'emploi salarié se dégradent», *Économie et statistiques*, n° 215, nov. 1988.

4. J. Jacquier, «La diversification des formes d'emploi en France», *Données sociales*, Paris, INSEE, 1990.

réserves sur la précision mathématique de telles prévisions. Elles n'en traduisent pas moins un bouleversement en profondeur de la condition salariale[1]. La diversité et la discontinuité des formes de l'emploi sont en train de supplanter le paradigme de l'emploi homogène et stable.

Pourquoi dire qu'il s'agit là d'un phénomène aussi important, et sans doute même plus important que la montée du chômage? Non point pour banaliser la gravité du chômage. Mais mettre l'accent sur cette précarisation du travail[2] permet de comprendre les processus qui *alimentent* la vulnérabilité sociale et produisent, en fin de parcours, le chômage et la désaffiliation. Il est d'ores et déjà équivoque de caractériser ces formes nouvelles d'emploi de « particulières » ou d'« atypiques » Cette représentation renvoie à la prépondérance, sans doute révolue, du CDI. Davantage : la représentation du chômage comme un phénomène lui aussi atypique, en somme irrationnel et que l'on

---

1. Dans la même logique, André Gorz cite une étude d'un institut de recherche allemand prévoyant pour les années à venir une proportion de 25 % de travailleurs permanents, qualifiés et protégés, 25 % de travailleurs « périphériques », en sous-traitance, sous-qualifiés, mal payés et mal protégés, et 50 % de chômeurs ou de travailleurs marginaux adonnés aux emplois occasionnels et aux petits boulots (*les Métamorphoses du travail*, Paris, Galilée, 1988, p. 90).

2. Ces transformations de la relation de travail ne signifient évidemment pas que toutes ces situations nouvelles soient livrées à l'arbitraire et au non-droit. On assiste au contraire depuis une vingtaine d'années à un intense travail d'élaboration juridique pour les inscrire dans le droit du travail (c'est ainsi qu'a même été forgée cette notion apparemment étrange de « contrat à durée indéterminée intermittent »). Mais il est typique que ces élaborations nouvelles se constituent en référence au CDI et comme autant de dérogations par rapport à lui. Sur ces points, *cf.* S. Erbès-Seguin, « Les images brouillées du contrat de travail », *loc. cit.*

pourrait éradiquer au prix d'un peu de bonne volonté et d'imagination, toutes choses demeurant égales par ailleurs, est sans doute aussi l'expression d'un optimisme révolu. Le chômage n'est pas une bulle qui s'est creusée dans les relations de travail et que l'on pourrait résorber. Il commence à devenir clair que précarisation de l'emploi et chômage se sont inscrits dans la dynamique actuelle de la modernisation. Ils sont les conséquences nécessaires des nouveaux modes de structuration de l'emploi, l'ombre portée des restructurations industrielles et de la lutte pour la compétitivité — qui effectivement font de l'ombre à beaucoup de monde.

C'est la structure même de la relation salariale qui risque d'être remise en question. La consolidation de la condition salariale, on l'a souligné, a tenu au fait que salarier une personne avait de plus en plus consisté à s'attacher sa disponibilité et ses compétences sur la longue durée — cela contre une conception plus fruste du salariat, qui consistait à louer un individu pour accomplir une tâche ponctuelle. « La durabilité du lien d'emploi implique en effet que l'on ne sache pas à l'avance quelles tâches concrètes précédemment définies le salarié sera amené à remplir [1]. » Les nouvelles formes « particulières » d'emploi ressemblent davantage à d'anciennes formes d'embauche, lorsque le statut du travailleur s'effaçait devant les contraintes du travail. *La flexibilité* est une

---

1. F. Dauty, M.-L. Morin, « Entre le travail et l'emploi : la polyvalence des contrats à durée déterminée », *Travail et emploi*, n° 52, 1992. Sur les différentes conceptions de la relation salariale, *cf.* J. Rose, *les Rapports de travail et d'emploi : une alternative à la notion de relation salariale*, GREE, Cahier n° 7, Université de Nancy II, 1992.

manière de nommer cette nécessité de l'ajustement du travailleur moderne à sa tâche.

Ne caricaturons pas. La flexibilité ne se réduit
pas à la nécessité de s'ajuster mécaniquement à
une tâche ponctuelle. Mais elle exige que l'opérateur soit immédiatement disponible pour s'adapter aux fluctuations de la demande. Gestion en
flux tendu, production à la commande, réponse
immédiate aux aléas des marchés sont devenus
les impératifs catégoriques du fonctionnement
des entreprises compétitives. Pour les assumer,
l'entreprise peut avoir recours à la sous-traitance
(flexibilité externe) ou former son personnel à la
souplesse et à la polyvalence afin de lui permettre de faire face à toute la gamme des situations nouvelles (flexibilité interne). Dans le
premier cas, c'est à des entreprises satellites
qu'est confié le soin d'assumer les fluctuations
du marché. Elles peuvent le faire au prix d'une
grande précarité des conditions de travail et de
forts risques de chômage. Dans le second cas,
l'entreprise prend en charge l'adaptation de son
personnel aux changements technologiques.
Mais c'est au prix de l'élimination de ceux qui ne
sont pas capables de se hausser à la hauteur de
ces nouvelles normes d'excellence [1].

Ces constats remettent profondément en question la fonction intégrative de l'entreprise. L'en-

---

1. À la différence du Japon, de l'Allemagne et de la Suède,
mais moins que les États-Unis ou la Grande-Bretagne, la France
a tendance à privilégier la flexibilité externe, ce qui constitue
une explication des taux élevés de chômage et de la plus grande
précarité de l'emploi : les salariés sont moins maintenus dans
l'entreprise, et les tâches les moins qualifiées sont plus souvent
traitées en externe par des personnels très vulnérables à la
conjoncture (*cf.* R. Boyer, *l'Économie française face à la guerre
du Golfe*, Commissariat général du Plan, Paris, 1990).

treprise des années de croissance a constitué une
matrice organisationnelle de base de la société
salariale. C'est principalement à partir d'elle,
comme le soulignent Michel Aglietta et Anton
Bender, que s'opère la différenciation du salariat :
elle structure des groupements humains relativement stables et les place dans un ordre hiérarchique de positions interdépendantes[1]. Cette
forme de cohésion sociale est toujours problématique car elle est traversée par des conflits d'intérêts et, en dernière analyse, par l'antagonisme du
capital et du travail. Cependant, on l'a vu, la
croissance permettait dans une certaine mesure
de pondérer les aspirations des personnels et les
objectifs de la direction en assurant la progression des revenus et des avantages sociaux et en
facilitant la mobilité professionnelle et la promotion sociale des salariés. La « crise » réduit ou
supprime ces marges de jeu, et les « acquis
sociaux » deviennent des obstacles au regard de
la mobilisation générale décrétée au nom de la
compétitivité maximale.

Il est paradoxal qu'un discours apologétique
sur l'entreprise se soit imposé précisément au
moment où elle perdait une bonne part de ses
fonctions intégratrices[2]. L'entreprise, source de

---

1. M. Aglietta, A. Bender, *les Métamorphoses de la société
salariale*, *op. cit. Cf.* aussi M. Maurice, F. Sellier, J.-J. Sylvestre,
« Production de la hiérarchie dans l'entreprise », *Revue française de sociologie*, 1979.
2. Apologie confortée par la conversion du socialisme de gouvernement aux vertus du marché après 1982. Comme tous les
convertis, il tombe volontiers dans le prosélytisme. *Cf.* J.-P. Le
Goff, *le Mythe de l'entreprise*, Paris, La Découverte, 1992.

la richesse nationale, école de la réussite, modèle d'efficacité et de compétitivité, sans doute. Mais il faut ajouter que l'entreprise fonctionne aussi, et apparemment de plus en plus, comme une machine à vulnérabiliser, et même comme une «machine à exclure[1]». Et cela doublement.

Au sein de l'entreprise elle-même, la course à l'efficacité et à la compétitivité entraîne la déqualification des moins aptes. Le «management participatif» exige la mobilisation de compétences non seulement techniques, mais aussi sociales et culturelles, qui prennent à contre-pied la culture professionnelle traditionnelle d'une majorité de salariés[2]. Lorsque, dans le cadre de la recherche de la «flexibilité interne», l'entreprise entend adapter les qualifications des travailleurs aux transformations technologiques, la formation permanente peut fonctionner comme une sélection permanente[3]. Le résultat est l'invalidation des «travailleurs vieillissants», trop âgés ou pas assez formés pour être recyclés, mais trop jeunes pour bénéficier de la retraite. En France, le taux d'activité de la tranche d'âge des cinquante-cinq-soixante ans est tombé à 56 %, un des plus bas d'Europe (il est de 76 % en Suède), et la majorité des travailleurs ne passe pas directement de la pleine activité à la retraite selon le modèle classique du travail protégé[4].

---

1. *Cf.* X. Gaulier, «La machine à exclure», *le Débat*, n° 69, mars-avril 1992.
2. *Cf.* N. Aubert, V. de Gaulejac, *le Coût de l'excellence*, Paris, Le Seuil, 1991.
3. X. Gaulier, *loc. cit.*
4. *Cf.* A.-M. Guillemard, «Travailleurs vieillissants et marché du travail en Europe», *Travail et emploi*, n° 57, 1993.

Mais l'entreprise faillit également à sa fonction intégratrice en direction des jeunes. En haussant le niveau des qualifications requises à l'entrée, elle démonétarise une force de travail avant même qu'elle ait commencé à servir. Ainsi des jeunes qui il y a vingt ans auraient été intégrés sans problème à la production se trouvent condamnés à errer de stage en stage ou d'un petit boulot à l'autre. Car l'exigence de qualification ne correspond pas toujours à des impératifs techniques. Nombre d'entreprises ont tendance à se prémunir contre de futurs changements technologiques en embauchant des jeunes surqualifiés, y compris dans des secteurs à statuts peu valorisés. C'est ainsi que les jeunes titulaires d'un CAP ou d'un BEP occupent de plus en plus des emplois inférieurs à leur qualification. Alors qu'en 1973 les deux tiers d'entre eux occupaient le poste de travail pour lequel ils avaient été formés, en 1985 ils n'étaient plus que 40 % dans ce cas[1]. Il en résulte une démotivation et un accroissement de la mobilité-précarité, ces jeunes étant tentés de chercher ailleurs, si c'est possible, un meilleur ajustement de leur emploi à leur qualification. Il en résulte surtout que les jeunes réellement non qualifiés risquent de n'avoir aucune alternative au chômage, puisque les places qu'ils pourraient occuper sont prises par plus qualifiés qu'eux. Plus profondément, cette logique risque d'invalider les politiques qui mettent l'accent sur la qualification comme voie royale pour éviter le chômage ou pour en sortir. C'est sans doute une vision encore optimiste de la « crise » qui a conduit

---

1. P. d'Iribarne, *le Chômage paradoxal, op. cit.*

à penser qu'en améliorant et en multipliant les qualifications on se prémunissait contre l'«inemployabilité». Il est vrai que, statistiquement parlant, les «basses qualifications» fournissent les plus forts contingents de chômeurs. Mais cette corrélation n'implique pas une relation directe et nécessaire entre qualification et emploi. Les «basses qualifications» risquent d'être toujours en retard d'une guerre, si entre-temps le niveau général de formation s'est élevé[1]. C'est pourquoi aussi des objectifs tels que celui de mener au niveau du baccalauréat 80 % d'une classe d'âge sont des pseudo-solutions au problème de l'emploi. Il n'y a certainement pas 80 % des emplois, actuellement ou dans un avenir prévisible, qui exigent ce niveau de qualification[2]. On risque alors d'aboutir, plutôt qu'à une réduction du chômage, à une hausse du niveau de qualification des chômeurs.

Entendons-nous bien: il est légitime et même nécessaire, du point de vue de la démocratie, de s'attaquer au problème des «basses qualifications» (c'est-à-dire, dans un langage moins technocratique, de mettre fin au sous-développement culturel d'une partie de la population). Mais il est illusoire d'en déduire que les non-employés pourraient trouver un emploi simplement au prix

1. La course à la qualification peut produire des effets proprement pervers. Si l'on embauche préférentiellement des candidats surqualifiés, les demandeurs d'emploi peu qualifiés se trouvent de fait exclus du type d'emplois qu'ils étaient aptes à occuper par de plus qualifiés qu'eux, mais moins aptes qu'eux sur ces emplois.

2. Une étude prospective du Bureau d'information et de prévision économique prévoit qu'en l'an 2000 au moins 60 % des postes de travail exigeront un niveau de qualification inférieur au baccalauréat.

d'une mise à niveau. La relation formation-emploi se pose dans un contexte tout différent de celui du début du siècle. Alors, le type de formation et de socialisation promu par l'école a facilité l'immigration vers la ville des jeunes ruraux et la formation d'une classe ouvrière instruite et compétente : les jeunes scolarisés par la République trouvaient des postes de travail à la mesure de leurs nouvelles qualifications. Aujourd'hui, tout le monde n'est pas qualifié et compétent, et l'élévation du niveau de la formation demeure un objectif essentiel. Mais cet impératif démocratique ne doit pas dissimuler un problème nouveau et grave : la possible *inemployabilité* des qualifiés[1].

Il serait injuste de faire porter à l'entreprise toute la responsabilité de cette situation. Son rôle est bien de maîtriser les changements technologiques et de se plier aux exigences nouvelles du marché. Toute l'histoire des relations de travail montre d'ailleurs que l'on ne saurait demander de surcroît aux employeurs de «faire du social» (lorsqu'ils l'ont fait, c'est, comme dans le cas de la philanthropie patronale du XIXe siècle, au sens précis et limité de la défense des intérêts bien compris de l'entreprise). Or, dans les transformations en cours, une adhésion au premier degré aux exigences immédiates de la rentabilité peut se révéler à terme contre-productive pour

1. C'est ainsi que l'on a vu se développer récemment un chômage des cadres, sans que l'on puisse encore déterminer l'ampleur de la tendance, *cf.* Ollivier Marchand, «La montée récente du chômage des cadres», *Premières Informations*, 356, juillet 1993. En 1992, le pourcentage des cadres chômeurs était de 3,4 %, contre 5,1 % pour les professions intermédiaires, 12,9 % pour les ouvriers et 13,3 % pour les employés.

l'entreprise elle-même (par exemple, un usage sauvage de la flexibilité brise la cohésion sociale de l'entreprise ou démotive le personnel). On peut donc souhaiter une gestion intelligente de ces impératifs par l'entreprise. Il est en revanche naïf de croire qu'elle pourrait prendre en charge les risques de fracture sociale qui découlent de son fonctionnement. Après tout, les entreprises les plus compétitives sont aussi souvent les plus sélectives, et donc à certains égards les plus excluantes, et (*cf.* dans l'automobile) la publication de «plans sociaux» accompagne fréquemment celle des bilans commerciaux positifs. C'est une manière de dire qu'une politique se donnant pour objectif de maîtriser les effets de la dégradation de la condition salariale et de juguler le chômage ne saurait s'appuyer exclusivement sur la dynamique des entreprises et sur les vertus du marché. Les nombreuses mesures de type aide à l'embauche, abattement des charges sociales sans obligations d'embauche par les entreprises, etc., ont fait la preuve si ce n'est de leur inutilité, du moins de leurs effets extrêmement limités. S'agissant en particulier d'aider les publics en difficulté, il aurait fallu «distribuer moins souvent des subventions en faveur d'embauches qui se seraient produites de toute façon[1]». Ce que l'on appelle les «effets d'aubaine» de certaines mesures sociales sont bien intéressants pour les entreprises, et on ne voit pas pour quelles raisons elles ne s'en saisiraient pas. Mais ils ont souvent des effets pervers sur la maîtrise du chômage.

---

1. R. Tresmontant, «Chômage : les chances d'en sortir», *Économie et statistiques*, nº 241, mars 1991, p. 50.

De toute manière, chercher le salut par l'entreprise, c'est se tromper de registre. L'entreprise exprime la logique du marché, de l'économie, qui est « le champ institutionnel des seules entreprises[1] ». Sur ce plan, la marge de manœuvre est étroite car (le désastre des pays du « socialisme réel » le montre) une société ne peut pas plus ignorer le marché que la physique ne peut ignorer la loi de la gravitation universelle. Mais s'il est suicidaire d'être « contre » le marché, il n'en résulte pas qu'il faille s'abandonner à lui. La problématique de la cohésion sociale n'est pas celle du marché, la solidarité ne se construit pas en termes de compétitivité et de rentabilité. Ces deux logiques sont-elles compatibles ? On reviendra sur cette question. Ici, il fallait marquer leur différence pour récuser cette impasse que représente le fait de faire porter à l'entreprise le poids de la résolution de la question sociale actuelle. Une volonté politique peut peut-être — en tout cas elle le devrait — encadrer et circonscrire le marché pour que la société ne soit pas broyée par son fonctionnement. Elle ne peut déléguer à l'entreprise la charge d'exercer son propre mandat, sauf à penser, non seulement que « ce qui est bon pour General Motors est bon pour les États-Unis », mais aussi que cela suffit pour assurer la cohésion de toute la société.

Si la maîtrise de la question sociale ne relève pas exclusivement du champ de l'entreprise et de l'économie, c'est que leur dynamique actuelle

---

1. F. Fourquet, N. Murard, *Valeur des services collectifs sociaux, op. cit.*, p. 37.

produit des effets désastreux du point de vue de la cohésion sociale. La situation peut à première vue s'interpréter à partir des analyses de la dualisation du marché du travail[1], mais elle invite à en radicaliser les conclusions. Il y a bien en effet deux «segments» d'emplois, un marché «primaire» formé d'éléments qualifiés, mieux payés, mieux protégés et plus stables, et un marché «secondaire» constitué de personnels précaires, moins qualifiés, directement soumis aux fluctuations de la demande. Mais les relations entre ces deux secteurs ne sont pas fixées une fois pour toutes. Schématiquement, on pourrait dire qu'en période de croissance et d'équilibre entre la demande et l'offre de travail, il y a relation de complémentarité entre les deux secteurs. C'est l'avantage de l'entreprise — et évidemment des salariés — que de fixer le capital humain. Cette fidélisation minimise les coûts de formation, assure la continuité des compétences et un meilleur climat social au sein de l'entreprise, économise les à-coups générateurs de baisse de la productivité. Le marché secondaire joue alors un rôle d'appoint pour faire face aux imprévus, et éventuellement de sas pour socialiser des personnels dont certains seront intégrés de manière stable. Dans une situation de sous-emploi et de sureffectifs, les deux marchés sont au contraire en concurrence directe. La pérennité des statuts du personnel de l'entreprise fait obstacle à la nécessité de faire face à une conjoncture mobile. À l'inverse, les salariés du secteur secondaire

---

1. *Cf.* M. J. Piore, «Dualism in the Labor-Market: The Case of France», *in* J. Mairesse, *Emploi et chômage*, Paris, Fondation nationale des sciences politiques, 1982.

sont plus « intéressants », puisqu'ils ont moins de droits, ne sont pas protégés par des conventions collectives et peuvent être loués au coup par coup[1]. Ajoutons que l'internationalisation du marché du travail accuse la dégradation du marché national. Les entreprises sous-traitent aussi (flexibilité externe) dans des pays où le coût de la main-d'œuvre est plusieurs fois moins élevé. Dans un premier temps, cette forme de délocalisation a principalement affecté les emplois sous-qualifiés et les industries traditionnelles (*cf.* la ruine du textile dans les pays « développés », dans lesquels il avait pourtant été le secteur industriel le plus demandeur d'emplois). Mais une entreprise peut également sous-traiter la construction d'appareillages sophistiqués ou de programmes informatiques en Asie du Sud-Est ou ailleurs[2].

Cette évolution est aggravée par la « tertiarisa-

---

1. *Cf.* G. Duthil, *les Politiques salariales en France, 1960-1990*, Paris, L'Harmattan, 1993. Une première prise de conscience collective du passage de la problématique du travail dominante jusqu'aux années 1970 fondée sur un souci de la fixation de la main-d'œuvre dans l'entreprise à une problématique de la flexibilité et de l'adaptation au changement avec pour conséquence le risque d'éclatement des statuts apparaît en France lors du deuxième colloque de Dourdan de décembre 1980, *cf.*, Colloque de Dourdan, *L'emploi, enjeux économiques et sociaux*, Paris, Maspero, 1982.

2. La question de l'impact de ces délocalisations sur la dégradation du marché du travail national pour les années à venir est controversée. Pour un point de vue nuancé (mais qui, il est vrai, date du début des années 1980), *cf.* P. Eisler, J. Freyssinet, B. Soulage, « Les exportations d'emplois », *in* J. Mairesse, *Emploi et chômage, op. cit.* Une projection plus récente à l'échelle européenne prévoit que la proportion de la production mondiale localisée en Europe de l'Ouest baissera de 27,3 % en 1988 à 24,6 % en l'an 2000, ce qui est considérable mais bien en deçà du scénario catastrophe que l'on présente parfois (*cf.* G. Lafay « Industrie mondiale : trois scénarios pour l'an 2000 », *Économie et statistiques*, nº 256, juillet-août 1992)

tion» des activités, dont Bernard Perret et Guy Roustang ont souligné l'importance[1]. Une telle transformation ne change pas seulement la structure des rapports de travail dans le sens de la prédominance des relations directes entre le producteur et le client (prestations de services proprement dites) et du caractère informationnel et relationnel croissant des activités. Elle a une incidence directe sur la productivité du travail. En moyenne, les gains de productivité dégagés par les activités industrielles sont le double de ceux du secteur des services[2]. Il en résulte une grave interrogation quant à l'ampleur et aux conséquences pour l'emploi d'une reprise de la croissance. Selon les économistes classiques dont Alfred Sauvy a synthétisé la pensée, les transformations des techniques de production

---

1. *Cf.* B. Perret, G. Roustang, *l'Économie contre la société*, Paris, Le Seuil, 1993. L'importance de ce processus avait précédemment été soulignée dès le début de l'avènement de la société salariale (*cf.* chap. vii). Mais il s'est comme emballé depuis. En 1954, les services représentaient 38,5 % des salariés, ils en regroupent aujourd'hui près de 70 % (*cf.* B. Perret, G. Roustang, *op. cit.*, p. 55).

2. Ces remarques permettent de lever une ambiguïté sur la «désindustrialisation». La désindustrialisation est un fait, avec les conséquences sociales qu'elle implique sur la déstructuration de la classe ouvrière classique (*cf.* les difficultés et la perte d'importance relative des grandes industries comme la sidérurgie). Mais, comme le montre Philippe Delmas *(le Maître des horloges, op. cit.)*, les activités industrielles demeurent les plus grandes créatrices de richesses, et seules susceptibles de «tirer» la croissance. De plus, le secteur le plus prospère et le mieux rétribué des services est généralement celui qui est lié aux activités industrielles. Alain Minc *(L'après-crise est déjà commencée*, Paris, Gallimard, 1982), insiste également sur le rôle prépondérant des activités industrielles comme principales créatrices de la richesse sociale et les mieux à même d'assurer la place d'une nation dans la compétition internationale.

ont toujours été suivies d'un «déversement» de la main-d'œuvre des anciens secteurs vers de nouvelles sphères d'activité[1] (ainsi la réduction de la main-d'œuvre attachée à l'agriculture a donné lieu au développement d'un secteur industriel plus productif). Ce raisonnement est toutefois mis en défaut si les progrès techniques dégagent de faibles gains de productivité et suppriment davantage d'emplois qu'ils n'en créent. Il semble bien que ce soit le cas[2].

Le problème actuel n'est donc pas seulement celui que pose la constitution d'une «périphérie précaire», mais aussi celui de la «déstabilisation des stables[3]». Le processus de précarisation traverse certaines des zones anciennement stabilisées de l'emploi. Remontée de cette vulnérabilité de masse, dont on a vu qu'elle avait été lentement conjurée. Il n'y a rien de «marginal» dans cette dynamique. De même que le paupérisme du XIXe siècle était inscrit au cœur de la dynamique de la première industrialisation, de même la précarisation du travail est un processus central, commandé par les nouvelles exigences technologico-économiques de l'évolution du capitalisme moderne. Il y a bien là de quoi poser une «nou-

---

1. A. Sauvy, *la Machine et le chômage*, Paris, Dunod, 1990.
2. Ainsi — en relation avec la prépondérance des activités de services —, les gains moyens de productivité pour une heure de travail sont passés de 4,6 % par an de 1970 à 1974 à 2,7 % de 1984 à 1989 (*cf.* B. Perret, G. Roustang, *l'Économie contre la société, op. cit.*, p. 117). Pour un bilan des effets des «nouvelles technologies» sur l'organisation du travail, *cf.* J.-P. Durand, «Travail contre technologie», *in* J.-P. Durand, F.-X. Merrien, *Sortie de siècle*, Paris, Vigot, 1991.
3. *Cf.* D. Linhart, M. Maruani, «Précarisation et déstabilisation des emplois ouvriers, quelques hypothèses», *Travail et emploi*, n° 11, 1982.

velle question sociale» qui a la même ampleur et la même centralité que celle que le paupérisme soulevait dans la première moitié du XIXᵉ siècle, à l'étonnement des contemporains.

Envisagés sous l'angle du travail, on peut distinguer trois points de cristallisation de cette question. D'abord, cette *déstabilisation* des stables. Une partie de la classe ouvrière intégrée et des salariés de la petite classe moyenne est menacée de basculement. Alors que la consolidation de la société salariale avait continûment élargi l'assise des positions assurées et ménagé les voies de la promotion sociale, c'est le mouvement inverse qui prévaut. C'est sans doute sur le devenir de ces strates intermédiaires — ni le bas ni le haut de la pyramide sociale —, qui n'ont pas actuellement beaucoup à espérer du fait du blocage de la mobilité ascendante, mais davantage à perdre, que se joue l'équilibre de notre structure sociale (le populisme, de droite ou de gauche, est la traduction politique de leur mise en situation d'insécurité). Confirmation du fait qu'il ne suffit pas de traiter la question sociale à partir de ses marges et de se contenter de dénoncer l'«exclusion».

Deuxième spécificité de la situation actuelle, *l'installation dans la précarité*. Le travail aléatoire représente une nébuleuse aux contours incertains, mais qui tend à s'autonomiser. Moins du quart des 2,5 millions de chômeurs recensés à l'ANPE en 1986 avaient trouvé un travail stable deux ans plus tard (22 %); 9 % s'étaient résignés à l'inactivité définitive et 44 % étaient encore chômeurs,

soit (pour le quart) qu'ils y soient restés (chômage
de longue durée), soit qu'ils le soient redevenus
après avoir occupé un ou plusieurs emplois. Si
l'on y ajoute ceux qui occupent au moment de
l'enquête un emploi menacé, c'est donc environ
la moitié des chômeurs, ou ex-chômeurs, qui sont
placés sur ces trajectoires erratiques faites d'alternance d'emploi et de non-emploi[1]. Ces proportions sont confirmées par d'autres enquêtes.
Ainsi en 1988, seuls un stagiaire sur quatre et un
travailleur précaire sur trois ont trouvé un
emploi stable au bout d'un an[2]. Cette même
année, près de 50 % des demandeurs d'emploi
étaient auparavant employés en contrat à durée
déterminée[3].

Le chômage récurrent constitue donc une
dimension importante du marché de l'emploi.
Toute une population, de jeunes surtout, apparaît
relativement employable pour des tâches de courte
durée, quelques mois ou quelques semaines, et
plus facilement encore licenciable. L'expression
d'«intérimaire permanent» n'est pas un mauvais
jeu de mots. Il existe une mobilité faite d'alternances d'activité et d'inactivité, de débrouilles
provisoires marquées par l'incertitude du lendemain. C'est une des réponses sociales apportées à
l'exigence de flexibilité. Elle est coûteuse pour les
intéressés. En 1975 déjà, Michel Pialoux avait
peint ce «réalisme du désespoir» qui force certaines catégories de jeunes à «choisir» ces straté-

---

1. *Données sociales*, Paris, 1990, p. 72.
2. M. Elbaum, «Petits boulots, stages, emplois précaires :
quelle flexibilité pour quelle insertion», *Droit social*, avril 1988,
p. 314.
3. G. Duthil, *les Politiques salariales en France, op. cit.*, p. 132.

gies au jour le jour[1]. C'était alors un vécu circonscrit, pour l'essentiel, à un public de jeunes particulièrement défavorisés, enfants d'immigrés,
habitants des banlieues. Il touche aujourd'hui de
larges fractions des jeunes issus de la classe
ouvrière «classique», titulaires de diplômes techniques comme le CAP, et mord aussi sur certains
secteurs de la classe moyenne[2]. La précarité
comme destin. Lorsque l'on parle du discrédit du
travail qui affecterait les nouvelles générations et
dans lequel certains voient le signe heureux d'une
sortie de l'aliénation de la civilisation du travail, il
faut avoir à l'esprit cette réalité objective du marché de l'emploi. Comment investir ces situations
et accrocher un projet à ces trajectoires ? Le «rêve
de l'intérimaire», c'est le désir de devenir permanent, associé au doute lancinant sur la possibilité
d'y parvenir[3]. C'est moins le travail qui est récusé
qu'un type d'emploi discontinu et littéralement

---

1. M. Pialoux, «Jeunesse sans avenir et travail intérimaire»,
Actes de la recherche en sciences sociales, 1975.
2. Ainsi le développement de ce que l'on appelle parfois les
«statuts hybrides», ni salariés ni artisans et travaillant en fait à
la demande d'employeurs sans contrat de travail ni sans protection sociale. Le nombre de ces emplois, qui ne sont nulle
part recensés d'une manière systématique, est difficile à évaluer, mais leur progression actuelle est un bon indice de la
dégradation de la situation salariale (*cf.* D. Gerritsen, «Au-delà
du "modèle typique". Vers une socio-anthropologie de l'emploi», *in* S. Erbès-Seguin, *l'Emploi : dissonances et défis*, Paris,
L'Harmattan, 1994, et J. Le Goff, *Du silence à la parole, op. cit.*,
p. 248-249). *Cf.* aussi le vaste continent du travail au noir, par
nature difficile à arpenter, mais qui représente à coup sûr un
gros gisement de précarité (*cf.* J.-F. Laé, *Travailler au noir*,
Paris, Métailié, 1989). Pour toutes ces formes incertaines d'emplois, la protection sociale est soit inexistante, soit elle aussi
des plus précaires.
3. S. Beaud, «Le rêve de l'intérimaire», *in* P. Bourdieu, *la
Misère du monde*, Paris, Le Seuil, 1993.

insignifiant, qui ne peut pas servir de socle à la projection d'un avenir maîtrisable. Cette manière d'habiter le monde social impose des stratégies de survie fondées sur le présent. À partir de là se développe une culture qui est, selon l'heureuse expression de Laurence Rouleau-Berger, une «culture de l'aléatoire[1]». Ainsi fait retour sur le devant de la scène sociale une très ancienne obligation imposée à ce que l'on appelait alors le peuple : «vivre au jour la journée». N'est-on pas en droit de parler d'un *néopaupérisme*?

Un troisième ordre de phénomènes, le plus inquiétant, paraît émerger dans la conjoncture actuelle. La précarisation de l'emploi et la montée du chômage sont sans doute la manifestation d'*un déficit de places* occupables dans la structure sociale, si l'on entend par places des positions auxquelles sont associées une utilité sociale et une reconnaissance publique. Travailleurs «vieillissants» (mais ils ont souvent la cinquantaine ou moins) qui n'ont plus de place dans le processus productif, mais qui n'en ont pas non plus ailleurs; jeunes en quête d'un premier emploi et qui errent de stage en stage et d'un petit boulot à un autre; chômeurs de longue durée que l'on s'épuise sans grand succès à requalifier ou à remotiver : tout se passe comme si notre type de société redécouvrait avec surprise la présence en son sein d'un profil de populations que l'on croyait disparu, des «inutiles au monde», qui y séjournent sans vraiment lui appartenir. Ils occupent une position de *surnuméraires*, en situation

1. L. Rouleau-Berger, *la Ville intervalle*, Paris, Méridiens-Klincksieck, 1992.

de flottaison dans une sorte de no man's land
social, non intégrés et sans doute inintégrables,
au sens du moins où Durkheim parle de l'intégration comme de l'appartenance à une société
formant un tout d'éléments interdépendants.

Cette inutilité sociale les déqualifie aussi sur le
plan civique et politique. À la différence des
groupes subordonnés de la société industrielle,
exploités mais indispensables, ils ne peuvent
peser sur le cours des choses. On pourrait s'étonner qu'un désastre comme 3,5 millions de chômeurs n'ait déclenché aucun mouvement social
de quelque ampleur. Il a en revanche suscité un
nombre incroyable de discours et un nombre
conséquent de «mesures d'accompagnement».
«On se penche» sur le sort de ces inemployés qui
ne sont pas des acteurs sociaux, mais, comme on
l'a dit, des «non-forces sociales», des «normaux
inutiles[1]». Ils occupent dans la structure sociale
actuelle une position homologue à celle du quart
monde à l'apogée de la société industrielle : ils ne
sont pas branchés sur les circuits d'échanges
productifs, ils ont raté le train de la modernisation et restent sur le quai avec très peu de
bagages. Dès lors, ils peuvent faire l'objet d'at-
tentions et susciter de l'inquiétude, car ils posent
problème. Mais c'est le fait même de leur existence qui pose problème. Ils peuvent difficilement être pris en compte pour ce qu'ils sont car
leur qualification est négative — inutilité, non-
forces sociales —, et ils en sont généralement
conscients[2]. Lorsque le socle sur lequel s'était

---

1. J. Donzelot, P. Estèbe, *l'État animateur, op. cit.*
2. Comme le montre Dominique Schnapper en 1981 (*l'Épreuve du chômage*, Paris, Gallimard, 1981), dans un premier temps le

édifiée son identité sociale fait défaut, il est difficile de parler en son nom propre, même pour dire
non. La lutte suppose l'existence d'un collectif et
d'un projet pour l'avenir. Les inutiles au monde
ont le choix entre la résignation et la violence
sporadique, la « rage » (Dubet) qui le plus souvent
s'autodétruit.

On pourrait peut-être synthétiser ces transformations récentes en disant que pour des catégories de plus en plus nombreuses de la population
active, et a fortiori pour celles qui sont placées en
situation d'inactivité forcée, *l'identité par le travail* s'est perdue. Mais cette notion d'identité par
le travail n'est pas d'un maniement facile dans le
cadre d'une argumentation qui se voudrait rigoureuse[1]. On peut certes repérer plusieurs cercles
d'identité collective fondée d'abord sur le métier
(le collectif de travail[2]), qui peut se prolonger en
communauté d'habitat (le quartier populaire[3]),

---

vécu du chômage peut être très différent en fonction de l'appartenance sociale et du capital culturel mobilisable. Un public
jeune et cultivé pouvait le prendre un temps comme une prolongation de la période de disponibilité de la postadolescence,
tandis qu'il était vécu comme un drame pour l'ouvrier perdant
son emploi. Mais ces analyses se situaient dans une conjoncture moins tendue du marché de l'emploi, et ce sentiment de
« vacances » est transitoire.

1. *Cf.* un point de vue synthétique *in* C. Dubar, *la Socialisation. Construction des identités sociales et professionnelles*, Paris,
A. Colin, 1991.

2. *Cf.* R. Sainsaulieu, *l'Identité au travail*, Paris, Fondation
nationale des sciences politiques, première édition, 1978.

3. Un ensemble de textes réunis par Suzanna Magri et Christian Topalov, *Villes ouvrières, 1900-1950*, Paris, L'Harmattan,
1990, décrit bien ces formes de sociabilité populaire à travers
lesquelles la proximité géographique est la base de constitution
de solidarités qui tiennent lieu de « filet de sécurité » contre les
aléas de l'existence.

en communauté de mode de vie (le bistrot, les guinguettes en bord de Marne, la banlieue rouge, l'appartenance syndicale et politique). Richard Hoggart a laissé une des meilleures peintures de la cohérence de cette culture populaire construite autour des servitudes du métier, mais développant un système de valeurs à fort pouvoir intégrateur[1]. Dans la société industrielle, surtout pour les classes populaires, le travail fait fonction de « grand intégrateur », ce qui, comme le précise Yves Barel, n'implique pas un conditionnement par le travail. « Il y a l'intégration familiale. Il y a l'intégration scolaire, l'intégration professionnelle, l'intégration sociale, politique, culturelle, etc. » Mais le travail est un inducteur qui traverse ces champs, c'est « un principe, un paradigme, quelque chose enfin qui se retrouve dans les diverses intégrations concernées et qui donc rend possible l'intégration des intégrations sans faire disparaître les différences ou les conflits[2] ».

Mais, sauf à accumuler les monographies précises, il est difficile de dépasser ce cadre conceptuel général. Il est encore plus difficile de mesurer la récente dégradation de ces fonctions intégratrices jouées par le travail[3]. J'ai proposé une hypothèse générale pour rendre compte de la complémentarité entre ce qui se passe sur un axe d'intégration par le travail — emploi stable, emploi

1. R. Hoggart, *la Culture du pauvre, op. cit.*, et *33 Newport Street*, trad. fr., Paris, Gallimard-Le Seuil, 1991.
2. Y. Barel, « Le grand intégrateur », *loc. cit.*, p. 89 et p. 90.
3. À titre d'illustration, *cf. in* F. Dubet, *la Galère : jeunes en survie*, Paris, Fayard, 1987, p. 92 *sq.*, la comparaison entre les comportements des jeunes d'une petite ville en déclin encore imprégnée de culture ouvrière et la dérive de la jeunesse des grands ensembles de banlieue sans tradition de classes.

précaire, expulsion de l'emploi — et la densité de l'inscription relationnelle dans des réseaux familiaux et de sociabilité — insertion relationnelle forte, fragilité relationnelle, isolement social. Ces connexions qualifient des zones différentes de densité des rapports sociaux, zone d'intégration, zone de vulnérabilité, zone d'assistance, zone d'exclusion ou plutôt de désaffiliation. Mais il ne s'agit pas de corrélations mécaniques puisqu'une forte valence sur un axe peut compléter la faiblesse de l'autre (*cf.* par exemple, au chapitre I, les traitements du «pauvre honteux» et du vagabond : ils sont l'un et l'autre hors travail, mais le premier est complètement inscrit dans la communauté tandis que le second est coupé de toute attache sociale).

Pour la période contemporaine, il est encore plus difficile de maîtriser ces relations, car l'État social intervient comme un personnage omniprésent. Dès lors s'il est intéressant, comme le fait le CERC, de noter une corrélation statistique entre par exemple les taux de rupture conjugale et la précarité du rapport à l'emploi[1], les processus qui commandent ces relations ne sont pas explicités pour autant. Il existe en fait deux registres de vulnérabilité familiale. La famille en général est devenue de plus en plus vulnérable[2] parce

---

1. Ainsi, la proportion des ruptures conjugales est de 24 % pour les individus inscrits dans un emploi stable, de 31,4 % pour les situations de travail précaire, et de 38,7 % pour les personnes inscrites au chômage depuis plus de deux ans («Précarité et risques d'exclusion en France», CERC, n° 109, 3e trimestre 1993, p. 30).
2. Sur les indices attestant cette remontée de la fragilité familiale à partir du milieu des années 1960 — taux de nuptialité, de fécondité, de divorciabilité, de cohabitation hors mariage, de «naissances illégitimes», etc. — *cf.* L. Roussel, *la Famille incertaine*, Paris, Odile Jacob, 1989.

qu'elle est devenue une structure de plus en plus «démocratique». Lente érosion de cet îlot de pouvoir tutélaire qu'était demeurée la famille au sein de l'ordre contractuel qu'institue le Code civil. Toutes les réformes du Code de la famille, jusqu'aux plus récentes sur les droits de l'enfant, vont dans le sens de l'établissement d'un partenariat familial fondé sur une relation d'égalité entre les rôles familiaux[1]. Autrement dit, la famille tend à devenir une structure relationnelle dont la consistance dépend pour l'essentiel de la qualité des relations entre ses membres. La promotion d'un ordre familial contractuel négocié fragilise la structure familiale en tant que telle, en la rendant dépendante d'autorégulations qu'elle doit elle-même maîtriser.

Mais certaines familles sont exposées à un tout autre type de menaces. Ce sont celles que leur faible statut social et leur précarité économique désignent comme les bénéficiaires de prestations sociales sous conditions de ressources[2]. L'intervention de l'État prend là aussi une forme toute différente. Alors que le Code de la famille relève du droit civil et que ses prescriptions ont une vocation universaliste, les interventions ciblées sont le fait de l'État social dans le cadre d'une politique d'aide aux populations défavorisées et

1. Synthèse sur cette évolution *in* I. Théry, *le Démariage*, Paris, Odile Jacob, 1993. L'auteur montre également que cette évolution, qui concerne toutes les familles puisqu'elle dit le droit en la matière, les affecte différemment, les familles populaires étant en général moins protégées par les prescriptions universalistes de ce droit d'inspiration très libérale.

2. Il s'agit en particulier de «familles monoparentales». *Cf.* N. Lefaucheur, «Les familles dites monoparentales», *Autrement*, n° 134, janvier 1993.

de maintien de la cohésion sociale. Mais si de nombreuses enquêtes montrent que les accrocs dans le tissu familial — séparation, divorce, veuvage... — entraînent fréquemment une diminution des ressources des familles, on ne peut en conclure qu'elles les précipitent systématiquement dans la précarité économique[1]. La relation inverse entre une dégradation de la situation socio-économique — chômage, endettement, faillite... — et la dissociation familiale est aussi plus souvent affirmée que prouvée. Enfin et surtout, il faudrait mettre en relation la fragilité spéciale de ce type de familles défavorisées et la fragilisation générale de la famille «moderne», qui correspondent à des logiques toutes différentes. On s'aperçoit qu'il doit exister comme une spirale entre différents types d'exposition de la famille aux risques. À une vulnérabilité de la structure familiale quasi réduite à la gestion de son capital relationnel peut s'ajouter une vulnérabilité spéciale des familles exposées à une perte de statut social et à la précarité économique du fait de la dégradation de la condition salariale. Mais il resterait à montrer comment s'articulent ces plans[2].

1. Plutôt, comme le dit Claude Martin à la suite d'une enquête empirique très précise, la dissociation familiale «accélère le processus de précarisation de ceux qui étaient déjà vulnérables avant la rupture» (*Transitions familiales; évolution du réseau social et familial après la décision et modes de régulation sociale*, thèse pour le doctorat en sociologie, Paris, université Paris VIII, p. 464). On trouvera un état des recherches sur ces questions *in* J.-C. Kaufman, *Célibat, ménages d'une personne, isolement, solitude*, Bruxelles, Commission des Communautés européennes, octobre 1993.
2. J'ai proposé une hypothèse pour approfondir cet effet cumulatif entre la fragilisation du tissu relationnel en général

Il en va de même pour la corrélation entre la dégradation du statut lié au travail et la fragilisation des supports relationnels qui, au-delà de la famille, assurent une «protection rapprochée» (relations de voisinage, participation à des groupes, associations, partis, syndicats...). L'hypothèse paraît largement vérifiée pour les situations extrêmes qui associent expulsion totale de l'ordre du travail et isolement social : le sans-domicile-fixe, par exemple, comme homologue moderne du vagabond des sociétés préindustrielles[1]. Pour les situations intermédiaires, les relations entre les deux axes sont plus complexes. Dans quelle mesure la dégradation de la situation de travail se paie-t-elle d'une dégradation du capital relationnel ? Sauf erreur, il n'existe pas de réponse vraiment convaincante à cette question au-delà soit d'analyses ponctuelles du type histoires de vie[2], soit de proclamations

---

et la fragilité particulière des familles économiquement défavorisées *in* «L'État providence et la famille : le partage précaire de la gestion des risques sociaux», *in* F. de Singly, F. Schultheis, *Affaires de famille, affaires d'État*, Nancy, Éditions de l'Est, 1991 ; *cf.* aussi F. de Singly, *Sociologie de la famille contemporaine*, Paris, Nathan, 1933.

1. On peut évaluer — mais le recensement de ce type de population est particulièrement difficile — à environ 1 % de la population en âge de travailler la proportion de ceux qui sont complètement hors course, type SDF. Environ 5 % de la population possiblement active associe une quasi-exclusion du marché de l'emploi et une grande pauvreté matérielle et relationnelle. Ils représentent la pointe extrême du processus de la désaffiliation (*cf.* «Précarité et risques d'exclusion en France», CERC, *loc., cit.*).

2. Et lorsqu'elles sont bien faites, elles ne se laissent pas lire d'une manière unilatérale. Ainsi, la situation du chômage peut conduire à la rupture des liens familiaux, mais aussi à une mobilisation des ressources familiales (*cf.* O. Schwartz, *le Monde privé des ouvriers, op. cit.*).

générales sur le désastre que représentent les ruptures du lien social et la perte des solidarités traditionnelles.

Pour approfondir ces questions, il faudrait établir des distinctions plus élaborées entre différentes formes de sociabilité. Certaines accompagnent l'appartenance à des collectifs structurés, comme le collectif de travail, l'adhésion à une association, à un syndicat... «Vivre du social» (une expérience qui concerne plusieurs millions de personnes) n'équivaut cependant pas à l'isolement complet, mais conduit plutôt à nouer d'autres types de relations (par exemple avec les services sociaux et d'autres compagnons d'infortune), répondant à d'autres objectifs (par exemple, l'échange d'informations sur les moyens d'être aidé). De même, ce que j'ai appelé la désaffiliation pourrait se travailler pour montrer qu'elle n'équivaut pas nécessairement à une absence complète de liens, mais aussi à l'absence d'inscription du sujet dans des structures qui portent un sens. Hypothèse de nouvelles sociabilités flottantes qui ne s'inscrivent plus dans des enjeux collectifs, errances immobiles dont la «glande» des jeunes désœuvrés propose une illustration. Ce qui leur fait défaut, c'est moins sans doute la communication avec autrui (ces jeunes ont souvent des relations plus étendues que beaucoup de membres des classes moyennes) que l'existence de projets à travers lesquels les interactions prennent sens. Je vais revenir sur ce thème à propos de l'insertion, car le sens des nouvelles politiques d'insertion pourrait être précisément de créer ces sociabilités, ou de les consolider lorsqu'elles existent mais sont trop inconsistantes pour soutenir un projet d'intégration.

Il reste donc bien du chemin à parcourir pour établir le système de relations existant entre la dégradation de la situation économique et sociale d'une part, la déstabilisation des modes de vie des groupes affrontés aux turbulences actuelles d'autre part. Faute de pouvoir déployer l'ensemble de ces positions, je propose une image idéale typique de ce processus de dégradation intériorisée en destin, une image d'Épinal à rebours. Elle présente les composantes de base du drame de la condition salariale dont la vulnérabilité est redevenue le lot : une vie désormais «suspendue à un fil» après l'effondrement des conditions d'une intégration annoncée et même célébrée avant qu'elle ne se réalise [1].

Dans les années 1980 — trop tard par rapport à la trajectoire ascendante de la société salariale —, un ménage «accède à la propriété» avec un tout petit capital familial, des aides, des emprunts. Mais la femme, petite employée sans statut, est presque aussitôt licenciée économique. Le mari, sans qualification ni diplômes, fait des petits boulots qu'il a de plus en plus de mal à trouver. Les dettes s'accumulent, car il faut aussi payer les traites pour la voiture et la télévision, bientôt les arriérés pour le téléphone et l'électricité. Au moment de l'entretien, la femme attend que l'on instruise son dossier de RMI et le mari, à l'essai dans une entreprise, espère sans trop y croire

---

1. P. Bourdieu, «Suspendue à un fil», *la Misère du monde*, *op. cit.*, p. 487-498.

qu'il sera embauché au SMIC. Leurs deux familles les regardent s'enfoncer d'un air réprobateur car, héritières des certitudes des années de croissance, elles ont du mal à penser qu'on puisse ne pas trouver de travail si on en cherche vraiment. Certainement, ces enfants indignes ont trahi la grande promesse de la promotion sociale, et ce ne peut être que de leur faute. Ainsi, la *success story* de l'accès du prolétariat aux modes de vie petits-bourgeois vire au cauchemar. C'est comme si près d'un siècle de victoires remportées sur la vulnérabilité populaire s'effaçait. « C'est pas possible qu'on vit dans une époque comme ça, qu'il y ait encore des problèmes comme ça. On dit que le progrès il avance, mais c'est pas vrai. Moi je trouve qu'il recule plutôt qu'il avance. C'est pas possible, il faut des solutions, il faut qu'ils agissent. » Comment vont-« ils » agir? Car c'est l'État social, évidemment, qui est interpellé.

L'insertion ou le mythe de Sisyphe

Paradoxe: dans une période caractérisée par une remontée du libéralisme et par la célébration de l'entreprise, jamais les interventions de l'État, en particulier dans le domaine de l'emploi, n'ont été aussi nombreuses, variées, insistantes. Mais plus encore qu'à un accroissement du rôle de l'État, c'est à la transformation des modalités de ses interventions qu'il faut être sensible. Disons en un mot le sens du changement avant de tenter d'en décliner les nuances: il marque *le passage de politiques menées au nom de l'intégration à des politiques conduites au nom de l'insertion*. Par politiques d'intégration, j'en-

tends celles qui sont animées par la recherche de
grands équilibres, l'homogénéisation de la société
à partir du centre. Elles procèdent par directives
générales dans un cadre national. Ainsi les tentatives pour promouvoir l'accès de tous aux services publics et à l'instruction, une réduction des
inégalités sociales et une meilleure répartition
des chances, le développement des protections et
la consolidation de la condition salariale[1].

J'interpréterai ici les politiques d'insertion à
partir de leurs différences, et même, en forçant
un peu le trait, de leur opposition par rapport
aux politiques d'intégration. Elles obéissent à
une logique de *discrimination positive*: elles
ciblent des populations particulières et des zones
singulières de l'espace social, et déploient à leur
intention des stratégies spécifiques. Mais si certains groupes, ou certains sites, sont ainsi l'objet
d'un supplément d'attention et de soins, c'est à
partir du constat qu'ils ont moins et qu'ils sont
moins, qu'ils sont en situation déficitaire. En fait,
ils souffrent d'un *déficit d'intégration*, comme les
habitants des quartiers déshérités, les élèves à la
scolarité ratée, les familles mal socialisées, les
jeunes mal employés ou inemployables, les chômeurs de longue durée... Les politiques d'insertion peuvent être comprises comme un ensemble
d'entreprises de mise à niveau pour rattraper
cette distance par rapport à une intégration
accomplie (un cadre de vie décent, une scolarité
«normale», un emploi stable, etc.). Mais voici

---

1. Ajoutons, parce qu'il sera aussi question de l'espace, des
quartiers, de la ville, les politiques d'aménagement du territoire que la volonté homogénéisatrice et centralisatrice de la
DATAR des années 1960 exemplifie parfaitement.

qu'aujourd'hui naît le soupçon que les efforts considérables déployés depuis une quinzaine d'années dans ces directions pourraient n'avoir pas fondamentalement changé ce constat : ces populations sont peut-être malgré tout, dans la conjoncture actuelle, *inintégrables*. C'est cette éventualité qu'il faut regarder en face.

Peut-on distinguer les politiques d'intégration et les politiques d'insertion à partir de la différence entre des mesures de portée générale et le ciblage de populations particulières ? Non sans apporter quelques précisions. En effet, une telle distinction n'est pas récente, et elle précède l'avènement des politiques d'insertion. Elle est, dans le domaine de la protection sociale, le principe de la classique relation de complémentarité entre l'assurance sociale et l'aide sociale. La Sécurité sociale réalise une socialisation généralisée des risques en «couvrant» les salariés, leurs familles, et finalement tous ceux qui s'inscrivent dans l'ordre du travail. L'aide sociale (rebaptisée ainsi en 1953) hérite de la très vieille fonction de l'assistance de dispenser des ressources subsidiaires à tous ceux dont l'existence ne peut pas être assurée sur la base du travail ou de la propriété. Lourd héritage, qui fait dépendre les prestations de l'aide sociale, même lorsqu'elles sont de droit, d'un plafond de ressources ou d'un taux d'invalidité. C'est pourquoi, pour le courant moderniste et progressiste des réformateurs sociaux, ce dualisme devait à terme s'effacer, et un système unique de protections assurer à tous les citoyens un ensemble homogène de garanties légales — c'était déjà, on l'a noté, l'opinion de Jaurès en 1905, et aussi celle de Beveridge et de Laroque en instituant la Sécurité sociale.

Ce n'est pas l'orientation qui a prévalu. Au contraire, bien avant la «crise», l'aide sociale se différencie et se renforce. Son histoire depuis la fin de la Seconde Guerre mondiale est celle d'un ciblage de plus en plus précis de ses bénéficiaires, auquel correspondent des spécialisations institutionnelles, techniques, professionnelles et réglementaires de plus en plus poussées. L'État est partie prenante dans ce processus. Il légifère, fonde des établissements spécialisés, garantit l'homogénéité des diplômes et des professionnels, coordonne l'implantation des institutions ainsi que la collaboration des secteurs public et privé[1]. Se cristallisent ainsi des catégories de plus en plus nombreuses de bénéficiaires de l'aide sociale relevant d'un régime spécial: enfants en difficulté, personnes âgées «économiquement faibles», handicapés, familles à faibles ressources ou dissociées[2]. Au début des années 1970, on assiste même au regroupement de certaines de ces catégories dans de larges conglomérats de popula-

1. Sur l'esprit de cette politique qui associe le ciblage pointu des «populations à risques», leur traitement par une technicité professionnelle à dominante clinique et le déploiement de grandes directives administratives centrales, *cf.* R. Castel, *la Gestion des risques, op. cit.*, chap. III.
2. Dans les années 1960, deux importants rapports posent les bases d'une politique spécifique, l'une à l'égard de la vieillesse (P. Laroque, *Politique de la vieillesse*, Paris, La Documentation française, 1962, dont certaines recommandations seront reprises dans le VIe Plan), l'autre du handicap (F. Bloch-Lainé, *Étude du problème général de l'inadaptation des personnes handicapées*, Paris, La Documentation française, 1969, à l'origine de la loi du 30 juin 1975 en faveur des personnes handicapées). L'attention portée aux problèmes propres aux familles dissociées aboutit en 1976 au vote de l'aide au parent isolé (API), qui, à la différence des allocations familiales, prend en charge la situation des «familles monoparentales».

tions qui ont en commun de ne pouvoir s'adapter aux exigences de la société salariale. Lionel Stoleru redécouvre «la pauvreté dans les pays riches» et propose moins de la combattre que de la stabiliser en assurant un revenu minimal aux «plus démunis» (impôt négatif[1]). Il ne s'agit plus de tenter de réduire les inégalités, mais de laisser le maximum de marges au marché en contrôlant seulement les conséquences les plus extrêmes du libéralisme. À peu près au même moment, René Lenoir attire l'attention sur «les exclus», terme qui porte déjà l'indétermination qu'il a gardée depuis: 2 à 3 millions de handicapés physiques ou mentaux, plus de 1 million d'invalides âgés, 3 à 4 millions d'«inadaptés sociaux[2]». Les remèdes qu'il préconise sont toutefois plus généreux, puisqu'il propose d'améliorer leur condition lorsque c'est possible et, surtout, de tenter de prévenir les risques d'exclusion de ces populations[3].

Ainsi, au début des années 1970, la distinction Sécurité sociale-aide sociale, dont la complémentarité était censée recouvrir l'ensemble des protections se brouille[4]. La multiplication des

1. Lionel Stoleru, *Vaincre la pauvreté dans les pays riches*, Paris, Flammarion, 1973.
2. R. Lenoir, *les Exclus*, Paris, Le Seuil, 1974.
3. Sur le contexte d'ensemble de la redécouverte de la pauvreté au début des années 1970, *cf.* B. Jobert, *le Social en plan*, Paris, Éditions ouvrières, 1981.
4. E. Alphandari, *Action sociale et aide sociale*, Paris, Dalloz, 1989, en particulier p. 118 *sq.*, «La distinction de l'aide sociale et de la Sécurité sociale». Il existe des prestations sociales de plus en plus nombreuses aux frontières de ces deux ensembles: fonds national de la solidarité, allocations aux adultes handicapés, API. *Cf.* aussi C. Guitton, N. Kerschen, «Les règles du hors-jeu», in *l'Insertion en question(s)*, Annales de Vaucresson, nos 32-33, 1990.

publics ciblés et des politiques spécifiques fait douter de la capacité de l'État à conduire des politiques d'intégration à vocation universaliste et homogénéisatrice. Cependant, toutes ces populations qui relèvent de régimes spéciaux se caractérisent par une *incapacité* à suivre la dynamique de la société salariale, soit qu'elles souffrent d'un handicap, soit qu'elles disposent de trop faibles ressources pour s'adapter au rythme du progrès. Le gonflement de la catégorie «inadaptés sociaux» (3 ou 4 millions pour René Lenoir!) est l'effet de cette opération, qui — à la différence de la plupart des handicaps, troubles psychiques, etc. — circonscrit une population résiduelle *par soustraction* par rapport aux nouvelles contraintes, d'ailleurs non définies, de la société moderne. *L'inadaptation sociale* est également une notion centrale dans le rapport Bloch-Lainé : «Sont inadaptés à la société dont ils font partie les enfants, adolescents ou adultes qui ont pour des raisons diverses des difficultés plus ou moins grandes à agir comme les autres[1].» La conception substantialiste de la pauvreté d'ATD-quart monde a la même fonction : identifier les laissés-pour-compte de la croissance à partir de leur incapacité sociale.

Cette prise de conscience d'un principe d'hétérogénéité dans une société emportée par la croissance marque sans aucun doute un recul des politiques intégratrices globales et multiplie les traitements spéciaux des «populations à problèmes». Mais elle n'empêche pas la machine

---

1. F. Bloch-Lainé, *Étude du problème général de l'inadaptation des personnes handicapées, op. cit.*, p. 111.

sociale d'avancer, et le progrès de se déployer. C'est pourquoi aussi, en dépit du brouillage sur les opérations de financement, cette évolution ne remet pas fondamentalement en question la distinction qui traverse toute l'histoire de la protection sociale entre la couverture par le travail pour tous ceux qui peuvent — et donc doivent — travailler, et l'accès aux secours pour ceux qui ne le peuvent pas ou qui sont exonérés de cette exigence pour des raisons légitimes[1].

C'est lorsque l'apparition d'un nouveau profil de « populations à problèmes » bouscule cette construction que la question de l'insertion émerge. C'est une innovation considérable : il ne s'agit plus d'ouvrir une nouvelle catégorie dans le registre de la déficience, du handicap, de l'anormalité. Ce nouveau public ne relève directement ni de l'injonction au travail, ni des différentes réponses ménagées par l'aide sociale. Les politiques d'insertion vont se mouvoir dans cette zone incertaine où un emploi n'est pas assuré, même à qui voudrait l'occuper, et où le caractère erratique de certaines trajectoires de vie ne tient pas seulement à des facteurs individuels d'inadaptation. Pour ces nouvelles populations, les

---

1. Ainsi, en dépit des apparences, l'API conserve en le réinterprétant dans le contexte de la société moderne ce très ancien critère pour accéder aux secours. La mère qui élève seule son enfant est provisoirement dispensée de l'obligation de travail (sous-entendu parce qu'elle doit pendant trois ans se consacrer à son enfant). Mais cette obligation est en même temps fondamentalement conservée puisque après cette période elle devra reprendre un emploi (et sous-entendu elle pourra en trouver un).

politiques d'insertion vont devoir inventer de nouvelles technologies d'intervention. Elles vont se situer en deçà des ambitions des politiques intégratives universalistes, mais elles sont aussi distinctes des actions particularistes à visée réparative, corrective, assistantielle, de l'aide sociale classique. Elles apparaissent dans une conjoncture spécifique, lorsque, à la fin des années 1970, commence à s'ouvrir une zone de turbulence dans la société salariale. Sont-elles à la hauteur de cet ébranlement?

On peut commencer aujourd'hui à poser ce type de question parce que les politiques d'insertion se déploient depuis maintenant une quinzaine d'années. Au début, elles ont un caractère ponctuel et improvisé, et se veulent provisoires. Personne alors sans doute n'aurait pu anticiper leur portée. Mais leur consolidation progressive marque *l'installation dans le provisoire comme régime d'existence*.

Avant même l'apparition de la notion d'insertion dans le sens qu'elle a prise depuis les années 1980[1], la thématique nouvelle commence à se dessiner avec la réapparition d'une vieille préoccupation que les années de croissance avaient

---

1. Sauf erreur, le terme d'insertion apparaît auparavant dans deux textes officiels: en 1972 est instituée une «allocation d'insertion», pour faciliter la mobilité des jeunes travailleurs, et l'article 56 de la loi de 1975 en faveur des personnes handicapées concerne «l'insertion ou la réinsertion professionnelle des handicapés» (*cf.* P. Maclouf, «L'insertion, un nouveau concept opératoire en sciences sociales?» *in* R. Castel, J.-F. Laé, *le RMI, une dette sociale*, Paris, L'Harmattan, 1992). Mais il s'agit d'usages ponctuels qui ne mobilisent pas de technologies spécifiques. De même, les nombreuses références à la «réinsertion» des sortants de prison disent seulement qu'il faut aider par les moyens appropriés les ex-prisonniers à s'adapter à une vie normale.

paru effacer : *la précarité* de certaines situations de travail[1]. Ainsi Agnès Pitrou décrit la fragilité de certaines familles ouvrières qui peuvent basculer dans le dénuement sans être des «cas sociaux», ni même privées d'emploi, mais qui sont à la merci du moindre aléa[2]. Invité en 1980 par le Premier ministre Raymond Barre à faire des propositions pour résorber les «îlots de pauvreté» qui subsistent dans la société française, Gabriel Oheix en présente soixante pour lutter non seulement contre la pauvreté, mais aussi contre la précarité, et certaines d'entre elles contiennent des mesures en faveur de l'emploi[3]. Dans le même contexte, celui de la seconde moitié du septennat de Valéry Giscard d'Estaing, lorsque la rupture dans la dynamique de la croissance devient de plus en plus sensible, apparaissent les premiers «pactes pour l'emploi» afin de faciliter l'embauche des jeunes[4], et se mettent en place des opérations «habitat et vie sociale» pour agir sur le cadre de vie de certains quartiers défavorisés[5]. Derrière ces initiatives se profile

1. *Cf.* M. Messu, «Pauvreté et exclusion en France», *in* F.-X. Merrien, *Face à la pauvreté*, Paris, Éditions ouvrières, 1994, et M. Autès, *Travail social et pauvreté*, Paris, Syros, 1992.
2. *Cf.* A. Pitrou, *la Vie précaire. Des familles face à leurs difficultés*, Paris, CNAF, 1980.
3. G. Oheix, *Contre la précarité et la pauvreté. Soixante propositions*, Paris, ministère de la Santé et de la Sécurité sociale, février 1981.
4. Il s'agit des trois «plans Barre» qui, à partir de 1976, toucheront plus de 1 million de jeunes et allient (déjà) stages de formation et exonérations de charges pour les entreprises. Cette initiative soulève à l'époque un véritable tollé dans de nombreux milieux, *cf.* F. Piettre, D. Schiller, *la Mascarade des stages Barre*, Paris, Maspero, 1979.
5. Le but est «l'étude des mesures juridiques, financières et administratives susceptibles d'ouvrir à des préoccupations plus

une double prise de conscience : que la pauvreté pourrait ne pas seulement représenter des îlots d'archaïsme dans une société vouée au progrès, mais dépendre de processus en rapport avec l'emploi ; que les problèmes que posent certains jeunes ne doivent pas seulement s'interpréter en termes d'inadaptation personnelle et qu'il faut aussi prendre en compte la situation de l'emploi et les conditions de vie. La société salariale commence à perdre sa bonne conscience.

C'est cependant du début des années 1980 que l'on peut dater la naissance officielle des politiques d'insertion. Trois rapports en dessinent les domaines propres et la méthodologie[1]. Sont concernées certaines catégories de la population, surtout les jeunes, qui n'entrent pas dans les modalités habituelles de la représentation et de l'action des services publics. Par exemple ces jeunes des Minguettes qui, en 1981, l'été durant, brûlent des voitures lors de longues nuits de rodéo répercutées avec gourmandise par les

---

sociales la conception, la production et la gestion du cadre de vie urbain, et le lancement de quelques opérations expérimentales » (*Journal officiel* du 10 mars 1977).

1. B. Schwartz, *l'Insertion professionnelle et sociale des jeunes*, Paris, La Documentation française, 1981, pour la formation des jeunes de 16 à 18 ans sans qualification ; H. Dubedout, *Ensemble refaire la ville*, Paris, La Documentation française, 1983, pour la réhabilitation sociale des quartiers déshérités ; G. Bonnemaison, *Prévention, répression, solidarité*, Paris, La Documentation française, 1983, pour combattre la délinquance dans les quartiers défavorisés. Dans le même contexte s'inscrivent les zones d'éducation prioritaire (ZEP) initiées en 1981 par le ministre de l'Éducation nationale, Alain Savary, pour renforcer les moyens de la scolarisation en direction des enfants les plus défavorisés.

médias, que demandent-ils exactement? Apparemment rien de précis, mais ils disent en même temps beaucoup de choses. Ni représentants des classes laborieuses, bien qu'ils travaillent parfois, ni émanation des classes dangereuses, bien qu'ils commettent à l'occasion des actes délictueux, ni vraiment des «pauvres» parce qu'ils ne sont ni résignés ni assistés et se débrouillent au jour le jour, ni expression d'une culture spécifique de ghetto parce qu'ils partagent les valeurs culturelles et consuméristes de leur classe d'âge, ni complètement étrangers à l'ordre scolaire parce qu'ils sont scolarisés, mais mal, etc., ils ne sont vraiment rien de cela et ils sont en même temps un peu tout cela. Ils interrogent toutes les instances de socialisation, mais aucune ne peut leur répondre. Ils posent une question *transversale* dont on peut dire que c'est *la question de leur intégration*[1], qui se décline selon de multiples

---

1. Je prends, ici comme dans l'ensemble de mon propos, le terme d'intégration dans son sens général, qui inclut l'intégration des immigrés comme un cas particulier. Un jeune beur, ou un jeune Noir, peut rencontrer des difficultés supplémentaires à «s'intégrer» du fait du racisme, de l'attitude de certains employeurs ou logeurs, et aussi de certaines caractéristiques de sa socialisation familiale. Mais si ces traits peuvent jouer comme des handicaps supplémentaires — à peu près comme ils ont pu jouer il y a un siècle pour les jeunes Bretons ou il y a un demi-siècle pour les jeunes Italiens —, ils s'inscrivent dans une problématique commune aux jeunes d'origine populaire. Il n'y a pas en France — en tout cas pas encore — d'*underclass* constituée sur une base ethnique, bien qu'il y ait un ensemble de caractéristiques socialement disqualifiantes, bas niveau économique, absence de capital culturel et social, habitat stigmatisé, modes de vie réprouvés, etc., auxquelles l'origine ethnique peut s'ajouter. Sur les différences entre les banlieues françaises et les ghettos américains, *cf.* par exemple L. Wacquant, «Banlieues françaises et ghettos noirs américains, de l'amalgame à la comparaison», *in* M. Wievorka, *les Visages du racisme*, Paris, La

facettes : par rapport au travail, au cadre de vie, à la police et à la justice, aux services publics, à l'éducation... Problème de place, d'avoir une place dans la société, c'est-à-dire, à la fois, et corrélativement, une assise et une utilité sociales.

À ce défi, les « missions interministérielles » répondent également de façon *transversale et globale* par une recomposition des méthodes et des technologies de l'intervention sociale : localisation des opérations et centrage sur des objectifs précis, mobilisation des différents acteurs concernés, professionnels et non-professionnels (partenariat), nouvelles relations entre le central et le local, qui bousculent les traditions de l'action publique, et entre la technicité des professionnels et les objectifs globaux à atteindre, qui mettent à mal les traditions du travail social. Ces pratiques ont été assez bien analysées pour qu'il soit inutile d'y revenir ici [1], et il n'est pas non plus indispensable dans ce cadre de différencier ces approches complémentaires : elles traduisent une même volonté de renouvellement des politiques publiques [2].

À l'origine, elles se pensaient et se voulaient

Découverte, 1992 ; sur les problèmes spécifiques que pose l'intégration des immigrés dans un cadre national, *cf.* D. Schnapper, *la France de l'intégration*, Paris, Gallimard, 1991.

1. Pour un point de vue synthétique sur ces politiques, *cf.* J. Donzelot, P. Estèbe, *l'État animateur, op. cit.* ; pour une analyse des implications de ces approches nouvelles par rapport aux formes classiques d'interventions sociales, *cf.* J. Ion, *le Travail social à l'épreuve du territoire*, Toulouse, Privat, 1990.

2. D'autant qu'elles sont très souvent associées sur le terrain. On trouve fréquemment dans un site classé « DSQ » (développement social des quartiers) un « conseil communal de prévention de la délinquance », une « mission locale » pour l'insertion des jeunes et des établissements scolaires sous le régime des « zones d'éducation prioritaire ».

expérimentales et *provisoires*. Contemporaines des débuts du premier gouvernement socialiste, elles s'inscrivent alors dans les objectifs ambitieux d'une politique de relance de l'économie et de l'emploi d'inspiration keynésienne. En attendant la reprise, il faut aller au plus pressé en colmatant les risques d'explosions violentes dans les zones de fragilité urbaine (Développement social des quartiers et Comités de prévention de la délinquance) et améliorer les conditions de scolarisation et de formation d'une jeunesse que son absence de qualification, plus que l'absence de travail, rend «inemployable» (Zones d'éducation prioritaire et opérations «Nouvelles qualifications»). Améliorer la socialisation des jeunes et élargir la gamme de leurs qualifications professionnelles représentent les conditions nécessaires d'*une remise à niveau* pour qu'ils puissent se trouver de plain-pied avec les opportunités qui leur seront ouvertes. Conditions nécessaires, mais non suffisantes. Des mesures politiques et économiques générales sont déterminantes pour donner à ces initiatives leur véritable signification. Bertrand Schwartz est à cet égard parfaitement explicite : «Nous tenons à marquer les limites de cette action car nous n'avons pas la naïveté de croire que de petites équipes locales, même nombreuses [...] sont de nature à elles seules à résoudre les problèmes professionnels, culturels et sociaux des jeunes[1].»

---

1. B. Schwartz, *l'Insertion sociale et professionnelle des jeunes*, *op. cit.* Le Premier ministre, dans sa lettre de mission, avait d'ailleurs demandé de présenter des propositions pour que «les jeunes de 16 à 18 ans ne soient jamais condamnés au chômage ni à des emplois trop précaires», ce qui implique un optimisme homologue de la part du gouvernement.

Que va-t-il advenir lorsque ces espérances vont faire défaut et que la «crise», loin de se résoudre, se durcit et s'installe? Le passage des opérations «Développement social des quartiers» (DSQ) à la «Politique de la Ville» illustre ce qui paraît bien être le destin commun de ces politiques d'insertion. Les premiers DSQ, peu nombreux, ont un caractère expérimental marqué, sur la base à la fois d'un fort investissement politique et d'une volonté d'innovation technique. Ils mettent l'accent sur les potentialités locales des sites et sur la reconstitution d'identités sociales à travers le développement d'activités autogérées[1]. Une telle effervescence occupationnelle n'est nullement à mépriser, et on y reviendra. Mais tout se passe comme si les réalisations les plus dynamiques avaient cédé à la tentation — ou avaient été contraintes — de faire du quartier une sorte de phénomène social total capable de se suffire à lui-même. Ce risque de repliement dans un isolat soulève deux questions redoutables: dans quelle mesure ces expériences sont-elles transposables et généralisables? Surtout: dans quelle mesure peuvent-elles avoir prise sur des paramètres qui échappent au quartier, celui-ci n'étant ni un bassin d'emploi ni même une unité complète d'organisation de l'espace urbain?

La création de la Délégation interministérielle à la ville (DIV) en 1988, puis celle du ministère de la Ville en 1991 s'efforcent de dépasser ces limitations territoriales. Volonté de désenclave-

---

1. *Cf.* M.-C. Jaillet, «L'insertion par l'économie», *in Évaluation de la politique de la ville*, vol. II, Paris, Délégation ministérielle de la ville, 1993.

ment des quartiers dits difficiles, dont les problèmes, s'ils tiennent en partie à leur clôture sur eux-mêmes, ne sont pas pour autant à traiter seulement in vivo, mais à repenser dans l'espace de la ville. Effort, surtout, pour mobiliser les différentes administrations de l'État : le ministre de la Ville a pour mission de faire converger tous les moyens de la puissance publique sur la résolution de ce qui est devenu dans le langage officiel la question sociale par excellence, « la question de l'exclusion ». Les « contrats de ville » engagent la responsabilité de l'État et des pouvoirs publics sur cet objectif prioritaire et en appellent à la collaboration des ressources et des pouvoirs locaux. Mais on retrouve la même contradiction rencontrée précédemment au niveau de l'entreprise. Dans le contexte de concurrence et de recherche de l'efficience qui prévaut aussi entre agglomérations, les responsables locaux peuvent-ils ou même veulent-ils jouer à la fois la carte de la réussite économique et de l'excellence, et celle de la prise en charge des « défavorisés » ? La politique sociale locale en direction des « exclus » risque ainsi d'être un jeu à la marge qui consiste à faire sur place le minimum pour éviter les dysfonctionnements trop visibles, lorsque l'on ne peut pas s'en décharger sur la municipalité voisine.

S'agissant de l'emploi, cette question est d'autant plus grave que, sauf exceptions, les « vraies » entreprises se sont depuis le début gardées de s'impliquer dans ce mouvement. Les politiques locales ont donné lieu à des réalisations originales et intéressantes, comme les régies de quartier qui créent sur place des emplois spécifiques pour les habitants. Mais elles demeurent très limitées (il existe actuellement une centaine de régies de quartier). Un rapport de Martine Aubry et de Michel Praderie remis au gouvernement en juin 1991 faisait le point sur l'ensemble des réalisations concernant l'emploi[1]. Il concluait à la nécessité de faire participer l'entreprise à la dynamique de l'insertion et en appelait pour ce faire à la conscience citoyenne des chefs d'entreprise. C'est une invite qui ne peut faire de peine à personne, mais on peut douter de son efficacité lorsque les mêmes chefs d'entreprise sont par ailleurs autorisés, si ce n'est invités, à faire des gains de productivité par tous les moyens, y compris au détriment de l'emploi[2].

Il serait tout à fait mal venu de critiquer d'une manière unilatérale ces politiques. Elles ont à coup sûr évité bien des explosions et bien des drames, même si cette action n'est pas facilement «évaluable». Elles ont aussi fonctionné comme des laboratoires où s'est expérimenté un redéploiement de l'action publique. Peut-être même dessinent-elles un nouveau plan de gouvernementalité, une nouvelle économie des relations du central et du local, de nouvelles formes d'implication des citoyens à partir desquelles la démocratie pourrait trouver une source de renouvellement[3].

Cependant le bilan des politiques territoriales invite aussi à faire preuve d'une extrême prudence lorsque l'on parle, comme c'est fréquem-

---

1. M. Aubry, M. Praderie, *Entreprises et quartiers*, Paris, ministère de la Ville, 1991.
2. *Cf.* M-C. Jaillet, «L'insertion par l'économie», *loc. cit.*
3. Sur ces points, *cf.* J. Donzelot, P. Estèbe, *l'État animateur, op. cit.* Pour une appréciation plus désabusée de l'impact de ces mêmes politiques, *cf.* Ch. Bachman, N. Le Guennec, *Violences urbaines, 1945-1992*, Paris, Albin Michel, 1996.

ment le cas aujourd'hui, d'un «déplacement» de la question sociale sur la question urbaine. Certes, dans une société urbanisée à 80 %, la plupart des problèmes sociaux ont un cadre urbain. Certes aussi, sur certains sites viennent se cristalliser d'une manière particulièrement dramatique tous les problèmes qui sont l'effet de la dégradation de la condition salariale — taux élevé de chômage, installation dans la précarité, rupture des solidarités de classe et faillite des modes de transmission familiale, scolaire et culturelle, absence de perspectives et de projet pour maîtriser l'avenir, etc.[1]

Mais de même qu'une sociologie hâtive cristal-

1. Encore faudrait-il souvent nuancer ces sombres diagnostics. D'une part, parce que l'on travaille, que l'on vit, que l'on échange et que l'on aime aussi dans les cités, ce que montrent bien Jean-François Laé et Numa Murard dans *l'Argent des pauvres* (Paris, Le Seuil, 1981). D'autre part, parce que, par une posture qui évoque celle des philanthropes du XIXe siècle, nombre d'«observateurs sociaux» sont mal placés pour saisir la positivité des pratiques populaires. Il se pourrait que certaines cités et banlieues soient l'équivalent, «postmoderne» si l'on veut, des quartiers populaires, que l'on ne peut évidemment pas reconnaître si l'on projette sur elles l'image populiste idéalisée du «quartier populaire» type Ménilmontant à la «Belle Époque», avec ses bistrots, ses chansons, ses guinguettes et ses grisettes — mais aussi avec sa misère, sa colère et sa violence, qui étaient moins poétiques. Sur ce point, *cf.* les avancées de Daniel Behar, «Le désenclavement, entre le social et le local, la Politique de la Ville à l'épreuve du territoire», in *Évaluation de la politique de la ville, op. cit.*, vol. II. De même, il faut rappeler que ce que d'aucuns appellent «la crise urbaine» ne date pas d'aujourd'hui. Il n'est que de lire Victor Hugo ou la chronique des faits divers dans la presse de la «Belle Époque» pour se rendre compte que les paramètres objectifs d'une telle «crise» (la dégradation de l'habitat populaire, le surpeuplement, la présence des «classes dangereuses» dans la cité, etc.) étaient aussi et même beaucoup plus accusés qu'aujourd'hui. Ce qui est nouveau, c'est sans doute la propension à traiter préférentiellement à partir du territoire une «crise» sociale beaucoup plus générale.

lise sur l'« exclusion » et les « exclus » un questionnement qui traverse l'ensemble de la société, de même il existe une tentation de faire de l'enclavement dans un territoire la projection spatiale — ou la métaphore — de l'exclusion, et de croire traiter l'une en traitant l'autre. Il vaudrait mieux parler de *gestion territoriale des problèmes*, ce qui est très différent. Michel Autès distingue à juste titre politiques territoriales et politiques territorialisées[1]. En un sens, toute politique, surtout depuis la décentralisation, est territorialisée, car elle doit s'appliquer localement à un territoire. Une politique territoriale, par contre, mobilise pour l'essentiel les ressources locales pour traiter in situ un problème. Là réside son originalité, mais aussi son ambiguïté. Elle casse la relation d'instrumentalisation du local par le central, mais risque de se dégrader en entreprise de maintenance locale des conflits. La question que pose une politique locale n'est pas seulement une question d'échelle (le local serait « trop petit » pour y mener une « grande » politique). C'est surtout la question de *la nature des paramètres* qu'une action centrée sur le local peut contrôler. La possibilité d'opérer des redistributions globales et de mener des négociations collectives avec des partenaires représentatifs lui échappe[2]. Une poli-

---

1. M. Autès, *Travail social et pauvreté, op. cit.*, p. 287 *sq.*
2. Même au niveau de la localité, le problème de la participation des « usagers » à ces dispositifs donne lieu à des évaluations mitigées. Par exemple, une enquête portant sur neuf dossiers présentés par des villes pour obtenir un contrat de DSQ montre que dans un seul cas une association d'usagers a joué un rôle important — et encore s'agissait-il d'une association proche de la municipalité (*cf.* M. Ragon, « Médiation et société civile : l'exemple de la politique de la Ville », in *la For-*

tique territoriale est poussée vers une logique systémique : elle circonscrit un ensemble fini de paramètres maîtrisables dans l'ici et maintenant, et le changement résulte d'un rééquilibrage de ces variables bien circonscrites. Le changement est alors un réagencement des éléments internes au système plutôt que la transformation des données qui structurent du dehors la situation.

Certes, les politiques locales d'insertion, surtout dans la version «politique de la ville», tentent d'échapper à cette fermeture. Mais, en tout cas par rapport à la question de l'emploi, qui nous importe spécialement ici, elles se heurtent à un blocage tout à fait compréhensible. Si la gestion de l'emploi est confiée au niveau local, c'est qu'elle n'a pas trouvé sa solution ailleurs, au niveau des politiques globales. Elle risque alors de devenir *la gestion du non-emploi* à travers la mise en place d'activités qui s'inscrivent dans cette absence, en essayant de la faire oublier.

À côté de réussites circonscrites, comme les régies de quartiers, il semble que ce soit généralement le cas. Un rapport de 1988 constatait que la plupart des opérations DSQ ne comportaient pas de programme économique, n'avaient pas créé d'emplois, que le chômage n'avait pas régressé et même avait parfois augmenté. Le rapport invitait à réviser à la baisse l'ambition de cette politique : «Elle ne saurait avoir la prétention de résoudre le problème du chômage et de la qualification des hommes, elle peut seulement éviter qu'une partie de la population soit complètement

---

mation de l'assentiment dans les politiques publiques. Techniques, territoires et sociétés, nᵒˢ 24-25, 1993).

exclue[1].» Il est bien entendu que de telles politiques ne sauraient avoir le pouvoir exorbitant de
juguler le chômage. Mais, si l'on décrypte ce type
de message — «éviter qu'une partie de la population soit complètement exclue» — il faut
entendre que ce serait bien beau si l'on pouvait
gérer sur place les turbulences sociales en créant
un minimum d'échanges et d'activités dans ces
espaces menacés d'anomie complète. Nul, hormis les partisans de la politique du pire, ne
peut contester l'intérêt de ces efforts. Mais il faut
être singulièrement optimiste pour voir dans ces
pratiques de maintenance les prémices d'une
«nouvelle citoyenneté». On ne fonde pas de la
citoyenneté sur de l'inutilité sociale[2].

L'appréciation que l'on peut commencer à
porter sur le Revenu minimum d'insertion est du
même type. Le RMI généralise la problématique
de l'insertion puisqu'il concerne l'ensemble de la
population âgée de plus de vingt-cinq ans dont les
revenus se situent au-dessous d'un certain seuil.
Il représente également une innovation considé-

---

1. F. Levy, _le Développement social des quartiers. Bilan et
perspectives_, Paris, 1988. _Cf._ aussi J.-M. Delarue, _Banlieues en
difficultés: la relégation_, Paris, Syros, 1991, spécialement
p. 40 _sq._, qui évoque l'«aggravation» de la situation de ces
jeunes entre 1981 et 1991. Pour une analyse sociologique de
ces sites, _cf._ F. Dubet, D. Lapeyronnie, _les Quartiers d'exil_,
Paris, Le Seuil, 1992.
2. Pour un bilan plutôt pessimiste de ce qui a ou plutôt ce
qui n'a pas été fait en matière de citoyenneté locale, _cf._ C. Jacquier, «La citoyenneté urbaine dans les quartiers européens»,
_in_ J. Roman, _Ville, exclusion, citoyenneté. Entretiens de la Ville_,
II, Paris, Éditions Esprit, 1993.

rable par rapport aux politiques sociales antérieures par deux traits. Pour la première fois
dans l'histoire en longue durée de la protection
sociale, la coupure entre les populations aptes au
travail et celles qui ne peuvent pas travailler est
récusée : «Toute personne qui, en raison de son
âge, de son état physique ou mental, de la situation de l'économie et de l'emploi, se trouve dans
l'incapacité de travailler, a le droit d'obtenir de
la collectivité des moyens convenables d'existence[1].» Se trouvent ainsi placés sur le même
plan et bénéficient des mêmes droits tous ceux
qui relèvent de la vieille «handicapologie» et
ceux qui devraient relever du marché du travail.

Deuxièmement, ce droit d'obtenir «des moyens
convenables d'existence» n'est pas un simple
droit à l'assistance. C'est un droit à l'insertion :
«L'insertion sociale et professionnelle des personnes en difficulté constitue un impératif national[2].» Le contrat d'insertion est la contrepartie
de l'allocation de ressources qui lie le bénéficiaire
à la réalisation d'un projet, mais qui engage tout
autant la communauté nationale qui devrait l'aider à le réaliser. Effort pour casser l'image séculaire du «mauvais pauvre» qui vit en parasite
alors qu'il devrait travailler, mais aussi pour effacer le stigmate de l'assisté, bénéficiaire passif d'un
secours qui est la contrepartie de son impuissance
à s'assumer lui-même.

Cette transformation décisive de l'aide sociale

1. Loi n° 88-1088 du 1er décembre 1988 relative au Revenu minimum d'insertion, *Journal officiel*, 3 décembre 1988. Cette formulation est reprise du Préambule de la Constitution de 1946, mais elle n'avait jusqu'alors reçu aucun commencement d'exécution.
2. *Ibid.*

a résulté de la prise de conscience de l'existence de ce nouveau profil de gens démunis auxquels on ne peut plus imputer la responsabilité de leur condition malheureuse. On ne saurait donc ni les culpabiliser pour une situation de non-travail qu'ils n'ont pas choisie, ni tenter de les soigner ou de les réhabiliter en les plaçant dans une des catégories classiques de l'aide sociale. Il faut les aider à retrouver une place «normale» dans la société[1]. La notion d'insertion désigne ce mode original d'intervention et se donne avec le contrat sa méthodologie : construire un projet qui engage la double responsabilité de l'allocataire et de la communauté, et doit déboucher sur la réinscription du bénéficiaire dans le régime commun.

L'article premier de la loi de 1988 contient cependant une ambiguïté fondamentale. «L'insertion sociale et professionnelle des personnes en difficulté...» Insertion sociale *et* professionnelle, insertion sociale *ou* professionnelle ? Cette formulation a donné lieu à de vifs débats lors de l'élaboration de la loi[2]. Mais après quelques

---

1. En fait, le public des allocataires du RMI est hétérogène. La nouvelle mesure a «récupéré» d'anciennes figures de la pauvreté de type quart monde, qui n'étaient pas pris en charge par les dispositifs antérieurs de l'aide sociale. Néanmoins, c'est la présence de ceux que l'on a commencé à appeler à partir de 1984 «les nouveaux pauvres», c'est-à-dire un nouveau profil de démunis déstabilisés par la crise, qui a déclenché la mobilisation à l'origine de l'instauration du revenu minimum d'insertion (*cf.* R. Castel, J.-F. Laé, «La diagonale du pauvre», in *le RMI, une dette sociale, op. cit.*).

2. La circulaire d'application du 9 mars 1989 paraît trancher dans le sens de l'insertion professionnelle : «Pour la plus grande part des bénéficiaires du RMI, la démarche d'insertion devra se fixer pour objectif à plus ou moins long terme l'insertion professionnelle. En effet, c'est ainsi que sont le mieux garanties une autonomie et une insertion sociale durables» (ministère de la

années d'application du RMI, l'ambiguïté s'est décantée. Ces deux modalités d'insertion ouvrent sur deux registres complètement différents d'existence sociale. L'insertion professionnelle correspond à ce que l'on a appelé jusqu'ici l'intégration : retrouver une place à part entière dans la société, se réinscrire dans la condition salariale avec ses servitudes et ses garanties. En revanche, une insertion «purement» sociale ouvre sur un registre original d'existence qui pose un problème inédit.

Quantitativement d'abord, toutes les évaluations du RMI (elles sont nombreuses, car aucune mesure sociale n'a jamais été accompagnée d'une telle débauche d'études, d'enquêtes et de suivis de toutes sortes) attestent une disparité complète entre ces deux types d'insertion. En pondérant plusieurs séries de données, on peut avancer qu'environ 15 % des allocataires du RMI retrouvent un emploi, stable ou précaire[1]. En plus, un nombre important d'allocataires transite à travers le maquis des «emplois aidés» et des

---

Solidarité, de la Sécurité et de la Protection sociale, circulaire du 9 mars 1989, *Journal officiel*, 11 mars 1989, paragraphes 2-3).

1. *Cf.* P. Valereyberghe, *RMI, le pari de l'insertion*, rapport de la Commission nationale d'évaluation du RMI, Paris, La Documentation française, 1992, 2 tomes. Deux grandes enquêtes nationales ont été menées par le CERC («Atouts et difficultés des allocataires du RMI», CERC, n° 102, Paris, La Documentation française, 1991) et le CREDOC («Panel RMI-CREDOC, synthèse des quatre vagues d'enquêtes», avril 1992, ronéoté). *Cf.* aussi *le RMI à l'épreuve des faits*, Paris, Syros, 1991, qui rend compte des évaluations commandées par la Mission recherche-expérimentation dans une quinzaine de départements, S. Paugam, *la Société française et ses pauvres, l'expérience du RMI*, Paris, PUF, 1993, S. Wuhl, *les Exclus face à l'emploi*, Paris, Syros, 1992.

stages et représentent également environ 15 % de l'effectif[1]. Les 70 % restants se répartissent entre chômage, en général non indemnisé, et inactivité[2].

Il en résulte que, pour la grande majorité des allocataires, le RMI ne joue pas le rôle qui était censé être le sien dans l'esprit de ses promoteurs : représenter un stade transitoire, une aide limitée dans le temps afin de permettre à des gens en difficulté de passer un cap avant de remettre le pied à l'étrier. Mais si le RMI ne fonctionne pas comme un sas, il devient un cul-de-sac dans lequel risquent de se presser tous ceux dont l'existence n'est pas justifiée socialement. C'est le constat que font, en termes plus ou moins explicites, les rapports d'évaluation : « Le RMI est une bouffée d'oxygène qui améliore à la marge les conditions de vie des bénéficiaires sans pouvoir les transformer [...]. Il permet aux bénéficiaires de mieux vivre là où ils se trouvent[3]. » Ou encore, à propos du sens que prend le plus fréquemment le contrat d'insertion : « La notion de contrepartie s'estompe au profit d'une notion qui pourrait être celle d'accompagnement du contractant dans la situation présente[4]. »

---

1. *Cf.* S. Paugam, « Entre l'emploi et l'assistance. Réflexion sur l'insertion professionnelle des allocataires du RMI », *Travail et emploi*, n° 55, 1993.
2. Il convient aussi de noter que, comme le montre l'enquête du CERC, la majorité des allocataires qui trouvent un travail n'y parviennent pas à travers des dispositifs du RMI proprement dit. Ils ont développé leurs propres stratégies professionnelles, le RMI leur donnant vraisemblablement un peu de champ pour respirer.
3. *Le RMI à l'épreuve des faits*, *op. cit.*, p. 63.
4. *Ibid.* Pour une réflexion synthétique sur le sens de la notion de contrat dans le RMI, *cf.* R. Lafore, « Les trois défis du RMI », *Actualité juridique*, n° 10, octobre 1989.

En d'autres termes, en quoi peut consister une insertion sociale qui ne déboucherait pas sur une insertion professionnelle, c'est-à-dire sur l'intégration? Une condamnation à l'insertion perpétuelle, en somme. Qu'est-ce qu'un inséré permanent? Quelqu'un que l'on n'abandonne pas complètement, que l'on «accompagne» dans sa situation présente en tissant autour de lui un réseau d'activités, d'initiatives, de projets. Ainsi voit-on se développer dans certains services sociaux une véritable effervescence occupationnelle. Ces efforts ne sont aucunement à sous-estimer. C'est l'honneur (mais peut-être aussi le remords) d'une démocratie que de ne pas se résigner à l'abandon complet d'un nombre croissant de ses membres dont le seul crime est d'être «inemployables». Mais ces tentatives ont quelque chose de pathétique. Elles évoquent le travail de Sisyphe poussant son rocher qui toujours redévale la pente au moment d'atteindre le sommet car il est impossible de le caler à une place stable. La réussite du RMI ce serait son autodissolution par transformation de sa clientèle de sujets à insérer en sujets intégrés. Or le nombre de ses «bénéficiaires» directs a doublé depuis les premières années d'exercice et atteint aujourd'hui près de huit cent mille. Pour beaucoup d'entre eux l'insertion n'est plus *une étape*, elle est devenue *un état*.

L'insertion comme état représente une bien curieuse modalité d'existence sociale. Je n'en invente pas la possibilité. Le rapport de la Commission nationale d'évaluation du RMI l'évoque à sa manière plus diplomatique: «Pour une grande partie des allocataires, ces actions les conduisent vers un état "transitoire-durable": en situation d'insertion, ces personnes ont un statut intermédiaire entre l'exclusion et l'insertion définitive [1]. »

État transitoire-durable, position d'intérimaire permanent ou d'inséré à vie. De ces « états », les allocataires du RMI n'ont pas l'exclusivité. C'est aussi la situation de ces jeunes qui errent de stage en stage, avec parfois des petits boulots avant qu'ils ne désespèrent et abandonnent cet éprouvant parcours du candidat à l'insertion. Ils veulent, disent-ils, un « vrai travail ». Un auteur parle également d'« état transitoire-durable » à propos de la situation de certains chômeurs de longue durée [2]. C'est aussi le statut de beaucoup d'opérations qui se montent dans les quartiers. Les animateurs s'épuisent à inventer des projets, à rendre possibles des attachements, à structurer des emplois du temps autour d'activités qu'ils suscitent. À la limite, leur travail consiste à construire des espaces de sociabilité différents de celui dans lequel vit leur clientèle, pour leur rendre supportable une quotidienneté plutôt désespérante. En empruntant le vocabulaire de Peter Berger et Thomas Luckman, on pourrait dire que l'insertion tente de réaliser une « socialisation secondaire », c'est-à-dire de raccrocher l'individu à « un sous-monde institutionnel ou basé sur des institutions [3] ». Mais les pratiques « institutionnelles » qui supportent l'insertion sont labiles

1. P. Valereyberghe, *RMI, le pari de l'insertion*, op. cit., t. I, p. 332.
2. *Cf.* D. Demazière, « La négociation de l'identité des chômeurs de longue durée », *Revue française de sociologie*, XXXIII, 3, 1992.
3. P. Berger, T. Luckman, *la Construction sociale de la réalité*, trad. fr., Paris, Méridiens-Klincksieck, 1989, p. 189.

et intermittentes si on les compare aux autres
«sous-mondes» qui structurent une vie ordinaire, et en particulier celui du travail. Fragilité
encore accusée par le fait que, pour les individus
qui relèvent des politiques d'insertion, la «socialisation primaire», c'est-à-dire l'intériorisation
des normes générales de la société à travers la
famille et l'école, est souvent elle-même en
défaut. Plutôt que de socialisation secondaire, on
devrait peut-être parler d'«asociale-sociabilité».
J'entends par là des configurations relationnelles
plus ou moins évanescentes qui ne s'inscrivent
pas ou s'inscrivent d'une manière intermittente
et problématique dans les «institutions» reconnues, et qui placent les sujets qui les vivent en
situation d'apesanteur[1].

Les politiques d'insertion paraissent ainsi avoir
échoué à ménager pour une part importante de
leur clientèle cette transition vers l'intégration
qui était leur vocation première. «Que ce soit
dans le cadre du RMI, du crédit formation, et
plus généralement de l'ensemble des politiques
d'insertion des populations en voie d'exclusion,
les politiques d'insertion s'arrêtent à la porte des
entreprises[2].» Ce constat ne les condamne pas,
car elles ont pour l'instant contribué à éviter le
pire, si du moins on pense que le passage à l'acte

---

1. Sur cette notion d'«asociale-sociabilité», *cf. la Gestion des
risques, op. cit.*, chap. IV. Je l'avais proposée à partir de l'analyse
de situations de groupes dans lesquels la culture des relations
entre les membres s'autonomise et fait elle-même «société».
J'avais aussi indiqué que ce registre d'existence pouvait également caractériser certaines situations sociales dans lesquelles
les acteurs étaient condamnés à un jeu relationnel faute de
pouvoir maîtriser la structure de la situation. Les situations de
ce type se sont multipliées depuis.
2. S. Wuhl, *les Exclus face à l'emploi, op. cit.*, p. 185.

de la violence et la révolte sont le pire à éviter. De surcroît, dans la conjoncture économique et sociale très tendue qui les a suscitées, alors que des gens parfaitement intégrés basculent, il est particulièrement difficile de remettre au régime commun ceux qui ont déjà décroché ou qui sont fragilisés par leur milieu d'origine et leurs conditions de vie. Mais alors il faut ajouter qu'elles ont eu aussi une autre fonction que celle qu'elles affichent ostensiblement. En s'autorisant une expression qui a ses lettres de noblesse sociologique, on dira qu'elles ont aussi contribué à *« calmer le jobard* [1] ». Il s'est dégagé en France à partir du début des années 1980 un consensus assez général pour accepter la « contrainte majeure » que représentent l'internationalisation du marché, la recherche à tout prix de la compétitivité et de l'efficience. De par ce choix, certaines catégories de la population se sont retrouvées flouées. Est-ce un hasard si la montée en charge des politiques d'insertion est contemporaine de l'assomption de l'entreprise et du triomphe de l'idéologie entrepreneuriale? Ce n'est sans doute pas davantage un hasard que ce soient des gouvernements socialistes qui se sont particulièrement attachés à insuffler un tel « supplément de social » (au sens

1. E. Goffman, « Calmer le jobard : quelques aspects de l'adaptation à l'échec », in *le Parler frais d'Erwing Goffman*, trad. fr., Paris, Éditions de Minuit, 1989. Goffman explique que, dans le jeu social, il faut toujours laisser une porte de sortie honorable à celui qui a perdu. Le vaincu, dans ces conditions, ne perd pas complètement la face et peut garder une « présentation de soi » qui n'est pas totalement disqualifiée, alors même que ni lui ni ses comparses ne sont complètement dupes. En revanche, les réactions de celui que l'on enfonce dans son échec sont imprévisibles et peuvent être incontrôlables — et j'ajouterai : surtout s'il ne savait pas qu'il était en train de jouer.

où l'on parle d'un «supplément d'âme») à peu près au moment où ils acceptaient que les contraintes économiques dictent leur loi. Sous le signe de l'excellence, il n'y a pas de gagnants sans perdants. Mais pour une société qui n'a pas abandonné ses idéaux démocratiques, il apparaît encore juste et avisé que ceux qui ont perdu ne soient pas laissés à un destin de parias. Tel pourrait être le sens des politiques d'insertion : *s'occuper des valides invalidés par la conjoncture.* C'est leur originalité à la fois par rapport aux politiques classiques de l'aide sociale ciblées à partir d'un déficit de leur clientèle, et des politiques d'intégration qui s'adressent à tous sans discrimination. Elles se meuvent dans ces zones particulièrement vulnérables de la vie sociale où les «normaux inutiles» ont décroché ou sont sur le point de le faire.

Dans un système social qui assure un enchaînement sans à-coups des formes de socialisation et des âges sociaux (de l'école au travail, du travail à la retraite, par exemple), on ne parle pas d'insertion, *elle est donnée par surcroît* : elle ferait pléonasme avec la notion d'intégration[1]. Lorsque du jeu apparaît dans les rouages de la société salariale, l'insertion se donne comme un problème et propose en même temps une technologie pour le résoudre. Elle nomme ainsi à la fois la distance par rapport à l'intégration et le dispo-

---

1. On parle par contre d'inadaptation, de marginalité, de délinquance, etc. : il a toujours existé un halo assez large de comportements non conformes, surtout dans les milieux populaires, autour de l'intégration «parfaite». Mais ces bavures et ces illégalismes ne remettaient pas en question la norme de conformité tant qu'il paraissait acquis que le sujet pourrait s'intégrer s'il le voulait.

sitif pratique qui est censé la combler. Mais la
réponse aussi se dédouble. Au sein du public qui
relève de l'insertion, certains réintègrent le régime
commun. Les autres, comme perfusés en permanence, se maintiennent sous un régime social
intermédiaire qui représente un statut nouveau
que nous devons à l'effritement de la société salariale et à la manière actuelle de tenter d'y faire
face.

La crise de l'avenir[1]

Les périodes troublées sont une aubaine pour
les «faiseurs de projets», comme on disait au
XVIIIᵉ siècle. Je n'ai pourtant pas l'intention de proposer le mien. Si l'avenir est une aventure dont
seule l'histoire écrit le scénario, il est largement
imprévisible. Demain comportera de l'inconnu.
Mais il sera aussi travaillé à partir de l'héritage
d'aujourd'hui. Le long parcours emprunté jusqu'ici permet de dégager des connexions fortes
entre la situation économique, le niveau de protection des populations et les modes d'action de
l'État social. Dès lors, s'il est absurde de prétendre prédire le futur, il est possible de dessiner
des éventualités qui l'engageront dans un sens différent en fonction des options qui seront prises
(ou au contraire ne seront pas prises) en matière
de politique économique, d'organisation du travail et d'interventions de l'État social. Pour simplifier, je m'en tiendrai à quatre éventualités.

---

1. Je reprends le titre de l'article de Krzysztof Pomian, «La
crise de l'avenir», *le Débat*, nº 7, décembre 1980.

La première est que continue à s'accuser la dégra-dation de la condition salariale observable depuis les années 1970. Ce serait la conséquence directe de l'acceptation sans médiations de l'hégémonie du marché. « Si 20 % des Français sont aussi peu qualifiés que les Coréens ou les Philippins, il n'y a aucune raison de les payer plus. Il faut supprimer le SMIC [1]. » Cette assertion fait injure aux Coréens et aux Philippins. Il existe certainement, ou il existera bientôt, une plus grande proportion de cette main-d'œuvre étrangère aussi qualifiée que ses homologues français qui occupent des emplois d'ouvrier qualifié, de technicien, et même d'informaticien de haut vol, et qui coûterait beaucoup moins cher. Il n'y a aucune raison *économique* de ne pas les préférer aux salariés français [2]. Dans cette logique, le président du patronat français déclarait en 1983 : « 1983 sera l'année de la lutte contre les contraintes introduites dans la législation au cours des Trente Glorieuses, l'année de la lutte pour la flexibilité [3]. » Idée qu'on ne peut servir deux maîtres, et que la « réhabilitation de l'en-

---

1. J. Plassard, cité *in* B. Perret, G. Roustang, *l'Économie contre la société*, *op. cit.*, p. 104.

2. Il est vrai qu'un usage sauvage des dérégulations, sous la forme par exemple d'un recours incontrôlé à la flexibilité externe, peut se révéler contre-productif pour les entreprises. Mais leur pondération pour sauvegarder une rentabilité maximale est toute différente du souci de maintenir la cohésion sociale. La question sera par exemple : jusqu'à quel point puis-je externaliser le maximum d'activités pour être le plus compétitif possible, et non celle des coûts en termes de chômage et de précarisation des emplois de mon maximalisme productiviste.

3. Y. Chotard, rapport à l'assemblée générale du CNPF, Paris, 13 janvier 1983, *in* M.-T. Join-Lambert *et al.*, *Politiques sociales*, Paris, Fondation nationale des sciences politiques, Paris, 1994. Sur la manière brutale avec laquelle le patronat français a mené la « modernisation » au nom de la flexibilité dans les années 1980, *cf.* A. Lebaube, *l'Emploi en miettes*, *op. cit.*

treprise» est le nouvel impératif catégorique auquel toute la société doit se conformer.

Dans cette perspective, la plupart des protections sociales sont l'héritage d'une époque révolue, lorsque des compromis sociaux étaient compatibles avec les impératifs du marché. Elles ont aujourd'hui un effet d'hystérésis qui bloque la dynamique de la reprise. Cet effet d'inertie joue effectivement. Lorsque Ronald Reagan ou Margaret Thatcher ont tenté d'appliquer une option ultralibérale, ils ont néanmoins dû laisser subsister de grands pans de protections sociales[1]. Mais, pour les tenants d'une telle politique, ces résultats imparfaits tiennent à deux types de raisons : les résistances des groupes sociaux qui avaient acquis des «privilèges», et le risque politique de procéder à des dérégulations trop brutales et trop rapides. Ainsi observe-t-on toujours une différence significative entre les positions théoriques des idéologues libéraux et leur traduction politique. Pour l'ultralibéralisme pourtant, ce sont là des pesanteurs sociologiques héritées d'un passé révolu qu'il faut progressivement réduire.

Mais il existe une *ubris* du marché qui rend une société tout entière assujettie à ses lois ingouvernable. «Le marché est l'état de nature de la société, mais le devoir des élites est d'en faire un État de culture. Faute de normes juridiques, dans les sociétés développées comme dans les autres, il tourne à la jungle, s'assimile à la loi du plus fort, et

---

1. Sur les États-Unis, *cf.* F. Lesemann, *la Politique sociale américaine*, Paris, Syros, 1988 : sur la situation en Grande-Bretagne après la politique menée par Margaret Thatcher, *cf.* L. Ville, «Grande-Bretagne : le chômage diminue, l'emploi aussi», dossier de *l'Expansion*, n° 478, 2-15 juin 1994.

fabrique la ségrégation et la violence[1]. » C'est aussi la leçon que Karl Polanyi a tirée de l'observation du déroulement de la révolution industrielle. Le marché « autorégulé », forme pure du déploiement de la logique économique laissée à elle-même, est à strictement parler inapplicable, parce qu'il ne comporte aucun des éléments nécessaires pour fonder un ordre social[2]. Mais il pourrait détruire l'ordre social qui lui préexiste. Si la domination de l'économie à partir du XIXe siècle n'a pas complètement détruit la société, c'est qu'elle a été limitée par deux ordres de régulation *non marchands*. La société de marché a pu être acclimatée d'abord parce qu'elle s'est installée dans une formation sociale où les tutelles traditionnelles et les formes « organiques » de solidarité étaient encore fortes : société à prédominance rurale, avec des liens familiaux larges et solides et des réseaux efficaces de protection rapprochée. Cette situation préalable à l'avènement du marché a amorti ses potentialités déstabilisatrices qu'ont seules subies de plein fouet les populations déjà à la dérive (désaffiliées), ces immigrés de l'intérieur déracinés paupérisés qui ont constitué la main-d'œuvre des premières concentrations industrielles[3]. Deuxiè

---

1. A. Minc, *le Nouveau Moyen Âge*, Paris, Gallimard, 1993, p. 220. Les analyses de Michel Albert (*Capitalisme contre capitalisme*, Paris, Le Seuil, 1991) vont dans le même sens. S'il existe schématiquement deux formes de capitalisme, ce n'est pas que le marché en tant que tel reconnaisse des frontières. Mais, dans des contextes différents, il rencontre des contre-forces plus ou moins puissantes. Dans les pays « anglo-saxons », elles lui laissent largement la bride sur le cou, tandis que les pays « rhénans » ou « alpins » l'encadrent par de plus fortes régulations sociales.

2. K. Polanyi, *la Grande Transformation, op. cit.*

3. Plus près de nous, on peut interpréter la différence considérable dans la gravité de la crise des années 1930 telle qu'elle

mement, la riposte à cet ébranlement a été la constitution de nouvelles régulations sociales — protections sociales, propriété sociale, droits sociaux. C'est l'«invention du social» qui a domestiqué le marché et humanisé le capitalisme[1].

Nous sommes aujourd'hui dans une situation toute différente. L'aspect *Gemeinschaft* de la société, encore fort au XIXᵉ siècle, a été progressivement érodé et les ressources en matière de solidarité informelle sont pratiquement épuisées. Les protections ménagées par l'État social s'y sont substituées, et pour l'essentiel en tiennent lieu aujourd'hui. D'où le caractère devenu vital de ces protections. Les éradiquer ne serait pas seulement supprimer des «acquis sociaux» plus ou moins contestables, mais casser la forme moderne de la cohésion sociale. Cette cohésion dépend de telles régulations, pour la bonne raison

---

a été subie en Grande-Bretagne et en France par le fait que la Grande-Bretagne était déjà une société presque entièrement salariale et urbanisée dont la plus grande part des ressources et des protections dépendaient du travail industriel, tandis que les «archaïsmes» français ont permis d'amortir la crise et de trouver des solutions de repli à la campagne, dans l'artisanat, et dans des formes de travail préindustriel (il y a eu «seulement» environ 1 million de chômeurs en France, dans les années 1930). Il est resté dans la mémoire collective anglaise un tel souvenir de la Grande Dépression que la lutte pour le plein-emploi a été unanimement pensée comme la priorité absolue des politiques sociales après la Seconde Guerre mondiale, alors que le risque du chômage n'était pas pris en compte en France, même par les meilleurs esprits.
1. Rappelons que pour Polanyi les impasses auxquelles conduit le marché autorégulé ont donné lieu à deux grands types de riposte : la constitution des États sociaux dans les pays qui sont restés démocratiques, mais aussi le fascisme en Allemagne (*cf. la Grande Transformation, op. cit.*, chap. xx).

qu'elle a été dans une large mesure construite par elles. Imposer d'une manière inconditionnelle les lois du marché à l'ensemble de la société équivaudrait à une véritable contre-révolution culturelle dont les conséquences sociales sont imprévisibles, car ce serait détruire la forme spécifique de régulation sociale qui s'est instituée depuis un siècle. L'un des paradoxes du progrès est que les sociétés les plus « développées » sont aussi les plus fragiles. Certains pays — comme l'Argentine néopéroniste — ont subi l'effet de dérégulations sauvages au prix d'immenses souffrances, mais apparemment sans craquer. Sans doute en faudrait-il beaucoup moins pour qu'un pays comme la France se déchire, car il ne pourrait se replier sur la ligne de défense de formes plus anciennes de protection. Les interactions tissées par l'État social sont devenues la composante majeure de son type de sociabilité, et le social forme désormais l'ossature du sociétal. Il suffirait alors de laisser régner sans partage les « lois naturelles » du marché pour qu'advienne une forme du pire dont il est impossible de dessiner la figure, sauf à savoir qu'elle ne comporterait pas les conditions minimales pour former une société de semblables.

Une deuxième éventualité consisterait à tenter de maintenir à peu près en l'état la situation actuelle en multipliant les efforts pour la stabiliser. Jusqu'ici, les transformations qui se sont produites depuis vingt ans n'ont pas entraîné un séisme social. Elles ont même vraisemblablement conforté autant de positions qu'elles en ont brisé[1]. Dès

1. Pendant les années 1980, les bénéfices du patrimoine immobilier et du capital financier et les hauts salaires ont aug-

lors, en mettant entre parenthèses les drames
personnels, innombrables mais en général vécus
dans la discrétion, et quelques accès de violence
sporadique mais assez bien circonscrits dans des
milieux déjà stigmatisés, il n'est pas impensable
que la société française puisse supporter l'invalidation sociale de 10 %, 20 % ou peut-être davantage de sa population.

D'autant qu'il serait possible d'améliorer la
gestion des situations qui font problème. L'État
est déjà très présent dans leur prise en charge.
En 1992, 1 940 000 personnes sont passées par
les très nombreux dispositifs d'aide à l'emploi[1].
On a précédemment souligné les limites, mais
aussi l'ingéniosité des politiques d'insertion. Pour
contrôler les risques de dérapage de la situation
actuelle, l'État n'a pas épuisé toutes ses capacités.
Il pourrait améliorer ses performances sans
changer fondamentalement le registre de ses
interventions. Par exemple, le RMI pourrait être
un peu plus généreux, et des efforts supplémentaires être déployés pour mieux mobiliser les différents acteurs de l'insertion. De même pour les
politiques de la ville et de l'emploi, l'accompagnement des jeunes ou des chômeurs, etc. Il faut
aussi rappeler que l'État social aide entre 11 et

---

menté et la progressivité des prélèvements obligatoires s'est
réduite. La proportion de la population concernée par ce sur
enrichissement est difficile à établir dans cette zone où les reve
nus sont peu transparents, mais il doit avoir favorisé environ
10 % des revenus supérieurs. À l'inverse, la part du revenu
détenu par les 10 % des ménages les plus pauvres a diminué de
15 % entre 1979 et 1984 (*cf.* le rapport du CERC, *les Français
et leurs revenus, le tournant des années quatre-vingt*, Paris, La
Documentation française, 1989).

1. M. Lallement, « L'État et l'emploi », *in* B. Eme, J.-L. Laville,
Cohésion sociale et emploi, op. cit.

13 millions de personnes à ne pas tomber dans la pauvreté, relative ou absolue[1]. Mais le rôle de l'État ne se réduit pas à distribuer des prestations sociales. Les potentialités du service public sont grandes pour «lutter contre l'exclusion», mais elles restent encore largement sous-employées. L'État dispose sur le territoire de personnels et de services nombreux, variés, et parfois puissants : Directions de la construction, des transports et des communications, de l'architecture et de l'urbanisme, personnels de la police, de l'Éducation nationale, des services sociaux... Une des raisons majeures des difficultés rencontrées dans certains quartiers tient à la faible présence des services publics. Ils pourraient s'engager plus franchement dans une politique de discrimination positive à l'égard des territoires à problème, éventualité d'ailleurs prévue par les textes[2]. L'État pourrait renforcer son rôle de garant de la cohésion sociale à un coût qui ne serait pas exorbitant[3]. Enfin, ce que se propose de faire la poli-

---

1. *Cf.* «Précarité et risques d'exclusion en France», CERC, n° 109, *op. cit.*

2. «Le principe d'égalité d'accès et de traitement n'interdit pas de différencier les modes d'action du service public afin de lutter contre les inégalités économiques et sociales. Les réponses aux besoins peuvent être différenciées dans l'espace et dans le temps et doivent l'être en fonction de la diversité des situations des usagers» (ministère de la Fonction publique et de la Modernisation de l'administration. Direction générale de l'administration et de la fonction publique, Paris, 18 mars 1992, p. 4).

3. On peut faire l'hypothèse que la tentation fréquente de «déplacer» la question sociale sur la question urbaine a tenu à cette présence forte de l'État sur le territoire par l'intermédiaire des services publics, alors que l'État ne dispose pas de personnels propres au niveau de l'entreprise (les inspecteurs du travail sont cantonnés à un rôle de contrôle et d'intervention après coup, et les «politiques de l'emploi» légifèrent du dehors). La question du territoire peut ainsi être plus facile-

tique de la ville, il serait indispensable de coor-
donner étroitement toutes ces mesures au plan
local afin de leur donner la cohérence qui leur
manque.

Une telle option « modérée » n'est pas déraisonnable. Elle comporte d'ailleurs deux versions.
L'une, optimiste, pense qu'il faut tenir quelques
années, ou quelques décennies en attendant la
reprise et/ou la consolidation du nouveau système
de régulation que ne manquera pas d'entraîner
l'installation dans la société postindustrielle.
L'autre, plus cynique, ne trouve pas scandaleux
qu'une société puisse prospérer en acceptant une
certaine proportion de laissés-pour-compte[1].
Mais ce quiétisme qui a prévalu jusqu'à présent
dans la gestion politique de la « crise » repose sur
trois conditions qui font douter de ses chances de
pouvoir longtemps maintenir le quasi-statu quo.

Premièrement, il faudrait que la situation
actuelle s'améliore, se maintienne ou ne se dégrade
pas trop : que la délocalisation internationale du
marché du travail puisse être contrôlée, qu'un

---

ment pensée comme une question régalienne que la question
du travail — bien que ce soit une illusion de croire que la question de l'emploi puisse être traitée au niveau du territoire.
 1. Si cette seconde version prévalait — hypothèse la plus probable si la situation actuelle se prolonge —, on peut craindre
une incurvation des politiques sociales dans un sens de plus en
plus assistantiel au nom d'un raisonnement du type : les politiques d'insertion sont compliquées, coûteuses, et leurs résultats sont aléatoires, il suffit d'assurer aux plus démunis un
minimum de survie. Le RMI deviendrait un revenu minimal
tout court, et la politique de la ville prendrait un caractère
franchement sécuritaire. C'est la « solution » libérale, préconisée dès 1974 par Lionel Stoléru pour laisser les coudées
franches au marché. Ce serait aussi la reconnaissance franche
de la société duale et son institutionnalisation.

«déversement» raisonnable de la main-d'œuvre puisse s'opérer des catégories d'emplois obsolètes vers de nouveaux emplois productifs, que la précarisation des conditions de travail ne continue pas à s'accuser au point qu'elle rende impossible d'accrocher un minimum de protections à la plupart des situations d'emploi, etc. Personne sans doute, quant à ces éventualités, ne peut aujourd'hui avoir des certitudes absolues, dans un sens ou dans l'autre. Mais en tout cas il existe un risque fort de dégradation incontrôlable qui nous replacerait dans le cadre de la première option, à ce retour à la «jungle» qu'évoque Alain Minc.

La réussite d'une gestion minimale de la crise présuppose également que ses victimes continueront à se résigner à subir la situation qui leur est faite. Une telle projection n'est pas non plus absurde. L'histoire du mouvement ouvrier permet de comprendre a contrario ce qui peut étonner dans l'actuelle acceptation le plus souvent passive d'une condition salariale de plus en plus dégradée. La constitution d'une force de contestation et de transformation sociale suppose que soient réunies au moins trois conditions : une organisation structurée autour d'une condition commune, la disposition d'un projet alternatif de société, et le sentiment d'être indispensable au fonctionnement de la machine sociale. Si l'histoire sociale a gravité pendant plus d'un siècle autour de la question ouvrière, c'est que le mouvement ouvrier réalisait la synthèse de ces trois conditions : il avait ses militants et ses appareils, il portait un projet d'avenir[1], et il était le princi-

---

1. Il portait même deux projets d'organisation sociale, un «révolutionnaire» et un «réformiste», avec chacun ses variantes,

pal producteur de la richesse sociale dans la société industrielle. Les surnuméraires d'aujourd'hui n'en présentent aucune. Ils sont atomisés, ne peuvent entretenir d'autre espérance que d'être un peu moins mal placés dans la société actuelle, et ils sont socialement inutiles. Il est dès lors improbable, en dépit des efforts de groupes militants minoritaires comme le Syndicat des chômeurs[1], que cet ensemble hétérogène de situations sérialisées puisse donner naissance à un mouvement social autonome.

Mais la revendication organisée n'est pas la seule forme de la contestation. L'anomie suscite la violence. Violence le plus souvent sans projet, dévastatrice et autodestructrice à la fois, et d'autant plus difficile à contrôler qu'il n'y a rien à négocier. De telles potentialités de violence existent déjà, mais lorsqu'elles passent à l'acte elles se tournent le plus souvent contre leurs auteurs (*cf.* le problème de la drogue dans les banlieues), ou contre quelques signes extérieurs d'une richesse insolente aux démunis (actes de délinquance, pillages de supermarchés, destructions ostentatoires de voitures, etc.). Mais nul ne peut dire, surtout si la situation s'aggrave ou même simplement «se maintient», que de telles mani-

---

et cette dualité, avec la concurrence entre les organisations qui s'y rattachaient, a sans doute été une des raisons de fond de la défaite du mouvement ouvrier. Néanmoins, ces courants ont pu peser dans le même sens aux moments des grandes «conquêtes ouvrières».

1. Sur le Syndicat des chômeurs fondé en 1982, *cf.* le mensuel *Partage*, qui est aussi une des meilleures sources d'informations sur les problèmes de l'emploi et du chômage, sur les débats qu'ils entraînent et sur la recherche d'alternatives à la situation présente.

festations ne se multiplieront pas au point de
devenir intolérables, ouvrant non pas sur un
« Grand Soir » mais sur de nombreuses nuits
bleues au long desquelles la misère du monde
donnerait à voir la face cachée de son désespoir.
Une société démocratique serait alors complètement démunie, ou complètement déshonorée
devant l'exigence de faire face à ces désordres.
Ils ne comportent en effet aucune autre réponse
possible que la répression ou l'enfermement
dans des ghettos.

Il existe une troisième raison, à mon sens la
plus sérieuse, qui rend injustifiable le maintien
de la situation actuelle. Il est impossible de tracer un cordon sanitaire entre ceux qui tirent leur
épingle du jeu et ceux qui basculent, et cela pour
une raison de fond : il n'existe pas des « in » et des
« out », mais un continuum de positions qui
coexistent dans un même ensemble et se « conta-
minent » les unes les autres. L'abbé Messonnier,
lorsqu'il dénonçait au milieu du siècle dernier
« la gangrène du paupérisme », ne trahissait pas
seulement son mépris pour le peuple. Si la question du paupérisme est devenue la question
sociale du XIXe siècle qui a dû être prise frontale-
ment en compte, c'est qu'elle était la question de
la société tout entière, qui risquait la « gangrène »
et la déstabilisation, par un effet boomerang de
sa périphérie sur son cœur.
Il en va de même aujourd'hui avec l'« exclusion », et c'est pourquoi il faut manier ce terme
avec infiniment de précautions. J'y reviens une
dernière fois : l'exclusion n'est pas une absence
de rapport social mais un ensemble de rapports
sociaux particuliers à la société prise comme un

tout. Il n'y a personne en dehors de la société,
mais un ensemble de positions dont les relations
avec son centre sont plus ou moins distendues :
d'anciens travailleurs devenus chômeurs de
longue durée, des jeunes qui ne trouvent pas
d'emploi, des populations mal scolarisées, mal
logées, mal soignées, mal considérées, etc. Il
n'existe aucune ligne de partage claire entre ces
situations et celles un peu moins mal loties des
vulnérables, qui, par exemple, travaillent encore
mais pourront être licenciés le mois prochain,
sont plus confortablement logés mais pourront
être expulsés s'ils ne paient pas leurs traites, font
consciencieusement des études mais savent
qu'elles risquent de ne pas aboutir... Les « exclus »
sont le plus souvent des vulnérables qui étaient
« sur le fil » et qui ont basculé. Mais il existe aussi
une circulation entre cette zone de vulnérabilité
et celle de l'intégration, une déstabilisation des
stables, des travailleurs qualifiés qui deviennent
précaires, des cadres bien considérés qui peuvent se retrouver chômeurs. C'est du *centre* que
part l'onde de choc qui traverse la structure
sociale. Les « exclus » ne sont pour rien dans le
choix d'une politique de flexibilité des entreprises,
par exemple — sauf que leur situation en est
concrètement la conséquence. Ils se retrouvent
désaffiliés, et cette qualification leur convient
mieux que celle d'exclus : ils ont été dé-liés, mais
restent sous la dépendance du centre, qui n'a
peut-être jamais été aussi omniprésent pour l'ensemble de la société. C'est pourquoi dire que la
question posée par l'invalidation de certains
individus et de certains groupes concerne tout le
monde n'est pas seulement faire appel à une
vague solidarité morale, mais constater l'interdé-

pendance des positions travaillées par une même dynamique, celle de l'ébranlement de la société salariale.

La prise de conscience de l'existence d'un tel continuum commence à se répandre[1]. En décembre 1993, le magazine *la Rue* publiait un sondage CSA sur «Les Français face à l'exclusion[2]». Sans doute faut-il accueillir avec prudence les sondages, surtout lorsqu'ils portent sur un thème aussi indéterminé. Les résultats de celui-ci sont cependant troublants. Tout se passe comme si chaque groupe avait intériorisé les risques objectifs qu'il court : les ouvriers et les employés sont plus inquiets que les professions intermédiaires et les cadres, et surtout 69 % des dix-huit-vingt-quatre ans craignent l'exclusion, contre 28 % seulement des plus de soixante-cinq ans (qui, par contre, la craignent à 66 % pour un proche). C'est sans doute cela aussi, «la crise de l'avenir», une société où les vieillards sont plus assurés du futur que les jeunes. Et, de fait, les gens âgés bénéficient encore des protections montées par la société salariale, tandis que les jeunes savent déjà que la promesse du progrès ne sera pas tenue. Ces chiffres dévoilent un inquiétant paradoxe. Ceux qui sont déjà hors travail sont plus assurés que ceux qui travaillent encore et surtout ceux qui se préparent à entrer dans la

---

1. On peut dater de fin 1992-début 1993 la soudaine amplification de cette prise de conscience, largement répercutée par les médias et le discours politique. Effet sans doute du seuil psychologique des 3 millions de chômeurs, atteint en octobre 1992, et aussi des discussions sur le bilan du pouvoir socialiste qui l'avait emporté en 1981 dans une large mesure en raison de la capacité qu'on lui prêtait de résoudre le problème du chômage

2 «Exclusion, la grande peur», *la Rue*, n° 2, décembre 1993

vie professionnelle expriment le plus profond désarroi. Les réactions au CIP (le «SMIC jeunes») au printemps 1994 confortent ces impressions. Il n'est pas de plus bel hommage à la société salariale que la révolte de ces jeunes prenant brusquement conscience qu'ils risquent de ne pas pouvoir y participer. Significativement, cette réaction a principalement été le fait de jeunes relativement privilégiés, ou du moins destinés à suivre les voies d'une promotion sociale récompensant les succès scolaires et l'ambition de s'intégrer par le travail. L'adhésion aux valeurs de la société salariale n'est pas seulement une défense des «privilégiatures», comme une critique démagogique du «toujours plus» voudrait le faire croire[1]. Elle est plutôt la crainte du «toujours moins», et ce n'est pas un hasard que ce soit la jeunesse qui la porte. «Pour la première fois depuis la guerre, une nouvelle génération a vu ses conditions d'insertion professionnelles s'aggraver en termes d'emploi dans un premier stade, mais aussi de salaire lorsqu'elle arrive au bout d'un parcours d'insertion[2].»

Traduisant après coup le désarroi de la société de la seconde moitié du XVIIIe siècle (c'était à la veille des bouleversements inouïs de la Révolution française, mais évidemment personne sur le moment ne le savait), Paul Valéry dit : «Le corps social perd tout doucement son lendemain[3].» Peut-être notre société est-elle aussi en train de

---

1. F. de Closets, *Toujours plus!*, Paris, Grasset, 1982.
2. N. Questiaux, conclusion du rapport du CERC, *les Français et leurs revenus*, *op. cit.*
3. P. Valéry, «Montesquieu», *Tableau de la littérature française*, t. II, Paris, Gallimard, 1939, p. 227.

perdre son lendemain. Pas seulement les lendemains qui chantent, enterrés depuis deux ou trois
décennies, mais la représentation d'un avenir
quelque peu maîtrisable. La jeunesse n'est évidemment pas la seule concernée, même si elle en
ressent de la manière la plus aiguë la menace.
Plus généralement, perdre le sens de l'avenir,
c'est voir se décomposer le socle à partir duquel
il était possible de déployer des stratégies cumu-
latives qui rendraient demain meilleur à vivre
qu'aujourd'hui.

*La troisième option reconnaît la perte de la cen-
tralité du travail et la dégradation du salariat, et
tente de leur trouver des échappatoires, des compensations ou des alternatives.* Sans doute tout
n'est-il pas à déplorer dans la conjoncture
actuelle. Les nouvelles trajectoires professionnelles paraissent d'autant plus atypiques qu'on les
oppose aux rythmes fermement scandés de la
société industrielle, scolarité puis apprentissage,
mariage et entrée pour quarante ans dans une vie
professionnelle continue suivie d'une courte
retraite. C'est là un modèle révolu, mais faut-il
s'en plaindre? (Souvenons-nous des dénoncia-
tions du «métro-boulot-dodo», qui ne sont pas si
lointaines.) Ne faut-il pas aussi lire à travers les
difficultés actuelles les signes d'un changement
sociétal profond dont «la crise» n'est pas seule
responsable? Des transformations culturelles
plus larges ont affecté la socialisation de la jeunesse et bousculé l'enchaînement traditionnel des
cycles de vie. Toute l'organisation de la temporalité sociale a été bouleversée, et toutes les régulations qui commandent l'intégration de l'individu
dans ses différents rôles, familiaux aussi bien que

sociaux, sont devenues plus flexibles[1]. Au lieu de voir partout de l'anomie, il faut aussi savoir reconnaître des mutations culturelles qui rendent la société plus souple, les institutions moins figées, et l'organisation du travail moins rigide. La mobilité n'est toujours pas synonyme de précarité. On a ainsi pu montrer que toutes les trajectoires professionnelles caractérisées par des changements fréquents d'emplois ne se réduisent pas à cette précarité subie qui est l'effet de la déstructuration du marché du travail. Il peut s'agir aussi de jeunes qui cherchent leur voie et expérimentent, comme ils le font en même temps sur le plan affectif, avant de se stabiliser la trentaine venue[2]. Les esprits les plus prospectifs ont même découvert que «le travail c'est fini», ou peu s'en faut, et qu'il est grand temps de regarder ailleurs pour ne pas manquer ce qui s'invente aujourd'hui de nouveau.

Cependant, quelles sont concrètement les ressources mobilisables pour faire face à cette nouvelle conjoncture? Tout d'abord, dira-t-on, si on accepte de décrocher du modèle de la société salariale et de ses «rigidités», il existe une large panoplie d'emplois possibles. Ainsi ces innombrables services d'aide à la personne, prise en charge des personnes âgées et des enfants, aides domestiques, services d'entretien de toutes sortes. Deux remarques cependant.

Premièrement, entreprendre de transformer systématiquement ces activités en emplois, ce serait promouvoir une «marchandisation» généralisée

1. *Cf.* M. Bessin, *Cours de vie et flexibilité temporelle*, thèse de doctorat de sociologie, Paris, Université Paris VIII, 1993.
2. C.-Nicole-Drancourt, *le Labyrinthe de l'insertion*, Paris, La Documentation française, 1991, et, du même auteur, «L'idée de précarité revisitée», *Travail et emploi*, n° 52, 1992.

de la société qui irait au-delà de ce que Karl Polanyi dénonçait à travers sa critique du «marché
autorégulé». Avoir fait de la terre et du travail des
marchandises a eu des effets profondément déstabilisateurs du point de vue social. Mais le capitalisme au XIXᵉ siècle avait respecté, ou plutôt
n'avait pas complètement annexé, toute une
gamme de pratiques relevant de ce que j'ai appelé
la protection rapprochée. Il est d'ailleurs piquant
de constater que le discours optimiste sur les
«gisements d'emplois» est souvent tenu par une
famille de pensée extrêmement critique à l'égard
de l'État social, dont elle dénonce les interventions bureaucratiques et les régulations générales
qui ont brisé les formes antérieures de solidarité.
Au nom d'une apologie des relations de proximité, veut-on remplacer le règne du règlement
par celui de la marchandise, et faire de tout rapport humain (sauf dans le cadre familial peut-
être) une relation monnayable?

Deuxième remarque : lorsqu'on évoque les «services de proximité» et les «aides à la personne»,
on vise une nébuleuse confuse qui mobilise des
savoirs et des aptitudes complètement hétérogènes. S'agissant des services à la personne, on
peut en distinguer au moins deux grands types.
Certains relèvent de ce que Erving Goffman
appelle «les services de réparation[1]». Ces formes
d'«intervention sur autrui» sont le fait de spécialistes dotés d'une compétence technique très ou
relativement sophistiquée[2]. Il s'agit principale-

---

1. E. Goffman, *Asiles, op. cit.*, chap. IV.
2. Pour une analyse du champ des «interventions sur autrui»,
cf. A. Ogien, *le Raisonnement psychiatrique*, Paris, Méridiens-
Klincksieck, 1990.

ment des professions médicales, sociales, médico-
sociales (on peut aussi ajouter les avocats, les
architectes et les conseils en tout genre). Pour de
nombreuses raisons, et en particulier leur coût,
l'expansion de ces services ne peut être que limitée : on ne va pas proposer une psychanalyse à
toutes les personnes en situation d'isolement
social. En revanche, il existe un tout autre type
d'aides à la personne dont le besoin se fait sentir du
fait du cassage des formes d'entraide informelle
qui est induit par l'urbanisation, le resserrement
des relations familiales sur la famille conjugale,
les contraintes de l'organisation du travail, etc. Le
cadre surmené peut n'avoir pas le temps de pro-
mener son chien, et ne pas pouvoir demander ce
service à ses voisins parce qu'il n'a aucune relation avec eux. Il peut aussi ne pas savoir cuisiner
et se faire livrer une pizza… Il y a là effectivement
des «gisements d'emplois», ou plutôt de sous-
emplois, qui sont en fait le financement de services d'ordre domestique. André Gorz a bien
montré que ces relations de travail ne peuvent se
dégager d'une dépendance de type servile qui les
constituent en «néodomesticité[1]». Non seulement parce qu'elles sont sous-qualifiées et sous-
payées, mais parce que la matérialité de la tâche à
accomplir l'emporte sur un rapport social de service objectivé et institutionnalisé. On est bien en
deçà du rapport salarial moderne, et même de la
forme qu'il avait prise aux débuts de l'industrialisation, lorsque les partenaires en présence apparte-
naient à des groupes structurés par l'antagonisme
de leurs intérêts. Ces fameux «services de proxi-

---

1. *Cf.* A. Gorz, *les Métamorphoses du travail, op. cit.*, p. 212 *sq.*

mité » risquent dès lors d'osciller entre une néo-philanthropie paternaliste et des formes postmodernes d'exploitation de la main-d'œuvre à travers lesquelles les nantis s'offrent par exemple des « services à la personne » financés par des dégrèvements d'impôts.

Sans doute tous les services susceptibles d'être créés ne se réduisent-ils pas à ces formes de néodomesticité. Jean-Louis Laville a déployé la gamme très large de ces services[1]. Mais le soin avec lequel il s'efforce de les dissocier des modes de quasi-assistance ou de quasi-bénévolat montre que très peu de réalisations sont à la fois innovantes et porteuses d'avenir. Il peut effectivement exister des services qui s'efforcent de mobiliser ressources monétaires et ressources non monétaires, d'articuler la sphère publique et la sphère privée, les investissements personnels et les régulations générales. Mais ils sont peu visibles socialement, et n'ont pas dépassé le stade de l'expérimentation. Ce souci de promouvoir une « économie solidaire[2] », c'est-à-dire de lier la question de l'emploi et celle de la cohésion sociale, de créer des liens entre les personnes en même temps que des activités, est on ne peut plus respectable. Mais, dans la situation actuelle, il s'agit davantage de déclarations d'intention que de l'affirmation d'une politique. Il existe également entre l'emploi nor-

1. J.-L. Laville, *les Services de proximité en Europe*, Paris, Syros, 1992 ; *cf.* aussi *in* B. Eme, J.-L. Laville, *Cohésion sociale et emploi*, Paris, Desclée de Brouwer, 1994, les deux contributions de J.-L. Laville, « Services, emploi et socialisation », et de B. Eme, « Insertion et économie solidaire ».
2. *Cf.* J.-B. de Foucault, « Perspectives de l'économie solidaire », *in* J.-L. Laville, B. Eme, *Cohésion sociale et emploi*, *op. cit.*, et B. Eme, « Insertion et économie solidaire », *loc. cit.*

mal et l'assistance, l'insertion sociale et la requa-
lification professionnelle, le secteur marchand et
le secteur protégé, un «tiers secteur» appelé aussi
parfois «d'économie sociale[1]». Ces activités sont
en voie d'expansion, en particulier à travers le
traitement «social» du chômage, au sein duquel il
est souvent difficile de décider si l'objectif poursuivi est le retour à l'emploi ou l'installation dans
une situation qui est, justement, «intermédiaire»
entre travail et assistance. Ces réalisations, qui
ont concerné plus de 400 000 personnes en 1993
et tendent à s'autonomiser en une sphère indépendante du marché du travail classique, ont leur
utilité dans une conjoncture catastrophique[2]. Ce
n'est cependant que par euphémisme qu'on peut
les appeler des «politiques de l'emploi».

On ne contestera donc pas qu'il existe des
«gisements d'emplois» insoupçonnés. Mais si la
crise actuelle est bien une crise de l'intégration
par le travail, leur exploitation sauvage ne saurait la résoudre. Elle pourrait même l'aggraver[3].

---

1. *Cf.* F. Bailleau, *le Travail social et la crise*, Paris, IRESCO,
1987.
2. *Cf.* M. Elbaum, «Pour une autre politique de traitement du
chômage», *Esprit*, août-septembre 1994.
3. Le voyageur, il y a vingt ans, ne pouvait qu'être frappé par
un contraste. Dans les pays «avancés», et spécialement aux
États-Unis, les services domestiques étaient très rares et chers
et avaient été remplacés depuis longtemps par les appareillages
ménagers. À l'inverse, dans les pays moins «développés», la
domesticité était abondante et presque gratuite. Du point de vue
historique également, la domesticité était nombreuse jusqu'au
xixe siècle, où elle représentait environ 10 % de la population
des villes, avant de devenir une quasi-prérogative de la haute
société. On pourrait se demander si la prolifération aujour-
d'hui de ce type de services n'est pas un indice de «tiers-mon-
dialisation» des sociétés «développées».

Si l'emploi se réduit à une «marchandisation» de services, que devient le continuum des positions qui constituait la société salariale, et qui est toujours aussi nécessaire pour constituer une société solidaire? Un conglomérat de baby-sitters, de serveurs chez McDonald's ou d'emballeurs de paquets dans les supermarchés fait-il «société»? Cela dit sans mépris pour les personnes qui se sont livrées à ces occupations, mais au contraire pour s'interroger sur les conditions qui font de l'emploi un vecteur de la dignité de la personne. Une société «de pleine activité» n'est pas pour autant une société de pleine dignité, et la manière dont les États-Unis ont partiellement résolu leur problème de l'emploi n'est pas nécessairement un exemple à suivre. La moitié des 8 millions d'emplois créés aux États-Unis entre 1980 et 1986 sont rétribués par un salaire de 60 % inférieur à la moyenne des salaires industriels[1], et la multiplication des travailleurs sans statut n'a apparemment rien fait pour combattre ces graves signes de dissociation sociale que sont les violences urbaines, les taux de criminalité et de toxicomanie, et l'installation d'une véritable *underclass* misérable et déviante, complètement coupée de l'ensemble de la société[2].

Deux précisions invitent à nuancer ces appréciations, mais sans en changer l'orientation. Les transformations technologiques en cours exigent aussi des emplois qualifiés et hautement qualifiés.

---

1. P. Delmas, *le Maître des horloges*, Paris, Odile Jacob, 1991, p. 68.
2. Sur la notion d'*underclass*, *cf.* E.R. Ricketts, I. Sawill, «Defining and Measuring the Underclass», *Journal of Policy Analysis and Management*, vol. 7, hiver 1988.

On a même pu définir la « société postindustrielle »
par la prépondérance d'industries nouvelles, telles
que l'information, la santé, l'éducation, diffusant
des biens symboliques davantage que des biens
matériels et mobilisant de hautes compétences
professionnelles[1]. Mais, du point de vue qui nous
concerne ici, toute la question est de savoir si le
« déversement » des emplois perdus par ailleurs
peut s'opérer intégralement vers ces emplois nouveaux. La réponse est non, bien qu'il soit impossible de mesurer aujourd'hui l'ampleur du déficit.

D'autre part, il est certain que de profondes
transformations sont en cours dans le rapport
que les sujets sociaux, et surtout les jeunes, entretiennent avec le travail. Peut-être même sommes-
nous sur le point de sortir de la « civilisation du
travail » qui, depuis le XVIIIe siècle, a placé l'économie au poste de commandement et la production au fondement du développement social. Ce
serait alors manifester un attachement désuet au
passé que de sous-estimer les innovations qui se
font et les alternatives qui se cherchent pour
dépasser la conception classique du travail. D'autant que ce qui fonde la dignité sociale d'un individu n'est pas nécessairement l'emploi salarié, ni
même le travail, mais son utilité sociale, c'est-à-
dire la part qu'il prend à la production de la
société. Reconnaissons donc que des transformations sociétales profondes s'opèrent aussi à travers la « crise », mais en ajoutant avec Yves Barel
que leurs effets possiblement positifs demeurent

---

1. *Cf.* sur ce point les analyses d'Alain Touraine. *Cf.* aussi
R. Reich, *l'Économie mondialisée*, trad. fr., Paris, Dunod, 1993,
qui décrit la montée en puissance des « manipulateurs de sym-
boles » au détriment des producteurs de biens matériels et des
pourvoyeurs de services classiques.

pour l'instant largement «invisibles[1]». Sont parfaitement visibles, par contre, les pièges dans lesquels tombent les esprits pressés de dépasser
l'aliénation du travail et les sujétions du salariat.
Un tel dépassement représenterait une révolution culturelle de grande ampleur. Il est dès lors
paradoxal qu'une responsabilité aussi écrasante
soit déléguée aux groupes les plus fragiles et les
plus démunis, tels les allocataires du RMI, qui
devraient prouver que l'insertion sociale vaut
l'intégration professionnelle, ou les jeunes des
banlieues, sommés d'inventer une «nouvelle
citoyenneté» alors qu'on leur dénie le plus souvent le minimum de reconnaissance dans la vie
de tous les jours, comme lorsqu'ils subissent un
contrôle de police ou sollicitent un logement ou
un emploi.

Que le travail demeure une référence non
seulement économiquement mais aussi psycho-
logiquement, culturellement et symboliquement
dominante, les réactions de ceux qui en manquent le prouvent. Les deux tiers des allocataires
du RMI demandent, en priorité, un emploi[2], et
les jeunes se détournent des stages lorsqu'ils ont
compris qu'ils ne débouchent pas sur un «vrai
travail». On peut les comprendre. S'ils ne font
rien de reconnu, ils ne sont rien. Pourquoi l'étiquette de «RMiste» est-elle devenue en peu d'années un stigmate, et le plus souvent vécu comme
tel par ses «bénéficiaires»? Le fait est d'autant

---

1. Y. Barel, «Le grand intégrateur», *loc. cit.*
2. P. Valereyberghe, *le Défi de l'insertion, op. cit.* De même,
en 1988, 84 chômeurs sur 100 recherchaient un emploi «normal» à durée indéterminée, 10 un emploi à temps partiel permanent, 4 un emploi limité dans le temps, et 2 un emploi non
salarié (*Enquête emploi*, Paris, INSEE, 1988, annexe 5).

plus injuste qu'il s'est agi pour beaucoup d'un dernier recours qu'ils ont accepté à défaut de trouver un emploi. Mais la vie sociale ne fonctionne pas avec des bons sentiments. Elle ne fonctionne pas non plus seulement au travail, et il est toujours bon d'avoir plusieurs cordes à son arc, loisirs, culture, participation à d'autres activités valorisantes... Mais, sauf pour les minorités de privilégiés ou des petits groupes qui acceptent de subir l'opprobre social, ce qui permet de tendre l'arc et de faire partir des flèches dans plusieurs directions, c'est une force tirée du travail. Quel peut être le destin social d'un jeune homme ou d'une jeune femme — ces cas commencent à se présenter — qui après quelques années de galère devient RMiste à vingt-cinq ans, puisque c'est l'âge légal du premier contrat? Sachant que son espérance de vie est encore de plus de cinquante ans, on peut rêver aux charmes d'une telle vie affranchie du travail.

Alors que presque tout le monde récuse ouvertement le modèle de la «société duale», beaucoup en font le lit en célébrant n'importe quelle réalisation, du développement d'un secteur «d'utilité sociale» à l'ouverture de «nouveaux gisements d'emplois», pourvu qu'elle procure une quelconque activité aux surnuméraires[1]. Mais si on se place dans une problématique de l'intégration, la question n'est pas uniquement de procurer une

---

1. Une position limite en ce sens, la proposition faite par Roger Sue à l'Université d'été organisée par le Syndicat des chômeurs en 1993 d'abandonner complètement le secteur marchand à la concurrence sauvage qui est sa loi, pour constituer un «secteur d'utilité sociale» convivial et protégé (*cf. Partage*, n° 83, août-sept. 1993). Je ne sais si les réserves d'Indiens sont conviviales, mais elles sont, paraît-il, protégées.

occupation à tous, mais aussi un statut. De ce point de vue, le débat qui a commencé à s'engager autour du SMIC est exemplaire. Le statut de « smicard » est certes peu enviable. Mais le SMIC est le passeport qui ouvre l'accès à la société salariale, et il permet de comprendre concrètement la différence entre le fait d'occuper simplement un emploi et le fait d'être un salarié. À partir du SMIC s'ouvre une gamme de positions extrêmement différentes quant au salaire, à l'intérêt du travail, à la reconnaissance, au prestige et au pouvoir qu'elles procurent, mais qui sont, comme on l'a établi (*cf.* chapitre VII), *comparables*. Elles se hiérarchisent, se distinguent et entrent en concurrence *sous le régime du salariat*, qui inclut, avec la rétribution monétaire, des régulations collectives, des procédures, des conventions et des protections qui ont un statut de droit. Le SMIC est le premier échelon à partir duquel un travailleur se distingue de l'occupant d'un emploi quelconque qui n'est pas inscrit dans l'épistémê salariale. On peut ainsi prévoir que des luttes symboliques[1] acharnées se dérouleront autour du SMIC, car il représente un des verrous qui bloquent le démantèlement de la société salariale. Il pourrait aussi représenter pour l'avenir une référence pour définir un plancher minimal, en matière de rétribution du travail comme de garanties statutaires,

---

1. Il semble en effet que le rôle joué par le SMIC pour l'alourdissement du coût général des salaires soit très limité, et ce coût pourrait d'ailleurs être réduit par des mesures techniques, comme l'allégement des charges pour ce type d'emplois. Mais comme pour l'autorisation administrative de licenciement, dont la suppression devait permettre, selon le patronat, de créer largement des emplois, alors qu'il n'en a rien été, il s'agit de mesures dont le sens symbolique l'emporte sur l'importance économique — ce qui n'enlève rien à leur importance, au contraire.

que devraient respecter les nouvelles activités d'une société postsalariale pour que la sortie de ce modèle ne s'effectue pas par le bas.

Quatrième option, ménager une redistribution des « ressources rares » qui proviennent du travail socialement utile. Cette éventualité ne doit pas être confondue avec une restauration de la société salariale. J'ai souligné à quel point de l'irréversible s'est produit sur le double plan de l'organisation du travail et de la structure de l'État social, dont l'articulation assurait son fragile équilibre. La société salariale est une construction historique qui a succédé à d'autres formations sociales, elle n'est pas éternelle. Cependant, elle peut demeurer une référence vivante parce qu'elle a réalisé un montage inégalé entre travail et protections. Ce bilan n'est pas contestable à l'échelle de l'histoire des sociétés occidentales. La société salariale est la formation sociale qui était parvenue à conjurer dans une grande mesure la vulnérabilité de masse et à assurer une large participation aux valeurs sociales communes. Autrement dit, la société salariale est le socle sociologique sur lequel repose une démocratie de type occidental, avec ses mérites et ses lacunes : non point le consensus mais la régulation des conflits, non point l'égalité des conditions, mais la compatibilité de leurs différences, non point la justice sociale, mais le contrôle et la réduction de l'arbitraire des riches et des puissants, non point le gouvernement de tous mais la représentation de tous les intérêts et leur mise en débat sur la scène publique. Au nom de ces « valeurs » — et bien entendu avec et pour ceux et celles qui les partagent —, on peut s'interroger sur la meilleure manière de ne pas brader cet héritage.

L'option la plus rigoureuse exigerait que tous les membres de la société gardent un lien étroit avec le travail socialement utile et les prérogatives qui y sont attachées. La force de cette position repose sur le fait que le travail demeure le principal fondement de la citoyenneté en tant que celle-ci comporte, jusqu'à preuve du contraire, une dimension économique et une dimension sociale. Le travail, et principalement le travail salarié, qui n'est évidemment pas le seul travail socialement utile, mais qui en est devenu la forme dominante. La promotion du salariat a émancipé le travail et les travailleurs de l'englument dans les sujétions locales, les paysans des tutelles de la tradition et de la coutume, la femme de l'enfermement dans l'ordre domestique. Le travail salarié est une production externalisée, pour le marché, c'est-à-dire pour quiconque peut entrer dans le cadre d'un échange réglé. Il donne une utilité sociale générale aux activités « privées ». Le salaire reconnaît et rémunère le travail « en général », c'est-à-dire des activités potentiellement utiles à tous. Il est ainsi dans la société contemporaine, pour la plupart de ses membres, le fondement de leur *citoyenneté économique*. Il est aussi au principe de *la citoyenneté sociale* : ce travail représente la participation de chacun à une production pour la société et, partant, à la production de la société. Il est ainsi le médium concret sur la base duquel s'édifient des droits et des devoirs sociaux, des responsabilités et de la reconnaissance, en même temps que des sujétions et des contraintes [1].

---

1. *Cf.* A. Gorz, « Revenu minimum et citoyenneté, droit au travail et droit au revenu », *Futuribles*, février 1993.

Mais cette construction — d'ailleurs cher payée, et tardivement et imparfaitement promue à travers la longue histoire de «l'indigne salariat» — ne peut plus continuer à fonctionner *en l'état*. Comme le dit Alain Minc, qui fut un des premiers à percevoir le caractère structurel de la «crise»: «L'économie de rareté où nous entrons n'appelle qu'un pis-aller: le partage. Partage des ressources rares, c'est-à-dire du travail productif, des revenus primaires et des revenus socialisés[1].» Ce constat pessimiste est difficile à éluder si l'on est sceptique à l'égard des capacités des «gisements d'emplois» à ouvrir de vrais emplois et sceptique aussi sur l'ampleur du «déversement» des secteurs sinistrés vers les secteurs productifs pour recycler l'ensemble de la main-d'œuvre disponible. S'il demeure des surnuméraires et que s'accroît à nouveau la vulnérabilité de masse, comment échapper au risque de laisser pourrir la situation, à moins de redistribuer d'une certaine manière ces «ressources rares» que sont devenus le travail productif et les protections minimales pour échapper à l'installation dans la précarité et à la généralisation de la culture de l'aléatoire?

Il faut entendre les propositions pour un partage du travail comme la réponse la plus logique à cette situation: faire que chacun trouve, garde ou retrouve une place dans le continuum des

---

1. **A.** Minc, *L'après-crise est commencé*, Paris, Gallimard, 1982. Michel Albert déclarait peu après dans le même esprit: «Ce qui est limité, c'est *le nombre global d'heures de travail*» (souligné par l'auteur, *le Pari français*, Paris, Seuil, 1983), et proposait un modèle de partage du travail, la «prime pour les volontaires au travail réduit».

positions socialement reconnues auxquelles sont
associées, sur la base d'un travail effectif, des
conditions décentes d'existence et des droits
sociaux. Une telle exigence est-elle concrètement
réalisable? Je ne peux prétendre rendre compte
en quelques mots d'un débat complexe[1]. Deux
remarques seulement pour en préciser les enjeux.

Il est vrai que des mesures générales comme la
réduction de la durée hebdomadaire de travail à
trente-cinq ou à trente-deux heures ne sont pas
des solutions miracles à appliquer mécaniquement. Le travail concret est de moins en moins
une donnée quantifiable et interchangeable : part

1. Pour différentes propositions afin de réaliser ce partage.
cf. D. Taddéi, *le Temps de l'emploi*, Paris, Hachette, 1988 ; les
différents ouvrages de Guy Aznar, en particulier *Travailler
moins pour travailler tous*, Paris, Syros, 1992 ; F. Valette, *Partage du travail, une approche nouvelle pour sortir de la crise*,
Paris, L'Harmattan, 1993 ; J. Rigaudiat, *Réduire le temps de travail*, Paris, Syros, 1993. *Cf.* aussi les différentes contributions
d'André Gorz, qui propose la version conceptuellement la plus
approfondie de la question. Cette problématique du partage du
travail est souvent croisée, mais à mon sens à tort, avec des
plaidoyers pour l'allocation universelle, ou un revenu de
citoyenneté, ou un revenu d'existence (*cf.* un dossier critique *in*
« Pour ou contre le revenu minimum, l'allocation universelle, le
revenu d'existence », *Futuribles*, février 1994). À tort parce que
l'idée d'un partage des revenus implique un tout autre modèle
de société. Elle entérine la coupure entre revenus d'une part et
droits attachés au travail d'autre part, que la problématique du
partage du travail s'efforce au contraire de sauvegarder. Sur la
portée économique des différentes formules de partage du travail, *cf.* G. Cette, D. Taddéi, « Les effets économiques d'une
réduction du temps de travail », *in* Y. Bouin, G. Cette, D. Taddéi, *le Temps de travail*, Paris, Syros, 1993, qui mettent l'accent
sur l'importance d'une réorganisation en profondeur du travail
pour la réussite de ces opérations. Des simulations de l'OFCE
font état d'une possible création d'emplois de l'ordre de
2,5 millions en cas de réduction de la durée hebdomadaire de
travail à 35 heures, à condition que cette réduction soit encadrée par d'autres mesures (*cf.* J. Rigaudiat, *Réduire le temps de
travail, op. cit.*, p. 102 *sq.*)

du travail « invisible » et de l'investissement personnel dans une tâche, qui ne se mesurent pas seulement au temps de présence, alors qu'elles deviennent de plus en plus dominantes dans les formes modernes du salariat[1].

Mais ces critiques de la redistribution du travail comme un « gâteau » que l'on partage n'épuisent pas le problème. Chacun sait depuis toujours que le « travail » d'un professeur au Collège de France et celui d'un OS sont irréductibles, et personne n'a jamais pensé amputer le temps du premier pour fournir de l'embauche à un chômeur. Au contraire, les attributs attachés aux emplois socialement reconnus, qui vont effectivement de celui du smicard à celui du professeur du Collège de France, s'inscrivent dans un ensemble de positions à la fois irréductibles et interdépendantes, c'est-à-dire solidaires. Ils ne peuvent pas se partager (comme un gâteau), mais ils pourraient partiellement se redéployer en tant qu'ils forment une totalité complexe incluant à la fois un temps de travail, un salaire, des protections, des garanties juridiques. Si partage il doit y avoir, c'est de ces biens devenus « rares » qu'il s'agit. Opération à coup sûr malaisée à conduire, mais qui prouve au moins qu'un tel partage n'est pas cette « idée simple », c'est-à-dire simpliste, qu'en font ses détracteurs. À mon sens, le partage du travail est moins une fin en soi que le moyen, apparemment le plus direct, pour parvenir à une

---

1. Pour un point de vue critique sur le partage du travail, idée trop « simple », *cf.* P. Boissard, « Partage du travail : les pièges d'une idée simple », *Esprit*, août-septembre 1994 ; D. Mothé, « Le mythe du temps libéré », *ibid.*, A. Supiot, « Le travail, liberté partagée », *Droit social*, nos 9-10, sept.-oct. 1993.

redistribution effective des attributs de la citoyenneté sociale. Si cette redistribution s'opérait par
d'autres moyens, éventuellement associés au partage du travail, le même objectif du point de vue
de la cohésion sociale pourrait être atteint[1].

Poser la question du partage du travail ou de la
redistribution des ressources rares en ces termes
montre qu'elle ne soulève pas seulement des problèmes techniques difficiles, mais une question
politique de fond. Les timides propositions faites
en direction d'une réduction du temps de travail
— de la loi des trente-neuf heures de 1982, un
échec sur le plan de la création d'emplois, aux
quelques mesures « expérimentales » ménagées par
le plan quinquennal pour l'emploi de 1993 —
montrent clairement que ces bricolages ne sont
pas à la mesure du problème. De même, les
mesures prises pour répartir les sacrifices qu'exige
la dégradation de la situation économique et
sociale sont souvent dérisoires, lorsqu'elles ne
pénalisent pas ceux qui se trouvent dans la position la plus difficile. Ainsi, le chômage est à coup
sûr aujourd'hui le risque social le plus grave,
celui qui a les effets déstabilisants et désociali-
sants les plus destructeurs pour ceux qui le subissent. C'est pourtant paradoxalement à propos du
chômage que l'on a fait preuve du maximum de
« rigueur » dans une logique comptable pour
réduire les taux et les modalités de son indemnisation. Des mesures drastiques ont été prises

1. Sur cette question de la redistribution devant emprunter
des formes différentes de celles qui étaient les siennes dans le
cadre de l'État providence, *cf.* les suggestions de Pierre Rosanvallon, « Une troisième crise de l'État providence », *le Banquet*,
n° 3, 2e semestre 1993.

depuis 1984 pour réviser les indemnisations à la baisse, et les chômeurs ont ainsi eu la primeur du souci d'économiser les deniers publics dans la gestion des prestations sociales[1]. Plus grave : à partir d'une circulaire de novembre 1982, l'indemnisation du chômage commence à être dissociée, selon sa durée et le cursus antérieur des chômeurs, entre un régime d'assurance financé sur une base contributive et géré sur un mode paritaire, et un régime dit de solidarité par lequel l'État prend en charge l'indemnisation de certaines catégories de personnes privées d'emploi[2]. Cette innovation, considérable puisqu'elle fait qu'une partie des chômeurs — chômeurs de longue durée, travailleurs auparavant mal intégrés dans l'emploi — décroche d'un régime du travail à un régime de « solidarité » consistant en fait en allocations d'assistance de faible montant, a été décidée sans le moindre débat public et dans le but de préserver l'équilibre de la comptabilité de l'UNEDIC. Se trouve ainsi entérinée une

---

1. *Cf.* J.-P. Viola, « Surmonter la panne sociale », *le Banquet*, n° 3, 2ᵉ semestre 1993. On constate ainsi que l'on est plus rigoureux pour les chômeurs que pour les bénéficiaires de l'assurance-maladie ou que pour les retraités, et surtout que pour les bénéficiaires directs des dépenses de santé tels que les médecins, les pharmaciens, les laboratoires pharmaceutiques, etc. Il est vrai que, sur un autre registre, les « politiques de l'emploi » et le « traitement social du chômage » engloutissent des sommes considérables (en 1991, 256 milliards de francs, soit 3,5 % du PIB). Mais cet empilement de mesures a le plus souvent pour objet de tenter de colmater les brèches au coup par coup. Le traitement de l'emploi et du chômage tel qu'il est mené depuis vingt ans montre bien que ce qui manque le plus, ce ne sont pas les fonds qui y sont consacrés, mais la définition d'une politique cohérente.

2. Sur les implications de cette circulaire de Pierre Bérégovoy, alors ministre du Travail, et sur ses conséquences à long terme, *cf.* A. Lebaube, *l'Emploi en miettes, op. cit.*, p. 57-62.

fantastique dégradation de la notion de solidarité, qui signifiait sous la IIIᵉ République l'appartenance de chacun au tout social, et qui devient une allocation minimale de ressources octroyée à ceux qui ne «contribuent» plus par leur activité au fonctionnement de la société.

Une telle dégradation interpelle l'État dans sa fonction proprement régalienne de sauvegarde de l'unité nationale. Cette fonction comporte, on l'a dit, un versant «politique étrangère» (défendre sa place dans le «concert des nations») et un versant «politique intérieure» (préserver la cohésion sociale). Comme la guerre a un coût, souvent exorbitant, la cohésion sociale a un coût, et il peut être élevé. Ce rapprochement n'est pas formel. Ce n'est pas un hasard si la prise de conscience de la relation organique unissant la cohésion sociale et une politique sociale déterminée conduite par l'État s'est faite lors des désastres de la Seconde Guerre mondiale, et spécialement en Grande-Bretagne. William Beveridge est à cet égard parfaitement explicite :

> La proposition principale de ce rapport est celle-ci : le peuple britannique doit rendre l'État expressément responsable de garantir à chaque instant un décaissement suffisant, dans l'ensemble, pour occuper tout le potentiel humain disponible de la Grande-Bretagne[1].

Car, ajoute-t-il,

---

1. W. Beveridge, *Full Employment in a Free Society*, op. cit., p. 144.

> si le plein-emploi *[full employment]* n'est pas
> conquis ou conservé, aucune liberté ne sera sauve,
> car pour beaucoup elle n'aura pas de sens [1]

Le mandat que doit assumer l'État pour sauvegarder l'unité du peuple britannique est du même
type et aussi impératif que celui qu'il assume
pour repousser l'agression étrangère. La question
du plein-emploi est alors la forme conjoncturelle
que prend cette question de la préservation du
lien social dans une Angleterre encore traumati-
sée par le souvenir de la Grande Dépression des
années 1930. Aujourd'hui et en France, puisque
le retour au plein-emploi est presque certainement exclu, la question *homologue* est celle du
partage du travail, ou à tout le moins des garanties constitutives d'une citoyenneté sociale (dont,
pour ma part, je vois mal comment elles pourraient être complètement détachées du travail).
Question homologue s'il est vrai que c'est par
cette médiation que pourrait se conserver, ou se
restaurer, la relation d'interdépendance de l'ensemble des citoyens avec le corps social. La question du coût est alors celle des sacrifices à
consentir pour préserver la société dans son unité.
    L'État exprimant en principe la volonté des
citoyens, ce devrait être à ceux-ci de décider, par
le débat public, jusqu'à quel point ils sont déterminés à payer ce coût. Je ferai seulement trois

---

1. *Ibid.*, p. 279. Beveridge, en dépit de son hostilité au
marxisme, va jusqu'à envisager des formes de collectivisation
des moyens de production si c'était absolument nécessaire pour
réaliser l'impératif catégorique du plein-emploi. Les temps ont
certes profondément changé, mais ce recours presque désespéré
aux yeux même de Beveridge montre l'importance fondamentale qu'il attachait à cette question du maintien de la cohésion
sociale.

remarques pour lever de pseudo-objections qui occultent l'enjeu des choix à opérer.

La première serait de ressusciter le spectre des Ateliers nationaux ou de l'État entrepreneur de la société. S'il en était besoin, la ruine de l'économie dans les pays du «socialisme réel» prouverait qu'on n'abolit pas le chômage par décret et que la programmation étatique de la production mène au désastre. Une formule quelconque de partage du travail n'a de chance de réussir que si elle est acceptée et négociée par les différents partenaires, ainsi dans l'entreprise afin de réorganiser concrètement le travail, aboutir à une meilleure utilisation des équipements, etc. De même, une réforme en profondeur de la protection sociale est impensable sans concertation pour sa conception et sans négociations pour sa mise en œuvre. Mais on peut concevoir par exemple une loi-cadre édictant les obligations en matière de temps de travail, de minimum de salaires et de minima sociaux, à charge pour les différents «partenaires» de les ajuster et de les adapter par la négociation[1].

Deuxièmement, l'affaiblissement des États-nations dans un cadre européen et face à une concurrence mondiale généralisée rend plus difficile l'exercice des prérogatives régaliennes en matière de politique de l'emploi et de politique

1. Une telle proposition pourrait être interprétée comme une reformulation moderne du vieux principe du droit au travail, et le recours à ce principe pourrait avoir mauvaise presse dans la mesure où il a été chargé dans le mouvement ouvrier d'une potentialité révolutionnaire. Mais il l'a perdue, s'il faut en croire le préambule de la Constitution de 1946, repris dans la Constitution de 1958 : «Chacun a le droit de travailler et d'obtenir un emploi.» Demander que la Constitution de la République soit respectée serait-il subversif ?

sociale. Cependant, le constat de cette difficulté
accrue ne bouleverse pas les données de base du
problème. Les politiques des États-nations ont
toujours étroitement dépendu de la conjoncture
internationale, y compris leurs politiques sociales
(*cf.* ci-dessus la nécessaire «compatibilité», implicite ou explicite, entre les niveaux de protection
sociale des pays en concurrence). Que cette
concurrence devienne aujourd'hui plus serrée, et
la marge de manœuvre de chaque État-nation
plus étroite, ne contredit pas l'impératif d'avoir à
préserver la cohésion nationale, au contraire :
c'est dans les situations de crise que la cohésion
sociale d'une nation est particulièrement indispensable. Entre le niveau local, avec ses innovations, mais aussi souvent ses démissions et ses
égoïsmes, et le niveau supranational, avec ses
contraintes, l'État est encore l'instance à travers
laquelle une communauté moderne se représente
et définit ses choix fondamentaux. Et de même
que les États-nations passaient des alliances,
même au moment de leur hégémonie, ils peuvent
aujourd'hui être portés, ou contraints par la
conjoncture internationale, à institutionnaliser
de manière plus étroite leurs convergences dans
le domaine social (*cf.*, par exemple, le problème
de la constitution d'une «Europe sociale» digne
de ce nom face à la concurrence, qui joue aussi
sur le plan social, des États-Unis, du Japon ou
des pays de l'Asie du Sud-Est[1]).

Enfin, l'enjeu du débat est aussi occulté lors-

---

1. C'est d'ailleurs à peu près en ces termes que Michel Albert
interprète le conflit entre les deux modèles de capitalisme qu'il
construit, le capitalisme «anglo-saxon» et le capitalisme «rhé-
nan» (*Capitalisme contre capitalisme, op. cit.*).

qu'on prétend qu'une politique sociale différente est incompatible avec la poursuite d'une politique économique réaliste et responsable. C'est tenir pour acquis que l'acceptation des lois du marché ne laisse aucune marge de manœuvre, ce qui revient d'ailleurs à nier la possibilité même de l'action politique. Mais il n'en est rien. Le jeu n'est bloqué que si l'on entérine le statu quo *sur tous les tableaux à la fois*, c'est-à-dire si l'on accepte le jeu économique tout en refusant la répartition des sacrifices qui découlent de ce choix, et sont pourtant compatibles avec ces exigences économiques. Ainsi il est vrai que le financement de la protection sociale a sans doute atteint ou va bientôt atteindre son point de rupture si les modalités de ce financement demeurent en l'état : une minorité d'actifs payant bientôt pour une majorité d'inactifs, et, parmi les actifs, certaines catégories de salariés surimposés du double[1]. Mais des formes de financement de la protection sociale sur une assiette plus étendue et moins injuste — Contribution sociale généralisée, par exemple — alimenteraient une solidarité élargie qui ne reposerait pas d'une manière disproportionnée sur les salariés et sur les entre

---

1. La part des prélèvements fiscaux et parafiscaux par rapport au revenu primaire représentait, au début des années 1980, 49,2 % pour les ménages ouvriers contre 26,6 % pour les professions indépendantes et les exploitants agricoles (CERC, *le Revenu des Français*, n° 58, 2ᵉ trimestre 1981). Mais c'est l'ensemble de la fiscalité française qui, comme on le sait, avantage le capital immobilier et financier au détriment du travail. Par exemple, les droits de succession en ligne directe pour une même catégorie d'ayants droit représentent en France au maximum 20 % du patrimoine, contre 53 % aux États-Unis, 64 % en Suède et 74 % en Grande-Bretagne (M. Albert, *le Pari français*, *op. cit.*, p. 109).

prises. Celles-ci y trouveraient même leur compte, dans la mesure où le mode actuel de financement les pénalise. Plus généralement, l'absence d'une réforme en profondeur du système fiscal, dont tout le monde depuis des décennies reconnaît la nécessité, trahit davantage une absence de volonté politique que l'existence de contraintes économiques incontournables.

Deuxième exemple : lorsqu'on fait de la bonne santé des entreprises une exigence indiscutable dont dépend la prospérité nationale, on omet de préciser que l'entreprise sert effectivement l'intérêt général par sa compétitivité, en assurant des emplois, etc., mais aussi l'intérêt des actionnaires (rémunération du capital financier). Dans la foulée de cet «oubli», l'exigence de dégager des bénéfices maximaux pour investir et rester compétitif est uniquement pensée comme la nécessité de parvenir à une organisation optimale du travail et à une compression maximale des coûts salariaux. Pourtant, si l'entreprise est bien cette articulation vivante du capital et du travail pour produire plus et produire mieux dont on chante aujourd'hui les mérites, «il paraîtrait pour le moins logique qu'on place sur le même pied d'égalité la défense des rémunérations du travail et celle du capital [1] ».

Troisième exemple : le poids des charges salariales qui freineraient la compétitivité est également toujours pensé à partir des bas salaires, et en particulier du SMIC. Mais la disparité des salaires par le haut met autant en cause la cohérence de l'épistémê salariale. Si le salariat représente le

---

1. R. Boyer, J.-P. Durand, *l'Après-fordisme, op. cit.,* p. 120.

continuum des positions qui a précédemment été décrit, il doit exister une comparabilité entre toutes les positions, que l'«incomparabilité» de certains salaires, de dirigeants d'entreprise, par exemple, brise. La relation entre ces disparités salariales à la française et la compétitivité n'a rien d'évident non plus. En Allemagne, souvent présentée comme un modèle de réussite économique, les bas salaires sont nettement plus élevés, et les plus hauts salaires le sont comparativement moins[1].

Ainsi l'insistance sur les «contraintes majeures» du marché international sert-elle souvent d'alibi pour reconduire des pratiques qui obéissent à une logique *sociale* et non économique : reproduction des situations acquises et des pesanteurs institutionnelles plutôt que respect des «fondamentaux». C'est de bonne guerre, si la vie sociale est une guerre où le plus fort doit maximiser ses avantages. Faut-il donner raison à Machiavel ? «Les hommes ne renoncent aux commodités de la vie que contraints par la nécessité[2].» Il y a là effectivement un schème très fort de lecture de l'histoire des rapports sociaux, mais c'est alors une histoire faite de bruit et de fureur, et perpétuellement menacée par la cassure sociale entre les détenteurs des «commodités» et ceux qui sont privés de la possibilité même d'en acquérir — ce que l'on appelle aujourd'hui l'«exclusion».

---

1. *Cf.* M. Albert, *le Pari français, op. cit.*, p. 97, qui note que le salaire d'une femme de ménage est environ deux fois plus élevé en Allemagne qu'en France, tandis que le revenu après impôt des professions les mieux rétribuées est sensiblement moins élevé qu'en France.
2. N. Machiavel, *Histoires florentines*, trad. fr. in *Œuvres complètes*, La Pléiade, Gallimard, p. 1001.

L'autre schème qui traverse l'organisation des rapports sociaux est celui d'une solidarité maintenant la continuité à travers les différences et l'unité d'une société par la complémentarité des positions occupées par les différents groupes. Son maintien impose aujourd'hui un certain partage des « commodités ».

On s'est efforcé d'interpréter la promotion de la société salariale comme la fragile construction d'une telle solidarité, et la « crise » actuelle comme la remise en question du type d'interdépendance conflictuelle qui en constituait le ciment. Mais, on l'a aussi souligné, il n'existe pas à ce jour d'alternative crédible à la société salariale. Si une sortie du marasme est possible, elle ne passe pas — certains le regretteront sans doute — par la construction de la belle utopie d'un monde merveilleux où s'épanouissent librement toutes les rêveries des « faiseurs de projets ». Les principaux éléments du puzzle sont déjà donnés hic et nunc : des protections encore fortes, une situation économique qui n'est pas désastreuse pour tout le monde, des « ressources humaines » de qualité ; mais, en même temps, un tissu social qui s'effiloche, une force de travail disponible condamnée à l'inutilité, et le désarroi croissant de tous les naufragés de la société salariale. Le fléau de la balance peut sans doute pencher dans un sens ou dans l'autre, car nul ne commande à l'ensemble des paramètres qui déterminent les transformations en cours. Mais, pour peser sur le cours des choses, deux variables seront à coup sûr déterminantes : l'effort intellectuel pour analyser la

situation dans sa complexité, et la volonté politique de la maîtriser en imposant cette clause de
sauvegarde de la société qu'est le maintien de sa
cohésion sociale

L'INDIVIDUALISME NÉGATIF

Le noyau de la question sociale aujourd'hui serait donc, à nouveau, l'existence d'«inutiles au monde», de surnuméraires, et autour d'eux d'une nébuleuse de situations marquées par la précarité et l'incertitude des lendemains qui attestent de la remontée d'une vulnérabilité de masse. Paradoxe, si l'on envisage sur la longue durée les rapports de l'homme au travail. Il a fallu des siècles de sacrifices, de souffrances et d'exercice de la contrainte — la force de la législation et des règlements, la contrainte du besoin et de la faim aussi — pour fixer le travailleur à sa tâche, puis l'y maintenir par un éventail d'avantages «sociaux» qui vont qualifier un *statut* constitutif de l'identité sociale. C'est au moment où cette «civilisation du travail» paraît s'imposer définitivement sous l'hégémonie du salariat que l'édifice se fissure, remettant à l'ordre du jour la vieille obsession populaire d'avoir à vivre «au jour la journée».

Il ne s'agit cependant pas de l'éternel retour du malheur, mais d'une complète métamorphose posant aujourd'hui d'une manière inédite la question de devoir s'affronter à une vulnérabilité *d'après les protections*. Le récit que j'ai tenté de construire peut se lire comme une histoire du passage de la *Gemeinschaft* à la *Gesellschaft*, dans laquelle les transformations du salariat ont joué le rôle déterminant. Quelle que puisse être la conjoncture de demain, nous ne sommes plus et nous ne retournerons plus à la *Gemeinschaft*, et ce caractère irréversible du changement peut, aussi, se comprendre à partir du processus qui a installé le salariat au cœur de la société. Sans doute le salariat a-t-il gardé du lointain modèle de la corvée (*cf.* chapitre III) une dimension «hétéronome», pour parler comme André Gorz, ou «aliénée», pour parler comme Marx, et, à vrai dire, comme l'a toujours pensé le bon sens populaire. Mais ses transformations jusqu'à la constitution de la société salariale avaient consisté pour une part à effacer les traits les plus archaïques de cette subordination, et pour une autre part à la compenser par des garanties et des droits, et aussi par l'accès à la consommation au-delà de la satisfaction des besoins vitaux. Le salariat était ainsi devenu, du moins à travers plusieurs de ses formes, *une condition* capable de rivaliser, et parfois de l'emporter sur les deux autres conditions qui l'avaient longtemps écrasé : celle du propriétaire et celle du travailleur indépendant. En dépit des difficultés actuelles, ce mouvement n'est pas achevé. Nombre de professions libérales par exemple deviennent de plus en plus des professions salariales, des médecins, des avocats, des artistes passent de véritables contrats de travail avec les institutions qui les emploient.

Il faut donc accueillir avec beaucoup de réserves les déclarations sur la mort de la société salariale, qu'elles soient faites pour s'en réjouir ou pour la regretter. Erreur d'analyse sociologique d'abord :

la société actuelle est encore massivement une
société salariale. Mais aussi, souvent, expression
d'un choix de nature idéologique : l'impatience de
« dépasser le salariat » pour des formes plus conviviales d'activité est fréquemment la manifestation
d'un rejet de la modernité s'enracinant dans de
très anciennes rêveries champêtres qui évoquent
« le monde enchanté des rapports féodaux », le
temps de la prédominance de la protection rapprochée, mais aussi des tutelles traditionnelles. J'ai
fait ici le choix opposé, « idéologique » peut-être lui
aussi, que les difficultés actuelles ne soient pas
une occasion de régler des comptes avec une histoire qui a aussi été celle de l'urbanisation et de la
maîtrise technique de la nature, de la promotion
du marché et de la laïcité, des droits universalistes
et de la démocratie — l'histoire, justement, du
passage de la *Gemeinschaft* à la *Gesellschaft*. Le
bénéfice de ce choix est de clarifier les enjeux d'un
abandon complet de l'héritage de la société salariale. La France avait mis des siècles à épouser
son siècle, et elle y était parvenue, précisément,
en acceptant de jouer le jeu de la société salariale.
Si ces règles du jeu doivent être aujourd'hui modi-
fiées, la conscience de l'importance de cet héritage mérite que l'on prenne quelques précautions.
Essayer de penser les conditions d'une métamorphose de la société salariale, plutôt que se résigner à sa liquidation.

Pour ce faire, il faut s'efforcer de penser en quoi
peuvent consister les protections dans une société
qui devient de plus en plus *une société d'individus*.
L'histoire que j'ai tentée peut en effet être lue
aussi, parallèlement à celle de la promotion du
salariat, comme le récit de la promotion de l'individualisme, *des difficultés et des risques d'exister*

comme individu. Le fait d'exister comme individu et la possibilité de disposer de protections entretiennent des rapports complexes, car les protections découlent de la participation à des collectifs. Actuellement, le développement de ce que Marcel Gauche˙ appelle « un individualisme de masse », en leque˙ il voit « un processus anthropologique de portée générale[1] », remet en question le fragile équilibre qu'avait réalisé la société salariale entre promotion de l'individu et appartenance à des collectifs protecteurs. Qu'est-ce à dire, et que peut signifier aujourd'hui « être protégé » ?

L'état de déréliction produit par l'absence complète de protections a d'abord été vécu par les populations placées en dehors des cadres d'une société d'ordres et de statuts — une société à prédominance « holiste » dans le vocabulaire de Louis Dumont. « *No man without a Lord* », dit le vieil adage anglais, mais aussi, et jusque tard dans la société d'« Ancien Régime », pas d'artisan qui ne tire son existence sociale du métier, guère de bourgeois qui ne s'identifie à son état, et même guère de noble qui ne se définisse par son lignage et son rang. Pour la société à la veille de la Révolution encore, Alexis de Tocqueville se refuse à parler d'individualisme, mais tout au plus d'un « individualisme collectif » en lequel il voit l'identification de l'individu « à de petites sociétés qui ne vivent que pour soi » :

> Nos pères n'avaient pas le mot individualisme que nous avons forgé à notre image parce que, de leur temps, il n'y avait pas en effet d'individu qui

1. M. Gauchet, « La société d'insécurité », *loc. cit.*, p. 176.

n'appartînt à un groupe et pût se considérer absolument seul ; mais chacun des mille petits groupes dont la société française se composait ne songeait qu'à lui-même. C'était, si j'ose dire, une sorte d'individualisme collectif, qui préparait les âmes au véritable individualisme que nous connaissons[1].

Ce type d'implication dans des collectifs assurait à la fois l'identité sociale des individus et ce que j'ai appelé leur protection rapprochée.

Cependant, dans cette société existent des formes d'individualisation que l'on pourrait qualifier d'*individualisme négatif*, qui s'obtiennent *par soustraction* par rapport à l'encastrement dans des collectifs. L'expression, comme celle d'ailleurs d'« individualisme collectif », peut choquer dans la mesure où l'on entend généralement par individualisme la valorisation du sujet et son indépendance par rapport aux appartenances collectives. L'individualisme moderne, dit Louis Dumont, « pose l'individu comme un être moral, indépendant et autonome et ainsi (essentiellement) non social[2] ». De fait, ce qu'Alan Fox appelle l'individualisme de marché *(market individualism)* a commencé à déployer cette figure d'un individu maître de ses entreprises, poursuivant avec acharnement son propre intérêt, et défiant à l'égard de toutes les formes collectives d'encadrement[3]. Porté par

1. A. de Tocqueville, *l'Ancien Régime et la Révolution* (1re édition 1856), Paris, Gallimard, 1942, p. 176.
2. L. Dumont, *Essai sur l'individualisme*, Paris, Le Seuil, 1983, p. 69. *Cf.* aussi P. Birnbaum, J. Leca (dir.), *Sur l'individualisme*, Paris, Presses de la FNSP, 1986.
3. A. Fox, *History and Heritage, op. cit.*, chap. I. Fox date du xvie siècle le début de l'épanouissement de cet individualisme conquérant (et néanmoins fragile, *cf.* par exemple le destin fréquent de ces banquiers « lombards » ruinés après avoir tenu la

le libéralisme, il s'impose à la fin du XVIIIᵉ siècle à travers la double révolution industrielle et politique.

La force de cet individualisme conquérant ainsi que la persistance de l'«individualisme collectif» ont occulté l'existence d'une forme d'individualisation qui associe l'indépendance complète de l'individu et sa complète absence de consistance[1]. Le vagabond en représente le paradigme. Le vagabond est un être absolument détaché (désaffilié). Il n'appartient qu'à lui-même sans être «l'homme» de quiconque, ni pouvoir s'inscrire dans aucun collectif. C'est un pur individu, et de

---

dragée haute aux seigneurs et parfois aux princes), mais on repère ce profil d'entrepreneurs hardis et âpres au gain dès le moment de la «déconversion» de la société féodale au XIVᵉ siècle. *Cf.* par exemple le personnage de Jean Boinebroke, marchand drapier à Douai à la fin du XIVᵉ siècle, qui exploitait les artisans qu'il faisait travailler avec un tel cynisme qu'ils attendirent sa mort et lui firent un procès posthume. (G. Espinas, *les Origines du capitalisme*, t. I, «Sire Jean Boinebroke», Lille, 1933).

1. Il faudrait ajouter une autre forme d'individualisme que l'on pourrait qualifier d'«aristocratique», placé vers le sommet de la pyramide sociale. «Dans les sociétés dont le régime féodal n'est qu'un exemple, on peut dire que l'individualisation est maximale du côté où s'exerce la souveraineté et dans les régions supérieures du pouvoir. Plus on est détenteur de puissance et de privilèges, plus on est marqué comme individu par des rituels, des discours, des représentations» (M. Foucault, *Surveiller et punir*, Paris, Gallimard, 1975, p. 194). Cette forme d'individualisation a été progressivement supplantée par celle que développent le commerce et l'industrie. Dans la société «d'Ancien Régime», il faudrait aussi faire une place au personnage de l'*aventurier*, qui apparaît comme thème littéraire dans le roman picaresque espagnol et se multiplie au XVIIIᵉ siècle (*cf.* le personnage de Casanova). L'aventurier est un individu qui joue sa liberté dans les interstices d'une société d'ordres en cours de déconversion. Il connaît parfaitement les règles traditionnelles, s'en sert tout en les méprisant et en les détournant pour faire triompher son intérêt ou son plaisir d'individu.

ce fait complètement démuni. Il est à ce point individualisé qu'il est surexposé : il se détache sur le tissu serré des rapports de dépendances et d'interdépendances qui structurent alors la société. « *Sunt pondus inutilae terrae* », comme le dit au xvie siècle un juriste lyonnais précédemment cité : les vagabonds sont le poids inutile de la terre.

Le vagabond a effectivement payé très cher cette absence de place qui le situe de l'autre côté du miroir des rapports sociaux. Mais l'intérêt principal d'en dessiner la figure tient au fait, on l'a vu, qu'il représente une position limite par rapport à une gamme de situations dont la place est également mal assignée dans une société cadastrée. « Quart état » qui n'a pas à proprement parler d'état et qui rassemble en particulier différents types de relations salariales, ou présalariales, avant la constitution du rapport salarial moderne. Il existe dès lors sous les cadres d'une société d'ordres comme un grouillement de positions individualisées, en ce sens qu'elles sont dé-liées par rapport aux régulations traditionnelles, et que de nouvelles régulations ne se sont pas encore fermement imposées. Individualisme « négatif » parce qu'il se décline en termes de manque — manque de considération, manque de sécurité, manque de biens assurés et de liens stables.

La métamorphose qui s'opère à la fin du xviiie siècle peut s'interpréter à partir de la rencontre entre ces deux formes d'individualisation. L'individualisme « positif » s'impose en essayant de recomposer l'ensemble de la société sur une base contractuelle. Par l'imposition de cette matrice contractuelle, *il va être demandé, ou exigé, que les individus démunis agissent comme des individus autonomes*. Qu'est-ce en effet qu'un contrat ? « Le contrat est une convention par laquelle une ou plusieurs personnes s'obligent envers une ou plusieurs autres à donner, faire ou ne pas faire quelque chose[1]. » C'est un accord de volonté entre des êtres « indépendants et autonomes », comme le dit Louis Dumont, en principe libres de leurs biens et de leur personne. Ces prérogatives positives de l'individualisme vont ainsi s'appliquer à des individus qui de la liberté connaissent surtout le manque d'attaches, et de l'autonomie l'absence de supports. Dans la structure du contrat, il n'existe en effet aucune référence à un collectif, sauf celui que forment les contractants entre eux. Il n'existe non plus aucune référence à des protections, sauf les garanties juridiques qui assurent la liberté et la légalité des contrats.

Cette nouvelle règle du jeu contractuelle ne va donc pas promouvoir de protections nouvelles, et aura au contraire pour effet de détruire ce qui restait d'appartenances collectives, accusant ainsi le caractère anomique de l'individualité « négative ». Le paupérisme — une représentation-limite, comme le vagabond — exemplifie cette désocialisation complète qui réduit une partie de la population industrielle à une masse agrégée d'individus sans qualités.

Cependant, comme on a pu le montrer, cette onde de choc de l'ordre contractuel n'a frappé de plein fouet qu'une part limitée de la population. Elle a été comme amortie par le poids de la culture rurale, par la persistance de formes préindustrielles d'organisation du travail et par la force

---

1. Code civil, article 1101.

des modes de protection rapprochée qui y étaient associés[1]. Mais on comprend aussi que pour les populations dont la situation dépendait d'un contrat de travail, tout le mouvement qui aboutit à la société salariale ait consisté à dépasser la friabilité de l'ordre contractuel pour acquérir *un statut*, c'est-à-dire une valeur ajoutée par rapport à la structure purement contractuelle de la relation salariale. Ces ajouts par rapport à un «pur» contrat de travail ont opéré comme des réducteurs des facteurs d'individualisme négatif. La relation de travail échappe progressivement au rapport personnalisé de subordination du contrat de louage, et l'identité des salariés dépend de l'uniformité des droits qui leur sont reconnus. «Un statut (collectif) se trouve logé dans un contrat de travail (autonome et individuel) par la soumission de ce contrat à un ordre public (hétéronome et collectif[2]).»

---

1. Rappelons que la recomposition contractuelle qui a bouleversé l'organisation du travail a respecté le noyau tutélaire de l'ordre familial. Si une législation libérale du type loi Le Chapelier s'était imposée à la famille comme elle s'est imposée au travail, l'ordre social n'aurait sans doute pas résisté. Ce n'est que très lentement que le droit de la famille a inclus des dimensions contractuelles, tandis qu'à l'inverse le droit du travail se lestait de garanties statutaires. Mais au début du XIXᵉ siècle les populations qui ont fourni la matière aux descriptions du paupérisme se caractérisaient à la fois par leur rapport erratique au travail et par la décomposition de leur structure familiale : célibataires transplantés à la ville et coupés des mœurs saines que l'on prête aux populations rurales, unions entre ouvriers et ouvrières des premières concentrations industrielles toujours décrites comme fragiles et immorales, entourées d'enfants de provenance incertaine. Ni rapports organisés de travail, ni liens familiaux forts, ni inscription dans des communautés structurées : les principaux traits de l'individualisme négatif se conjuguent pour produire une désaffiliation de masse.

2. A. Supiot, *Critique du droit du travail*, Paris, PUF, 1994, p. 139. Cet ouvrage déploie de manière très précise le rôle joué

En d'autres termes, il s'agit bien d'un processus de *désindividualisation* qui inscrit le travailleur dans des régimes généraux, conventions collectives, régulations publiques du droit du travail et de la protection sociale. Ni tutelle ni simple contrat, mais des droits et des solidarités à partir d'ensembles structurés autour de l'accomplissement de tâches communes. Le monde du travail dans la société salariale ne forme pas à proprement parler une société d'individus, mais plutôt un emboîtement hiérarchique de collectivités constituées sur la base de la division du travail et reconnues par le droit. D'autant que, surtout dans les milieux populaires, la vie hors travail est aussi structurée par la participation à des cadres communautaires, le quartier, les copains, le bistrot, le syndicat... Par rapport à l'état de désocialisation que représentait le paupérisme, la classe ouvrière en particulier s'était «fabriqué» des formes de sociabilité qui pouvaient être intenses et solides[1].

Ainsi, si chacun sans doute peut exister comme individu en tant que personne «privée», le statut professionnel est public et collectif, et cet ancrage permet une stabilisation des modes de vie. Une telle désindividualisation peut même permettre une déterritorialisation des protections. Dans la mesure où elles sont inscrites dans des systèmes

---

par le droit du travail pour passer du pur contrat de travail au statut de salarié.

1. *Cf.* par exemple les analyses de E. P. Thompson, *The Making of the Working Class, op. cit.*, et R. Hoggart, *la Culture du pauvre, op. cit.*, ainsi que les nombreuses études sur la sociabilité ouvrière qui mettent l'accent, d'une manière peut-être parfois un peu mythifiée, sur la force de ses solidarités. Pour une mise au point sur la culture populaire, *cf.* C. Grignon, J.-C. Passeron, *le Savant et le populaire*, Paris, Gallimard, 1989.

de régulations juridiques, ces nouvelles protections ne passent pas nécessairement par l'interdépendance, mais aussi par les sujétions, des
relations personnalisées comme le paternalisme
du patron ou des interconnaissances qui mobilisent la protection rapprochée. Elles autorisent
ainsi la mobilité. L'«ayant droit», disions-nous,
peut en principe être assuré aussi bien à Maubeuge qu'à Cholet. Reterritorialisation par le
droit, en somme, ou fabrication de territoires
abstraits, tout différents des relations de proximité, et à travers lesquels les individus peuvent
circuler sous l'égide de la loi. C'est la désaffiliation vaincue par le droit

Cette articulation complexe des collectifs, des
protections et des régimes d'individualisation se
trouve aujourd'hui remise en question, et d'une
manière qui est elle-même très complexe. Les
transformations qui vont dans le sens d'une plus
grande flexibilité, à la fois dans le travail et hors
travail, ont sans doute un caractère irréversible.
La segmentation des emplois, comme l'irrésistible montée des services, entraîne une individualisation des comportements au travail toute
différente des régulations collectives de l'organisation «fordiste». Il ne suffit plus de savoir travailler, mais il faut tout autant savoir vendre et se
vendre. Les individus sont ainsi poussés à définir
eux-mêmes leur identité professionnelle et à la
faire reconnaître dans une interaction qui mobilise autant un capital personnel qu'une compétence technique générale[1]. Cet effacement des

---

1. *Cf.* les analyses de B. Perret et G. Roustang, *l'Économie
contre la société, op. cit.*, chap. ii. Pour une interprétation opti-

encadrements collectifs et des repères qui valent pour tous n'est pas limité aux situations de travail. Le cycle de vie lui-même devient flexible avec la prolongation d'une «postadolescence» fréquemment livrée à la culture de l'aléatoire, les avatars d'une vie professionnelle plus heurtée, et une vie postprofessionnelle qui s'étire souvent d'une sortie prématurée de l'emploi jusqu'aux confins toujours plus reculés du quatrième âge[1]. Une sorte de *désinstitutionnalisation*, entendue comme une dé-liaison par rapport aux cadres objectifs qui structurent l'existence des sujets, traverse l'ensemble de la vie sociale.

Ce processus général peut avoir des effets contrastés sur les différents groupes qu'il affecte. Côté travail, l'individualisation des tâches permet à certains d'échapper aux carcans collectifs et de mieux exprimer leur identité à travers leur emploi. Pour d'autres, elle signifie segmentation et fragmentation des tâches, précarité, isolement et perte des protections[2]. La même disparité se retrouve dans la vie sociale. C'est énoncer un lieu commun de la sociologie que de rappeler que certains groupes appartenant aux classes moyennes ont un rapport de familiarité, voire une relation complaisante, avec une culture de l'individualité se traduisant par l'intérêt que l'on porte à soi-même et à ses affects et par la propension à leur subordonner toutes les autres préoccupations. Ainsi cette «culture du narcis-

miste de ce processus, *cf.* M. Crozier, *l'Entreprise à l'écoute*, Paris, Le Seuil, 1994 (1re édition, Paris, Interéditions, 1989).

1. Xavier Gaulier, «La mutation des âges», *le Débat*, no 61, septembre-octobre 1991.

2. *Cf.* A. Supiot, *Critique du droit du travail, op. cit.*

sisme[1]» ou cette mode de la «thérapie pour les normaux[2]» portée par la postérité de la psychanalyse pendant les années 1970. Mais il était facile alors en même temps de montrer que ce souci de soi mobilisait un type spécifique de capital culturel et rencontrait de fortes «résistances» dans les milieux populaires, à la fois parce qu'ils étaient mal armés pour s'y adonner, et aussi parce que leurs investissements principaux se portaient ailleurs.

Cette culture de l'individu n'est pas morte, et l'une de ses variantes a même pris des formes exacerbées avec le culte de la performance des années 1980[3]. Mais on voit se développer aujourd'hui un autre individualisme, de masse cette fois, et qui apparaît comme une métamorphose de l'individualisme «négatif» développé dans les interstices de la société préindustrielle. Métamorphose et pas du tout reproduction, parce qu'il est le produit de l'affaiblissement ou de la perte des régulations collectives, et non de leur extrême rigidité. Mais il garde ce trait fondamental d'être *un individualisme par défaut de cadres* et non par excès d'investissements subjectifs. «Il n'a pas grand-chose à voir avec un mouvement d'affirmation de soi — ce n'est pas forcément la valeur de l'individu qui est prioritairement motrice dans un processus d'individuation, ce peut-être aussi bien la désagrégation de l'encadrement col-

1. C. Lash, *The Culture of Narcissism*, New York, WW Norton and Co., 1979.
2. R. Castel, J.-F. Le Cerf «Le phénomène psy et la société française», *le Débat*, nos 1, 2 et 3, 1980.
3. *Cf.* A. Ehrenberg, *le Culte de la performance*, Paris, Calmann-Lévy, 1991.

lectif[1]. » On pourrait ainsi voir dans l'exemple idéal-typique du jeune toxicomane de banlieue l'homologue de la forme de désaffiliation qu'incarnait le vagabond de la société préindustrielle. Il est complètement individualisé et surexposé par le manque d'attaches et de supports par rapport au travail, à la transmission familiale, à la possibilité de construire un avenir... Son corps est son seul bien et son seul lien, qu'il travaille, fait jouir et détruit dans une explosion d'individualisme absolu.

Mais, comme celle du vagabond, cette image ne vaut que parce qu'elle pousse à la limite des traits que l'on retrouve dans une foule de situations d'insécurité et de précarité qui se traduisent à travers des trajectoires tremblées faites de recherches inquiètes pour se débrouiller au jour le jour. Pour de nombreux jeunes en particulier, il faut tenter de conjurer *l'indétermination* de leur position, c'est-à-dire choisir, décider, trouver des combines et garder un souci de soi pour ne pas sombrer. Ces expériences paraissent aux antipodes du culte du moi développé par les adeptes de la performance ou les explorateurs des arcanes de la subjectivité. Elles ne sont pas moins des aventures à hauts risques d'individus qui sont devenus tels d'abord par soustraction. Ce nouvel individualisme n'est pas une imitation de la culture psychologique des catégories cultivées, encore qu'il puisse lui emprunter certains de ses traits[2]. Individualité en quelque sorte surexposée

---

1. M. Gauchet, « La société d'insécurité », *loc. cit.*, p. 175.
2. C'est ainsi qu'une référence bien particulière au « culturel » tient souvent une grande place dans ces vies livrées à l'aléatoire — non pas la culture de ceux qui fréquentent les musées

et placée d'autant plus en première ligne qu'elle est fragile et menacée de décomposition. Elle risque dès lors de se porter comme un fardeau.

Cette bipolarité de l'individualisme moderne propose un schème pour comprendre le défi auquel est confrontée aujourd'hui la société salariale. L'acquis fondamental de cette formation sociale a consisté, pour le dire une dernière fois, à construire un continuum de positions sociales non pas égales mais comparables, c'est-à-dire *compatibles entre elles et interdépendantes*. Manière, et seule manière qui ait été trouvée, du moins jusqu'à ce jour, d'actualiser l'idée théorisée sous la IIIᵉ République d'une «société de semblables», c'est-à-dire d'une démocratie moderne, pour la rendre compatible avec les exigences croissantes de la division du travail et la complexification de la stratification sociale. La construction d'un nouvel ordre de protections, inscrivant les individus dans des collectifs abstraits coupés des anciens rapports de tutelle et des appartenances communautaires directes, a pu assurer sans trop

---

ou les concerts pour mélomanes, mais une quête continue pour monter un spectacle ou former un groupe musical par exemple, traversée par l'espoir à demi fantasmé d'être un jour reconnu, avec à l'arrière-plan sans doute une vague identification à la bohème-galère qu'ont connue certains parmi les plus grands artistes avant qu'un jour, brusquement, la gloire ne les immortalise. Bien peu de ces jeunes sans doute sortiront avec gloire de ces «espaces intermédiaires», mais il y a là un exemple de ces aventures «subjectives» lovées d'abord au creux d'un manque (d'un manque de travail en premier lieu, car il y a vingt ans la plupart de ces jeunes d'origine populaire seraient allés directement en apprentissage ou à l'usine), qui cependant ne sont pas exemptes de courage et parfois de grandeur. Sur la notion d'«espaces intermédiaires», *cf.* L. Rouleau-Berger, *la Ville intervalle, op. cit.*

de heurts le passage de la société industrielle à la société salariale.

Ce mode d'articulation individu-collectif, qu'il ne faut pas mythifier, mais qui a quand même maintenu le « compromis social » jusqu'au début des années 1970, est mis à mal par le développement de l'individualisme et par la formation de nouveaux modes d'individualisation. Mais ce processus présente des effets contrastés puisqu'il renforce l'individualisme « positif », en même temps qu'il donne naissance à un individualisme de masse miné par l'insécurité et l'absence de protections.

Dans une telle conjoncture, les formes d'administration du social sont profondément transformées et *le recours au contrat et le traitement localisé des problèmes* font massivement retour. Ce n'est pas un hasard. La contractualisation traduit, et en même temps impulse, une recomposition de l'échange social sur un mode de plus en plus individualiste. Parallèlement, la localisation des interventions retrouve une relation de proximité entre les partenaires directement concernés que les régulations universalistes du droit avaient effacée. Mais cette recomposition est, au sens propre du mot, ambiguë, car elle se prête à une double lecture.

Ce nouveau régime des politiques sociales peut en effet partiellement s'interpréter à partir de la situation d'avant les protections, lorsque les individus, y compris les plus démunis, devaient affronter par leurs propres moyens les soubresauts dus à l'accouchement de la société industrielle. « Faites un projet, impliquez-vous dans votre recherche d'un emploi, d'un logement, dans vos montages pour créer une association ou lancer un groupe de rap, et l'on vous aidera », dit-on aujourd'hui. Cette injonction traverse toutes les politiques d'insertion et a pris avec le contrat d'insertion du RMI sa formulation la plus explicite : une allocation et un accompagnement contre un projet. Mais ne faut-il pas se demander, comme pour les premières formes de contrat de travail, au début de l'industrialisation, si l'imposition de cette matrice contractuelle n'équivaut pas à exiger des individus les plus déstabilisés qu'ils se conduisent comme des sujets autonomes ? Car « monter un projet professionnel », ou, mieux encore, construire un « itinéraire de vie », ne va pas de soi lorsqu'on est, par exemple, au chômage ou menacé d'être expulsé de son logement. C'est même une exigence que beaucoup de sujets bien intégrés seraient bien en peine d'assumer, car ils ont toujours suivi des trajectoires balisées[1]. Il est vrai que ce type de contrat est souvent fictif car l'impétrant est difficilement à la hauteur d'une telle demande. Mais c'est alors l'intervenant social qui est juge de la légitimité de ce qui tient lieu de contrat, et il accorde ou non la prestation financière en fonction de cette évaluation. Il exerce ainsi une véritable magistrature morale (car il s'agit en dernière analyse d'apprécier si le demandeur « mérite » bien le RMI), très différente de l'attribution d'une prestation à des collectifs d'ayants droit, anonymes certes, mais du moins assurant l'automaticité de la distribution.

Les mêmes risques portés par l'individualisation des procédures menacent cette autre transformation décisive des dispositifs de l'intervention

---

1. *Cf.* J.-F. Noël, « L'insertion en attente d'une politique », *in* J. Donzelot, *Face à l'exclusion, op. cit.*

sociale que représente leur reterritorialisation. Ce mouvement va bien au-delà de la décentralisation puisque mandat est donné aux instances locales de hiérarchiser les objectifs, de définir des projets et d'en négocier la réalisation avec les partenaires concernés. À la limite, le local devient aussi le global. Mais la nouveauté de ces politiques n'exclut pas quelques homologies avec la structure traditionnelle de la protection rapprochée. Cette forme la plus ancienne de la prise en charge, dont on a déployé plusieurs modalités historiques, passait déjà par ce que l'on aurait pu appeler une négociation si le mot avait alors existé. Il s'agissait en effet toujours pour le solliciteur d'un secours de faire reconnaître son appartenance communautaire. Mais cette qualité de prochain (*cf.* chapitre I, «Mon prochain est mon proche») l'inscrit dans un système de dépendances tutélaires dont Karl Polanyi a décrit sous le nom du «servage paroissial» *(parish serfdom)* des *poor laws* anglaises la figure limite. Quelles garanties a-t-on que les nouveaux dispositifs «transversaux», «partenariaux», «globaux», etc., ne donnent pas naissance à des formes de néopaternalisme? Certes, «l'élu local» est rarement un despote local, et le «chef de projet» n'est pas une dame patronnesse. Mais le détour historique enseigne que, jusqu'à aujourd'hui, il a toujours existé des «bons pauvres» et des «mauvais pauvres», et que cette distinction s'opère sur des critères moraux et psychologiques. Sans la médiation de droits collectifs, l'individualisation des secours et le pouvoir de décision fondé sur des interconnaissances donné aux instances locales risquent toujours de retrouver la vieille logique de la philanthropie: fais acte d'allégeance et tu seras secouru.

Mais le droit social lui-même se particularise, s'individualise, dans la mesure du moins où une règle générale peut s'individualiser. Ainsi le droit du travail, par exemple, se fragmente en se recontractualisant lui aussi. En deçà des régulations générales qui donnent un statut et une identité forte aux collectifs de salariés, la multiplication des formes particulières de contrats de travail entérine la balkanisation des types de rapport à l'emploi : contrats de travail à durée déterminée, d'intérim, à temps partiel, etc. Les situations intermédiaires entre emploi et non-emploi font aussi l'objet de nouvelles formes de contractualisation : contrats de retour à l'emploi, contrats emploi-solidarité, contrats de réinsertion en alternance... Ces dernières mesures sont particulièrement significatives de l'ambiguïté des processus d'individualisation du droit et des protections. Par exemple, le contrat de retour à l'emploi concerne «les personnes rencontrant des difficultés particulières d'accès à l'emploi» (article L 322-4-2 du Code du travail). C'est donc la spécificité de certaines situations personnelles qui ouvre l'accès à ce type de contrat[1]. Cette ouverture d'un droit est ainsi subordonnée au constat d'une déficience, de «difficultés particulières», de nature personnelle ou psychosociale. Ambiguïté profonde parce que l'exercice d'une discrimination positive à l'égard de personnes en difficulté est tout à fait défendable : elles peuvent avoir besoin d'une remise à niveau avant de rejoindre le régime commun. Mais en même temps ces procédures réac-

---

1. *Cf.* A. Supiot, *Critique du droit du travail, op. cit.* p. 97

tivent la logique de l'assistance traditionnelle que
le droit du travail avait combattue, à savoir que
pour être pris en charge il faut manifester les
signes de son incapacité, une déficience par rapport au régime commun du travail. Comme dans
le cas du RMI et des politiques locales, ce type de
recours au contrat risque de trahir l'impuissance
de l'État à maîtriser une société de plus en plus
complexe et hétérogène par un renvoi sur des
agencements singuliers de tout ce que les régulations collectives ne peuvent plus commander.

Cette ambiguïté traverse la recomposition des
politiques sociales et des politiques de l'emploi
qui est en cours depuis une quinzaine d'années.
Au-delà de la « crise », elle s'enracine dans un
profond processus d'individualisation qui affecte
aussi les principaux secteurs de l'existence sociale
Ainsi on pourrait faire le même type d'analyse à
propos des transformations de la structure familiale. La famille « moderne » se resserre autour de
son réseau relationnel, les rapports entre ses
membres se sont depuis ces dernières années
contractualisés sur une base personnelle. Mais,
comme le note Irène Théry[1], cette « libération »
de la famille à l'égard des tutelles traditionnelles
produit des effets différents selon les types de
familles, et les membres des familles économiquement les plus précaires et socialement les
plus démunies peuvent faire l'expérience négative de la liberté lorsque survient, par exemple,
une rupture conjugale, une séparation ou une
dégradation du statut social. Le fait, ici comme
ailleurs, d'exister comme individu n'est pas une

---

1. *Cf.* I. Théry, *le Démariage, op. cit.*

donnée immédiate de la conscience. Paradoxe dont il faut sonder la profondeur : on vit d'autant plus à l'aise sa propre individualité qu'elle s'étaie sur des ressources objectives et des protections collectives.

Là se situe le nœud de la question que pose l'effritement de la société salariale, du moins du modèle qu'elle présentait au début des années 1970. C'est le nœud de la question sociale aujourd'hui.

On ne peut pas avoir dénoncé l'hégémonie de l'État sur la société civile, le fonctionnement bureaucratique et l'inefficacité de ses appareils, l'abstraction du droit social et son impuissance à susciter des solidarités concrètes, et condamner des transformations qui prennent en compte la particularité des situations et en appellent à la mobilisation des sujets. Ce serait d'ailleurs en pure perte, car ce mouvement d'individualisation est sans doute irréversible. Mais on ne peut davantage faire l'impasse sur le coût de ces transformations pour certaines catégories de la population. Qui ne peut payer autrement doit continuellement *payer de sa personne*, et c'est un exercice épuisant. Ce mécanisme se voit bien dans les procédures de contractualisation du RMI : le demandeur n'a rien d'autre à apporter que le récit de sa vie avec ses échecs et ses manques, et on scrute ce pauvre matériau pour dégager une perspective de réhabilitation afin de « construire un projet », de définir un « contrat d'insertion[1] ». Les fragments d'une biographie brisée constituent la

---

1. *Cf.* I. Astier, *Revenu minimum et souci d'insertion : entre le travail, le domestique et l'intimité*, thèse de doctorat en sociologie, Paris, EHESS, 1994

seule monnaie d'échange pour accéder à un droit. Il n'est pas certain que ce soit un traitement de l'individu qui convienne à un citoyen à part entière.

Ainsi la contradiction qui traverse le processus actuel d'individualisation est profonde. Elle menace la société d'une fragmentation qui la rendrait ingouvernable, ou alors d'une bipolarisation entre ceux qui peuvent associer individualisme et indépendance parce que leur position sociale est assurée, et ceux qui portent leur individualité comme une croix parce qu'elle signifie manque d'attaches et absence de protections.

Ce défi pourra-t-il être relevé? Nul ne peut l'affirmer à coup sûr. Mais chacun pourrait convenir de la voie qu'il faut travailler. La puissance publique est la seule instance capable de construire des ponts entre les deux pôles de l'individualisme et d'imposer un minimum de cohésion à la société. Les contraintes impitoyables de l'économie exercent une pression centrifuge croissante. Les anciennes formes de solidarité sont trop épuisées pour reconstituer des socles de résistance consistants. Ce que l'incertitude des temps paraît exiger, ce n'est pas moins d'État — sauf à s'abandonner complètement aux «lois» du marché. Ce n'est pas non plus sans doute davantage d'État — sauf à vouloir reconstruire de force l'édifice du début des années 1970, définitivement miné par la décomposition des anciens collectifs et par la montée de l'individualisme de masse. Le recours, c'est un État stratège qui redéploierait ses interventions pour accompagner ce processus d'individualisation, désamorcer ses points de tension, éviter ses cassures et rapatrier ceux qui ont basculé en deçà de la ligne de flottaison. Un État protecteur quand même car, dans une société hyperdiversifiée et rongée par l'individualisme négatif, *il n'y a pas de cohésion sociale sans protection sociale*. Mais cet État devrait ajuster au plus près ses interventions en suivant les nervures du processus d'individualisation.

Poser cette exigence n'est pas attendre qu'une nouvelle forme de régulation étatique descende tout armée du ciel car, on l'a aussi souligné, des pans de l'action publique ont tenté de se transformer depuis une quinzaine d'années en ce sens. Mais tout se passe comme si l'État social oscillait entre des tentatives de redéploiement pour faire face à ce que la situation actuelle comporte d'inédit, et la tentation d'abandonner à d'autres instances — à l'entreprise, à la mobilisation locale, à une philanthropie affublée de nouveaux oripeaux, et même aux ressources que les orphelins de la société salariale devraient déployer eux-mêmes — la charge d'accomplir son mandat de garant de l'appartenance de tous à une même société. Certes, lorsque le navire fait eau, chacun est tenu d'écoper. Mais, au milieu des incertitudes qui sont aujourd'hui légion, une chose au moins est claire : personne ne peut remplacer l'État, dont c'est d'ailleurs la fonction fondamentale, pour commander la manœuvre et éviter le naufrage.

INDEX DES AUTEURS CITÉS*

(Les références bibliographiques se trouvent au nom des auteurs.)

* Établi par Catherine JOUBAUD.

INDEX THÉMATIQUE*

---

* Établi par Catherine Joubaud.

DEUXIÈME PARTIE

Du contrat au statut

Table 813

Composition Interligne.
Impression Société Nouvelle Firmin-Didot
à Mesnil-sur-l'Estrée, le 3 janvier 2007.
Dépôt légal : janvier 2007.
1ᵉʳ dépôt légal dans la collection : août 1999
Numéro d'imprimeur : 83009.

ISBN 978-2-07-040-994-5./Imprimé en France.